中华传世藏书 图文珍藏版

国学经典文库

邹博⊙主编

线装书局

图书在版编目（CIP）数据

史学经典／邹博主编 .-- 北京：线装书局，
2011.7 (2022.3)
（国学经典文库）
ISBN 978-7-5120-0378-1

Ⅰ．①史… Ⅱ．①邹… Ⅲ．①史学－中国－古代
Ⅳ．① K22

中国版本图书馆CIP数据核字（2011）第122930号

国学经典文库

主　　编：邹　博
责任编辑：崔建伟　　高晓彬
出版发行：线装书局
　　　　　地　　址：北京市丰台区方庄日月天地大厦 B 座 17 层（100078）
　　　　　电　　话：010-58077126（发行部）010-58076938（总编室）
　　　　　网　　址：www.zgxzsj.com

经　　销：新华书店
印　　制：北京彩虹伟业印刷有限公司
开　　本：787×1092 毫米　1/16
印　　张：336
字　　数：3800 千字
版　　次：2022 年 3 月第 1 版第 2 次印刷
印　　数：3001-9000 套

定　　价：4680.00 元（全十二卷）

线装书局官方微信

中华传世藏书

图文珍藏版

国学经典文库

邹 博◎主编

线装书局

图书在版编目（CIP）数据

史学经典／邹博主编 .-- 北京：线装书局，
2011.7（2022.3）
（国学经典文库）
ISBN 978-7-5120-0378-1

Ⅰ．①史… Ⅱ．①邹… Ⅲ．①史学－中国－古代
Ⅳ．① K22

中国版本图书馆CIP数据核字（2011）第122930号

国学经典文库

主　　编：邹　博
责任编辑：崔建伟　高晓彬
出版发行：**线装书局**
地　　址：北京市丰台区方庄日月天地大厦 B 座 17 层（100078）
电　　话：010-58077126（发行部）010-58076938（总编室）
网　　址：www.zgxzsj.com
经　　销：新华书店
印　　制：北京彩虹伟业印刷有限公司
开　　本：787×1092 毫米　1/16
印　　张：336
字　　数：3800 千字
版　　次：2022 年 3 月第 1 版第 2 次印刷
印　　数：3001-9000 套
定　　价：4680.00 元（全十二卷）

线装书局官方微信

国学经典文库　图文珍藏版

史学经典

邹博⊙主编

线装书局

卷首语

历史,记载着一个国家、民族产生和发展的全部过程,涵纳着这一国家、民族的精神财富和智慧,昭示着这一国家、民族兴衰更替的客观规律。

历史犹如一个大舞台,在这座舞台上,每个人都扮演着不同的角色,各种人物都做过不同的表演,在历史长河中留下不同的足迹。其中有些重要的历史人物还会给历史留下里程碑式的痕迹。因此,历史学家在撰写历史时,就必然要把他们的事迹如实地记载下来,并按照自己的价值判断和道德标准或歌颂或批判或贬斥。

在人类历史上,史学担负着记录保存人类生活中的每一件大事的职能。在科学不发达的时代,历史学本身就是内容广博的百科全书,历史记载成为保存人类文化和民族传统的主要方式之一。中华文明作为四大文明古国中唯一的一个五千年文化一脉相承、没有中断的古老文明,其原因固然是多方面的,但发达的治史传统,以及保存完好的历史典籍,应当是中华文明得以无限传承而不中断的一个重要原因。中国史学的发达,历史记载的连续性,保证了我们民族虽经劫难,却能衰而复兴、蹶而复振。中华民族这种强烈的历史感,其实质就是重视民族自身的由来、发展,并且自觉地将其延续下去的精神。而史学作为其得以延续的重要载体起到了它应有的作用。

总结过去、面向未来的尚智精神也是历史学的一种基本精神,司马迁的"稽其成败兴衰之理""前事不忘,后事之师也",讲的就是这种精神。可以肯定地说,探讨民族在过去的奋斗历程、兴衰成败,有助于提高民族的文化自觉,确立新的奋斗目标。

诚如鲁迅先生所言:"历史上写着中国的灵魂,指示着民族的未来。"历史及其研究,不仅涉及历史人物、政治派别功过是非的评定,而且事关国运兴衰。学习、研究和编修历史对于民族、国家和个人都具有重大的现实意义。

史学经典

国学经典文库 图文、珍藏版

邹 博◎主编

线装书局

卷首语

历史,记载着一个国家、民族产生和发展的全部过程,涵纳着这一国家、民族的精神财富和智慧,昭示着这一国家、民族兴衰更替的客观规律。

历史犹如一个大舞台,在这座舞台上,每个人都扮演着不同的角色,各种人物都做过不同的表演,在历史长河中留下不同的足迹。其中有些重要的历史人物还会给历史留下里程碑式的痕迹。因此,历史学家在撰写历史时,就必然要把他们的事迹如实地记载下来,并按照自己的价值判断和道德标准或歌颂或批判或贬斥。

在人类历史上,史学担负着记录保存人类生活中的每一件大事的职能。在科学不发达的时代,历史学本身就是内容广博的百科全书,历史记载成为保存人类文化和民族传统的主要方式之一。中华文明作为四大文明古国中唯一的一个五千年文化一脉相承、没有中断的古老文明,其原因固然是多方面的,但发达的治史传统,以及保存完好的历史典籍,应当是中华文明得以无限传承而不中断的一个重要原因。中国史学的发达,历史记载的连续性,保证了我们民族虽经劫难,却能衰而复兴、蹶而复振。中华民族这种强烈的历史感,其实质就是重视民族自身的由来、发展,并且自觉地将其延续下去的精神。而史学作为其得以延续的重要载体起到了它应有的作用。

总结过去、面向未来的尚智精神也是历史学的一种基本精神,司马迁的"稽其成败兴衰之理""前事不忘,后事之师也",讲的就是这种精神。可以肯定地说,探讨民族在过去的奋斗历程、兴衰成败,有助于提高民族的文化自觉,确立新的奋斗目标。

诚如鲁迅先生所言:"历史上写着中国的灵魂,指示着民族的未来。"历史及其研究,不仅涉及历史人物、政治派别功过是非的评定,而且事关国运兴衰。学习、研究和编修历史对于民族、国家和个人都具有重大的现实意义。

目 录

中华传世藏书

国学经典文库 史学经典

图文珍藏版

史记

【导语】

《史记》是我国享誉中外的史学名著,名列《二十四史》之首,因其在史学和文学两大领域的卓越成就及对后世的深远影响,鲁迅在《汉文学史纲要》一书中誉之为"史家之绝唱,无韵之《离骚》"。

《史记》的作者司马迁(公元前145~约前90年),字子长,夏阳(今陕西省韩城市)人。

《史记》记述了中国古代上自黄帝下至汉武帝太初年间约三千多年的历史。全书由五大部分构成,即十二本纪、十表、八书、三十世家、七十列传,共一百三十篇,五十二万六千五百字。

司马迁像

《史记》成为我国第一部纪传体通史,并成为后世各朝代编修史书的范本,后世的二十四部所谓"正史",均未能超出司马迁所创设的体制。

《史记》内容浩博,艺术精湛,长期以来一直是我国人民视为瑰宝的艺术精品。

本　纪

五帝本纪

【题解】

《五帝本纪》记述了我国古代神话传说中的五个圣明的帝王,即黄帝、颛顼、帝喾、尧、舜。有关黄帝的传说,春秋、战国以至西汉有不少,但因为"荒诞离奇",与真正的人类历史距离太远,孔子、孟子都不怎么讲。司马迁把他从众多神话人物中选出来,又择取了一些比较"可信"的材料,将之作为《史记》的开端。随后他将颛顼、帝喾、尧、舜、禹、汤、文、武,春秋战国时期的中原诸国、秦、楚、吴、越,以及周边的匈奴、东越、南越等都说成是黄帝的子孙,这就为中国人确定了"始祖",同时又确定了华夏与周边各民族的同胞兄弟关系。

司马迁之写尧、舜两位古代帝王,从中寄托了自己的政治理想,并使之与秦、汉以来的专制政治形成对照,其用意是显而易见的,尧、舜无疑是《史记》中最使司马迁尊崇的大

公无私的理想帝王。司马迁把尧、舜的"禅让"放在"本纪"的第一篇,把吴太伯的"让"放在世家的第一篇,把伯夷的"让"放在"列传"的第一篇,这种安排不是偶然的。我们在此选取的就是尧、舜的故事。

【原文】 帝尧者,放勋①。其仁如天,其知如神。就之如日,望之如云。富而不骄,贵而不舒②。黄收纯衣③,彤车乘白马。能明驯德④,以亲九族⑤。九族既睦,便章百姓⑥。百姓昭明⑦,合和万国。

【注释】 ①帝尧者,放勋:帝号曰"尧",名"放勋",国号曰"陶唐"。②舒:放纵,恣意而行。③收:冕名,其色黄,故曰"黄收"。纯衣:即"缁衣",黑衣。纯,读曰"缁"。④驯德:顺天应人的美德。驯,同"顺"。⑤九族:泛指自己的宗族与外戚。⑥便章:也作"辨章",治理的意思。百姓:这里指百官。⑦昭明:指各自的权利、职责、义务分明。

【译文】 帝尧,名放勋。他的仁德有如苍天,覆盖大地;他的智慧有如神灵,无所不晓。人们对他的归附,如同葵花向阳;人们对他的企盼,有如大旱之望云雨。他富有而不骄奢,他尊贵而不放纵。他戴着黄色的帽子,穿着黑色的衣裳,坐着红色的车子,拉车的都是白马。他有顺天应人的美德,能使自己的九族亲善。九族亲善后,便进一步治理朝廷百官。等到朝廷百官的职分明确且又各司其职,再进一步使天下万国都变得融洽和睦。

【原文】 乃命羲、和①,敬顺昊天,数法②日月星辰,敬授民时。分命③羲仲,居郁夷④,曰旸谷⑤。敬道⑥日出,便程东作⑦。日中,星鸟⑧,以殷中春。其民析⑨,鸟兽字微⑩。申命⑪羲叔,居南交⑫,便程南为,敬致。日永,星火⑬,以正中夏。其民因⑭,鸟兽希革⑮。申命和仲,居西土,曰昧谷⑯。敬道日入,便程西成。夜中,星虚⑰,以正中秋。其民夷易⑱,鸟兽毛毨⑲。申命和叔,居北方,曰幽都⑳,便在伏物㉑。日短,星昴㉒,以正中冬。其民燠㉓,鸟兽氄毛㉔。岁三百六十六日,以闰月正四时。信饬百官㉕,众功皆兴。

【注释】 ①羲、和:羲氏和和氏的并称。尧命羲仲、羲叔、和仲、和叔分驻四方,观天象,制历法。②数法:遵循,推算。③分命:分派,派出。④郁夷:今山东半岛一带。⑤旸谷:也作"汤谷",相传为日出之处。⑥道:同"导",引导。⑦便程:分派,布置。东作:春天的农事活动。⑧鸟:鸟星,即"七星",也单称为"星",是"二十八宿"中的东方"七宿"之一。⑨析:分散,分散到田野上进行农业劳动。⑩字:乳也,谓产子、哺乳。微:同"尾",交尾。⑪申命:任命时予以告诫。⑫南交:南方的交阯。⑬火:也称"大火",即心宿,是"二十八宿"中的南方"七宿"之一。⑭因:就,指老弱到田中帮助丁壮务农。⑮革:改变。⑯昧谷:神话中的日落之处。⑰虚:星名,为"二十八宿"中的西方"七宿"之一。⑱夷易:平和、快乐的样子,言其为秋收而喜悦也。⑲毨:理,毛再生整理。⑳幽都:北方的阴气聚集之地。㉑便在:意同"便程"。伏:储藏。㉒昴:星名,是"二十八宿"中的北方"七宿"之一。㉓燠:暖,此指保暖之衣,或曰保暖之室。㉔氄毛:细毛。㉕信:同"申",申明条例、申

明纪律。饬：约束，整顿。

【译文】　帝尧任命羲、和主管天文，让他们遵循上天的法则，考察日月星辰运行的规律，制定历法，告诉人们播种与收获的季节。他分派羲仲居住在郁夷的旸谷。让他虔敬地迎接东方升起的太阳，并督促黎民准备春耕生产。羲仲根据白天和黑夜的时间等长，和鸟星出现在正南方，确定这一天叫"春分"。这时人们都走向田野，忙于播种；各种鸟兽交尾繁殖。帝尧任命羲叔住在南方的交阯，让他督管南方民众的农事活动。羲叔根据白天的时间最长，和心宿出现在正南方，确定这一天为"夏至"。这时正是夏忙，老幼都到田里劳动，鸟兽的羽毛变得稀少。帝尧任命和仲到西部边极的昧谷，在那里敬送太阳下山，主管秋季收获的劳作。和仲根据白天和黑夜等长，而虚星位处正南，便确定这一天是"秋分"。这时候，人们的心情平和愉悦，鸟兽即将换毛。帝尧任命和叔住在北方的阴气聚集之地，督促人们的收藏。和叔根据这时的白昼最短，而昴星出现在正南方，确定这一天为"冬至"。这时人们穿的衣服很多，鸟兽也长了厚厚的羽毛。帝尧确定以三百六十六日为一年，其中设置闰月，以使四时不至于错位。在帝尧的严格要求下，百官各尽其责，于是各方面都呈现一派兴旺发达的景象。

【原文】　尧曰："谁可顺①此事？"放齐曰："嗣子丹朱开明。"尧曰："吁！顽凶②，不用。"尧又曰："谁可者？"讙兜③曰："共工旁聚布功④，可用。"尧曰："共工善言，其用僻⑤，似恭漫天，不可。"尧又曰："嗟，四岳⑥，汤汤⑦洪水滔天，浩浩怀山襄陵⑧，下民其忧，有能使治者？"皆曰鲧⑨可。尧曰："鲧负命毁族⑩，不可。"岳曰："异哉，试不可用而已。"尧于是听岳用鲧。九岁，功用⑪不成。

【注释】　①顺：循，继承。②顽凶：既愚顽又凶狠。或曰"凶"同"讼"，争讼。③讙兜：尧的大臣，为后文所称的"四凶"之一。④共工：尧的大臣，水官，为后文所称的"四凶"之一，与"怒触不周山，天柱折，地维绝"的共工非一人。旁：同"溥""普"。⑤用：行事，实践。僻：邪恶。⑥四岳：四方的诸侯之长。⑦汤汤：水势浩大的样子。⑧怀：包围。襄：上，意即淹没。⑨鲧：尧臣，禹的父亲。⑩负命毁族：违抗命令，伤害同僚。负，背，违。族，类，同伙。⑪用：因。

【译文】　帝尧问群臣说："谁可以继承我的事业？"放齐说："你的长子丹朱英明通达，可以继承。"帝尧说："哼，这孩子既愚顽又凶狠，不能用。"又问："谁可以继承呢？"讙兜说："共工能调集人力，兴办事业，可以继承此位！"帝尧说："共工好夸夸其谈，做事不循正道，貌似虔敬而实则傲慢，不能用。"帝尧又问四方的诸侯之长："嗨，你们四位诸侯之长，如今洪水滔天，包围着高山、淹没了丘陵，黎民百姓都为此忧伤，你们说说，谁能担此治水的重任？"四方诸侯之长都说鲧可以任用。帝尧说："鲧常违抗命令、伤害同僚，不能用。"四位诸侯长说："不会吧，他似乎不像你说的那样。先试试吧，不行再撤换。"帝尧于是只好听从他们的话，试着用鲧治水。结果治水九年，一无所成。

【原文】 尧曰："嗟！四岳,朕在位七十载,汝能庸①命,践朕位?"岳应曰:"鄙德忝帝位②。"尧曰:"悉举贵戚及疏远隐匿者。"众皆言于尧曰:"有矜③在民间,曰虞舜。"尧曰:"然,朕闻之。其何如?"岳曰:"盲者子。父顽④,母嚚⑤,弟傲⑥,能和以孝,烝烝治⑦,不至奸⑧。"

【注释】 ①庸:用。②鄙德:犹言"德鄙",品德不高。鄙,粗野。忝:辱,辱没。③矜:同"鳏",老而无妻。④顽:心不则德义之经为顽。⑤嚚:口不道忠信之言为嚚。⑥弟傲:舜之弟名"象",为人狂傲。⑦烝烝:温厚善良的样子。治:劝导使其自治。⑧奸:干,抵触,冒犯。

【译文】 帝尧说:"喂,几位诸侯长,我在位七十年了,你们谁能顺应天命,继承我的帝位呢?"四位诸侯长说:"我们的品德微薄,不敢辱没帝位。"帝尧说:"你们也可以从在朝的亲贵或远方的隐士当中推荐。"于是大家都说:"民间有个鳏夫,名叫虞舜。"帝尧说:"对,我听说过,这人怎样?"诸侯长们说:"他是一个盲人的儿子,他的父亲不讲德义,他的母亲不讲忠信,他的弟弟狂傲无礼;但他仍能凭借孝顺、友爱和他们共处,能温厚善良地感化他们而不和他们冲突。"

【原文】 尧曰:"吾其试哉。"于是尧妻之二女①,观其德于二女。舜饬下二女于妫汭②,如妇礼。尧善之,乃使舜慎和五典③,五典能从。乃遍入百官,百官时④序。宾⑤于四门,四门穆穆⑥,诸侯远方宾客皆敬。尧使舜入山林川泽,暴风雷雨,舜行不迷。尧以为圣,召舜曰:"女谋事至而言可绩⑦,三年矣,女登帝位。"舜让于德不怿⑧。正月上日⑨,舜受终于文祖⑩。文祖者,尧大祖⑪也。

【注释】 ①二女:娥皇、女英。②饬:训教,告诫。妫汭:妫水入黄河的河口,舜的老家之所在,在今山西永济境内。③慎和:谨慎地制定并付诸实行。五典:也称"五常",指"父子有亲,君臣有义,夫妇有别,长幼有序,朋友有信"。④时:是,因此。⑤宾:用如动词,迎宾,礼宾。⑥穆穆:喜悦、心服的样子。⑦绩:考查。⑧让于德:推让说自己的德行不够。不怿:不乐,因感力不胜任。⑨正月上日:正月初一。上日,朔日。或曰"上日"谓上旬吉日。⑩受终:本意应该是指"接受禅让",但这里实际是指接受"摄政"之权。文祖:此指文祖之庙。⑪大祖:即太祖。大,同"太"。

【译文】 帝尧说:"那就先让我考验考验他。"于是尧把自己的两个女儿嫁给舜做妻子,通过这两个女儿来观察舜的德行。舜打发这两个女人回家侍奉公婆,这两个女人都能在舜家恪守妇道。尧认为舜做得很好,就让舜认真地制定"五常"之规,百姓都能遵从。于是又让他入朝治百官,百官因而能各居其位,各司其职。让他接待四方来宾,四方来宾都喜悦心服。舜又能让各地的诸侯、使臣、宾客都恭敬有礼。尧让舜视察山川水泽,正好遇到暴风雨,舜竟能不迷路。尧认为舜确实很神圣,便把他叫回来对他说:"你办事成功,说到做到,三年来很有成绩。你可以登天子之位。"舜推辞自己的德行不够,深感不能胜

任。正月初一，舜不得已终于在文祖庙接受了尧的禅让。文祖，就是尧的太祖。

【原文】 于是帝尧老^①，命舜摄行天子之政，以观天命。

【注释】 ①老：即今之所谓"退位"。

【译文】 从此帝尧退位，让舜代行天子之政，以此观察上天的反应。

【原文】 讙兜进言共工，尧曰："不可。"而试之工师^①，共工果淫辟^②。四岳举鲧治鸿水，尧以为不可，岳强请试之，试之而无功，故百姓不便。三苗^③在江淮、荆州数为乱。于是舜归而言于帝，请流共工于幽陵^④，以变北狄^⑤；放逐讙兜于崇山^⑥，以变南蛮^⑦；迁三苗于三危^⑧，以变西戎^⑨；殛鲧于羽山^⑩，以变东夷^⑪：四罪^⑫而天下咸服。

【注释】 ①工师：主管土木建筑的官员。②淫辟：骄纵，邪恶。③三苗：古代的少数民族名，生活在今湖南一带，其种不一，故称"三苗"。④流：迁，发配。幽陵：北部边裔的都城，约当今之北京密云。⑤以变北狄：使其逐渐同化北方的少数民族，也就是起一种抵御北方民族入侵的作用。⑥崇山：具体方位不详，约当今之越南北部一带。⑦南蛮：泛称南方的少数民族。⑧三危：山名，在今甘肃敦煌东南。⑨西戎：泛称西部的少数民族。⑩殛：诛。这里是"流放"的意思。羽山：东部边地的山名，约在今山东临沂一带。⑪东夷：泛称东部地区的少数民族。⑫罪：被治罪。

【译文】 讙兜举荐共工为继承人，尧说："不行。"让他试任工师之职，共工果然骄纵邪恶。四岳举荐鲧治理洪水，尧认为他不合适，四岳一再请求试用，结果一无所成，使黎民大受其害。后来又有三苗在江淮、荆州一带多次作乱。于是舜巡视归来向尧建议，请求把共工流放到幽陵，让他去改造北方的少数民族；把讙兜流放到崇山，让他去改变南蛮的风俗；把三苗迁往三危，去改变西戎的风俗；把鲧发配到羽山，让他去改变东夷的风俗。惩办了这四个罪人，天下都感到心服。

【原文】 尧立七十年得舜，二十年而老，令舜摄行天子之政，荐之于天。尧辟位凡二十八年而崩^①。百姓悲哀，如丧父母。三年，四方莫举乐，以思尧。尧知子丹朱之不肖，不足授天下，于是乃权授舜^②。授舜，则天下得其利而丹朱病；授丹朱，则天下病而丹朱得其利。尧曰："终不以天下之病而利一人。"^③而卒授舜以天下。尧崩，三年之丧毕，舜让辟丹朱于南河之南^④。诸侯朝觐者不之丹朱而之舜^⑤，狱讼者不之丹朱而之舜，讴歌者不讴歌丹朱而讴歌舜。舜曰："天也。"夫而后之中国践天子位焉^⑥，是为帝舜。

【注释】 ①辟位：避位，退位。凡二十八年而崩：据文意，是舜"摄政"二十八年，尧始崩。此与后文所述不同，详见后。②权授舜：此以封建社会的制度推测远古。权，变通。③"授舜"至"终不以天下"六句不见于古书，乃史公所自增，可见其社会理想。④让辟：动词连用，让位于人而已回避之。⑤朝觐：指诸侯进京朝见天子。春见曰"朝"，秋见曰"觐"。⑥之中国：由"南河之南"进入京城。中国，一国之中心，即首都。

【译文】 尧在位七十年得到舜，二十年后退位，让舜代行天子之政，把舜推荐给上

天。尧离开帝位二十八年后去世。去世时百姓哀痛得就像死了父母。为了悼念帝尧,天下四方三年之内不演奏音乐。尧知道自己的儿子丹朱不成材,不足以把天下交给他,因而采用变通的做法,把天下交给了舜。交给舜可使天下人得利而只对丹朱一人不利;交给丹朱则对天下人不利而只对丹朱一人有利。尧说:"怎么着也不能让天下人受害而让一个人得利。"于是毅然地将天下交给了舜。尧死后,三年守丧结束,为了让位给丹朱,舜躲避到了黄河的南边。可是前来朝贡的诸侯们都不去丹朱那里而到舜这边来;打官司的都不去找丹朱而去找舜;唱颂歌的不歌颂丹朱而歌颂舜。舜说:"这是天意啊!"于是回到京师即天子之位,这就是帝舜。

【原文】 舜,冀州之人也。舜耕历山,渔雷泽,陶河滨,作什器于寿丘①,就时于负夏②。舜父瞽叟顽,母嚚,弟象傲,皆欲杀舜。舜顺适不失子道③,兄弟孝慈。欲杀,不可得;即求,尝④在侧。

【注释】 ①什器:各种生活、劳动用品。②就时:犹逐时,乘时射利,即做买卖。③顺适:顺从。④尝:同"常"。

【译文】 舜是冀州人士。曾在历山种田,在雷泽捕鱼,在黄河边上制作陶器,在寿丘制造各种生产生活用品,还在负夏从事过商业活动。他的父亲瞽叟不讲道义,后母不讲忠信,弟弟象傲慢无礼,都想杀死舜。而舜则顺应父母心意,不失为子之道,对于那个狠毒狂傲的弟弟也很友善。他们想杀他,找不到借口;想找他,他又总是就在他们的身边。

【原文】 舜年二十以孝闻。三十而帝尧问可用者,四岳咸荐虞舜,曰可。于是尧乃以二女妻舜以观其内,使九男与处以观其外。舜居妫汭,内行弥谨①。尧二女不敢以贵骄事舜亲戚②,甚有妇道。尧九男皆益笃。舜耕历山,历山之人皆让畔③;渔雷泽,雷泽上人皆让居④;陶河滨,河滨器皆不苦窳⑤。一年而所居成聚,二年成邑,三年成都⑥。尧乃赐舜絺衣⑦,与琴,为筑仓廪⑧,予牛羊。瞽叟尚复欲杀之,使舜上涂廪⑨,瞽叟从下纵火焚廪。舜乃以两笠自扞而下⑩,去,得不死。后瞽叟又使舜穿井,舜穿井为匿空旁出⑪。舜既入深,瞽叟与象共下土实井,舜从匿空出,去。瞽叟、象喜,以舜为已死。象曰:"本谋者象⑫。"象与其父母分。于是曰:"舜妻尧二女,与琴,象取之。牛羊仓廪予父母。"象乃止舜宫居⑬,鼓其琴。舜往见之,象鄂不怿⑭,曰:"我思舜正郁陶⑮!"舜曰:"然,尔其庶矣⑯!"舜复事瞽叟爱弟弥谨。于是尧乃试舜五典百官,皆治。

【注释】 ①内行:在家族以内的行为表现与其处理事务的能力。②亲戚:这里指公婆。③畔:田界。④上:应作"之"。⑤不苦窳:精致,结实。苦窳,粗劣,易坏。⑥"一年"三句:聚,村落。邑,市镇。都,都城。⑦絺衣:细葛布做的衣裳,在当时很贵重。⑧仓:粮仓。廪:上有篷顶的粮仓。⑨涂廪:用泥抹粮仓上的屋顶。⑩扞:同"捍",防护。⑪匿空:秘密通道。匿,藏,不使人知。空,孔。旁出:从旁边通向地面。⑫本谋:主谋。⑬止:这里指住。宫:屋舍。⑭不怿:不高兴。这里是尴尬的样子。⑮郁陶:伤心痛苦的样子。⑯

庶：可以，够味。

　　【译文】　舜从二十岁就以孝顺出名，三十岁时尧问谁可以继天子之位，四岳全都举荐舜，说他可以继承帝位。于是帝尧就将自己的两个女儿嫁给了舜，以观察舜治家的能力；又让他的九个儿子与他交往，以观察他处理外部事务的能力。舜家住在妫汭，舜在家族内部的表现非常严谨。尧的两个女儿都不敢因出身高贵而在舜的家中稍有怠慢，表现得很守妇道；尧的九个儿子也变得愈发稳重厚道。舜在历山务农时，历山的人从来没有地界纠纷；舜在雷泽捕鱼，泽中的渔民常互相谦让住处；舜在河边制陶，河边的陶器从不出次品。舜在哪里住上一年，那里就会形成村落；住上两年，那里就成了市镇；住上三年，那里就成了都城。尧赐给舜上等布衣一套、琴一把，并且为他修建了粮仓、送给他一些牛羊。可是瞽叟还是总想置舜于死地，他让舜到仓顶上抹泥，而他却在底下放火。舜撑开两柄小伞从上面跳了下来，没有被烧死。后来瞽叟又让舜去挖井，舜预先在井中挖了个秘密通道。待至井挖深了，瞽叟和象便一齐往井里填土，舜早从秘密通道逃走了。瞽叟与象挺高兴，以为舜已死了。象说："这个主意是我想出来的。"他与父母瓜分舜的财产，说："舜的两个妻子和那把琴归我，牛羊和粮仓归父母。"象于是住进了舜的房子，弹琴取乐。舜又回来了去见他。象既惊愕，又尴尬，他说："我正在想你想得很伤心呢！"舜说："是啊，你我的兄弟情谊很不错啊！"事后，舜侍奉父亲依然恭谨，对待弟弟依然友爱。于是尧就试着让舜制定五典，教化民众，治理百官。舜都做得很好。

　　【原文】　昔高阳氏有才子八人①，世得其利，谓之"八恺"。高辛氏有才子八人，世谓之"八元"。此十六族者，世济其美②，不陨其名③。至于尧，尧未能举。舜举"八恺"，使主后土④，以揆百事⑤，莫不时序⑥。举"八元"，使布五教于四方⑦，父义，母慈，兄友，弟恭，子孝，内平外成⑧。

　　【注释】　①才子：成材的人。②济：达到，成就。③陨：落。④后土：即指土，大地。⑤揆：观察，忖度。这里即指治理。⑥时序：承顺。⑦五教：即前所谓"五常"。⑧内：诸夏。外：夷狄。

　　【译文】　当年高阳氏有八位有才能的人，替世人做了许多好事，人们称他们为"八恺"。高辛氏有八个有才能的人，世人称他们为"八元"。这十六个家族，世世代代都能保持他们的美德，没有辱没他们先人的名声，一直到尧的时代仍是如此，但尧却没有起用他们。于是舜起用"八恺"，让他们主管大地上的水利、农作诸事，结果他们都管理得井井有条。舜同时任用"八元"，让他们主管国家的教育、教化，结果整个社会变得为父者义、为母者慈、为兄者友、为弟者恭、为子者孝，于是国内太平，四周的夷狄向化。

　　【原文】　昔帝鸿氏有不才子①，掩义隐贼②，好行凶慝③，天下谓之浑沌④。少皞氏有不才子⑤，毁信恶忠，崇饰恶言，天下谓之穷奇。颛顼氏有不才子，不可教训，不知话言⑥，天下谓之梼杌。此三族世忧之。至于尧，尧未能去。缙云氏有不才子⑦，贪于饮食，冒于

货贿⑧,天下谓之饕餮。天下恶之,比之三凶。舜宾于四门,乃流四凶族,迁于四裔,以御螭魅,于是四门辟⑨,言毋凶人也⑩。

【注释】 ①帝鸿氏:指黄帝之族。②掩义隐贼:掩蔽仁义,包庇奸贼。"掩"亦可训为"袭击"。③凶慝:凶邪。④浑沌:即讙兜。⑤少暤氏:也作"少昊"。⑥话言:谓善言。⑦缙云氏:姜姓,炎帝之苗裔。⑧冒:没,其他皆所不顾。⑨四门辟:四门大开,言其太平无事之状。⑩毋:通"无"。

【译文】 从前帝鸿氏有个不成材的子弟,他袒护坏人,行凶作恶,人们管他叫浑沌;少暤氏有个不成材的子弟,他妒能忌贤,诽谤他人,粉饰错误,人们管他叫穷奇;颛顼氏有个不成材的子弟,他不知好歹,不懂人话,无法教育,人们管他叫梼杌,这三个家族成为世人的祸患。到尧的时代,尧未能把他们除掉。缙云氏有个不成材的子弟,好吃好喝,贪污受贿,天下人管他叫饕餮。大家都讨厌他,认为他与前面"三凶"没有什么两样。舜为了敞开国都四门以迎接四方贤者,就将这四个凶顽的家族流放到了边远的地方,让他们去抵御远方的妖魔鬼怪。从此国都的四门大开,因为国内已经没有为非作歹的坏人了。

【原文】 舜入于大麓①,烈风雷雨不迷,尧乃知舜之足授天下。尧老,使舜摄行天子政,巡狩。舜得举用事二十年,而尧使摄政。摄政八年而尧崩②。三年丧毕,让丹朱,天下归舜。而禹、皋陶、契、后稷、伯夷、夔、龙、倕、益、彭祖③,自尧时而皆举用,未有分职。于是舜乃至于文祖,谋于四岳,辟四门,明通四方耳目。命十二牧论帝德④,行厚德,远佞人⑤,则蛮夷率服⑥。

【注释】 ①麓:山脚。这里指深山。②摄政八年而尧崩:据前文,"尧立七十年得舜,二十年而老,令舜摄行天子之政,荐之于天,尧辟位凡二十八年而崩",所谓"得舜",指舜被尧看中,任以为首辅;所谓尧"辟位凡二十八年",即统舜为首辅与摄位两者合而言之。③禹:鲧之子,因治水有功,受舜禅让为帝。皋陶:舜时掌刑狱的大臣。契:舜时掌教化的官,商朝的祖先。后稷:名弃,舜时掌管农事的官,周朝的祖先。伯夷:舜时掌礼的官,与周初之饿死首阳山者同名。夔:舜时主乐的官。龙:舜时的谏官。倕:舜时主管建筑的官。益:也称"伯益""伯翳""大业",秦国的祖先。④十二牧:十二州的州长。论帝德:弘扬帝尧之德。论,阐发,光大。⑤佞人:以甜言蜜语取悦于人者。⑥率服:相率来归顺。

【译文】 由于舜能进入深山遇暴风雨而不迷路,因而尧知道舜是个贤才,可以将天下交给他。尧退位后,让舜代行天子之政,让舜出外巡视。舜被选拔任职二十年后代尧摄政,摄政八年后尧去世。三年守丧结束,舜退让天子之位与丹朱,但天下人心都归向舜。当时禹、皋陶、契、后稷、伯夷、夔、龙、倕、益、彭祖等人,虽从帝尧时代就被选拔任用,但却始终没有明确的职务分工。于是舜把四方的诸侯之长召集到文祖庙与他们商量,同时敞开京城的四门,广迎四方贤人,广泛听取各方面的意见。舜让十二州的州长发扬光大帝尧之德,让他们广施仁政,不要靠近那花言巧语的小人,只有这样才能让四方的蛮夷

都来归服。

【原文】 此二十二人咸成厥功：皋陶为大理^①，平，民各伏得其实^②；伯夷主礼，上下咸让；倕主工师，百工致功；益主虞，山泽辟；弃主稷，百谷时茂；契主司徒，百姓亲和；龙主宾客^③，远人至；十二牧行而九州莫敢辟违^④；唯禹之功为大，披九山^⑤，通九泽，决九河^⑥，定九州，各以其职来贡^⑦，不失厥宜。方五千里，至于荒服^⑧。南抚交阯、北发^⑨，西戎、析枝、渠廋、氐、羌^⑩，北山戎、发、息慎^⑪，东长、鸟夷^⑫，四海之内咸戴帝舜之功^⑬。于是禹乃兴《九招》之乐^⑭，致异物，凤皇来翔。天下明德皆自虞帝始^⑮。

【注释】 ①大理：官名，全国最高的司法官。②伏：通"服"，谓被定罪者皆内心服气。③龙主宾客：龙为"纳言"，求见舜者必须首先通过龙，故曰"龙主宾客"。④九州：华夏原称"九州"，其长官也只有"九牧"；后又增三州为"十二州"，故其长官也就成了"十二牧"。此处"十二"与"九"错落使用。辟：邪恶。违：抗命。⑤披：通"劈"。九山：极言为泄导洪水所开凿的山岭之多。⑥决：疏通。⑦职：责任，也就是按照本州地形与物产应向朝廷进献的贡品。⑧方五千里，至于荒服：此指当时整个华夏的疆域。古称自天子王畿向四周辐射，"五百里甸服，五百里侯服，五百里绥服，五百里要服，五百里荒服"。按直径计算，即五千里。⑨交阯：也作"交趾"，其首府即今越南河内市。北发：即"北向户"，指广东、广西南部之北回归线以南，窗户向北开的地方。⑩西戎、析枝、渠廋、氐、羌："西"下省"抚"字。戎、析枝、渠廋、氐、羌，都是西部的少数民族名，大约生活在今陕西西部、四川西北部与甘肃、青海一带地区。⑪北山戎、发、息慎："北"下亦省"抚"字。山戎、发、息慎，都是当时东北地区的少数民族名。⑫东长、鸟夷：意即东抚长夷、鸟夷。鸟夷也作"岛夷"。这些指当时东部大海中的岛国名。⑬咸：全，都。戴：拥戴，拥护。⑭于是禹乃兴《九招》之乐："禹"字疑当作"夔"，叙禹于诸臣之后者，以禹功最大。而太乐之作，所以告成功，故又叙夔于禹之后。《九招》，同《九韶》，相传为舜时所做的古乐名。⑮明德：兼指崇高的道德与圣明的政治。

【译文】 二十二人在功业上都各有建树：皋陶当法官，司法公平，被定罪的人都很服气；伯夷主管礼仪，朝廷上下无不礼让；倕主管土木建筑及各种手工制作，各种工艺都很精致；益主管林牧，山林水泽的资源得到了开发；弃主管农业，各种谷物都种得及时，长得茂盛；契主管政教，百姓都亲爱和睦；龙主管接待宾客，远方的人都来朝拜；十二州牧奉法行事没有一个敢为非作歹；在这当中禹的功劳最大，他开凿九山以泄洪水，他疏导了九州的湖泊，疏通了九州的江河，他划定了九州的疆界，并规定了各州对朝廷的贡物，没有一处不妥当。从中央王朝的方圆五千里，直至四方的边荒之地。南至交阯、北发，西至西戎、析枝、渠廋、氐、羌，北至山戎、发、息慎，东至长夷、鸟夷，四海之内都称颂舜的功业。于是禹创作了《九韶》之乐，各种祥瑞之物闻声而至，连凤凰也会降临，随着乐声飞舞，天下理想的政德就是从虞舜开始的。

【原文】 舜年二十以孝闻,年三十尧举之,年五十摄行天子事,年五十八尧崩^①,年六十一代尧践帝位。践帝位三十九年,南巡狩,崩于苍梧之野^②,葬于江南九疑^③,是为零陵^④。

【注释】 ①年五十八尧崩:此与舜纪前文"舜得举用事二十年,而尧使摄政,摄政八年而尧崩",及尧纪所谓"尧立七十年得舜,二十年而老,令舜摄行天子之政,荐之于天,尧辟位凡二十八年而崩"的说法相同。②苍梧:汉郡名,郡治广信,即今广西梧州。③九疑:山名,在今湖南宁远南,因山有九峰皆相似,故称"九疑"。④零陵:汉郡名,郡治在今广西兴安北,九嶷山正处于当时苍梧郡与零陵郡的交界处。

【译文】 舜从二十岁时因孝顺而闻名天下,三十岁时被尧选拔任用,五十岁时代行天子之权,舜五十八岁时尧崩,六十一岁代尧即天子位。舜在帝位三十九年,到南方巡视,死在苍梧郡的郊野,葬在了长江以南的九疑山,也就是后来的零陵郡。

周本纪

【题解】

《周本纪》是以周朝帝王为纲领的整个周民族与周王朝的编年史。

周民族的发展史经历夏朝、殷朝共千余年,至商末强大起来,雄踞西方。至周文王,吞并了四周小国,为日后武王灭商奠定了基础。武王即位后,在姜太公、周公、召公等一大批贤才的辅佐下,于公元前 1046 年率领许多同盟力量共同伐纣,灭亡了殷朝,建立了周朝。

关于西周史,《诗经》《尚书》《逸周书》《国语》等文献中有比较丰富的史料可供依据,而战国以来还没有一种比较系统的西周历史,所以司马迁便对西周部分做了比较详细的铺陈,以一个"德"字贯穿西周史的始终,其中蕴含着令人警醒的教训。春秋时期的周史主要依据《春秋》《左传》而作。当时政治舞台的主宰者已由天子转为诸侯中的霸主,太史公在撰写这一时期的周史时突出了王道衰微的内容。战国史料被秦始皇焚烧殆尽,供司马迁取材的只有《战国策》与诸子中涉及的一些材料,而这些材料的真实性也成问题,再加上战国后期已经小得极其可怜的周国又分裂成东西两部分,以至于司马迁连这两个小国诸侯的名字与世系都无法说清了。

在周的历史上,周文王、武王无疑是最重要的两位君主,儒家学派认为周文王、武王都是"顺天应人"的大圣人,而武王伐纣,建立周朝,更是最重要的事件,所以我们在这里选取的就是"武王伐纣"这一段。

【原文】 武王即位,太公望为师^①,周公旦为辅,召公、毕公之徒左右王^②,师修文王绪业^③。

【注释】 ①师:官名,又称太师,帝王的辅导官。②左右:通"佐佑",辅佐。③师修:

动词连用,意即遵循。

【译文】 武王即位后,任命太公望做太师,周公旦做宰辅,召公、毕公这些人在左右辅佐他,承继文王遗留下来的事业。

【原文】 九年①,武王上祭于毕②。东观兵③,至于盟津。为文王木主,载以车中军④。武王自称太子发,言奉文王以伐⑤,不敢自专。乃告司马、司徒、司空、诸节⑥:"齐栗⑦,信哉!予无知,以先祖有德臣,小子受先功⑧,毕立赏罚,以定其功。"遂兴师。师尚父号曰:"总尔众庶⑨,与尔舟楫,后至者斩。"武王渡河,中流,白鱼跃入王舟中,武王俯取以祭。既渡,有火自上复于下⑩,至于王屋⑪,流为乌,其色赤,其声魄云。是时,诸侯不期而会盟津者八百。诸侯皆曰:"纣可伐矣。"武王曰:"女未知天命,未可也。"乃还师归。

【注释】①九年:武王即位之第九年(前1048年)。有人谓此指"文王受命"之第九年者,似不足取。②武王上祭于毕:指往祭文王墓。③观兵:显示武力,即今之所谓"示威"。④载以车中军:语略不顺,泷川引桃源说作"载以居中军",比较明畅。⑤"武王"二句:正因此,后人遂称周朝开国之王为文王与武王二人。⑥司马:官名,掌军政。司徒:官名,掌土地和役徒。司空:官名,掌工程营建。诸节:指接受任命的各种官员。⑦齐栗:迅捷,戒惧。⑧小子:谦辞,自己。⑨总:集合。⑩复:通"覆",覆盖。⑪王屋:指武王所居之屋。

【译文】 九年,武王到文王的墓地毕举行祭祀。又到东方显示武力,到达了盟津。做了文王的灵牌,用车载着供在中军帐中。武王自称为太子发,说是奉行文王的旨意来讨伐,不敢自行专断。于是诏告司马、司徒、司空、诸节各官:"大家都要迅捷恭敬,切实努力!我是无知的人,但因为我的先祖是有德行的大臣,所以我承继了先人的功业,已确立了各种赏罚制度,来确保功业的建立。"于是起兵。师尚父发布号令道:"集合起你们的民众,整理好你们的船只。迟到者斩。"武王渡黄河,船到河流中间,有条白鱼跃入武王的船中,武王俯身拾取用以祭祀。渡过黄河后,有一团火从上覆盖而下,一直到达武王居住的房屋,变为乌鸦,它的颜色是红色的,发出"叽"的一声。这时,未经过事先约定而到达盟津参加盟会的有八百位诸侯。诸侯都说:"可以讨伐纣王了。"武王说:"你们不了解上天的意图,还不可以讨伐。"就班师回去了。

【原文】 居二年,闻纣昏乱暴虐滋甚,杀王子比干,囚箕子。太师疵、少师疆抱其乐器而奔周①。于是武王遍告诸侯曰:"殷有重罪,不可以不毕伐②。"乃遵文王,遂率戎车三百乘③,虎贲三千人④,甲士四万五千人,以东伐纣。十一年十二月戊午⑤,师毕渡盟津,诸侯咸会。曰:"孳孳无怠⑥!"武王乃作《太誓》⑦,告于众庶:"今殷王纣乃用其妇人之言⑧,自绝于天,毁坏其三正⑨,离逷其王父母弟⑩;乃断弃其先祖之乐,乃为淫声,用变乱正声⑪,怡说妇人。故今予发维共行天罚⑫,勉哉夫子⑬,不可再,不可三!"

【注释】 ①太师:官名,乐工之长。少师:官名,乐官太师之佐。②毕:迅速。③戎车:兵车。④虎贲:即勇士。⑤十一年十二月戊午:武王之十一年相当于公元前1046年。

⑥孳孳:同"孜孜",勤勉的样子。⑦《太誓》:即《泰誓》,周武王伐纣前大会诸侯的誓师词。⑧妇人:指纣王的宠妃妲己。⑨三正:旧注说法分歧,或指建子、建丑、建寅三种历法,或指天、地、人之正道,刘起釪以为是指商朝的主要大臣。⑩离邊:又作"离逖",疏远。王父母弟:同出自一个祖父母的兄弟。王父母,祖父祖母。⑪"乃为"二句:古代以雅乐为正声,以俗乐为淫声。用,以。⑫维:发语词。共行:恭敬地执行。共,通"恭"。⑬夫子:男子汉,壮士。

【译文】 过了两年,听说纣王更加昏乱暴虐,他杀了王子比干,囚禁了箕子。太师疵、少师疆就抱了他们的乐器逃奔到周国。武王因此遍告诸侯说:"殷朝犯下重大的罪过,不可以不迅速进行讨伐。"于是遵照文王遗命,率领了三百乘兵车,三千名勇士,以及带甲的武士四万五千人,向东方去伐纣。十一年十二月戊午日,大军全部渡过盟津,各地诸侯都会集在一起。说:"勤勉努力,不要懈怠!"武王于是写下《太誓》,向众人宣告道:"如今殷王纣居然听信妇人的言论,自己与上天断绝关系,残害那些重臣,疏远自己同祖父母的兄弟;居然抛弃先祖创制的乐曲,谱写淫乱的音调,以此扰乱雅声,讨得妲己的欢心。所以现在我姬发恭敬地执行上天的惩罚。努力呀,各位壮士。不可能有第二次,更不可能有第三次!"

【原文】 二月甲子昧爽①,武王朝至于商郊牧野②,乃誓。武王左杖黄钺③,右秉白旄④,以麾⑤。曰:"远矣,西土之人!"武王曰:"嗟!我有国家君⑥,司徒、司马、司空、亚旅、师氏⑦,千夫长、百夫长⑧,及庸、蜀、羌、髳、微、纑、彭、濮人,称尔戈,比尔干,立尔矛,予其誓⑨。"王曰:"古人有言:'牝鸡无晨。牝鸡之晨,惟家之索⑩。'今殷王纣维妇人言是用,自弃其先祖肆祀不答⑪;昏弃其家国⑫,遗其王父母弟不用,乃维四方之多罪逋逃是崇是长⑬,是信是使,俾暴虐于百姓,以奸轨于商国⑭。今予发维共行天之罚。今日之事,不过六步七步,乃止齐焉⑮,夫子勉哉!不过于四伐五伐六伐七伐⑯,乃止齐焉,勉哉夫子!尚桓桓⑰,如虎如罴,如豺如离⑱,于商郊,不御克奔,以役西土,勉哉夫子!尔所不勉,其于尔身有戮。"誓已,诸侯兵会者车四千乘,陈师牧野。

【注释】 ①二月甲子昧爽:武王十一年周历二月的甲子日拂晓。昧爽,黎明,拂晓。②牧野:地名,在殷都朝歌(在今河南淇县)南七十里。③左杖黄钺:左手杖钺,示有事于诛。杖,持。黄钺,以黄金饰斧。④右秉白旄:右手把旄,示有事于教令。秉,握。旄,装饰以旄牛尾的旗。⑤麾:通"挥",晃动。⑥有:通"友"。冢君:大君。即指下述"庸""蜀"等八个西部古代部落的首领。⑦亚旅、师氏:皆高级军官名。⑧千夫长、百夫长:皆中下级军官名。⑨"称尔戈"四句:称,举。比,排列。干,盾牌。其,将。⑩索:尽,死光。⑪肆祀:祭祀。答:报,报谢祖先的祭祀。⑫昏弃:抛弃。⑬逋:逃亡。⑭奸轨:同"奸宄",外来为奸,中出为宄。⑮止齐:暂止而取齐。⑯伐:击刺。⑰桓桓:威武貌。⑱离:同"螭",古代传说中没有角的龙。

【译文】　周历二月的甲子日拂晓，武王很早来到商都郊外的牧野，举行了誓师会。武王左手持饰有黄金的铜斧，右手握着白色牦牛尾装饰的旗子，用来指挥。"辛苦啦，远道而来的西方的人们！"武王说，"啊！我的友邦君主们，司徒、司马、司空、亚旅、师氏，千夫长、百夫长各位官员，以及庸、蜀、羌、髳、微、纩、彭、濮各国的人们，举起你们的长戈，排列好你们的盾牌，竖起你们的长矛，你们听我宣誓。"武王说："古人说过这样的话：'母鸡是没有在黎明时啼叫的。如果哪家的母鸡在黎明时啼叫，那么这个人家就要灭绝了。'现在殷纣王只听信妇人的言论，自动废弃对他的先祖的祭祀，不答谢神灵；抛弃国家朝政，遗弃同出于一个祖父母的兄弟不加进用，对于那些从四方诸侯国逃亡到商国的罪人，推崇他们、尊敬他们、信任他们、任用他们。让他们来对百姓施加暴虐，让他们在商国为非作歹。如今我姬发恭敬地执行上天对商国的惩罚。今日战场出击不要超过六步、七步就停下来，把队伍整顿一下再继续推进。大家要努力啊！武器刺击敌人，少则四五下，多则六七下，就可以停下来整顿队伍继续前进。大家要努力啊！希望大家都勇往直前，像老虎像黑熊，像豺狼像螭蛟，在商都的郊外作战，不要迎击那些前来投降的殷国士兵，让他们给我们西方人服劳役。大家要努力啊！如果你们不努力，就会被处死。"宣誓完毕，诸侯的军队聚集在一起，兵车有四千乘，列阵于牧野。

【原文】　帝纣闻武王来，亦发兵七十万人距武王[1]。武王使师尚父与百夫致师[2]，以大卒驰帝纣师[3]。纣师虽众，皆无战之心，心欲武王亟入。纣师皆倒兵以战，以开武王。武王驰之，纣兵皆崩畔纣。纣走，反入登于鹿台之上[4]，蒙衣其珠玉，自燔于火而死。武王持大白旗以麾诸侯，诸侯毕拜武王，武王乃揖诸侯，诸侯毕从。武王至商国[5]，商国百姓咸待于郊[6]。于是武王使群臣告语商百姓曰："上天降休[7]！"商人皆再拜稽首，武王亦答拜[8]。遂入，至纣死所。武王自射之，三发而后下车，以轻剑击之[9]，以黄钺斩纣头，县大白之旗[10]。已而至纣之嬖妾二女，二女皆经自杀。武王又射三发，击以剑，斩以玄钺，县其头小白之旗。武王已乃出复军。

【注释】　[1]距：通"拒"，抵御。[2]致师：即今所谓挑战。[3]大卒：指武王的嫡系部队，主要指虎贲而言。驰：以战车冲击。[4]鹿台：在当时的殷都朝歌城南，相传纣王在这里贮藏了大量珠玉钱帛。[5]商国：商朝的国都，即朝歌。[6]商国百姓：商朝之百官与各家贵族。[7]降休：降下福祥。休，吉祥。[8]武王亦答拜：据《逸周书·克殷解》，武王答拜的是诸侯，非答拜商人。[9]轻剑：佩剑。[10]县：悬挂。

【译文】　帝纣听说武王攻来，也派了七十万人的军队抵御武王。武王派师尚父与百名勇士挑战，让精锐部队以战车冲击纣王的军队。纣王的军队虽然人数众多，却没有斗志，心里希望武王迅速攻入殷国。纣王的军队都倒戈攻击己军，为武王开路。武王冲向殷军，纣王的军队四散奔逃，背叛纣王。纣王逃走，返回城中登上鹿台，穿上镶嵌有珍贵

珠宝的衣服，自焚于火中而死。武王手持大白旗来指挥各地诸侯，诸侯们都向武王参拜，武王就作揖答谢诸侯，诸侯们都服从他。武王进入商都，商国的百官与各家贵族都在郊外迎接。于是武王派群臣告诉商国的百官与各家贵族说："上天降下福祥！"商人们都再次跪拜叩头，武王也做了答谢回拜。接着就进城，到达纣王自焚的地方。武王亲自向纣王的尸体射箭，射了三箭以后下车，又用佩剑砍他，然后用铜斧砍下纣王的头颅，悬挂在大白旗的旗杆上。接着又来到纣王两位宠妾的住所，这两位女子已经上吊自杀。武王又向她们射了三箭，以剑砍击，用铁制的黑斧砍下她们的头颅，将头颅悬挂在小白旗的旗杆上。办完上述诸事武王返回军中。

【原文】 其明日，除道，修社及商纣宫①。及期，百夫荷罕旗以先驱②。武王弟叔振铎奉陈常车③，周公旦把大钺，毕公把小钺④，以夹武王⑤。散宜生、太颠、闳夭皆执剑以卫武王。既入，立于社南大卒之左⑥，左右毕从。毛叔郑奉明水⑦，卫康叔封布兹⑧，召公奭赞采⑨，师尚父牵牲。尹佚策祝曰⑩："殷之末孙季纣，殄废先王明德⑪，侮蔑神祇不祀，昏暴商邑百姓，其章显闻于天皇上帝⑫。"于是武王再拜稽首，曰："膺更大命，革殷，受天明命。"⑬武王又再拜稽首，乃出。

【注释】 ①修社：修缮祭祀土神的地方。武王"修社及商纣宫"，盖即拆除商朝之旧社，重立周朝之新社。②荷：扛，打着。罕旗：即云罕旗。先驱：仪仗队的一部分，负责在前面开路。③常车：插着太常旗的仪仗车。太常旗指画有日月形象的旗，以象征王者的地位与威严。④毕公把小钺：此处之"毕公"应作"召公"。⑤夹：左右陪侍，兼有护卫之意。⑥社南大卒：战场破纣军之武王嫡系部队，今又充当仪卫，列于社南。⑦明水：古代祭祀所用的净水，亦称"玄酒"。⑧布兹：铺草席于地。布，铺。兹，席子。⑨赞采：帮助武王献上供品。也有说是为武王赞礼。⑩尹佚：又称"史佚"，西周初期的史官、天文家、星占家。策祝：诵读策书上的祭神文字。⑪殄废：灭弃。⑫章显：明显，谓其罪行显著。⑬曰："膺更大命，革殷，受天明命"：此"曰"字的主语是"史佚"，不是"武王"。膺更，承受。大命，天命。革殷，上天改变了对殷朝的眷顾。有人解为革除殷朝政权。

【译文】 第二天，清除道路，修缮祭祀土神的祭坛以及商纣的王宫。到了规定时候，一百名士兵打着云罕旗为武王在前开道。武王的弟弟叔振铎为武王赶着车子，周公旦拿着大斧，毕公拿着小斧，在左右陪侍武王。散宜生、太颠、闳夭都持剑护卫武王。进入社庙，武王站在庙的南面、精锐部队的左边，左右护卫都跟随着他。毛叔郑手捧玄酒，卫康叔封给地铺上草席，召公奭帮助武王献上供品，师尚父牵着祭祀用的牲畜。尹佚诵读策书上的祭神文字，说："殷朝的末代子孙名叫纣的，灭弃先王的善德，轻慢天地之神不去祭祀，祸害商邑的百姓，他的罪行显著，已被天皇上帝了解。"于是武王再次跪拜叩头，尹佚说："禀承天命，上天改变了对殷朝的眷顾，接受上天圣明的旨令。"武王又再次跪拜叩头，离开社庙。

秦始皇本纪

【题解】

《秦始皇本纪》记载了秦始皇在其历代祖先积蓄力量的基础上并吞六国，统一天下，第一次建立了中央集权的强大国家的过程，肯定了秦始皇的丰功伟绩；同时也记载了秦始皇称帝后由于缺少历史经验而采取的种种错误做法；尤其是写了秦始皇死后，秦二世以非法手段篡取政权，倒行逆施，终致在两年多的时间里将秦王朝彻底葬送的悲惨教训。作品篇幅很长，叙述极其精彩，是《史记》中篇幅较长的作品之一。如果将这篇作品与《李斯列传》参照，就等于一篇详尽细致的秦王朝的兴亡史，其中包含着深刻的历史教训。

司马迁是将始皇帝作为一个因缺少历史经验而招致失败的悲剧英雄来进行写作的，笔下有无限惋惜之情。

我们在这里选取的是秦始皇称帝后建立、实施一系列制度与措施的片段，表现了秦始皇的雄才大略与恢宏气度。司马迁对此尽管也有批评、不满，但大体上是肯定的、赞扬的，这与《六国年表》所说的"秦取天下多暴，然世异变，成功大"观点一致；文章的气势亦高屋建瓴，与《商君列传》叙述商鞅变法的措施、功效两相辉映。

【原文】 秦初并天下，令丞相、御史曰①："异日韩王纳地效玺，请为藩臣，已而倍约，与赵、魏合从畔秦，故兴兵诛之，虏其王。寡人以为善，庶几息兵革。赵王使其相李牧来约盟②，故归其质子。已而倍盟，反我太原，故兴兵诛之，得其王。赵公子嘉乃自立为代王，故举兵击灭之。魏王始约服入秦，已而与韩、赵谋袭秦，秦兵吏诛，遂破之。荆王献青阳以西，已而畔约，击我南郡③，故发兵诛，得其王，遂定其荆地。燕王昏乱，其太子丹乃阴令荆轲为贼，兵吏诛，灭其国。齐王用后胜计，绝秦使④，欲为乱，兵吏诛，虏其王，平齐地。寡人以眇眇之身，兴兵诛暴乱，赖宗庙之灵，六王咸伏其辜，天下大定⑤。今名号不更⑥，无以称成功，传后世，其议帝号。"丞相绾、御史大夫劫、廷尉斯等皆曰⑦："昔者五帝地方千里，其外侯服夷服⑧，诸侯或朝或否，天子不能制。今陛下兴义兵，诛残贼⑨，平定天下，海内为郡县，法令由一统，自上古以来未尝有，五帝所不及。臣等谨与博士议曰⑩：古有天皇，有地皇，有泰皇，泰皇最贵⑪。臣等昧死上尊号，王为'泰皇'。命为'制'，令为'诏'，天子自称曰'朕'。"王曰："去'泰'，著'皇'，采上古'帝'位号，号曰'皇帝'。他如议。"制曰可⑫。追尊庄襄王为太上皇。制曰："朕闻太古有号毋谥，中古有号，死而以行为谥。如此，则子议父，臣议君也，甚无谓，朕弗取焉。自今已来，除谥法。朕为'始皇帝'，后世以计数，二世三世至于万世，传之无穷。"

【注释】 ①丞相：此时的秦丞相为王绾。御史：此指御史大夫，掌监察、纠弹，位同副丞相。此时秦的御史大夫为冯劫。②李牧：赵国的最后一位名将。③击我南郡：楚反秦于南郡在楚王被虏后，非在楚王被虏之前，此与事实不合。④"齐王"二句：据《田敬仲完

世家》，后胜前乃受秦收买，哄骗齐王亲秦；迨秦兵击齐，"齐王听后胜计，不战，以兵降秦"，与此说法不同。⑤"六王"二句：秦王于此文中将所有被他消灭的诸侯，通通说成是"阴谋"反他，甚至编无作有，完全是一套强盗逻辑。⑥名号不更：指还像以往的称"王"。⑦廷尉斯：即李斯。廷尉，九卿之一，全国最高的司法长官。⑧"昔者"二句：五帝，史公以为指黄帝、颛顼、帝喾、尧、舜五人。地方千里，其外侯服夷服，指自天子的都城向四周辐射，千里之内是"王畿"；再向外辐射五百里为"侯服"；再向外辐射五百里为"甸服"；依次向外辐射，每五百里为一"服"，有"男服""采服""卫服""蛮服""夷服""镇服""藩服"。这当然只是一种空想的安排，实际上戎、狄等少数民族就在王城不远，甚至可以赶着"天子"四处逃难。⑨残：残忍。贼：害，凶狼。⑩博士：官名，帝王身边的侍从人员，以知识渊博者为之，掌参谋、议论。⑪泰皇：即人皇。⑫制曰可：前面的一大段文字是记载始皇与群臣讨论的过程，"制曰可"三个字才是皇帝下达的命令。从现有的标点本看，人们通常是作如此理解，但联系《三王世家》，可以认为从"令丞相、御史曰"至"他如议"，是由丞相、御史等共同起草的一个文件，其中记载了帝王与诸臣讨论该问题的过程；文件形成后，交由帝王审批，"制曰可"中的"可"字，即帝王最后在该文件上的批语。

【译文】　秦统一天下后，秦王对丞相、御史下令道："前者韩王交出土地，献上玉玺，声称愿做秦国的诸侯王，但不久又背弃盟约，与赵、魏联合起来反叛秦国，所以我们兴兵讨伐他，停虏了他的国王。我认为这是件好事，这样就可以永远结束秦、韩之间的战争了。赵王曾派他的丞相李牧来签订盟约，我们归还了他们的质子。但不久他们背弃盟约，在太原反叛我们，所以我们兴兵讨伐他，停虏了赵国的国王。赵公子嘉又自立为代王，所以我们兴兵消灭了他。魏王当初已经说好服从秦国，不久又与韩、赵合谋袭击秦国。因此我们只得派兵前往讨伐，终于把他们击败了。楚王已经献出了青阳以西的土地，不久又违背约定，袭击我国的南郡，所以我们派兵讨伐他，停虏了他们的国王，平定了楚国之地。燕王头脑发昏，他的太子丹竟然暗地里派荆轲前来行刺，我们只好派兵前去讨伐，灭了他们的国家。齐王建采纳后胜的计谋，与秦国断交，想作乱，我们派兵前往征讨，停获了他们的国王，平定了齐国土地。就凭我这么一个渺小的人物，居然能兴兵讨平暴乱，倚仗着列祖列宗的威灵，六国之王都已服罪，天下已经大体平定。如今若不更改名号就无法与我们取得的功业相称，无法使之流传后世，你们都讨论一下我这个帝王应该用什么名号。"丞相王绾、御史大夫冯劫、廷尉李斯等一起上书说："过去'五帝'直接管辖的地区方圆不过千里，千里之外是'侯服'、'夷服'的地区，那时的诸侯有的朝贡，有的不朝贡，天子无法控制。如今陛下起义兵，讨残暴，平定天下，整个国家实行郡县制，一切命令都由朝廷发出，这是自古以来从未有过的，连传说中的'五帝'也无法企及。我们与博士商量，共同认为：古代有'天皇'、'地皇'、'泰皇'，三者之中'泰皇'最尊贵。因此我们大胆建议，您应当称为'泰皇'，您的命令称为'制'和'诏'，您应该自称为'朕'。"秦王说：

"去掉'秦'字，留下'皇'字，再加上古代所称的'帝'字，合称为'皇帝'。其他就按你们商量的意见办。"说罢便在他们的上书上批示曰"可"。于是追尊庄襄王为"太上皇"。皇帝下令道："我听说远古之时只有生时的帝号没有死后的谥号；中古之时生有帝号，死后又根据他生前的表现加一个谥号。这样做就等于是让儿子评议父亲，臣子评议君主了，这是很没有道理的，我不采取这种做法。从此以后，取消谥号。我就叫'始皇帝'，后世以数字相称，从二世、三世直到万世，让它的传递无穷无尽。"

【原文】 始皇推终始五德之传①，以为周得火德，秦代周德，从所不胜②。方今水德之始③，改年始④，朝贺皆自十月朔。衣服旄旌节旗皆上黑⑤。数以六为纪，符、法冠皆六寸⑥，而舆六尺⑦，六尺为步，乘六马。更名河曰德水，以为水德之始。刚毅戾深⑧，事皆决于法，刻削毋仁恩和义⑨，然后合五德之数⑩。于是急法，久者不赦。

【注释】 ①终始五德之传：将金、木、水、火、土五行的相生相克，周而复始，引用到历史朝代的相承相变上。②从所不胜：前一个朝代所不能战胜的那种"德（性）"，就是下一个朝代的"德（性）"。秦人认为周朝是"火"德，能灭"火"的是"水"，因此秦朝是"水"德。③方今水德之始：据《封禅书》，秦文公获黑龙，以为水瑞，秦始皇因自谓水德。④改年始：指始皇改用颛顼历，以十月为岁首。⑤衣服：指帝王在祭祀、朝会时所穿的礼服。旄：饰有羽毛的旗帜。旌：编羽所成的旗帜。节：帝王所派使者所持的信物。旗：画有龙虎以及各种图案的旗帜。皆上黑：阴阳五行家以五行与五方、五色相配，说秦既是水德，其方位则在北，其颜色则主黑，故秦朝的服饰、旄旗皆上黑。上，通"尚"。⑥符：符节，皇帝使者的信物，以竹、金等为之。法冠：祭祀、朝会等隆重场合所戴的礼帽。⑦舆六尺：车子两轮之间的距离（即车宽）为六尺。⑧戾深：暴戾，酷苛。⑨刻削：谓执法严酷。⑩合五德之数：意谓秦朝的行政、司法，一切都与其"水德"相一致。

【译文】 始皇帝按照金、木、水、火、土五德终始循环、相生相克的原理，认为周朝是得火德，秦代替周的火德而兴盛，就应该是周德所不能胜的水德。现在是水德的开始，应更改每年的起始月，群臣入朝贺岁都从十月初一开始。衣服、旄旗、符节的颜色都应该崇尚黑色。数目以六为准，符节、法冠都六寸，车子的宽度为六尺，以六尺为一步，驾车的马用六匹。黄河改称德水，以此作为水德的开始。为政应强硬果决，一切都取决于法律，执法严酷而不讲仁慈宽大，这样才符合水德之治。于是施行严厉的刑法，对犯罪者从不宽赦。

【原文】 丞相绾等言："诸侯初破，燕、齐、荆地远，不为置王，毋以填之①。请立诸子，唯上幸许。"始皇下其议于群臣，群臣皆以为便。廷尉李斯议曰："周文武所封子弟同姓甚众②，然后属疏远③，相攻击如仇雠，诸侯更相诛伐，周天子弗能禁止。今海内赖陛下神灵一统，皆为郡县④，诸子功臣以公赋税重赏赐之⑤，甚足易制。天下无异意，则安宁之术也。置诸侯不便。"始皇曰："天下共苦战斗不休，以有侯王。赖宗庙，天下初定，又复立

国，是树兵也，而求其宁息，岂不难哉！廷尉议是。"

【注释】　①毋以填之：无法维持那些地区的稳定。毋，通"无"。填，通"镇"，弹压。②周文武所封：实即武王所封，因武王灭纣时文王已死，武王乃托父命讨伐殷纣。③后属：后来的亲缘关系。④皆为郡县：早在春秋时期各国已有郡、县之置，然当时是郡县与有土封君相互错杂。至秦始皇统一天下后，遂大规模地实行郡县制，但极少数的国内封君也还存在。⑤公赋税：国家收敛上来的赋税。

【译文】　丞相王绾等人上书奏道："诸侯国刚被消灭，燕、齐、楚地区偏远，不在那里封建王侯就无法维持那些地区的稳定。请立各皇子为王，请您准许。"始皇把这个意见交给群臣讨论，群臣都认为此话有理。廷尉李斯则说："周文王、周武王所封的子弟及同姓很多，但是后来亲缘关系疏远，互相攻击就像冤家对头，诸侯更是互相征伐诛杀，周天子也无法制止。如今海内仰赖陛下的威灵而统一，各地都设置了郡县，各子弟功臣都用国家收来的赋税重赏他们，这样做很容易控制。天下人也都没有别的想法，这是使国家长治久安的好办法！封立诸侯对国家不利。"始皇说："天下人过去饱尝无休止的战争的苦难，就是因为有诸侯王的存在。如今仰赖先祖的神灵，统一的国家刚刚建立，又要建立诸侯国，这是埋下战争的种子，再想寻求国家的安宁，那不是很难吗？廷尉的意见正确。"

【原文】　分天下以为三十六郡①，郡置守、尉、监②。更名民曰"黔首"③。大酺。收天下兵④，聚之咸阳，销以为钟鐻⑤，金人十二，重各千石，置廷宫中。一法度衡石丈尺⑥，车同轨⑦，书同文字⑧。地东至海暨朝鲜，西至临洮、羌中，南至北向户⑨，北据河为塞，并阴山至辽东⑩。徙天下豪富于咸阳十二万户。诸庙及章台、上林皆在渭南⑪。秦每破诸侯，写放其宫室⑫，作之咸阳北阪上⑬。南临渭，自雍门以东至泾、渭⑭，殿屋复道周阁相属。所得诸侯美人钟鼓，以充入之。

【注释】　①分天下以为三十六郡：这只是秦始皇二十六年刚统一六国时的数字。②郡置守、尉、监：守，郡守，郡里的最高行政长官。尉，郡尉，郡里的武官，主管治安，缉捕盗贼。监，监郡，皇帝派驻该郡的监察官员，由御史担任，主管监察该郡的吏治。③黔首：以"黔首"称百姓，不始于此时，然全国统一称黎民为"黔首"则自此时起。④兵：兵器，当时多为铜制。⑤鐻：夹钟，也是钟的一种。⑥一：统一，划一。衡石："衡"是秤砣；"石"是重量单位。丈尺：长度单位。⑦车同轨：两轮间的距离一致。⑧书同文字：指规定凡刻石一律用小篆，官方文件一律用隶书。⑨北向户：指今海南岛与越南北部等地区，因其地处北回归线以南，门窗往往向北开。⑩"北据河"二句：此即令蒙恬筑长城事。塞，城障。并，通"傍"，沿着。辽东，秦郡名，其辖区约当今辽宁东部直达今朝鲜平壤市西北。⑪诸庙：秦国历代先王的祭庙。章台：秦宫名。上林：即上林苑，秦朝的皇家猎场。渭南：渭水之南。⑫写放：模仿，仿照。放，同"仿"。⑬作：建造。阪：山坡。六国宫殿在秦时咸阳城北部的宫城北侧。⑭雍门：地名，当时咸阳城的大西南。泾、渭：泾水与渭水的汇流处。

【译文】 于是把天下分成三十六郡,每个郡设置郡守、郡尉和监郡。对黎民百姓改称作"黔首"。让天下人聚集饮宴以示庆贺。收缴天下的兵器,汇总到咸阳,熔铸成大钟、大鐻各若干,又铸造了十二个大铜人,各重千石,放在宫廷内。统一法律和度量衡,统一车轨的尺寸,统一全国的文字。秦朝的版图东境到达大海及朝鲜,西境到达临洮、羌中,南境到达广州、南宁,北境以黄河作为要塞,沿着阴山直至辽东。把天下十二万户富豪人家迁到咸阳。秦朝各代先祖的祭庙、章台宫、上林苑都设置在渭水的南岸。秦每灭掉一个诸侯国,就按着被灭国家的宫殿模样,在咸阳城北的山坡上仿建一座。这些建筑向南对着渭水,从雍门以东直到泾水、渭水的汇合处。殿宇之间有天桥与各殿长廊相连相通,把从各诸侯国获得的美人、钟鼓,都安置在这些宫殿里。

【原文】 二十七年,始皇巡陇西、北地,出鸡头山,过回中。焉作信宫渭南①,已更命信宫为极庙,象天极②。自极庙道通郦山③,作甘泉前殿④。筑甬道⑤,自咸阳属之⑥。是岁,赐爵一级。治驰道⑦。

【注释】 ①焉作:于是建造。信宫:秦始皇举行重大朝会活动的宫殿。②天极:星座名。中国古代天文学家把天空的星座分为五个区域,称作五宫,天极是中宫的中心星座。③郦山:也写作"骊山",在当时的成阳城东南。④甘泉前殿:甘泉宫的前殿,在今陕西西安夹城堡、黄庄和铁锁村一带。⑤甬道:两侧筑有夹墙的通道。⑥属:连通。⑦驰道:驰骋车马的宽广道路,中央专供皇帝通行,列树标明,两旁任人行走。

【译文】 二十七年,秦始皇巡视陇西、北地二郡,越过鸡头山,经过回中宫。于是在渭水之南建造信宫,后又改名为极庙,来象征天极。从极庙修路直通郦山,建造甘泉宫前殿。又修造甬道,从咸阳直通这里。这一年给天下百姓普遍赐爵一级。又增修供皇帝出行使用的大道。

项羽本纪

【题解】

司马迁以无限饱满的热情歌颂了项羽在灭秦过程中所建立的丰功伟绩,充分地肯定了他的历史作用;而对于项羽在楚汉战争中由于政治思想落后,政策方略错误,以及他个人性格上的种种缺点所导致的最终失败,则寄予了极大的惋惜与同情。有人仅取一端,或扬之为千古英雄,或抑之为桀、纣再世,亦可谓偏颇之极。司马迁的叙述全面,评价准确。作品所展示的重大历史场面的复杂性与深刻性,所描绘的人际关系与种种细节的深沉的历史感,都是前所未见的文献资料。在艺术上,《项羽本纪》是《史记》中精彩的篇章之一,既是秦末农民战争与楚汉战争的生动的历史画卷,又是带有许多艺术夸张、充满作者浓厚感情的传记文学杰作,其叙事之生动,其语言之精彩,尤其是对项羽、刘邦这两个人物形象的描写,其成就更是空前的。他们既有英雄的伟大,又有普通人所常有的弱点,

项羽像

千载之下读之,仍觉其虎虎有生气,历历如在目前。

【原文】 项籍者,下相人也,字羽。初起时,年二十四。其季父项梁①,梁父即楚将项燕,为秦将王翦所戮者也②。项氏世世为楚将,封于项,故姓项氏。

【注释】 ①季父:小叔父。季是兄弟排行中最小的。②王翦:始皇前期的名将。

【译文】 项籍是下相人,字羽。开始起事的时候,年方二十四岁。他的小叔叔名叫项梁,项梁的父亲就是被秦将王翦所杀的楚国的名将项燕。项家世世代代在楚国为将,因为有功被封在项这个地方,所以他们就以项为姓了。

【原文】 项籍少时,学书不成,去学剑,又不成。项梁怒之。籍曰:"书,足以记名姓而已;剑,一人敌,不足学;学万人敌。"于是项梁乃教籍兵法,籍大喜,略知其意,又不肯竟学。项梁尝有栎阳逮,乃请蕲狱掾曹咎书抵栎阳狱掾司马欣①,以故事得已。项梁杀人,与籍避仇于吴中②。吴中贤士大夫皆出项梁下。每吴中有大繇役及丧③,项梁常为主办,阴以兵法部勒宾客及子弟,以是知其能。秦始皇帝游会稽④,渡浙江⑤,梁与籍俱观。籍曰:"彼可取而代也。"梁掩其口,曰:"毋妄言,族矣!"梁以此奇籍。籍长八尺馀⑥,力能扛鼎⑦,才气过人⑧,虽吴中子弟皆已惮籍矣。

【注释】 ①狱掾:主管监狱的吏属。掾,旧时对吏目的通称。抵:犹今之所谓"致"。②吴:秦县名,其县治即今江苏苏州。③大繇役及丧:给国家出民力与当地大户人家办丧事,都是兴师动众的事。④会稽:山名,在今浙江绍兴东南。⑤浙江:即今钱塘江。⑥长八尺馀:约当今之一米八四以上。秦时一尺相当今之二十三厘米。⑦扛鼎:举鼎。扛,举。⑧才气:古时多以此称人之勇武多力,与后世之偏于称人之思维慧敏者略异。

【译文】 项籍小时候,开始学习写字,没有学成就不学了,于是改去学剑,还是没有学成。项梁很生他的气。项籍说:"学了写字也不过是用来记个姓名而已;练好了剑术也不过是能对付一个人,这些都不值得学;我要学能对付万人的本事。"项梁见他有这份志向,于是就教他兵法,项籍很高兴,但他仍是粗知大意而已,不肯下功夫有始有终地好好学。项梁曾因为犯罪被栎阳县逮捕,于是他就请蕲县的典狱官曹咎给栎阳县的典狱官司马欣写了一封说情的信,案子得以了结。后来,项梁又杀了人,和项籍一起躲避仇人到了吴县。吴县的贤士大夫们对他们叔侄都很佩服敬重,每逢吴县有大的徭役或丧事,总是请项梁来操办,在办这些事的过程中,项梁常常用兵法来组织这些宾客和子弟,借此来了解这些人的能力。有一次,秦始皇出游会稽,在渡钱塘江的时候,项梁和项籍都赶上去观看,项籍说:"我可以代替他!"项梁一听,赶紧捂住他的嘴,说:"可别胡说,当心要灭族的!"但是从此他心里也觉得他这个侄子不寻常。项籍身高八尺多,力气超人,双手可以

中华传世藏书——国学经典文库·史学经典——图文珍藏版

20

举起大鼎,连吴县土生土长的那些豪门子弟也都很怕他。

【原文】 秦二世元年七月①,陈涉等起大泽中②。其九月,会稽守通谓梁曰:"江西皆反③,此亦天亡秦之时也。吾闻先即制人,后则为人所制。吾欲发兵,使公及桓楚将。"是时桓楚亡在泽中。梁曰:"桓楚亡,人莫知其处,独籍知之耳。"梁乃出,诚籍持剑居外待。梁复入,与守坐,曰:"请召籍,使受命召桓楚。"守曰:"诺。"梁召籍入。须臾,梁眴籍曰④:"可行矣!"于是籍遂拔剑斩守头。项梁持守头,佩其印绶。门下大惊,扰乱,籍所击杀数十百人。一府中皆慑伏⑤,莫敢起。梁乃召故所知豪吏,谕以所为起大事,遂举吴中兵。

【注释】 ①秦二世元年:前209年。②大泽:乡名,当时属蕲县,在今安徽宿县东南。③江西:长江自九江到南京的一段,是由西南流向东北,因此古人习惯称今皖北一带为江西。④眴:使眼色。⑤慑伏:因恐惧而服气。慑,恐惧失气的样子。

【译文】 秦二世元年七月,陈涉等人在大泽乡起义。这年的九月,会稽郡守殷通对项梁说:"现在长江以西全部造反,看来是老天爷真要灭掉秦朝了。俗话说先发者制人,后发者就要被人所制。因此我也想起兵,想请您和桓楚给我当将军。"当时桓楚因为犯罪逃亡到大泽中去了。项梁说:"桓楚逃亡在外,没人知道他的下落,只有我侄项籍知道。"说完就出来找到了项籍,让他手提宝剑在外头等着。项梁自己又进去陪着郡守坐了一会儿。然后说:"请您叫项籍来,让他去找桓楚吧。"郡守说:"好的。"于是项梁就把项籍叫了进来。又过了一会儿,项梁给项籍使了个眼色,说:"可以动手了!"于是项籍拔出剑来就砍下了郡守的人头。项梁拎着郡守的人头,把郡守的印绶佩在自己身上。这时郡守的手下人都吓坏了,乱作一团。项籍趁势把他们一连杀了近百个,其余的都吓得趴倒在地,不敢再动弹。这时项梁就把他平日所了解的那些豪强大吏们找来,告诉了他们自己要干的事情,就在吴县发兵起义。

【原文】 章邯已破项梁军,则以为楚地兵不足忧,乃渡河击赵①,大破之。当此时,赵歇为王,张耳为相,皆走入钜鹿城②。章邯令王离、涉间围钜鹿③,章邯军其南,筑甬道而输之粟。陈馀为将,将卒数万人而军钜鹿之北,此所谓河北之军也④。

【注释】 ①渡河:谓北渡黄河。②皆走入钜鹿城:事在秦二世二年闰九月。钜鹿,秦县名,亦为钜鹿郡的郡治所在地,在今河北平乡西南,当时邯郸城的东北。③王离、涉间:皆秦将名。或曰王离不是章邯的部下,是与章邯并列的秦军统帅,其级别尚在章邯之上。④此所谓河北之军也:当时义军以楚、齐、赵三地者为劲旅,亦为各地所盛传,今楚、齐皆破,独存赵军,故敌我双方皆瞩目之。

【译文】 章邯打败项梁的军队后,认为楚地的义军用不着担心了,于是渡过黄河,北进攻赵,大败赵国。这时候,赵歇是赵国的国王,张耳是赵国的宰相,他们都退进了钜鹿城内。章邯命令王离、涉间二将领兵将钜鹿团团围住,他自己率大军驻扎在巨鹿的南面,中间修筑了一条甬道互相连接,从甬道中给王离、涉间输送粮草。陈馀是赵国的将军,他

率领着几万人驻扎在巨鹿的城北,这就是当时人们所说的河北军。

【原文】 初,宋义所遇齐使者高陵君显在楚军,见楚王曰①:"宋义论武信君之军必败,居数日,军果败。兵未战而先见败征,此可谓知兵矣。"王召宋义与计事而大说之,因置以为上将军②;项羽为鲁公,为次将;范增为末将③,救赵。诸别将皆属宋义④,号为卿子冠军⑤。行至安阳⑥,留四十六日不进。项羽曰:"吾闻秦军围赵王钜鹿,疾引兵渡河,楚击其外,赵应其内,破秦军必矣。"宋义曰:"不然。夫搏牛之虻不可以破虮虱⑦。今秦攻赵,战胜则兵罢⑧,我承其敝;不胜,则我引兵鼓行而西⑨,必举秦矣。故不如先斗秦、赵。夫被坚执锐,义不如公;坐而运策,公不如义。"因下令军中曰:"猛如虎,很如羊⑩,贪如狼,强不可使者,皆斩之。"乃遣其子宋襄相齐,身送之至无盐⑪,饮酒高会⑫。天寒大雨,士卒冻饥。项羽曰:"将戮力而攻秦⑬,久留不行。今岁饥民贫,士卒食芋菽⑭,军无见粮,乃饮酒高会,不引兵渡河因赵食,与赵并力攻秦,乃曰'承其敝'。夫以秦之强,攻新造之赵⑮,其势必举赵。赵举而秦强,何敝之承!且国兵新破,王坐不安席,扫境内而专属于将军,国家安危,在此一举。今不恤士卒而徇其私⑯,非社稷之臣⑰。"项羽晨朝上将军宋义,即其帐中斩宋义头,出令军中曰:"宋义与齐谋反楚,楚王阴令羽诛之。"当是时,诸将皆慑服,莫敢枝梧⑱。皆曰:"首立楚者,将军家也。今将军诛乱⑲。"乃相与共立羽为假上将军⑳。使人追宋义子,及之齐,杀之。使桓楚报命于怀王。怀王因使项羽为上将军㉑,当阳君、蒲将军皆属项羽㉒。

【注释】 ①楚王:即项梁等所立楚怀王的后代,名心。为了利用楚人同情怀念楚怀王的心理以团结民心,也称之为怀王。②上将军:非固定官名,盖令其位居诸将之上,以统领诸将而言。③次将、末将:亦非固定职位,只临时表示其在军中的地位。④诸别将:除怀王已有专门任命(如刘邦)之外的其他楚军诸将。⑤卿子冠军:"卿子"是当时对男人的敬称,"冠军"犹言"最高统帅"。⑥安阳:古邑名,在今山东曹县东北。⑦搏牛之虻不可以破虮虱:一曰搏,击,用手击牛背,可以杀其上之虻,而不能破虱,喻现在主要是要灭秦,不能尽力与章邯战,免得白费力。一曰虻之搏牛,本不拟破其上之虮虱,也是喻志在大不在小。⑧罢:同"疲"。⑨鼓行:击鼓而行,言其公行无忌之状。⑩很:执拗,不听招呼。⑪身:亲自。无盐:秦县名,县治在今山东东平东南。⑫高会:盛大的宴会。⑬戮力:合力,并力。⑭士卒食芋菽:芋,芋头,此处代指蔬菜、野菜。菽,豆类。一说,"芋"一作"半",半菽,半是量器名,容五升,言卒须食五升菽,现有的粮食不够。⑮新造之赵:新建立的赵国。时赵歇等建国仅九个月,故称"新造"。⑯恤:体怜。⑰社稷之臣:与国家同生死、共忧戚的大臣。⑱枝梧:同"支吾",抗拒。⑲今将军诛乱:此句语气未完,因与下面的叙述重复,故而省略对话,单由叙述语补足。⑳假上将军:代理上将军。假,权摄,代理。㉑怀王因使项羽为上将军:事在秦二世三年(前207年)十一月(当时以十月为岁首)。此怀王无可奈何事,其与项羽的矛盾又进一步发展。因使,因其请求而使为之。㉒当阳君:即黥布。

【译文】 当初宋义出使齐国时半路上遇见的齐国的使者高陵君显，这时正在楚国的兵营中。他对楚怀王说："宋义早就预言过武信君必败，结果没过几天，武信君果然失败了。还没有打仗，就能先看出他失败的征兆，这真可以说是懂得用兵之道了。"楚怀王一听，立即派人把宋义找了来，和他谋计大事，心里很高兴，遂即任命他为上将军；封项羽为鲁公，让他为次将；让范增为末将，派他们一起率兵救赵。还有其他的一些将领，楚怀王也通通把他们划到了宋义的部下，宋义号称卿子冠军。当这支军队前进到安阳的时候，停了下来，一直停了四十六天。项羽对宋义说："现在赵王正被秦军围困在巨鹿，我们应该赶紧率兵渡河，这样我们从外向里打，赵军从里向外接应，就绝对可以打败秦军。"宋义说："不对，牛虻是用来蜇牛的，而不是为了对付那些虱子。现在秦兵正在攻打赵国，打赢了，他们自己也必然疲惫不堪，到那时我们再乘机收拾他们；如果秦兵打败了，那我们就可以大摇大摆地长驱西进，一下子端掉秦朝的老窝。所以目前我们不如先让秦、赵两方互相火并。论冲锋陷阵，我比不上您；要说到筹谋划策，您就不如我了。"说罢宋义就命令全军："凡是凶猛、执拗、贪婪、顽固而不听使唤的，一律斩首。"而后又派他的儿子宋襄到齐国去做宰相，还亲自把他一直送到无盐县，并在那里大摆筵席。而当时天气很冷，又下着大雨，士兵们都又冷又饿。项羽对左右的人们说："现在最重要的事情是集中一切力量与秦兵作战，可是我们却长期地在这里停留不前。现在年荒人穷，士兵们吃的都是山芋野菽，军中一点粮食都没有。可是作为将军的宋义还在那里大摆筵席，他不赶紧领兵渡河去到赵国就地取粮，去和赵国合力攻秦，却说'要等秦军疲惫不堪'。现在让如此强大的秦军去攻打一个新建不久的赵国，那是肯定要把赵国攻打下来的。赵国一被攻打下来，秦军就会变得更强大，还有什么疲惫不堪的机会等着我们！再说我们楚国的军队刚刚失败不久，怀王急得坐立不安，把我们全国的军队集中起来交给了上将军一个人，我们整个国家的安危就决定在这次行动上。可是上将军现在竟然完全不体恤士兵，只顾徇他的私情，他不是一个忠于国家的人！"于是他就趁着清早参见宋义的机会，在大帐中把宋义杀了。然后提着人头出来对全军说："宋义勾结齐国，企图谋反，怀王秘密命令我把他杀掉。"这时所有的将领都被吓得服服帖帖，没有一个人敢抗拒。大家都说："当初第一个拥立怀王的，就是你们项家，现在您又为楚国杀掉了乱臣！"于是大家一致推举项羽代行上将军的职权。项羽又派人追踪到齐国，把宋义的儿子宋襄也杀掉了。然后，项羽派了桓楚去向怀王报告这件事情的过程。怀王只好顺水推舟地任命项羽做了上将军，让当阳君、蒲将军等各个将领都归项羽统辖。

【原文】 项羽已杀卿子冠军，威震楚国，名闻诸侯。乃遣当阳君、蒲将军将卒二万渡河，救钜鹿。战少利，陈馀复请兵。项羽乃悉引兵渡河，皆沉船，破釜甑，烧庐舍①，持三日粮，以示士卒必死，无一还心。于是至则围王离，与秦军遇，九战，绝其甬道，大破之②，杀苏角，虏王离。涉间不降楚，自烧杀。当是时，楚兵冠诸侯。诸侯军救钜鹿下者十馀壁③，

23

莫敢纵兵。及楚击秦,诸将皆从壁上观。楚战士无不一以当十,楚兵呼声动天,诸侯军无不人人惴恐④。于是已破秦军,项羽召见诸侯将,入辕门⑤,无不膝行而前,莫敢仰视。项羽由是始为诸侯上将军,诸侯皆属焉。

【注释】 ①"皆沉船"三句:古兵书有类似记载,项羽所为,亦古兵法所示。釜,锅。甑,蒸饭的瓦罐之类。②"绝其"二句:此处所破的是章邯军。围钜鹿的是王离;护甬道以支持钜鹿之围的是章邯。项羽是先渡河破章邯,后击围钜鹿秦军,虏王离。③壁:营垒。④惴恐:恐惧。⑤"项羽"二句:有的版本"入辕门"前重出"诸侯将"三字,当从,这样才能统一这段文字的风格,见当时之气势。辕门,营门。

【译文】 项羽杀了卿子冠军宋义以后,威震楚国,名闻天下。于是他就派当阳君、蒲将军率领两万人渡河救赵。战斗初步取得了一些胜利,陈馀继续向项羽请求援助。于是项羽下令全军渡河。过河后,项羽下令把全部船只沉入河底,把全部锅碗一律砸了,把全部帐篷一律烧掉,只带着三天的粮食,以此来向士兵们表示一种只有前进、只有胜利而绝不能后退的决心。楚军一到钜鹿,就立即包围了王离的部队,随即与秦军开战,经过多次战斗,终于冲断了秦军的甬道,接着大破秦军,杀死了苏角,俘虏了王离。涉间不投降,自焚而死。在当时两军交战的时候,楚兵英勇无比。当时各地来援救钜鹿的军队有十几座大营,但是没有一处敢出来与秦军作战。等到项羽的军队与秦军开战了,各路援军的将领们都一个个站在营垒上远远观望。楚军的战士们无不以一当十,杀声震天。其他各路援军见到这种情景,个个都吓得胆战心惊。等到楚军击败了秦军之后,项羽召见各路的将领,这些将领们进辕门的时候,一个个都是跪在地上,用膝盖挪着进去的,谁也不敢抬起头来往上看一眼。从此项羽便成了诸侯们共同的上将军,各路诸侯都归项羽统辖。

【原文】 章邯军棘原①,项羽军漳南②,相持未战,章邯欲约。约未成,项羽使蒲将军日夜引兵度三户③,军漳南④,与秦战,再破之。项羽悉引兵击秦军汙水上⑤,大破之。

【注释】 ①棘原:地名,当在今河北平乡南。②漳南:漳水南岸。③三户:即三户津,漳水上的渡口名,在今河北磁县西南。④军漳南:前羽军漳南,现遣军"渡三户",当往驻漳北。此"漳南"当作"漳北"。⑤汙水:源出河北武安西太行山,东南流,在临漳西注入漳水。

【译文】 这时,章邯的大营驻扎在棘原,项羽的大营驻扎在漳南,两军对峙,尚未正式开战,章邯想要和项羽谈判定盟,结果没有谈成。于是项羽就派蒲将军日夜兼程,带兵渡过了三户津,来到了漳水北岸。蒲将军与秦军接战,秦军又失败了。于是项羽全军出动,在汙水上对秦军发起总攻,把秦军打得一败涂地。

【原文】 章邯使人见项羽,欲约。项羽召军吏谋曰:"粮少,欲听其约。"军吏皆曰:"善。"乃立章邯为雍王,置楚军中①。使长史欣为上将军②,将秦军为前行。

【注释】 ①"乃立"二句:章邯投降项羽在秦二世三年七月。虽封为王,但被剥夺了兵权。②使长史欣为上将军:长史欣即司马欣,前为栎阳狱掾者。司马欣与项氏有故交,

故立以为上将军,于此见项羽之用人全凭感情。长史,大将军或丞相手下的属官,为诸史之长,故称"长史"。

【译文】 章邯只好又派人去见项羽,请求订立盟约。项羽召集他的部下们一道商量,说:"眼下我们的粮草太少,我想接受他们的请求。"部下们都一齐说:"好。"于是项羽就封章邯为雍王,把他留在自己的军中,而封章邯的长史司马欣为上将军,让他统领着秦军在前头给自己开路。

【原文】 到新安①。诸侯吏卒异时故繇使屯戍过秦中②,秦中吏卒遇之多无状③;及秦军降诸侯,诸侯吏卒乘胜多奴虏使之,轻折辱秦吏卒④。秦吏卒多窃言曰:"章将军等诈吾属降诸侯,今能入关破秦⑤,大善;即不能⑥,诸侯虏吾属而东,秦必尽诛吾父母妻子。"诸侯微闻其计⑦,以告项羽。项羽乃召黥布、蒲将军计曰:"秦吏卒尚众,其心不服,至关中不听⑧,事必危。不如击杀之,而独与章邯、长史欣、都尉翳入秦⑨。"于是楚军夜击坑秦卒二十余万人新安城南⑩。

【注释】 ①新安:秦县名,县治在今河南渑池城东。②诸侯吏卒:指东方起义军的将士,即项羽部下。异时:昔日,指秦朝统治时期。繇使屯戍:指被征调服徭役或屯守边地。秦中:汉时人们对关中地区的习惯称呼。③无状:不礼貌,不像样子。④轻折辱:随随便便地侮辱。轻,随意,不当一回事。⑤关:此指函谷关,在今河南灵宝东北。⑥即不能:如果不能胜秦。即,若。⑦微闻其计:隐隐约约地听到了他们的这些议论。计,计议,议论。⑧不听:不听指挥,意即叛变。⑨都尉翳:即董翳,原在章邯部下任都尉。都尉,这里是军职名,其地位略低于将军。⑩于是楚军夜击坑秦卒二十余万人新安城南:此事在汉元年(前206年)十一月,刘邦已在一个月前进驻秦都咸阳。此可见项羽之残暴短视,正是其败亡原因之一。

【译文】 他们西进到了新安。一些东方人过去到关中当兵服徭役时,关中的吏卒曾歧视虐待过他们;现在秦兵投降了东方诸侯,于是东方的官兵们也就乘着机会反过来把他们看作奴隶,随随便便地凌辱他们。于是很多秦国的士兵就悄悄议论说:"章将军骗咱们投降了东方诸侯,现在如果咱们真能打进关去灭了秦朝,那当然是很好了;如果进不了关、灭不了秦,那时诸侯们就会裹挟着咱们一起回东方去,到那时秦朝就必然要把咱们的父母妻儿统统杀光了。"这些话渐渐地传到了楚军将领的耳朵里,他们立刻报告了项羽。项羽立刻把黥布、蒲将军招来商量:"现在秦军的人数还很多,他们对我们也不服气,等到进关后他们万一不听指挥,那局面就危险了。不如现在就把他们全杀了,只带着章邯、司马欣和董翳三个人进关。"于是当夜就命令楚军在新安城南把二十几万秦朝降兵统统活埋了。

【原文】 行略定秦地①。函谷关有兵守关②,不得入。又闻沛公已破咸阳,项羽大怒,使当阳君等击关。项羽遂入,至于戏西③。沛公军霸上④,未得与项羽相见。沛公左司

马曹无伤使人言于项羽曰："沛公欲王关中，使子婴为相⑤，珍宝尽有之。"项羽大怒，曰："旦日飨士卒⑥，为击破沛公军!"当是时，项羽兵四十万，在新丰鸿门⑦，沛公兵十万，在霸上。范增说项羽曰："沛公居山东时⑧，贪于财货，好美姬。今入关，财物无所取，妇女无所幸，此其志不在小。吾令人望其气，皆为龙虎，成五采，此天子气也。急击勿失。"

【注释】 ①行：将要。②函谷关：在今河南灵宝东北，是东方入秦的关隘，自古为兵家必争之地。③戏西：戏水之西。戏水源出骊山，流过今陕西临潼东，注入渭水。④霸上：即霸水之西的白鹿原，在今陕西西安东南，当时的咸阳城东南。⑤子婴：有说是二世之兄，有说是二世之侄，也有说是始皇之弟，二世之叔者。二世三年（前207年）八月，赵高杀掉了胡亥，另立子婴为三世。子婴与其二子合力杀掉了赵高，灭其族。为帝四十六日，刘邦入关，子婴遂降。⑥旦日：明日。飨：犒劳。⑦新丰鸿门：新丰县的鸿门。新丰，汉县名，秦时原名郦邑，刘邦称帝后始改称"新丰"，在今陕西临潼东北。鸿门，古邑名，在郦邑城东，今名项王营。⑧山东：崤山以东，泛指旧时的东方六国之地。

【译文】 项羽接着就要去平定秦国的本土。到了函谷关，函谷关有兵把守，没能进去。又听说沛公已经攻破了咸阳，于是大怒，命令当阳君攻打函谷关。这样项羽才进了关，长驱直入，直到戏水西岸。这时沛公正带领人马驻扎在霸上，还没有和项羽见面。沛公的左司马曹无伤派人给项羽通风报信说："沛公已经打算在关中称王，让秦朝的降王子婴给他当宰相，把秦朝的一切财宝都据为己有。"项羽勃然大怒，说："明早让士兵们饱餐一顿，把沛公的军队打垮!"这时候，项羽有四十万人，驻扎在新丰县的鸿门。沛公有十万人，驻扎在霸上。项羽的谋士范增对项羽说："沛公在山东老家的时候，又贪财又好色。现在进了关，居然财物也不贪了，妇女也不要了，可见他的野心不小。我让人观望他上空的云气，一片片都成为龙虎的形象，五彩斑斓，这是做皇帝的征兆。必须赶紧消灭他，万万不可错过了机会。"

【原文】 楚左尹项伯者①，项羽季父也，素善留侯张良。张良是时从沛公，项伯乃夜驰之沛公军，私见张良，具告以事，欲呼张良与俱去。曰："毋从俱死也。"张良曰："臣为韩王送沛公②，沛公今事有急，亡去不义，不可不语。"良乃入，具告沛公。沛公大惊，曰："为之奈何?"张良曰："谁为大王为此计者?"曰："鲰生说我曰③：'距关，毋内诸侯④，秦地可尽王也。'故听之。"良曰："料大王士卒足以当项王乎?"沛公默然，曰："固不如也，且为之奈何?"张良曰："请往谓项伯，言沛公不敢背项王也。"沛公曰："君安与项伯有故?"张良曰："秦时与臣游，项伯杀人，臣活之。今事有急，故幸来告良。"沛公曰："孰与君少长?"良曰："长于臣。"沛公曰："君为我呼入，吾得兄事之。"张良出，要项伯。项伯即入见沛公。沛公奉卮酒为寿，约为婚姻，曰："吾入关，秋毫不敢有所近，籍吏民⑤，封府库，而待将军。所以遣将守关者，备他盗之出入与非常也⑥。日夜望将军至，岂敢反乎!愿伯具言臣之不敢倍德也⑦。"项伯许诺。谓沛公曰："旦日不可不蚤自来谢项王⑧。"沛公曰："诺。"于是项伯复

夜去,至军中,具以沛公言报项王。因言曰:"沛公不先破关中,公岂敢入乎?今人有大功而击之,不义也,不如因善遇之。"项王许诺。

【注释】 ①左尹:楚国最高长官令尹的副职。②为韩王送沛公:张良是韩国的旧贵族,项梁立韩成为韩王,张良为韩国司徒。刘邦率军西下,张良随刘邦入关。送,这里是"跟从"的意思。③鲰生:一个无知的人。鲰,杂小鱼,此以喻浅妄无知。④距:通"拒"。内:通"纳"。⑤籍吏民:登记所有人口。籍,登记。⑥非常:意外的变故。⑦倍德:忘恩。倍,通"背"。⑧蚤:通"早"。谢:谢罪,赔礼。

【译文】 楚国的左尹项伯是项羽的叔叔,他向来和张良交好。而张良这时正跟着沛公,项伯于是当夜偷偷地飞马疾驰到沛公的军营,私下去找张良,把情况对张良说了,要拉着张良一道逃走。他说:"你不要跟着沛公一道送死了。"张良说:"我是替韩王护送沛公,现在沛公有了难,我一声不吭独自逃跑,也太不仗义了。我不能不告诉他。"说罢进去,把一切都对沛公讲了。沛公一听大惊,说:"这可怎么办呢?"张良说:"把住函谷关,不让项羽进来,这是谁的主意?"沛公说:"有个什么也不懂的小子对我说:'把住函谷关,不让别的诸侯进来,您就可以占有秦国全部地盘称王。'我就听了他的话。"张良说:"大王自己估计,我们的军队可以敌得过项羽吗?"沛公半天不作声,过了好久才说:"当然敌不过了。现在你就说咱们该怎么办吧!"张良说:"那就请您出去告诉项伯,说您从来没敢背叛项王。"沛公立刻问张良:"你怎么跟项伯认识?"张良说:"以前在秦朝的时候,我和项伯是朋友,项伯杀了人,我救了他的命。所以现在有了紧急情况,他来给我送信。"沛公问道:"你和他谁的年纪大?"张良说:"他比我大。"沛公说:"你马上请他进来,我要用对待兄长的礼节对待他。"于是张良出来把项伯请了进去。沛公一见项伯,端起酒杯向他敬酒,并和他约定做了儿女亲家。沛公说:"我进关以来,没敢动关中的一草一木,登记好了吏民的户口,封起了一切大小仓库,就是恭候着项将军的到来。我之所以派兵把守函谷关,是为了防备土匪强盗以及意外的事故。我是日夜地盼望着项将军驾到,怎么敢有别的心呢?请您回去在项将军面前把我这份心思替我说说。"项伯答应了,并对沛公说:"明天一早您要早点儿亲自去向项将军赔罪。"沛公说:"是。"于是项伯又连夜赶回了项羽的大营。回营后,他把沛公的话如实地报告了项羽,并接着说:"如果不是人家沛公先攻入关中,您今天能够这么容易地进来吗?现在人家有这么大的功劳,我们不仅不赏人家还要去打人家,这是不合道义的,我们不如就此好好地对待他吧。"项王听着有理,于是也就答应了。

【原文】 沛公旦日从百馀骑来见项王,至鸿门,谢曰:"臣与将军戮力而攻秦,将军战河北,臣战河南,然不自意能先入关破秦①,得复见将军于此。今者有小人之言,令将军与臣有郤。"项王曰:"此沛公左司马曹无伤言之,不然,籍何以至此。"项王即日因留沛公与饮。项王、项伯东向坐②,亚父南向坐③。亚父者,范增也。沛公北向坐,张良西向侍。范增数目项王,举所佩玉玦以示之者三④,项王默然不应。范增起,出召项庄⑤。谓曰:"君王为人不忍，若入前为寿⑥，寿毕，请以剑舞，因击沛公于坐，杀之。不者，若属皆且为所虏。"庄则入为寿，寿毕，曰："君王与沛公饮，军中无以为乐，请以剑舞。"项王曰："诺。"项庄拔剑起舞，项伯亦拔剑起舞，常以身翼蔽沛公⑦，庄不得击。于是张良至军门，见樊哙⑧。樊哙曰："今日之事何如？"良曰："甚急。今者项庄拔剑舞，其意常在沛公也。"哙曰："此迫矣，臣请入，与之同命⑨。"哙即带剑拥盾入军门⑩。交戟之卫士欲止不内，樊哙侧其盾以撞，卫士仆地，哙遂入。披帷西向立⑪，瞋目视项王，头发上指，目眦尽裂。项王按剑而跽曰⑫："客何为者？"张良曰："沛公之参乘樊哙者也⑬。"项王曰："壮士！赐之卮酒。"则与斗卮酒⑭。哙拜谢，起，立而饮之。项王曰："赐之彘肩。"则与一生彘肩。樊哙覆其盾于地，加彘肩上，拔剑切而啖之。项王曰："壮士，能复饮乎？"樊哙曰："臣死且不避，卮酒安足辞！夫秦王有虎狼之心，杀人如不能举⑮，刑人如恐不胜⑯，天下皆叛之。怀王与诸将约曰：'先破秦入咸阳者王之。'今沛公先破秦入咸阳，豪毛不敢有所近，封闭宫室，还军霸上，以待大王来。故遣将守关者，备他盗出入与非常也。劳苦而功高如此，未有封侯之赏，而听细说⑰，欲诛有功之人。此亡秦之续耳，窃为大王不取也。"项王未有以应，曰："坐。"樊哙从良坐。坐须臾，沛公起如厕，因招樊哙出。

【注释】 ①不自意：自己料想不到。刘邦这时是极力装出谦卑。②东向坐：朝东坐。战国秦汉时期除升殿升堂仍南向外，其他场合多以东向为尊，其次为南向、北向，最下为西向。③亚父：项羽对范增的敬称，言对其侍奉的礼数仅次于父。④玦：有缺口的玉环。玦与"决"谐音，范增举以示羽，是暗示要他下决心杀刘邦。⑤项庄：项羽的堂兄弟。⑥若：尔，你。下文"若属"，犹言"尔等"。⑦翼蔽：遮挡，掩护。⑧樊哙：吕后的妹夫，刘邦的开国功臣。⑨同命：并命，拼命。一说谓与刘邦同生死，亦通。⑩带剑：樊哙是刘邦卫士，可以"带剑"；然又非如后文刘邦逃走时之"持剑"，故可闯过交戟之卫士。拥盾：持盾于身前。拥，前持。⑪披：用手背猛地一拨。西向立：与前文项王之"东向坐"正好相对。⑫跽：古人席地跪坐，臀部离开小腿，身子挺直，叫作跽。按剑而跽是一种准备行动的警戒姿势。⑬参乘：古代在王侯右侧充当警卫的人。⑭斗卮：大酒杯。⑮如不能举：像是只怕杀不尽似的。举，克，尽。⑯如恐不胜：就像只怕完不成任务似的。胜，胜任。谓极尽其力而犹恐不够。⑰细说：小人的谗言。

【译文】 第二天一早，沛公只带了百十来个人，骑马来到了鸿门，他一见项羽就道歉说："这几年我和将军您齐心协力地攻打秦朝，您攻取河北，我攻取河南，我自己并没想到能先人关灭了秦朝，今天又能在这里见到您。可是今天居然有小人挑拨您和我的关系，让您怀疑我。"项羽说："这都是您的左司马曹无伤说的，不然我怎么能怀疑您呢？"于是项羽就把沛公留下来一起喝酒。项羽和项伯朝东坐，亚父朝南坐，亚父就是范增，沛公朝北坐，张良朝西陪侍。酒会开始后，范增连连地给项羽使眼色，又几次地拨弄他身上所佩的玉块向项羽示意，但项羽总是默默地不加理睬。范增于是站起来出去找项庄。他对项庄

说："大王为人心肠太软，你现在进去给他们敬酒，敬完酒就请求给他们舞剑助兴。趁机把沛公杀死在他的座位上，要不然你们这些人日后都得成了他的俘虏。"项庄进账向沛公、项羽敬酒，敬完酒后说："大王和沛公在这里饮酒，军营中也没什么东西可以供娱乐，那就请让我舞一趟剑来给你们助兴吧。"项羽说："好。"于是项庄就拔出宝剑舞了起来。项伯一看就明白了项庄的意思，于是也起来拔剑起舞，而且有意地用自己的身体掩护着沛公，使得项庄没有办法下手。张良一看，赶紧出帐到军门去找樊哙。樊哙一见张良，赶紧迎上前问："里边的事情怎么样了？"张良说："危险极了。现在项庄正在舞剑，他的意思完全是对着沛公的。"樊哙说："这就很紧急了。我要进去，和项羽拼命。"说罢樊哙就左手按着剑柄，右手用盾牌护身往军门里闯。守门的卫士们架起双戟，拦住他不让他进去，樊哙侧过盾牌朝卫士们一撞，卫士们被撞倒在地，于是樊哙进了军门，来到帐前。他用手掌打开了门帘，对着项羽一站，瞪眼看着他，头发上指，眼圈圆得都快要裂开了。项羽手按剑柄，跪了起来，问道："你是什么人？"张良赶紧从旁边介绍说："他是沛公的参乘樊哙。"项羽于是顺口称赞说："壮士！给他来杯酒！"旁边赶紧递给了他一大斗酒。樊哙俯身叩谢后，站起来接过酒一饮而尽。项羽又说："给他来只猪腿。"这次旁边的人故意给了他一只生猪腿。樊哙把盾牌扣在地上，接过猪腿放在上面，拔出剑来一边切一边吃。项羽不由得又赞美说："壮士！还能再喝吗？"樊哙说："我连死都不怕，难道还推辞一杯酒吗？想当初秦王像虎狼一样，杀人没够，用刑唯恐不狠，结果弄得天下都造反。一年前怀王当众和各路诸侯们约定：'谁最先破秦入咸阳，谁就当关中王。'现在沛公先破秦进了咸阳，进城后，一草一木都没敢动，封好了宫室，退军驻扎到霸上，来等候大王的到来。我们之所以派人守住函谷关，那是为了防备盗贼出入和意外的变故。像沛公这样劳苦功高的人，不仅没得到您应有的封赏，您反而听信小人的坏话，要杀害有功之臣。您所走的，完全是那个已被灭亡的暴秦的老路。我认为您是万万不该这样的。"项羽听罢无言以对，只是说："请坐。"于是樊哙就挨着张良坐下来。过了一会儿，刘邦站起来去厕所，也一道把樊哙叫了出来。

【原文】 沛公已出，项王使都尉陈平召沛公①。沛公曰："今者出，未辞也，为之奈何？"樊哙曰："大行不顾细谨，大礼不辞小让。如今人方为刀俎，我为鱼肉，何辞为？"于是遂去。乃令张良留谢。良问曰："大王来何操？"曰："我持白璧一双，欲献项王；玉斗一双，欲与亚父，会其怒，不敢献。公为我献之。"张良曰："谨诺。"当是时，项王军在鸿门下，沛公军在霸上，相去四十里。沛公则置车骑②，脱身独骑，与樊哙、夏侯婴、靳强、纪信等四人持剑盾步走，从郦山下③，道芷阳间行④。沛公谓张良曰："从此道至吾军，不过二十里耳。度我至军中，公乃入。"沛公已去，间至军中⑤，张良入谢，曰："沛公不胜杯杓，不能辞。谨使臣良奉白璧一双，再拜献大王足下；玉斗一双，再拜奉大将军足下。"项王曰："沛公安在？"良曰："闻大王有意督过之⑥，脱身独去，已至军矣。"项王则受璧，置之坐上。亚父受

玉斗,置之地,拔剑撞而破之,曰:"唉!竖子不足与谋。夺项王天下者,必沛公也,吾属今为之虏矣。"沛公至军,立诛杀曹无伤。

【注释】 ①都尉陈平:陈平时属项羽,后归刘邦为重要谋士。②置车骑:这是为了不惊动里面的项羽、范增。置,抛弃,留下。③郦山:在今陕西临潼东南,地处当时的鸿门西南,霸上之东北。④芷阳:秦县名,在骊山西侧,今陕西西安东北。间行:抄小路而走。⑤间:估计。⑥督过:责备,怪罪。过,用如动词,责其过失。

【译文】 沛公出去后,项羽让都尉陈平出去叫沛公。沛公说:"刚才我们出来,并没有向项羽告辞,这样合适吗?"樊哙说:"要干大事就不要管那些细节的挑剔,要行大礼就不要怕那些琐碎的指责。如今人家是菜刀砧板,我们是受人家宰割的鱼肉,还告什么辞?"于是沛公决定离开。他把张良留下来辞谢。张良问道:"您来的时候带了什么礼物?"沛公说:"我带了一对白璧,是给项羽的;一对玉斗,是给范增的。刚才正赶上他们发脾气,没敢献给他们。你替我献给他们吧。"张良说:"好。"当时,项羽的大营在鸿门,沛公的大营在霸上,中间相隔四十里。于是沛公就把来时的车马从人都扔下,独自骑着一匹马,让樊哙、夏侯婴、靳强、纪信四人手持剑盾,步行跟着,从骊山下经芷阳抄小路而行。沛公临走时对张良说:"我从这条小道回军营,不过二十里路,你估计等我已经到了驻地的时候,再进账去对项羽说。"沛公走后,估计已经到了霸上军营,张良进账对项羽说:"刚才沛公不胜酒力,喝醉了,不能亲自来向您告辞。他来时带的礼物有白璧一对,让我拜献给您,有玉斗一对,让我拜献给大将军范增。"项羽问:"沛公现在哪里?"张良说:"他听说您想要责罚他,所以他吓得回去了,估计现在已经回到了军营。"项羽接过了玉璧,放在了座位上。范增接过玉斗,气愤地往地上一摔,拔出剑来把它砍得粉碎,说:"唉!这个不成事的小子,不值得与他共谋大事!将来夺走项王天下的,一定是沛公!我们这些人全都要成为他的俘虏啦!"沛公一回到军营,立刻诛杀了曹无伤。

【原文】 居数日,项羽引兵西屠咸阳,杀秦降王子婴,烧秦宫室,火三月不灭;收其货宝妇女而东。人或说项王曰:"关中阻山河四塞,地肥饶,可都以霸。"项王见秦宫室皆以烧残破,又心怀思欲东归,曰:"富贵不归故乡,如衣绣夜行,谁知之者!"说者曰:"人言楚人沐猴而冠耳①,果然。"项王闻之,烹说者。

【注释】 ①沐猴而冠:言沐猴纵使戴上人帽子,也始终办不成人事。沐猴,猕猴。

【译文】 又过了些天,项羽带兵西进,屠戮咸阳城,杀了已经投降的秦三世子婴,烧毁了秦朝的所有宫殿,熊熊大火一直烧了三个月;而后他席卷了秦朝的一切财宝和妇女,准备向东撤去。当时有人曾劝他说:"关中地区四面有高山大河为屏障,土地肥沃富饶,如果建都在这里真可以成就霸业。"项羽看着秦朝的宫殿都已烧成了一片瓦砾,加上他怀念故乡想东归,就说:"富贵了如果不回故乡,那就好比穿着锦绣的衣裳在夜间走路,谁能看得见呀!"那个劝项羽的人下去后情不自禁地感叹说:"人家都说楚国人目光短浅,就像

是一只猕猴，即使给它戴上了帽子，也始终成不了人，果真是如此！'项羽听到了这话，立刻把他抓起来，烹死了。

【原文】 项王使人致命怀王①。怀王曰："如约。"乃尊怀王为义帝。项王欲自王，先王诸将相。谓曰："天下初发难时，假立诸侯后以伐秦②。然身被坚执锐首事，暴露于野三年，灭秦定天下者，皆将相诸君与籍之力也。义帝虽无功，故当分其地而王之。"诸将皆曰："善。"乃分天下，立诸将为侯王。项王、范增疑沛公之有天下，业已讲解，又恶负约，恐诸侯叛之。乃阴谋曰③："巴、蜀道险④，秦之迁人皆居蜀⑤。"乃曰："巴、蜀亦关中地也⑥。"故立沛公为汉王，王巴、蜀、汉中⑦，都南郑。而三分关中，王秦降将以距塞汉王。项王自立为西楚霸王⑧，王九郡，都彭城⑨。

【注释】 ①致命：禀命，请示。②假立：临时拥立。③阴谋：暗中商量。④巴、蜀：皆秦郡名，巴郡辖今重庆一带地区；蜀郡辖今四川西部地区。⑤迁：流放，发配。⑥巴、蜀亦关中地：巴、蜀亦处于函谷关之西，自战国时已属秦，故项羽等可以这样说。⑦王巴、蜀、汉中：项羽最初封给刘邦的地盘只有巴、蜀，后刘邦贿赂项伯，项伯劝说项羽，才将汉中给了刘邦。汉中，秦郡名，辖今陕西秦岭以南地区，郡治南郑，即今陕西汉中。⑧西楚霸王：旧称江陵为南楚，吴为东楚，彭城为西楚。项羽建都于彭城，故称"西楚霸王"。霸王，略同于春秋时期的霸主，即"诸侯盟主"的意思。⑨王九郡，都彭城：项羽之九郡大致相当于战国时梁国和楚国的部分地区，即今河南东部、山东西南部、和安徽、江苏的大部分地区。

【译文】 项羽派人去向楚怀王请示。楚怀王坚持说："按原来的约定办！"项羽就把楚怀王尊为了义帝。项羽想自己称王，于是他就先给各路将领们封王加号。他说："当初大家发难起事的时候，曾临时立了一些六国诸侯的后代，但真正冲锋陷阵，风餐露宿，野战三年，推翻了秦朝的，是你们诸位和我。义帝虽然没有什么具体功劳，我们还应当分给他一块土地让他称王。"大家都说："对！"于是项羽就分割天下，封立各路将领们为王。项羽和范增本来就担心将来整个天下落入沛公手里，但由于已经讲和了，不好反悔，怕由此引起其他诸侯们的反叛，于是他们私下谋划说："巴、蜀地区山路险远，是过去秦朝流放罪人的地方。"于是对大家说："巴、蜀，也是关中管辖的一部分。"所以封沛公为汉王，统管巴、蜀、汉中三个地区，都城设在南郑。而把真正的关中平原分为三块，分给秦朝的三个降将，让他们在关中堵住汉王的出路。项王自立为西楚霸王，统辖九郡，定都彭城。

【原文】 汉之元年四月①，诸侯罢戏下②，各就国。项王出之国，使人徙义帝③，曰："古之帝者地方千里，必居上游。"乃使使徙义帝长沙郴县，趣义帝行。其群臣稍稍背叛之，乃阴令衡山、临江王击杀之江中④。

【注释】 ①汉之元年：刘邦称汉王的第一年，前206年。②戏下：戏水之滨。③使人徙义帝：当时义帝尚在彭城，故必须在项羽到达之前将其迁走。④乃阴令衡山、临江王击杀之江中：据此文击杀义帝者是衡山王吴芮与临江王共敖，然据《黥布列传》，则杀义帝者

主要是黥布，而且是杀于郴县，非杀于"江中"。

【译文】 汉王元年四月，各路诸侯们都离开了戏水之滨，各自到自己的封地去了。项羽也准备离开关中到自己的封地去，派出一哨人马催着义帝迁都，说："古时候的帝王不仅拥有千里封地，而且还必定要居住在江河的上游。"于是下令将义帝迁到长沙郡的郴县去，而且催着义帝快快启程。义帝的群臣们见到这种情景，渐渐地开始背版项羽，项羽于是暗中给衡山王吴芮和临江王共敖下密令，让他们在长江上伺机杀掉义帝。

【原文】 春，汉王部五诸侯兵①，凡五十六万人，东伐楚。项王闻之，即令诸将击齐，而自以精兵三万人南从鲁出胡陵②。四月，汉皆已入彭城，收其货宝美人，日置酒高会。项王乃西从萧，晨击汉军而东③，至彭城，日中，大破汉军。汉军皆走，相随入谷、泗水④，杀汉卒十馀万人。汉卒皆南走山，楚又追击至灵璧东睢水上⑤。汉军却，为楚所挤，多杀，汉卒十馀万人皆人睢水，睢水为之不流。围汉王三匝。于是大风从西北而起，折木发屋，扬沙石，窈冥昼晦⑥，逢迎楚军⑦。楚军大乱，坏散，而汉王乃得与数十骑遁去。欲过沛，收家室而西；楚亦使人追之沛，取汉王家，家皆亡，不与汉王相见。汉王道逢得孝惠、鲁元⑧，乃载行。楚骑追汉王，汉王急，推堕孝惠、鲁元车下，滕公常下收载之⑨。如是者三。曰："虽急不可以驱，奈何弃之？"于是遂得脱。求太公、吕后⑩，不相遇。审食其从太公、吕后间行，求汉王，反遇楚军。楚军遂与归，报项王，项王常置军中。

【注释】 ①部五诸侯兵：犹言"率天下之兵"。事在汉之二年（前205年）。部，部署，统领。②南从鲁出胡陵：意谓直插彭城之西，以截断刘邦之退路。鲁，秦县名，县治即今山东曲阜。出，经由。胡陵，也作"湖陵"，秦县名，县治在今山东鱼台东南。③"西从"二句：谓项羽由胡陵南至萧县，截断刘邦之退路后，始对刘邦发动攻击。萧，秦县名，在今安徽萧县西北，当时的彭城西六十里处。④谷、泗水：二水名。谷水是泗水的支流，西从砀山、萧县流来，在彭城东北入泗水。泗水源于今山东泗水东，流经曲阜、沛县，经彭城东，南流入淮水。⑤灵璧：古邑名，在今安徽淮北西。睢水：古代鸿沟的支派之一，自今河南开封东由鸿沟分出，流经商丘南、夏邑北、灵璧东，东南入泗水。⑥窈冥昼晦：昏暗得有如黑夜。窈冥，黝黑的样子。⑦逢迎楚军：这也可能是当时为神化刘邦而捏造的，史公姑妄言之，以见刘邦之获免为侥幸。逢迎，冲着，迎着。⑧孝惠、鲁元：刘邦的一子一女，皆吕后所生。孝惠，名盈，即日后的孝惠帝。鲁元，孝惠之姊，后嫁与张耳之子张敖，子张偃封为鲁王，遂为鲁太后，谥曰"元"。这里是史公用后来的称号追述当时的事件。⑨滕公：即夏侯婴，因其曾为滕县令，故称"滕公""滕婴"。⑩求：寻找。太公：刘邦之父。吕后：刘邦妻吕雉。

【译文】 这年春天，汉王统率着所有反对项羽的各路军队，共达五十六万人，东进伐楚。项羽听到消息后，让诸将继续在齐国作战，自己率领着精兵三万人，向南经由鲁县穿过胡陵，星夜返回楚国。这一年的四月，汉军已经攻入了彭城，占有了项羽所有的珍宝美

女,每天大摆酒宴大会宾客。这时项羽已经由侧翼绕过了彭城,到达彭城西面的萧县,截断了汉王的归路。第二天一早,项羽向东发起攻击,直逼彭城,到中午时,项羽在彭城大破汉王。汉军溃逃,相随掉入谷水、泗水,仅在这里被杀的汉兵就有十多万人。其他的一些败军都向南逃进了山里,楚军又乘胜追杀到了灵璧东面的睢水上。汉军再次溃退,汉军被楚军逼挤,很多人被杀伤。十多万人纷纷跳进了睢水,以至于睢水都被堵塞得流动不了。楚军里外三层紧紧包围了汉王。正在这关键时刻,一阵大风忽然从西北刮起,拔起了树木,掀走了屋顶,飞沙走石,刮得天昏地暗,白天变成了黑夜,这阵大风迎面向楚军吹去。楚军一下子乱了阵脚,溃不成形,于是汉王才乘这个机会带着几十个随从骑马逃走了。当汉王经过沛县的时候,他想把他的家眷也带上一起向西逃;而这时项羽也正好派兵到沛县,去捉拿汉王的家眷,结果汉王的家眷早已经不知跑到什么地方去了,没能与汉王见着面。汉王在路上遇见了他的儿子和女儿,也就是日后的孝惠帝和鲁元公主,汉王让他们上了自己的车。不一会儿,楚国的骑兵追上来了,汉王急了,又把儿子和女儿推下车去。滕公夏侯婴赶紧下去把他们抱了上来,就这样接连好几次。滕公说:"就算是情况紧急,车子跑不快,又怎么能忍心把孩子扔下呢?"后来大家终于都脱了险。汉王一路上寻找着太公和吕后,没有找到。审食其跟着太公和吕后抄小道,也在寻找汉王,不料遇上了项羽的军队。项羽的军队把他们捉回去,禀报了项羽。从此项羽就把他们当作人质拘留在楚军的营中。

【原文】 当此时,彭越数反梁地,绝楚粮食,项王患之。为高俎,置太公其上,告汉王曰:"今不急下,吾烹太公。"汉王曰:"吾与项羽俱北面受命怀王,曰'约为兄弟',吾翁即若翁,必欲烹而翁,则幸分我一杯羹①。"项王怒,欲杀之。项伯曰:"天下事未可知,且为天下者不顾家,虽杀之无益,只益祸耳②。"项王从之。

【注释】 ①则幸分我一杯羹:此事原见于《楚汉春秋》,文字大体相同。②"虽杀"二句:按,项伯之言固亦在理,然其为刘邦收买之情实,事事可见。

【译文】 而在这时,项羽后方的彭越不断地在大梁一带进行骚扰,截断了楚军的粮草补给,项羽很担心。于是他派人搭了一个高台,上设案板,把汉王的父亲绑在案板上面,告诉汉王说:"你要是还不赶快撤走,我就把你父亲煮了!"汉王大声喊道:"当初我和你项羽一道在怀王的驾下称臣,大家说好'彼此兄弟相待'。我的父亲也就是你的父亲,你如果一定要煮你的父亲,那就请你也给我一碗肉羹喝!"项羽大怒,真想把刘太公杀了。项伯劝他说:"现在天下的大局还看不出,再说打天下的人都是不顾家的,你就是杀了太公也没用,只给自己增添祸患罢了。"项羽听了他的意见。

【原文】 楚、汉久相持未决,丁壮苦军旅,老弱罢转漕①。项王谓汉王曰:"天下匈匈数岁者②,徒以吾两人耳,愿与汉王挑战决雌雄,毋徒苦天下之民父子为也。"汉王笑谢曰:"吾宁斗智,不能斗力。"项王令壮士出挑战,汉有善骑射者楼烦③,楚挑战三合④,楼烦辄

射杀之。项王大怒,乃自被甲持戟挑战。楼烦欲射之,项王嗔目叱之,楼烦目不敢视,手不敢发,遂走还入壁,不敢复出。汉王使人间问之,乃项王也,汉王大惊。于是项王乃即汉王相与临广武间而语⑤。汉王数之⑥,项王怒,欲一战。汉王不听,项王伏弩射中汉王⑦。汉王伤,走入成皋⑧。

【注释】 ①罢转漕:凋敝劳乏于运送粮饷。车运曰转,船运曰漕。罢,同"疲"。②匈匈:烦苦劳扰的样子。③楼烦:原为少数民族名,汉时在其所居之地设楼烦县,即今山西宁武。④三合:三次,三回。⑤即:靠近。广武间:即广武涧。⑥数:一条条地列其罪状。⑦项王伏弩射中汉王:刘邦受伤时表现得绝顶机灵,可参见《高祖本纪》。⑧"汉王伤"二句:时刘邦伤势严重,仍听张良强起劳军,以安士卒。见《高祖本纪》。

【译文】 楚、汉两军相持的时间太长了,双方的青壮年苦于军旅,老弱者也都因运送粮草物资劳累得疲惫不堪。因此项羽对着汉王喊道:"百姓们一连几年不得安宁,就是因为你我二人,我愿与汉王挑战决一雌雄,别再让天下百姓们为我们受困苦了。"汉王哈哈大笑说:"我要和你斗智,不和你比匹夫之勇。"于是项羽派出一些武艺高强的人挑战,汉王部下有一个楼烦的神箭手,每当项羽的人挑战,这个神箭手就射杀他。项羽大怒,于是自己披甲持戟冲了出来,神箭手搭箭正要再射,项羽睁起眼睛向他大喝一声,那个神箭手被吓得眼也不敢看,箭也不敢发,掉头跑回营内,再也不敢出来了。汉王赶紧派人出去打探,才知道出来挑战的是项羽,内心大吃一惊。于是项羽找了一天约汉王隔着广武涧对话。汉王当面历数了项羽的十大罪状,项羽很生气,想和汉王决一死战。汉王不答应,项羽就让预先埋伏的弓箭手射汉王,汉王被射中,退进了成皋。

【原文】 是时,汉兵盛食多,项王兵罢食绝①。汉遣陆贾说项王,请太公,项王弗听。汉王复使侯公往说项王,项王乃与汉约,中分天下,割鸿沟以西者为汉②,鸿沟而东者为楚。项王许之,即归汉王父母妻子。军皆呼万岁。

项王已约,乃引兵解而东归③。

【注释】 ①项王兵罢粮绝:此时韩信已下赵、齐,大破楚龙且军;彭越复反,下梁地,绝楚粮道。②鸿沟:战国时魏国开凿的沟通黄河与淮水的运河,北起荥阳,东经中牟、开封,南流至淮阳东南入颖水(淮水的支流)。③乃引兵解而东归:此时灌婴已攻入彭城,故项羽立即东归。

【译文】 这时汉军方面人多粮足,而楚军方面则是兵疲粮尽。汉王于是就派了陆贾去见项羽,请他放回太公,项羽不答应。汉王又派了侯公去游说项羽,项羽才同意与汉王订立条约,平分天下,约定鸿沟以西的地盘归汉王,鸿沟以东的地盘属项羽。项羽同意了这个协定后,把汉王的父亲和妻子都放了回去。汉军欢呼页岁。

项羽签订条约后,就带着军队撤离,准备回自己东方的领地去了。

【原文】 汉欲西归,张良、陈平说曰:"汉有天下太半,而诸侯皆附之。楚兵罢食尽,

此天亡楚之时也,不如因其机而遂取之。今释弗击,此所谓'养虎自遗患'也。"汉王听之。

【译文】 汉王也准备撤军西行,这时张良、陈平说:"汉王已经占据了大半个天下,许多诸侯都已经归附了您。而项羽兵疲粮尽,这是上天要灭亡楚国的时候了。我们不如乘机灭了他。如果现在错过不打,那可真成了俗话说的'养虎遗患'啦。"汉王采纳了他们的意见。

【原文】 项王军壁垓下,兵少食尽①,汉军及诸侯兵围之数重。夜闻汉军四面皆楚歌,项王乃大惊,曰:"汉皆已得楚乎?是何楚人之多也!"项王则夜起,饮帐中。有美人名虞②,常幸从;骏马名骓③,常骑之。于是项王乃悲歌慷慨,自为诗曰:"力拔山兮气盖世,时不利兮骓不逝。骓不逝兮可奈何,虞兮虞兮奈若何!"歌数阕④,美人和之。项王泣数行下,左右皆泣,莫能仰视。

【注释】 ①"项王"二句:在会军垓下前,楚、汉还有一次固陵之战,因韩信、彭越等未听命前来,汉大败。后来刘邦听张良之计,许诺给韩信等大片封地,诸路军才前来。汉军诸路到达垓下后,与项羽尚有一次决定性的大战。时韩信将三十万居中,孔将军居左,费将军居右,刘邦在后,周勃、柴将军在刘邦后。项羽率军十万。韩信先诈败诱敌深入,孔将军、费将军从两翼合围,楚兵败;韩信回军掩杀,项羽大败。②有美人名虞:虞本为其姓,因从项羽,故从夫姓,以己姓为名。③骓:毛色黑白相间的马。④歌数阕:一连唱了几遍。阕,段,遍。

【译文】 项羽军驻扎在垓下,兵力又少,粮食也已经没有了,汉军和各路诸侯的军队把他们层层围住。深夜里四面的汉军都在唱着楚地的歌谣,项羽听到后吃惊地说:"莫非汉军已把楚国全部占领了吗?要不然他们的军中怎么有这么多楚人呢?"于是项羽就披衣起来,在帐中饮酒浇愁。当时他身边有一个美人名字叫虞,深受项羽宠爱,几年来一直跟在他身边;还有一匹骏马名字叫骓,这是项羽冲锋陷阵一直骑乘的。项羽感慨万分,作歌道:"力能拔山啊,豪气盖世,时运不利啊,骓马不再奔驰。不再奔驰啊,又有何妨?虞姬虞姬啊,我把你怎样安放?"他一连唱了好几遍,虞美人也和着唱。项羽泪如雨下,左右将士们也一个个涕泣嘘唏,谁都不忍心抬头仰视。

【原文】 于是项王乃上马骑①,麾下壮士骑从者八百馀人,直夜溃围南出②,驰走。平明,汉军乃觉之,令骑将灌婴以五千骑追之。项王渡淮,骑能属者百馀人耳③。项王至阴陵④,迷失道,问一田父,田父绐曰"左"⑤。左,乃陷大泽中,以故汉追及之⑥。项王乃复引兵而东,至东城⑦,乃有二十八骑。汉骑追者数千人。项王自度不得脱,谓其骑曰:"吾起兵至今八岁矣,身七十馀战⑧,所当者破,所击者服,未尝败北,遂霸有天下。然今卒困于此,此天之亡我,非战之罪也。今日固决死,愿为诸君快战⑨,必三胜之,为诸君溃围,斩将,刈旗⑩,令诸君知天亡我,非战之罪也。"乃分其骑以为四队,四向⑪。汉军围之数重。项王谓其骑曰:"吾为公取彼一将。"令四面骑驰下,期山东为三处。于是项王大呼驰下,

汉军皆披靡⑫,遂斩汉一将。是时赤泉侯为骑将⑬,追项王,项王嗔目而叱之,赤泉侯人马俱惊,辟易数里⑭,与其骑会为三处。汉军不知项王所在,乃分军为三,复围之。项王乃驰,复斩汉一都尉,杀数十百人。复聚其骑,亡其两骑耳。乃谓其骑曰:"何如?"骑皆伏⑲,曰:"如大王言"

【注释】 ①骑:涉下文而衍。②直夜:中夜,半夜。③属:跟随。④阴陵:秦县名,县治在今安徽定远西北。⑤绐:欺骗。⑥以故汉追及之:史公极力突出项羽被追及的偶然性,以寄托其无限同情。⑦东城:秦县名,县治在今安徽定远东南。⑧身七十馀战:史公称道将军之勇好用"七十"字,并非确数。⑨快战:痛痛快快、漂漂亮亮地打一仗。一说,"快战"为"决战"。⑩刈旗:砍倒敌军的大旗。⑪四向:朝着四个方向,盖围做一个圆阵。⑫披靡:倒伏、避散的样子。⑬赤泉侯:杨喜,刘邦的部将,因获项羽尸体而被封为赤泉侯。⑭辟易:因畏惧而退避。辟,退避。易,易地,挪动了地方。⑮伏:通"服"。

【译文】 于是项羽上马突围,这时帐下的骑兵还有八百多人跟着他,他们乘着夜色向南冲出重围,疾驰逃走。到天快亮的时候,汉军才发觉。汉王命令骑将灌婴率领五千骑兵追赶项羽。等到项羽渡过淮河,跟着他的骑兵就只剩下一百来人了。项羽跑到阴陵县时,迷了路。他向一个农民打听,这个农民骗他说"往左拐"。项羽向左拐,结果陷在了沼泽里,就因为这一耽误,后面灌婴的追兵就赶了上来。项羽再领着人向东跑,到了东城,身边只剩下了二十八个人,而刘邦派来的追兵有好几千。项羽自己估计着这回是无法脱险了,就对随从们说:"自从我起兵到现在已经八年了,曾身经七十多场大战,所向披靡,没有失败过一次,从而成了天下的霸主。想不到今天竟然被困在这里,这是老天爷要灭亡我,不是我不会打仗。今天要决一生死,为你们诸位再痛痛快快地打一仗,一定要连胜它几回,我要为你们突破重围,杀死追将,砍倒敌旗,让你们明白,这是老天爷要灭亡我,不是我不会打仗!"说罢就把他这二十八个人分成了四组,分别朝着四个方向。这时汉军已经把他们围了好几层。项羽对他的骑兵们说:"看我给你们杀他一个将领!"他命令四个小组分别朝四个方向冲出,并约定好大家在山的东面分三处集合。然后项羽大吼一声拍马冲了出去,汉军一看吓得纷纷倒退,混乱中汉军被项羽杀掉了一个将领。当时,赤泉侯杨喜正给汉王当骑将,他在后面追赶项羽。项羽回头瞪起眼睛,大喝一声,吓得杨喜连人带马向后退出去了好几里地。项羽果然和他的部下们分三个地方集合了,汉军弄不清项羽在哪一处,于是只好把追兵分成三股,分别包围。这时项羽又冲出来杀死了汉军的一个都尉,杀死了汉军士兵近百人。而后把自己的人集合起来一清点,发现才只少了两个。项羽问他的部下说:"怎么样?"大家都敬佩地说:"果然像大王说的一样!"

【原文】 于是项王乃欲东渡乌江①。乌江亭长舣船待②,谓项王曰:"江东虽小,地方千里,众数十万人,亦足王也。愿大王急渡。今独臣有船,汉军至,无以渡。"项王笑曰:

"天之亡我,我何渡为!且籍与江东子弟八千人渡江而西,今无一人还;纵江东父兄怜而王我,我何面目见之?纵彼不言,籍独不愧于心乎③?"乃谓亭长曰:"吾知公长者。吾骑此马五岁,所当无敌,尝一日行千里,不忍杀之,以赐公。"乃令骑皆下马步行,持短兵接战。独籍所杀汉军数百人,项王身亦被十馀创。顾见汉骑司马吕马童,曰:"若非吾故人乎?"马童面之④,指王翳曰⑤:"此项王也。"项王乃曰:"吾闻汉购我头千金,邑万户,吾为若德。"乃自刎而死⑥。王翳取其头,馀骑相蹂践争项王,相杀者数十人。最其后⑦,郎中骑杨喜,骑司马吕马童,郎中吕胜、杨武各得其一体⑧。五人共会其体,皆是。故分其地为五:封吕马童为中水侯,封王翳为杜衍侯,封杨喜为赤泉侯,封杨武为吴防侯,封吕胜为涅阳侯。

【注释】 ①乌江:乌江浦,在今安徽和县东北之长江西岸。②舣船:拢船靠岸。③籍独不愧于心乎:按,或曰项羽因亭长说得太好听而生疑,宁愿战死而不愿被俘,故不上船。所谓江东父老只是借口而已。④面:正面相对。⑤王翳:灌婴的部下。⑥乃自刎而死:项羽败于垓下,自刎乌江,在汉五年(前202年)十二月,时年三十一。⑦最:同"聚"。⑧一体:一肢,通常以四肢加头称为"五体"。

【译文】 这时,项羽到了乌江浦,准备东渡。乌江亭的亭长驾着一只小船靠在岸边,对项羽说:"江东虽小,可也还有纵横上千里的土地,还有民众几十万,也足够您称王的。请您赶紧上船过江。这里只我一个人有船,汉军追到这里,他们也无法渡过江去。"项羽笑道:"既然老天爷要灭亡我,我还渡江干什么!想当初我渡江西下时曾带着江东子弟八千人,如今他们没有一个活着回去,即使江东父老们可怜我,还拥戴我为王,我自己又有什么脸面去见他们呢?就算人家什么也不说,难道我自己就不问心有愧吗?"接着他又对亭长说:"我知道你是好人。我骑这匹马已经五年了,所向无敌,它能一日奔驰千里,我不忍心杀它,就把它送给您吧。"说罢命令所有的人都下马步行,手持短兵与汉军接战。光是项羽一个人就杀死了汉兵好几百,而项羽自己身上也有十余处受了伤。项羽回头忽然看见了汉军的骑司马吕马童,就招呼他说:"那不是我的老朋友吕马童吗?"吕马童定睛一看,指着项羽回头对王翳说:"这就是项王。"项羽对他们说:"我听说刘邦曾悬赏千金买我的人头,还要给他万户的封地,我今天就成全你们吧!"说罢拔剑自刎而死。王翳赶紧奔过去割了项羽的人头,其余的骑兵蜂拥而上去抢项羽的尸体,互相拥挤践踏,就死了好几十人。最后,郎中骑杨喜、骑司马吕马童、郎中吕胜、杨武四个人分别各自抢到了项羽的一条腿或一只手。他们四个和王翳五个人把手里的残肢凑在一起,可以确认都是项羽的。于是汉王就把当初悬赏的万户封邑一分为五,封吕马童为中水侯,封王翳为杜衍侯,封杨喜为赤泉侯,封杨武为吴防侯,封吕胜为涅阳侯。

【原文】 项王已死,楚地皆降汉,独鲁不下,汉乃引天下兵欲屠之。为其守礼义,为主死节①,乃持项王头视鲁②,鲁父兄乃降。始,楚怀王初封项籍为鲁公,及其死,鲁最后

下，故以鲁公礼葬项王谷城。汉王为发哀，泣之而去。

【注释】 ①为主死节：当年楚怀王曾封项羽为"鲁公"，故鲁人对项羽忠心耿耿。②视鲁：让鲁县人看。视，同"示"。

【译文】 项羽死后，楚国的地面都相继投降了汉王，只有鲁城曲阜拒不投降。汉王想要带领全国的军队把它夷平，后来考虑到曲阜的军民是出于他们守礼义，忠于其主，于是就派人拿着项羽的人头去给曲阜的百姓们看，曲阜的父老们才宣告向汉王投降。起初，楚怀王曾封项羽为鲁公，项羽死后，鲁城曲阜又最后投降，所以汉王就用鲁公的礼仪把项羽安葬在了谷城。汉王也亲自前来为项羽哭了一场。

【原文】 太史公曰：吾闻之周生曰"舜目盖重瞳子"①，又闻项羽亦重瞳子。羽岂其苗裔邪？何兴之暴也②！夫秦失其政，陈涉首难，豪杰蜂起，相与并争，不可胜数。然羽非有尺寸，乘势起陇亩之中，三年遂将五诸侯灭秦，分裂天下，而封王侯，政由羽出，号称霸王，位虽不终，近古以来未尝有也③。及羽背关怀楚④，放逐义帝而自立，怨王侯叛己，难矣。自矜功伐，奋其私智而不师古，谓霸王之业，欲以力征经营天下，五年卒亡其国，身死东城⑤，尚不觉寤而不自责，过矣。乃引"天亡我，非用兵之罪也"，岂不谬哉！

【注释】 ①重瞳子：眼球上有两个瞳孔。②暴：突然。③"夫秦"至"近古以来未尝有也"十四句：可以见史公列项羽于本纪之意。④背关：即舍关中形胜之地，而都彭城。怀楚：即其"富贵不归故乡，如衣绣夜行"之想。⑤身死东城：按，项羽败走至东城，以二十八骑大力冲杀汉军后，复南逃至乌江浦乃自刎而死。乌江浦当时属历阳县，离东城百馀里。

【译文】 太史公说：我先前曾听周生说过"舜的眼睛有两个瞳孔"，又听说项羽也有两个瞳孔，项羽莫非是舜的后代吗？不然怎么会兴起得这么突然呢！当秦朝暴虐无道，陈涉首先起兵发难，各地豪杰们都蜂拥而起，你争我夺，不胜枚举。而项羽并没有尺寸的封地为根基，而是以一个平民百姓的身份拔地而起的。结果不出三年，就率领着东方的诸侯们灭掉了秦朝，接着他切割土地，分封王侯，所有政令都由项羽一人发布，自己号称"西楚霸王"。他的事业虽然没能善始善终，但像他这样的，近古以来也没有过。可是后来他放弃关中，而眷念楚地，又驱逐了义帝而以自己为尊，这时候他再埋怨王侯们背叛他，那就很难啦！他夸耀自己的战功，只知道一意孤行而不吸取古代的历史经验，他只想着成为一代霸主，只想着用武力征伐经营天下，结果五年的时间，弄了个国灭身亡，到临死的时候还不悔悟，不知道责备自己，这就大错特错了，说什么"这是老天爷要灭亡我，不是我不会打仗"，这不就太荒谬了吗！

高祖本纪

【题解】

本篇记述了刘邦由起事反秦、楚汉相争，到统一国家、建号称帝、草创制度，以及建国

初期为稳定局势所采取的诛杀功臣、平定叛乱等,是一篇既突出地表现了刘邦个人,同时也兼顾了全局的具有典范性的传记杰作。作品对于刘邦取得成功的一切优胜之处,如顺应时代、从和民心、分化敌人、团结内部、知人善任而又驾驭有方,刚柔并济、恩威兼施等,一一做了生动的描绘,说明了他的成功绝非偶然。而对于刘邦的造言妖异,自托圣神,表面豁达而内心忌刻;尤其是他晚年残杀功臣,诛除无已,则表现了极大的厌恶。

刘邦是《史记》中描写最生动、最精彩的人物,因为除本篇外还有如《项羽本纪》《淮阴侯列传》等二十多篇作品中也描写到刘邦其人,所以刘邦的性格也就表现得最充分、最本质。无与伦比的聪明智慧、雄才大略与明显的粗俗的流氓气水乳交融地统一在一起,就是司马迁为我们展现的那个开创了汉朝几百年基业的汉高祖刘邦,他是个有血

汉高祖刘邦像

有肉、活生生的、令人相信的人物,是司马迁的艺术天才与其"不虚美、不隐恶"的创作思想的光辉体现。

【原文】 高祖,沛丰邑中阳里人,姓刘氏,字季①。父曰太公②,母曰刘媪。其先刘媪尝息大泽之陂③,梦与神遇。是时雷电晦冥④,太公往视,则见蛟龙于其上。已而有身,遂产高祖⑤。

【注释】 ①字季:"季"是排行,不是字。刘邦之名邦,也是后世史臣所拟。②太公:与下文的"刘媪"皆非人之姓名,大概是由于下层人其名不雅,故史公以此称之。③大泽之陂:水泽边上的堤岸。④晦冥:天色昏黑的样子。⑤遂产高祖:以上数句,皆刘邦称帝后为神化自己所编造,或汉初人为神化刘邦所附会,历朝的开国统治者大体都有这一套。有身,指怀孕。

【译文】 汉高祖,沛县丰邑中阳里人,姓刘字季。他的父亲为刘太公,母亲为刘媪。当年刘媪有一次在大泽旁边的堤岸上休息睡着了,梦与天神交合。当时电闪雷鸣,天昏地暗,刘太公前去寻找她,看见一条龙卧在她身上。后来刘媪就怀了孕,生了高祖。

【原文】 高祖为人,隆准而龙颜①,美须髯,左股有七十二黑子。仁而爱人,喜施,意豁如也②。常有大度,不事家人生产作业③。及壮,试为吏,为泗水亭长,廷中吏无所不狎侮④。好酒及色。常从王媪、武负贳酒⑤,醉卧,武负、王媪见其上常有龙,怪之。高祖每酤留饮,酒雠数倍⑥。及见怪,岁竟,此两家常折券弃责⑦。

【注释】 ①隆准:高鼻梁。准,鼻梁。龙颜:上额突起状。颜,上额。②豁如:豁然,阔达、豪爽的样子。③家人:平民百姓。④廷中吏:整个县廷里的吏员。狎侮:戏弄,要笑。⑤媪、负:皆老妇人之称谓。贳:赊欠。⑥雠:售,卖出。⑦折券弃责:毁弃借据,免除

39

债务。券,赊欠的字据。责,同"债"。

【译文】 高祖长着高鼻梁,额头突出,胡须很漂亮,左腿上有七十二颗黑痣。他待人慈和,喜欢施舍,心胸豁达。从小有大志,不愿从事平民百姓的生产劳作。长大后试为小吏,任泗水亭长,对于县衙里的吏目们却没有一个不加以耍笑和戏弄。他好喝酒爱女色,常到王媪和武负的酒店里赊酒喝。喝醉了就躺倒在酒店里睡觉。武负和王媪常常看见他醉卧的上方有龙盘绕,感到很奇怪。而且每当刘邦来到酒店喝酒,这天卖出的酒总要比平常多出几倍。由于这种种怪现象,所以在年终结算时,这两家酒店常常把高祖欠的账一笔勾销。

【原文】 高祖常繇咸阳①,纵观②,观秦皇帝,喟然太息曰③:"嗟乎,大丈夫当如此也!"

【注释】 ①常:同"尝",曾。②纵观:许可百姓观看。③喟然:动心的样子。

【译文】 高祖在到咸阳服劳役时,有一天正好遇上秦始皇出巡,允许百姓们夹道观看,高祖看到秦始皇,感慨地说:"哎,大丈夫就应当像这样啊!"

【原文】 单父人吕公善沛令,避仇从之客①,因家沛焉。沛中豪桀吏闻令有重客②,皆往贺。萧何为主吏③,主进④,令诸大夫曰⑤:"进不满千钱,坐之堂下。"高祖为亭长,素易诸吏⑥,乃绐为谒曰"贺钱万"⑦,实不持一钱。谒入,吕公大惊,起,迎之门。吕公者,好相人,见高祖状貌,因重敬之,引入坐。萧何曰:"刘季固多大言,少成事。"高祖因狎侮诸客,遂坐上坐,无所诎⑧。酒阑⑨,吕公因目固留高祖⑩。高祖竟酒,后。吕公曰:"臣少好相人⑪,相人多矣,无如季相,愿季自爱⑫。臣有息女⑬,愿为季箕帚妾⑭。"酒罢,吕媪怒吕公曰:"公始常欲奇此女⑮,与贵人。沛令善公,求之不与,何自妄许与刘季?"吕公曰:"此非儿女子所知也⑯。"卒与刘季。吕公女乃吕后也,生孝惠帝、鲁元公主⑰。

【注释】 ①从之客:到他这里做客,亦即投奔。②沛中豪桀吏:沛县的豪绅与县廷诸吏。桀,同"杰"。③主吏:即主吏掾,亦称功曹掾,主管县廷的人事考核等工作。④主进:帮县令接收礼品。一曰,进,谓接过礼品转进于主人。⑤诸大夫:即指来贺的诸位豪绅县吏。⑥易:轻视。⑦绐:欺骗,诈说。谒:名帖。⑧诎:同"屈",局促,客气。⑨酒阑:酒席将散,人已渐渐离去。⑩目:使眼色。⑪臣:古人自称的谦辞,不是君臣的臣。⑫自爱:自重,自勉,希望其多加努力,以成大事。⑬息女:亲生女。息,生也。⑭箕帚妾:打扫清洁的使女,妻子的客气说法。⑮奇:异,显而异之,使与他人不同。⑯儿女子:犹通常所谓"妇人、小孩子",以称智商低的人。⑰孝惠帝:刘邦的嫡子,名盈,刘邦死后继位为帝,"惠"字是谥。鲁元公主:刘邦之女,子张偃,被封为鲁王。"鲁元"盖后人之称,非其生时之号。

【译文】 单父县的吕公与沛县县令交好,为躲避仇家来到沛县县令家里做客,后来干脆把家搬到了沛县。沛县的豪绅、官吏们听说县令家里来了贵客,便都去送礼祝贺。

当时萧何在县衙里当功曹，主管收贺礼。他对客人们说："凡是贺礼不满千钱的请坐在堂下。"高祖是亭长，一向看不起县里的这些吏目，于是便在自己的名帖上假意地写了"贺钱一万"，实际上他一文不名。他的名帖递进去后，吕公看了大惊，起身到大门口来迎接。吕公善于给人看相，他一见高祖的相貌，就很敬重他，把他领到了堂上就座。萧何说："刘季一向好说大话，很少能实现。"而高祖则把满座的客人都戏弄了一番后，坐在了上座，没有丝毫的客气。酒宴要结束时，吕公向高祖递眼色要他留下，高祖便一直等到了席散。吕公说："我从年轻时候就喜欢给人相面，相过的人太多了，但还没有见过一个像你这么富贵的相貌，希望你自己珍重。我有个女儿，想让她去侍候你，给你当妻子。"酒宴结束后，吕媪生气地对吕公说："你平常总说这个女儿与众不同，要把她嫁给贵人。沛县县令跟你交好，向你请求你都不答应，今天为什么竟胡乱地把她许给了刘季？"吕公说："这不是你们妇人们所能理解的。"吕公最终把女儿嫁给了刘邦，她就是后来的吕后，生了孝惠皇帝和鲁元公主。

【原文】 高祖以亭长为县送徒郦山①，徒多道亡②。自度比至皆亡之③，到丰西泽中，止饮，夜乃解纵所送徒④。曰："公等皆去，吾亦从此逝矣⑤！"徒中壮士愿从者十馀人。高祖被酒⑥，夜径泽中⑦，令一人行前。行前者还报曰："前有大蛇当径，愿还。"高祖醉，曰："壮士行，何畏！"乃前，拔剑击斩蛇，蛇遂分为两，径开。行数里，醉，因卧。后人来至蛇所，有一老妪夜哭。人问何哭，妪曰："人杀吾子，故哭之。"人曰："妪子何为见杀？"妪曰："吾子，白帝子也⑧，化为蛇，当道，今为赤帝子斩之⑨，故哭。"人乃以妪为不诚，欲笞之，妪因忽不见。后人至，高祖觉。后人告高祖，高祖乃心独喜，自负⑩。诸从者日益畏之。

【注释】 ①徒：苦役犯。郦山：在今陕西临潼东南，其地为秦始皇的陵墓工地。②亡：逃走。③度：心想。比：及，等到。④解纵：解开绳索，任其逃走。⑤逝：潜逃。⑥被酒：带着酒意。被，同"披"。⑦径：原指小路，离开大路，走小路直穿，即所谓"斜过"也。⑧白帝子：暗喻秦朝的后代。白帝为古代传说的五方上帝之一，于五行为金，居于西方，秦朝祭礼白帝，以为自己和天上的白帝相应。⑨赤帝：古代传说的五方上帝之一，于五行为火，居于南方，汉代自称是赤帝的子孙。赤帝子斩白帝子，即意味着刘邦将取代秦朝。⑩自负：意即心中有了底，有了仗恃，知道自己是上应"天命"了。

【译文】 高祖曾以亭长的身份为县里押送劳役去郦山，结果很多劳役在路上逃跑了。他估计等不得到郦山劳役们就会跑光，于是当他们走到丰邑西边的沼泽地带时，他让劳役们休息喝酒，到了夜里便把他们都放了，他说："各位都走吧，我也从此远走高飞了！"这时劳役中有十多个年轻小伙子愿意跟随着他。高祖带着醉意，趁夜直穿沼泽地，他让一人前面探路。那人回来报告说："前面有一条大蛇挡住了去路，我们往回走吧。"高祖醉醺醺地说："壮士走路，有什么可怕的！"走上前去，拔剑把大蛇斩作了两段，路让开了。他又往前走了几里，醉倒在地，睡着了。后面的人来到高祖斩蛇的地方，见有一个老妇人在那里哭泣。人们问她哭什么,老妇人说:"有人杀了我的儿子,所以我在这里哭。"人们问她:"你儿子为什么被人家杀了?"老妇人说:"我的儿子是白帝子,他化为大蛇,挡在道上,结果被赤帝子杀了,所以我哭。"人们都以为这个老妇人说谎,刚想打她,而老妇人忽然不见了。当这几个人来到高祖睡觉的地方时,高祖已经酒醒。这几个人便把刚才碰上的情况告诉了高祖,高祖听了心里暗暗高兴,觉得自己大概真不是平凡人。而跟随他的那些人也从此一天比一天地更加惧怕他了。

【原文】 秦始皇帝常曰"东南有天子气",于是因东游以厌之①。高祖即自疑,亡匿,隐于芒、砀山泽岩石之间。吕后与人俱求,常得之。高祖怪问之。吕后曰:"季所居上常有云气,故从往常得季②。"高祖心喜。沛中子弟或闻之,多欲附者矣。

【注释】 ①厌:同"压",迷信活动,即通过某种手段以压制某种征兆的兴起。②故从往常得季:这些大体皆为后人所捏造。

【译文】 秦始皇常说"东南方上有一股天子气",于是便向东巡游去压一压它。高祖怀疑与自己有关,便逃了出去,隐藏在芒山、砀山的岩洞里,吕后带着人去找他,一下子就找到了。高祖奇怪地问她缘故,吕后说:"你躲藏的地方上空总有一股云气,我们奔着那股云气就能找到你。"高祖心里高兴。沛县的年轻人听说这些话后,想去投奔他的越来越多了。

【原文】 秦二世元年秋①,陈胜等起蕲②,至陈而王③,号为"张楚"④。诸郡县皆多杀其长吏以应陈涉。沛令恐,欲以沛应涉。掾、主吏萧何、曹参乃曰⑤:"君为秦吏,今欲背之,率沛子弟,恐不听。愿君召诸亡在外者,可得数百人,因劫众,众不敢不听。"乃令樊哙召刘季,刘季之众已数十百人矣⑥。

【注释】 ①秦二世元年:前209年。秦二世,名胡亥,秦始皇的第十八子。②陈胜等起蕲:即陈胜、吴广等于蕲县之大泽乡起义。③陈:秦县名,即今河南淮阳,当时也是陈郡的郡治所在地。④张楚:取张大楚国之义。⑤掾:县令的属吏,指曹参,当时曹参为狱掾。主吏:指萧何。⑥刘季之众已数十百人矣:据此可知刘邦之"解纵"囚徒乃在不久之前。

【译文】 秦二世元年秋天,陈胜等人在蕲县起兵反秦,占领陈县后自立为王,号称"张楚"。这时天下各郡县的人们都纷纷起来杀死自己郡县的官吏响应陈胜。沛县县令害怕了,想及早率领沛县百姓响应陈胜。县里的大吏萧何、曹参对他说:"您是秦朝官吏,今天想背叛秦朝统领沛县子弟,恐怕大家不听您指挥。您可以把那些逃亡在外的人召回来,这样可以得到几百人,然后您再利用这些人去挟持民众,那时大家就不敢不听您的命令了。"于是县令便派樊哙去叫刘邦。这时刘邦部下已经聚积起百把人了。

【原文】 于是樊哙从刘季来。沛令后悔,恐其有变,乃闭城城守,欲诛萧、曹。萧、曹恐,逾城保刘季①。刘季乃书帛射城上,谓沛父老曰:"天下苦秦久矣。今父老虽为沛令守,诸侯并起,今屠沛②。沛今共诛令,择子弟可立者立之,以应诸侯,则家室完。不然,父

子俱屠，无为也。"父老乃率子弟共杀沛令，开城门迎刘季，欲以为沛令。刘季曰："天下方扰，诸侯并起，今置将不善，一败涂地。吾非敢自爱，恐能薄，不能完父兄子弟。此大事，愿更相推择可者③。"萧、曹等皆文吏，自爱④，恐事不就，后秦种族其家，尽让刘季。诸父老皆曰："平生所闻刘季诸珍怪⑤，当贵，且卜筮之，莫如刘季最吉。"于是刘季数让，众莫敢为，乃立季为沛公⑥。祠黄帝⑦，祭蚩尤于沛庭⑧，而衅鼓旗⑨，帜皆赤。由所杀蛇白帝子，杀者赤帝子，故上赤。于是少年豪吏如萧、曹、樊哙等皆为收沛子弟二三千人，攻胡陵、方与，还守丰。

【注释】 ①保：投奔。②今：即，行将。③推择：推选。④自爱：爱惜自身，此指不愿搭上自己的身家性命。⑤平生：向来，素来。⑥乃立季为沛公：事在二世元年九月，陈胜起义后的第三个月。⑦黄帝：黄帝据说曾打败炎帝，擒杀蚩尤，是最早的军事统帅。⑧蚩尤：相传蚩尤好五兵，制造剑戟，故被后世供为战神。⑨衅鼓旗：古代的一种祭祀仪式，以人血或以动物之血涂在鼓上、旗上，以希冀其灵异，助己之战争取胜。

【译文】 樊哙跟着刘邦来到了沛县，沛县县令又后悔了，他害怕刘邦有别的心，因而闭门守城，并想杀掉萧何、曹参。萧何、曹参害怕，翻出城去投奔了刘邦。刘邦用绸绢写了一封信射进城内，对沛县的父老们说："天下人受秦朝暴政的苦已经很久了。今天父老们居然还替沛县县令卖命守城，现在各地诸侯都早已起兵反秦，沛县很快就要被屠灭了。你们应该赶紧杀掉沛县县令，另选一个你们信任的年轻人来主事，以响应各路诸侯，只有这样你们的家室才可以保全。否则全城老少就要都被人家杀光，那可不是闹着玩的。"城中父老们见信后就发动一批青年子弟起来杀掉了县令，打开城门迎接刘邦，并推选他为沛县县令。刘邦说："如今天下大乱，诸侯纷起，如果我们这里的领头人选得不当，就会一败涂地。我不是顾惜自己什么，实在是担心自己的本事不大，不能保全你们大家。这是一件大事，希望大家另推选更合适的人。"萧何、曹参等都是文官，多所顾忌，害怕大事不成，自己被秦朝诛灭九族，因而一致推选刘邦。父老们都说："我们早就听说你的许多奇闻逸事，说你一定显贵，而且我们也进行了占卜，没有比你更吉利的人了。"刘邦再三推让，但是别人再也没有敢出头的，于是拥立刘邦做了沛公。他们就在沛县衙门里祭祀了黄帝和蚩尤，同时杀牲取血涂抹了战鼓和军旗，军旗都用红色。因为从前所杀的那条蛇是白帝子，而杀它的刘邦是赤帝子，所以刘邦崇尚红色。接着萧何、曹参、樊哙等一群豪吏在沛县聚集起了两三千人，领着他们去攻打胡陵、方与，而后又回到了丰邑。闻项梁在薛，从骑百余往见之。

【原文】 闻项梁在薛，从骑百馀往见之。

【译文】 刘邦听说项梁已经到了薛县，就带着一百多个随从去拜见他。

【原文】 项梁再破秦军①，有骄色。宋义谏，不听。秦益章邯兵，夜衔枚击项梁②，大破之定陶，项梁死③。沛公与项羽方攻陈留，闻项梁死，引兵与吕将军俱东④。吕臣军彭城

东,项羽军彭城西,沛公军砀。

【注释】 ①再破秦军:谓先破秦军于东阿,又破秦军于雍丘。再,两次。②衔枚:枚者其状如箸,横衔之,以小绳结之于颈,用于奔袭时防止喧哗。③项梁死:事在秦二世二年九月。④俱东:一齐向东撤退。

【译文】 项梁接连打败秦军,开始流露出骄傲的神色。宋义提醒他骄兵必败,项梁不听。这时秦朝派兵增援章邯,章邯趁黑夜率军衔枚袭击项梁,大败楚军于定陶,项梁战死。这时沛公和项羽正在围攻陈留,他们听到项梁战死的消息,就带领军队与吕将军一道往东撤退。吕臣军驻扎在彭城东面,项羽军驻扎在彭城西面,沛公军驻扎在砀县一带。

【原文】 章邯已破项梁军,则以为楚地兵不足忧,乃渡河,北击赵,大破之。当是之时,赵歇为王,秦将王离围之钜鹿城,此所谓河北之军也。

【译文】 章邯打败项梁的军队后,就以为楚地的局势不用担忧了,于是便渡过黄河,北攻赵国,大破了赵国的军队。此时赵歇为赵王,被秦将王离围在巨鹿城中,这就是当时人们所说的河北军。

【原文】 秦二世三年①,楚怀王见项梁军破②,恐,徙盱眙都彭城③,并吕臣、项羽军自将之④。以沛公为砀郡长,封为武安侯,将砀郡兵⑤。

【注释】 ①秦二世三年:前207年。②楚怀王:此指项梁等所立之楚王熊心,号怀王是为了用以唤起遗民思楚之心。③徙盱眙都彭城:将都城更迁向西北前线,怀王盖非懦弱之辈。④并吕臣、项羽军自将之:实际是剥夺了项羽的兵权,自此项羽与怀王的矛盾日益尖锐。⑤将砀郡兵:项羽的兵权被剥夺,而刘邦却独当一面,怀王之偏袒刘邦,极其分明。

【译文】 秦二世三年,楚怀王见项梁的军队被打垮了,十分恐慌,就把都城从盱眙迁到了彭城,并把吕臣和项羽的军队合并一起收归自己统领。他任命沛公为砀郡长,封为武安侯,让他统领砀郡的军队。

【原文】 赵数请救,怀王乃以宋义为上将军①,项羽为次将,范增为末将,北救赵。令沛公西略地入关②。与诸将约,先入定关中者王之③。

【注释】 ①上将军:当时最高的武官名。②西略地:向西方扩展。入关:指攻入函谷关。③先入定关中者王之:打发项羽北上,指派刘邦西下,而约之曰"先入定关中者王之",此怀王故意将关中王给予刘邦也。

【译文】 被围困的赵国连连向楚军求救,于是怀王就任命宋义为上将军,项羽为次将,范增为末将,让他们北上救赵。同时命令沛公向西攻城略地,直逼关中。楚怀王与各路将领们约定,谁先占领关中谁就做关中王。

【原文】 当是时,秦兵强,常乘胜逐北,诸将莫利先入关①。独项羽怨秦破项梁军,奋②,愿与沛公西入关。怀王诸老将皆曰:"项羽为人僄悍猾贼③。项羽尝攻襄城,襄城无

遗类，皆阬之④，诸所过无不残灭。且楚数进取⑤，前陈王、项梁皆败。不如更遣长者扶义而西⑥，告谕秦父兄。秦父兄苦其主久矣，今诚得长者往，毋侵暴，宜可下。今项羽僄悍，今不可遣。独沛公素宽大长者，可遣。"卒不许项羽，而遣沛公西略地，收陈王、项梁散卒。乃道砀至咸阳，与杠里秦军夹壁⑦，破秦二军。楚军出兵击王离，大破之⑧。

【注释】　①莫利：不以入关为利，是畏秦也。②奋：愤激。③僄悍猾贼：勇猛凶残。僄悍，迅疾勇猛。猾贼，狡猾残忍。④阬：通"坑"，活埋。⑤进取：发动进攻。⑥扶义：仗义，一切行事以仁义为本。⑦夹壁：犹言"对垒"。⑧"楚军"二句：此即钜鹿之战，事在秦二世三年十二月。

【译文】　当时，秦军的势力还很大，常乘胜逐北，因此各路将领都不愿意先往关中打。唯独项羽因为痛恨秦军打败项梁，所以奋勇当先，希望能和沛公一道入关。而怀王的老将们都说："项羽彪悍狠毒。他曾攻过襄城，襄城攻克后，没留下一个人，全部被他活埋了，凡是他所经过的地方，没有一个不被彻底毁灭的。再说在此以前陈胜、项梁的几次西进全都失败了，这次不如改派一个宽厚的长者以仁义之心率军西进，去向秦国父老讲清道理。秦国父老们吃他们君主的苦头已经很久了，今天如果真有个宽厚长者前去，不施行暴力，那么关中是会攻下来的。项羽为人凶暴，不能派他去，只有沛公是个宽大忠厚的长者，应该派他领兵西进。"怀王最后没有派项羽，而是派沛公率兵西进，一路上收编陈胜、项梁的许多散兵，经由砀县直达咸阳，与驻扎杠里的秦军对垒，随后很快地打败了秦朝的两支军队。这时北上救赵的楚军也已经出击王离，将秦军打垮了。

【原文】　沛公引兵西，西过高阳，郦食其为监门①，曰："诸将过此者多，吾视沛公大人长者。"乃求见，说沛公。沛公方踞床②，使两女子洗足。郦生不拜，长揖曰③："足下必欲诛无道秦，不宜踞见长者④。"于是沛公起，摄衣谢之⑤，延上坐⑥。食其说沛公袭陈留，得秦积粟。

【注释】　①郦食其为监门：谓郦食其在高阳为闾里监门。监门，门卒。②踞：坐。床：坐具，如今之板凳一类。③长揖：深深地作了一个揖。④踞：通"倨"，傲慢。⑤摄衣：整理衣襟。谢：道歉。⑥延上坐：可见郦生雄心，刘邦大度，英雄相惜。延，引，请。

【译文】　沛公率军继续西进，西抵高阳，这时在高阳看城门的郦食其说："各路将领路过这里的我见过不少了，我看只有沛公是个气度宏大的仁厚长者。"于是去求见沛公劝说他。当时沛公正坐在床上，让两个女人给他洗脚。郦生见了刘邦并不下拜，只是深深地作了个揖，说道："您要是真想讨伐暴秦，就不应该傲慢地接见长者。"沛公一听立即站了起来，整好衣服向郦生道歉，请他坐在了上首。郦食其劝沛公袭击陈留，从那里夺取秦军储备的大批粮食。

【原文】　当是时，赵别将司马卬方欲渡河入关，沛公乃北攻平阴，绝河津①。南，战雒阳东，军不利，还至阳城，收军中马骑②，与南阳守齮战犨东，破之。略南阳郡，南阳守齮走保城守宛③。沛公引兵过而西。张良谏曰:"沛公虽欲急入关,秦兵尚众,距险。今不下宛,宛从后击,强秦在前,此危道也。"于是沛公乃夜引兵从他道还,更旗帜④,黎明,围宛城三匝⑤。南阳守欲自刭,其舍人陈恢曰⑥:"死未晚也。"乃逾城见沛公,曰:"为足下计,莫若约降⑦,封其守,因使止守,引其甲卒与之西。诸城未下者,闻声争开门而待,足下通行无所累⑧。"沛公曰:"善。"乃以宛守为殷侯,封陈恢千户。引兵西,无不下者。

【注释】 ①绝河津:封锁黄河渡口。津,渡口。司马卬欲渡河入关,刘邦则绝河津以阻之,显然是想独自入关称王。②收军中马骑:集中军中的马匹,组成一支强有力的骑兵。③走保城守宛:走,退向。保,往依。城,筑城。守,防守。四个动词并列,共带一个宾语。④更旗帜:为掩人耳目,不使南阳守军知刘邦之军复还也。⑤三匝:三遭,三层。⑥舍人:半宾客、半仆役的左右亲信人员。⑦约降:共立盟约,许其投降。⑧通行无所累:即通行无阻。累,牵扯,挂累。

【译文】 这时,赵国的偏将司马卬正要渡过黄河西入函谷关,沛公为阻止他前进便北攻平阴,封锁了黄河渡口。接着沛公南下,与秦军会战于雒阳城东,结果没打胜,只好退到了阳城。沛公把军中的骑兵集中起来,与南阳郡守齮交战于犫县城东,秦军大败。随后沛公平定了南阳郡,这时南阳郡的郡守齮败退到了宛城在宛城坚守。沛公又想率军绕过宛城西进,张良劝他说:"您希望入关的迫切心情是可以理解的,但目前秦朝还兵多势众,占据着许多险要的地方。现在我们如不攻下宛城,日后宛城守军就会从后面袭击我们,那时前面又有强大的秦军阻挡,我们不就危险了吗?"于是沛公便在夜里领兵从另一条道上折了回来,变换了旗帜,到天亮时,把宛城密密地围了三层。南阳郡守一看就想自杀,这时他的门客陈恢说:"还不到寻死的时候!"于是他翻出城墙求见沛公说:"我为您考虑,不如招纳宛城投降,您可以封南阳郡守为侯,还让他继续当南阳郡守,您可以带着宛城的军队一道西进。这样一来前面那些还没有攻下的城邑,就会闻风而动,争着打开城门迎接您了,那时您的西进就会畅通无阻。"沛公说:"好。"于是便封南阳郡守为殷侯,封陈恢千户。从此刘邦西进,所过之处没有不望风而下的。

【原文】 及赵高已杀二世①,使人来,欲约分王关中。沛公以为诈,乃用张良计②,使郦生、陆贾往说秦将③,啖以利④,因袭攻武关⑤,破之。又与秦军战于蓝田南⑥,益张疑兵旗帜⑦,诸所过毋得掠卤⑧,秦人熹⑨,秦军解⑩,因大破之。又战其北,大破之。乘胜,遂破之⑪。

【注释】 ①赵高已杀二世:事在秦二世三年八月。②乃用张良计:据《留侯世家》,刘邦进入武关后,欲进兵击秦峣下军,张良劝刘邦"使人先行,为五万人具食,益为张旗帜诸山上,为疑兵",而后派郦食其往说秦将投降。③使郦生、陆贾往说秦将:"陆贾"二字衍文。④啖以利:谓以利益吸引之。啖,以食物喂人。⑤武关:是河南南部进入陕西的交通要道。⑥蓝田:秦县名,县治在今陕西蓝田西南。⑦益张疑兵旗帜:此即前述张良之计,不宜书于此。⑧掠卤:同"掠虏",谓抢物抢人。⑨熹:此处通"喜"。⑩解:通"懈"。⑪乘胜,遂破之:此事过程如下:刘邦以秦二世三年八月破武关,九月,秦遣将拒峣关,张良说沛公张旗帜,为疑兵,使郦生哾秦将以利。秦军懈,因引兵绕峣关,逾蒉山击破之蓝田南。

【译文】 等到赵高杀掉秦二世,派人与沛公进行联络,想和沛公在关中划分地盘共同为王时,沛公又怀疑其中有诈,于是便采取了张良的计策,派郦生、陆贾前去说服秦将,以财宝引诱他们,而后趁他们松懈的时候袭击了武关,把秦军打得大败。接着又在蓝田县南与秦军会战,这时沛公派人多插旗帜,巧布疑阵,又下令全军所到之处不准掳掠,因而使得秦国人非常高兴,秦朝的军队也日益松懈,于是沛公又一次大破秦军。随后在蓝田北大破秦军,接着刘邦乘胜追击,于是秦军就彻底溃败了。

【原文】 汉元年十月①,沛公兵遂先诸侯至霸上②。秦王子婴素车白马,系颈以组③,封皇帝玺符节④,降轵道旁。诸将或言诛秦王。沛公曰:"始怀王遣我,固以能宽容;且人已服降,又杀之,不祥。"乃以秦王属吏⑤。遂西入咸阳,欲止宫休舍。樊哙、张良谏,乃封秦重宝财物府库,还军霸上⑥。召诸县父老豪桀曰:"父老苦秦苛法久矣,诽谤者族,偶语者弃市⑦。吾与诸侯约,先入关者王之,吾当王关中。与父老约,法三章耳:杀人者死,伤人及盗抵罪⑧。馀悉除去秦法⑨。诸吏人皆案堵如故⑩。凡吾所以来,为父老除害,非有所侵暴,无恐!且吾所以还军霸上,待诸侯至而定约束耳。"乃使人与秦吏行县乡邑,告谕之。秦人大喜,争持牛羊酒食献飨军士⑪。沛公又让不受,曰:"仓粟多,非乏,不欲费人。"人又益喜,唯恐沛公不为秦王⑫。

【注释】 ①汉元年:前206年,因刘邦于此年被项羽封为"汉王",故称"汉元年"。②霸上:地名,在今陕西西安东南,亦当时秦都咸阳之东南。为古代咸阳、长安附近的军事要地。③秦王子婴:或说是始皇之孙,或说是始皇之弟。秦二世三年八月,赵高弑秦二世,改立子婴。子婴即位后,诛灭赵高。再过四十六日,刘邦军遂至霸上。素车白马,系颈以组:这是古代帝王向人投降时自己表示认罪服罪的样子。组,丝绦。④玺:天子印。符:发兵符。节:使者所拥,以宣布皇帝赏罚号令。⑤属:交付,委托。⑥还军霸上:此举避免了部下入城掳掠,收买了秦人之心,又成为后来向项羽辩解无争权意的理由,虽非刘邦初意,但对于刘邦取得最后的成功很关键。⑦偶语:相聚而语。偶,相对,相聚。弃市:指将罪犯处死于街头。⑧抵:当,判处。⑨馀悉除去秦法:刘邦能始终得关中之力,约法三章起了很大作用。⑩案堵如故:犹言"各就各位,一切照常"。案堵,也作"安堵",不动。⑪献飨:即今所谓"犒劳"。飨,以酒食招待人。⑫唯恐沛公不为秦王:刘邦已深得秦人之心,项羽强迁其入蜀,又立三秦王以阻之,根本无益于事。所以刘邦还定三秦易如反掌。

【译文】 汉元年十月,沛公的军队率先来到了咸阳东南的霸上。这时已经退去帝位,重称秦王的三世子婴,乘着白马素车,用绳子系着脖子,捧着已经封好的皇帝印信,来到轵道亭的路边向沛公投降。沛公的将领们有人提议杀死他,沛公说:"当初怀王之所以派我来，就是因为我待人宽厚；再说人家都已经投降了，我们还杀人家，这不吉祥。"于是就把子婴交给专人看管起来。于是带人进入了咸阳，沛公进宫后就想住在里面不出来了，幸亏有樊哙、张良出来劝说，沛公才封起了秦宫的仓库和各种珍宝，带着人马重又回到了霸上。沛公把关中各县的父老乡绅们找来，对他们说："你们受秦朝酷法的罪时间不短了，秦法规章，敢说朝廷坏话的灭族，敢相聚议论国事的杀头。我们各路将领在东方出发前已经说好了，谁先打入关内谁当关中王，根据这个规定，我是应该当关中王的。现在我与诸位约法三条：杀人者偿命，伤人及偷人东西的各自按情节定罪。秦法的条款一概废除。各级官吏都各回各位，照常办公。我们到这里来是为父老们除害的，绝不会损害大家，请大家不要怕。我之所以带领人马回到霸上，就是为了等候其他各路将领到来，共同商定日后的办法。"随后他派人跟着各地的官吏们到各县各乡各镇去向人们说明他的这番意思。秦人听了都很高兴，大家纷纷地带牛羊酒饭来慰劳沛公的军队。沛公推辞不要，说："仓库里有的是粮食，我们什么都不缺，不能再让大家破费了。"于是人们更高兴了，唯恐日后不让沛公当关中王。

【原文】 或说沛公曰："秦富十倍天下，地形强。今闻章邯降项羽，项羽乃号为雍王，王关中①。今则来②，沛公恐不得有此。可急使兵守函谷关，无内诸侯军，稍征关中兵以自益，距之③。"沛公然其计，从之。十一月中，项羽果率诸侯兵西，欲入关，关门闭。闻沛公已定关中，大怒，使黥布等攻破函谷关。十二月中，遂至戏④。亚父劝项羽击沛公⑤。方飨士，旦日合战。是时项羽兵四十万，号百万。沛公兵十万，号二十万，力不敌。会项伯欲活张良⑥，夜往见良，因以文谕项羽⑦，项羽乃止。沛公从百馀骑，驱之鸿门⑧，见谢项羽。沛公以樊哙、张良故，得解归。

【注释】 ①"项羽"二句：秦二世三年七月，章邯降项羽，项羽遂划今陕西西部以封章邯为雍王，都废丘（今陕西兴平东南）。②今则来：这句话的主语是"项羽"。则，若。③距：通"拒"。④遂至戏：遂前进至今陕西临潼东的戏水。其方位在今陕西西安东北，当时的咸阳城东。⑤亚父：指范增。所谓"亚父"者，是说对其尊敬的礼数仅次于父。⑥项伯欲活张良：项伯是项羽的族叔，曾因杀人逃亡，被张良掩护过。现张良在刘邦部下，面临毁灭，故项伯欲救之。⑦因以文谕项羽：此句的主语为"刘邦"。⑧鸿门：地名，在今陕西临潼东，今称项王营。

【译文】 这时有人对沛公说："关中地区的富有，是其他地区总和的十倍，而且地势险要。听说秦将章邯已经率领军队投降了项羽，项羽封他为雍王，让他占有关中地区。项羽如果进来了，恐怕您就不能拥有了。您应该赶紧派兵把守函谷关，不要再让其他各路人马进来，您再从关中地区征调一些人马加强自己的实力，挡住项羽他们。"沛公采纳了这个意见。十一月中旬，项羽果然率领着各路人马西进，当他们要进关时，发现函谷关已被人把守起来。听说沛公已经平定了关中，项羽大怒，下令让黥布等人攻打函谷关，函

谷关很快被攻下了。十二月中旬,项羽来到了咸阳城东的戏水。亚父范增怂恿项羽打沛公。项羽同意了,于是犒劳士兵,准备第二天与沛公开战。这时项羽有四十万人,号称百万。沛公有十万人,号称二十万,从兵力对比上看,沛公不是项羽的对手。正好这时项伯想救他的恩人张良,于是他趁着夜色到沛公的军营去,而沛公则借着这个机会给项羽写了一封信,使项羽改变了开战的意图。接着沛公又带着百十个随从来到鸿门,向项羽表示了歉意。沛公就在樊哙、张良等人的帮助下安全地回到了霸上。

【原文】 项羽遂西,屠烧咸阳秦宫室,所过无不残破。秦人大失望,然恐,不敢不服耳①。

【注释】 ①不敢不服耳:叙项羽所为与刘邦相反,以见二人高下之分。

【译文】 鸿门宴后,项羽带兵西入咸阳,大肆杀戮咸阳居民,焚烧秦朝宫殿,兵到哪里,哪里便成了一片废墟。秦地人大失所望,但由于怕他,所以不得不服从他。

【原文】 项羽使人还报怀王。怀王曰:"如约①。"项羽怨怀王不肯令与沛公俱西入关,而北救赵,后天下约。乃详尊怀王为义帝,实不用其命。

【注释】 ①如约:按照原来的约定办事,即"先入关者王之"。

【译文】 项羽派人东归向楚怀王汇报。楚怀王坚持原来的说法:"按着原来的约定办。"项羽早就恨楚怀王当初不让他和沛公一齐西进入关,而硬是让他北上救赵,所以才使得他进关晚了。于是他就假意地推尊楚怀王为"义帝",实际上根本不理睬他。

【原文】 正月①,项羽自立为西楚霸王,王梁、楚地九郡,都彭城。负约,更立沛公为汉王,王巴、蜀、汉中,都南郑。三分关中,立秦三将:章邯为雍王,都废丘;司马欣为塞王,都栎阳;董翳为翟王,都高奴。

【注释】 ①正月:当时仍用秦历,以"十月"为岁首,此月乃"汉元年"(前206年)的第四个月。

【译文】 正月,项羽自封为西楚霸王,占有梁、楚一带的九个郡,建都彭城。改变旧约,封沛公为汉王,占有巴郡、蜀郡、汉中一带地区,建都南郑。把关中地区分成了三份,分给了投降他的三位将领:封章邯为雍王,建都废丘;封司马欣为塞王,建都栎阳;封董翳为翟王,建都高奴。

【原文】 四月,兵罢戏下①,诸侯各就国。汉王之国,项王使卒三万人从②,楚与诸侯之慕从者数万人,从杜南入蚀中。去辄烧绝栈道③,以备诸侯盗兵袭之,亦示项羽无东意。至南郑,诸将及士卒多道亡归,士卒皆歌思东归。韩信说汉王曰:"项羽王诸将之有功者,而王独居南郑,是迁也④。军吏士卒皆山东之人也⑤,日夜跂而望归⑥。及其锋而用之,可以有大功;天下已定,人皆自宁,不可复用。不如决策东乡⑦,争权天下。"

【注释】 ①戏:戏水。②项王使卒三万人从:刘邦居霸上时有卒十万,今使"三万人从",是项羽已夺去刘邦之兵。③去辄烧绝栈道:此用张良计,目的是麻痹项羽,使其不再

防备刘邦。栈道,也称"阁道",山间架木构成的空中通道。④迁:贬官,下放。⑤山东:崤山(今河南灵宝东南)以东。⑥跂:翘起脚跟,以形容思念心情之急切。⑦东乡:向东方杀出。乡,通"向"。

【译文】 四月,各路将领从戏水之滨解散,各自去自己的封地。汉王前往汉中时,项羽只让他带走了三万人,此外项羽与其他将领部下愿意跟随汉王入汉中的还有几万人。汉王从杜县城南进入蚀中山路,一路上每通过一段栈道就下令把它烧毁,其目的一方面是免得别人来打汉中,同时也是故意做出他没有回去和项羽争天下的意思。在汉王从咸阳到南郑的一路上,他手下的将领和士兵们纷纷开小差,即便那些留下的人们,唱歌说话也总是带着浓重的思乡情绪。这时韩信对汉王说:"项羽分封有功的将领,而把您放到南郑来,这简直是一种发配。您部下的官兵们都是东方人,他们日夜急切地盼着回家,如能趁着他们当前的这股劲头打回去,肯定可以成大功;如果现在不动,等到日后天下太平,人人贪求安乐,那就没有办法了。不如下定决心现在就打回去,和项羽争天下。"

【原文】 八月,汉王用韩信之计,从故道还①,袭雍王章邯。邯迎击汉陈仓,雍兵败,还走,止战好畤;又复败,走废丘,汉王遂定雍地。东至咸阳,引兵围雍王废丘②。而遣诸将略定陇西、北地、上郡③。令将军薛欧、王吸出武关,因王陵兵南阳④,以迎太公、吕后于沛。楚闻之,发兵距之阳夏,不得前。

【注释】 ①故道:即陈仓道,自汉中入褒谷,而北出陈仓(今陕西宝鸡东),是旧有秦蜀通道。②引兵围雍王废丘:围废丘的是樊哙。秦民怨秦已久,又爱刘邦,项羽使秦将王秦而拒刘邦,势必不能,所以章邯虽善战仍屡败。③略定陇西、北地、上郡:三地皆秦郡名,在甘肃陕北一带,是秦汉时期的西北边境。刘邦尚未出关先定边境稳固根基,很有战略眼光。④因王陵兵南阳:王陵在南阳以西的丹水归附刘邦后,仍在当地据守,未随刘邦入武关。

【译文】 八月,汉王采用韩信的计策,率军从陈仓小道偷偷出来,袭击雍王章邯。章邯率军与汉王战于陈仓,章邯兵败。章邯且战且退,退到好畤时,整兵又战,又被打败了,章邯只好逃回了自己的都城废丘。汉王很快平定了章邯管辖的地面,东路的前锋已经抵达咸阳。这时汉王一方面派人包围章邯的都城废丘,一方面又派人西出、北上平定了陇西、北地、上郡。而后他派薛欧、王吸,率军从南路出武关,与活动在南阳一带的王陵会师,而后东向沛郡以迎自己的父亲太公和妻子吕后。楚方闻讯后,派兵到阳夏挡住了薛欧、王陵的军队。

【原文】 二年,汉王东略地①,塞王欣、翟王翳、河南王申阳皆降②。

【注释】 ①二年:刘邦为汉王的第二年,前205年。②塞王欣、翟王翳、河南王申阳皆降:塞、翟之降在元年八月,在雍王之败后望风而降。

【译文】 汉二年,汉王率军正面向东进军,这时塞王司马欣、翟王董翳,以及河南王申阳都望风而降。

【原文】 二月,令除秦社稷,更立汉社稷①。

【注释】 ①"令除秦"二句:更立社稷表示一个新王朝的开始。可见刘邦规模宏远。

【译文】 二月,汉王下令拆掉了咸阳秦朝的社稷坛,而另建立了一个汉王朝的社稷坛。

【原文】 三月,新城三老董公遮说汉王以义帝死故①。汉王闻之,袒而大哭②。遂为义帝发丧,临三日③。发使者告诸侯曰:"天下共立义帝,北面事之。今项羽放杀义帝于江南④,大逆无道。寡人亲为发丧,诸侯皆缟素⑤。悉发关内兵,收三河士⑥,南浮江、汉以下⑦,愿从诸侯王击楚之杀义帝者⑧。"

【注释】 ①三老:乡官名,掌教化。遮说汉王以义帝死故:董公劝刘邦打出讨伐项羽杀义帝的旗号东征。遮说,拦路劝说。②袒:脱掉衣袖。③临:哭吊。这只是刘邦的一种姿态,借此激怒天下,不是真哀痛之。④放杀:放逐,杀害。⑤缟素:这里指孝服。⑥三河士:指河东、河内、河南的三郡之众,当时此三郡已皆为刘邦占领。⑦南浮江、汉以下:此处似有脱略,其意盖谓关中军与三河士大举东下,此北路之军;而南路军则自江、汉顺水东下。⑧愿从诸侯王击楚之杀义帝者:说"从诸侯王""击楚之杀义帝者",见刘邦辞令得体。

【译文】 三月,新城县的三老董公拦着马头告诉汉王义帝已被项羽杀害了。汉王一听,立刻袒露臂膀大哭起来,他为义帝设祭哭吊了三天,而后派使者四出通告各路诸侯,说:"义帝是我们共同拥立的,我们都是他的臣子。现在项羽居然把义帝流放到了江南又把他杀掉,真是大逆不道。我已经亲自为义帝发丧设祭,诸侯们也都披麻戴孝了。现在我要调动关中的全部军队,再收集河南、河东、河内的士兵,沿着汉水、长江顺流而下,跟着你们各路诸侯去共同讨伐楚地那个杀害义帝的家伙。"

【原文】 是时项王北击齐,虽闻汉东,既已连齐兵①,欲遂破之而击汉。汉王以故得劫五诸侯兵②,遂入彭城。项羽闻之,乃引兵去齐,从鲁出胡陵,至萧,与汉大战彭城灵璧东睢水上,大破汉军,多杀士卒,睢水为之不流。乃取汉王父母妻子于沛,置之军中以为质。当是时,诸侯见楚强汉败,还皆去汉复为楚。

【注释】 ①连齐兵:与齐交战。②劫五诸侯兵:即统率天下军队。劫,控制,统领。

【译文】 这时项羽正率兵在北面与齐国作战,已经听到汉王向东方杀来的消息,但既然这里已经与齐国开战,就想先把齐国灭掉再去对付汉王。而汉王则正好趁着这个机会,挟持着其他各地的诸侯一举攻入了彭城。项羽听说彭城失守,立即率兵离开齐国,经由曲阜、胡陵,到达萧县,与汉王大战于彭城灵璧以东的睢水上,汉王大败,尸横遍野,以致把睢水堵塞得都不流了。而且项羽还把汉王的父亲与妻子吕后从沛县逮了来,带在军

中当作人质。这时候，许多诸侯一见楚强汉败，遂又纷纷离开了汉王投奔项羽。

【原文】 吕后兄周吕侯为汉将兵，居下邑①，汉王从之。稍收士卒，军砀②。汉王乃西过梁地，至虞③，使谒者随何之九江王布所④，曰："公能令布举兵叛楚，项羽必留击之。得留数月，吾取天下必矣。"随何往说九江王布，布果背楚⑤。

【注释】 ①"吕后"二句：周吕侯，名泽，吕后之兄，以佐刘邦开国功，后被刘邦封为周吕侯。下邑，秦县名，在彭城的正西偏北，今安徽砀山东。②砀：砀县，县治在今河南夏邑东南。③虞：秦县名，县治在今河南虞城北。④谒者：官名，帝王身边主管赞礼与收发传达的官员。⑤布果背楚：英布叛楚归汉使项羽失去侧翼援助，对汉大为有利。

【译文】 这时吕后的哥哥吕泽正为汉王率兵驻扎在下邑县。汉王到他那里后，又逐渐地收起一些散兵，领着他们驻扎在砀县。接着汉王经由梁地西行，到了虞县。他打发谒者随何去六县游说九江王英布说："你要能说动英布叛变项羽，项羽必然就得留下来对付英布。只要能拖住他几个月，我就能趁此夺得天下。"于是随何到六县一鼓动，英布果然背叛了项羽。

【原文】 汉王军荥阳南，筑甬道属之河①，以取敖仓②。与项羽相距岁馀③。项羽数侵夺汉甬道，汉军乏食，遂围汉王。汉王请和，割荥阳以西者为汉。项王不听。汉王患之，乃用陈平之计，予陈平金四万斤，以间疏楚君臣。于是项羽乃疑亚父。亚父是时劝项羽遂下荥阳④，及其见疑，乃怒，辞老⑤，愿赐骸骨归卒伍⑥，未至彭城而死。

【注释】 ①甬道：两侧筑有防御工事的通道，以防止敌方攻击抄掠也。属：连接。②敖仓：秦朝在荥阳西北敖山上所筑的大粮仓。③相距岁馀：刘邦自二年五月彭城溃退后坚守荥阳一线，至此三年四月被项羽围困于荥阳，正好一年。距，通"拒"。④遂下荥阳：趁热打铁地一举攻下荥阳。⑤辞老：以自己年老无用为辞。或曰，即"告老归田"。老，也称"致仕"。⑥赐骸骨：请求解职归田的婉转说法。归卒伍：即回家为民。卒伍，古代乡里的基层编制。

【译文】 汉王带领军队驻扎在荥阳城南，他们修筑了一条甬道一直通到黄河边上，以取用敖仓里的粮食，就这样和项羽对峙了一年多。后来项羽多次地攻断甬道，汉军粮草供应不上了，接着他们又陷入包围。汉王无奈只好向项羽求和，其条件是让他享有荥阳以西的地盘。项羽不答应。汉王很着急，就采用了陈平的计策，给了陈平四万斤金，让他去离间项羽与其部下的关系。结果很快地项羽就对范增起了疑心。这时范增正劝项羽赶紧拿下荥阳，当他发现项羽已经对他生疑时，就生气地以年老为名请求解职归田，结果还没有走到彭城就病死了。

【原文】 汉军绝食，乃夜出女子东门二千馀人，被甲①，楚因四面击之。将军纪信乃乘王驾，诈为汉王诳楚②，楚皆呼万岁，之城东观，以故汉王得与数十骑出西门遁。

【注释】 ①"乃夜出"二句：使出城女子化装为士兵，以吸引楚军往攻，此陈平之计。

②诈为汉王诳楚：纪信装作刘邦出荥阳东门出降项羽，以掩护刘邦从西门逃跑，自己被项羽所杀。诳，欺骗。

【译文】　这时被包围在荥阳的汉军已经断粮，于是汉王抓来两千妇人让他们穿上士兵的铠甲，把她们推出了东门，楚兵一见，立即把她们包围起来，四面攻杀。与此同时将军纪信坐着帝王的车子冒充汉王去向项羽投降，楚兵一见都高兴地大呼万岁，拥到东门观看，而汉王则趁着这个机会带着几十个随从开西门逃跑了。

【原文】　项羽闻汉王在宛，果引兵南。汉王坚壁不与战。是时彭越渡睢水①，与项声、薛公战下邳，彭越大破楚军。项羽乃引兵东击彭越，汉王亦引兵北军成皋。项羽已破走彭越，闻汉王复军成皋，乃复引兵西，拔荥阳，遂围成皋。

【注释】　①渡睢水：谓渡睢水而东。

【译文】　项羽听说汉王到了宛城，果然引兵南下。而汉王却坚壁清野不和他开战。这时彭越渡过睢水，与项声、薛公战于下邳，大破楚军。项羽闻讯后只好率军东下讨伐彭越，汉王则趁机率兵北上回到了成皋。待至项羽打败赶走了彭越后，听说汉王已经回到了成皋，便又引兵西下，先攻克荥阳，接着进兵包围了成皋。

【原文】　汉王跳①，独与滕公共车出成皋玉门，北渡河，驰宿脩武②。自称使者，晨驰入张耳、韩信壁③，而夺之军。汉王得韩信军，则复振。

【注释】　①跳：凡轻装减从而疾走。②脩武：秦县名，即今河南获嘉，韩信、张耳破赵后驻兵于此。③壁：军营。

【译文】　汉王独自一人，让滕公给他赶着车子逃出了成皋北面的玉门，向北渡过了黄河，来到了脩武住宿下来。第二天一早他假称是汉王派来的使者闯进了张耳、韩信的军营，夺取了他们的军队。汉王夺取了韩信、张耳的军队后，又振作起来。

【原文】　楚、汉久相持未决①，丁壮苦军旅，老弱罢转饷②。汉王项羽相与临广武之间而语③。项羽欲与汉王独身挑战。汉王数项羽，项羽大怒，伏弩射中汉王。汉王伤匈，乃扪足曰："虏中吾指！"④汉王病创卧，张良强请汉王起行劳军，以安士卒，毋令楚乘胜于汉。汉王出行军⑤，病甚，因驰入成皋。

【注释】　①楚、汉久相持：楚、汉自汉二年五月相持于荥阳一带，至此已一年零五个月。②罢转饷：疲敝于运送粮饷。罢，通"疲"。③广武之间：即广武涧。④"汉王"三句：刘邦怕军心动摇，所以谎称伤足，应变之快非常人所及。匈，通"胸"。指，通"趾"。⑤行军：视察、检阅军队。行，巡视。

【译文】　这时中路战场楚、汉双方已经相持很久了，当时青壮年男人被迫当兵打仗，老弱也都被拉去送运粮草，吃尽了战乱的苦头。有一天项羽和汉王隔着广武涧对话，项羽提出要和汉王单打独斗决一生死。汉王数落项羽的罪行，项羽大怒，他让预先埋伏的弓弩手开弓，一箭射中了汉王的胸膛，汉王中箭后立即机灵地弯腰下去抚摸着脚说："这

个奴才射中了我的脚!"汉王中箭后躺在床上不能动,张良过来一定要他出去劳军,目的是让士兵们安心,同时也是向楚军显示汉王无恙,免得他们乘胜发动进攻。汉王出来在军前走了一趟,实在坚持不住了,便乘车进入了成皋。

【原文】 项羽数击彭越等,齐王信又进击楚。项羽恐,乃与汉王约,中分天下,割鸿沟而西者为汉,鸿沟而东者为楚。项王归汉王父母妻子,军中皆呼万岁[1],乃归而别去[2]。

【注释】 [1]军中皆呼万岁:此军应指刘邦之军;然指项羽之军亦可,指刘、项双方之军亦可。[2]乃归而别去:意思含混,可指"汉王父母妻子",亦可指刘、项结约之双方。按:刘、项订鸿沟之约,在汉四年八月;楚归汉王父母妻子,在汉四年九月。

【译文】 项羽本来早就为了打彭越而多次东归,现在韩信又南下逼近楚境。项羽害怕了,于是与汉王订立条约,把天下一分为二,划鸿沟以西归汉王,鸿沟以东归项羽。项羽把汉王的父亲和妻子放了回去,汉王军中一见都欢呼万岁,于是楚、汉双方分别撤军而归。

【原文】 项羽解而东归。汉王欲引而西归,用留侯、陈平计[1],乃进兵追项羽,至阳夏南止军,与齐王信、建成侯彭越期会而击楚军[2]。至固陵[3],不会。楚击汉军,大破之。汉王复入壁,深堑而守之。用张良计[4],于是韩信、彭越皆往。及刘贾入楚地,围寿春,汉王败固陵,乃使使者召大司马周殷举九江兵而迎武王[5],行屠城父,随刘贾、齐梁诸侯皆大会垓下[6]。

【注释】 [1]用留侯、陈平计:张良、陈平劝刘邦趁项羽衰败、无备之机,进兵一举消灭之。[2]期会:约期会师。[3]固陵:秦县名,在当时的阳夏县(今河南太康)南。项羽自荥阳撤兵回彭城本来不需经过固陵,但因为彭越已占领梁地,故项羽不得不绕道而行。[4]张良计:即给韩信、彭越等预划地盘,令其各为自战。[5]"汉王"二句:此句不顺,"败固陵"三字疑是衍文。周殷,原是项羽的部将,官任大司马,在被刘贾围困于寿春的时候被刘邦派人招降。迎武王,即迎回英布。[6]大会垓下:从止军阳夏南至此都是汉五年冬之事,此误书于四年。垓下,古邑名,在今安徽灵璧东的沱河北岸。

【译文】 项羽撤兵东归,汉王也想撤兵西回,后来采纳了张良、陈平的计谋,进兵追击项羽,一直追到阳夏南才停下来。汉王本来是和齐王韩信、建成侯彭越等一起约定好共同进击项羽的,结果等汉王到达固陵时,韩信、彭越等各路兵马都未到。项羽回头迎击汉王,汉王又被打得大败。汉王失败后躲进营盘,深沟高垒坚守不出。采用了张良的计策,才把韩信、彭越等都叫了过来。在此以前刘贾已经率军进入楚地,包围了寿春,汉王在固陵失败后,派人去游说项羽的大司马周殷,让他带着九江的兵力去迎接淮南王英布。他们中途屠灭了城父县,而后跟着刘贾和齐梁地区的诸侯们一起会师于垓下。

【原文】 五年[1],高祖与诸侯兵共击楚军,与项羽决胜垓下。淮阴侯将三十万自当之,孔将军居左,费将军居右[2],皇帝在后,绛侯、柴将军在皇帝后[3]。项羽之卒可十万。淮

阴先合④,不利,却⑤;孔将军、费将军纵⑥,楚兵不利。淮阴侯复乘之⑦,大败垓下⑧。项羽卒闻汉军之楚歌,以为汉尽得楚地,项羽乃败而走,是以兵大败。使骑将灌婴追杀项羽东城⑨,斩首八万,遂略定楚地。鲁为楚坚守不下⑩,汉王引诸侯兵北,示鲁父老项羽头,鲁乃降。

【注释】　①五年:前202年。前文所述韩信、彭越、刘贾、英布诸军之会垓下,皆汉五年十月、十一月事。②费将军:陈贺,韩信的部将,后封费侯。③绛侯:周勃,刘邦的开国元勋。④合:交锋。⑤不利,却:假装失败,后撤。⑥纵:出击。⑦乘:加、陵。⑧大败垓下:此刘邦、项羽间的最后关键一战。⑨东城:秦县名,在今安徽定远东南。⑩鲁为楚坚守不下:因项羽曾被楚怀王封为鲁公,故鲁县(即今山东曲阜)为之坚守。

【译文】　汉五年,高祖与各路诸侯的大军共同与项羽决战于垓下。韩信率领着三十万人马正面对着项羽,孔将军在左翼,费将军在右翼,皇帝在韩信的后面,周勃、柴武在皇帝的后面。这时项羽的军队大约有十万人。韩信在正面先对项羽开战,但很快做出不敌的样子,向后撤退;而孔将军、费将军在两翼向前进兵,项羽的形势不利了。韩信又回头从正面压了过来,大破楚军于垓下。这时项羽的士兵夜间听到汉军唱的都是楚地歌谣,以为楚地都被汉军占领了,所以项羽溃败逃走,楚兵不可收拾。高祖派骑将灌婴紧紧追赶,击杀项羽于东城,整个战役杀死楚兵八万人,楚地遂告平定。这时只有曲阜还在为项羽坚守,高祖带着各路大军北归到达曲阜,拿着项羽的人头给曲阜坚守的人们看,曲阜的人们这才投降了高祖。

【原文】　正月,诸侯及将相相与共请尊汉王为皇帝。汉王三让,不得已,曰:"诸君必以为便,便国家。"甲午①,乃即皇帝位氾水之阳②。

【注释】　①甲午:汉五年(前202年)的阴历二月初三。②氾水之阳:这里是指定陶县(今山东定陶西北)城北的氾水北岸。

【译文】　这年的正月,各路诸侯与汉王部下的将相们一同请汉王即位为皇帝。汉王推让了好几回,实在推辞不掉了才说:"既然你们认为我做皇帝对国家有好处,那我就服从吧。"于是在甲午那一天,汉王正式即位于氾水之北。

【原文】　高祖置酒雒阳南宫。高祖曰:"列侯诸将无敢隐朕,皆言其情。吾所以有天下者何?项氏之所以失天下者何?"高起、王陵对曰:"陛下慢而侮人,项羽仁而爱人。然陛下使人攻城略地,所降下者因以予之,与天下同利也。项羽妒贤嫉能,有功者害之①,贤者疑之;战胜而不予人功,得地而不予人利,此所以失天下也。"高祖曰:"公知其一,未知其二。夫运筹策帷帐之中②,决胜于千里之外,吾不如子房;镇国家,抚百姓,给馈饷③,不绝粮道,吾不如萧何;连百万之军,战必胜,攻必取,吾不如韩信。此三者,皆人杰也,吾能用之,此吾所以取天下也。项羽有一范增而不能用,此其所以为我擒也④。"

【注释】　①害:嫉恨。②筹策:古代计算数目时所用的筹码,后用为"谋划"之义。

③给馈饷:供应前方粮食。④此其所以为我擒也:这是对楚汉战争成败原因的一个总结,也可见刘邦自负其胆略。

【译文】 高祖在雒阳南宫大宴群臣,在宴会上说:"你们各位诸侯将领不要隐瞒,都对我说真话。你们说我为什么能取得天下,项羽为什么丢了天下?"高起、王陵回答说:"虽然您傲慢爱侮辱人,项羽为人宽厚,但您派人出去攻城占地时,谁获得了什么,您就顺势赏给他,这叫'与天下同利'。而项羽则妒贤嫉能,谁有功他嫉恨谁,谁有本事他怀疑谁;打了胜仗的他不奖励,得了土地的他不赏赐,这就是他丢失天下的原因。"高祖说:"你们只知其一,不知其二。要讲运筹帷幄,决胜千里,我不如张良。要讲镇守后方,安抚百姓,给前方运粮草,保证供应不断,我不如萧何。要讲统兵百万,战必胜,攻必取,我不如韩信。这三个都是人中的豪杰,我能够重用他们,这才是我所以得天下的原因。而项羽只有一个范增他还:不能用,所以他最后被我所收拾。"

【原文】 高祖欲长都雒阳,齐人刘敬说①,及留侯劝上人都关中,高祖是日驾,入都关中②。六月,大赦天下。

【注释】 ①刘敬:本姓"娄",原是一个服徭役的人,因劝说刘邦迁都关中而得到刘邦赞赏,于是被赐姓"刘"。②"高祖"二句:刘敬始劝刘邦,刘邦未予注意;张良趁势再劝,刘邦遂采纳二人建议,当日迁往关中。刘邦迁其政权机构于关中后,开始都于栎阳(今陕西渭南西北),未央宫建成后始迁入长安。

【译文】 高祖本想永远地建都洛阳,后来齐人刘敬劝他入都关中,再加上张良也是这么说,于是高祖很快地就迁到关中去了。这年六月,刘邦宣布实行大赦。

【原文】 (十一年)春,淮阴侯韩信谋反关中①,夷三族。

【注释】 ①淮阴侯韩信谋反关中:韩信被刘邦袭捕于陈郡后,免去楚王,赦为淮阴侯,在长安闲居,至今五年。陈豨反汉于代时,据说韩信欲乘机为乱于长安,被吕后等骗进宫中杀害。

【译文】 高祖十一年春天,淮阴侯韩信在关中谋反,被诛灭三族。

【原文】 夏,梁王彭越谋反,废迁蜀;复欲反,遂夷三族①。立子恢为梁王,子友为淮阳王②。

【注释】 ①遂夷三族:刘邦北讨陈豨,征彭越同往,彭越称病,被刘邦袭捕,流放蜀郡,中途被吕后带回杀害。②"立子恢"二句:刘邦立国后杀了大部分异姓诸侯王,分立自己子侄为王。

【译文】 这年夏天,梁王彭越谋反,被废除王位流放蜀地;他又想谋反,于是被诛灭三族。高祖立儿子刘恢为梁王,刘友为淮阳王。

【原文】 秋七月,淮南王黥布反①,高祖自往击之,立子长为淮南王。

【注释】 ①淮南王黥布反:刘邦杀死彭越后,将其剁为肉酱,分送给诸侯们吃,黥布

见此疑惧,遂举兵反。

【译文】 这年的秋天七月,淮南王黥布造反,高祖闻讯后亲自率军征讨,同时宣布封自己的儿子刘长为淮南王。

【原文】 高祖还归,过沛,留。置酒沛宫①,悉召故人父老子弟纵酒。发沛中儿得百二十人,教之歌。酒酣,高祖击筑,自为歌诗曰:"大风起兮云飞扬,威加海内兮归故乡,安得猛士兮守四方②!"令儿皆和习之。高祖乃起舞,慷慨伤怀,泣数行下。谓沛父兄曰:"游子悲故乡,吾虽都关中,万岁后吾魂魄犹乐思沛③。且朕自沛公以诛暴逆,遂有天下,其以沛为朕汤沐邑,复其民④,世世无有所与。"沛父兄诸母故人日乐饮极欢,道旧故为笑乐。十馀日,高祖欲去,沛父兄固请留高祖。高祖曰:"吾人众多,父兄不能给。"乃去。沛中空县皆之邑西献⑤。高祖复留止,张饮三日⑥。沛父兄皆顿首曰:"沛幸得复,丰未复⑦,唯陛下哀怜之。"高祖曰:"丰吾所生长,极不忘耳,吾特为其以雍齿故反我为魏⑧。"沛父兄固请,乃并复丰,比沛。于是拜沛侯刘濞为吴王。

【注释】 ①沛宫:在沛县为刘邦建造的行宫。②安得猛士兮守四方:自汉灭楚后,韩信、彭越、黥布及诸将诛死殆尽,刘邦四顾寂寥,此歌语壮而意悲。③乐思沛:"乐"、"思"二动词叠用,谓思念、爱恋故乡。④复其民:免除该地居民的一切赋税、劳役。⑤献:谓献牛酒。⑥张饮:搭设帐篷,相聚而饮。张,同"帐"。⑦"沛幸"二句:秦时的"丰邑"是沛县境内的一个乡镇,至刘邦建国后,将"丰邑"上升为县,故此处遂与"沛"对称。⑧吾特为其以雍齿故反我为魏:雍齿原是刘邦的部将,为刘邦守丰,结果雍齿降魏,并据丰以反刘邦。特,只不过。

【译文】 高祖移驾北归,路过沛县时,他停下来。他在自己的老宅子里摆酒,招待昔日的亲朋故旧尽情畅饮。他从沛县城里找来一百二十个青少年,教给他们唱歌。等大家喝到兴高采烈时,高祖一边击筑,一边自己做歌道:"大风起兮云飞扬,威加海内兮归故乡,安得猛士兮守四方!"他让那一百二十名青少年都跟着唱。接着高祖又起来跳了一回舞,他伤心慷慨,泪珠滚滚而下。他对沛县的父老们说:"游子思故乡。我今天虽然建都于关中,但我死后魂灵还是想念沛县的。再说我是以沛县县令身份起家讨伐暴逆,夺得天下的,我要以沛县作为我的汤沐邑,免除这个县里人们的劳役、赋税,并且让他们以后世世代代都不服役纳税。"沛县的父老亲朋故旧们一起和高祖欢欢喜喜地谈笑了十来天。高祖告辞要走,大家执意请他再住几天。高祖说:"我部下的人多,你们供应不起。"于是起驾上路。沛县的父老们倾城出动,大家都拿着东西到城西向高祖进献。高祖见此情景,便又停下来搭设帐篷一起畅饮了三天。沛县的父老们说:"沛县的徭役、赋税是免了,但丰邑还没有豁免,请您可怜他们,把他们的也免了吧。"高祖说:"丰邑本是我出生的地方,我绝忘不了它,我所恨的是当年他们居然跟着雍齿投靠魏人而反我。"沛县的父老们再三请求,于是高祖便把丰邑的劳役、赋税也豁免了,让他们和沛县享受同样的待遇。也

就在这个时候,高祖封他的侄子沛侯刘濞做了吴王。

【原文】 汉将别击布军洮水南北①,皆大破之,追得斩布鄱阳②。

【注释】 ①洮水:当是沘水。沘水今作"淠水",源于大别山,经霍山、六安入淮河。②斩布鄱阳:英布战败后逃走江南,被长沙王吴臣所骗,杀英布于鄱阳。

【译文】 高祖派去追击英布的将领们追到洮水两岸,大破英布军,接着追到鄱阳县斩杀了英布。

【原文】 高祖击布时,为流矢所中,行道病。病甚,吕后迎良医,医入见。高祖问医,医曰:"病可治①。"于是高祖嫚骂之曰:"吾以布衣提三尺剑取天下,此非天命乎?命乃在天,虽扁鹊何益!"遂不使治病,赐金五十斤罢之。已而吕后问:"陛下百岁后,萧相国即死,令谁代之?"上曰:"曹参可。"问其次,上曰:"王陵可。然陵少戆②,陈平可以助之。陈平智有余,然难以独任。周勃重厚少文③,然安刘氏者必勃也,可令为太尉④。"吕后复问其次,上曰:"此后亦非而所知也。"

【注释】 ①病可治:婉辞,实即不能治了。②少戆:稍有点粗直,认死理。戆,憨厚刚直。③重厚少文:沉着厚道,而不善花言巧语。④太尉:秦汉时的"三公"之一,掌全国军事。

【译文】 高祖讨伐英布时,曾被流矢射中,回来的时候,半道上就顶不住了。后来越发厉害,吕后请来名医为他治疗。医生看过之后,高祖问病情如何,医生说:"还可以治好。"高祖一听谩骂起来:"我以一个平民的身份,提三尺剑打出了天下,这不都是天命吗?命由天定,即使是神医扁鹊,对我又能起什么作用!"于是就不让医生再治,而给了他五十斤金,把他打发走了。过了一会儿,吕后问高祖:"你百年之后,如果萧何死了,让谁接续当宰相呢?"高祖说:"可以用曹参。"吕后又问:"曹参以后呢?"高祖说:"可以用王陵。但王陵有些认死理,可以让陈平帮他。陈平智谋不少,但难以独当大任。而周勃虽然沉着厚道不善言谈,但日后能捍卫刘氏政权的必定是他。"吕后还要再问以后的事情,高祖说:"再往后也不是你能知道的了。"

【原文】 四月甲辰①,高祖崩长乐宫。

【注释】 ①四月甲辰:汉之十二年,阴历四月二十五。

【译文】 这年四月的甲辰日,高祖病逝于长乐宫。

世　　家

孔子世家

【题解】

《孔子世家》记述了孔子一生所从事的种种活动,介绍并高度评价了他的思想学说,

对其坎坷周流、困顿不遇的一生,寄寓了极大的惋惜和同情。司马迁对孔子顽强刻苦、虚心好学的精神和他那种渊博的知识学问,以及他为研究整理古代文献所付出的巨大努力与他所取得的丰富成果,表现了极大的敬仰与赞佩之情。司马迁认为孔子是我国古代足以称为"周公第二"的大圣人、大学者,并立志以孔子为楷模,要写"第二部《春秋》",要做"孔子第二"。孔子有宏伟的政治理想,并有将这种理想付诸实践的政治才干,作品中对此有充分表现,但客观形势总是对孔子不利,以至于使他到处碰壁,司马迁对此表现了无比的愤慨与同情。《孔子世家》的悲剧气氛与整个《史记》的悲剧气氛相一致。孔子那种百折不挠、锲而不舍,宁知其不可为而为之,以及他那种不改变信念、不降低目标、绝不与恶势力同流合污的奋斗精神,使司马迁极为赞赏。在这篇作品里,司马迁塑造了一个他心目中所理想的古代士人的悲剧形象。

孔子像

《孔子世家》是司马迁根据《论语》《左传》《孟子》《礼记》等书中旧有的资料加以排比、谱列而成的。这项谱列工作在很大的程度上是出于司马迁的独创,因为迄今为止,我们还没有发现先秦的古籍中有过孔子的传记或是年谱一类的东西,因此《孔子世家》就成了远从汉代以来研究孔子思想生平的最重要的依据之一,在我国学术史上有着极其重要的地位。

【原文】 孔子生鲁昌平乡陬邑①。其先宋人也②,曰孔防叔。防叔生伯夏,伯夏生叔梁纥。纥与颜氏女野合而生孔子③,祷于尼丘得孔子④。鲁襄公二十二年而孔子生⑤。生而首上圩顶⑥,故因名曰"丘"云。字仲尼,姓孔氏。

【注释】 ①陬邑:古邑名,即今山东曲阜东南之陬村。②宋:西周初期建立的诸侯国名,始封之君为殷纣王之庶兄微子启。③颜氏女:据《孔子家语》此女名"徵在"。野合:未经婚嫁而交合。④祷:谓祭祀祈祷以求子也。尼丘:即曲阜东南的尼山。⑤鲁襄公二十二年:前551年。孔子生:还有一种说法说孔子生于鲁襄公二十一年。⑥圩(yd)顶:头顶凹陷。

【译文】 孔子生在鲁国昌平乡的陬邑。他的祖先是宋国人,叫孔防叔。孔防叔生了伯夏,伯夏生了叔梁纥。叔梁纥与颜家的一个女子私通生了孔子。据说是祈祷于尼丘山而得孔子的。鲁襄公二十二年孔子降生,脑袋长得中间凹四面高,因此他的母亲给他取名叫丘,字仲尼,姓孔。

【原文】 丘生而叔梁纥死①,葬于防山②。防山在鲁东,由是孔子疑其父墓处,母讳之也③。孔子为儿嬉戏,常陈俎豆④,设礼容⑤。孔子母死,乃殡五父之衢⑥,盖其慎也。陬人輓父之母诲孔子父墓⑦,然后往合葬于防焉。

【注释】 ①丘生而叔梁纥死:有曰孔子生三岁而梁纥死。②防山:又名笔架山,在今山东曲阜东。③讳:不愿说。可能是徵在以野合生子为耻而不愿说。④俎:形如几案,用

以盛放祭祀用的牛羊豕。豆:形如镫,用以装带汁的祭品。⑤设礼容:此言孔子自幼时即与他儿不同,天生好礼。⑥殡:停柩。这里指临时埋葬。五父之衢:当时曲阜城里的街道名。⑦诲:教导,告知。

【译文】 孔丘降生不久叔梁纥就死了,埋在防山。防山在鲁国东部,但是孔子始终不知道父亲埋在什么地方,因为他的母亲故意不告诉他。孔子小时候做游戏,常常摆放各种祭器,模仿大人祭祀的礼仪。孔子的母亲死后,孔子就把她临时埋葬在五父之衢,是因为还没有找到父亲的墓地而谨慎等待的缘故吧。后来陬邑人輓父的母亲告诉了孔子他父亲坟地的地点,孔子才把母亲的灵柩送到防山与父亲合葬在一起。

【原文】 孔子年十七①,鲁大夫孟釐子病且死,诫其嗣懿子曰:"孔丘,圣人之后②,灭于宋③。其祖弗父何始有宋而嗣让厉公④。及正考父佐戴、武、宣公,三命兹益恭⑤,故鼎铭云:'一命而偻⑥,再命而伛⑦,三命而俯,循墙而走⑧,亦莫敢余侮。饘于是⑨,粥于是,以糊余口。'其恭如是。吾闻圣人之后,虽不当世⑩,必有达者。今孔丘年少好礼,其达者欤?吾即没,若必师之。"及釐子卒,懿子与鲁人南宫敬叔往学礼焉⑪。是岁⑫,季武子卒,平子代立⑬。

【注释】 ①孔子年十七:时当鲁昭公七年,前535年。②圣人:"圣人"指正考父。正考父所以能称"圣人",即因有下面所述之名言。③灭于宋:指孔子六世祖孔父嘉为华督所杀,其子奔鲁。④弗父何始有宋而嗣让厉公:弗父何是西周时人,宋湣公之嫡子,宋厉公之兄,让国于厉公。此与《宋世家》讲湣公卒,其子鲋祀(即厉公)弑炀公自立不同。⑤三命:一命为士,再命为大夫,三命为卿。兹益:越发。兹,通"滋",更加。⑥偻:躬身弯腰。⑦伛:与下文的"俯"都是弯腰的意思,其程度依次较"偻"更深。⑧循墙而走:言不敢安然行于路中,盖谨慎之极也。⑨饘:稠粥。这里用如动词,意即煮稠粥。⑩当世:当政,治国。⑪懿子与鲁人南宫敬叔往学礼焉:这是后来的事,大约在昭公二十四年(前518年),孔子时为三十四岁。南宫敬叔,孟釐子之子,懿子弟。⑫是岁:指孔子十七岁这一年,昭公七年,前535年。⑬平子代立:此事及懿子与南宫敬叔学礼事均在昭公二十四年(前518年),时孔子三十四岁,司马迁误认为二事与孟釐子死都是孔子十七岁时事。

【译文】 孔子十七岁的时候,鲁国大夫孟釐子病重,临终告诫他的儿子孟懿子说:"孔丘是圣人的后代,他的先祖在宋国灭败。孔子的九世祖弗父何本来应该享有宋国却让给了宋厉公。弗父何的曾孙正考父先后辅佐过宋戴公、宋武公、宋宣公三代,曾受过三次晋封的任命,而他的表现却是地位越高为人越谦逊。因此他家一个鼎上刻的铭文说:'第一次听到任命我鞠躬而受,第二次听到任命我弯腰而受,第三次听到任命我俯首而受。顺着墙根走,别说这么无用,到头来也没有人给我气受。我每天一碗稀饭一碗粥,就靠着这个糊口。'他谦恭得就是这个样子。我听说凡是圣人的后代,即便不能为政治国,也一定会才德显达。现在孔丘从小就喜好礼仪,难道他不是才德显达的人吗?我就要死

了，你一定要去拜他为师。"孟釐子死后，孟懿子和鲁国人南宫敬叔便前往孔子处学礼。也就在这一年，季武子死了，季平子代立为卿。

【原文】 其后定公以孔子为中都宰①，一年，四方皆则之。由中都宰为司空，由司空为大司寇②。

【注释】 ①中都宰：中都地方的行政官。中都，鲁邑名，在今山东汶上西。②大司寇：掌管诉讼司法的最高长官。

【译文】 鲁定公叫孔子做了中都的地方官，一年之间大见成效，周围的地方官们都以他为榜样。很快地孔子也就由中都宰被提升到鲁国朝廷做了司空，又由司空晋升为大司寇。

【原文】 定公十年春①，及齐平②。夏，齐大夫黎鉏言于景公曰："鲁用孔丘，其势危齐。"乃使使告鲁为好会，会于夹谷③。鲁定公且以乘车好往④。孔子摄相事⑤，曰："臣闻有文事者必有武备，有武事者必有文备。古者诸侯出疆，必具官以从，请具左、右司马⑥。"定公曰："诺。"具左、右司马。会齐侯夹谷，为坛位，土阶三等⑦，以会遇之礼相见⑧，揖让而登。献酬之礼毕⑨，齐有司趋而进曰："请奏四方之乐⑩。"景公曰："诺。"于是旍旄羽被矛戟剑拨鼓噪而至⑪。孔子趋而进，历阶而登⑫，不尽一等⑬，举袂而言曰⑭："吾两君为好会，夷狄之乐何为于此！请命有司！"有司却之⑮，不去，则左右视晏子与景公⑯。景公心怍⑰，麾而去之。有顷，齐有司趋而进曰："请奏宫中之乐。"景公曰："诺。"优倡侏儒为戏而前⑱。孔子趋而进，历阶而登，不尽一等，曰："匹夫而营惑诸侯者罪当诛⑲！请命有司！"有司加法焉，手足异处⑳。景公惧而动，知义不若，归而大恐，告其群臣曰："鲁以君子之道辅其君，而子独以夷狄之道教寡人，使得罪于鲁君，为之奈何？"有司进对曰："君子有过则谢以质㉑，小人有过则谢以文㉒。君若悼之㉓，则谢以质。"于是齐侯乃归所侵鲁之郓、汶阳、龟阴之田以谢过㉔。

【注释】 ①定公十年：前500年，是年孔子五十二岁。②平：也叫"成"，指国与国间为结束敌对状态，恢复和平友好而订立盟约。③夹谷：地名，有说即今山东莱芜南的夹谷峪。④乘车：日用的一般车驾，与"兵车"相对而言。好：指无敌意，无戒备。⑤摄相事：史公之意谓孔子遂由大司寇代行宰相职务。这是史公对孔子当时在鲁国地位的理解。至于事实是否如此，说法不同，多数人认为此"相"是相礼之"傧相"，而非宰相。⑥具左右司马：即指带领一定数量的武装保卫人员。司马，武官名。然鲁从没有左右司马之官，这也是史公附会。⑦土阶三等：夯土为阶，坛高三级，极言其简。⑧会遇之礼：两国国君平等相会的礼节。这是比较简略的礼节。⑨献酬：献、酬都是"敬酒"的意思。⑩四方之乐：四境少数民族的舞蹈音乐。⑪旍旄羽被矛戟剑拨：皆武舞中所用的道具。旍，同"旌"，旗类。旄，幢也，其形如宝盖。羽、被，皆编羽而成，舞者所执。拨，大盾。鼓噪而至：欲劫执鲁君。⑫历阶：一步一级。古礼登阶应每登一阶并一下脚，此时因事态紧急，没有并脚。

⑬不尽一等：还有一层台阶没有上完，（就开口说话了，）极言其情势之紧急。⑭举袂而言：见其急迫之态。⑮却：使之离去。⑯则左右视晏子与景公：主语是孔子。又，此处不应述及晏子。晏子代父桓子为大夫，在鲁襄公十七年，是时孔子尚未生。而会于夹谷时，孔子已五十有二，晏子恐未必尚在。《左氏》记晏子事极详，但自鲁昭公二十六年以后，竟无一言一事见于《内》《外》传，其人当在昭公、定公之间已经去世。⑰怍：惭愧。⑱优倡侏儒：古代统治者身边供其玩笑取乐的歌舞、杂戏、滑稽、诙谐等各种人员。侏儒，矮人，古代常使之充当滑稽角色，供人笑乐。⑲匹夫：指小人，下等人。营惑：通"荧惑"，迷惑，乱人视听。⑳手足异处：指杀死。㉑谢：道歉。质：实，实在的东西。㉒文：指花言巧语，没用的东西，与"实"相反。㉓悼：痛心，愧悔。㉔乃归所侵鲁之郓、汶阳、龟阴之田：《左传》于此会还记有孔子拒绝不合理条约之事。若无夸饰，孔子于此会之表现堪称大智大勇。

【译文】　鲁定公十年春，鲁国同齐国和解。同年夏天，齐国的大夫黎钅且对齐景公说："鲁国重用孔丘，势必危及齐国。"于是派人去邀请鲁定公来齐国的夹谷进行友好会见。鲁定公准备好车辆随从。孔子这时被任为代理宰相，说："俗话说办文事也得有武力做后盾，办武事也得有文备。自古以来凡是诸侯离开自己的国家，必须带齐必要的文武官员，请您安排左、右司马一起去。"鲁定公说："好。"于是让左、右司马跟着一道出发了。到达夹谷与齐侯相会，那里已经修起了台子，台子的边上有三磴土台阶。鲁定公与齐景公按着应有的礼节见面后，彼此推让着登上了台子。互相敬过了酒，齐国有关官员过来请示说："请允许演奏四方的乐舞。"齐景公说："好。"于是一群武士举着旗帜，拿着弓弩、矛戟、宝剑等各种武器，大呼小叫地一齐拥到了台下。孔子立刻小步急速地走到了台前，又一步一磴地登台，站上了倒数第二磴台阶，他一挥袖子对着下面喝道："现在是两国的君主在进行友好会见，这些夷狄的乐舞来干什么！管事的赶快把他们轰出去！"齐国的有关官员示意叫他们退下，可是那些人不退。于是孔子就转过头来左右扫视晏子和齐景公，齐景公自己也觉得理亏，于是就挥手让那些人退了出去。过了一会儿，齐国的有关官员又过来请示说："请允许演奏宫中的乐舞。"齐景公说："好。"于是一群歌舞艺人和身材矮小的侏儒立刻拥上前来。孔子一见马上又跑上前去，一步一磴地登台，站上了倒数第二磴台阶说："匹夫小人凡是胆敢惑乱诸侯视听的，论罪当杀，请有关官员迅速执法！"于是齐国的有关官员只好过去把他们全部腰斩，让他们手足异处。齐景公一看，大为震恐，知道自己的道义敌不住孔子。回去后他害怕地对群臣们说："鲁国的孔子是用君子之礼来辅佐他们的国君，而你们却用夷狄的那一套，来给我帮倒忙，结果让我得罪了鲁君，我这以后该怎么办？"齐国的有关官员上前说："君子有了过错就用实际行动来表示悔改；小人有了过错就用粉饰来谢罪。您如果心里真过，那就用具体行动来表示道歉吧。"于是齐景公立即下令把从前侵占的鲁国的郓、汶阳、龟阴等地还给了鲁国以表示认错。

【原文】　定公十四年①，孔子年五十六，由大司寇行摄相事②，有喜色。门人曰："闻

君子祸至不惧,福至不喜。"孔子曰:"有是言也,不曰'乐其以贵下人'乎③?"于是诛鲁大夫乱政者少正卯④。与闻国政三月,粥羔豚者弗饰贾⑤,男女行者别于涂⑥,涂不拾遗。四方之客至乎邑者不求有司,皆予之以归。

【注释】　①定公十四年:前 496 年。②由大司寇行摄相事:"摄""行"二字皆谓代理、权任。又,前文已云"摄相事",今又云"行摄相事",前后重复,且鲁之相一直由季氏担任,孔子不可能代理。③乐其以贵下人:孔子此语答非所问,近于巧辩。④诛鲁大夫乱政者少正卯:"少正"是官名,其人名"卯"。关于孔子诛少正卯的事情,最早见于《荀子·宥坐》,但后人多疑孔子无此事。⑤粥:通"鬻",卖。羔豚:羊、猪。饰:虚增。贾:通"价"。⑥别于涂:分路行走,各走一边。涂,同"途"。

【译文】　鲁定公十四年,孔子五十六岁,这时他又从大司寇被任命为代理宰相,脸上流露出很高兴的神色。他的学生们对他说:"人们常说,君子在大祸临头的时候面无惧色,在福禄降临的时候也面无喜色。"孔子说:"的确有这么一说。不是还有一种说法'君子有了高位能以礼贤下士为乐'吗?"于是孔子掌权后诛杀了扰乱鲁国政局的大夫少正卯。孔子参与鲁国政权仅仅三个月,鲁国那些贩卖羊羔猪仔的人们不再以次充好漫天要价,男女在路上行走时也自觉地分开来各走一边,丢在路上的东西也都没有人拾取。四面八方来到鲁国的客人,用不着到主管官员那里去求告,谁见了都能给他们安排很好的住处。

【原文】　齐人闻而惧,曰:"孔子为政必霸,霸则吾地近焉,我之为先并矣,盍致地焉①?"黎鉏曰:"请先尝沮之②,沮之而不可则致地,庸迟乎!"于是选齐国中女子好者八十人,皆衣文衣而舞《康乐》③,文马三十驷④,遗鲁君。陈女乐文马于鲁城南高门外⑤。季桓子微服往观再三,将受,乃语鲁君为周道游⑥,往观终日,怠于政事⑦。子路曰:"夫子可以行矣。"孔子曰:"鲁今且郊⑧,如致膰乎大夫⑨,则吾犹可以止。"桓子卒受齐女乐,三日不听政;郊,又不致膰俎于大夫,孔子遂行,宿乎屯⑩。而师己送,曰:"夫子则非罪。"孔子曰:"吾歌可夫?"歌曰:"彼妇之口,可以出走;彼妇之谒⑪,可以死败。盖优哉游哉,维以卒岁!"师己反,桓子曰:"孔子亦何言?"师己以实告。桓子喟然叹曰:"夫子罪我以群婢故也夫!"

【注释】　①盍致地焉:此事不见于史书,司马迁在此将孔子的作用夸得过神。②尝:试。沮:以言语破坏。③文衣:彩衣。《康乐》:舞曲名。④文马:带有文采装饰的马。驷:古代称一车四马为"驷"。三十驷即一百二十匹。⑤高门:鲁都曲阜的南门。⑥周道游:季氏与鲁君因不好明言去城南看齐国女乐,故而说是"到各处走走"。⑦往观终日,怠于政事:这是因《论语》之言而附会,且与秦穆公离间由余的计策相似,真实性是很值得怀疑的。⑧郊:郊祀,在城外举行的祭天活动。⑨致膰乎大夫:按照礼节规定,天子或诸侯的祭祀过后,要把祭肉分发给大臣,以表示对这些大臣的尊重。膰,祭肉。⑩宿乎屯:孔子

去鲁在定公十二年，不在此年。屯，鲁邑名，在今山东曲阜之南。⑪谒：进，进言。

【译文】 齐国听说了很害怕，说："鲁国要是真让孔子当了政就一定会称霸；鲁国一旦称了霸，离它最近的是我们齐国，那我们就势必要被他们吞并了。我们何不先割给他一些土地呢？"他的大夫黎鉏说："我们先想办法阻止，如果阻止不成再给他们割地，这难道还算迟吗？"于是他就在齐国挑选了八十个漂亮女子，穿上华丽的衣服，教会她们跳《康乐》舞；又挑了装饰着文采的骏马一百二十四，一齐给鲁君送了去。到鲁国后他们把这些舞女和骏马先安置在鲁都城南的高门外。季桓子穿着便衣溜到那里去看了好几遍，打算接受下来。就跟鲁君说外出周游视察，却整天在那里观看，无心再想政事了。子路对孔子说："先生可以离开这个国家了。"孔子说："鲁国很快就该到郊外去祭天了，如果祭祀后还能把祭肉分送给大夫们，那我们就还可以留下来。"季桓子终于接受了齐国送来的女乐，并一连三日不过问国家大事，等到郊外祭天的仪式结束后，又不把祭肉分送给大夫们。于是孔子只好离开鲁国，当晚他们寄宿在鲁城南面的屯邑。鲁国的师己为他送行，师己对孔子说："您可没有任何过错呀。"孔子说："我唱首歌给你听听？"于是他就唱道："妇人搬弄口舌，可以害得你四处奔波；妇人在君前告状，可以叫你不死则亡。悠闲啊悠闲，我只有这样安度岁月！"师己回朝后，季桓子问他："孔子临走时说了些什么？"师己如实相告。季桓子叹了一口气说："他是怪我接受了那群女乐啦！"

【原文】 将适陈①，过匡②，颜刻为仆③，以其策指之曰："昔吾入此，由彼缺也。"匡人闻之，以为鲁之阳虎。阳虎尝暴匡人④，匡人于是遂止孔子。孔子状类阳虎，拘焉五日。颜渊后⑤，子曰："吾以汝为死矣。"颜渊曰："子在，回何敢死！"匡人拘孔子益急，弟子惧。孔子曰："文王既没，文不在兹乎？天之将丧斯文也，后死者不得与于斯文也⑥；天之未丧斯文也，匡人其如予何！"孔子使从者为宁武子臣于卫⑦，然后得去⑧。

【注释】 ①陈：诸侯国名，都城即今河南淮阳。②匡：卫国邑名，在今河南长垣西。③颜刻：孔子弟子，或曰当是颜高。④阳虎尝暴匡人：事在鲁定公六年。时匡为郑邑，鲁侵郑，匡邑城墙有缺口，阳虎从此破墙入城。暴，施暴，肆虐。⑤颜渊：名回，字渊，孔子最欣赏的学生。后：同行而落在后面，此指随后赶了上来。⑥后死者：孔子指称自己，与"既没"的文王相对而言。与：参与，掌握。⑦宁武子：名俞，卫国大夫，颇受孔子敬重。但在宁武子时，孔子未生；在孔子畏匡时，宁氏则族灭已久。或曰此宁武子是孔文子之误。⑧然后得去：此处记孔子畏于匡事与《论语》所记不太一样。孔子得以脱困，据《庄子》是匡人认识到弄错了人而放了他，《孔子家语》记为弦歌解围，还有谓孔子靠自己辩说得以解围者。

【译文】 孔子准备到陈国去，中途经过卫国的匡邑，颜刻这时给他赶车，颜刻用马鞭子指着城墙说："我过去曾进过匡邑，就是从那个缺口进去的。"匡人听他这么一说，误认为是鲁国的阳虎又来了，阳虎曾经劫掠过匡邑人，于是匡人就把孔子围困起来。孔子的

相貌很像阳虎。一连围困了五天，五天后颜渊赶到，孔子说："我以为你已经死了。"颜渊说："您还活着，我怎么能死？"匡人围逼孔子越来越急，弟子们都很害怕。孔子说："文王死了之后，周代的礼乐不就在我们这里吗？老天爷要是真想叫周代的礼乐毁坏，那它就不会让我再学；老天爷要是不想叫周代的礼乐毁坏，那匡人又能把我怎么样呢？"后来孔子打发了他的一个学生去给卫国的宁武子做家臣，孔子才得以离开。

【原文】 灵公夫人有南子者①，使人谓孔子曰："四方之君子不辱欲与寡君为兄弟者②，必见寡小君③。寡小君愿见。"孔子辞谢，不得已而见之。夫人在绨帷中④，孔子入门，北面稽首⑤。夫人自帷中再拜，环佩玉声不敢璆然⑥。孔子曰："吾乡为弗见⑦，见之礼答焉。"子路不说，孔子矢之曰⑧："予所不者⑨，天厌之！天厌之！"居卫月馀，灵公与夫人同车，宦者雍渠参乘⑩，出，使孔子为次乘⑪，招摇过市之⑫。孔子曰："吾未见好德如好色者也⑬。"于是丑之，去卫，过曹⑭。是岁，鲁定公卒⑮。

【注释】 ①南子：据说此女美而淫，偏受灵公之宠。②不辱：不以为辱，谦辞。寡君：对别国人说话时，自称本国的国君曰"寡君"。③寡小君：称本国的国君夫人曰"寡小君"。④绨：葛草织品之精者。⑤稽首：最重的拜见之礼。⑥环佩玉声璆然：隔帷拜答之事不合礼，司马迁此记也无根据。璆然，佩玉相击声。⑦乡：通"向"，前者。为：将。⑧矢：起誓。⑨不：通"否"。⑩参乘：原指在车上立于国君之旁，为国君担任警卫，这里即指同车陪侍。⑪次乘：第二辆车。⑫招摇：故意显示、卖弄的样子。⑬吾未见好德如好色者也：南子是卫灵公宠幸的女人，雍渠是卫灵公的男宠，都是"以色待人"者，故孔子有这样的慨叹。⑭曹：西周初年建立的诸侯国名，都于陶丘，即今山东定陶西南。⑮鲁定公卒：前495年，是年孔子五十七岁。

【译文】 卫灵公的夫人南子，派人来对孔子说："各国的君子凡是来到卫国想跟我们国君建立像兄弟一样的情谊的，一定会来见见我们的南子夫人。现在我们的南子夫人也想见见您。"孔子开始时推辞不见，后来不得已只得去了。南子夫人坐在一层薄薄的纱幕后面。孔子进门后，向着北面叩头，南子夫人也在纱幕后拜了两拜，她身上的各种佩饰发出叮当的声响。孔子回来对他的弟子们说："我本来是不愿意见她的，后来既已见了，也就只好以礼相答。"子路很不高兴，孔子就发誓说："如果我说的不是真心话，那就让老天爷厌弃我，让老天爷厌弃我！"过了一个来月，卫灵公外出，他和南子夫人同坐一辆车，让宦官雍渠同车侍候，而让孔子坐在第二辆车子上，从集市上招摇而过。孔子说："我还真没见过谁能爱好道德像爱好女色一样。"于是他感到羞耻，就离开了卫国，到曹国去了。也就在这一年，鲁定公去世了。

【原文】 孔子去曹适宋①，与弟子习礼大树下。宋司马桓魋欲杀孔子②，拔其树，孔子去③。弟子曰："可以速矣。"孔子曰："天生德于予，桓魋其如予何！"

【注释】 ①孔子去曹适宋：孔子过宋在鲁哀公三年，应书于后文"吴败越王勾践会

稽"之后，不应书于哀公元年之事前。②司马：主管全国兵事。桓魋：宋国的权臣。③"拔其树"二句："拔其树,孔子去"是"孔子去,拔其树"的倒文。桓魋想杀孔子,赶到后,孔子已去,因此拔掉这棵树表示愤恨。

【译文】 后来孔子又离开曹国到了宋国,和弟子们在一棵大树下演习礼仪。宋国的司马桓魋想杀孔子,赶到后孔子已经离开了,就让人把那棵大树拔掉了。弟子们催促说："我们还是走快点吧。"孔子说："老天爷已经把品格、责任赋予了我,桓魋又能把我怎么样呢?"

【原文】 孔子适郑①,与弟子相失,孔子独立郭东门。郑人或谓子贡曰②:"东门有人,其颡似尧③,其项类皋陶,其肩类子产④,然自要以下不及禹三寸,累累若丧家之狗⑤。"子贡以实告孔子。孔子欣然笑曰:"形状,末也⑥;而谓似丧家之狗,然哉⑦!然哉!"

【注释】 ①郑:西周后期建立的诸侯国,始都于棫林,即今陕西华县。西周灭,东迁,都于新郑,即今河南新郑。②子贡:姓端木名赐,字子贡,孔子的学生。③颡:上额。④子产:即公孙侨,春秋后期郑国的名臣。⑤累累:垂头丧气的样子。⑥末:末节,不重要。有的版本作"未",未必,意佳。⑦然哉:有人认为适郑被嘲之事不过是传闻,不是事实。

【译文】 孔子到达郑国时,和弟子们走散了,一个人孤零零地站在外城的东门。有个郑国人对子贡说:"东门外有个人,他的前额有点像唐尧,他的脖子有点像皋陶,他的肩膀有点像子产,他的下半身比大禹矮三寸,他那萎靡不振的样子活像一只丧家狗。"子贡找到孔子后就把那个人的话如实地对孔子说了。孔子一听反而开心地笑起来,说:"他所美言我的那种相貌,我可真是不敢当。但他说我像只丧家狗,那可真对极了!对极了!"

【原文】 秋,季桓子病,辇而见鲁城①,喟然叹曰:"昔此国几兴矣,以吾获罪于孔子②,故不兴也③。"顾谓其嗣康子曰:"我即死,若必相鲁;相鲁,必召仲尼。"后数日,桓子卒,康子代立。已葬,欲召仲尼。公之鱼曰④:"昔吾先君用之不终,终为诸侯笑。今又用之,不能终,是再为诸侯笑。"康子曰:"则谁召而可?"曰:"必召冉求⑤。"于是使使召冉求。冉求将行,孔子曰:"鲁人召求,非小用之,将大用之也。"是日,孔子曰:"归乎归乎!吾党之小子狂简,斐然成章⑥,吾不知所以裁之⑦。"子赣知孔子思归⑧,送冉求,因诫曰"即用,以孔子为招"云。

【注释】 ①辇:人抬的轿子,或人挽的车子。见:巡视。②获罪:"得罪"的客气说法,指季桓子当年接受齐国女乐,致使孔子离开鲁国事。③故不兴也:让季桓子将孔子作用估计得如此之高,也可见司马迁的感情态度。④公之鱼:季氏的主要家臣。⑤冉求:字子有,孔子的学生,以长于政事闻名。⑥斐然:文采繁盛的样子。⑦裁:一说意为裁制,一说即剪裁之裁,意即继续陪养辅助之。⑧子赣:即子贡。

【译文】 这年秋天,鲁国的季桓子病重,乘着辇车巡视鲁都的城墙,非常感慨地说:"过去这个国家曾一度要兴旺起来了,就是因为我,闹得让孔子离开了这个国家,所以鲁

国就没有能振兴起来。"他回头看着他的继承人季康子说:"我死了以后,你一定会接替我做鲁国的宰相,你做了宰相之后,一定要把孔子叫回来。"几天后,季桓子去世了,季康子接着当了鲁国的宰相,他安葬完了季桓子,就准备派人去请回孔子。公之鱼拦阻说:"当初我们的老宰相就因为对待孔子没能善始善终,所以才遭到了诸侯们的耻笑。今天我们又要用他,要是再不能善始善终,那就又要惹得诸侯们耻笑了。"季康子说:"那我们叫谁来好呢?"公之鱼说:"可以叫孔子的弟子冉求。"于是季康子就派了人去叫冉求。冉求准备动身前,孔子对他说:"鲁国派人来叫你回去,一定不会小用你,他们一定会大用你的。"也就在同一天,孔子感叹地说:"回去吧,回去吧!我家乡的那些弟子们志大才疏,他们下笔成章而又文情并茂,我都不知道该怎么引导他们才好。"子贡心里明白这是孔子也想回鲁国。于是他送冉求时,叮嘱过冉求"你回去一旦主了事,可一定要想办法把咱们先生接回去"的话。

【原文】 孔子迁于蔡三岁①,吴伐陈。楚救陈,军于城父②。闻孔子在陈、蔡之间,楚使人聘孔子③。孔子将往拜礼④,陈、蔡大夫谋曰:"孔子贤者,所刺讥皆中诸侯之疾。今者久留陈、蔡之间,诸大夫所设行皆非仲尼之意⑤。今楚,大国也,来聘孔子。孔子用于楚,则陈、蔡用事大夫危矣。"于是乃相与发徒役围孔子于野⑥。不得行,绝粮。从者病,莫能兴⑦。孔子讲诵弦歌不衰。子路愠见曰⑧:"君子亦有穷乎?"孔子曰:"君子固穷,小人穷斯滥矣⑨。"

【注释】 ①孔子迁于蔡三岁:即哀公六年,前489年,是年孔子六十三岁。②城父:陈邑名,在今河南宝丰东,平顶山西北。③聘:以财物迎请。④拜礼:接受聘礼,前往拜谢。⑤设行:施行,实行的章程、制度。⑥于是乃相与发徒役围孔子于野:楚欲用孔子而陈、蔡围之于野事不可能。当时陈事楚,蔡事吴,是敌国,二国之大夫不可能合谋。且此年吴志在灭陈,陈仗楚救之,岂敢围楚欲用之人。徒役,这里指士兵。⑦兴:起,立。⑧愠:恼怒。⑨斯:则。滥:不能克制自己。

【译文】 孔子迁居到蔡国的第三年,吴国出兵伐陈。楚国派兵救陈,驻兵于城父,楚王听说孔子这时就在陈、蔡两国之间,于是就派人去请孔子。孔子准备前去拜见。陈、蔡两国的大夫们听到这个消息立刻商量:"孔子可是个有才德的贤人,他对哪个国家所做的批评都能切中那个国家的要害。如今住在我们陈、蔡两国之间,我们这些人的所作所为都不合乎孔子的思想。现在楚国这个大国来请孔子了。如果孔子在楚国被重用,那我们陈、蔡两国这些主事人可就危险了。"于是他们就串通起来发兵把孔子一行围困在野外,使得他们想走走不了,带的干粮也都吃完了,饿得那些随从的弟子们一个个都躺在地上,站不起来。而孔子却还在那里讲诗书,读文章,弹琴唱歌不停。子路恼怒地过来对孔子说:"君子难道也有走投无路的时候吗?"孔子说:"君子到了困窘的时候能够坚守节操,而小人到了困窘的时候就会不择手段地乱来了。"

【原文】 子贡色作。孔子曰:"赐,尔以予为多学而识之者与①?"曰:"然。非与?"孔子曰:"非也,予一以贯之②。"

【注释】 ①识:通"志",记忆。②一以贯之:据《论语·里仁》:"子曰:'参乎,吾道一以贯之。'曾子曰:'夫子之道,忠恕而已矣。'"则此文之所谓"一"者,"忠恕"也。以上孔子对子路、子贡所说的"君子固穷"与"一以贯之"两条,皆见于《论语·卫灵公》,但两条之间没有关系;而史公乃于第二条之开头加了"子贡色作"四字,而与子路之"愠"连在一起,合为一事,殊为不伦。

【译文】 子贡的脸色变了。孔子说:"赐啊,你认为我是学了很多的东西能牢记不忘的人吗?"子贡说:"是的。难道您不是这样吗?"孔子说:"不是的,我是能用一个基本的思想把所学的东西贯串起来。"

【原文】 孔子知弟子有愠心,乃召子路而问曰:"《诗》云'匪兕匪虎,率彼旷野'①。吾道非邪?吾何为于此?"子路曰:"意者吾未仁邪②?人之不我信也。意者吾未知邪③?人之不我行也。"孔子曰:"有是乎!由,譬使仁者而必信④,安有伯夷、叔齐?使知者而必行,安有王子比干?"

【注释】 ①"匪兕"二句:见《诗经·小雅·何草不黄》。匪,同"非"。兕,野牛。率,循,沿着。②意者:莫非是,推测之辞。③未知:智慧不足。知,同"智"。④信:理解。

【译文】 孔子知道弟子们都有怨气,于是把子路叫来问道:"《诗·何草不黄》里说'既不是犀牛,又不是老虎,可是却在原野上东奔西跑',是我追求的理想不对吗?我为什么落到了这步田地呢?"子路说:"也许是我们还没有达到'仁人'的标准,所以人们对我们还不够信任。也许是我们的聪明智慧还有欠缺,所以人们才处处同我们为难。"孔子说:"有你说的这种道理吗?由啊,要是凡够'仁人'标准的人就能让别人相信,那伯夷、叔齐还会饿死在首阳山吗?要是聪明智慧无欠缺的人就一定能通行无阻,那王子比干还会被挖了心吗?"

【原文】 子路出,子贡入见。孔子曰:"赐,《诗》云'匪兕匪虎,率彼旷野'。吾道非邪?吾何为于此?"子贡曰:"夫子之道至大也,故天下莫能容夫子。夫子盖少贬焉①?"孔子曰:"赐,良农能稼而不能为穑②,良工能巧而不能为顺③。君子能修其道,纲而纪之,统而理之,而不能为容④。今尔不修尔道而求为容,赐,而志不远矣!"

【注释】 ①盖少贬焉:何不自己稍微降低一点呢?盖,同"盍",何不。②稼:种。穑:收获。③巧:工艺精巧。顺:符合别人的心意。④容:接受,容纳。

【译文】 子路出去后,子贡进来了。孔子说:"赐啊,《诗·何草不黄》里说'既不是犀牛,又不是老虎,可是却在原野里东奔西跑',是我追求的理想不对吗?我为什么落到这步田地呢?"子贡说:"这是由于先生您的理想太高尚太伟大了,因此普天下才无法容纳您。先生您难道就不能把标准降低点吗?"孔子说:"赐,最好的农民能保证把地种好,但

不能保证就一定能获得丰收;最好的能工巧匠能保证把东西做得巧夺天工,但不能保证买东西的人一定满意;君子能够尽力使自己的理想趋于完善,能让它有条有理,一以贯之,但不能保证一定能让世人接受。现在你不是去修养自己而是只想去取得世人的接纳,你的志向可不够远大!"

【原文】 子贡出,颜回入见。孔子曰:"回,《诗》云'匪兕匪虎,率彼旷野'。吾道非邪?吾何为于此?"颜回曰:"夫子之道至大,故天下莫能容。虽然,夫子推而行之。不容何病①,不容然后见君子!夫道之不修也,是吾丑也。夫道既已大修而不用,是有国者之丑也。不容何病,不容然后见君子!"孔子欣然而笑曰:"有是哉颜氏之子②!使尔多财,吾为尔宰③。"

【注释】 ①病:损害,害处。②有是哉:犹今之所谓"真有你的",惊喜敬佩之词。③宰:主管,即前"阳虎为季氏宰"之"宰"。

【译文】 子贡出去后,颜回进来了。孔子说:"颜回,《诗·何草不黄》里说'既不是犀牛,又不是老虎,可是却在原野里东奔西跑',是我的理想不对吗?我为什么落到了这步田地呢?"颜回说:"先生的理想太伟大了,因此才使得天下哪里也无法容纳。尽管如此,先生您还是坚持不懈地在推行它,不被容纳又有什么关系呢,不被容纳才更显示出您作为君子的伟大!一个人的理想学说不完美,那是自己的耻辱;如果理想学说完美无缺而只是不能被人容纳,那就是当权者们的羞耻了。不被容纳有什么关系,不被容纳才显示出您作为君子的伟大!"孔子一听称心地笑着说:"颜家的小子,可真有你的!假如你是个大富翁,我情愿去给你当管家。"

【原文】 于是使子贡至楚。楚昭王兴师迎孔子①,然后得免。

【注释】 ①楚昭王兴师迎孔子:昭王没有招孔子的事。

【译文】 后来孔子派子贡去向楚王报告了情况,楚昭王派兵来迎接孔子,孔子师徒才摆脱了困境。

【原文】 其明年①,冉有为季氏将师,与齐战于郎,克之。季康子曰:"子之于军旅,学之乎?性之乎②?"冉有曰:"学之于孔子。"季康子曰:"孔子何如人哉③?"对曰:"用之有名;播之百姓,质诸鬼神而无憾④。求之至于此道⑤,虽累千社⑥,夫子不利也。"康子曰:"我欲召之,可乎?"对曰:"欲召之,则毋以小人固之⑦,则可矣。"而卫孔文子将攻太叔,问策于仲尼。仲尼辞不知,退而命载而行⑧,曰:"鸟能择木,木岂能择鸟乎!"文子固止。会季康子使公华、公宾、公林,以币迎孔子⑨,孔子归鲁。

【注释】 ①其明年:当作后四年,哀公十一年(前484年),距吴会缯已四年,时孔子年六十八。②性:生。③孔子何如人哉:季孙肥这里主要是问孔子的军事才能。④质:询问。无憾:无不满,无意见。⑤求之至于此道:此句上下不连贯,上下疑有脱文。⑥累:几个。千社:两万五千户人家,古代二十五家为一社。⑦固:拘泥,限制。⑧命载:犹言"命

驾",打发人备车。见孔子对卫国之污浊极其厌恶。⑨币:赘也,聘迎之礼品。

【译文】　第二年,冉有为季孙氏统领部队,在鲁国的郎亭与齐国作战,获得了胜利。季康子问冉有说:"您这份指挥作战的才能,是学来的呢？还是天生的呢？"冉有说:"是跟着孔子学的。"季康子说:"孔子是一个什么样的人呢？"冉有说:"孔子办什么事情都要求名正言顺。他的所作所为都可以讲给百姓们听,都可以摆给鬼神们看,而保险不会有任何欠缺。像我现在所做的这些事情,我想您即使拿两万五千家的封地去吸引他,他也不会为了这点利益来做的。"季康子说:"我想把他请回鲁国来,行吗？"冉有说:"您要是想请他回来,那就决不能把他当成小人对待。这样也许还可以。"当时,卫国的孔文子准备攻击太叔,孔文子跑去向孔子讨教。孔子婉转地推说自己不懂这方面的事情,说罢立即叫人收拾行装离开了卫国,他说:"只能够由鸟来选择树木,难道还能由树木来选择鸟吗？"孔文子听说后,坚决请他留下来。这时正赶上季康子派了公华、公宾、公林几个人带着礼物来卫国迎孔子,于是孔子便返回了鲁国。

【原文】　孔子之去鲁凡十四岁而反乎鲁①。

【注释】　①去鲁凡十四岁而反乎鲁:孔子去鲁在定公十三年,去鲁实十四年也。

【译文】　孔子离开鲁国一共十四年后才又回到鲁国。

【原文】　孔子之时,周室微而礼乐废,《诗》《书》缺。追迹三代之礼①,序《书传》②,上纪唐虞之际③,下至秦缪④,编次其事。故《书传》《礼记》自孔氏⑤。

【注释】　①追迹:追索,考察。三代:指夏、商、周三朝。②序《书传》:意即编订《尚书》。也有人以为是编订《尚书》并给《尚书》的各篇作序。序,编次。③上纪唐虞之际:《尚书》中所记的最早的事情是关于尧、舜的,见《尧典》。④下至秦缪:《尚书》中所记的最晚的事情是关于秦穆公的,即《秦誓》。缪,通"穆"。⑤《礼记》:孔子所见的讲述上古礼仪的书,而绝非指今所传之《礼记》。

【译文】　在孔子生活的那个年代,周王室已经衰微,礼崩乐坏,《诗》《书》也都残缺不全。于是孔子就一方面考查夏、商、周三代的礼乐制度,一方面整理《书传》的编次,他把上起唐尧、虞舜,下至秦穆公的所有的篇章,都编排了起来。所以后人诵读的《书传》和《礼记》都是经孔子整理编定的。

【原文】　孔子语鲁大师①:"乐其可知也。始作翕如②,纵之纯如③,皦如④,绎如也⑤,以成。""吾自卫反鲁,然后乐正,《雅》《颂》各得其所⑥。"

【注释】　①鲁大师:鲁国的乐官。大,同"太"。②翕如:翕翕然,妥帖的样子。③纯如:和谐貌。④皦如:清晰貌。⑤绎如:连续不绝貌。⑥《雅》《颂》各得其所:《雅》《颂》既是《诗经》内容的分类,也是乐曲的分类。此篇以为主要是正其篇章,即只调整《诗经》篇章的次序。

【译文】　孔子对鲁国乐官太师说:"音乐的演奏规律是可以掌握的,开始时各种音响

要平和,随着音调的展开声音要和谐悦耳,要顿挫鲜明,要悠扬回荡,一直到结束。"又说:"我从卫国返回鲁国,就开始对乐曲进行审定;使《雅》《颂》都各自发挥了它们应发挥的作用。"

【原文】 古者《诗》三千余篇,及至孔子,去其重,取可施于礼义①,上采契、后稷②,中述殷、周之盛③,至幽、厉之缺④,始于衽席⑤,故曰"《关雎》之乱以为《风》始⑥,《鹿鸣》为《小雅》始⑦,《文王》为《大雅》始⑧,《清庙》为《颂》始⑨"。三百五篇孔子皆弦歌之⑩,以求合《韶》《武》《雅》《颂》之音⑪。礼乐自此可得而述,以备王道⑫,成六艺⑬。

【注释】 ①"去其重"二句:此即通常所说的"孔子删《诗》",今之学者已大多不取此说,认为孔子只是对基本定型的《诗经》进行过某些整理、编订,而没有将三千篇删为三百篇之事。礼义,即礼仪,指典礼仪式等。②上采契、后稷:《诗经·商颂·玄鸟》叙商朝祖先契生人之异也;《诗经·大雅·生民》则叙述了周代祖先后稷的初生与其生后的种种灵异。③中述殷、周之盛:《诗经》中有《长发》《清庙》以及《大明》等叙述殷代开国帝王汤和周代开国帝王文王、武王功业的作品。④至幽、厉之缺:《诗经》中有许多反映周幽王、周厉王时代政治黑暗的作品,如《正月》《十月之交》等。幽,指周幽王,西周末期的昏君,宠褒姒,被戎族所杀。厉,指周厉王,西周后期的暴君,被人民暴动所驱逐,逃死于外。⑤衽席:即床席,代指夫妻家庭生活。⑥《关雎》之乱以为《风》始:"之乱"二字当削。乱,乐曲末后之总章。《关雎》是《诗经·国风》中的第一篇,内容是描写青年男女求爱结婚的,与上文"始于衽席"正相应。风,是《诗经》中的门类之一,其中所收为从全国各地采集来的歌谣。⑦《鹿鸣》为《小雅》始:《鹿鸣》是《诗经·小雅》的第一篇,内容是宴乐群臣,歌颂明主喜得嘉宾。小雅,《诗经》中的门类之一。⑧《文王》为《大雅》始:《文王》是《诗经·大雅》中的第一篇,内容是歌颂文王姬昌发展周国的功德。⑨《清庙》为《颂》始:《清庙》是《诗经·周颂》中的第一篇,是周王朝的子孙祭祀文王时所唱的赞歌。颂,《诗经》中的门类之一,其中所收都是祭祀宗庙时所唱的歌。⑩三百五篇:《诗经》作品的总数。⑪《韶》:相传为虞舜时代的乐曲。《武》:相传是武王所做的乐曲。《雅》《颂》:这里也应该是指旧有的乐曲,《雅》是用于朝会宴享的,《颂》是用于祭祀的。⑫备王道:使王道政治的旧观重新展现出来。儒家讲究"礼乐治世",故把治礼作乐视为"王道"完成的一种表现。⑬成六艺:把《诗》与《乐》都列入儒家"六艺"。"六艺"指《诗》《书》《易》《礼》《乐》、《春秋》。

【译文】 古代流传下来的诗大约有三千多篇,到孔子时,他删掉了那些重复的,选出了那些可以用来对人们进行礼仪教育的,最早的是歌颂殷契、后稷的诗篇,其次是称述殷、周两代繁荣兴盛的诗篇,接着还有批评周厉王、周幽王道德衰败的诗篇,而编排的顺序又首先是从夫妻之间的关系开始的。所以说《关雎》是《国风》的开篇,《鹿鸣》是《小雅》的开篇,《文王》是《大雅》的开篇,《清庙》是《颂》的开篇"。孔子给选出来的这三百

零五篇古诗都一一地配上了乐谱,让它们和《韶》《武》《雅》《颂》的音调相一致。礼乐才得以恢复旧观而被称述,王道完备,孔子也完成了"六礼"的编修。

【原文】 孔子晚而喜《易》①,序《彖》《系》《象》《说卦》《文言》②。读《易》,韦编三绝③。曰:"假我数年,若是,我于《易》则彬彬矣④。"

【注释】 ①《易》:原是远古流传下来的一种占卜书,经过孔子的提倡,被儒家视为孔门经典之一。②序《彖》《系》《象》《说卦》《文言》:司马迁认为这些都是孔子所作,后人则多认为不是,而是成于不同时代。《彖辞》《系辞》《象辞》《说卦》《文言》,是《易经》的五种注释书。③韦编:穿联简册的皮条。④彬彬:有修养、有学问的样子。这里指对文章理解的深透。

【译文】 孔子晚年特别喜欢《周易》,他为《周易》写了《象辞》《系辞》《说卦》《文言》等著作。由于他不停地翻读《周易》,以至于把那些串竹简的皮条都弄断了多次。他说:"要是能够再多给我几年时间,我对于《周易》也就能领会得更透彻、更深入了。"

【原文】 孔子以《诗》《书》《礼》《乐》教,弟子盖三千焉①,身通六艺者七十有二人。如颜浊邹之徒,颇受业者甚众。

【注释】 ①三千:盖极言弟子之多,非必为三千人。

【译文】 孔子把《诗》《书》《礼》《乐》作为教育弟子的主要内容,受过孔子教育的弟子大概有三千人,其中对于"六艺"精通的有七十二个。像颜浊邹那样,受过孔子教诲而不算正式弟子的人就更多了。

【原文】 鲁哀公十四年春①,狩大野②。叔孙氏车子锄商获兽③,以为不祥。仲尼视之,曰:"麟也。"取之。曰:"河不出图,雒不出书,吾已矣夫④!"颜渊死,孔子曰:"天丧予⑤!"及西狩见麟,曰:"吾道穷矣!"

【注释】 ①鲁哀公十四年:前481年,是年孔子七十一岁。②狩:冬猎。大野:后称巨野,薮泽名,在今山东巨野北。③车子:犹言"车士",乘车的武士。④河不出图,雒不出书,吾已矣夫:据说伏牺氏的时代曾有龙马背着图出于黄河,伏牺氏就是根据此图画了八卦。又说大禹时代曾有灵龟背着书出于雒水,禹就是根据此书作了《九畴》。后世遂常以"河出图,洛出书"来称说时代清平、国有圣王。⑤天丧予:颜渊去世是十一年前的事,史公为突出孔子晚年的悲剧性,故依《公羊传》将其彼时之叹也集中到了这里。

【译文】 鲁哀公十四年春天,哀公带着人在大野泽打猎,给叔孙氏赶车的锄商捕获了一只奇怪的野兽,人们都认为是不祥之兆。孔子看了后说:"这是一只麒麟啊。"于是就把它要了回来。孔子早就说过:"黄河里没再出现八卦图,雒水里也没再出现文书,看来我这辈子大概是没什么希望了!"后来颜渊一死,孔子更伤感地说:"老天爷这下子可真要了我的命了!"等到他这回再见到这只被捉的麒麟,就绝望地说:"这回我的确再无路可走了!"

【原文】 子曰:"弗乎弗乎,君子病没世而名不称焉①。吾道不行矣,吾何以自见于后世哉②?"乃因史记作春秋③,上至隐公④,下讫哀公十四年⑤,十二公。据鲁⑥,亲周⑦,故殷⑧,运之三代⑨。约其文辞而指博⑩。故吴、楚之君自称王,而《春秋》贬之曰"子"⑪;践土之会实召周天子,而《春秋》讳之曰"天王狩于河阳"⑫:推此类以绳当世⑬,贬损之义,后有王者举而开之⑭。《春秋》之义行,则天下乱臣贼子惧焉⑮。

【注释】 ①病:用如动词,害怕,不愿意。②吾何以自见于后世哉:意即只有写出著作让后人认识、了解自己。这是司马迁自己的思想,不一定是孔子的想法。③史记:此泛指旧有的历史书。④上至隐公:《春秋》起自隐公元年。至,应作"自"。⑤讫:止,结束。⑥据鲁:以鲁国为中心、为纲领。⑦亲周:尊周,尊崇周天子。⑧故殷:以殷事为借鉴。故,旧事,引申为规鉴。⑨运:贯通。⑩约:简明。指:同"旨",文章的思想。⑪而《春秋》贬之曰"子":西周建国以来,唯周天子称"王",但是楚国和吴国不遵从这一规定而称王。但孔子不管他们自称什么,写《春秋》时乃称他们为"子"。⑫而《春秋》讳之曰"天王狩于河阳":僖公二十八年(前632年),晋文公破楚师于城濮,而后在践土(今河南原阳西南)与诸侯举行盟会,并邀请周天子也来参加。孔子认为这是以臣召君,故讳之。河阳,晋邑,在今河南孟州市西,离践土不远。⑬绳:标准,尺度。这里用为动词。⑭举:出现。开:宣示申发。⑮则天下乱臣贼子惧焉:此史公用《孟子》文以褒扬孔子之《春秋》,兼述自己之作史思想。

【译文】 孔子说:"不行呀,不行呀,君子最担忧的是死了之后名不传于后世呀。我的主张不能推行,那我还能靠着什么扬名后世呢?"于是他就依据鲁国的史书作了《春秋》。这部书上起鲁隐公元年,下至鲁哀公十四年,一共记载了鲁国十二代君侯间的天下大事。这部书以鲁国历史为依据,以赞美周朝为宗旨,以殷朝的旧闻为借鉴,贯通夏商周三代的历史变化。它的文辞简洁,而旨意广博。吴国、楚国的国君自称为王的,孔子在《春秋》里却把他们贬称为"子";践土会盟,事实上是晋文公命令周天子去的,孔子在《春秋》里却粉饰周天子,说是"同天子巡狩到河阳",孔子就是运用这样的写法,使《春秋》成为一种批评、褒贬当时政治的准绳,等待日后有圣王出现能把《春秋》的宗旨张大开来。《春秋》的思想如果能够得到推行,那么普天下的乱臣贼子就要害怕了。

【原文】 孔子在位听讼①,文辞有可与人共者,弗独有也。至于为《春秋》,笔则笔②,削则削,子夏之徒不能赞一辞③。弟子受《春秋》④,孔子曰:"后世知丘者以《春秋》,而罪丘者亦以《春秋》。"

【注释】 ①在位听讼:在法官之位,听取诉讼者的口供,盖指为司寇时事也。②笔:写。③子夏:姓卜名商,孔子的学生,以长于文学著称。不能赞一辞:不能改动一个字。赞,助,加。④受《春秋》:听孔子讲《春秋》。受,受教、受业。

【译文】 孔子在鲁国任司寇断案时,书写判辞时凡是应该与人商量的地方,个人从

73

不专断。至于写《春秋》，凡是他认为该写的就一定写，该删的就一定删，即使像子夏等这些以文章擅长的学生也不能随便给他改动一个字。弟子们学《春秋》，他说："后代赏识我的人将是根据这部《春秋》，批评我的人也将是根据这部《春秋》。"

【原文】　明岁①，子路死于卫②。孔子病，子贡请见。孔子方负杖逍遥于门③，曰："赐，汝来何其晚也？"孔子因叹，歌曰："太山坏乎④！梁柱摧乎！哲人萎乎⑤！"因以涕下。谓子贡曰："天下无道久矣，莫能宗予⑥。夏人殡于东阶⑦，周人于西阶，殷人两柱间。昨暮予梦坐奠两柱之间，予始殷人也。"后七日卒。

【注释】　①明岁：鲁哀公十五年，前480年，是年孔子七十二岁。②子路死于卫：死于卫太子蒯聩叛乱夺权，推翻其子出公辄之役。③负杖：挂着拐杖。逍遥：这里指"散心"，徘徊周览以解闷。④太山：即泰山。⑤哲人：明智的人，指自己。⑥莫能宗予：见孔子至死而不忘用世之志，有无限凄怆悲怆之态。这是史公为孔子悲哀，亦是为自己悲哀。宗，尊，以之为本，以之为师。⑦东阶：古代贵族厅堂的台阶分三道，西阶供客人行走，东阶供主人行走。

【译文】　第二年，子路死在卫国。当时孔子也正有病，子贡来看孔子。孔子正挂着拐杖在门外散心，他一见子贡就说："赐啊，你来得为什么这么晚啊？"随即他感慨地唱道："泰山崩塌了！梁柱折断了！哲人枯萎了！"随着歌声他的眼泪也往下流。接着他又对子贡说："天下无道已经很久了，没有一个人尊重我的主张。夏人死了，灵柩是停在东面的台阶上；周人死了，灵柩是停在西面的台阶上；殷人死了，灵柩是停在两根柱子的中间。昨天晚上我梦见自己坐在两根柱子的中间享受祭奠，我原本就是殷商人啊。"七天以后孔子就死了。

【原文】　孔子年七十三，以鲁哀公十六年四月己丑卒①。

【注释】　①鲁哀公十六年：前479年。四月己丑卒：史公此说依《春秋》《左传》。而《春秋》之所谓"四月"乃指周历，合夏历之二月，夏历的"二月己丑"即二月初十。

【译文】　孔子是在鲁哀公十六年四月己丑日死的，终年七十三岁。

【原文】　孔子葬鲁城北泗上，弟子及鲁人往从冢而家者百有余室，因命曰孔里①。鲁世世相传以岁时奉祠孔子冢②，而诸儒亦讲礼乡饮、大射于孔子冢③。孔子冢大一顷④，故所居堂、弟子内⑤，后世因庙，藏孔子衣冠琴车书⑥，至于汉二百余年不绝。高皇帝过鲁⑦，以太牢祠焉。诸侯卿相至⑧，常先谒然后从政。

【注释】　①孔里：即今之"孔林"，为孔子及其后代子孙之墓地。②岁：年关。时：四时，四季。③讲礼乡饮、大射：即讲习乡饮、大射之礼。讲，讲习，演练。乡饮，乡官为送本乡贤士入京应试而举行的宴饮。大射，诸侯于祭祀前和臣下举行的射箭仪式，射中者参加祭祀，不中者不得参加。冢：应作"冢"。④孔子冢大一顷：此句"冢"字亦应作"冢"，孔子冢即今所谓"孔府"。⑤内：内室，卧室。⑥"后世"二句：据今日曲阜古迹的格局，乃

"孔庙"在前(南)，"孔府"在后，并非将"孔府"当作"孔庙"。⑦高皇帝：指汉高祖刘邦。⑧诸侯卿相：指凡是被封在鲁地的王侯或是来鲁上任的行政官员。

【译文】　孔子死后埋在了鲁国都城北面的泗水旁边，孔子的弟子和其他鲁国人，自愿搬到孔子的坟墓旁边去住的有一百多家，于是人们就称这片地方叫孔里。这个地区的人们世代相传每逢过年过节总要到孔子的墓前去进行祭扫，儒生们也常到孔子的故居来举行乡饮、乡射一类的礼仪。孔子的墓地有一顷多地。孔子的故居以及他的弟子们住过的房子，后代就把它改做了庙，里面收藏着孔子的衣帽、琴书、车仗；到汉朝建立，孔子已经死去二百多年了，而人们的祭祀一直不绝；汉高祖在经过鲁国的时候，也用了太牢的祭品去祭祀孔子。受封到这个地区来上任的诸侯卿相们，一下车总是先要来拜谒孔子的祠庙，而后再履行政务。

【原文】　太史公曰：《诗》有之："高山仰止，景行行止①。"虽不能至，然心乡往之。余读孔氏书，想见其为人。适鲁，观仲尼庙堂车服礼器，诸生以时习礼其家，余祗回留之不能去云②。天下君王至于贤人众矣，当时则荣，没则已焉。孔子布衣，传十馀世，学者宗之。自天子王侯，中国言六艺者折中于夫子③，可谓至圣矣！

【注释】　①景行：大道。止：通"只"，语气词。②祗回：有作"低回"。祗，敬也。③折中：取正，判断。

【译文】　太史公说：《诗经》里说过："高山哪，让人仰望。大路啊，让人遵循。"尽管我达不到那样的境界，但是心里却向往着他。每当我读孔子的书时，可以想见到他的为人。我曾经到过鲁国，参观过孔子的庙堂、车子、衣帽、礼器等，那里的儒生定时到孔子的故居去演习礼仪。我也不由地为之流连徘徊久久地舍不得离去。自古以来出色的君主贤人也多得是，但他们大多数都是活着的时候非常显赫，而死后也就什么都没有了。唯有孔子，活着的时候是一个平民百姓；死去又已经十几代了，而学者们至今把他奉为祖师。现在上起天子王侯，所有中国讲"六经"的人都把孔子的言论作为衡量一切的标准，真可以算得上是至高无上的圣人了！

陈涉世家

【题解】

《陈涉世家》是司马迁为陈涉所领导的整支农民反秦起义军所立的传记，系统、全面地描写了这支起义军由发动起义、蓬勃发展、战绩辉煌到最后失败的全过程，是我国第一场伟大农民战争的忠实记录，诸如起义的原因，反秦的声势，以及早期农民战争的种种弱点，和它失败的历史教训，无不包含其中。在这里我们主要选了"大泽乡起义"与"陈涉败亡"两段。

在"大泽乡起义"一节里，司马迁热情地歌颂了陈涉的果敢精神。陈涉的生死观、陈

涉的才智以及陈涉所发动的这场起义的深刻影响,都使司马迁感佩不已。他在《太史公自序》中说:"桀纣失其道而汤武作,周失其道而《春秋》作,秦失其道而陈涉发迹。"竟把陈涉比作商汤、周武王、孔子这种古代的大圣人,其评价之高可谓空前绝后。

陈涉失败的教训可以总结很多,但司马迁只具体写了陈涉的骄奢蜕化与脱离群众两条,但这两条却在陈涉之后两千多年中的历次农民起义中反复出现,说明这两条也的确是非常重要的。

【原文】 陈胜者,阳城人也,字涉。吴广者,阳夏人也,字叔。陈涉少时,尝与人佣耕①,辍耕之垄上②,怅恨久之,曰:"苟富贵,无相忘。"庸者笑而应曰③:"若为庸耕④,何富贵也?"陈涉太息曰:"嗟乎,燕雀安知鸿鹄之志哉⑤!"

陈胜像

【注释】 ①佣耕:被雇佣从事耕作。②辍耕:停止耕作。这里指中间休息。③庸者:与陈涉一起受雇佣的人。庸,同"佣"。④若:尔,你。⑤鸿鹄:天鹅。

【译文】 陈胜是阳城人,字涉。吴广是阳夏人,字叔。陈涉年轻时,曾经与人一起被雇佣耕地,陈涉停止了耕作,到田埂上休息,怅恨不平了很久,说:"如果将来谁富贵了,不要彼此相忘呀。"同伴们都笑话他:"你受雇佣给人家耕地,怎么可能富贵呢?"陈涉长叹一声:"唉!燕雀哪能知道鸿鹄的凌云志向啊!"

【原文】 二世元年七月①,发闾左适戍渔阳②,九百人屯大泽乡③。陈胜、吴广皆次当行④,为屯长⑤。会天大雨⑥,道不通,度已失期⑦。失期,法皆斩。陈胜、吴广乃谋曰:"今亡亦死,举大计亦死,等死,死国可乎⑧?"陈胜曰:"天下苦秦久矣⑨。吾闻二世少子也⑩,不当立,当立者乃公子扶苏⑪。扶苏以数谏故,上使外将兵⑫。今或闻无罪,二世杀之⑬。百姓多闻其贤,未知其死也。项燕为楚将⑭,数有功,爱士卒,楚人怜之。或以为死,或以为亡。今诚以吾众诈自称公子扶苏、项燕,为天下唱⑮,宜多应者。"吴广以为然,乃行卜。卜者知其指意⑯,曰:"足下事皆成,有功。然足下卜之鬼乎⑰!"陈胜、吴广喜,念鬼⑱,曰:"此教我先威众耳。"乃丹书帛曰"陈胜王",置人所罾鱼腹中⑲。卒买鱼烹食,得鱼腹中书,固以怪之矣⑳;又间令吴广之次所旁丛祠中㉑,夜篝火㉒,狐鸣呼曰:"大楚兴,陈胜王。"卒皆夜惊恐。旦日㉓,卒中往往语,皆指目陈胜㉔。

【注释】 ①二世元年:公元前209年。②发闾左适戍渔阳:征调住在里巷左侧的居民到渔阳服役。闾左,住在里门左侧的。其他如曰"平民居闾左""穷者居闾左"云云,皆不可信。适戍,发配戍守。适,同"谪"。渔阳,秦县名,县治在今北京密云西南。③屯:停驻。大泽乡:在今安徽宿县东南,当时上属蕲县。④皆次当行:都按次序应该前去服役。⑤屯长:下级军吏,大约相当于后世的连排长。⑥会:值,正赶上。⑦度已失期:估计着肯定要迟到。⑧"今亡"四句:亡,潜逃。举大计,行大谋,指造反。死国,为建立自己的王朝

豁出命去干。按：此处见陈涉的决心、气势，这是生死关头的严峻抉择。《廉颇蔺相如列传》有云："知死必勇，非死者难也，处死者难。"陈涉这种选择"举大事"的气概，最为史公所敬佩。⑨苦秦：以受秦的统治为苦。⑩二世少子：《索隐》引姚氏按："隐士谓章邯书云'李斯为二世废十七兄而立今王'，则二世是始皇第十八子也。"⑪公子扶苏：秦始皇的长子。⑫"扶苏"二句：扶苏因焚书坑儒事向始皇提过意见，始皇发怒，令其北出监蒙恬军于上郡。⑬二世杀之：始皇死前遗诏传位于扶苏；始皇死后，赵高、李斯窜改诏书立二世，并将扶苏赐死，过程详见《秦始皇本纪》《李斯列传》。⑭项燕：项羽之祖父，战国末期楚国的将领，被秦将王翦所杀，事见《楚世家》与《白起王翦列传》。⑮诈自称公子扶苏、项燕，为天下唱：唱，引头，发端。按：扶苏、项燕是一对矛盾体，只能择取其一而举以为号，不可能同时并举。⑯指意：心思。指，同"旨"。⑰然足下卜之鬼乎："卜"上应增"何不"二字，意谓"您为何不到鬼神那里去占卜一下"，实际是暗示让他假借鬼神以号召群众。⑱念鬼：心里寻思卜者所说的"卜之鬼"是什么意思。⑲罾：渔网。这里用如动词，即"捕捞"之意。⑳以：同"已"。㉑间：私下，暗中。之：往。次所：戍卒所驻之处。丛祠：一说谓草树荫蔽中的野庙。一说谓"丛祠"即指社树。㉒篝火：举火，点火。㉓旦日：天亮之后。㉔指目：指指点点私下里注视他。按："指目"二字最见戍卒对陈涉的怪异、敬畏之神情。

【译文】 秦二世元年七月，遣送住在里巷左边的壮丁到渔阳去守边。同行者九百人，中途驻扎在大泽乡。陈胜、吴广都在这一行人里，还充当小头目。凑巧天降大雨，道路不通，他们估算着肯定不能按时赶到渔阳了。误期，按照秦法，都要被杀头。陈胜、吴广一起商量说："现在我们如果逃跑，被抓回来肯定是死；我们如果造反，失败了，也就是个死。都是死，为国事而死不好吗？"陈胜说："老百姓受秦朝暴政的苦时间不短了。我听说秦二世是秦始皇的小儿子，不该由他当皇帝，应该立为皇帝的是长子扶苏。扶苏由于多次劝说始皇，始皇讨厌他，派他带兵到外头去守边。我听说他已经无辜被秦二世杀害了。老百姓们都只知道扶苏贤明，很多人还不知道他已经被杀。项燕是楚国的名将，曾多次立过战功，而且关心士卒，楚国人都很爱戴他。现在有人认为他死了，有人认为他还活着，只是不知道躲在什么地方。现在我们真要是冒充公子扶苏和项燕，带头造反，响应我们的人应该会很多。"吴广觉得有理。两人便去找人占卜。占卜的猜出了他们的心思，就说："你们的事情都能办成，而且一定会有大功效。但是你们为什么不再去找鬼神算一卦呢？"陈胜、吴广听着心里高兴，又暗自琢磨"找鬼神"是什么意思，后来他们恍然大悟："这是教我们用装神弄鬼的办法来提高威信。"于是他们在一条白绸带上写了"陈胜王"三个红字，偷偷塞进捕鱼人逮上来的一条鱼的肚子里。戍卒们买鱼做来吃，发现了鱼肚子里的红字条，人们觉得很奇怪；陈胜又让吴广夜里偷偷地到营房附近林中的破庙里，点起火，学狐狸似的嗥叫："大楚兴，陈胜王。"戍卒们都被吓得一夜没有睡好觉。第二天早晨，戍卒们三三两两交头接耳地开始议论，同时还指指点点地斜着眼睛看陈胜。

【原文】 吴广素爱人，士卒多为用者。将尉醉①，广故数言欲亡②，忿恚尉③，令辱之，以激怒其众④。尉果笞广⑤，尉剑挺⑥，广起，夺而杀尉。陈胜佐之，并杀两尉。召令徒属曰："公等遇雨，皆已失期，失期当斩。藉弟令毋斩⑦，而戍死者固十六七⑧。且壮士不死即已⑨，死即举大名耳⑩，王侯将相宁有种乎！"徒属皆曰："敬受命。"乃诈称公子扶苏、项燕，从民欲也⑪。袒右⑫，称大楚，为坛而盟，祭以尉首⑬。陈胜自立为将军，吴广为都尉⑭。攻大泽乡，收而攻蕲⑮。蕲下，乃令符离人葛婴将兵徇蕲以东⑯。攻铚、酂、苦、柘、谯⑰，皆下之。行收兵⑱，比至陈⑲，车六七百乘，骑千余，卒数万人。攻陈，陈守令皆不在⑳，独守丞与战谯门中㉑。弗胜，守丞死，乃入据陈。数日，号令召三老、豪杰与皆来会计事㉒。三老、豪杰皆曰："将军身被坚执锐㉓，伐无道，诛暴秦，复立楚国之社稷㉔，功宜为王。"陈涉乃立为王，号为张楚㉕。

【注释】 ①将尉：统领戍卒的县尉。将，统领，率领。②故数言欲亡：故意地在将尉面前扬言自己想要开小差。③忿恚尉：激怒将尉。忿恚，恼怒。这里是使动用法，激之使怒。④"令辱之"二句：故意想激怒将尉，使将尉打自己，借以激起众人对将尉的不满。⑤笞：用鞭或用棍棒、竹板打人。⑥尉剑挺：将尉在打人时，其佩剑由鞘中甩脱出来。一说谓"挺"即"拔"，剑挺，即拔剑出鞘。疑前说是。⑦藉弟令毋斩：即使暂时不被杀。藉弟令，即便，即使。弟，同"第"。"藉""假"一声之转，"第""但"一声之转。"藉""假""第""但"四字于此同义。⑧戍死：为守边、修城而累死。十六七：十分之六、七。⑨即：同"则"。⑩大名：即谓"侯""王"之类。⑪"乃诈称"二句：按，此云陈涉诈称扶苏、项燕以从民欲，而后面竟无具体事实，似有漏洞。⑫袒右：脱右肩之衣，表示与一般人不同。按：此乃宣誓结盟时的一种状态。⑬祭以尉首：起兵者要祭战神，刘邦起兵于沛，亦"祠黄帝，祭蚩尤于沛庭"也。⑭都尉：军官名，级别低于将军，略当于校尉。⑮蕲：秦县名，县治在今安徽宿州南。⑯符离：秦县名，县治在今安徽宿州东北。徇：巡行宣令使之听己。⑰铚、酂、苦、柘、谯：皆秦县名。铚，县治在今安徽宿州西南；酂，县治在今河南永城西；苦，县治即今河南鹿邑；柘，县治在今河南柘城西北；谯，县治即今安徽亳县。⑱行收兵：一面前进，一面招募、收编部队。⑲比：及，至。陈：秦县名，县治即今河南淮阳，当时也是陈郡的郡治所在地。⑳陈守令：陈郡的郡守和陈县县令。㉑守丞：留守的郡丞。郡丞是郡守的副官，秩六百石。谯门：上有望楼的城门。㉒号令召三老、豪杰与皆来会计事：三老，乡官，职掌教化。豪杰，当地有名望、有势力的人物。按："与"字疑衍文。㉓被坚执锐：披坚甲，执利兵，极言其勇敢辛劳。被，同"披"。㉔复立楚国之社稷：意即重建了楚国。社稷，社稷坛，帝王祭祀土神与农神的地方，历来被用以代指王朝政权。㉕"陈涉"二句：事在秦二世元年（前209年）七月。张楚，国号。一说即"张大楚国"意。按：此说勉强。张楚，即大楚也。张，大也。

【译文】 吴广向来爱护士卒，因此戍卒们都愿意为他效力。一天，押送戍卒的两个尉官喝醉了，吴广就当着他们的面一再扬言要逃跑，故意激怒尉官，让他们责辱自己，以便激起

戍卒们的义愤。尉官果然鞭打吴广，腰间的佩剑甩脱出来，吴广一跃而起，抓过宝剑，杀死了那个尉官。陈胜在一旁帮忙，把另一个尉官也杀掉了。紧接着他们把戍卒们召集起来说："各位在这里遇上大雨，无论如何也不能按时赶到渔阳了。而不能按时到达，按法是要杀头的。即使不杀头，为守边而死的人，十个里头也有六七个。大丈夫如果豁不出命去也就罢了，如果敢于豁出命去那就要干出点大名堂。那些当王侯将相的难道都是天生的贵种吗！"戍卒们异口同声地说："愿意听从您的指挥。"于是他们就冒充公子扶苏、项燕，来顺从百姓的心愿。他们露出右臂做标志，自己号称"大楚"，又搭起台子结盟誓师，用那两个尉官的头祭祀天地。陈胜自己做将军，吴广做都尉。先攻下了大泽乡，紧接着又带领大泽乡的人去攻蕲县。蕲县攻下之后，就派符离人葛婴带兵去夺取蕲县以东的地方。而他自己和吴广则率军西进攻打铚、酂、苦、柘、谯，都攻了下来。他们一路上扩充军队，等到了陈郡城郊时，兵车已经有了六七百辆，骑兵有一千多，步兵也有好几万人了。于是他们开始进攻陈郡，当时郡守和县令都不在城中，只有郡丞在城门下应战。义军一时不能战胜，不久郡丞被人杀死，才占据了陈郡。过了几天，陈胜下令召集郡中各县的三老、豪杰都来集会议事。这些三老、豪杰们都说："将军您身披铠甲，手执利刃，为民众讨伐无道的秦王，进攻残暴的秦朝，重新建立了楚国的政权，论功应当称王。"于是陈胜就自立为王，国号"张楚"。

【原文】 当此时，诸郡县苦秦吏者，皆刑其长吏，杀之以应陈涉。乃以吴叔为假王[1]，监诸将以西击荥阳[2]。令陈人武臣、张耳、陈馀徇赵地[3]，令汝阴人邓宗徇九江郡[4]。当此时，楚兵数千人为聚者，不可胜数。

【注释】 [1]假王：非实授，而暂行王者之事。犹后世之"代理""权署"。[2]荥阳：秦县名，县治在今河南荥阳东北。[3]赵地：战国时赵国的地盘，相当于今河北南部一带地区。[4]汝阴：秦县名，县治即今安徽阜阳。九江郡：秦郡名，郡治寿春，即今安徽寿州。

【译文】 在这个时候，天下各郡县痛恨秦朝官吏的百姓们，都纷纷起来杀掉他们的长官响应陈涉。于是陈王就派吴广代行王事，以自己的名义节制将领们西攻荥阳；派陈郡人武臣、张耳、陈馀等人到赵国一带扩充地盘；派汝阴人邓宗南下开辟九江郡。当时楚地几千人成伙的起义军多得不可指数。

【原文】 陈胜王凡六月[1]，已为王，王陈[2]。其故人尝与庸耕者闻之，之陈[3]，扣宫门曰："吾欲见涉。"宫门令欲缚之[4]，自辩数[5]，乃置[6]，不肯为通[7]。陈王出，遮道而呼涉[8]。陈王闻之，乃召见，载与俱归。入宫，见殿屋帷帐，客曰："夥颐[9]！涉之为王沉沉者[10]！"楚人谓多为夥，故天下传之"夥涉为王"，由陈涉始[11]。客出入愈益发舒[12]，言陈王故情。或说陈王曰："客愚无知，颛妄言[13]，轻威。"陈王斩之。诸陈王故人皆自引去[14]，由是无亲陈王者。陈王以朱房为中正[15]，胡武为司过[16]，主司群臣[17]。诸将徇地至[18]，令之不是者[19]，系而罪之，以苛察为忠。其所不善者[20]，弗下吏[21]，辄自治之[22]，陈王信用之。诸将以其故不亲附，此其所以败也。

【注释】 ①凡六月：总共六个月。凡，总计。②王陈：在陈县称王，即以陈县为其都城。③之陈：前往陈县。之，往。④宫门令：守卫宫门的长官。⑤辩数：分辩诉说，力言自己不是坏人。数，一条一条地说。⑥乃置：放过不管。⑦不肯为通：不给向里禀告。按：史公于此写尽世态人情，《红楼梦》写刘姥姥进荣国府盖亦如此。⑧遮道：拦路。遮，拦截。⑨夥颐：惊讶诧异某种器物、景象之多与美时的一种叹词，今河北、天津、北京等地区犹有这种口语。⑩沉沉者：富丽深邃的样子。⑪"夥涉为王"，由陈涉始："夥涉"即被人呼过"夥颐"的陈涉，"夥"字遂成为外号，冠在了名字的前面。可以用以指称这种类似的草头王之多；但也可以理解为极言其变得快。⑫发舒：放纵。⑬颛：同"专"，专门，一味地。⑭诸陈王故人皆自引去：《索隐》引《孔丛子》云："陈胜为王，妻之父兄往焉，胜以众宾（一般宾客）待之。妻父怒曰：'怙强而傲长者，不能久焉！'不辞而去。"盖其一例。⑮中正：官名，主管考核官吏，确定官吏的升降。⑯司过：官名，犹如异时之监察御史，职掌纠弹。⑰司：读为"伺"，暗中监视、查访。⑱诸将徇地至：诸将外出作战回来。⑲令之不是者：不服从朱房、胡武命令的人。⑳其所不善者：凡是被朱房、胡武看着不顺眼的人。㉑弗下吏：不交由主管官吏处置。㉒辄自治之：经常由他们自己审理。

【译文】 陈胜称王前后总共六个月，他刚刚称王时建都陈郡，一位旧日一起受雇耕地的同伴听说了，来到陈郡，扣着宫门说："我要见陈涉！"守门令要把他绑起来，这个人费了许多口舌说明自己是陈涉的老朋友，守门令才饶了他，但不给他向里通报。这时正好陈王出来，于是这个人就过去拦着车子大声呼叫陈涉。陈王听见呼声，停车叫他过来相见，叫他上车，一同回到宫里。一看宫里的殿堂陈设，这个人就惊讶地大嚷道："夥颐！陈涉你这个王当得可真阔啊！"楚国方言称"多"叫"夥"，后来人们之所以把那些草头王们称之为"夥涉为王"，就是从陈涉开始的。这个人在宫里宫外说话越来越随便，有时还讲一些陈王旧日的不体面事，于是有人劝陈王说："您的那位客人愚昧无知，专门胡说八道，降低您的威信。"陈王于是下令把他杀掉了。陈王的其他老熟人们也都悄悄地离去，从此没有再来亲近陈王的。陈王用朱房做中正官，用胡武为司过官，专管探听臣僚们的过失。将领们出去开疆辟地回来，谁要是不听从朱房、胡武的命令，朱房、胡武就把谁关起来治罪，他们以对别人的吹毛求疵来向陈王表示忠心。凡是他们不喜欢的人，他们根本不通过司法官吏，而是自己随意治他们的罪，陈王偏偏就信用这种人。各位将领们也与陈王越来越疏远，这就是陈王所以失败的原因。

【原文】 陈胜虽已死，其所置遣侯王将相竟亡秦，由涉首事也。高祖时为陈涉置守冢三十家砀，至今血食①。

【注释】 ①血食：指享受祭祀，因为祭祀时要杀牛、羊、豕作为供品，故云。

【译文】 陈王虽然已经死了，但是由他分封、派遣出去的侯王将相，最终灭掉了秦朝，而陈涉是首先发难者。汉高祖即位后，专门派了三十户人家在砀地为陈涉守墓，一直到今天祭祀不断。

列　传

孙子吴起列传

【题解】

《孙子吴起列传》是孙武、孙膑、吴起三个兵家人物的合传。由于吴起不仅具有军事才能，而且更有政治才干，人物思想、性格、经历都最为丰富，所以我们在这里选取的是关于吴起的部分。

吴起像

吴起是战国初期的军事家与政治改革家，其在鲁、在魏都有突出的军事业绩。但吴起是一个很倒霉的人，他有才干，到哪里都能立功，但立功后马上就是受诽谤、受排挤。吴起最后到了楚国，为楚悼王实行变法，卓有成效，使楚国一度大为富强。但因此而遭到了国内外反对势力的共同仇恨，楚悼王一死，吴起就被杀害了。吴起的变法比商鞅变法还早数十年，如果吴起在楚国的变法得以胜利，那战国的历史也许就是另一个写法了。吴起是一个悲剧人物，理应受到人们的同情，但司马迁出于自身的痛苦经历，在描写吴起时总是流露出一种厌恶的情绪，这是不公平的。

【原文】　吴起者，卫人也，好用兵①。尝学于曾子，事鲁君。齐人攻鲁，鲁欲将吴起，吴起取齐女为妻，而鲁疑之。吴起于是欲就名，遂杀其妻，以明不与齐也②。鲁卒以为将。将而攻齐，大破之③。

【注释】　①好用兵：意即长于用兵。②"遂杀"二句：吴起杀妻事，他书不载。不与齐：不助齐，不倾向于齐。③"将而"二句：历史不载，或妄传也。鲁当时已形同附庸，不可能大破齐军。

【译文】　吴起是卫国人，自幼喜欢兵法。曾跟着曾子求学，后来又在鲁国事奉鲁君。有一次，齐国进攻鲁国，鲁君想让吴起为将，但由于吴起的妻子是齐国人，所以鲁君又对他有疑心。吴起为了追求功名，于是就把妻子杀了，以此来表明自己与齐国毫不相干。鲁君终于让他当了大将。派他率兵迎战齐国，把齐军打得大败。

【原文】　鲁人或恶吴起曰①："起之为人，猜忍人也②。其少时，家累千金，游仕不遂，遂破其家。乡党笑之，吴起杀其谤己者三十馀人③，而东出卫郭门，与其母诀，啮臂而盟曰④：'起不为卿相，不复入卫。'遂事曾子。居顷之，其母死，起终不归。曾子薄之，而与起绝。起乃之鲁，学兵法以事鲁君。鲁君疑之，起杀妻以求将。夫鲁小国，而有战胜之名，

则诸侯图鲁矣。且鲁、卫，兄弟之国也⑤，而君用起，则是弃卫⑥。"鲁君疑之，谢吴起。

【注释】 ①恶：说人坏话。②猜忍：残忍。③吴起杀其谤己者三十馀人：此大约亦恶起者所夸张捏造，不足取信。④啮臂：古人发誓时所做出的一种姿态。⑤"鲁、卫"二句：鲁国与卫国都是姬姓诸侯国，所以称鲁、卫是兄弟之国。⑥弃卫：吴起曾杀卫之"谤己者三十馀人"，于卫为有罪，今鲁用之，是得罪卫国，有损于两国的友好关系。

【译文】 鲁国有人诋毁吴起说："吴起为人残忍。他年轻时家里蓄有千金，而他到处奔走求官没有结果，竟把全部的家产都折腾光了。同乡邻里有人笑他，他竟为此杀了三十多人。当他离开卫国国都，在东郭门与他的母亲告别时，他咬破了手臂发誓说：'我吴起当不上卿相，就决不再回卫国！'于是他就去跟着曾子求学。不久，他母亲死了，吴起最终也没回家给母亲办丧事。曾子为此很看不起他，和他断绝了关系。吴起就到了鲁国，学了些兵法来事奉鲁君。当鲁国被攻，鲁君怀疑他跟齐国有干系时，他竟杀了自己的妻子表明心迹，来谋求将军的职位。鲁国是个小国，有了个打败大国的虚名，就会引起其他国家的图谋。何况鲁、卫又是兄弟之国，吴起在卫国犯了罪，而我们国君却重用他，这就是抛弃了卫国。"鲁君听了这些话，也怀疑吴起，不久就把他辞退了。

【原文】 吴起于是闻魏文侯贤，欲事之。文侯问李克曰①："吴起何如人哉？"李克曰："起贪而好色②，然用兵司马穰苴不能过也③。"于是魏文侯以为将，击秦，拔五城。

【注释】 ①李克：即李悝，魏国名臣，协助魏文侯实行了许多新经济政策，使魏国得以富强。②贪：此处指贪于荣名，若谓其贪于财货，则与后文之"廉平""节廉"矛盾。③司马穰苴：春秋后期齐国的名将，景公时人。

【译文】 吴起听说魏文侯是个贤明的国君，于是来到了魏国，想去侍奉他。魏文侯问李克："吴起这人怎么样？"李克说："吴起贪名而好女色，但要说到用兵打仗，就是司马穰苴也比不过他。"于是魏文侯就任用吴起为将，带兵攻秦，一连夺取了秦国的五座城池。

【原文】 起之为将，与士卒最下者同衣食。卧不设席，行不骑乘，亲裹赢粮①，与士卒分劳苦。卒有病疽者，起为吮之。卒母闻而哭之。人曰："子卒也，而将军自吮其疽，何哭为？"母曰："非然也，往年吴公吮其父，其父战不旋踵②，遂死于敌。吴公今又吮其子，妾不知其死所矣，是以哭之。"

【注释】 ①亲裹赢粮：亲自包裹，亲自背粮。赢，背负。②不旋踵：犹言"不回身"，谓一直向前。踵，脚跟。

【译文】

吴起当将军时，和最下等的士兵穿一样的衣裳，吃一样的饭。睡觉不铺垫褥，行军不骑马坐车，而且还亲自背粮食，与士兵同甘共苦。有个士兵长了痈疮，吴起替他吮吸疮脓。这个士兵的母亲听说后，不由得哭了起来。旁人问她："你的儿子是个无名小卒，人家将军亲自为他吸脓，你哭什么呢？"这位母亲说："你不知道，以前吴将军也这样替孩子

他爹吸过疮脓,孩子他爹就感动得勇往直前,连头都不回地战死在沙场上。如今吴将军又替我的孩子吸疮脓了,我不知道这孩子将来又会战死在什么地方,所以我才哭泣。"

【原文】 文侯以吴起善用兵,廉平,尽能得士心,乃以为西河守,以拒秦、韩。

【译文】 魏文侯因为吴起善用兵,而且又不爱钱财,待人公平,能够得到士兵的真心拥戴,于是就任命他为西河地区的长官,以防备秦、韩两国的入侵。

【原文】 魏文侯既卒,起事其子武侯。武侯浮西河而下①,中流,顾而谓吴起曰:"美哉乎山河之固,此魏国之宝也!"起对曰:"在德不在险。昔三苗氏左洞庭,右彭蠡②,德义不修,禹灭之。夏桀之居③,左河、济④,右泰华⑤,伊阙在其南⑥,羊肠在其北⑦,修政不仁,汤放之。殷纣之国,左孟门,右太行⑧,常山在其北⑨,大河经其南⑩,修政不德,武王杀之。由此观之,在德不在险。若君不修德,舟中之人尽为敌国也。"武侯曰:"善"。

【注释】 ①西河:此称今山西与陕西交界的那段黄河。②"昔三苗氏"二句:古人通常称西边为右,东边为左,此以人之南向而言。今三苗北向以抗舜、禹,故称三苗"左(西)洞庭,右(东)彭蠡"。三苗氏,古代传说中的南方部族。洞庭,指洞庭湖,在今湖南北部。彭蠡,彭蠡泽,即今江西北部的鄱阳湖。③夏桀之居:夏桀是夏朝的末代帝王,都于原,今河南济源西北。④河、济:黄河、济水,此指今河南温县东,其地为黄河与济水的分流处。⑤泰华:即华山,在今陕西华阴南。⑥伊阙:山名,又名龙门山,在今河南洛阳南。⑦羊肠:指羊肠坂,太行山上的通道,以其萦曲如羊肠,故名。在今山西晋城南。⑧左孟门,右太行:孟门、太行皆在朝歌之西(右),强言"左""右"者,为对举整齐,于实际不合。孟门,山名,在今河南辉县西。太行,山名,盘踞于今山西东南部与河南、河北交界处。⑨常山:即恒山,在今河北曲阳西北与山西接壤处。⑩大河:即黄河。

【译文】 魏文侯死后,吴起又侍奉他的儿子魏武侯。魏武侯沿着黄河顺水漂流而下,中途,魏武侯环顾着四周对吴起说:"多么壮丽险要的山川形势啊!这可是我们魏国的宝物。"吴起对魏武侯说:"国家的强固是在于实行德政,而不在于地势的险要。昔日三苗氏,左倚洞庭湖,右靠鄱阳湖;可是由于他们不修德义,结果大禹灭了它。夏桀的都城,左有黄河、济水,右有华山,南有伊阙山,北有太行山的羊肠坂,但是由于他为政不仁,结果商汤流放了他。商纣王的国都,左有孟门山,右有太行山,北有恒山,南有黄河,可是由于他不实行德政,最后还是被周武王给杀了。由此看来,国家的强固,是在于德政而不在于天险。如果您要是不实行德政,这船上坐的都将变成您的敌人。"魏武侯敬佩地说:"好!"

【原文】 田文既死,公叔为相①,尚魏公主,而害吴起②。公叔之仆曰:"起易去也。"公叔曰:"奈何?"其仆曰:"吴起为人节廉而自喜名也。君因先与武侯言曰:'夫吴起贤人也,而侯之国小,又与强秦壤界③,臣窃恐起之无留心也。'武侯即曰:'奈何?'君因谓武侯曰:'试延以公主,起有留心则必受之;无留心则必辞矣。'以此卜之。君因召吴起而与归,即令公主怒而轻君。吴起见公主之贱君也,则必辞。"于是吴起见公主之贱魏相,果辞魏

武侯④,武侯疑之而弗信也。吴起惧得罪,遂去,即之楚。

【注释】 ①公叔:韩国贵族,时居魏为相。②害:忌恨,以其存在为己之病。③"而侯之国"二句:当时秦未变法,国力未强;而魏国之文侯、武侯时代,国力为天下第一,今乃谓其"国小",皆与实情不合,显为后人编造。壤界,犹言"接壤",谓国土相连。④果辞魏武侯:以上公叔设陷阱以倾害吴起事,见《吕氏春秋·先见》,然害吴起者为"王错",非"公叔"。

【译文】 田文死后,公叔接任为相,公叔娶了魏国的公主,一向畏忌吴起。公叔的仆从说:"要想撵走吴起是很容易的。"公叔问:"怎么办?"仆从说:"吴起是个有气性、有棱角、爱名声的人。您可以先去对武侯说:'吴起是一个能人,而您的国家比较小,又与强大的秦国接壤,我私下里担心吴起没有长久留在魏国的打算。'这时武侯如果问您:'那怎么办呢?'您就对武侯说:'可以用把公主嫁他的办法试试他,他要是想长期留在魏国,就会接受这门亲事;要是他不打算长期留下去,就一定会推辞,这样您就可以试探出他的想法了。'您跟武侯这样说过后,立刻就请吴起到您家里做客,您要让你们家的公主当着吴起的面对您发脾气,藐视您。吴起一见公主看不起您,他就必然会拒绝武侯的提亲。"果然,吴起一见公主蔑视公叔,就谢绝了魏武侯的招亲。魏武侯从此也对吴起有了疑心,不再信任他了。吴起害怕这样下去要倒霉,于是就离开魏国到楚国去了。

【原文】 楚悼王素闻起贤,至则相楚。明法审令①,捐不急之官②,废公族疏远者③,以抚养战斗之士。要在强兵,破驰说之言从横者④。于是南平百越⑤,北并陈、蔡⑥,却三晋⑦,西伐秦⑧。诸侯患楚之强,故楚之贵戚尽欲害吴起⑨。及悼王死,宗室大臣作乱攻吴起,吴起走之王尸而伏之。击起之徒因射刺吴起,并中悼王。悼王既葬,太子立⑩,乃使令尹尽诛射吴起而并中王尸者⑪,坐射起而夷宗死者七十馀家⑫。

【注释】 ①审:确也,必也。②捐:撤除。不急:不急需的,没有用的。③公族:国君的同族。④驰说:到处奔走游说。从横:同"纵横"。吴起相楚先于苏秦说赵五十年,距秦孝公用商鞅变法尚早,不应有纵横家。⑤百越:也作"百粤",统称当时居住在今福建、广东、广西一带的少数民族,因其种族繁多,故称"百越"。⑥陈、蔡:西周以来的诸侯国名。陈国公元前478年被楚所灭。蔡国公元前477年被楚所灭。⑦却:打退,打败。三晋:指韩、赵、魏三国,因为它们都是分晋建立的国家。这里实指韩、魏,因为赵国居北,不与楚国为邻。⑧西伐秦:吴起在楚时的秦国诸侯为秦献公,国都栎阳(今陕西临潼东北)。按:以上吴起佐悼王强楚诸事多与事实不合,梁玉绳曰:"陈灭于楚惠王十一年(前478年),蔡灭于惠王四十二年(前477年),何待悼王时始并之?此与《蔡泽传》同妄,实误仍(沿袭)《秦策》也。"⑨故楚之贵戚尽欲害吴起:因吴起"捐不急之官,废公族疏远者",触及此等利益故也。⑩太子:名臧,即楚肃王。⑪令尹:楚官名,职同北方诸国之丞相。⑫坐:因,因事遭罪。夷宗:灭族。按:以上吴起变法强楚及其死于楚事,见《韩非子·和氏》与

《战国策·秦策三》之蔡泽语。吴起临死设谋为自己复仇事,《战国策》不载,《韩非子》但谓吴起被"肢解",而略见于《吕氏春秋·贵卒》。梁玉绳曰:"《吕氏春秋》言'起拔矢而走,伏尸插矢',谓拔人所射之矢插王尸也。与此小异。"郭嵩焘曰:"如此则亦楚大变矣,《楚世家》顾不一载,何也?"按:史公每写及复仇事,必感情饱满,绘形绘声。此吴起临死设谋为自己复仇事,与苏秦临死之为自己设谋复仇思路相同。

【译文】 楚悼王早就知道吴起的才干,吴起一到,就让他当了楚国的丞相。吴起执政后,制订了明确的法令,而且切实地付诸实行,他裁减了所有无关紧要的官员,废除了那些与王室疏远的家族特权,把节省下来的钱财用于提高士兵的生活待遇。他的主要宗旨是在于加强军事实力,而坚决排斥那些到处奔走游说,大讲合纵连横的人。于是楚国向南平定了百越,向北兼并了陈、蔡,打退了韩、魏等国的侵扰,还几次出兵西进伐秦。各国都对楚国的强大感到不安,而楚国的旧贵族们都想谋害吴起。等到楚悼王一死,王室大臣作乱,追杀吴起,吴起逃到了楚悼王停尸的地方,趴伏在楚悼王的尸体上。追杀吴起的人在刺射吴起的时候,也一并射中了楚悼王的尸体。等到安葬完楚悼王,太子立为新君后,就让令尹把射杀吴起时连带射中悼王尸体的人一齐斩首,前后被灭族的计有七十多家。

商君列传

【题解】

《商君列传》记叙了商鞅佐秦孝公实行变法,使秦国空前富强的丰功伟绩,和后来秦国发生政变,商鞅惨遭杀害的全过程。商鞅可以说是我国古代第一个"舍身求法"的悲剧英雄,但司马迁出于个人的惨痛经历,对于商鞅这个法家人物从态度上是反感的,这与他对待吴起、晁错一样,是同一种性质的偏颇。可是司马迁又不因商鞅活着被反对派所憎恨,死后被反对派所诋毁,第一个把商鞅从千口一词的辱骂中提出来为其立传,异常科学准确地记述了商鞅变法的功效,记述了秦国由于变法而导致富强,并为日后的统一六国奠定了基础,可见他没有因个人感情的爱憎而缩小、降低商鞅的政治成就,这是司马迁进步历史观与其求实精神的体现。

商鞅像

【原文】 商君者,卫之诸庶孽公子也[①],名鞅,姓公孙氏,其祖本姬姓也。鞅少好刑名之学[②],事魏相公叔座为中庶子[③]。公叔座知其贤,未及进。会座病,魏惠王亲往问病,曰:"公叔病,有如不可讳[④],将奈社稷何?"公叔曰:"座之中庶子公孙鞅,年虽少,有奇才,愿王举国而听之。"王嘿然[⑤]。王且去,座屏人言曰[⑥]:"王即不听用鞅,必杀之,无令出境。"王许诺而去。公叔座召鞅谢曰:"今者王问可以为相者,我言若,王色不许我。我方先君后臣,因谓王'即弗用鞅,当杀之'。王许我。汝可疾去矣,且见禽[⑦]。"鞅曰:"彼王不

85

能用君之言任臣,又安能用君之言杀臣乎?"卒不去。惠王既去,而谓左右曰:"公叔病甚,悲乎,欲令寡人以国听公孙鞅也,岂不悖哉⑧!"

【注释】 ①庶孽:古代用以指非正妻所生的孩子。公子:古代诸侯除嫡长子之外的儿子。或曰"公"字乃后人所加。②刑名之学:即法家学说,因法家主张"循名责实",以刑法治国,故云。③中庶子:官名,战国时诸侯、太子、宰相身边的近侍之臣。④不可讳:指死。讳,忌讳,避免。⑤嘿:同"默"。⑥屏:同"摒",斥退,支开。⑦禽:同"擒"。⑧悖:乖背,荒谬。

【译文】 商君是卫国国君姬妾生的公子,名鞅,姓公孙氏,他的祖先本姓姬。公孙鞅年轻时喜好刑名之学,在魏相公叔座手下当侍从官中庶子。公叔座知道他有本事,但还没有来得及向国王推荐,就病倒了。公叔座生病,魏惠王亲自前往探问病情,问道:"您万一有个三长两短,那国家社稷该怎么办?"公叔座说:"我的侍从公孙鞅虽然年轻,但有奇才,大王可将国家大事托付给他。"魏惠王听了没有说话。等到魏惠王要走了,公叔座支开周围的人对魏惠王说:"大王如果不愿听我的推荐任用公孙鞅,那就请您把他杀掉,不能让他到别的国家去。"魏惠王答应了。魏惠王走后,公叔座派人把公孙鞅找来,告诉他说:"今天大王向我问起以后谁能做魏相,我推举了你。但我看大王的意思是不想听我的话。我办事的原则是先忠于国君,而后才是忠于朋友,所以我当时又对大王说'如果您不用公孙鞅,那就立即把他杀掉'。大王已经答应了我。你应该马上离开魏国,不然就要被他们杀掉了。"公孙鞅说:"既然大王不能听您的话重用我,又怎么能听您的话杀我呢?"于是他哪里也没去。魏惠王离开公叔座家,就对左右说:"公叔座真是病得糊涂了,叫人伤心!他竟然想让我把国家大事都托付给公孙鞅,这不是荒唐透顶吗?"

【原文】 公叔既死,公孙鞅闻秦孝公下令国中求贤者,将修缪公之业①,东复侵地②。乃遂西入秦,因孝公宠臣景监以求见孝公。孝公既见卫鞅,语事良久,孝公时时睡,弗听。罢而孝公怒景监曰:"子之客妄人耳③,安足用邪!"景监以让卫鞅。卫鞅曰:"吾说公以帝道④,其志不开悟矣。后五日,复求见鞅⑤。"鞅复见孝公,益愈⑥,然而未中旨。罢而孝公复让景监,景监亦让鞅。鞅曰:"吾说公以王道而未入也⑦,请复见鞅。"鞅复见孝公,孝公善之而未用也。罢而去,孝公谓景监曰:"汝客善,可与语矣。"鞅曰:"吾说公以霸道⑧,其意欲用之矣。诚复见我,我知之矣。"卫鞅复见孝公。公与语,不自知膝之前于席也。语数日不厌。景监曰:"子何以中吾君?吾君之欢甚也。"鞅曰:"吾说君以帝王之道比三代,而君曰:'久远,吾不能待。且贤君者,各及其身显名天下,安能邑邑待数十百年以成帝王乎⑨?'故吾以强国之术说君,君大说之耳;然亦难以比德于殷周矣⑩。"

【注释】 ①缪公:也作"穆公",名任好,春秋前期秦国的国君,在位时政治修明,曾称霸西戎,为春秋"五霸"之一。②东复侵地:缪公时,秦国曾几次打败晋国,把国境向东推进到了今陕西、山西交界的黄河边上。战国初期以来,秦国中落,黄河以西的陕西地区又被魏国占领。③妄人:徒作大言而不近实际的人。妄,虚妄,狂妄。④帝道:五帝治国的

办法策略。五帝是儒家推崇的古代圣王。⑤"后五日"二句：注此文者例将此七字置于引号外，而此实乃商鞅对景监之祈请语，应接连上文一气读下。⑥益愈：稍好了一点，言其效果已不似上次之使孝公"时时睡，弗听"了。⑦王道：三王的治国之道，三王也是儒家推崇的古代圣王，不过比起五帝来要低一筹。"三王"是夏禹、商汤、周文王和周武王（武王继承父业，故与文王合称一王）。⑧霸道：五霸的治国之道。五霸在儒家心目中是不被特别推崇的。⑨邑邑：同"悒悒"，苦闷不安的样子。⑩难以比德于殷周：儒家鼓吹王、霸之别，又宣扬一代不如一代，司马迁对于商鞅见秦孝公的这段描写，显然是表现了儒家的守旧思想。

【译文】 公叔座死后，公孙鞅听说秦孝公在国内下了命令招贤纳士，准备重新光大秦缪公的事业，向东方收复被侵占的土地，于是他就西行来到了秦国，通过秦孝公的宠臣景监求见秦孝公。秦孝公召见公孙鞅后，他对秦孝公谈了好久，秦孝公直打瞌睡，一点也听不进去。待公孙鞅走后，秦孝公生气地斥责景监说："你介绍来的客人是个说话不着边际的人，这种人怎么能用呢？"景监出来就用秦孝公的话责备公孙鞅。公孙鞅说："我当时是拿了帝道来开导他的，看来他对这个还不能领悟。希望你在五天之后，再向孝公引见我。"公孙鞅第二次见到秦孝公后，情况比上次略好了一点，但还是不能让秦孝公满意。事情过后秦孝公又斥责景监，景监又去责备公孙鞅。公孙鞅说："这次我是拿了王道来开导他的，他还是听不进去，请你再引见我。"于是公孙鞅第三次见到了秦孝公，这次交谈之后，秦孝公对他的言论已经有所肯定，只是还没有充分听取。这次过后，秦孝公对景监说："你这位客人不错，我跟他还谈得来。"公孙鞅说："这回我是拿了霸道来开导他的，看他的意思是想采用了。如果他能够再接见我，我知道该进一步和他说什么了。"于是公孙鞅第四次见到了秦孝公。这一次秦孝公和公孙鞅谈话，不知不觉地他的膝盖总是向着公孙鞅的座位凑拢，一连听他说了几天都没有听够。景监问公孙鞅说："你是拿什么说中了我们国君的心意？我们的国君高兴极了。"公孙鞅说："我先是拿五帝三王治国的办法开导他，希望他能把秦国治理得可以和夏商周三代相比，可是你们的国君说：'用这种办法太慢了，我等不了。况且作为一个贤君，都希望在位时就能扬名于天下，我怎么能慢慢腾腾地到几十年以至上百年后再成就帝王大业呢？'所以我后来只用富国强兵的办法来劝说大王，结果这些使他非常喜欢。但是这样做，秦国也就不可能再达到殷朝、周朝那样的仁德水平了。"

【原文】 孝公既用卫鞅，欲变法，恐天下议己。卫鞅曰："疑行无名①，疑事无功。且夫有高人之行者，固见非于世；有独知之虑者②，必见敖于民③。愚者暗于成事④，知者见于未萌⑤。民不可与虑始，而可与乐成。论至德者不和于俗⑥，成大功者不谋于众。是以圣人苟可以强国，不法其故；苟可以利民，不循其礼。"孝公曰："善。"甘龙曰："不然。圣人不易民而教⑦，知者不变法而治。因民而教⑧，不劳而成功；缘法而治者⑨，吏习而民安

之。"卫鞅曰:"龙之所言,世俗之言也。常人安于故俗,学者溺于所闻⑩。以此两者居官守法可也,非所与论于法之外也⑪。三代不同礼而王,五伯不同法而霸。智者作法,愚者制焉;贤者更礼,不肖者拘焉。"杜挚曰:"利不百,不变法;功不十,不易器。法古无过,循礼无邪。"卫鞅曰:"治世不一道,便国不法古。故汤武不循古而王,夏殷不易礼而亡⑫。反古者不可非,而循礼者不足多。"孝公曰:"善。"以卫鞅为左庶长⑬,卒定变法之令⑭。

【注释】 ①疑:犹豫,不自信。②独知:知人所不知。③敖:同"謷",诋毁。④暗:不明白。⑤知:同"智"。萌:萌芽,发生。⑥论:讲究。⑦易民:指改变人们旧有的风俗习惯。易,改换。⑧因:顺着,按着。⑨缘:沿袭。⑩溺:沉醉,拘泥。⑪法之外:旧法以外的事情,指变法而言。⑫夏殷:指夏、殷的末代帝王桀、纣而言。⑬以卫鞅为左庶长:据《秦本纪》,商鞅为左庶长是在变法后,不是在此时。左庶长,秦爵位名,为第十等。⑭卒定变法之令:据《秦本纪》,商鞅说孝公变法在孝公三年(前359年)。

【译文】 秦孝公任用公孙鞅后,想要在秦国实行变法,但秦孝公害怕天下人议论自己。公孙鞅说:"修养操行如果犹豫不定就不能成名,做事如果犹豫不定就不能成功。一个人的操行如果出类拔萃,就肯定要遭到世人的攻击;一个人的见解如果特别独到,就必然要受到一般人的诋毁。愚昧的人当别人把事情都办成了,他还在那里迷惑不解;而智慧的人则不用等问题发生,早就已经预见到了。对于老百姓,不论做什么事,在开头的时候不能和他们商量,而只能在办成以后和他们共享成果。讲究最高道德的人和一般世俗的人是不能合群的,要干大事业的人不能去征求那些芸芸众生的意见。圣人只要是能使国家富强,就不必去效法古代的典章;只要是能使百姓得利,就不必遵循旧时的礼教。"秦孝公说:"讲得好。"甘龙说:"不对。圣人在教育人的时候从不改变人们旧有的风俗习惯,智慧的人在治理国家的时候从不改变国家原有的法度。按照人们旧有的习俗来进行教育,就能不费劲地获得成功;遵照原有的制度来治理国家,就不仅能让官吏们顺手,而且百姓们也能够相安无事。"公孙鞅说:"甘龙所说的,都是些最世俗的话。普通人们总是安于一套已有的习俗,书呆子们总是迷信书本的条文。按照甘龙所说的那两条奉公守法地维持旧有秩序是可以的,但不可能和他讨论法制以外的事情。夏、商、周三代都称王,但他们奉行的礼教是不同的;五伯都是霸主,但执行的法度也不完全相同。法度是聪明人制订的,而愚蠢的人只知道遵行;礼教是有才干的人改立的,而一些无能的人则只能接受约束。"杜挚说:"见不到百倍的好处,不能变法;看不准十倍的功效,不能更换旧的器物。按古代的章程做,就绝不会错;按旧的礼法走,就绝不会邪。"公孙鞅说:"治理天下的办法是不一样的,我们要的是方便有利,而不是为了仿效古人。商汤和周武王都没有遵循古法而成就了王业,夏桀和殷纣倒是没有改变旧礼而亡了国。可见改变古法的人不能否定,而遵循旧礼的人不值得赞扬。"秦孝公说:"讲得好。"于是任命公孙鞅为左庶长,并很快地确定了变法的条令。

【原文】 令民为什伍，而相牧司连坐①。不告奸者腰斩，告奸者与斩敌首同赏，匿奸者与降敌同罚。民有二男以上不分异者，倍其赋②。有军功者，各以率受上爵③；为私斗者，各以轻重被刑大小。僇力本业④，耕织致粟帛多者复其身⑤。事末利及怠而贫者⑥，举以为收孥⑦。宗室非有军功论⑧，不得为属籍⑨。明尊卑爵秩等级⑩，各以差次名田宅⑪，臣妾衣服以家次⑫。有功者显荣，无功者虽富无所芬华⑬。

【注释】 ①牧司：相互监督、窥伺。连坐：一家犯罪，同什伍的其他各家如不告发，就与犯罪者一同受罚。②"民有"二句：此规定的宗旨在于鼓励发展生产和增加人口。男，丁男，成年男子。分异，指分家。③率：标准，规定。④僇力：并力，尽力。僇，同"戮"。本业：指农业。⑤复其身：免除其自身的劳役负担。复，免除。⑥事末利：指经营工商以求利。末，指工商业，与农业对举而言。⑦举：尽，全部。收孥：收为奴隶。孥，此处同"奴"。⑧论：论叙，铨评。⑨属籍：享受特权的亲属名册。⑩爵秩：爵禄的等级。⑪差次：差别次序，即指等级。名：以自己名义占有。⑫家次：家族的等级。⑬芬华：荣华，贵盛显耀。

【译文】 新法把居民十家编为一"什"，五家编为一"伍"；让他们互相监督，否则一家出事，其他各家都要受牵连。知道谁是坏人而不告发的要被腰斩；而告发坏人的与斩获一个敌人首级的奖赏相同。一家有两个以上的成年男人而不分开过的，要加倍地交纳赋税。享有军功的人，可以根据规定加官晋爵；为私仇而打架斗殴的，要根据情节轻重给以惩罚。新法鼓励农民好好发展农业，对于那些在耕田织布方面做出了成绩的，可以免除他们的劳役。对于从事经商或由于懒惰而变穷的，一律把他们降为奴隶。国君的宗族凡是没有军功可以论述的，一律把他们从贵族谱牒上开除出去。要严格地按照爵位的尊卑划分等级，让人们按照等级的高低来占有不同的田宅。私家的奴婢穿什么样的衣服都要随着主人的地位而定。有军功的人才能显贵荣华，没有军功的人即使有钱，也没有社会地位。

【原文】 令既具，未布，恐民之不信己，乃立三丈之木于国都市南门，募民有能徙置北门者予十金。民怪之，莫敢徙。复曰："能徙者予五十金。"有一人徙之，辄予五十金，以明不欺。卒下令。

【译文】 新法已经制定好，还没有公布，公孙鞅担心百姓们怀疑政府说话是否算数，于是就在国都市场的南门立了一根三丈长的杆子，招募百姓有谁能把它扛到市场的北门，就赏给他十锭金子。百姓们觉得奇怪，没人敢动。于是公孙鞅又说："谁能把它扛到北门，赏给他五十锭金子。"这时出来一个人把它扛到了北门，公孙鞅立即赏给了他五十锭金子，以表明政府决不欺骗。接着就颁布了新法。

【原文】 令行于民期年，秦民之国都言初令之不便者以千数①。于是太子犯法②，卫鞅曰："法之不行，自上犯之。"将法太子。太子，君嗣也③，不可施刑，刑其傅公子虔，黥其师公孙贾。明日，秦人皆趋令④。行之十年⑤，秦民大说，道不拾遗，山无盗贼，家给人足。

民勇于公战,怯于私斗,乡邑大治。秦民初言令不便者有来言令便者,卫鞅曰:"此皆乱化之民也⑥。"尽迁之于边城。其后民莫敢议令。

【注释】 ①初令:指商鞅新定不久的法令。②太子犯法:秦孝公即位年二十一岁,秦孝公六年才二十七岁,所生太子不过是个幼童,说太子这年犯法的事不可信。太子犯法当在秦孝公十六年。孝公去世前五月,赵良见商君说"公子虔杜门不出,已八年矣",由此上推八年,也正是秦孝公十六年。③君嗣:国君的继承者。④趋:归依。这里即指服从。⑤行之十年:"十年"当作"七年",孝公十年,以商鞅为大良造时变法施行了七年。⑥化:风俗,风气。这里即秩序、治安的意思。

【译文】 推行新法的第一年,秦国有上千的人到都城来反映新法不好。这时秦孝公的太子犯了法。公孙鞅说:"法令之所以行不通,关键就在于上头有人破坏。"于是他准备依法处置太子。但太子是国君的继嗣,不能对他施刑,于是就处罚了太子的太傅公子虔,将他的太师公孙贾处以墨刑。结果第二天,秦国人就都按着新法办了。到新法推行第十年后,秦国的百姓们就变得十分喜欢新法了,这时道上掉了东西没人捡,山里头没有盗贼,家家户户都过得很富裕。人们都勇于为国从军,而不敢为私仇殴斗,乡村城镇到处是一片太平,过去那些曾经说过新法不好的人,现在又反过来说新法好了。公孙鞅说:"这些都是扰乱国家秩序的刁民。"于是把他们一律都迁到了边境上。从此百姓们谁也不敢再随便议论新法了。

【原文】 于是以鞅为大良造①,将兵围魏安邑,降之②。居三年,作为筑冀阙宫庭于咸阳③,秦自雍徙都之④。而令民父子兄弟同室内息者为禁⑤。而集小乡邑聚为县⑥,置令、丞⑦,凡三十一县。为田开阡陌封疆⑧,而赋税平。平斗桶权衡丈尺⑨。行之四年,公子虔复犯约,劓之⑩。居五年⑪,秦人富强,天子致胙于孝公⑫,诸侯毕贺。

【注释】 ①以鞅为大良造:事在孝公十年。大良造,即大上造,秦爵的第十六等。②围魏安邑,降之:商鞅此次攻打的不是安邑而是固阳。③作为筑:都是建造的意思。三字同义而连用,此种形式《史记》中多有。④秦自雍徙都之:此处叙事有误。秦国自灵公时由雍徙都泾阳;献公时又由泾阳徙都于栎阳;至孝公十二年乃由栎阳迁都于咸阳。⑤同室内息者为禁:禁止父子兄弟同住一间屋是为了鼓励分家、增殖,同时也是为了整顿风纪。⑥集:归并。乡、邑、聚:都是当时的基层居民编制。乡,略同于今之乡。邑,城镇。聚,自然村。⑦令、丞:县令与县丞。县丞是县令的副手。⑧开:拆除,废除,实际是废除旧的,另设新的。阡陌:兼为地界用的田间小路,南北向的曰阡,东西向的曰陌。封疆:亦指地界。⑨平:统一,划一。斗桶:皆量器,六斗为一桶。桶与斛同。权衡:即指秤。权,秤锤。衡,秤杆。⑩劓:古代刑罚的一种,即割掉鼻子。⑪居五年:应作"居三年",即孝公十九年。⑫天子致胙:古时天子祭祀鬼神后,常把用过的祭肉分送给某个诸侯大臣,以表示对他的格外尊崇。据《秦本纪》与《六国年表》,周天子"致胙"于秦孝公二年,而孝公十

九年为"天子致伯"。

【译文】 于是秦孝公封公孙鞅为大良造,派他率兵包围了魏国的固阳,使固阳投降了秦国。又过了三年,秦国在咸阳建造了城阙宫殿,把国都从雍迁到了咸阳。接着秦国禁止父子兄弟同住一间屋子。把若干乡、邑、聚归并为县,各县里设置县令、县丞,全国共设三十一个县。废除了原有的田埂地界,让人们重新认领土地,公平地向国家交纳赋税。又统一了度量衡。这些新制度实行第四年后,公子虔又犯了法,被割掉了鼻子。第五年,秦国就非常富强了,周天子派人给秦孝公送来了祭肉,表示承认他是霸主,各国的诸侯们都来向秦国朝拜称贺。

【原文】 其明年,齐败魏兵于马陵,虏其太子申,杀将军庞涓。其明年,卫鞅说孝公曰:"秦之与魏,譬若人之有腹心疾①,非魏并秦,秦即并魏。何者?魏居领厄之西②,都安邑③,与秦界河而独擅山东之利④。利则西侵秦⑤,病则东收地⑥。今以君之贤圣,国赖以盛;而魏往年大破于齐,诸侯畔之⑦,可因此时伐魏。魏不支秦,必东徙。东徙,秦据河山之固⑧,东乡以制诸侯,此帝王之业也。"孝公以为然,使卫鞅将而伐魏。魏使公子卬将而击之⑨。军既相距⑩,卫鞅遗魏将公子卬书曰:"吾始与公子欢⑪,今俱为两国将,不忍相攻。可与公子面相见,盟,乐饮而罢兵,以安秦、魏。"魏公子卬以为然。会盟已⑫,饮,而卫鞅伏甲士而袭虏魏公子卬,因攻其军,尽破之以归秦。魏惠王兵数破于齐、秦,国内空,日以削,恐,乃使使割河西之地献于秦以和⑬。而魏遂去安邑,徙都大梁⑭。梁惠王曰:"寡人恨不用公叔座之言也。"卫鞅既破魏还,秦封之于、商十五邑⑮,号为商君⑯。

【注释】 ①腹心疾:比喻两国紧相靠近,不能两立之形也。②领厄:山岭险要之地,指今山西南部之中条山。领,同"岭"。③都安邑:魏之旧都安邑在今河南夏县西北。魏于惠王九年亦即秦孝公元年已迁都大梁,此时不都安邑。④擅:专有。山东:崤山以东。此处似指今之河南、山西一带地区。⑤利:指攻秦有利时。⑥病:不利,指攻秦不利时。东收地:攻取东方各国的地盘。⑦畔:同"叛"。⑧河山:指黄河与崤山。⑨公子卬:魏惠王的儿子,时为魏国大将。⑩相距:对峙。距,通"拒",对抗。⑪始与公子欢:指商鞅昔日在魏时事也。欢,友好,相得。⑫盟:订立盟约。已:完成,过后。⑬割河西之地献于秦:此事在秦惠文王八年,不在此时。⑭徙都大梁:据《魏世家》,魏国迁都于大梁在魏惠王三十一年,正在此年,然今研究战国史者皆依《竹书纪年》系魏国迁都于秦孝公元年,则与商鞅之功无关矣。⑮於、商十五邑:於、商一带的十五座城邑,约当今河南之西峡以及今陕西之商县一带。⑯商君:当时的各诸侯国主例皆称"王",而诸侯国内的封建领主则例皆称"君"。

【译文】 秦国称霸的第二年,齐国大败魏兵于马陵,停虏了魏国的太子申,杀死了魏国的大将庞涓。转过年来,公孙鞅对秦孝公说:"秦、魏两国的对立,就像一个人的心腹里有病一样,不是魏灭了秦,就是秦国灭了魏,二者不能并存。为什么呢?魏国处在险要

的中条山以西,建都安邑,与秦国只隔着一道黄河,实际上是控制着整个崤山以东的大局。条件有利,就西进攻秦;条件不利,可以向东方发展。如今由于您的圣明,秦国强盛起来了;去年魏国被齐国打得大败,各国诸侯都抛弃了它,我们可以乘此机会进攻魏国。魏国抗不住我们,肯定就会向东迁移。魏国一旦迁走,秦国就可以独自控制黄河、崤山的险要形势了。那时我们再出兵东下控制各国诸侯,就可以成就帝王大业了。"秦孝公觉得有理,就派公孙鞅率兵伐魏。魏国派公子卬领兵迎击。两军相对,公孙鞅派人送给公子卬一封信说:"我在魏国时和你是好朋友,今天我们为敌对的两国领兵,我不忍心互相攻打。我想和你当面订盟,欢宴后各自罢兵,让秦、魏两国都得到安宁。"公子卬信以为真,他过来与公孙鞅见面会盟后,正在欢饮的时候,公孙鞅让预先埋伏的武士突然虏获了公子卬,接着又对魏军发起攻击,大败魏军后而返回秦国。魏惠王见到自己的国家连连被齐国、秦国击破,国内空虚,国势越来越弱,心里害怕,于是只得把黄河以西的土地全部割给了秦国,以此作为求和的条件。而后魏惠王也离开安邑,将国都迁到了大梁。魏惠王说:"我真后悔当时没有听公叔座的话。"公孙鞅破魏返回后,秦孝公把於、商一带的十五邑封给他,称他为商君。

【原文】　商君相秦十年①,宗室贵戚多怨望者②。

【注释】　①相秦十年:商鞅孝公元年入秦,三年变法,六年为左庶长,十年为大良造,二十二年封商君,二十四年孝公卒而鞅死,不是十年,疑当作"二十年",自为左庶长时始。②怨望:犹怨恨。望,亦怨恨之义。

【译文】　商君在秦国为相十年,秦国的宗室贵戚们有很多人怨恨他。

【原文】　秦孝公卒,太子立。公子虔之徒告商君欲反,发吏捕商君①。商君亡至关下②,欲舍客舍。客人不知其是商君也③,曰:"商君之法,舍人无验者坐之④。"商君喟然叹曰:"嗟乎,为法之敝一至此哉!"去之魏。魏人怨其欺公子卬而破魏师,弗受。商君欲之他国。魏人曰:"商君,秦之贼。秦强而贼入魏,弗归⑤,不可。"遂内秦⑥。商君既复入秦,走商邑,与其徒属发邑兵北出击郑⑦。秦发兵攻商君,杀之于郑黾池⑧。秦惠王车裂商君以徇⑨,曰:"莫如商鞅反者!"遂灭商君之家。

【注释】　①发吏捕商君:主语为秦惠文王,因其为太子时曾因"犯法"而受商君惩治,也恨商鞅。②亡:逃跑。关:似指函谷关,为秦国东部的关塞。③客人:指客舍主人。④舍人:留人住宿。验:证。这里指证件。坐之:因之而获罪。⑤归:送回。⑥内秦:将商鞅押送回秦国。内,同"纳"。⑦徒属:党羽部属。邑兵:商君领地十五邑之兵也。郑:秦县名,即今陕西华县,其地在商君领地之北,相隔不远。⑧郑黾池:郑县之黾池。据《六国年表》,商鞅被擒杀在今陕西华县西面之彤城,"黾池"疑为"彤地"之讹。⑨徇:巡行示众。

【译文】　秦孝公去世,太子即位。这时公子虔等人诬告商君想要造反,派兵捉拿商

君。商君逃到秦国的边境,想找客店住宿,客店的主人不知道他就是商君,对他说:"商君的法令规定,凡是留宿没有证件的客人,店主人是要判罪的。"商君叹了一口气说:"唉!变法的危害竟然害到了自己头上来了。"于是他离开秦国逃到了魏国。魏国人恨他当初欺骗公子卬打败了魏国军队,不肯收留他。商君想再到别的国家去。魏国人说:"商君是秦国的罪犯。秦国强大,它的罪犯逃到了魏国,魏国不把他送回秦国是不行的。"于是魏国人把商君送回了秦国境内。商君回到秦国后,迅速奔到他的封地商邑,与他的部属一起征集了领地上的士兵,向北攻打郑邑。这时秦国出动大军攻打商君,在郑邑附近的彤城把他杀死了。秦惠王把商君车裂示众,说:"谁也不要像商鞅那样反叛国家!"接着又杀了商君的满门。

【原文】 太史公曰:商君,其天资刻薄人也①。迹其欲干孝公以帝王术②,挟持浮说,非其质矣③。且所因由嬖臣;及得用,刑公子虔,欺魏将卬,不师赵良之言,亦足发明商君之少恩矣④。余尝读商君《开塞》《耕战》书⑤,与其人行事相类。卒受恶名于秦,有以也夫!

【注释】 ①其天资刻薄人也:史公对法家人物,好用类似词语,皆见史公感情之偏颇。②迹:追踪,考察。干:求见。③非其质:不是他的真心所在。质,实也。④发明:表明,证明。⑤《开塞》《耕战》书:皆商鞅著作的篇目名,见《商君书》。开塞,"塞"谓国事的混乱衰败;"开"谓实行严刑则可使滞塞得通,国事得治。耕战,谓奖励农耕及勇于杀敌。

【译文】 太史公说:商君是一个天性刻薄狠毒的人。考察一下他当初之所以要用五帝三王治理国家的办法来劝说秦孝公,也不过是说空话而已,那些根本不是出于他的本心。而且他又是通过秦孝公的一个宠幸做引荐,路子不正。等到受重用以后,又处罚了公子虔,欺骗了魏将公子卬,后来又不听从赵良的劝告,这些事实全都可以表明商君的残忍少恩。我曾经读过商君的《开塞》《耕战》等文章,文章的思想风格和他的行事为人大致相同。最后在秦国蒙受恶名而被杀,这是有原因的啊!

魏公子列传

【题解】
《魏公子列传》以魏公子信陵君窃符救赵一事为中心,歌颂了信陵君的礼贤下士和侯嬴诸人的士为知己者死。作者对他们的活动表示了高度的钦敬,对于信陵君这样一个一切以国家利益为目的的人物最后竟在遭毁谤与受怀疑的境遇下自戕于醇酒妇人的悲惨结局,寄寓了极大的感慨和同情。在战国时代所有以养士闻名的人物里,魏公子的人品最高,在司马迁歌颂的士为知己者死的游士中,侯嬴的人品最高。他们都摆脱了个人的一般利益、一般恩怨,而是谘诹善道,以义相扶,共同保卫国家,以维护正义为终极归宿。魏公子与侯嬴之间的这种关系是司马迁理想的君臣关系,是司马迁的一项重要的社会

93

理想。

需要注意的是，侯嬴为信陵君策划窃符夺晋鄙兵事，不见于《战国策》，亦不见于先秦的其他载籍，可能是大梁长老之逸闻，是司马迁首次将它写入史册。

【原文】 魏公子无忌者，魏昭王少子而魏安釐王异母弟也。昭王薨，安釐王即位，封公子为信陵君。是时范雎亡魏相秦[1]，以怨魏齐故，秦兵围大梁，破魏华阳下军，走芒卯[2]。魏王及公子患之。

【注释】 [1]范雎：字叔，原魏人，因遭须贾诬陷，几被魏相魏齐打死。后来逃到秦国，改名张禄，为秦昭王相。[2]走芒卯：围大梁在魏安釐王二年（前275年）。破魏华阳下军、走芒卯，在魏安釐王四年（前273年），是役秦将白起击杀赵、魏联军十五万人。此时秦相是穰侯魏冉，范雎相秦还在十年后，史公此处叙述有误。走，赶跑。芒卯，魏将。

【译文】 魏公子无忌，是魏昭王的小儿子，魏安釐王的同父异母兄弟。魏昭王去世后，魏安釐王继位，封魏公子为信陵君。当时魏国的逃臣范雎正在秦国当丞相，因为怨恨魏国丞相魏齐，曾派兵一度包围了魏国的大梁，又击败了驻守在华阳的魏国军队，打跑了魏将芒卯。魏王和魏公子对这种形势深感忧虑。

【原文】 公子为人仁而下士，士无贤不肖皆谦而礼交之，不敢以其富贵骄士。士以此方数千里争往归之，致食客三千人。当是时，诸侯以公子贤，多客，不敢加兵谋魏十馀年[1]。

【注释】 [1]不敢加兵谋魏十馀年：此事不实。自魏安釐王立，秦无年不犯，赵亦曾攻魏。

【译文】 魏公子为人仁厚又能礼贤下士，士无论是有才干的还是没才干的，他都以礼相待，从不因自己的地位高贵而待人傲慢。因此方圆几千里的游士们都争先恐后地去投奔他，他门下的食客有三千多人。当时，就因为魏公子贤明，而且门下又有很多能干的宾客，各国诸侯都不敢出兵来谋攻魏国。

【原文】 公子与魏王博[1]，而北境传举烽，言"赵寇至，且入界"。魏王释博，欲召大臣谋。公子止王曰："赵王田猎耳，非为寇也。"复博如故。王恐，心不在博。居顷，复从北方来传言曰："赵王猎耳，非为寇也。"魏王大惊，曰："公子何以知之?"公子曰："臣之客有能深得赵王阴事者，赵王所为，客辄以报臣，臣以此知之。"是后魏王畏公子之贤能，不敢任公子以国政。

【注释】 [1]博：下棋。

【译文】 有一次，魏公子正和魏王下棋，这时从北部边境突然传来报警烽火，说是"赵国向我们进攻，敌军很快就要进入我们的国境"。魏王推开棋盘，就要召集大臣们商议。魏公子劝止魏王说："那是赵王出来打猎，不是侵犯我国。"仍接着下棋。但魏王还是害怕，心思不在棋上。过不多时，又有消息从北边传来说："是赵王打猎罢了，不是侵犯我

国。"魏王很惊讶,问道:"你怎么就知道呢?"魏公子说:"我的宾客中有人能掌握赵王的秘密,赵王有什么活动,我的宾客都能及时向我报告,因此我很清楚。"从这件事情以后,魏王开始害怕魏公子的才能,不敢把国家大事交给魏公子办了。

【原文】 魏有隐士曰侯嬴,年七十,家贫,为大梁夷门监者①。公子闻之,往请,欲厚遗之。不肯受,曰:"臣修身絜行数十年②,终不以监门困故而受公子财③。"公子于是乃置酒大会宾客。坐定,公子从车骑,虚左④,自迎夷门侯生。侯生摄敝衣冠⑤,直上载公子上坐,不让,欲以观公子,公子执辔愈恭。侯生又谓公子曰:"臣有客在市屠中,愿枉车骑过之⑥。"公子引车入市。侯生下见其客朱亥,俾倪⑦,故久立与其客语,微察公子,公子颜色愈和。当是时,魏将相宗室宾客满堂,待公子举酒。市人皆观公子执辔。从骑皆窃骂侯生。侯生视公子色终不变,乃谢客就车⑧。至家,公子引侯生坐上坐,遍赞宾客⑨,宾客皆惊。酒酣,公子起,为寿侯生前。侯生因谓公子曰:"今日嬴之为公子亦足矣。嬴乃夷门抱关者也⑩,而公子亲枉车骑,自迎嬴于众人广坐之中。不宜有所过⑪,今公子故过之。然嬴欲就公子之名,故久立公子车骑市中。过客以观公子,公子愈恭。市人皆以嬴为小人,而以公子为长者能下士也⑫。"于是罢酒,侯生遂为上客。

【注释】 ①夷门监者:夷门的守门人。夷门,魏都大梁的东门。②絜行:保持自己的清白品格。絜,同"洁"。③终:无论如何。④虚左:空着左边的座位,当时以左为尊。⑤摄:整理。⑥枉:绕弯,绕远,谦辞。过:拜访。⑦俾倪:同"睥睨",斜视,用余光偷看人。⑧谢:辞别。⑨遍赞宾客:把宾客一个个地向侯生做了介绍,极力尊敬侯生。⑩抱关:守门。关,门闩。⑪过:过分,指超出常格的礼数。⑫长者:君子,厚道人。

【译文】 魏国有个隐士叫侯嬴,七十岁了,家境贫穷,在大梁的夷门看城门。魏公子听说这个人后,就亲自去拜访他,想要送给他一些东西。但侯嬴不要,他说:"我保持清高廉洁已经几十年了,我绝不能因为看门人生活清苦而接受您的东西。"魏公子于是就举办了一个盛大的宴会。等客人们都坐定后,魏公子就带着车马随从,空着车子左边的上座,亲自到夷门去接侯嬴。侯嬴整理了一下自己的破衣冠,径直地上去坐在了车子左边的尊位上,一点也不谦让,想看看魏公子的态度如何,魏公子在那里抓着缰绳态度更加恭敬。侯嬴上车后又对魏公子说:"我有一个朋友在集市的肉店里,麻烦你的车子绕个弯,带我过去看看他。"魏公子赶着车子来到了集市。侯嬴从车上下来找到了他的朋友朱亥,二人故意地在那里说个不休,侯嬴斜着眼睛观察着魏公子,魏公子的神态比刚才显得还要平静温和。当时,在魏公子的家里,那满座的贵族将相们,满堂的贵宾,都在等着公子回来开席。集市上的人们也都很惊奇地看着魏公子在给一个什么人牵着缰绳。而魏公子的那些随从们则偷偷地大骂着侯嬴。侯嬴见魏公子的态度始终没有变化,这才辞别了朱亥,重新上车,来到魏公子府中。魏公子请侯嬴坐到上座,把宾客们一一地向侯嬴作了介绍,宾客们见状都很吃惊。当大家饮酒饮到了最痛快的时候,魏公子又站起身来,恭恭敬敬地到侯嬴面前向他敬酒。侯嬴这时对魏公子说："今天我也够难为公子了。我不过是夷门的一个守门人，而公子竟能屈尊地赶着车子，把我接到了这大庭广众中来，有些地方按理说那不是公子该去的，可是公子居然也去了。但我当时也是为了成就公子的好名声，所以才故意地让公子带着车马在市场上罚站。当时来来往往的人都看公子，而公子显得越来越谦逊。这样就可以让整个集市的人们都骂我是小人，而称赞公子为人厚道，礼贤下士。"于是大家尽欢而散，侯嬴从此成了魏公子家里的上宾。

【原文】 侯生谓公子曰："臣所过屠者朱亥，此子贤者，世莫能知，故隐屠间耳。"公子往数请之，朱亥故不复谢，公子怪之。

【译文】 侯嬴对魏公子说："前些天我所拜访的那个屠户朱亥，是个能人，因为没有人了解他，所以他才隐居在屠户里。"魏公子听说后一连几次地去拜访他，而朱亥却故意地一次也不回拜，魏公子很奇怪。

【原文】 魏安釐王二十年，秦昭王已破赵长平军[1]，又进兵围邯郸。公子姊为赵惠文王弟平原君夫人，数遗魏王及公子书，请救于魏。魏王使将军晋鄙将十万众救赵。秦王使使者告魏王曰："吾攻赵旦暮且下，而诸侯敢救者，已拔赵，必移兵先击之。"魏王恐，使人止晋鄙，留军壁邺[2]，名为救赵，实持两端以观望。平原君使者冠盖相属于魏[3]，让魏公子曰："胜所以自附为婚姻者，以公子之高义，为能急人之困。今邯郸旦暮降秦而魏救不至，安在公子能急人之困也！且公子纵轻胜，弃之降秦，独不怜公子姊邪！"公子患之，数请魏王，及宾客辩士说王万端。魏王畏秦，终不听公子。公子自度终不能得之于王，计不独生而令赵亡，乃请宾客，约车骑百馀乘[4]，欲以客往赴秦军，与赵俱死。

【注释】 ①破赵长平军：事在公元前260年，是役秦将白起大败赵将赵括，坑杀赵卒四十馀万。②留军壁邺：在邺县止军筑垒。邺，魏县名，在今河北磁县南。③冠盖：冠冕、车盖。属：连。④约：准备，具办。

【译文】

魏安釐王二十年，秦昭王在长平大破赵军后，又进兵包围了赵国的首都邯郸。魏公子的姐姐是赵惠文王的弟弟平原君的夫人，平原君一连几次给魏王和魏公子写信，向魏国求救。开始时魏王也曾派出了将军晋鄙率兵十万前往援救赵国。但后来秦王派使者来威胁魏王说："邯郸很快就要被我们攻下来了，哪个国家胆敢援救赵国，等我们攻下邯郸后，就首先移兵打它。"魏王害了怕，就派人让晋鄙把军队停在了邺县，名义上是要救赵，实际上是观望动静，脚踩两只船。平原君告急的使者，一批批络绎不绝，他责备魏公子说："我当初之所以和你结为亲戚，就是看在了你为人重义，到关键时刻能急人之困。如今邯郸很快就得投降秦国，而魏国的救兵却迟迟不到，你的急人之困表现在哪里呢？再说，你即使不把我看在眼里，抛弃我们去投降秦国，难道你就不可怜你的姐姐吗？"魏公子听了很焦急，他多次去向魏王请求，他周围的宾客辩士们也千方百计地对魏王进行劝

说。但魏王由于害怕秦国，无论如何不答应。魏公子估摸着不能说服魏王了，而自己又不能眼看着赵国灭亡而自己活着，于是他就邀集了他的宾客们，凑了一百多辆车，准备率领他们去跟秦军拼命，和赵国共存亡。

【原文】　行过夷门，见侯生，具告所以欲死秦军状。辞决而行，侯生曰："公子勉之矣，老臣不能从。"公子行数里，心不快。曰："吾所以待侯生者备矣，天下莫不闻。今吾且死，而侯生曾无一言半辞送我，我岂有所失哉！"复引车还，问侯生。侯生笑曰："臣固知公子之还也[1]。"曰："公子喜士，名闻天下。今有难，无他端而欲赴秦军，譬若以肉投馁虎，何功之有哉？尚安事客？然公子遇臣厚，公子往而臣不送，以是知公子恨之复返也。"公子再拜，因问。侯生乃屏人间语[2]，曰："嬴闻晋鄙之兵符常在王卧内[3]，而如姬最幸，出入王卧内，力能窃之。嬴闻如姬父为人所杀，如姬资之三年[4]，自王以下欲求报其父仇，莫能得。如姬为公子泣，公子使客斩其仇头，敬进如姬。如姬之欲为公子死，无所辞，顾未有路耳。公子诚一开口请如姬，如姬必许诺，则得虎符夺晋鄙军，北救赵而西却秦，此五霸之伐也[5]。"公子从其计，请如姬，如姬果盗晋鄙兵符与公子[6]。

【注释】　①臣固知公子之还也：侯生之设谋，事关重大，且又处人骨肉之间，不到时候，势难开口。此外，经过如此一番周折，话更易入。②屏人：支开众人。屏，同"摒"。间语：私语。③兵符：古代调兵所用的符信，一半为大将所持，一半存于国君。国君有令，则命使者持符前往，以合符为信。④资：蓄积，存在心里。一说，资，给，购求。⑤伐：功业。⑥晋鄙兵符：指存于魏王处的和晋鄙所持相同的另一半兵符。

【译文】　他临走时特意到夷门来见侯嬴，把自己如何准备去跟秦军拼命地想法统统告诉了侯嬴。说罢就要走了，侯嬴说："公子好自为之吧，我不能随您去啦。"魏公子走出了几里地后，心里很不痛快，想："我对待侯嬴应该说是很不错了，天下没人不知道，可是今天轮到我去拼命，侯嬴竟然没有一言半语送我，莫不是我有什么事情做得不对吗？"于是又率领着车马回来了。当魏公子再问侯嬴的时候，侯嬴笑着说："我就知道您会回来的。"他说："您喜欢招贤纳士，天下无人不知。可是轮到今天有难了，您不想别的办法而只顾自己去向秦军拼命，这样做如同拿着肥肉扔给饿虎，那会有什么用处呢？照这样，那还养客做什么？您待我丰厚，您刚才说走而我不送您，我知道您心里会起疑问而再回来的。"魏公子向侯嬴拜了两拜，接着向他请教。侯嬴支开了众人，和魏公子悄悄地说："我听说晋鄙的兵符就放在魏王的卧室内，而如姬最受宠幸，可以自由地出入魏王的卧室，可以把兵符偷出来。我听说如姬的父亲是被人杀害的，当初如姬积恨三年，到处找人替她报仇而找不到。最后如姬来向您哭诉，是您派了一个人去取来了她仇人的人头，交给了如姬。如姬想报答您的恩情，是死也不会推辞的，只是没有机会罢了。现在您只要一开口，如姬肯定会答应，这样我们就可以拿到虎符，夺得晋鄙的兵权，而后率兵北救赵，西破秦，这不俨然是春秋五霸一样的功业吗？"魏公子接受了侯嬴的意见，请求如姬帮他盗取

兵符,如姬果然把兵符给他偷了出来。

【原文】　公子行,侯生曰:"将在外,主令有所不受,以便国家。公子即合符,而晋鄙不授公子兵而复请之,事必危矣。臣客屠者朱亥可与俱,此人力士。晋鄙听,大善;不听,可使击之。"于是公子泣。侯生曰:"公子畏死邪?何泣也!"公子曰:"晋鄙嚄唶宿将①,往恐不听,必当杀之,是以泣耳,岂畏死哉?"于是公子请朱亥。朱亥笑曰:"臣乃市井鼓刀屠者,而公子亲数存之②。所以不报谢者,以为小礼无所用。今公子有急,此乃臣效命之秋也。"遂与公子俱。公子过谢侯生。侯生曰:"臣宜从,老不能。请数公子行日,以至晋鄙军之日,北乡自刭,以送公子③。"公子遂行。

【注释】　①嚄唶:声音雄武貌,用以形容勇士的威猛。②存:恤问。③"北乡"二句:侯生自刭是为坚定魏公子杀晋鄙以夺兵权的决心,是佐成信陵君窃符救赵这一历史壮举的不可少的因素之一。

【译文】　魏公子又要出发了,侯嬴说:"大将带兵在外,君主的命令有时可以不接受,是以对国家有利为原则。您到晋鄙那里,即使兵符合上了,但如果晋鄙不把兵权交给您,他要是再请示,那事态就危险了。我的朋友屠户朱亥可以跟您一起去,他是个大力士。到时候晋鄙听话便罢;如果不听话,就让朱亥当场把他杀掉。"魏公子一听这话,不由得落下了眼泪。侯嬴说:"公子是怕死吗?为什么哭啦?"魏公子说:"晋鄙是一员叱咤风云的老将,我怕到时候他不答应,那时我们就得杀掉他,所以我落了泪,哪里是因为怕死呢?"于是魏公子就去邀请朱亥。朱亥一听,欣然答应,说:"我是集市上一个卖肉的,而公子竟能够多次地来光顾我。以前我之所以不回拜,是由于我认为讲这些小礼节没有用处。如今公子有了紧急需要,这正是我献身报效的时机。"于是跟着魏公子一同去了。魏公子最后来向侯嬴辞行,侯嬴说:"我也是应该跟您一道去的,但由于年纪太大,去不了啦。我愿意计算着您的行程,当您到达晋鄙军队的那一天,我就向着北方自刭,以此来报答公子。"魏公子于是出发了。

【原文】　至邺,矫魏王令代晋鄙。晋鄙合符,疑之,举手视公子曰①:"今吾拥十万之众,屯于境上,国之重任,今单车来代之②,何如哉?"欲无听。朱亥袖四十斤铁椎,椎杀晋鄙,公子遂将晋鄙军。勒兵③,下令军中曰:"父子俱在军中,父归;兄弟俱在军中,兄归;独子无兄弟,归养。"得选兵八万人④,进兵击秦军。秦军解去,遂救邯郸,存赵。赵王及平原君自迎公子于界,平原君负韊矢为公子先引⑤。赵王再拜曰:"自古贤人未有及公子者也。"当此之时,平原君不敢自比于人。公子与侯生决,至军,侯生果北乡自刭。

【注释】　①举手:表示一种紧张、急迫的样子。②单车:古今注本于此皆无说,但此处似决不能理解为只有一辆车子,因为信陵君当时带着"车骑百馀乘"。凡国君在战场更换大将,似应同时派出两个人物,一个是前往接任的将军,一个是前往下达诏书的特使。③勒:整饬,约束。④选兵:犹言"精兵",经过挑选的士兵。⑤平原君负韊矢:替人背着箭

囊在前引路,表示最大的感谢与最高的敬意。韇矢,装着箭的箭囊。韇,箭囊。

【译文】 魏公子到达邺县后,假传魏王的命令,要接管晋鄙的兵权。晋鄙与魏公子对证了兵符后,心中存有疑问,他惶惑地举着手问魏公子说:"我领着十万大兵驻扎在这边界线上,这是国家重任。现在你就这么简单的来接替我,这究竟是怎么回事呢?"想拒绝魏公子的命令。朱亥袖子里藏着重四十斤的大铁锥,冷不防一下就把晋鄙砸死了,于是魏公子夺取了晋鄙的军权。魏公子集合部队,下命令说:"父子两个都在军中的,父亲可以回去;兄弟两个都在军中的,兄长可以回去;独生子没有兄弟的,可以回去奉养父母。"这样还剩下精兵八万人,于是前进攻击秦军。秦军被迫撤退,邯郸终于得救了,赵国得到了保全。赵王和平原君亲自到国境上来迎接魏公子,平原君亲自替魏公子背着箭袋,在前头引路。赵王对公子拜了两拜,说:"自古以来的贤人没有一个能比得上公子您。"到这时,平原君再也不敢和魏公子相比了。魏公子走后,侯嬴估计着魏公子已经到达了晋鄙军队,果然向着北方自杀了。

【原文】 魏王怒公子之盗其兵符,矫杀晋鄙,公子亦自知也。已却秦存赵,使将将其军归魏,而公子独与客留赵。赵孝成王德公子之矫夺晋鄙兵而存赵[1],乃与平原君计,以五城封公子。公子闻之,意骄矜而有自功之色。客有说公子曰:"物有不可忘,或有不可不忘。夫人有德于公子,公子不可忘也;公子有德于人,愿公子忘之也。且矫魏王令,夺晋鄙兵以救赵,于赵则有功矣,于魏则未为忠臣也。公子乃自骄而功之,窃为公子不取也。"于是公子立自责,似若无所容者。赵王扫除自迎,执主人之礼,引公子就西阶。公子侧行辞让,从东阶上[2]。自言罪过,以负于魏,无功于赵。赵王侍酒至暮,口不忍献五城,以公子退让也。公子竟留赵。赵王以鄗为公子汤沐邑[3],魏亦复以信陵奉公子。公子留赵。

【注释】 ①德:感谢。②从东阶上:按当时礼仪,主人从东阶上下,客人从西阶上下,客若降等,则从主人之东阶上下。③汤沐邑:古代供诸侯朝见天子时住宿并沐浴斋戒的封地,后也指国君、皇后、公主等收取赋税的私邑。

【译文】 魏王对魏公子盗窃兵符,假传命令杀死晋鄙的事情很生气,魏公子也很清楚这一点。所以等他击退了秦兵,保全了赵国之后,立刻就让别的将领带着军队回了魏国,他自己和他的宾客们就留在了赵国。赵孝成王很感谢魏公子假传命令夺了晋鄙的军队救了赵国,就和平原君商量,想要封给魏公子五座城池。魏公子听说后,心里也很得意,觉得是理所当然的。这时有位宾客就去劝他说:"有些事情我们不能忘掉,也有些事情我们不能不忘掉它。凡是别人对您有德,您是不应该忘记的;如果是您对别人有德,那您就应该把它忘掉。更何况假传命令夺取兵权以解救赵国,这对于赵国当然是有功的,但对于魏国这就不能算是忠臣了。可是您现在还自以为有功而心安理得,我认为这是不可取的。"魏公子一听立刻反躬自责,愧悔得好像无地自容了。当赵王洒扫街道,以主人身份亲自把魏公子接到了王宫时，赵王请魏公子从表示尊敬的西边的台阶上殿。魏公子推辞不敢，谦虚地侧着身子从东边的台阶走了上去。魏公子说自己很惶恐，背叛了魏国，而对赵国也没有什么功劳。赵王陪着公子喝酒，一直喝到晚上，由于魏公子的谦虚退让，赵王竟没法开口说要献给魏公子五座城池的事情。从此以后，魏公子就在赵国留了下来。赵王把部作为汤沐邑给了魏公子，而魏国也把信陵给了魏公子。魏公子就继续留在了赵国。

【原文】 公子闻赵有处士毛公藏于博徒①，薛公藏于卖浆家，公子欲见两人，两人自匿，不肯见公子。公子闻所在，乃间步往从此两人游②，甚欢。平原君闻之，谓其夫人曰："始吾闻夫人弟公子天下无双，今吾闻之，乃妄从博徒卖浆者游，公子妄人耳③。"夫人以告公子。公子乃谢夫人去，曰："始吾闻平原君贤，故负魏王而救赵④，以称平原君。平原君之游，徒豪举耳⑤，不求士也。无忌自在大梁时，常闻此两人贤，至赵，恐不得见。以无忌从之游，尚恐其不我欲也，今平原君乃以为羞，其不足从游。"乃装为去。夫人具以语平原君。平原君乃免冠谢，固留公子。平原君门下闻之，半去平原君归公子，天下士复往归公子，公子倾平原君客。

【注释】 ①处士：有才德而隐居不仕的人。②间步：改容变服步行。间，悄悄地。③妄人：任性胡来的人。妄，胡乱，荒诞。④负：背叛，对不起。⑤徒豪举：只图虚名、装门面。豪举，声势显赫的举动。

【译文】 魏公子听说赵国有位才德高尚而洁身不仕的毛公混迹于一群赌徒之中，还有一位薛公混迹在一家酒店里，魏公子想见这两个人，二人却故意躲着不见。于是魏公子打听好了他们的住处后，自己就换了衣服悄悄地走着去找他们，和他们在一起处得很开心。平原君听说了这件事，对他的夫人说："从前我听说你的弟弟天下无比，可是如今我听说他竟然去跟一些赌徒和卖酒的鬼混，原来他是个荒唐人。"平原君夫人把这些话告诉了魏公子，魏公子就向他姐姐告辞要离开赵国，说："原先我是因为听着平原君贤能，所以才背叛魏王来救赵国，为的是让平原君满意。现在看来平原君的好交朋友，只不过是图虚名，并不是真正地要得到人才。我早在大梁的时候，就听说毛公、薛公是两个人才，到了赵国，我还唯恐见不到他们。我去跟人家交朋友，还总担心人家不愿意，可是平原君却居然认为是羞耻，看来平原君真是不值得一交。"收拾东西就准备上路。平原君夫人把魏公子的这些话告诉了平原君，平原君一听赶紧摘了帽子来向魏公子赔礼道歉，坚决挽留魏公子。平原君门下的宾客们知道了这件事，有一半的人离开了平原君去投奔了魏公子，而其他国家的人来投奔魏公子的也越来越多，因而魏公子门客的人数大大地超过了平原君。

【原文】 公子留赵十年不归。秦闻公子在赵，日夜出兵东伐魏。魏王患之，使使往请公子。公子恐其怒之，乃诫门下："有敢为魏王使通者，死①。"宾客皆背魏之赵，莫敢劝

公子归。毛公、薛公两人往见公子曰："公子所以重于赵、名闻诸侯者,徒以有魏也。今秦攻魏,魏急而公子不恤,使秦破大梁而夷先王之宗庙,公子当何面目立天下乎!"语未及卒,公子立变色,告车趣驾归救魏②。

【注释】　①有敢为魏王使通者,死:信陵君留赵十年后,在魏王派人来请时还如此恐惧,如此戒备,可见当年魏王对他的处置多么严厉。通,通报,禀报。②趣:赶快,迅速。

【译文】　魏公子在赵国一住十年。秦国听说魏公子在赵国,就不断地出兵东攻魏国。魏王很头疼,最后只好派人到赵国请魏公子回去。魏公子怕魏王记旧恨,不愿回去,就对门下人说:"谁要是再敢为魏王的来人通报,我就处死他。"魏公子原来的门客们也都是背叛了魏国到赵国来的,所以也没人劝公子回去。这时毛公、薛公两人出来对魏公子说:"您之所以在赵国受尊重,能名扬诸侯,就是因为有魏国的存在。如今秦国攻打魏国,魏国情况紧急而您不关心,要是秦兵攻破了大梁,铲平了魏国先王的宗庙,您有何面目立于天地之间呢!"话还没有说完,魏公子的脸色突然大变,赶紧吩咐人收拾车马启程,归救魏国。

【原文】　魏王见公子,相与泣,而以上将军印授公子,公子遂将。魏安釐王三十年,公子使使遍告诸侯。诸侯闻公子将,各遣将将兵救魏。公子率五国之兵破秦军于河外①,走蒙骜②。遂乘胜逐秦军至函谷关③,抑秦兵,秦兵不敢出。当是时,公子威震天下,诸侯之客进兵法,公子皆名之④,故世俗称《魏公子兵法》。

【注释】　①公子率五国之兵:五国指魏、韩、赵、楚、燕。②蒙骜:秦将,时为秦国上卿。③函谷关:秦国东境的关塞名,旧址在今河南灵宝东北。④公子皆名之:古代召集许多人集体著书,以召集者的名字命名,是常有的事,不能以今天的观点视为剽掠。

【译文】　魏王见到魏公子,兄弟俩面对面地哭了一回。魏王把大将军的大印授给了魏公子,魏公子重又统率了魏国的军队。魏安釐王三十年,魏公子派人把秦国进攻的消息通告给了各国诸侯。各国诸侯听说魏公子统率魏国军队,都派人领兵来救魏国。魏公子率领着东方五国的军队在黄河以南大破秦军,秦国的大将蒙骜大败而逃。东方的军队乘胜追到了函谷关下,堵住了秦兵,秦兵再也不敢出来了。这时候,魏公子威震天下。各国的谋士们有人给魏公子写了有关兵法的文章,魏公子把它们搜集整理,最后以自己的名字给这部书命名,这就是人们通常所说的《魏公子兵法》。

【原文】　秦王患之,乃行金万斤于魏,求晋鄙客,令毁公子于魏王曰:"公子亡在外十年矣,今为魏将,诸侯将皆属,诸侯徒闻魏公子,不闻魏王。公子亦欲因此时定南面而王,诸侯畏公子之威,方欲共立之。"秦数使反间,伪贺公子得立为魏王未也。魏王日闻其毁,不能不信,后果使人代公子将。公子自知再以毁废,乃谢病不朝,与宾客为长夜饮,饮醇酒,多近妇女。日夜为乐饮者四岁,竟病酒而卒①。其岁,魏安釐王亦薨。

【注释】　①竟病酒而卒:信陵君悲观失望而至于近乎自戕而死的结局,揭露了魏王

的猜忌残忍。

【译文】　秦王把魏公子看成了心腹之患，于是就拿出了黄金万斤到魏国进行反间活动，他们找到了晋鄙的门客，让他们在魏王面前诋毁魏公子："公子在外逃亡了十年，如今当了魏国的统帅，现在其他诸侯国家的将领也都听从他的调遣，诸侯国家只知道魏国有个魏公子，不知道魏国还有魏王。而公子也正想乘这个时机自己南面为王，各国诸侯们害怕公子的威力，也正准备一起拥立他。"秦国又一连几次地派人来使反间，他们先是假装不知实情而到魏国来庆贺魏公子为王，到了之后，又假意地说原来魏公子还没有即位呀。就这样，魏王每天都听到对魏公子的毁谤，渐渐地也就不能不信了，最后终于派人接管了魏公子的兵权。魏公子知道这第二次被毁弃，是不可能再出头了，于是就以病为名不再上朝，常常和宾客们通宵达旦地饮酒作乐，以酒浇愁，沉沦于女子声色之中。就这样一连四年，最后中酒毒而死。这一年，魏安釐王也死了。

【原文】　秦闻公子死，使蒙骜攻魏，拔二十城，初置东郡。其后秦稍蚕食魏，十八岁而虏魏王，屠大梁[1]。

【注释】　[1]屠大梁：据《秦始皇本纪》，是年"王贲攻魏，引河沟灌大梁，大梁城坏，其王请降"。

【译文】　秦国听说魏公子死了，立即派蒙骜攻打魏国，攻下了二十座城，建立了直属秦国的东郡。接着又慢慢地向东蚕食魏国其余的领土，到魏公子死后十八年，秦国俘虏了魏国的国王，血洗了魏国的国都。

【原文】　高祖始微少时[1]，数闻公子贤。及即天子位，每过大梁，常祠公子。高祖十二年，从击黥布还[2]，为公子置守冢五家，世世岁以四时奉祠公子。

【注释】　[1]微少时：年少而为平民的时候。[2]黥布：原名英布，汉初名将。

【译文】　汉高祖小的时候，多次听说过魏公子的贤能。等到做了皇帝后，每当经过大梁，都要祭祀魏公子。高祖十二年，打败了黥布从前线回京路过大梁的时候，他下令拨了五户人家专门给魏公子守坟，让他们世世代代地一年四季按时祭祀魏公子。

【原文】　太史公曰：吾过大梁之墟，求问其所谓夷门。夷门者，城之东门也。天下诸公子亦有喜士者矣，然信陵君之接岩穴隐者，不耻下交。有以也，名冠诸侯；不虚耳。高祖每过之而令民奉祠不绝也[1]。

【注释】　[1]"然信陵君"六句：通常对此断句皆为："然信陵君之接岩穴隐者，不耻下交，有以也。名冠诸侯，不虚耳。高祖每过之而令民奉祠不绝也。"意义不明晰。

【译文】　太史公说：我曾到过大梁古城，去打听人们所说的夷门，夷门原来就是大梁城的东门。六国的时候，那些贵公子们好养士的人多的是，但能像信陵君这样真心实意地去访求山林隐者的人却不多。他能够不以结交下等人为耻辱，因此许多人忠于他，这就是有原因的了。信陵君的声名溢满天下，绝不是虚传。汉高祖每次经过大梁都要去祭

祀他,而且还要派专人按时祭祀他,这些都不是偶然的。

吕不韦列传

【题解】

《吕不韦列传》记述了吕不韦由一个投机商人到涉足政治,再到执掌秦国政权的历史,作品在塑造这个以唯利是图为特征的政客上,是极有特色的。他辅助子楚,是因为"奇货可居",想做一本万利的生意;他献出宠姬,是为借以钓得秦国的江山;他豢养门客编撰《吕氏春秋》,并以一字千金的重赏寻求能对其有所修改的人,是为了沽名钓誉。吕不韦最后因为嫪毐之乱被牵涉赐死,结束了作为商人的一生。作品的行文颇具讽刺意味,司马迁的态度与感情倾向是明显的。

吕不韦像

吕不韦进怀孕之姬与子楚的事情,也见于《战国策》,且又与《春申君列传》所叙的事情雷同,所以梁玉绳、郭嵩焘、钱穆、马非百等都认为是出于时人的附会。且吕不韦自庄襄王元年为秦相,至始皇九年免职,前后为秦相十二年,这段时间正是秦对东方诸国大举进攻,并逐步实现吞并的时代,而本文作为一个秦国宰相的列传,竟只字未提吕不韦对于秦国的政治有何建树,这就未免过于偏狭,过于失之公正了。

【原文】 吕不韦者,阳翟大贾人也,往来贩贱卖贵,家累千金。

秦昭王四十年,太子死。其四十二年,以其次子安国君为太子。安国君有子二十馀人。安国君有所甚爱姬[1],立以为正夫人,号曰华阳夫人。华阳夫人无子。安国君中男名子楚[2],子楚母曰夏姬,毋爱。子楚为秦质子于赵[3]。秦数攻赵,赵不甚礼子楚。

【注释】 ①姬:妾之统称。②中男:也称"中子",长子与幼子之间的若干弟兄的统称。子楚:据《战国策》,子楚原名"异人",从赵还,吕不韦使以楚服见。王后为楚人,见而悦之,遂认其为子,并改其名曰"子楚"。③质子:即人质。

【译文】 吕不韦是韩国阳翟的一个大商人。到处贱买贵卖地做买卖,家中积蓄了千金的财富。

秦昭王四十年,太子病故。秦昭王四十二年,立第二个儿子安国君为太子。安国君有二十多个儿子。他有个宠姬,后来把她立为正夫人,人称华阳夫人。而华阳夫人偏偏没有儿子。安国君有个排行居中的儿子叫子楚,子楚的母亲叫夏姬,不被安国君宠爱,因而子楚被秦国送到赵国去做人质。后来秦国屡次进攻赵国,所以赵国对子楚很不礼貌。

【原文】 子楚,秦诸庶孽孙[1],质于诸侯,车乘进用不饶,居处困,不得意。吕不韦贾

103

邯郸,见而怜之,曰"此奇货可居"②。乃往见子楚,说曰:"吾能大子之门。"子楚笑曰:"且自大君之门,而乃大吾门!"吕不韦曰:"子不知也,吾门待子门而大。"子楚心知所谓,乃引与坐,深语。吕不韦曰:"秦王老矣,安国君得为太子。窃闻安国君爱幸华阳夫人,华阳夫人无子,能立适嗣者独华阳夫人耳③。今子兄弟二十馀人,子又居中,不甚见幸,久质诸侯。即大王薨④,安国君立为王,则子毋几得与长子及诸子旦暮在前者争为太子矣⑤。"子楚曰:"然。为之奈何?"吕不韦曰:"子贫,客于此,非有以奉献于亲及结宾客也。不韦虽贫,请以千金为子西游,事安国君及华阳夫人,立子为适嗣。"子楚乃顿首曰:"必如君策,请得分秦国与君共之。"

【注释】　①庶孽:非嫡子正妻所生的孩子。②居:囤积。"屯积居奇"的典故即由此而来。③适:同"嫡"。④即:若。⑤毋几:没有希望。

【译文】　子楚本来就是秦王庶出的子孙,又在国外做人质,因而他的车马用度都不富裕,日常生活很窘困,心中闷闷不乐。吕不韦到邯郸做生意,他一见子楚的样子,很可怜他,心想"这倒是件奇货,值得收藏"。于是就去见子楚说:"我能让您的门庭光大。"子楚笑了,说:"还是先去光大你自己的门庭吧,配说什么光大我的门庭!"吕不韦说:"您不知道,我的门庭得靠着您门庭的光大而光大。"子楚明白了吕不韦说话的意思,于是就请他坐下,和他进行了深谈。吕不韦说:"秦王已经老了,安国君现在是太子。我听说安国君宠爱华阳夫人,华阳夫人没有儿子,而能够为安国君树立继嗣的又只有华阳夫人。如今您的兄弟们有二十多个,您又排行居中,不怎么受宠爱,长久地在国外当人质。等到秦王去世,安国君即位为王,到那时您就不可能去同您的长兄和那些朝夕在安国君面前的弟兄们去争太子的位置了。"子楚说:"是的。那怎么办呢?"吕不韦说:"您本来就穷困,又是在赵国做客,您当然拿不出什么东西去孝敬您的父母和结交宾客。我虽然也不富裕,但我可以带着千金替您到您的国家去,向安国君和华阳夫人进行活动,想法让他们立您为继嗣。"子楚一听立即向吕不韦叩头说:"如果真能实现您的计划,我愿意把秦国分一半给您。"

【原文】　吕不韦乃以五百金与子楚,为进用,结宾客;而复以五百金买奇物玩好,自奉而西游秦①,求见华阳夫人姊,而皆以其物献华阳夫人。因言子楚贤智,结诸侯宾客遍天下,常曰"楚也以夫人为天,日夜泣思太子及夫人"。夫人大喜。不韦因使其姊说夫人曰:"吾闻之,以色事人者,色衰而爱弛。今夫人事太子,甚爱而无子,不以此时蚤自结于诸子中贤孝者②,举立以为适而子之,夫在则重尊③,夫百岁之后,所子者为王,终不失势,此所谓一言而万世之利也。不以繁华时树本,即色衰爱弛后,虽欲开一语,尚可得乎?今子楚贤,而自知中男也,次不得为适,其母又不得幸,自附夫人。夫人诚以此时拔以为适,夫人则竟世有宠于秦矣④。"华阳夫人以为然,承太子闲,从容言子楚质于赵者绝贤,来往者皆称誉之。乃因涕泣曰:"妾幸得充后宫,不幸无子,愿得子楚立以为适嗣,以托妾身⑤。"安国君许之,乃与夫人刻玉符,约以为适嗣。安国君及夫人因厚馈遗子楚,而请吕

不韦傅之,子楚以此名誉益盛于诸侯。

【注释】 ①自奉:自己携带。奉,持。②不以此时蚤自结于诸子中贤孝者:"不"上脱"何"字。蚤,同"早"。③重尊:势重位尊。④竟世:终身,到死。⑤以托妾身:古有所谓"子以母贵",其母受宠,其子才有可能被立为太子;又有所谓"母以子贵",即其子被立为太子,并得以继位称王,其母的富贵尊荣才能得到保障,故华阳夫人要把自己的后半生寄托在子楚身上。

【译文】 于是吕不韦就拿出五百金给了子楚,作为他的日常生活以及结交宾客之用,又用五百金买了一批奇珍异宝,自己带着向西到了秦国。他先求见华阳夫人的姐姐,托她把那些珍宝送给了华阳夫人,并顺便说了些子楚如何贤能智慧,已经结交了各个国家的许多宾客等等,并说子楚经常对人们说"我爱戴华阳夫人就像爱戴老天爷一样,日日夜夜流着泪思念太子和夫人"。华阳夫人听了非常高兴。吕不韦又乘势请华阳夫人的姐姐劝华阳夫人说:"俗话说,靠着美貌侍候人的,等到一老就会失宠。现在夫人侍奉太子,太子虽然特别喜欢你,可是你没有儿子,你为什么不及早在那些公子中挑一个贤能孝顺的,把他认作儿子立为继承人呢?这样,你丈夫在世时,你的地位可以更加尊贵,你丈夫去世后,你所认的儿子继位为王,你的权势也不会消失,这就是说一句话就可以得到万世的利益啊。你不趁着风华正茂的时候为自己立下根基,等到年老失宠时,即使再想说话,还会有人听吗?现在子楚为人不错,自己又知道排行居中,按次序也轮不到他,他的母亲也不受宠幸,所以他愿意来归附你。你如果能趁此时机认他为子,立他为继承人,那么你这辈子就会在秦国永远受宠了。"华阳夫人觉得有理,于是就找机会,自然地对安国君讲起了在赵国当人质的子楚的事情,说子楚为人非常好,说来往于秦、赵两国之间的人们都称赞他。说着说着,华阳夫人又哭了起来,说:"我很幸运能够进了您的后宫,可是我又非常不幸没有儿子,我现在想把子楚认为儿子,让他做您的继承人,这样也可以让我终身有靠。"安国君答应了,于是给华阳夫人刻了玉符,约定将子楚立为继承人。接着安国君和华阳夫人派人送给子楚许多东西,并请吕不韦去调护辅导他,从此子楚在各国之间的名声就越来越大了。

【原文】 吕不韦取邯郸诸姬绝好善舞者与居①,知有身②。子楚从不韦饮,见而说之,因起为寿,请之。吕不韦怒,念业已破家为子楚,欲以钓奇,乃遂献其姬③。姬自匿有身,至大期时④,生子政。子楚遂立姬为夫人。

【注释】 ①邯郸诸姬:邯郸娱乐场所的歌伎、舞伎。②有身:怀孕。③"欲以"二句:谓吕不韦之献姬非预谋也。而后世诸人认为此乃吕不韦预谋,更贴近世态人情。④大期:一说意为过期,即十二个月生子;一说意即十月而生。就此文而论,似谓此姬十月而生子,其归子楚方七八个月。嬴政为吕不韦之子的传说流传久远,但前人早已论其可疑,不必尽信。

【译文】 吕不韦在邯郸娶了一个美貌而又舞技高超的女子,不久这个女子怀了孕。有一天,子楚到吕不韦家来喝酒,看到这个女子很喜欢,于是就起身向吕不韦敬酒,请求

吕不韦把这个女子给他。吕不韦开始很生气，但后来一想，自己为了子楚连家产都快变卖光了，现在他也想通过这个女子做诱饵钓一条大鱼，于是就把这个女子送给了子楚。这个女子也故意隐瞒了她已经怀孕的事实，这样过了十二个月，她生了一个儿子，取名为政。于是子楚把这个女子立为夫人。

【原文】 秦昭王五十年，使王齮围邯郸急①，赵欲杀子楚。子楚与吕不韦谋，行金六百斤予守者吏②，得脱，亡赴秦军，遂以得归。赵欲杀子楚妻子，子楚夫人，赵豪家女也③，得匿，以故母子竟得活。秦昭王五十六年，薨，太子安国君立为王，华阳夫人为王后，子楚为太子。赵亦奉子楚夫人及子政归秦。

【注释】 ①王齮围邯郸急：即长平惨败后邯郸之被秦围。②守者吏：看守子楚的赵国官吏。③"子楚"二句：前云"邯郸诸姬"，此又云"赵豪家女"，殊失统一。

【译文】 秦昭王五十年，派王齮带兵包围了邯郸，赵国的形势紧急，想杀子楚。子楚和吕不韦商量后，用六百斤金贿赂监守他的小吏，得以脱身，逃到了秦国的军队中，终于回到了秦国。这时赵国想杀掉子楚的夫人和儿子，子楚夫人本来是赵国一家豪富的女儿，就跑到娘家藏了起来，最后母子俩都脱险了。秦昭王五十六年，昭王去世，太子安国君继位为王，华阳夫人当了王后，子楚成了太子。这时赵国也只好把子楚夫人及她的儿子政送回了秦国。

【原文】 秦王立一年，薨，谥为孝文王。太子子楚代立，是为庄襄王。庄襄王所母华阳后为华阳太后，真母夏姬尊以为夏太后。庄襄王元年，以吕不韦为丞相，封为文信侯，食河南雒阳十万户①。

【注释】 ①食河南雒阳十万户：以上吕不韦佐立子楚为王事，见《战国策·秦策五》。据学者考证，多以《史记》所言为不近情，当以策文为正。吕不韦以商业投机家的眼光，分析了各方面的情况，以一个布衣而位至卿相，做成了一宗获利无数的投机买卖，成为历史上的奇闻。

【译文】 安国君只做了一年秦王就去世了，谥为孝文王。太子子楚继承了王位，这就是历史上所说的庄襄王。庄襄王所认的母亲华阳王后被称为华阳太后，他的亲生母亲夏姬被尊为夏太后。庄襄王元年，任吕不韦为丞相，并封为文信侯，把河南雒阳一带的十万户封给他作为领地。

【原文】 庄襄王即位三年，薨，太子政立为王，尊吕不韦为相国，号称"仲父"①。秦王年少，太后时时窃私通吕不韦。不韦家僮万人。

【注释】 ①仲父：即"次于父"之意，表示敬重。

【译文】 庄襄王在位三年去世，太子政继立为王，尊吕不韦为相国，恭敬地称他为"仲父"。当时秦王年纪小，太后还经常与吕不韦私通。吕不韦家里的奴仆多达上万人。

【原文】 当是时，魏有信陵君，楚有春申君，赵有平原君，齐有孟尝君①，皆下士喜宾

客以相倾②。吕不韦以秦之强，羞不如，亦招致士，厚遇之，至食客三千人③。是时诸侯多辩士④，如荀卿之徒，著书布天下。吕不韦乃使其客人人著所闻，集论以为八览、六论、十二纪⑤，二十馀万言。以为备天地万物古今之事，号曰《吕氏春秋》。布咸阳市门，悬千金其上，延诸侯游士宾客有能增损一字者予千金⑥。

【注释】　①信陵君：名无忌，魏安釐王之弟。春申君：黄歇，楚考烈王时的权臣。平原君：赵胜，赵惠文王之弟，孝成王之叔。孟尝君：田文，齐湣王的权臣。②相倾：即争胜负、争高低。③至食客三千人：吕不韦之养客盖袭当时风气，不一定是为与四公子争胜。④诸侯：指东方各国。辩士：明辨事理、善口辩、善为文的人，不似后世专指纵横家。⑤集论：统编裁订。⑥延诸侯游士宾客有能增损一字者予千金：此不仅炫耀于秦国，亦炫耀于天下各国。

【译文】　这时候，魏国有信陵君，楚国有春申君，赵国有平原君，齐国有孟尝君，都以礼贤下士、招纳宾客相竞争。吕不韦觉得秦国有如此之强的实力，在这方面也不能比别国差，于是也招纳士人，优礼相待，于是他门下的食客竟达到了三千多。当时各诸侯国家有许多善辩的学者，如荀况等人，他们的著作都是四海皆知。吕不韦也让他的宾客们人人把自己知道的事情都写出来，把这些论著编辑成了八览、六论、十二纪，共二十多万字。他认为天地之间、古往今来的万事万物在这部书里无所不包，所以称之为《吕氏春秋》。他把这部书公布在咸阳集市的大门上，并在上面悬挂千金，邀请各国的游士宾客们，说是谁能够给这部书增加或删掉一个字，就把这千金送给他。

【原文】　始皇帝益壮，太后淫不止。吕不韦恐觉祸及己，乃进嫪毐①，诈令人以腐罪告之②。不韦又阴谓太后曰："可事诈腐，则得给事中③。"太后乃阴厚赐主腐者吏，诈论之，拔其须眉为宦者，遂得侍太后。太后私与通，绝爱之，有身。太后恐人知之，诈卜当避时④，徙宫居雍。嫪毐常从，赏赐甚厚，事皆决于嫪毐⑤。嫪毐家僮数千人，诸客求宦为嫪毐舍人千馀人⑥。

【注释】　①嫪毐：人名。②腐罪：受宫刑的罪。③给事中：服务于宫廷之内，后来"给事中"遂成为官名。给事，听候 使唤。④避时：当时的迷信说法，即人在某段时间里要躲藏起来，以规避某种灾难的降临。⑤事皆决于嫪毐：秦王嬴政年少，事多决于太后，而嫪毐在太后身边，故遂决于嫪毐。⑥求宦为嫪毐舍人：这是史公在暗骂当时官场。

【译文】　秦始皇的年龄越来越大，而太后还是不停地跟吕不韦私通。吕不韦害怕事情给秦始皇发现自己遭殃，于是就把嫪毐送给了太后，同时又假意让人控告了嫪毐一个应受宫刑的罪。吕不韦又暗中告诉太后说："先假装给他施宫刑，而后就可以让他在宫内服侍你了。"于是太后就暗中重赏主管动刑的人，让他们假装给嫪毐施了刑，给嫪毐拔去了胡子、眉毛，把他弄成一个太监的样子，这才让他去伺候太后。太后和嫪毐私通后，对他非常喜欢，很快地就怀了孕。太后怕人知道，就谎称从占卜中得知应该离开宫廷到外

地躲避一段时间，就这样她暂避到雍县的离宫。嫪毐经常跟着太后，得到的赏赐很多，许多事情都是嫪毐说了算。嫪毐家里的奴仆可以达到几千人，那些找到门上想为嫪毐当舍人的宾客也有上千个。

【原文】 始皇七年，庄襄王母夏太后薨。孝文王后曰华阳太后，与孝文王会葬寿陵。夏太后子庄襄王葬芷阳，故夏太后独别葬杜东，曰："东望吾子，西望吾夫[1]。后百年，旁当有万家邑[2]。"

【注释】 ①"东望"二句：夏太后墓所在的杜县位置偏南，秦文王墓所在的万年，与庄襄王墓所在的芷阳位置全都偏北。比较之下，文王墓偏东，庄襄王墓偏西，今夏太后的所谓"东望吾子，西望吾夫"，位置刚好相反，疑史文有误。②"后百年"二句：这是风水家们的迷信说法。

【译文】 秦始皇七年，庄襄王的母亲夏太后死了。孝文王的王后华阳太后已经和孝文王合葬在寿陵，而夏太后的儿子庄襄王葬在芷阳，因此夏太后生前就要求单独地埋葬在杜县城东，她说："向东可以看到我的儿子，向西可以看到我的丈夫。而且百年以后，这里将会形成一个有万户住家的城市。"

【原文】 始皇九年，有告嫪毐实非宦者，常与太后私乱，生子二人，皆匿之。与太后谋曰"王即薨，以子为后"[1]。于是秦王下吏治，具得情实，事连相国吕不韦。九月[2]，夷嫪毐三族，杀太后所生两子，而遂迁太后于雍。诸嫪毐舍人皆没其家而迁之蜀。王欲诛相国，为其奉先王功大[3]，及宾客辩士为游说者众，王不忍致法。

【注释】 ①即：若。②九月：据《秦始皇本纪》，诛嫪毐在四月，此误。③奉：同"捧"，护持，拥戴。

【译文】 秦始皇九年，有人告发嫪毐不是一个真正的太监，经常跟太后私通，已经生了两个儿子，都在某个地方藏着。还说嫪毐已经和太后商定"等到大王死后，就让咱们所生的孩子为王"。秦始皇把嫪毐下了狱，经过审问，了解了实情，事情牵连到了相国吕不韦。当年九月，秦始皇下令诛灭了嫪毐的三族，并杀掉了他跟太后所生的两个儿子，而把太后迁居到雍县的离宫。所有嫪毐的门客都一律被抄没家产流放到蜀地。秦始皇也想杀掉吕不韦，但因为他拥戴先王的功劳大，此外还有许多宾客辩士为他说情，所以秦始皇也就不忍心再杀他了。

【原文】 秦王十年十月[1]，免相国吕不韦。及齐人茅焦说秦王[2]，秦王乃迎太后于雍，归复咸阳，而出文信侯就国河南[3]。

【注释】 ①秦王十年：前后俱称"始皇"，而此忽称"秦王"，失于统一。其实前后皆应称"秦王"，至统一六国称"皇帝"后乃得书"始皇"。②齐人茅焦说秦王：事见《秦始皇本纪》，谓茅焦谏秦王曰："秦方以天下为事，而大王有迁母太后之名，恐诸侯闻之由此倍秦也。"③就国：离开都城，到自己的封地去。

【译文】　秦始皇十年十月，免去了相国吕不韦的职位。后来齐国人茅焦劝说秦始皇，秦始皇才到雍县把太后接回了咸阳，而同时下令让吕不韦到他河南的封地上去住。

【原文】　岁馀，诸侯宾客使者相望于道，请文信侯①。秦王恐其为变，乃赐文信侯书曰："君何功于秦，秦封君河南，食十万户？君何亲于秦，号称仲父？其与家属徙处蜀！"吕不韦自度稍侵②，恐诛，乃饮鸩而死③。秦王所加怒吕不韦、嫪毐皆已死，乃皆复归嫪毐舍人迁蜀者。

始皇十九年，太后薨，谥为帝太后，与庄襄王会葬芷阳。

【注释】　①请文信侯：请吕不韦到他们的国家去。这是当时风气。一说"请"即拜望之意。②侵：凌辱。③鸩：一种毒鸟，据说以其羽毛蘸过的酒，人喝了无不立死。通常即用以代指毒酒。

【译文】　在这以后的一年多里，各国的宾客使者们络绎不绝地到河南封地上去拜会吕不韦。秦始皇怕吕不韦再生变故，于是给他写了一封信说："你对秦国有什么功劳，以致享用着河南的封地，食邑十万户？你跟秦国有什么亲缘，以致让人家称你为仲父？你必须带着你的家属都搬到蜀地去！"吕不韦估摸着自己所受逼迫越来越紧，害怕被杀，于是就喝毒酒自杀了。秦始皇所恨的吕不韦和嫪毐都已经死了，于是他就下令放回了那些被流放到蜀地去的嫪毐的门客。

秦始皇十九年，太后去世，谥为帝太后，跟庄襄王一同合葬在芷阳。

【原文】　太史公曰：不韦及嫪毐贵，封号文信侯①。人之告嫪毐，毐闻之。秦王验左右，未发。上之雍郊②，毐恐祸起，乃与党谋，矫太后玺发卒以反蕲年宫。发吏攻毐③，毐败，亡走。追斩之好畤，遂灭其宗④。而吕不韦由此绌矣⑤。孔子之所谓"闻"者⑥，其吕子乎？

【注释】　①"不韦"二句：语意不清。可能当作"嫪毐以不韦贵，封号长信侯"。②上之雍郊：此处应书作"王之雍郊"。"上"是称见在或本朝之君，这里可能是误仍秦史旧文。郊，古代帝王祭天的一种礼仪。③发吏攻毐："发"上应有主语，乃秦王也，此不宜省。④遂灭其宗：此赞中所补叙之嫪毐作乱之情节与前面传文所叙略有不同，《秦始皇本纪》所叙较此详细。⑤绌：同"黜"，废免，垮台。⑥孔子之所谓"闻"者：只有虚名，而没有实际才德的"名人"。

【译文】　太史公说：吕不韦和嫪毐显贵时，被封为文信侯。当有人告发嫪毐，嫪毐很快就知道了。秦始皇先是悄悄地审问了一些太后与嫪毐周围的人，还没有对嫪毐动手，就到雍县祭天去了。这时嫪毐害怕秦始皇回来大祸难免，于是就和他的党羽们商量，假传太后的命令发兵在蕲年宫叛乱。秦始皇闻讯后派兵讨伐嫪毐，嫪毐被打败逃走了。秦始皇的人追到好畤，杀掉了嫪毐，又灭了他的满门。而吕不韦从此也就跟着失势了。孔子在《论语》中曾说过一种名声不小而行为很坏的所谓"闻人"，吕不韦大概就是属于这

一种吧！

淮阴侯列传

【题解】

《淮阴侯列传》记述了我国古代杰出的军事家韩信早年的困辱经历，与其投奔刘邦后大展奇才，佐汉破楚的历史功勋，以及最后被罗织罪名惨遭杀害的结局。司马迁同情韩信，对刘邦、吕后等人的猜忌残忍，则隐约地表现了愤慨与厌恶。韩信的杰出才干以及他的历史功勋是令人钦佩的，他因诬谋反而遭杀害也的确令人同情，但他一直想裂土称王，这无疑是刘邦建立集权国家的一大障碍，尤其使刘邦不能容忍的，是韩信为裂土分封而公然与刘邦讨价还价，甚至不惜坐视刘邦惨败于项羽。韩信又矜才自负，不仅羞与绛、灌为伍，即刘邦本人亦不在其眼目之内，这些也都是他的取死之道。故此事应从两方面分别评论。

韩信像

【原文】 淮阴侯韩信者，淮阴人也。始为布衣时，贫无行①，不得推择为吏②，又不能治生商贾③，常从人寄食饮，人多厌之者。常数从其下乡南昌亭长寄食，数月，亭长妻患之，乃晨炊蓐食④。食时信往，不为具食。信亦知其意，怒，竟绝去。

【注释】 ①无行：放纵不检点。②推择为吏：战国以来，乡官有向国家推举本乡人才，使之为吏的制度。③治生：即谋生。④晨炊蓐食：早做饭，人在床上就把饭吃了。蓐，同"褥"，被褥。

【译文】 淮阴侯韩信是淮阴人。他起先为布衣的时候，生活贫穷，名声不好，既不能被推选当官吏，又不能靠做买卖维持生活，经常到别人家去蹭吃蹭喝，很多人都厌烦他。他曾到下乡的南昌亭亭长家里蹭饭吃，一连去了几个月，亭长的妻子为此大伤脑筋，于是她每天早晨在大家还没起床的时候，就让家里人把饭吃完了。等到正常的吃饭时间韩信来了，她就不再给他准备饭食。韩信也明白是怎么回事，心里很生气，以后就再也不去了。

【原文】 信钓于城下，诸母漂，有一母见信饥，饭信，竟漂数十日。信喜，谓漂母曰："吾必有以重报母。"母怒曰："大丈夫不能自食①，吾哀王孙而进食，岂望报乎②！"

【注释】 ①自食：自己养活自己。食，喂养。②"吾哀"二句：漂母给韩信饭吃，只是可怜他，并不是看出他有才能，所以认为他的"重报"之语是说大话，因而生气。王孙，犹言"公子"。

【译文】 有一天，韩信在城外钓鱼，河边上有一些妇女在洗棉絮，一位老妇看出韩信

很饥饿,就把自己的饭分给韩信吃,从此,一连几十天,直到这位老妇离去。韩信很高兴,对那位老妇说:"日后我一定要重重地报答你。"那位老妇生气地说:"男子汉大丈夫连自己都养活不了,我是可怜你才给你饭吃,难道还指望你的报答吗?"

【原文】 淮阴屠中少年有侮信者,曰:"若虽长大①,好带刀剑,中情怯耳②。"众辱之曰③:"信能死,刺我;不能死,出我袴下④。"于是信孰视之⑤,俯出袴下,蒲伏⑥。一市人皆笑信,以为怯。

【注释】 ①若:你。②中情:内心,骨子里。③众辱之:当众侮辱他。④袴:这里通"胯"。⑤孰视:盯着他看了半天。孰,通"熟"。⑥蒲伏:同"匍匐",爬行。

【译文】 淮阴区集市上有个卖肉的年轻人拦住韩信说:"别看你又高又壮,还带刀挎剑的,其实你是个胆小鬼。"于是当众侮辱韩信说:"你要是不怕死,就拿刀捅了我;你要是怕死,就从我裤裆底下钻过去。"韩信两眼盯着他看了他半天,最终还是趴在地上,从他胯下爬了过去。满街的人都笑话韩信,认为他怯懦。

【原文】 及项梁渡淮,信杖剑从之①,居戏下②,无所知名。项梁败,又属项羽,羽以为郎中③。数以策干项羽④,羽不用。汉王之入蜀,信亡楚归汉⑤,上未之奇也。

【注释】 ①杖剑:持剑,言除一剑外,更无其他进见之资。②戏下:即麾下,部下。戏,同"麾",大将的指挥旗。③郎中:帝王的侍从人员。④干:求见,进说。⑤亡楚归汉:时间大约在汉元年四月,刘邦正由关中去南郑的途中。亡,潜逃,逃离。

【译文】 等到天下大乱,项梁的兵马来到淮北时,韩信仗剑从军,投在了项梁的部下,但默默无闻没人赏识他。后来项梁兵败身死,韩信就跟了项羽,项羽只让他当了一个侍从。他曾多次给项羽献计献策,项羽都未采用。汉王率领部下入蜀时,韩信于是离开项羽,投奔了汉王,但汉王也未发现他有什么特别出众的地方。

【原文】 信数与萧何语,何奇之。至南郑,诸将行道亡者数十人①,信度何等已数言上,上不我用,即亡。何闻信亡,不及以闻,自追之。人有言上曰:"丞相何亡。"上大怒,如失左右手。居一二日,何来谒上②,上且怒且喜,骂何曰:"若亡,何也?"何曰:"臣不敢亡也,臣追亡者。"上曰:"若所追者谁?"何曰:"韩信也。"上复骂曰:"诸将亡者以十数,公无所追;追信,诈也。"何曰:"诸将易得耳。至如信者,国士无双③。王必欲长王汉中,无所事信④;必欲争天下,非信无所与计事者。顾王策安所决耳⑤。"王曰:"吾亦欲东耳,安能郁郁久居此乎?"何曰:"王计必欲东,能用信,信即留;不能用,信终亡耳。"王曰:"吾为公以为将⑥。"何曰:"虽为将,信必不留。"王曰:"以为大将。"何曰:"幸甚。"于是王欲召信拜之⑦。何曰:"王素慢无礼,今拜大将如呼小儿耳,此乃信所以去也。王必欲拜之,择良日,斋戒,设坛场⑧,具礼⑨,乃可耳。"王许之。诸将皆喜,人人各自以为得大将。至拜大将,乃韩信也,一军皆惊。

【注释】 ①行:或读为,诸将行即诸将辈;或读为,行道即行进之中。②谒:拜见,参见。③国士：国家之奇士。④无所事信：没有必要任用韩信。事，用。⑤顾：相当于今之"就在于""关键在于"。⑥吾为公以为将：见刘邦之勉强。欲用韩信为将，并不因其才，而是给萧何面子。⑦拜：此处即指任命。古时君王任命将相要举行仪式以表示对将相的尊敬，故曰"拜"。⑧坛场：筑土高出地面曰"坛"，除地曰"场"。⑨具礼：安排一定的礼节仪式。

【译文】 韩信曾多次与萧何谈过话，萧何很赏识他。汉王带领人马向南郑进发的路上，就有几十个将领逃亡了，到达南郑后，韩信见萧何等人已经向汉王作了多次推荐，而汉王总是不肯重用自己，估计已经没什么希望了，于是他也跑了。萧何听说韩信跑了，来不及向汉王报告，立刻亲自去追他。这时有人禀报汉王说："丞相萧何跑了。"汉王一听勃然大怒，心疼得如同失去了左右手一般。过了一两天，萧何回来拜见汉王，汉王又气又喜，骂萧何说："你怎么也跑了？"萧何说："我没有跑，我是去追逃跑的人。"汉王说："你追的是谁？"萧何说："是韩信。"汉王立刻又骂："逃跑的将军有几十个了，你都没追，现在说去追韩信，骗谁？"萧何说："别的那些将军都容易得到。至于韩信，他在当前可是独一无二的。您要是一辈子安心在这里当汉王，那您就用不着韩信；您要是想出去夺天下，除了韩信没人能跟您共谋大事。关键就看您到底是怎么打算的了。"汉王说："我当然也是想向东打回老家去，怎么能一辈子憋憋闷闷地居处在这里呢？"萧何说："您既然要打回老家去，那么，您要是能重用韩信，韩信就会留下来为您效力；您要是不能重用他，他早晚还是要跑的。"汉王说："看在你的面子上，我就让他做个将军。"萧何说："即便您让人家做将军，人家也肯定还是要走。"汉王说："我让他做大将。"萧何说："那太好了。"于是汉王立即就想让人去把韩信找来任命他为大将。萧何说："您一向待人傲慢无礼，现在任命大将就像招呼个小孩子似的，这正是韩信所以要离开您的原因。您要是真想任命他，您就该选个好日子，沐浴斋戒，在广场上修起坛台，举行隆重的仪式，那才行呢。"汉王同意照办。将领们都一个个暗自高兴，心想这回被任命的大将一定是自己。等到正式任命的时候一看，原来是韩信，全军都大吃一惊。

【原文】 信拜礼毕，上坐①。王曰："丞相数言将军，将军何以教寡人计策？"信谢，因问王曰："今东乡争权天下②，岂非项王邪！"汉王曰："然。"曰："大王自料勇悍仁强孰与项王？"汉王默然良久，曰："不如也。"信再拜贺曰③："惟信亦为大王不如也。然臣尝事之，请言项王之为人也。项王暗噁叱咤④，千人皆废⑤，然不能任属贤将，此特匹夫之勇耳。项王见人恭敬慈爱，言语呕呕⑥，人有疾病，涕泣分食饮，至使人有功当封爵者，印刓敝⑦，忍不能予⑧，此所谓妇人之仁也。项王虽霸天下而臣诸侯，不居关中而都彭城。有背义帝之约⑨，而以亲爱王，诸侯不平。诸侯之见项王迁逐义帝置江南⑩，亦皆归逐其主而自王善地。项王所过无不残灭者，天下多怨，百姓不亲附，特劫于威强耳。名虽为霸，实失天下心。故曰其强易弱。今大王诚能反其道：任天下武勇，何所不诛！以天下城邑封功臣，何

所不服！以义兵从思东归之士⑪，何所不散！且三秦王为秦将⑫，将秦子弟数岁矣，所杀亡不可胜计⑬，又欺其众降诸侯，至新安，项王诈坑秦降卒二十馀万，唯独邯、欣、翳得脱，秦父兄怨此三人，痛入骨髓。今楚强以威王此三人，秦民莫爱也。大王之入武关，秋毫无所害，除秦苛法，与秦民约，法三章耳⑭，秦民无不欲得大王王秦者。于诸侯之约，大王当王关中，关中民咸知之。大王失职入汉中⑮，秦民无不恨者⑯。今大王举而东，三秦可传檄而定也⑰。"于是汉王大喜，自以为得信晚。遂听信计，部署诸将所击。

【注释】 ①上坐：谓韩信被刘邦推居于上位。②东乡争权天下：与东方的项羽争夺号令天下之权。乡，通"向"。③贺：嘉许，称赞，称赞他有这种自知之明，这是以下整段议论的基础。④喑噁叱咤：怒喝声。⑤废：即今之所谓"堆委""软瘫"。⑥呕呕：语气温和的样子。可见项羽性格除粗豪暴戾外，尚有如此慈厚的一面。⑦刓：磨去棱角。⑧忍：吝啬，舍不得。⑨有背义帝之约：指不按"先入关者王之"的约定办事。有，同"又"。⑩迁逐义帝置江南：项羽分封诸侯后，自称西楚霸王，尊怀王为徒有其名的"义帝"，使之迁居长沙郴县。

⑪义兵：指刘邦现有的全部士卒。思东归之士：指家在沛县周围，最早跟从刘邦起事反秦、如今一心要打回老家去的那些老兵。

⑫三秦王：指章邯、董翳、司马欣。三人皆秦将，后降项羽。项羽入关后，封章邯为雍王，董翳为翟王，司马欣为塞王。三国皆在故秦地，故称三人为"三秦王"。

⑬杀亡：指战死的和逃散的。

⑭法三章：即杀人者死，伤人及盗抵罪。

⑮失职：没有得到应得的职位，即没有做成关中王。

⑯恨：憾。

⑰三秦可传檄而定也：韩信分析项羽的弱点，以及预见刘、项未来的斗争形势，皆至为明晰，唯其所谓"以天下城邑封功臣"语，则见其政治理想之落后，确有取死之道。传檄而定，谓用不着使用兵戈。檄，檄文，声讨敌人罪行，号召人们归附于己的一种军用文章。

【译文】 封拜大将的仪式完毕后，韩信被请入上座。汉王说："萧丞相多次提起你的大才，你认为我该怎么办呢？"韩信客气了一番，随即向汉王说："大王您如今出兵东向争夺天下的对手，不是项羽吗？"汉王说："是的。"韩信又说："大王您自己估计着您的勇猛、仁德，以及您军队的强盛，能比得过项羽吗？"汉王沉默了半天，说："比不上他。"韩信起身，向汉王拜了两拜，表示欣赏他的自知之明，说："我也觉得您比不上他。可是我曾经做过他的部下，我可以来说说项羽的为人。项羽大吼一声，可以把成千上万的人吓得瘫在地上，是够勇猛的，可是他不能任用有才干的人，这样他就不过只有匹夫之勇。项羽待人恭敬有礼，仁爱慈祥，说起话来和和气气，谁要是有了病，他能含着眼泪给人送吃送喝，可是等到人家立了功，该封官颁赏了，他却吝啬得把印拿在手里团弄来团弄去，直到把印的

棱角都磨圆了,也舍不得奖给人。这样,他那所谓的'仁爱'也就成了妇人之仁。项羽虽然成了霸主,所有诸侯都对他拱手称臣,可是他不建都在关中,而建都在彭城。他还违背了当初义帝宣布的谁先入关谁当关中王的规定,他把他的亲信都封了王,因此各路诸侯都对他不满。诸侯们一看项羽把义帝赶到江南去了,于是也都纷纷地赶走了自己过去的国君而占据着好地独自称王。还有,项羽军队所到之处,杀人放火,留不下一个完整的地方,天下人为此怨声载道,老百姓谁也不亲近他,现在只不过是被他暂时的强大所控制罢了。所以说项羽现在虽然名义上是个霸主,实际上他已经丧尽了人心,所以他的强盛是很容易变弱的。现在您如果真能反其道而行之:大胆信任使用勇敢善战的人,那还有什么敌人不能被打败?把打下的城邑封给您的有功之臣,那还有什么人会对您不心服!您再调集起反抗残暴的义兵,让他们跟着您那些誓死打回老家去的军队一起东进,那还有什么样的敌人不能被打垮!现在被项羽封立在关中的三个诸侯王:章邯、司马欣和董翳,当初都是秦朝的将领,他们统率关中的子弟好几年了,这几年里,为他们战死的和被迫开小差逃跑的不计其数,后来他们又欺骗这些士兵,裹挟着他们投降了项羽,结果走到新安时,项羽竟把这二十多万降兵全都活埋了,就留下了章邯、司马欣、董翳这三个人,现在秦地的父老们对这三个人简直恨之入骨。只不过是项羽靠着他的武力,硬是把这三人封王罢了,其实秦地的百姓们没有一个人喜欢他们。而大王您当初进入武关以后,秋毫无犯,废除了秦朝严刑酷法,给秦地百姓们定的法律只有三条,秦地的百姓没有一个不乐意让您在秦地称王的。按照诸侯们的事先约定,您也应该在关中称王,对于这些,关中的百姓们也都知道。后来您被项羽剥夺权利,挤到汉中,秦地的百姓们没有一个不对此愤慨不平。现在如果您举兵东下,三秦地区只要发上一个通告,不用打仗就可以回到您手中。"汉王听了大喜,感到自己今天才真正地认识韩信实在是太晚了。于是就按照韩信的谋划,给各位将领们部署了各自进攻的目标。

【原文】 八月,汉王举兵东出陈仓①,定三秦②。

【注释】 ①汉王举兵东出陈仓:刘邦出汉中与项羽争天下,从总的方向说是"东出",但从第一步的翻秦岭、出陈仓而言,却不能说是"东出",只能说是"北出",因陈仓县治在今陕西宝鸡东,是在南郑的正北方。②定三秦:到是年八月,除章邯尚困守穷城外,其余三秦的广大地区皆已属汉。

【译文】 汉高祖元年八月,汉王从陈仓小路东出,很快地收复了三秦。

【原文】 信与张耳以兵数万,欲东下井陉击赵①。赵王、成安君陈馀闻汉且袭之也,聚兵井陉口,号称二十万。广武君李左车说成安君曰:"闻汉将韩信涉西河②,虏魏王,禽夏说,新喋血阏与③,今乃辅以张耳,议欲下赵,此乘胜而去国远斗,其锋不可当。臣闻千里馈粮,士有饥色,樵苏后爨④,师不宿饱。今井陉之道,车不得方轨⑤,骑不得成列,行数百里,其势粮食必在其后。愿足下假臣奇兵三万人,从间道绝其辎重⑥;足下深沟高垒⑦,

坚营勿与战。彼前不得斗，退不得还，吾奇兵绝其后，使野无所掠，不至十日，而两将之头可致于戏下。愿君留意臣之计。否，必为二子所禽矣。"成安君，儒者也，常称义兵不用诈谋奇计，曰："吾闻兵法十则围之，倍则战⑧。今韩信兵号数万，其实不过数千⑨。能千里而袭我，亦已罢极。今如此避而不击，后有大者，何以加之⑩！则诸侯谓吾怯，而轻来伐我⑪。"不听广武君策，广武君策不用。

【注释】 ①欲东下井陉击赵：这是汉三年之事，史失书。井陉，即井陉口，太行山的险隘之一，是山西与河北之间的交通要道，在今河北井陉西北。②西河：此指山西南部与陕西交界处的黄河。③喋血：践血，言杀人流血之多，处处皆践血而行。喋，同"蹀"，践。④樵苏：樵，打柴。苏，取草。爨：烧火做饭。⑤方轨：两车并行。方，双舟并行，引申为"并"的意思。⑥间道：小道，侧面之道。辎重：指运送衣食等后勤物资的车队。⑦深沟高垒：泛指加强防御工事。⑧十则围之，倍则战：十，十倍。倍，成倍。⑨"今韩信"二句：韩信破魏破代后已有多少人，史无明文；刘邦又助之三万人，总数应不少于五六万。陈馀以为"不过数千"，实过于轻敌。然与陈馀之二十万相较，仍是不成比例。⑩加：比眼下更好的。⑪轻：轻易，随便。

【译文】 韩信与张耳率领着几万人，准备东出井陉口进攻赵国。赵王赵歇和成安君陈馀闻讯后，就在井陉口集结军队，号称二十万，准备与韩信决战。广武君李左车对陈馀说："听说韩信前已偷渡西河，俘虏了魏豹，又活捉了代相夏说，在阏与血战大捷，现又在张耳的协助下，准备攻我赵国，这是一种乘胜远离本土前进的势头，其锋芒锐不可当。但俗话说，靠远道送粮食，士兵就会挨饿，该做饭了现打柴，人们就永远也吃不饱。咱们这井陉小道，窄得两辆车不能并行，人马都不能排成行列，韩信的军队到这里走上几百里，他的粮饷一定在后面。请您拨给我三万奇兵，抄小路去截断他们的粮道；您在正面只管挖深沟壑，加高营垒，坚守营地不要与他们开战。叫他们往前求战不得，往后又退不回去，我的奇兵把他们挡住，他们军中无粮，在旷野上又找不到任何吃的东西，这样不出十天，韩信和张耳的人头就可以送到您的面前。希望您能认真考虑我的建议。不然，我们就要被他们二人所擒了。"陈馀是个书生，总爱说仁义之师决不用诈骗的手段，这时就说："兵法上讲，如果兵力超过敌人十倍，就可以去包围他们，如果能超过敌人一倍，就可以同他们决战。现在韩信的军队号称几万，其实不过几千人。而且又是经过了千里跋涉前来攻打我们，已经是疲惫不堪了。面对这样的敌人我们如果还避而不打，以后再来了更强的敌人，我们还能打吗！再说这回如果我们不打，那其他的诸侯们都会说我们怯懦无能，就会都来欺负我们了。"于是他不考虑李左车的作战方案，没采用他的策略。

【原文】 韩信使人间视①，知其不用，还报，则大喜，乃敢引兵遂下。未至井陉口三十里，止舍。夜半传发，选轻骑二千人，人持一赤帜，从间道萆山而望赵军②，诚曰："赵见我走，必空壁逐我，若疾入赵壁，拔赵帜，立汉赤帜。"令其裨将传飧③，曰："今日破赵会食！"

诸将皆莫信,详应曰:"诺。"谓军吏曰:"赵已先据便地为壁,且彼未见吾大将旗鼓,未肯击前行④,恐吾至阻险而还。"信乃使万人先行,出,背水陈⑤。赵军望见而大笑⑥。平旦,信建大将之旗鼓⑦,鼓行出井陉口⑧,赵开壁击之,大战良久。于是信、张耳详弃鼓旗,走水上军。水上军开入之⑨,复疾战。赵军空壁争汉鼓旗,逐韩信、张耳。韩信、张耳已入水上军,军皆殊死战,不可败。信所出奇兵二千骑,共候赵空壁逐利,则驰入赵壁,皆拔赵旗,立汉赤帜二千。赵军已不胜,不能得信等,欲还归壁,壁皆汉赤帜,而大惊,以为汉皆已得赵王将矣。兵遂乱,遁走,赵将虽斩之,不能禁也。于是汉兵夹击,大破虏赵军,斩成安君泜水上,禽赵王歇⑩。

【注释】　①间视:暗中窥视。②萆:同"蔽"。③裨将:副将,主将的副官、助手之类。飧:小食。④前行:先头部队。⑤背水陈:背靠着河水列阵。陈,同"阵"。⑥赵军望见而大笑:背水阵为绝地,陈馀知兵法,故赵军笑之。⑦建大将之旗鼓:竖起将旗,架起战鼓。⑧鼓行出井陉口:一切都为了吸引赵军出击。鼓行,擂鼓高歌而行。⑨开入之:让开通道,让岸上的士兵退入水上之阵。⑩"斩成安君"二句:井陉战役是刘邦、项羽间争雄的一次关键性战役。刘邦军在这次战役中破魏、灭赵、降燕,一方面使刘邦在北和西北两个方面对项羽军形成了战略包围的有利态势,解除了自己在主战场对楚作战的侧面威胁;一方面使刘邦军可以获得燕、赵等地大量人力、物力资源,对补充和加强主战场的战斗力起着巨大的作用。

【译文】　韩信早已经派人去刺探了,他们了解到李左车的计策没被采用,回来向韩信报告,韩信大喜,于是才敢率军长驱而下。当他们走到离井陉口还有三十里的地方,传令停下来休息。到了半夜时分,命令全军整装,他挑选了两千名轻骑兵,让他们每人手持一面红旗,从小道上山,隐蔽在山上,监视赵军。韩信叮嘱他们:"赵军见到我军败退,一定会倾巢而出,来追我们,你们就迅速奔入赵营,拔掉赵军的旗帜,插上汉军的红旗。"随后又让他的副将传令全军吃早点,并告诉全军:"等今天打败了赵军以后再正式地吃早饭!"部下的将领们都不相信,敷衍着说:"好吧。"韩信对身边的军吏说:"赵军已抢先占领了有利的地势修筑了工事,他们在没有见到我们大将的仪仗旗号之前,不会攻击我们的先头部队,怕我们的大部队看见艰险会撤回去。"于是韩信先派一万人出了井陉口,而且过了河,在河东列了个背水阵。赵军一看都哈哈大笑。到太阳露头时,韩信的大将旗号也在一路战鼓声中出了井陉口。赵军于是打开营门,两军会战开始。双方先是打了一段时间,后来韩信、张耳就假装失败扔下了许多战鼓、军旗,逃到船上去了。船上的军队闪开一条路让岸上的士兵上船后,又继续与赵军激战。这时赵军一见汉军败了,果然倾巢而出争抢汉军的旗鼓,想要捉拿韩信、张耳。韩信、张耳的军队退到了船上之后,回师与赵军死战,赵军再也无法前进一步了。这时韩信事先派出的那两千轻骑兵,一看到赵军倾巢而出,抢夺战利品时,就立即奔入了赵军营垒,拔掉了赵军的旗帜,插上了汉军的

两千面红旗。等到在船上奋战的赵军打了半天不能擒拿韩信等人,想要回营时,一看自己营垒上都是汉军的红旗,大惊失色,以为汉军已经抓获了赵王以及他所有的将领了。军心顿时大乱,兵士们四散奔逃,即使有赵将督战,想要杀人拦阻,也无济于事了。于是汉军内外夹击,大破赵军,陈馀败逃,被杀死在泜水上,赵王歇被活捉。

【原文】 诸将效首虏①,毕贺,因问信曰:"兵法右倍山陵,前左水泽②,今者将军令臣等反背水陈,曰破赵会食,臣等不服。然竟以胜,此何术也?"信曰:"此在兵法,顾诸君不察耳。兵法不曰'陷之死地而后生,置之亡地而后存'?且信非得素拊循士大夫也③,此所谓'驱市人而战之',其势非置之死地,使人人自为战;今予之生地⑤,皆走,宁尚可得而用之乎⑥!"诸将皆服曰:"善。非臣所及也。"

【注释】 ①效首虏:交验自己所斩获的人头与所捉的俘虏,即向统帅禀报自己的功绩。效,呈交,使主管者验收。②"兵法"二句:右倍,谓右倚背靠。倍,同"背"。左,同"佐",辅助。③拊循:抚爱之,顺适其心意,指对人有恩德。这里即有训练,有领导关系。士大夫:指部下将士。④市人:集市上的人,比喻彼此间素不相知,毫无关系。⑤今:若,假如。⑥宁:岂,与"尚"字意同,重叠使用,以加强语气。

【译文】 将领们向韩信呈献了首级俘虏,向韩信祝贺胜利完毕,问韩信说:"兵法上讲,布阵之法是右面和背后靠着山,前面以水泽相辅助。可是今天您却让我们背靠河水布阵,还说让我们打败了赵军再吃早饭,我们当时都不服。可是最后就按着你说的打胜了,这叫什么战术呢?"韩信说:"这战术兵法上就有,只是你们没注意罢了。兵法上不是说'要把人置于死地让他们死里求生,要把人置于绝境让他们绝处求存'吗?现在我率领的这些军队并不是我的老部下,我素来对他们没有任何恩情。这就简直如同'赶着一帮集市上的人去作战',非把他们置于一个绝境,让他们人自为战不可;如果把他们放在一个还有退路的地方,他们早就跑光了,那我们还能指望他们为我们作战吗!"将领们一听都服了,说:"不错,不是我们所能想到的。"

【原文】 楚数使奇兵渡河击赵①,赵王耳、韩信往来救赵,因行定赵城邑,发兵诣汉②。六月,汉王出成皋,东渡河③,独与滕公俱,从张耳军脩武。至,宿传舍。晨自称汉使,驰人赵壁。张耳、韩信未起,即其卧内上夺其印符④,以麾召诸将,易置之。信、耳起,乃知汉王来,大惊⑤。汉王夺两人军,即令张耳备守赵地。拜韩信为相国⑥,收赵兵未发者击齐。

【注释】 ①奇兵:馀兵,其他军队。②发兵诣汉:派出一部分军队支援刘邦荥阳的主战场。③东渡河:实际是北渡黄河向东北行。④卧内:内室。⑤"信、耳起"三句:大将内室即使是君主也不能随便进入,此事过于传奇,疑为司马迁因同情韩信而有所增饰。⑥拜韩信为相国:韩信前已为"左丞相",此"相国"乃为刘邦之相国,但与前之"左丞相"相同,仍仅为虚衔。

【译文】　在这期间,项羽曾经多次派奇兵渡过黄河,袭击赵国,张耳、韩信一方面派兵救援那些被攻击的地方,同时也趁机稳定了赵国那些前此尚未稳定的地方,同时又调拨了许多军队送去援助汉王。这年六月,汉王又逃出了成皋,向东渡过黄河,他和滕公夏侯婴二人来到了韩信、张耳驻军的脩武县,化装住在旅馆里。第二天一大早,他们自称汉王使臣奔入了韩信、张耳的军营。当时韩信、张耳尚未起床,汉王进入他们的卧室,收缴了他们的将印、兵符,随后召集众将,重新调配了他们各自的职务。韩信、张耳起床后,才知道汉王来了,大吃一惊。汉王夺取了他们二人的军权后,命令张耳镇守赵地,派韩信以相国的虚衔,在赵国组织新兵,向东进击齐国。

【原文】　信引兵东,未渡平原①,闻汉王使郦食其已说下齐②,韩信欲止。范阳辩士蒯通说信③,于是信然之,从其计,遂渡河。齐已听郦生,即留纵酒,罢备汉守御。信因袭齐历下军④,遂至临菑⑤。齐王田广以郦生卖己⑥,乃亨之⑦,而走高密,使使之楚请救。韩信已定临菑,遂东追广至高密西。楚亦使龙且将,号称二十万,救齐。

【注释】　①平原:秦县名,也是当时的黄河渡口名,在今山东平原西南,其西侧即当时之古黄河,这一带临近齐国的西部边境。②郦食其:刘邦的说客、谋士,奉命往说齐王田广归顺。下:降,归顺。③蒯通:本名蒯彻,因避武帝讳,故汉人皆称之为蒯通。蒯通是范阳(今山东梁山西北)人,此地属于齐,故下文亦称之为齐人。④历下:即今山东济南,距平原津一百五十里。⑤遂至临菑:韩信一定要立下齐之功而不顾郦食其的死活,一是因郦生不是他所派遣,更重要的是他想要做齐王。⑥卖:哄,欺骗。《汉书》"卖"字直作"欺"。⑦亨:同"烹",用开水煮人。

【译文】　韩信领兵东进,还没有到达平原县的黄河渡口,听说汉王已经派郦食其劝降了齐国,韩信准备停止前进。这时范阳县的辩士蒯通游说韩信,韩信听着有理,于是就听从他的建议,挥师渡过了黄河。当时齐国已经接受了郦食其的劝降,正留着郦食其大摆宴席,完全解除了对汉军的防卫。韩信突然袭击了驻扎在历下的军队,长驱直入,打到了齐国的国都临淄。齐王田广以为是受了郦食其的骗,于是就把郦食其烹了,而后东逃高密,同时派人去向项羽求救。韩信占领了临淄,随即又率军东追田广,追到高密城西。这时项羽也派龙且率领军队,号称二十万人,前来救齐。

【原文】　齐王广、龙且并军与信战,未合。人或说龙且曰:"汉兵远斗穷战①,其锋不可当。齐、楚自居其地战,兵易败散。不如深壁,令齐王使其信臣招所亡城②,亡城闻其王在,楚来救,必反汉。汉兵二千里客居,齐城皆反之,其势无所得食,可无战而降也。"龙且曰:"吾平生知韩信为人,易与耳③。且夫救齐不战而降之,吾何功?今战而胜之,齐之半可得④,何为止!"遂战,与信夹潍水陈⑤。韩信乃夜令人为万馀囊,满盛沙,壅水上流⑥,引军半渡,击龙且,详不胜,还走。龙且果喜曰:"固知信怯也。"遂追信渡水。信使人决壅囊,水大至。龙且军大半不得渡,即急击,杀龙且。龙且水东军散走,齐王广亡去⑦。信遂

追北至城阳,皆虏楚卒。

【注释】 ①远斗穷战:远离根据地的战斗,必是勇猛顽强,因为失败则无处奔逃。②信臣:有威望、有信义的大臣。③"平生"二句:盖指其曾受胯下之辱事,龙且亦以韩信为怯懦。与,相与,打交道。④齐之半可得:即可以得到齐国的一半作为封地。⑤夹潍水陈:潍水流经当时的高密城西,韩信军在潍水西,齐、楚联军在潍水东。⑥壅水上流:为使夹水阵处河水变浅,诱敌入水来追。⑦齐王广亡去:据《田儋列传》《秦楚之际月表》皆云田广于此役中被杀,而《高祖本纪》与《淮阴侯列传》则云"亡去",疑前者近是,或此役亡去,亦旋即被捕杀。

【译文】 齐王田广和楚国龙且的军队会合一起,战斗还尚未开始。有人对龙且说:"汉军是远离本土来和我们作战的,我们不宜于和他们正面硬碰。齐国、楚国的军队,是在本乡本土作战,士兵们容易开小差。我们不如深沟高垒,坚壁不战,让齐王派他的亲信到被汉兵占领的地方去广为招纳,那些沦陷的城池听说齐王还活着,而且楚军又来援助了,一定会起来反击汉军。汉军远离本土两千里,身在异乡,齐国的各地都反击他们,到那时他们势必连吃的东西都找不到,这样不用打仗就可以收拾他们了。"龙且说:"我早就知道韩信怯懦,容易对付。而且我是奉命来救齐国的,来到这里连一仗都没打,就让敌人投降了,我还有什么功劳呢?现在我要是打败了韩信,我就可以得到半个齐国,我怎么能不打呢!"于是决定打,他与韩信夹潍水布好了阵势。韩信连夜令人做了一万多条大口袋,装满沙土,堵住了潍水的上游,然后率军涉过了潍水,军队刚过去一半,前军就和龙且打了起来,两军对战了一会儿,韩信假装打败了,纷纷后退。龙且一见大喜,说:"我早就知道韩信怯懦。"于是挥师过河追击韩信。这时韩信派人在上游扒开了堵水的沙袋,河水汹涌而下。这时龙且的大部分军队已经渡过了潍水,回不去了,韩信立刻回戈反击,过了河的楚军全歼,龙且也被杀死,而截在潍水东岸的楚军也一哄而散。齐王田广逃跑了。韩信追击败军直到城阳,把剩下的楚军全部俘获。

【原文】 汉四年,遂皆降平齐①。使人言汉王曰:"齐伪诈多变,反覆之国也,南边楚,不为假王以镇之,其势不定。愿为假王便②。"当是时,楚方急围汉王于荥阳③,韩信使者至,发书,汉王大怒,骂曰:"吾困于此,旦暮望若来佐我,乃欲自立为王!"张良、陈平蹑汉王足,因附耳语曰:"汉方不利,宁能禁信之王乎?不如因而立,善遇之,使自为守。不然,变生。"汉王亦悟,因复骂曰:"大丈夫定诸侯,即为真王耳,何以假为④!"乃遣张良往立信为齐王⑤,征其兵击楚。

【注释】 ①遂皆降平齐:汉军由于潍上之战的胜利,进一步从北与东北面对项羽形成了战略包围,直接威胁项羽大本营彭城的侧背安全。另外,鲁南和淮河南北地区一向为项羽军的粮食供应基地,三齐为韩信所占,淮河南北也朝不保夕,严重地破坏和威胁着项羽军的后方供应。②愿为假王便:请为"假王",乃韩信故作恭顺之词,其实在其为张耳

请封赵王之时即已看准了下一步的齐国,而且在破齐后韩信也已经自立为齐王。司马迁同情韩信,于此传故意写得较模糊。假,权摄其职,犹之所谓"代理"。③"当是时"二句:据《高祖本纪》,刘邦在汜水上击破曹咎军,围钟离眜于荥阳东,才述韩信请为假王事,是汉军方利,离围荥阳时已久。此传与之相反。④何以假为:此可见刘邦反应之快捷,也可见司马迁刻画人物性格的杰出才能。⑤乃遣张良往立信为齐王:韩信称齐王,在汉四年(前203年)二月。从此事可见刘邦早已确定了要建立专制国家,而不情愿分封。韩信的思想与刘邦相去甚远,在这里已埋下了日后被杀的祸根。

【译文】 汉高祖四年,齐国所有的地方都已经被韩信打了下来。韩信派人向汉王请示说:"齐国是诡诈多变,反复无常的国家,而且南面又紧挨着楚国,因此,如果不立一个临时的齐王来镇守它,它的局势就难以稳定。希望能让我暂时当一个代理的齐王。"这个时候,项羽正把汉王围困在荥阳,韩信的使者来到荥阳后,汉王一看韩信的来信,勃然大怒,骂道:"我被困在这儿,日日夜夜地盼着你来帮我,你倒要自己称王!"张良、陈平赶紧暗中一踩汉王的脚,又凑到他耳边悄声说:"我们现在正处于不利的境地,怎么能禁止韩信称王呢?不如趁势立他为王,好好对待他,让他守好齐国。不然就会生出变故。"这时汉王自己也早醒悟过来,就又接着话茬儿骂道:"大丈夫打下了一个国家,本来就理应称王,还要临时代理干什么!"于是派张良前往齐国立韩信为齐王,同时又征调韩信的全部人马来攻击楚国。

【原文】 楚已亡龙且,项王恐,使盱眙人武涉往说齐王信曰:"天下共苦秦久矣,相与戮力击秦①。秦已破,计功割地,分土而王之,以休士卒。今汉王复兴兵而东,侵人之分,夺人之地,已破三秦,引兵出关,收诸侯之兵以东击楚,其意非尽吞天下者不休,其不知厌足如是甚也②。且汉王不可必③,身居项王掌握中数矣,项王怜而活之。然得脱,辄倍约,复击项王,其不可亲信如此。今足下虽自以与汉王为厚交,为之尽力用兵,终为之所禽矣。足下所以得须臾至今者④,以项王尚存也。当今二王之事,权在足下。足下右投则汉王胜⑤,左投则项王胜。项王今日亡,则次取足下。足下与项王有故,何不反汉与楚连和,参分天下王之?今释此时,而自必于汉以击楚,且为智者固若此乎!"韩信谢曰:"臣事项王,官不过郎中,位不过执戟,言不听,画不用,故倍楚而归汉。汉王授我上将军印,予我数万众,解衣衣我,推食食我,言听计用,故吾得以至于此。夫人深亲信我,我倍之不祥,虽死不易。幸为信谢项王!"

【注释】 ①戮力:并力,合力。②不知厌足:不会有满足。厌,同"餍",足。③不可必:不可担保,不能确信。④须臾:片刻。这里用如动词,意即多活了一会儿。⑤右投:向右一投足,指帮助刘邦。人面南而立,右在西,左在东。

【译文】 项羽失掉了龙且,心里有些恐慌,于是就派了盱眙人武涉前去劝说韩信道:"天下人由于受秦朝的苦害太久,所以大家联合起来把它推翻了。秦朝被推翻以后,项王

评功论赏，分割土地，封立各路诸侯为王。大家已经解兵休息了，可是汉王不守本分又兴兵东进，侵入了他人的分地，掠夺了别国的疆土，灭掉了关中的三个国家后，又率兵出关，集合了各国的军队来攻打楚国。看他那意思不独吞了整个天下他是不会罢休的了，他的贪心也真够可以了。而且汉王这个人极不可信，他落在项王手中好几次了，项王每次都是可怜他，把他放了，然而他一旦脱身，就立即撕毁条约，调转头来打项王，他就是这么一个不可亲近、不可信任的家伙。您现在自以为与他有交情，为他卖力打仗，但最后您还是要被他收拾。您所以能留到今天，就是因为项王现在还在。如今项王、汉王两个人的胜负，全操在您的手心里。您往右靠，汉王就能胜，您往左靠，项王就能胜。项王今天如果被消灭，那么下一个就轮到您了。您和项王有旧交，为什么不离开汉王与项王联合，三分天下，独立称王呢？放弃了今天这个良机，一个心眼儿跟着汉王打项王，聪明人有这么干的吗？"韩信委婉地拒绝说："当初我侍奉项王，官职不过是个充当侍卫的郎中，项王不听我的话，不用我的计谋，所以我才离开项王投奔了汉王。我一入汉，汉王授给了我上将军的大印。让我统领几万人马，他脱下自己的衣服给我穿，分出自己饭食给我吃，对我言听计从，所以我今天才能成就了这样的事业。人家对我这样信任，我要是再背叛人家，那是不会有好下场的，因此我到死也不会改变对汉王的忠心。请替我谢谢项王。"

【原文】　武涉已去，齐人蒯通知天下权在韩信，欲为奇策而感动之，以相人说韩信。韩信谢曰："先生且休矣，吾将念之。"

【译文】　武涉刚走，齐国的辩士蒯通知道现在整个形势的关键在于韩信，因此想用惊人的设想来打动他，于是他以相面先生的口吻劝说韩信。韩信辞谢说："您别再讲了，我得好好想想。"

【原文】　后数日，蒯通复说。韩信犹豫不忍倍汉，又自以为功多，汉终不夺我齐，遂谢蒯通。蒯通说不听，已详狂为巫①。

【注释】　①已详狂为巫：此段载武涉与蒯通说辞，可见韩信之忠心以及后来被诬谋反而杀的冤枉。详，通"佯"。

【译文】　过了几天，蒯通又来劝说韩信。韩信仍然是犹豫不决，不忍心背叛汉王。他认为自己功劳大，认为汉王怎么也不至于把他的齐国夺走，于是就拒绝了蒯通的劝告。蒯通见韩信不听自己的劝告，为了避祸，就只好装疯化作巫士隐迹而去。

【原文】　汉王之困固陵①，用张良计②，召齐王信，遂将兵会垓下。项羽已破③，高祖袭夺齐王军④。汉五年正月，徙齐王信为楚王⑤，都下邳。

【注释】　①汉王之困固陵：汉五年（前202年）十月，刘邦与韩信、彭越等约定共击项羽，至固陵，而信、越之兵不至，汉军大败，只好固守。②用张良计：为召诸将兵，张良建议"自陈以东傅海，尽与韩信；睢阳以北至谷城，以与彭越，使自为战"。③项羽已破：垓下破楚，在汉五年（前202年）十二月，韩信为汉军之最高统帅，此楚、汉间规模最大的一仗，由

此项羽遂告垮台。此韩信一生中最大事,本传似不应如此略而不提。④高祖袭夺齐王军:此处再见刘邦对韩信的猜忌。刘邦此时此举,是由于看到韩信已无理由拥有重兵;韩信俯首听命,既是因为忠心,也是无可奈何。⑤徙齐王信为楚王:韩信徙为楚王在汉五年正月,前在齐为王十一个月。去齐之楚也是刘邦削弱韩信的手段。

【译文】 后来汉王又被项羽打败于固陵,汉王采用张良的计策,召齐王韩信进兵,韩信于是带兵与汉王会师于垓下。项羽刚被消灭,汉王立即袭夺了韩信的兵权。汉高祖五年正月,改封韩信为楚王,建都下邳。

【原文】 信至国,召所从食漂母,赐千金。及下乡南昌亭长,赐百钱,曰:"公,小人也,为德不卒。"召辱己之少年令出胯下者以为楚中尉①。告诸将相曰:"此壮士也。方辱我时,我宁不能杀之邪?杀之无名,故忍而就于此②。"

【注释】 ①召辱己之少年令出胯下者以为楚中尉:韩信非忘旧恶者,视其待下乡亭长的态度可知,此实乃韩信的一种"高级"报复形式。中尉,汉初诸侯国掌管民政的官。②"杀之无名"二句:与前文"孰视之"相照应。无名,无意义,无必要。

【译文】 韩信到楚国后,派人把当年曾给他饭吃的洗衣老妇找来,给了她千金重赏。也把下乡的南昌亭长找来,赏给了他一百钱,说他:"你,是个小人,做好事不能做到底。"又把当年曾经侮辱他让他钻裤裆的那个青年找来,让他做了中尉。韩信对左右的将领们说:"这人是个壮士。当初他侮辱我的时候,我难道不能杀了他吗?问题是杀了他也没有个好名声,我之所以隐忍着,就是为了成就今天的事业。"

【原文】 项王亡将钟离眛家在伊庐,素与信善。项王死后,亡归信。汉王怨眛①,闻其在楚,诏楚捕眛。信初之国,行县邑②,陈兵出入。汉六年③,人有上书告楚王信反。高帝以陈平计④,天子巡狩会诸侯⑤,南方有云梦⑥,发使告诸侯会陈⑦:"吾将游云梦。"实欲袭信,信弗知。高祖且至楚⑧,信欲发兵反⑨,自度无罪,欲谒上,恐见禽。人或说信曰:"斩眛谒上,上必喜,无患。"信见眛计事。眛曰:"汉所以不击取楚,以眛在公所。若欲捕我以自媚于汉⑩,吾今日死,公亦随手亡矣。"乃骂信曰:"公非长者!"卒自刭。信持其首,谒高祖于陈⑪。上令武士缚信,载后车。信曰:"果若人言,'狡兔死,良狗烹;高鸟尽,良弓藏;敌国破,谋臣亡'。天下已定,我固当亨!"上曰:"人告公反。"遂械系信。至洛阳⑫,赦信罪,以为淮阴侯⑬。

【注释】 ①汉王怨眛:刘邦怨恨钟离眛的原因,各篇都无交代。以《项羽本纪》观之,刘邦大败于彭城时,楚方的重将是钟离眛,怨隙可能即结于此。②行县邑:到自己下属的县邑巡行视察。③汉六年:前201年。刘邦于汉五年(前202年)十二月灭项羽,二月已即皇帝位,此处不应再用汉王称谓与纪年。④高帝以陈平计:陈平让刘邦假说南游云梦,召韩信会陈,趁机袭捕他,以下刘邦所行即依陈平之计。⑤巡狩:古称天子每隔数年到各诸侯国巡视一次,那时各国诸侯也须到指定地点朝见天子。⑥云梦:即云梦泽。

⑦陈:秦县名,亦郡名,当时为韩信楚国的西部边境。⑧且至楚:谓即将到达陈县。⑨信欲发兵反:此话没有来由,或史公故意如此写,以示韩信被袭之冤。⑩若:你。媚:讨好。⑪谒高祖于陈:韩信此行可鄙,亦复可怜,无论如何委曲求全亦无济于事。⑫洛阳:刘邦建国初期的都城,在今河南洛阳东北。⑬以为淮阴侯:既袭捕之,又赦以为淮阴侯,则罪名显属莫须有。韩信被袭捕于陈,以及降为淮阴侯事,在高祖六年(前201年)十二月,韩信此前为楚王共十一个月。

【译文】 项羽部将钟离眜老家在伊庐,一向与韩信友善。项羽死后,钟离眜逃到了韩信那里。汉王恨钟离眜,听说他在韩信处,就命令韩信逮捕他。韩信刚到楚国不久,每到下属各县视察时,总要带着一些军队,作为警卫。汉高祖六年,有人上书告发韩信要造反。高祖听取了陈平的计策,以巡狩朝会诸侯,到南方视察云梦泽为名,让各国的诸侯都到陈郡会合,他嘴里说:"我去视察云梦。"实际上是要借机巧捕韩信,韩信不知道。等到高祖快要来到楚国的边界了,韩信才开始怀疑,也想发兵抵抗,但想到自己没有任何罪过,想去见高祖,但又怕被高祖抓起来。这时有人劝韩信说:"杀了钟离眜,去见皇上,皇上必然高兴,您也就没什么担心的了。"韩信找钟离眜谈到此事,钟离眜说:"高祖之所以不敢打楚国,就是因为我在你这儿。如果你想抓了我去讨好高祖,那么我今天死,你明天也就该跟着我死了。"于是他骂韩信说:"你真不是个有德性的人!"说罢自刎而死。韩信带着钟离眜的人头,到陈郡进见高祖。高祖立即命令武士逮捕了韩信,把他装在了自己后面的车上。韩信说:"果真像人们所说的,'兔子一死,猎狗也就要被煮了;飞鸟打完,良弓也就该收起了;敌人一被消灭,功臣也就该被杀了'。现在天下已经太平,我是到了该死的时候了!"高祖说:"有人告你要造反。"于是给韩信戴上刑具。等回到洛阳后,高祖又把韩信放了,把他降级为淮阴侯。

【原文】 信知汉王畏恶其能,常称病不朝从①。信由此日夜怨望,居常鞅鞅②,羞与绛、灌等列③。上常从容与信言诸将能不④,各有差。上问曰:"如我能将几何?"信曰:"陛下不过能将十万。"上曰:"于君何如?"曰:"臣多多而益善耳。"上笑曰:"多多益善,何为为我禽?"信曰:"陛下不能将兵,而善将将⑤,此乃信之所以为陛下禽也。且陛下所谓天授,非人力也。"

【注释】 ①不朝从:不朝见,不跟从出行。②鞅鞅:即"怏怏",内心不平。③绛、灌:绛,指绛侯周勃,灌,指颍阴侯灌婴,二人都是刘邦的元老功臣。等列:同一个级别,指皆封为侯。④常:同"尝",曾经。从容:自然,不经心的样子。⑤"陛下"二句:前言高帝只能将十万,而言自己多多益善,见韩信之得意忘形,不自觉而出口。至高帝反问,其内心之懊恼已形于辞色时,韩信方猛然发觉失言,于是顺势改口,既平服高祖的忌心,亦掩饰自己的伤痛,然而这一来无疑又进一步加强了刘邦必杀韩信之心。

【译文】 韩信知道汉王对自己的才能是既怕又恨,因此常常借口生病不去朝见他,

也不随同他出行，心中充满怨恨，常常闷闷不乐。他觉得让自己与周勃、灌婴等同在一个级别，简直是一种羞耻。有一次高祖与韩信闲聊中，说到了开国将领们各自能统率多少人马，高祖问："像我，能统率多少人马呢？"韩信说："您最多能统率十万。"高祖问："那么你呢？"韩信说："我是越多越好。"高祖笑了一下说："既然你的本事这么大，为什么还被我活捉呢？"韩信说："陛下您虽不善于带兵，但却善于驾驭将领，这就是我所以被您活捉的原因。而且您所以胜利，这是上天安排的，不是人力所可改变的。"

【原文】 陈豨拜为钜鹿守①，辞于淮阴侯。淮阴侯挈其手②，辟左右与之步于庭，仰天叹曰："子可与言乎？欲与子有言也。"豨曰："唯将军令之。"淮阴侯曰："公之所居，天下精兵处也③；而公，陛下之信幸臣也④。人言公之畔，陛下必不信；再至，陛下乃疑矣；三至，必怒而自将。吾为公从中起，天下可图也⑤。"陈豨素知其能也，信之，曰："谨奉教！"汉十年，陈豨果反⑥。上自将而往，信病不从。阴使人豨所，曰："弟举兵⑦，吾从此助公。"信乃谋与家臣夜诈诏赦诸官徒奴，欲发以袭吕后、太子。部署已定，待豨报。其舍人得罪于信，信囚，欲杀之，舍人弟上变⑧，告信欲反状于吕后。吕后欲召，恐其党不就⑨，乃与萧相国谋，诈令人从上所来，言豨已得死，列侯群臣皆贺。相国绐信曰："虽疾，强入贺。"信入，吕后使武士缚信，斩之长乐钟室⑩。信方斩，曰："吾悔不用蒯通之计，乃为儿女子所诈⑪，岂非天哉！"遂夷信三族。

【注释】 ①陈豨拜为钜鹿首：陈豨未尝任钜鹿守，只是以代相国监赵、代边兵。②挈：拉。③天下精兵处：驻扎精兵的要害之地。④信幸：受信任、受宠幸。⑤天下可图也：陈豨从无反意，韩信因其来辞突然教之反，情事不合，应是司马迁为韩信鸣冤故意这样写。⑥陈豨果反：陈豨之反是由于招致宾客为周昌所疑，与韩信无关。⑦弟：但，尽管。⑧上变：上书告发非常之事。变，也称"变事"，告发谋反的书信。⑨党：同"傥"，倘若，万一。⑩斩之长乐钟室：韩信被杀，在高祖十一年（前196年）正月，此前韩信为徒有其名的"淮阴侯"共六年。⑪"吾悔"二句：此欲明其此前从无反心。儿女子，犹言"妇人、小孩子"，指吕后与刘邦的太子刘盈。

【译文】 陈豨被任命为钜鹿守，要去统领赵、代两国的边兵，来向韩信辞行。韩信打发开左右的随从，拉着他的手，在院子里散步，仰天长叹道："你能让我放心吗？我有些话想和你谈谈。"陈豨说："我绝对听您的吩咐。"韩信说："你将要去驻守的地方，是聚集着国家最精锐部队的要害之地；而你，又是皇帝的亲信。要是有人告你造反，第一次皇帝是决不会相信的；但如果再告第二次，皇帝就会起疑了；如果再告第三次，皇帝肯定会发怒，会亲自率兵去攻打你。到那时，我在京城起兵，做你的内应，那时天下就可以成为我们的了。"陈豨一向知道韩信的才能，相信他的话不假，于是说："一定照您的话办！"汉高祖十年，陈豨真的造反了。刘邦亲自率兵前去讨伐，韩信借口生病没有跟着一同去，而暗中悄悄派人给陈豨传送消息说："你尽管举兵，我从里边帮你。"于是韩信与家臣们谋划要

在夜里假传圣旨，释放在各个官邸里做苦役的奴隶、罪犯，准备把他们武装起来，率领他们袭击吕后和皇太子。一切都部署好了，单等陈豨那方面的消息。这时韩信家的一个门客，因为得罪于韩信，被韩信关了起来，想杀他。这个门客的弟弟就写密信向吕后告发了韩信要造反的种种计划。吕后想召韩信进宫，又怕他万一不来，于是就和萧何商量好，派了一个人假装是从高祖那儿来，诈称陈豨已被俘获斩首了，让列侯百官们都入朝祝贺。萧何亲自来骗韩信说："即便你有病，也还是硬撑着去进宫一趟吧。"于是韩信只好跟他去了。结果韩信一进长乐宫，吕后立刻命令武士把韩信捆了起来，把他押入一间悬挂钟磬的屋子里杀了。韩信临死前说："我真后悔当初没有听蒯通的劝告，今天竟被妇人所骗，莫非这也是天意吗？"接着吕后又把韩信的三族通通抓起来杀光了。

【原文】 太史公曰：吾如淮阴，淮阴人为余言，韩信虽为布衣时，其志与众异。其母死，贫无以葬，然乃行营高敞地①，令其旁可置万家。余视其母冢，良然。假令韩信学道谦让②，不伐己功③，不矜其能，则庶几哉④，于汉家勋可以比周、召、太公之徒，后世血食矣⑤。不务出此，而天下已集，乃谋畔逆，夷灭宗族，不亦宜乎⑥！

【注释】 ①行营：寻找，谋求。②学道谦让：指学习道家的谦退不争。③伐：骄傲自夸。④则庶几哉：当属下句读，意为他在汉朝的功勋就差不多可以和古代的周公、召公、太公相媲美，可以传国不绝了。通行本标点为与上句相连，以为韩信若能学道谦让，不伐己功，不矜己能，那就差不多行啦。其意不美。庶几，差不多。⑤血食：指享受后世子孙的祭祀。⑥"而天下"四句：这是司马迁为揭露刘邦、吕后的阴谋，表明韩信之冤，故意写的反话。集，安定。

【译文】 太史公说：我曾经到过淮阴，淮阴的人们对我说，当韩信还是布衣时，他的志向就和一般人不一样。他的母亲死了，家里穷得都没钱发丧，可是韩信还是把他母亲埋在了一个又高又开阔的地方，他准备让这个坟墓的周围日后发展成一个万户人家的城镇。我去看了看他母亲的坟墓，情况果真如此。假如韩信当初能学点谦让之道，不以功臣自居，不夸耀自己的才能，那么他在汉王朝的勋业就差不多可以和周朝的周公、召公、姜太公这些人相媲美，并能传国于子孙，可永远享受后代的祭祀了。可是他不这么干，而是要在天下局面已经安定的时候图谋造反，结果闹得整个亲族被铲灭，这不是罪有应得么！

李将军列传

【题解】

《李将军列传》紧紧围绕着精于骑射，勇敢作战；热爱士卒，不贪钱财；为人简易，号令不烦三个特点，刻画了李广这样一个作者所理想的一代名将的英雄形象，而对李广的坎坷一生，尤其是对他以及他整个家族的悲惨结局，表现了无限的惋惜与同情，对汉代皇帝及其宠幸们排挤、残害李广及其家族的罪行表现了极大的愤慨，对汉代的用人制度进行了有力的

批判。同时，作者在描写李广坎坷悲惨的一生际遇中，也寄寓了自己的满腔悲愤与辛酸。但是我们也应该实事求是，司马迁由于个人的遭遇与好恶，对李广的评价有点过高，而对卫青、霍去病则过低地贬抑，这是不恰当的。对此，可以参看《卫将军骠骑列传》。

【原文】 李将军广者，陇西成纪人也。其先曰李信，秦时为将，逐得燕太子丹者也。故槐里，徙成纪。广家世世受射①。孝文帝十四年，匈奴大入萧关，而广以良家子从军击胡②，用善骑射，杀首虏多③，为汉中郎④。广从弟李蔡亦为郎，皆为武骑常侍⑤，秩八百石⑥。尝从行⑦，有所冲陷折关及格猛兽⑧，而文帝曰："惜乎，子不遇时！如令子当高帝时，万户侯岂足道哉⑨！"

国学经典文库 史学经典 图文珍藏版

【注释】 ①广家世世受射：这是一传之纲领。李广所长在射，故传中叙射事特详。受射，向长辈学习射法。受，接受、继承。②良家子：清白人家的子弟。胡：当时用以指匈奴人。③杀首虏多：斩敌之首与俘获生敌的数量多。"首虏"一词各处的用法略有不同，有时指斩敌之首与俘获生敌，有时只指斩敌之首。④为汉中郎：为汉朝皇帝当侍从。所以要加"汉"字，是区别于当时的其他诸侯国。⑤武骑常侍：皇帝的骑兵侍从。⑥秩：官阶。⑦尝：通"常"，屡屡。从行：跟随皇帝出行。⑧冲陷：冲锋陷阵。折关：犹言"抵御"。折，折冲，打回敌人的冲锋。关，抵挡。⑨万户侯岂足

李广像

道哉：文帝的意思是认为李广的气质才能更适合开国创业，而在各种制度都已健全的情况下，李广的才能就不好发挥出来了。李广一生"数奇"，在此埋下伏笔。

【译文】 李广将军是陇西郡成纪县人，他的祖先李信是秦国的名将，曾经在灭掉燕国后得到了燕太子丹的首级。李广家的原籍是槐里县，后来迁到了成纪。李广家世代相传射箭的绝技。孝文帝十四年，匈奴大举入侵萧关，这时李广以良家子的身份参军，抗击匈奴，由于他善于骑马射箭，杀的敌人多，因此被任为中郎。当时李广的堂弟李蔡也在皇帝身边为郎，兄弟二人都当武骑常侍，官阶是八百石。李广屡次跟随文帝外出，在冲锋陷阵和与猛兽格斗中表现出了无比的勇敢。文帝称赞李广说："真可惜啊！你生得不是时候！如果你生在高皇帝打江山的年代，万户侯又何足挂齿呢！"

【原文】 及孝景初立，广为陇西都尉，徙为骑郎将。吴楚军时①，广为骁骑都尉②，从太尉亚夫击吴楚军③，取旗④，显功名昌邑下⑤。以梁王授广将军印⑥，还，赏不行⑦。徙为上谷太守，匈奴日以合战。典属国公孙昆邪为上泣曰⑧："李广才气，天下无双，自负其能，数与虏敌战，恐亡之。"于是乃徙为上郡太守。后广转为边郡太守，徙上郡。尝为陇西、北地、雁门、代郡、云中太守，皆以力战为名⑨。

【注释】 ①吴楚军时：指吴、楚七国起兵造反之时，事在汉景帝三年（前154年）正月。②骁骑都尉：军官名。骁骑，如同今之所谓"轻骑兵"。③太尉亚夫：即周亚夫，文帝、景帝时期的名将，由中尉被任命为太尉，统兵讨吴、楚。太尉，主管全国军事的最高长官，当时的"三公"之一。④取旗：夺取了敌方的主将之旗。⑤昌邑：当时梁国的重镇，周亚夫的重兵当时就集结在这里。吴、楚军之败，则从其攻昌邑失败开始。⑥授广将军印：李广虽属亚夫军，但因他是在梁国的地面上作战，卓有军功；又因李广原来只是"都尉"，不够将军级，故梁王出于敬慕而升赏他，授之将军印。⑦还，赏不行：李广为汉将，私受梁印，故不赏。可见汉景帝与梁孝王兄弟之间矛盾尖锐。⑧典属国：是主管与他国、他族外交事务的官吏。⑨"后广转为"至"皆以力战"三十一字疑当在后文"不知广之所之，故弗从"后，而衍"徙上郡"三字。

【译文】 等到景帝即位，李广先任陇西都尉，接着被召进京城做了骑郎将。后来吴楚七国叛乱时，李广以骁骑都尉的身份跟着太尉周亚夫前往讨伐叛军。在战斗中，李广夺得了敌军的战旗，在昌邑大显威名。只因为梁孝王赠给了李广一颗将军印，回京后，在别人受赏时，李广就没能再受到封赏。后来李广被调任上谷太守，匈奴军队每天和他打仗。于是典属国公孙昆邪流着眼泪向景帝请求说："李广的本领，在当今天下无双，也正因此他自恃武艺高强，天天和敌军交战，我真怕损失了这员名将。"于是景帝就把李广调到了上郡当太守。后来李广又辗转地在边疆诸郡的许多地方，如陇西、北地、雁门、代郡、云中等地做太守，无论他到了哪里，都以英勇善战闻名。

【原文】 匈奴大入上郡，天子使中贵人从广勒习兵击匈奴①。中贵人将骑数十纵②，见匈奴三人，与战。三人还射③，伤中贵人，杀其骑且尽。中贵人走广。广曰："是必射雕者也。"广乃遂从百骑往驰三人④。三人亡马步行⑤，行数十里。广令其骑张左右翼，而广身自射彼三人者，杀其二人，生得一人，果匈奴射雕者也。已缚之上马，望匈奴有数千骑。见广，以为诱骑，皆惊，上山陈。广之百骑皆大恐，欲驰还走。广曰："吾去大军数十里，今如此以百骑走⑥，匈奴追射我立尽。今我留，匈奴必以我为大军之诱，必不敢击我。"广令诸骑曰："前！"前未到匈奴陈二里所，止，令曰："皆下马解鞍！"其骑曰："虏多且近，即有急，奈何？"广曰："彼虏以我为走，今皆解鞍以示不走，用坚其意。"于是胡骑遂不敢击。有白马将出护其兵⑦，李广上马与十余骑奔射杀胡白马将，而复还至其骑中，解鞍，令士皆纵马卧。是时会暮，胡兵终怪之，不敢击。夜半时，胡兵亦以为汉有伏军于旁欲夜取之，胡皆引兵而去。平旦，李广乃归其大军。大军不知广所之，故弗从。

【注释】 ①中贵人：有地位、受宠信的宦官。或以为指"在朝之宗室大臣"，非必指宦者。从广勒习兵：盖有观察、监督之意。②纵：放马奔驰。③还射：谓匈奴人本已离去，见有人追来，故回身而射之。④驰：追赶。⑤亡：无。⑥走：逃跑。⑦护：这里指安排、整顿。

【译文】 李广做上郡太守的时候，正赶上匈奴人大举进攻上郡，这时皇帝派了一名受宠信的宦官到上郡来跟着李广学习军事。有一次这个宦官带领着几十名骑兵在田野上纵马奔驰，突然遇到了三个匈奴人，便打了起来。三个匈奴人回身射箭，射中了这个宦官，他带的几十名骑兵几乎全被匈奴人射死了。宦官逃回了李广那里，李广说："这一定是射雕的。"他立即带了百数名骑兵去追赶这三个人。这三个人把自己的马丢了，只好步行，这时已经走出几十里了。李广命令部下做出了从左右两侧包抄的形式，自己拿了弓箭射他们，结果射死了两个，活捉了一个，一审问，果然是匈奴的射雕人。他们刚把俘虏绑在马上，准备回营，突然望见从远处来了几千名匈奴骑兵。这些骑兵也发现了李广，他们以为这是汉军派出来特意引着他们去上当的，心里很吃惊，于是慌忙冲上山头布好阵式。李广的这百数人怕极了，都想赶紧往回跑。李广说："这里离着我们的大部队有几十里，我们这百数人如果往回跑，匈奴人追上来一阵乱箭就把我们都射死了。如果我们留下来不走，匈奴人必然以为我们是大部队派出来引诱他们去上当的，他们一定不敢打我们。"于是李广命令这百数人："前进！"一直走到离匈奴人只还有二里地的地方才停下来，接着又下令说："全体下马，把鞍子解下来！"有人说："敌人这么多，离我们又这么近，我们再都下马解鞍，如果敌人进攻我们，我们怎么办？"李广说："敌人肯定以为我们是会跑的，现在我们偏要给他来个下马解鞍表明不跑，以此来强化他们那种错误判断。"这样一来，匈奴人果然没敢进攻李广。后来敌人那边有个骑白马的将领出来整理阵容，这时李广突然上马带着十来个人飞奔过去将他射死了，然后又退回来解下马鞍子，并命令士兵们把马放开，自己都躺在地上休息。这时天色渐晚，匈奴人始终觉得这伙人可疑，没敢轻易出击。到了半夜，匈奴人更怀疑附近可能埋伏着大批汉军，打算乘夜晚偷袭他们，于是赶紧撤走了。第二天清晨，李广回到大本营。李广的大部队因为不知道李广昨晚去了何处，所以一直在原地待命。

【原文】 居久之，孝景崩，武帝立，左右以为广名将也，于是广以上郡太守为未央卫尉[①]，而程不识亦为长乐卫尉[②]。程不识故与李广俱以边太守将军屯[③]。及出击胡，而广行无部伍行陈[④]，就善水草屯，舍止，人人自便，不击刁斗以自卫[⑤]，莫府省约文书籍事[⑥]，然亦远斥候[⑦]，未尝遇害。程不识正部曲行伍营陈[⑧]，击刁斗，士吏治军簿至明，军不得休息，然亦未尝遇害。不识曰："李广军极简易，然虏卒犯之[⑨]，无以禁也；而其士卒亦佚乐，咸乐为之死。我军虽烦扰，然虏亦不得犯我。"是时汉边郡李广、程不识皆为名将，然匈奴畏李广之略，士卒亦多乐从李广而苦程不识。程不识孝景时以数直谏为太中大夫[⑩]。为人廉，谨于文法。

【注释】 ①未央卫尉：未央宫是皇帝居住的地方。卫尉，是当时的"九卿"之一，职掌守卫宫门。②长乐卫尉：长乐宫是太后居住的地方。③边太守：边郡太守。将军：率领军队。将，统领，率领。④行：行军。部伍：犹言"部曲"。行阵：行列。⑤刁斗：铜制的军用饭锅，白天用以煮饭，夜间用以敲击巡逻。⑥莫府：同"幕府"，指将军的办事机构。文书籍事：指各种公文案牍之类。⑦斥候：侦察敌情的人员。⑧正：严肃，严格要求。⑨卒：

同"猝",突然。⑩太中大夫:皇帝的侍从人员,掌议论。

【译文】 过了好多年,汉景帝死了,汉武帝即位,左右大臣都说李广是一位名将,于是李广被从上郡太守调入朝廷当了未央宫的卫尉,当时程不识正做长乐宫的卫尉。程不识和李广一样,过去都曾以边郡太守的身份率领军队驻守边防。当出兵讨伐匈奴时,李广的军队比较随便,甚至连严格的组织队列都没有,驻扎的时候也只是找个有水草的地方,住下之后人人自便,夜里也不打更巡逻,军部里各种办事的规章案牍一切从简,但由于他能远放哨探,掌握敌情,所以也从未遭受过敌人的偷袭。程不识的军队不论行军扎营一切规章制度都很严格,夜里要打更巡逻,军部里的文吏们处理各种簿籍档案极其严明,全军都得不到休息,因此他的军队也未曾遭受过什么突然的侵害。程不识说:"李广的治军办法,极其简单省事,如果遇上敌人偷袭,恐怕就难以招架了;但他的士兵们生活得很快乐,因此大家都愿意为他拼命。我的治军虽然繁复,但敌人不可能对我发动突然袭击。"那时候,李广和程不识都是汉朝边郡上的名将,但是匈奴人特别怕李广的胆略,而士兵们也都乐于跟着李广而不愿意跟着程不识。程不识曾因为敢于直言劝谏,在景帝时期做过太中大夫,为人廉洁,谨守规章法度。

【原文】 后汉以马邑城诱单于①,使大军伏马邑旁谷,而广为骁骑将军,领属护军将军②。是时单于觉之,去,汉军皆无功。其后四岁,广以卫尉为将军,出雁门击匈奴。匈奴兵多,破败广军,生得广。单于素闻广贤,令曰:"得李广必生致之。"胡骑得广,广时伤病,置广两马间,络而盛卧广。行十余里,广详死,睨其旁有一胡儿骑善马,广暂腾而上胡儿马③,因推堕儿,取其弓,鞭马南驰数十里,复得其余军,因引而入塞。匈奴捕者骑数百追之,广行取胡儿弓④,射杀追骑,以故得脱。于是至汉,汉下广吏。吏当广所失亡多⑤,为虏所生得,当斩,赎为庶人。

【注释】 ①汉以马邑城诱单于:事在汉武帝元光二年(前133年)。汉使马邑下人聂翁壹假装出卖马邑城来引诱单于。单于信之入关。汉在马邑伏兵三十余万,准备伏击,结果被匈奴发觉,汉军徒劳无功。②领属:归某人所统领。护军将军:即韩安国。③暂腾:突然跃起。④行:顺手,随即。⑤当:判处。

【译文】 后来汉朝用假装出卖马邑城的办法企图引诱匈奴单于上钩,而把大批汉军埋伏在马邑周围的山沟里,李广以骁骑将军的身份参加了这次行动,属护军将军韩安国统领。不料汉军的这次阴谋被匈奴单于所发觉,把军队撤回去了,因此汉军无功而返。又过了四年,李广以未央宫卫尉的身份为将军,率兵出雁门关讨伐匈奴。不料遇到了匈奴的大军,结果汉军被击败,李广也被人俘虏了。匈奴单于早就知道李广是一员名将,因此他下过命令:"如果遇到李广,一定要抓活的。"匈奴捉到李广后,李广当时正害着病,同时又受了伤,于是匈奴人就在两匹马之间拴了一个网床,让李广躺在上边。李广躺着一直装死不动,等到走出了十几里,他斜着眼偷偷瞧见身边有个匈奴人骑着一匹好马,于是

他就一跃而起，跳到了这个匈奴人的马上，夺过了他的弓箭，把他推到了马下，然后快马加鞭一口气向南跑了几十里，找到了自己的残部，领着他们返回关内。当时有几百个匈奴骑兵在后面追赶李广，李广就用他夺来的那张弓回身射死了追上来的人，终于得以脱身。李广回来后，朝廷把李广交给军法处审判，军法处判定李广损失士卒众多，且又自身被俘，应当斩首。但允许李广出钱赎罪，因而得以免死，成了普通百姓。

【原文】 顷之，家居数岁。广家与故颍阴侯孙屏野居蓝田南山中射猎①。尝夜从一骑出，从人田间饮。还至霸陵亭，霸陵尉醉，呵止广。广骑曰："故李将军。"尉曰："今将军尚不得夜行②，何乃故也！"止广宿亭下。居无何，匈奴入杀辽西太守，败韩将军。后韩将军徙右北平，死，于是天子乃召拜广为右北平太守。广即请霸陵尉与俱，至军而斩之。

【注释】 ①屏野：摒除人事而居于山野。②今将军：现任的将军，与"故（前）将军"相对而言。

【译文】 很快，李广在家里闲居了几年。李广家居的这几年里，常常和颍阴侯灌婴的孙子隐居在长安以南的蓝田县山中打猎。有一天夜里李广带着一个随从外出，和他的一个朋友在田间饮酒。回来经过霸陵亭，正好遇到了喝醉酒的霸陵县尉，他呵责李广为什么犯夜，并要拘留他。这时李广的从人连忙解释说："这位是前任的李将军。"县尉说："就是现任的将军也不许夜行，更何况你是个卸了任的将军！"于是硬把李广扣留在亭下过了一宿。过了不久，匈奴人进犯辽西，杀了辽西太守，打败了韩安国的守军。2又过了不久，朝廷调任右北平太守的韩安国呕血死了，于是武帝就任命李广做了右北平太守。李广接到任命后就向朝廷请求调那个霸陵县尉到他部下，一到军中，李广就把他杀了。

【原文】 广居右北平，匈奴闻之，号曰"汉之飞将军"，避之数岁，不敢入右北平。

【译文】 李广在任右北平太守的时候，匈奴人都知道他，称李广为"汉朝的飞将军"，一连几年躲避他，不敢进犯右北平。

【原文】 广出猎，见草中石，以为虎而射之，中石没镞①，视之石也。因复更射之，终不能复入石矣。广所居郡闻有虎，尝自射之。及居右北平射虎，虎腾伤广，广亦竟射杀之。

【注释】 ①中石没镞：古代早有善射者射石的传说，李广此事大概也只是传闻，不是实事。镞，箭头。

【译文】 有一次李广外出射猎，误将草丛中的一块巨石看成了老虎，他抽箭就射，整个箭头都射到石头里去了，近前一看，才知道是石头。李广开弓再射，却再也射不进去了。李广在各郡只要听说哪里有老虎，总是亲自去射。后来在右北平射虎时，老虎跳起来咬伤了他，但最后李广还是射死了这只老虎。

【原文】 广廉，得赏赐辄分其麾下，饮食与士共之。终广之身，为二千石四十馀年①，家无馀财，终不言家产事。广为人长，猨臂，其善射亦天性也，虽其子孙他人学者，莫能及广。广讷口少言②，与人居则画地为军陈③，射阔狭以饮④。专以射为戏，竟死。广之将

兵,乏绝之处⑤,见水,士卒不尽饮,广不近水;士卒不尽食,广不尝食。宽缓不苛,士以此爱乐为用。其射,见敌急⑥,非在数十步之内,度不中不发,发即应弦而倒。用此,其将兵数困辱,其射猛兽亦为所伤云⑦。

【注释】 ①为二千石四十馀年:李广在朝为卫尉、郎中令,在边郡历任太守,皆可大体谓"二千石"。②讷口:说话笨拙,不善言辞。③陈:同"阵"。④射阔狭:比赛看谁射得准。阔狭,指实际着箭点与预定着箭点的距离大小。⑤乏绝:谓缺粮少水之时。⑥见敌急:"急"字疑衍。⑦亦为所伤云:这段文字很像文章的结尾,而实际上后面还有一半,很可能前文是初稿,后来加以续写,留下了这样的痕迹。

【译文】 李广为人廉洁,得到了赏赐总是全都分给他的部下,吃的喝的也都是和士兵们一起分享。他一辈子当了四十多年二千石的官,到头来家中没攒下一点钱财,而他自己也从来不提家产的事。李广个子很高,胳膊也长,他那射箭的绝技也确实是出于天性,别的人即使是他的子孙学射箭,都没有一个能赶上他的。他言语迟钝,平常很少说话,和别人在一起时总喜欢画地为阵,比赛谁射箭射得准,输了的罚酒。一直到死都是这个习惯。他一生带兵东奔西走,每遇到缺水乏粮的时候,看见水,只要还有士兵没有喝上水他就决不喝水;只要还有士兵们没有吃到东西他就决不吃东西。他待人宽厚和气,因此大家都乐于为他效力。他射箭,每逢遇到敌人,非等到相距只有几十步,不能射中的话他就不射,一旦开弓,敌人肯定是应弦而倒。但也正因为这个,他也不止一次被敌人搞得很狼狈,射猛兽的时候也曾被猛兽所伤。

【原文】 居顷之,石建卒,于是上召广代建为郎中令①。元朔六年,广复为后将军,从大将军军出定襄②,击匈奴。诸将多中首虏率③,以功为侯者,而广军无功。后二岁,广以郎中令将四千骑出右北平,博望侯张骞将万骑与广俱,异道④。行可数百里,匈奴左贤王将四万骑围广⑤。广军士皆恐,广乃使其子敢往驰之。敢独与数十骑驰,直贯胡骑⑥,出其左右而还,告广曰:"胡虏易与耳⑦。"军士乃安。广为圜陈外向⑧,胡急击之,矢下如雨。汉兵死者过半,汉矢且尽。广乃令士持满毋发,而广身自以大黄射其裨将⑨,杀数人,胡虏益解⑩。会日暮,吏士皆无人色,而广意气自如,益治军。军中自是服其勇也。明日,复力战,而博望侯军亦至,匈奴军乃解去。汉军罢⑪,弗能追。是时广军几没,罢归。汉法,博望侯留迟后期,当死,赎为庶人。广军功自如,无赏。

【注释】 ①郎中令:当时的"九卿"之一,统领皇帝侍从,及守卫宫门,实际是宫廷事务之总管。②大将军:武帝时的"大将军"地位崇高,虽名义上位在丞相之下,其权宠实在丞相之上。且与皇帝亲近,常在宫廷与皇帝决定大计,时称"内朝"。这里的"大将军"指卫青。③中:符合。率:标准,规定。④异道:各走各的路,即分两路出征匈奴。⑤左贤王:匈奴大单于下面的两个最高官长之一,襄助大单于处理国事。居匈奴之东部。⑥贯:直穿。⑦易与:容易对付。此处写李敢的少年勇猛,亦在于衬托李广。⑧圜陈外向:因李广军处十倍于己的敌人包围中,需四面应敌,故列为圆阵,矛头一齐向外。圜,同"圆"。陈,同"陈"。⑨大黄:一种可以连发的大弓。⑩益解:渐渐散去。或日可释为"渐懈"。⑪罢:通"疲",疲惫。

【译文】 又过了一些时候,石建死了,于是武帝把李广召回接替石建做了郎中令。元朔六年,李广又以后将军的身份,跟随大将军卫青出定襄讨伐匈奴。在这次出征中许多将领都因为杀敌够数论功被封了侯,唯独李广落了个劳而无功。又过了两年,李广又以郎中令的身份率领四千骑兵从右北平出发讨伐匈奴,这时博望侯张骞也率领着一万多人同时出征,各人自走一条路。李广的部队进入了匈奴几百里后,突然被匈奴左贤王率领的四万骑兵包围了。这时,李广的部下都十分恐慌,李广就派他的儿子李敢先去冲击一下敌人。李敢带领着几十名骑兵跃马冲入了敌阵,在敌阵中从腹到背,从左到右,穿了个大十字后回来了,向李广报告说:"这些匈奴人容易对付!"看到了这种情景,军心才稳定下来。于是李广把自己的四千人排成一个圆阵,以对付四面围上来的敌人。匈奴人对李广的军队发起猛攻,一时间箭如雨下,四千人被射死一多半,而自己的箭也快要射光了。于是李广命令士兵们搭上箭,拉开弓,但不要射出,他自己则用一种大黄弩,一连射死了匈奴的几个偏将,其余的人吓得纷纷后退。这时天已经黑了下来,李广的部下个个面无人色,唯独李广仍然意气风发,镇定自如,他把队伍又整顿了一下,准备继续战斗。从此人们是真的佩服李广的勇敢胆略。第二天,他们又接着顽强地作战,这时博望侯张骞的军队也到了,匈奴人才向北撤去。而汉军则因为疲惫已极,已经无力追击了。这一次李广的部队几乎全军覆没,回来之后,依照朝廷的法律,博望侯张骞由于未能按时到达,判处死刑,张骞出钱赎罪,被革职为民。李广的军功和失败的罪责相等,因此也没有受到任何赏赐。

【原文】 初,广之从弟李蔡与广俱事孝文帝。景帝时,蔡积功劳至二千石①。孝武帝时,至代相。以元朔五年为轻车将军,从大将军击右贤王,有功中率,封为乐安侯。元狩二年中,代公孙弘为丞相。蔡为人在下中②,名声出广下甚远,然广不得爵邑③,官不过九卿;而蔡为列侯④,位至三公⑤,诸广之军吏及士卒或取封侯。广尝与望气王朔燕语⑥,曰:"自汉击匈奴而广未尝不在其中,而诸部校尉以下,才能不及中人,然以击胡军功取侯者数十人,而广不为后人,然无尺寸之功以得封邑者,何也?岂吾相不当侯邪⑦?且固命也?"朔曰:"将军自念,岂尝有所恨乎⑧?"广曰:"吾尝为陇西守,羌尝反,吾诱而降,降者八百馀人,吾诈而同日杀之。至今大恨独此耳。"朔曰:"祸莫大于杀已降,此乃将军所以不得侯者也⑨。"

【注释】 ①积功劳:此即俗所谓"没有功劳也有苦劳",即凭着年头、资历而得升迁。至二千石:指其为代相,当时的诸侯国相秩二千石。②下中:下等里的中等,盖将人分为九等以排列之也。③不得爵邑:意即未得裂土封侯。爵,勋级。邑,封地。④列侯:亦称

"彻侯""通侯",封有一定领地,较无领地的"关内侯"地位高。⑤三公:指丞相、太尉、御史大夫。⑥望气:古人认为觇望一个地方的云气,可以判断有关人事的吉凶祸福。燕语:闲谈。燕,安闲,从容。⑦相:面相。⑧恨:遗憾,后悔。⑨此乃将军所以不得侯者也:王朔一段,乃史公游离点缀之词,李广及其整个家族悲剧命运的制造者,乃汉代皇帝与其宠幸,文中指示甚明,而所以仍著此词,一为批评李广之杀降,一乃为其终身坎凛兴叹。

【译文】　当初,李广和他的堂弟李蔡一同在文帝驾前侍奉。到景帝在位时,李蔡已经慢慢升迁到了二千石。武帝即位后,李蔡先是做了代国的丞相。元朔五年又以轻车将军的身份跟随大将军卫青出击匈奴右贤王,由于功劳够格,被封为乐安侯。到元狩二年,竟接替公孙弘做了丞相。李蔡的人品,只是个下中等,名声比李广差远了,然而李广一辈子也没有得到封爵领地,官位最高没有超过九卿;而李蔡却被封了侯,官阶也到了"三公"。李广部下的不少军官甚至士兵后来也封了侯。有一次,李广和一个望气的术士王朔闲谈,他对王朔说:"自从汉朝讨伐匈奴开始,我几乎没有一次战斗没有参加。诸部校尉以下,一些人有的才能还够不上中等,然而已经有几十个靠着讨伐匈奴的军功封侯了,而我哪一条也不比他们差,可是直到今天竟没有得到尺寸之地的封赏,这是为什么呢?是我的骨相不该封侯呢?还是命里注定的呢?"王朔说:"您好好回想一下,您曾经做过什么让自己后悔的事吗?"李广说:"我在做陇西太守的时候,羌人曾经谋反。我引诱他们投降,有八百多人已经投降了,但我欺骗了他们,在当天就把他们都杀了。我至今最后悔的就是这件事。"王朔说:"杀害已经投降的人,是一种最大的阴祸,这就是您不得封侯的原因。"

【原文】　后二岁,大将军、骠骑将军大出①,击匈奴。广数自请行,天子以为老,弗许;良久乃许之,以为前将军。是岁,元狩四年也②。

【注释】　①骠骑将军:此指霍去病,卫青的外甥。骠骑将军位次仅低于大将军。大出:大规模出兵。②"是岁"二句:特别提时间,以突出下面所叙事件的重要,以及作者对此事件的深沉感慨。

【译文】　又过了两年,大将军卫青、骠骑将军霍去病率领大军大规模出击匈奴,李广多次请求参战,武帝认为他老了,开始时不答应;后来总算答应了,派他做了前将军。这一年,是汉武帝元狩四年。

【原文】　广既从大将军青击匈奴,既出塞,青捕虏知单于所居,乃自以精兵走之,而令广并于右将军军,出东道①。东道少回远②,而大军行水草少,其势不屯行③。广自请曰:"臣部为前将军,今大将军乃徙令臣出东道;且臣结发而与匈奴战④,今乃一得当单于,臣愿居前,先死单于。"大将军青亦阴受上诫,以为李广老,数奇⑤,毋令当单于,恐不得所欲。而是时公孙敖新失侯⑥,为中将军从大将军⑦,大将军亦欲使敖与俱当单于⑧,故徙前将军广。广时知之,固自辞于大将军⑨。大将军不听,令长史封书与广之莫府⑩,曰:"急诣部⑪，如书。"广不谢大将军而起行⑫，意甚愠怒而就部，引兵与右将军食其合军出东道。军亡导⑬，或失道⑭，后大将军。大将军与单于接战，单于遁走，弗能得而还。南绝幕⑮，遇前将军、右将军。广已见大将军，还入军⑯。大将军使长史持糒醪遗广⑰，因问广、食其失道状，青欲上书报天子军曲折。广未对，大将军使长史急责广之幕府对簿⑱。广曰："诸校尉无罪，乃我自失道，吾今自上簿。"

【注释】　①出东道：作为卫青大军的右翼，在东侧北进。②少：稍，略，意即较中路绕远。③其势不屯行：两相衡量，可知东侧部队肯定要迟到，因此急于求战的李广不愿走东路。④结发：犹言刚成人。古代男子二十岁束发戴冠，从此算作成人。⑤数奇：运气不好。数，命运。奇，不偶，不逢时。⑥公孙敖：卫青穷困时的朋友，陈皇后因嫉恨卫子夫而逮捕卫青欲杀之，当时公孙敖为骑郎，他与壮士拼死将卫青劫出，卫青始得不死。新失侯：武帝元狩二年（前121年），公孙敖率兵伐匈奴，因迟到未与霍去病按时会师，当斩，贬为庶人。⑦为中将军从大将军：据《卫将军骠骑列传》，公孙敖此行乃以"校尉"从大将军，此处作"中将军"，贻误。⑧大将军亦欲使敖与俱当单于：此见卫青之偏心。⑨自辞：自己陈述。⑩长史：丞相、大将军手下的近身属官。封书：将命令封好。莫府：同"幕府"，将军的营帐，这里即指军部。⑪诣：去。⑫不谢：不告辞。⑬军亡导：军中没有向导。亡，无，没有。⑭或：同"惑"。⑮绝：横穿，横渡。幕：同"漠"。⑯还入军：回到自己军中去了。可见其气愤难平。⑰糒：干饭。醪：浓酒。⑱大将军使长史急责广之幕府对簿："使"字疑是衍文。对簿，回答质问。卫青不一定有意害李广，而史公写得隐隐约约，使人不能不疑，可见司马迁对卫青之厌恶。

【译文】　李广跟着卫青攻打匈奴到达塞北后，他们从捕获的俘虏口中得知了匈奴单于住在什么地方，于是卫青就想自己率着精锐部队，直扑匈奴单于。他命令李广带着他的部下合并到右将军赵食其的东路上去。东路本来就有些绕远，而卫青的主力部队所走的中路水草少，路上势必昼夜兼程，不能停留。于是李广请求说："我是前将军，您现在却让我并入东路；我从二十来岁起就和匈奴打仗，今天好不容易才能碰上匈奴单于，我愿意打头阵，今天即使战死我也心甘情愿。"可是早在出发之前，汉武帝就暗中嘱咐卫青了，他说李广一来年岁大，二来这个人运气不好，不要让他和单于对阵，否则恐怕就实现不了我们的愿望了。这时也正好卫青的好友公孙敖刚刚丢掉了侯爵，正以中将军的身份跟着卫青出征，卫青也正想让公孙敖和他一道直扑单于，好给他个重新封侯的机会，所以他打定主意调走李广。李广心里都清楚，但他还是一再向卫青请求。卫青不听，后来他干脆派他的长史直接把命令送到了李广的军部，并催促李广说："请你马上按照命令到右将军军部报到！"李广也没向卫青告辞，就满腔怒气地回到了自己的军部，率领部队合到赵食其的右路军上去了。结果右路军没有向导，半道上迷了路，没能按时到达前线。以至于卫青的中路军与单于开战后，单于发觉形势不利，就撤军逃跑了。卫青此行遂一无所获。

当卫青率领大军回师向南越过沙漠之后，才遇到了李广和赵食其。李广和卫青见了一下面，什么话也没说就回到了自己的军部。卫青派他的长史把干饭和浓酒送给李广，并向李广和赵食其询问军队迷路的情况，说是自己要向皇帝上报这次出兵不利的原委。李广置之不理，于是卫青就让他的长史严厉地责问李广的部下，逼着他们交代事实。李广说："我的部下们都没有过错，军队迷路是我的责任，我现在自己向皇上呈报。"

【原文】 至莫府①，广谓其麾下曰："广结发与匈奴大小七十馀战，今幸从大将军出接单于兵，而大将军又徙广部行回远，而又迷失道，岂非天哉②！且广年六十馀矣，终不能复对刀笔之吏③。"遂引刀自刭。广军士大夫一军皆哭，百姓闻之，知与不知，无老壮皆为垂涕。而右将军独下吏，当死，赎为庶人。

【注释】 ①至莫府：李广回到自己的军部。②岂非天哉：李广一生蹭蹬，至六十多岁自请出塞，欲借卫青成大功，不料反受其害。观其"幸从大将军""又徙广部"等语，饮恨无穷。③刀笔之吏：指掌管文书、案牍的人员。但通常多以"刀笔吏"称司法部门的文职人员，因这些人舞文弄墨，足以颠倒黑白，为非作歹。

【译文】 李广回到军部，对自己的部下说："我从年轻时到现在与匈奴打了大小七十余仗，这次好不容易跟着大将军出来碰上匈奴单于，谁想到大将军又偏偏把我调到了一条绕远的路上，而我们自己又偏偏地迷了路，这不是天意吗？我已经是六十多岁的人了，无论如何我也不能再去与那些刀笔吏们对质争辩。"于是他拔刀自刎而死。李广部下的官兵们都为自己的将军伤心痛哭，百姓们听到这个消息后，不论认识的还是不认识的，不论老幼，也都为这位名将落了泪。右将军赵食其接受了审判，被定为死刑，自己出钱赎做了百姓。

【原文】 太史公曰：传曰"其身正，不令而行；其身不正，虽令不从"。其李将军之谓也？余睹李将军悛悛如鄙人①，口不能道辞。及死之日，天下知与不知，皆为尽哀。彼其忠实心诚信于士大夫也②？谚曰："桃李不言，下自成蹊③。"此言虽小，可以谕大也。

【注释】 ①悛悛：谨厚的样子。鄙人：乡下人，草野之人。②信：取信，受到信任。士大夫：指其部下的将士。③蹊：小路。

【译文】 太史公说：《论语》上曾说，"自己的行为端正，即使不下命令，别人也会跟着执行；自己的行为不端正，即使下命令别人也不听"。这话说得不正是李将军吗？我看李将军的模样，谦恭诚实得像乡下人，说话词不达意。可是到他死的时候，普天下不论认识他的还是不认识他的人，都为他哀悼。这难道不是他那一颗忠诚的心感动了大家吗？俗话说："桃树李树虽然不会说话，但它的本质吸引人，树下都让人踩出了一条路。"这话虽然讲的是一件小事，但却可以说明一个大道理。

中华传世藏书

国学经典文库 史学经典

图文珍藏版

太史公自序

【题解】

　　《太史公自序》是《史记》的最后一篇,内容分为两部分:前一部分司马迁叙述了自己的生平家世,叙述了自己写作《史记》的时代条件、个人的动机以及受刑后的忍辱著书;后一部分介绍了《史记》其书的规模体例,以及每一篇的写作宗旨。这是研究司马迁的生平思想以及《史记》其书的重要资料。我们在这里选取了其中的自传部分。

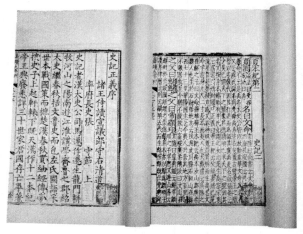

《史记》书影

　　在自传部分,最重要的是接受遗教与忍辱发愤两节。接受遗教一节悲慨沉挚,对此,我们应该透过他们的父子关系,看到这是一种时代要求、历史使命的体现。忍辱发愤一节则最本质地体现了司马迁的生死观与价值观。

　　【原文】　迁生龙门①,耕牧河山之阳②。年十岁则诵古文③。二十而南游江、淮,上会稽④,探禹穴⑤,窥九疑⑥,浮于沅、湘⑦;北涉汶、泗⑧,讲业齐、鲁之都⑨,观孔子之遗风,乡射邹峄⑩;厄困鄱、薛、彭城⑪,过梁、楚以归⑫。于是迁仕为郎中⑬,奉使西征巴、蜀以南⑭,南略邛、笮、昆明⑮,还报命。

　　【注释】　①龙门:山名,在今陕西韩城东北、山西河津城西北十二公里的黄河峡谷中,原称"龙门",也称"禹门"。②河山之阳:这里指龙门山之南,黄河的西北岸。③古文:先秦流传下来的用"古文"所写的六国书籍。秦朝统一前,东方六国所用的文字称作"古文"。④会稽:山名,在今浙江绍兴南。⑤禹穴:会稽山上的一个洞穴,相传禹曾进去过,故称"禹穴"。⑥九疑:山名,在今湖南道县东南,其山有九峰,皆相似,故称"九疑"。相传舜巡狩至此而死,遂葬焉。⑦浮于沅、湘:意即乘船到达过沅水、湘水流域。⑧北涉汶、泗:向北到达过汶水、泗水。古汶水在今山东境内。古泗水流经今山东泗水、曲阜,南入江苏,汇入淮水。⑨讲业:讲习儒家的学业。齐、鲁之都:齐都临淄,在今山东淄博之临淄区东北;鲁都即今山东曲阜。⑩乡射:儒家所讲究的古礼之一。邹峄:邹县的峄山。曲阜是孔子的故乡,邹县是孟子的故乡,司马迁在这里讲习儒业,参加这里儒生举行的活动,充分表现了司马迁对这两位儒学大师的崇敬。⑪厄困鄱、薛、彭城:司马迁在此有何"厄困",史无明文。鄱,同"蕃",即今山东滕县。薛,在今山东滕县南。彭城,即今江苏

徐州。⑫过梁、楚以归：前已言及"彭城"，彭城即楚国，此又云"过梁楚"，"梁"下似不宜再出"楚"字。梁是汉代的诸侯国，国都睢阳（今河南商丘南）。近来有人以为"楚"或指陈涉为"张楚王"时的都城陈县，即今之河南淮阳。⑬郎中：皇帝的侍从人员，上属郎中令。⑭奉使西征巴、蜀以南：事在武帝元鼎六年（前111年）。是年武帝平定西南夷，在今云南、贵州以及四川南部新设了武都、牂柯、越嶲、沈黎、文山五个郡，故派司马迁前往考查。巴、蜀，汉郡名，巴郡的郡治江州（今重庆西北），蜀郡的郡治即今四川成都。⑮略：行视，视察。邛：邛都，在今四川西昌东，当时为越嶲郡的郡治所在地。筰：筰都，在今四川汉源东北，当时为沈黎郡的郡治所在地，后来并入蜀郡。昆明：古地区名，在今云南昆明西，当时属于归汉的滇王，后来设为益州郡，郡治在今云南晋宁区东北。

【译文】 司马迁出生在龙门，曾在龙门山南过了一段耕田和放牧的生活。十岁时开始学习古文。二十岁开始南下游历，先后曾到过江淮一带，还上过会稽山，探访过禹穴，又到过九疑山，瞻仰舜的坟墓，而后乘船到过沅水和湘水，接着又北上到了汶水、泗水，在齐、鲁的旧都临淄、曲阜游过学，领略了孔子的遗风，还到邹县的峄山参加过那里的乡射活动，后来路经鄱县、薛县、彭城时，遇到了一些麻烦，吃过一些苦头，最后经过梁国、楚国回到了家乡。回来后不久就进京做了郎中，又奉命出使去了巴、蜀以南，到过邛都、筰都，以及昆明国，然后才返回来。

【原文】 是岁天子始建汉家之封①，而太史公留滞周南②，不得与从事③，故发愤且卒。而子迁适使反，见父于河、洛之间。太史公执迁手而泣曰："余先周室之太史也。自上世尝显功名于虞夏，典天官事。后世中衰，绝于予乎？汝复为太史，则续吾祖矣。今天子接千岁之统④，封泰山，而余不得从行，是命也夫，命也夫！余死，汝必为太史；为太史，无忘吾所欲论著矣⑤。且夫孝始于事亲，中于事君，终于立身。扬名于后世，以显父母，此孝之大者。夫天下称诵周公，言其能论歌文、武之德⑥，宣周、邵之风⑦，达太王王季之思虑⑧，爰及公刘⑨，以尊后稷也⑩。幽、厉之后⑪，王道缺，礼乐衰⑫，孔子修旧起废，论《诗》《书》⑬，作《春秋》⑭，则学者至今则之。自获麟以来四百有馀岁⑮，而诸侯相兼，史记放绝⑯。今汉兴，海内一统，明主贤君忠臣死义之士，余为太史而弗论载，废天下之史文，余甚惧焉，汝其念哉！"迁俯首流涕曰："小子不敏，请悉论先人所次旧闻⑰，弗敢阙。"

【注释】 ①是岁：即武帝元封元年（前110年）。始建汉家之封：开始进行汉朝的首次封禅活动。到泰山峰顶增土祭天称作"封"，在泰山下面的某小山拓土祭地称作"禅"。②周南：即洛阳一带。③不得与从事：司马谈任太史令，封禅活动是他所在部门的应管之事；司马谈还亲自参加过有关封禅礼仪的制订，故而深以不能参与此次活动为憾。④接千岁之统：据《封禅书》，西周初年周成王曾登封泰山，自周成王（前11世纪）到武帝元封元年，相隔九百多年，此云"千岁"是约举成数。⑤吾所欲论著：即指写《史记》。⑥论歌文、武之德：旧说今《诗经》中的《文王》《大明》《文王有声》以及《尚书》中的《牧誓》等歌颂文王、武王功业的作品皆为周公所作。⑦邵：同"召"，即指召公，名奭，周公之弟。⑧太王：即古公亶父，周文王的祖父，后被追尊为"太王"，《诗经》中的《绵》即为歌颂太王而作。王季：名季历，太王之子，文王之父，后被称"王季"，《诗经》中的《皇矣》即为歌颂王季而作。⑨公刘：周族的远辈祖先，由于发展农业，使周族从此兴盛，《诗经》中有《公刘》篇即歌颂其功业者。⑩后稷：名弃，周族的始祖，以发展农业之功被舜封为"后稷"，《诗经》中有《生民》，即演说后稷之事。⑪幽、厉之后：即指东周以来。幽、厉，周幽王、周厉王，都是西周的昏君。⑫王道缺，礼乐衰：即礼崩乐坏，西周前期的"王道"秩序不复存在。⑬论《诗》《书》：《诗》《书》原是学官里的两种传统教材，孔子重新予以解释、阐发。⑭作《春秋》：司马迁采用孟子以及汉代公羊学家的说法，认为《春秋》是孔子所作，而且把《春秋》的思想说得极其玄妙；但孔子自己没有说过此事，相反孔子一直声称自己是"述而不作"的，今人多不取这种说法。⑮获麟：指鲁哀公十四年（前481年）西狩获麟事，孔子对此伤心慨叹，其《春秋》的写作也就从此搁笔了。四百有馀岁：获麟至元封元年，凡三百七十二年。⑯史记放绝：指各国写的历史书丢失散乱。史记，泛指历史书。⑰论：演绎，阐发。次：编排，排列。据此可知司马谈当时已经编写了部分书稿，或者至少已经编排了许多资料，故司马迁如此说。

【译文】　就在这一年，汉武帝第一次去泰山举行汉朝的封禅大典，而司马谈因为有病走到洛阳时只好留下来，不能跟着去参加了，他又遗憾又生气病情加重快要死了。正好他的儿子司马迁出使回来，父子俩在洛阳见了面。司马谈拉着儿子的手流着眼泪说："我们的祖先曾经是周朝的太史。再早的先人在虞舜夏禹的时代就曾有过显赫的功名，主管天文。后来半道上衰落了，难道在我们这里就让它断了吗？如果今后你能再当上太史令，那就继承了我们祖先的事业吧。当今皇帝上接千年来已经断绝的大典，到泰山去祭天，可我却不能跟着去，这不是命吗，这不是命吗！我死后，估计你一定会做太史令；你做了太史令，千万不要忘记我想写的那部著作。孝道的最浅层次是侍奉父母，中间层次是侍奉国君，最高层次是建立功名，使自己名扬后世，连父母也跟着光荣，这才是最大的孝道。自古以来人们赞扬周公，就因为他能够歌颂文王、武王的功德，使自己和召公的风教普行于天下，他发挥了太王、王季的思想，并向上一直追溯到公刘，推尊到始祖后稷。自从幽王、厉王以来，王道不昌，礼崩乐坏，孔子整理了旧时的文献，振兴了已被时人废弃的礼乐，他讲述了《诗》《书》，撰写了《春秋》，直到今天，学者们还把它视为行为的准则。从鲁哀公获麟孔子的写作搁笔到今天又有四百多年了，由于各国的兼并战乱，当时的历史书都已散失断绝。当今汉朝建立，国家统一，明主贤君、忠臣义士的事迹很多，我们身为史官，如果不能把他们写下来，造成历史文献的荒废，那是我所忧惧的，你一定要好好注意这件事！"司马迁低着头，流着泪说："我虽然不聪明，但我一定要把您已经收集整理的资料，写成著作，决不能让它有半点缺失。"

【原文】　卒三岁而迁为太史令①，绅史记石室金匮之书②。五年而当太初元年③，十一月甲子朔旦冬至④，天历始改⑤，建于明堂⑥，诸神受纪⑦。

【注释】　①卒三岁：元封三年（前108年）。迁为太史令：《索隐》引《博物志》："太史令，茂陵显武里大夫司马迁，年二十八，三年六月乙卯除，六百石。"据此可知司马迁在长安的住宅是在"茂陵显武里"，同时又可推知司马迁是生于前135年，即武帝建元六年。②绅史记石室金匮之书：句子不顺，意即大量阅读石室金匮之史记。绅，即"籀"字，亦作"抽"。《说文》："籀，读书也。"③五年而当太初元年：意谓司马迁任太史令后的第五年是太初元年（前104年）。④十一月甲子朔旦冬至：十一月初一是甲子日，这天的早晨交冬至节。⑤天历始改：从这天开始使用新历法，即所谓"太初历"。⑥建：立。这里指颁行。明堂：儒家传说的一种古代建筑。⑦诸神受纪：改历于明堂，班之于诸侯。诸侯，群神之主，故曰"诸神受纪"。受纪，即接受新历法。

【译文】　司马谈去世三年后，司马迁果然做了太史令，于是他就开始阅读国家图书馆里收藏的那些图书档案。又过了五年，也就是太初元年，这一年的十一月初一即甲子日凌晨冬至，国家颁布了新历法，在明堂里举行了典礼，各地的诸侯们都一体遵照实行。

【原文】　太史公曰①："先人有言：'自周公卒五百岁而有孔子。孔子卒后至于今五百岁②，有能绍明世③，正《易传》④，继《春秋》⑤，本《诗》《书》《礼》《乐》之际？'意在斯乎！意在斯乎！小子何敢让焉。"

【注释】　①太史公曰：此"太史公"乃司马迁自指。②孔子卒后至于今五百岁：云"五百岁"者，此以祖述之意相比，所谓断章取义，不必以实数求也。③有能：意即"孰能"。绍：接续，继承。④正《易传》：孔子做过《易传》，因历年久远，传写讹误，故需订正而用之。⑤继《春秋》：司马迁认为《春秋》是孔子所作，今欲效孔子的《春秋》以写《史记》，故曰"继"。

【译文】　司马迁说："我父亲曾说过：'周公死后五百年，出了孔子，孔子死后到现在又有五百年了，有谁能继承并发扬古代圣人的事业，订正理解《易传》，能接续着孔子的《春秋》，依据着《诗》《书》《礼》《乐》的本质意义，来写一部新的著作呢？'说不定这个人就在眼前吧！就在眼前吧！我怎么能推让呢？"

【原文】　于是论次其文①。七年而太史公遭李陵之祸②，幽于缧绁③。乃喟然而叹曰："是余之罪也夫！是余之罪也夫！身毁不用矣。"退而深惟曰④："夫《诗》《书》隐约者，欲遂其志之思也。昔西伯拘羑里，演《周易》⑤；孔子厄陈、蔡，作《春秋》⑥；屈原放逐，著《离骚》；左丘失明，厥有《国语》⑦；孙子膑脚，而论兵法⑧；不韦迁蜀，世传《吕览》⑨；韩非囚秦，《说难》《孤愤》⑩；《诗》三百篇，大抵贤圣发愤之所为作也⑪。此人皆意有所郁结⑫，不得通其道也，故述往事，思来者。"于是卒述陶唐以来⑬，至于麟止⑭，自黄帝始。

【注释】　①论次：阐述，编排。②七年：指天汉三年（前98年）。司马迁自太初元年

(前 104 年)开始写《史记》,至天汉三年共七年。太史公遭李陵之祸:指天汉二年(前 99 年)李陵征匈奴兵败被俘,司马迁因议论李陵事下狱,而于天汉三年受宫刑事。③缧绁:捆绑犯人的绳索。④深惟:深思。⑤"昔西伯"二句:司马迁说是周文王被殷纣王囚于羑里(今河南汤阴北)的时候,将《周易》的八卦推衍成了六十四卦,后人对此说多有怀疑。西伯,即周文王。⑥"孔子"二句:孔子一生中曾有厄于陈、蔡(今河南淮阳与上蔡之间)及做《春秋》二事,但史公一定要将二事联系起来,并说成因果关系,此其行文之需要。⑦"左丘"二句:《国语》的作者,旧说曾认为是左丘明,但史公乃曰"左丘失明,厥有《国语》",不知何据。⑧"孙子"二句:孙膑被庞涓断足后,逃到齐国,后率齐师破杀庞涓于马陵道,并有兵法传世。⑨"不韦"二句:吕不韦在任秦国丞相时,曾召集宾客为之著述了一部《吕氏春秋》,后因事被秦王流放巴蜀,死于途中。⑩"韩非"二句:韩非是战国末年韩国公子,其著作《说难》《孤愤》传到秦国后,大受秦王赞赏。秦王喜爱韩非的才华,将其召到秦国,后被李斯等所害。今史公为了抒情需要,故意将吕不韦、韩非的事情从时间上做了颠倒。⑪"《诗》三百篇"二句:《诗经》是一部古代歌谣集,内容相当丰富,但说其作者大抵都是"贤圣",说其内容大抵都是"发愤"之作,显然不合事实。⑫郁结:郁闷,纠结。⑬陶唐:指尧。⑭至于麟止:《自序》记《史记》之断限有两说,一曰"于是卒述陶唐以来至于麟趾",一曰"余历述黄帝以来至太初而讫"(见篇末),一篇之中所言全书起讫不同。这可能是因为司马谈为太史令时,最可纪念之事莫大于获麟,故讫"麟止"者是司马谈;及元封而后,司马迁继史职,则最可纪念之事莫大于改历,故"讫太初"者是司马迁。《太史公自序》一篇本来也是司马谈所作,司马迁修改之而未尽,故犹存牴牾之迹。

【译文】 于是司马迁就开始编排史料,进行评论,写成文章。写到第七年,由于李陵问题,司马迁遭了罪,被下在了牢狱里。于是他感叹说:"这是我的罪过吗?这是我的罪过吗?我的身体已经遭到了毁伤,恐怕再也干不成什么事情了!"可是转而进一步想,又说:"《诗》《书》之所以写得含蓄,不就是为了能表达作者的思想吗?当初周文王被囚禁在羑里时,演绎了《周易》;孔子在陈国、蔡国倒霉时,写了《春秋》;屈原由于被流放,写了《离骚》;左丘氏由于失明,写了《国语》;孙膑断了双腿,写了《兵法》,吕不韦流放巴蜀,写了《吕览》;韩非在秦国下狱,写了《说难》《孤愤》,《诗经》三百篇,大部分也都是圣贤们发愤写出来的。这些人都是因为有抱负,而又得不到施展,所以才通过写书来叙述往事,寄希望于后来的知音。"于是就叙述了上起唐尧,下至汉武帝获麟为止的历史,而第一篇则是从黄帝开始的。

资治通鉴

【导语】

《资治通鉴》是宋代史学家司马光和助手刘恕、刘攽、范祖禹、司马康等人历时19年编纂而成的史学巨著,是我国第一部编年体通史,规模空前。全书共294卷,约300多万字。其所记载的历史断限,上起周威烈王二十三年(前403年),下迄后周显德六年(959年),涵盖了1362年的历史。

司马光像

《资治通鉴》主编司马光(1019~1086),字君实,陕州夏县涑水乡(今属山西)人。完成了《资治通鉴》这部史学巨著,开创了编年体通史这一体例。

《通鉴》在材料的分配上并不均匀,其中战国到三国共646年,78卷。晋到隋历时353年,106卷。唐五代343年,110卷。这主要受制于史料的详略。三国以前史料的主要来源是前四史,并没有新的材料,因此内容极其简略。西晋到隋这一时期在编写时无疑参考了新的史料,但由于历史的原因,现在已无法分辨信史。而唐五代部分则运用了大量新史料,内容所占的比重也最大,是书中最具价值的部分。

北宋时期,天下承平日久,文化发展迅速,私人藏书大量增加,很多失传的史书比如唐代的国史、实录、时政记等都重现于世,因此司马光在编撰这一部分史书的时候,对于其时种种野史、官史、谱录、墓志、行状、碑碣材料无不毕览,今人认为书中所引用的材料有200余种。

在《通鉴》的具体内容上,以周威烈王二十三年(前403年)为开端,这一年周王正式承认三家分晋,因为史书的目的即在于"史鉴",司马光于此作了第一篇议论——"臣光曰"。下迄后周世宗显德六年(959年),不及当代史。纪年的体例上,凡是一年有几个年

号的,《通鉴》一律用最后一个。分裂时期,三国用魏、晋的年号,南北朝则用南朝。

和《史记》有所不同,司马迁的目标是"究天人之际,通古今之变,成一家之言",重视天人关系和朝代更替的规律;而司马光写《资治通鉴》的目的则更加现实,他是要"鉴前世之兴衰,考当今之得失"。因此在选材上,能够为统治者提供借鉴作用的政治史就毫无疑问地占据了最重要的位置。《通鉴》极其重视政治,对于政治清明和黑暗时期都用功很深,也重视战争。举凡权力更迭、施政得失、制度沿替、人才进退都有详尽深入的记载,这些内容也是《通鉴》一书的精华所在,记述中尤其表现出编年史的优点。比起纪传体的一事互见于不同传记,《通鉴》在记述一件事、一项制度的时候,可以更清晰地表现出全貌和发展变化的过程。

本书限于篇幅,只选取《通鉴》记载的 26 项事件,而且因为其书自身的特点,选材上也倾向于政治方面,加以整理,稍做概括,希望读者通过这个选本能略微体会到《通鉴》精华的万一。选择上挂一漏万,在所难免;自然,领略其书精髓最好的方法就是翻开《资治通鉴》,从第一页开始,读下去。

秦 纪

荆轲刺秦

【题解】

面对秦国的强大实力和咄咄逼人的野心,六国丢盔弃甲,一败涂地。燕国太子丹清醒地看到了自己国家的命运,他努力寻求可以挽救燕国的办法。在他看来,秦国和六国之间的实力对比过于悬殊,而且六国已经被秦国的强大吓破了胆,都战战兢兢,只求自保。所以他拒绝了太傅从长计议的主张,选择了他眼中最快、最有效的方式——刺杀秦王。

《通鉴》的记载比起《史记》来要简单得多。其着重点不在人物性格的塑造和人物关系的挖掘上,而将选材集中于太子丹和太傅的两种观点上,表现出《通鉴》和之前的史书记载方式与解读方式的不同。

【原文】 燕太子丹怨王[①],欲报之,以问其傅鞠武[②]。鞠武请西约三晋,南连齐、楚,北媾匈奴以图秦[③]。太子曰:"太傅之计,旷日弥久,令人心惛然[④],恐不能须也[⑤]。"顷之,将军樊於期得罪[⑥],亡之燕;太子受而舍之。鞠武谏曰:"夫以秦王之暴而积怒于燕,足为寒心,又况闻樊将军之所在乎!是谓委肉当饿虎之蹊也[⑦]。愿太子疾遣樊将军入匈奴!"太子曰:"樊将军穷困于天下,归身于丹,是固丹命卒之时也,愿更虑之!"鞠武曰:"夫行危以求安,造祸以为福,计浅而怨深,乃连结一人之后交,不顾国家之大害,所谓资怨而助祸矣[⑧]。"太子不听。

【注释】　①太子丹:燕王喜的太子,曾被送到秦国当人质,因为受到冷遇,逃回燕国。荆轲行刺秦王失败后,秦国发兵攻燕,太子丹率部退保辽东,被燕王喜斩首,奉献秦国。②鞠武:燕国太子丹的老师,曾跟随太子丹到赵国都城邯郸做人质。③媾:求和。④惛然:神智不清。⑤须:等待。⑥樊於期:秦国将领,由于反对秦王获罪逃亡入燕。⑦蹊:小路,路。⑧资:帮助。

【译文】　始皇帝十九年(前228年),燕太子丹怨恨秦王嬴政,想要报复,于是就向太傅鞠武求教。鞠武提出燕国和西面的三晋,南面的齐、楚联合,同时和北方的匈奴结好,来共同对付秦国。太子丹说:"太傅的计策,旷日持久,恐怕我们等不及。"不久,秦国将军樊於期得罪了秦王逃到燕国,太子丹收留了他,还提供地方安顿他。鞠武劝谏说:"以秦王的残暴和他对燕国的积怨,已经够让人害怕的了,要是他再听说我们接纳樊将军的事,岂不是像人家说的,把肉丢在饿虎出没的小路。请太子快将樊将军打发到匈奴去。"太子丹说:"樊将军走投无路,投奔到我这里,这正是我舍弃生命也要保全他的时候,请您再考虑一下。"鞠武说:"做危险之事来企求平安,制造祸端以期得到福祉,用简单浅陋的方法去解决怨恨,这些都是为结交一个人而不顾国家安危的做法,只能让怨恨加深,加速祸事来临而已!"太子丹听不进去。

【原文】　太子闻卫人荆轲之贤①,卑辞厚礼而请见之。谓轲曰:"今秦已虏韩王,又举兵南伐楚,北临赵;赵不能支秦,则祸必至于燕。燕小弱,数困于兵,何足以当秦?诸侯服秦,莫敢合从②。丹之私计愚,以为诚得天下之勇士使于秦,劫秦王,使悉反诸侯侵地,若曹沫之与齐桓公③,则大善矣;则不可,因而刺杀。彼大将擅兵于外而内有乱,则君臣相疑,以其间,诸侯得合从,其破秦必矣。唯荆卿留意焉!"荆轲许之。于是舍荆卿于上舍,太子日造门下④,所以奉养荆轲,无所不至。及王翦灭赵,太子闻之惧,欲遣荆轲行。荆轲曰:"今行而无信,则秦未可亲也。诚得樊将军首与燕督亢之地图⑤,奉献秦王,秦王必说见臣⑥,臣乃有以报。"太子曰:"樊将军穷困来归丹,丹不忍也!"荆轲乃私见樊於期曰:"秦之遇将军,可谓深矣,父母宗族皆为戮没!今闻购将军首,金千斤,邑万家,将奈何?"於期太息流涕曰:"计将安出?"荆卿曰:"愿得将军之首以献秦王,秦王必喜而见臣,臣左手把其袖,右手揕其胸⑦,则将军之仇报而燕见陵之愧除矣!"樊於期曰:"此臣之日夜切齿腐心也!"遂自刭⑧。太子闻之,奔往伏哭,然已无奈何,遂以函盛其首⑨。太子豫求天下之利匕首,使工以药焠之⑩,以试人,血濡缕⑪,人无不立死者。乃装为遣荆轲,以燕勇士秦舞阳为之副,使入秦。

【注释】　①荆轲:战国末期卫人,好读书击剑,卫人称为"庆卿",后到燕国,被当地人称为荆卿。由燕国田光推荐给太子丹,拜为上卿。公元前227年,荆轲带燕督亢地图和樊於期首级,前往秦国进献。秦王大喜,在成阳宫隆重召见。献图时,图穷匕首现,刺秦王不中,被杀。②合从:即"合纵",泛指联合。③曹沫之与齐桓公:曹沫,鲁国人。齐桓公和鲁会盟，曹沫劫持齐桓公，逼迫他答应尽数归还侵夺鲁国的土地。④造：到。⑤督亢：今河北涿州东南有督亢陂，其附近定兴、新城、固安诸县一带即战国燕督亢，是燕国的膏腴之地。⑥说：同"悦"。⑦揕：刺。⑧自刭：割颈自杀。⑨函：匣子。这里作动词用，指用盒子装上。⑩焠：浸染。⑪濡缕：沾湿一缕。形容沾湿范围极小，引申指力量微弱。

【译文】 太子丹听说卫人荆轲的贤名，于是带了很多礼物，态度谦恭地去拜访。太子丹对荆轲说："现在秦国已俘虏了韩王，又举兵南伐楚，北伐赵。赵国无力抵抗秦兵，一旦赵国被灭，则燕国的亡国之祸也就不远了。燕国弱小，屡屡受到战争的骚扰，怎么能抵抗秦国的进攻呢？各国诸侯都被秦国的强大震慑，不敢以合纵之计对敌。我有一条计策，只要找到天下的勇士出使秦国，劫持秦王，逼迫他交还诸侯的土地，就像以前曹沫对待齐桓公的方法，如果能圆满完成就再好不过了；万一不成功，也可以借此机会刺杀秦王，一旦秦王遇刺，出征在外的大将听说国内出事，必定使得秦国君臣彼此猜疑，趁此机会，诸侯得以行合纵之计，那时秦国必定为六国所破。这件事希望荆卿能认真考虑一下！"荆轲答应了太子丹。于是太子丹将荆轲安顿在上舍，每天上门拜望，奉养荆轲无微不至。等到秦国将军王翦灭赵的消息传来，太子丹害怕了，想立刻派荆轲去秦国。荆轲说："现在我们没有可以取信于秦国的办法，即使去了也很难接近秦王。如果有樊将军的首级和燕督亢的地图献给秦王，秦王必定高兴地召见臣，臣才可以依计行事。"太子丹说："樊将军走投无路来投靠我，我不忍心这么做啊！"于是荆轲单独去见樊於期说："秦国对待将军真可谓残忍啊，父母宗族都被诛杀！如今还以金千斤，邑万家悬赏将军首级，将军有何打算？"樊於期叹息流泪说："你有什么办法呢？"荆卿说："我希望得到将军首级进献秦王，秦王必定欢喜地召见我，我左手抓住他的袖子，右手直刺他的胸膛，那时候，将军大仇得报而燕国被欺侮的耻辱也可以消除了！"樊於期说："你说的也正是我日夜刻骨铭心想着的事啊！"于是自刭。太子丹听说了赶去哭祭，但已经没有别的办法了，只得用盒子将樊於期的首级盛放起来。太子事先找到了天下最锋利的匕首，派工匠以药焠炼，用人来试验，见血封喉，没有不立刻毙命的。于是准备好一切派荆轲，又以燕国勇士秦舞阳为荆轲的副手，让他们出发到秦国去。

【原文】 荆轲至咸阳①，因王宠臣蒙嘉卑辞以求见；王大喜，朝服，设九宾而见之②。荆轲奉图以进于王，图穷而匕首见③，因把王袖而揕之；未至身，王惊起，袖绝。荆轲逐王，王环柱而走。群臣皆愕，卒起不意④，尽失其度。而秦法，群臣侍殿上者不得操尺寸之兵⑤，左右以手共搏之，且曰："王负剑⑥！"负剑，王遂拔以击荆轲，断其左股⑦。荆轲废，乃引匕首擿王⑧，中铜柱。自知事不就，骂曰："事所以不成者，以欲生劫之，必得约契以报太子也！"遂体解荆轲以徇⑨。王于是大怒，益发兵诣赵，就王翦以伐燕⑩，与燕师、代师战于易水之西，大破之。

【注释】 ①咸阳：秦国都城，今陕西咸阳。②九宾：为古代宾礼中最隆重的礼仪，主

要有九个迎宾赞礼的官员延迎上殿。③图穷而匕首见：地图打开到最后，里面藏着的匕首露了出来。图，地图。穷，尽。见，同"现"。④卒：同"猝"。⑤兵：武器。⑥负：背。⑦股：腿。⑧摘：投掷。⑨徇：示众。⑩王翦：秦著名将领，在秦始皇统一六国的战争中立有大功。荆轲事件之后，秦王派王翦攻打燕国，在易水西击破燕军主力，逼迫燕王逃到辽东，平定了燕蓟。

【译文】 始皇帝二十年(前227年)，荆轲到了咸阳，通过秦王宠臣蒙嘉态度谦卑地请求谒见。秦王听说了他们带来的礼物大喜，身穿朝服，在朝廷上设九宾之礼召见。荆轲捧着地图进献秦王，图穷而匕首现，他抓住秦王的衣袖，以匕首行刺；没有刺中，秦王惊起，袖子挣断。荆轲追上去，秦王绕着柱子跑。群臣一时都惊呆了，因事情发生得突然，出乎意料，大家尽失常态，而秦法规定，殿上群臣不得携带武器，于是左右上前徒手和荆轲搏击，有人叫道："大王背上的剑！"于是秦王拔出背后的剑斩断了荆轲的左腿。荆轲无法再继续追击，就把匕首投向秦王，却击中了铜柱。荆轲自知行刺不成，大骂道："之所以没有成功，是因为想活捉秦王，逼他许下有利于燕国的约定，来回报太子！"于是秦人将荆轲分尸示众。秦王大怒，增加兵力到赵国，命令王翦攻打燕国，在易水之西大破燕、代的军队。

汉　纪

楚汉相争

【题解】

刘邦、项羽之间的战争延续了好几年，时战时和，互有胜败。刘邦从弱小到强大，项羽从占尽优势到渐落下风，相关的史料在《通鉴》中并不是最早和最详尽的，但是所有的记载都沿着时间推进而展开，其间双方力量对比的变化，不同人物对于情势的不同理解和反应，都使得这一事件的铺陈显得特别生动。以这里所选的段落看，刘邦一方陈平的反间计、纪信的忠心和牺牲、张良对于局势精审的分析，都表现出知己知彼的智慧。刘邦的记载虽少，却清晰地展现了其人从善如流的豁达作风；反之，项羽的多疑、心胸狭窄直接导致了楚军内部的离心，最后造成他的失败。而垓下一战，《通鉴》用了相当详尽的篇幅记述了项羽的最后时刻。一改原先的"意忌信谗"、优柔寡断的形象，在面临生死胜败之际，项羽镇定如恒，谈笑处之，我们可以从史书上看到一个无论勇猛、胆略、气度无不令人心折的末路英雄。当然这样运用大量对话和细节的史书写作方式在《通鉴》一书中也并不典型。

另外，在汉军节节胜利的背景下，我们已经可以看到刘邦和韩信、彭越等功臣之间隐隐的阴影。

【原文】 汉王谓陈平曰①:"天下纷纷,何时定乎?"陈平曰:"项王骨鲠之臣②,亚父、钟离眜、龙且、周殷之属③,不过数人耳。大王诚能捐数万斤金④,行反间⑤,间其君臣,以疑其心;项王为人,意忌信谗,必内相诛,汉因举兵而攻之,破楚必矣。"汉王曰:"善!"乃出黄金四万斤与平,恣所为⑥,不问其出入。平多以金纵反间于楚军,宣言:"诸将钟离眜等为项王将,功多矣,然而终不得裂地而王,欲与汉为一,以灭项氏而分王其地。"项王果意不信钟离眜等。

【注释】 ①陈平:刘邦谋臣。足智多谋,锐意进取,屡以奇计辅佐刘邦定天下,汉初被封为曲逆侯。汉文帝时,曾升为右丞相,后改任左丞相。②骨鲠之臣:忠直敢于直言进谏的属下。③亚父:即范增,项羽的主要谋士,被尊称为"亚父"。钟离眜:楚王项羽的大将。龙且、周殷:均为项羽的大将。④捐:舍弃。⑤间:离间。⑥恣:放纵,没有拘束。

刘邦像

【译文】 汉太祖高皇帝三年(前204年),汉王对陈平说:"纷乱的天下什么时候才能太平呢?"陈平说:"项王身边正直忠心的臣子不过是亚父、钟离眜、龙且、周殷这些人,只几个人而已。大王如果能拿出数万斤金,行反间计,就能离间他们君臣关系,让他们互生疑心。项王的为人,易于猜忌,偏听偏信,君臣之间起了疑心,必定内部互相残杀。我们借机举兵进攻,一定能够打败项王。"汉王说:"好!"拿出黄金四万斤交给陈平,任由他自己掌握,不再过问支出。陈平用钱在楚军中施行反间,传播谣言:"钟离眜将军他们跟着项王立了那么多功劳,然而总是不能裂土封王,现在要跟汉联合,消灭项氏取得土地称王。"流言传布,项王果真开始怀疑钟离眜等人了。

【原文】 夏,四月,楚围汉王于荥阳①,急;汉王请和,割荥阳以西者为汉。亚父劝羽急攻荥阳;汉王患之②。项羽使使至汉,陈平使为大牢具③。举进,见楚使,即佯惊曰:"吾以为亚父使,乃项王使!"复持去,更以恶草具进楚使④。楚使归,具以报项王,项王果大疑亚父。亚父欲急攻下荥阳城,项王不信,不肯听。亚父闻项王疑之,乃怒曰:"天下事大定矣,君王自为之,愿请骸骨⑤!"归,未至彭城⑥,疽发背而死⑦。

【注释】 ①荥阳:今河南荥阳西。②患:担心,担忧。③大牢具:即太牢具。盛牲的食具叫牢,大的叫太牢,太牢盛牛、羊、豕三牲,因此宴会或祭祀时并用三牲也称为太牢。这里指丰盛的酒食款待。④恶草具:粗糙简陋的待客食具。⑤请骸骨:请求退休。⑥彭城:今江苏徐州。⑦疽:指毒疮。

【译文】 (公元前204年)夏四月,汉王在荥阳陷入了楚的包围,情形危急;汉王求和,准

备仅保留荥阳以西为汉地。亚父范增劝项羽急攻荥阳;汉王十分担心。项羽派使者到汉地来,陈平准备了丰盛的酒食款待来宾,一见楚使就假装吃惊地说:"我还以为是亚父的使者,原来是项王派来的!"让人把东西端走,重新准备了比较粗陋草率的酒食进奉楚使。楚使回去后如实禀报给项王,项王果然对亚父起了很重的疑心。亚父急着要攻下荥阳城,项王不相信他,不肯听他的意见。亚父发现了项王对自己的怀疑,怒道:"天下大局已定,君王好自为之,请让老臣告老还乡吧。"他在前往彭城的中途,背上的毒疮发作而死。

【原文】 五月,将军纪信言于汉王曰①:"事急矣!臣请诳楚②,王可以间出。"于是陈平夜出女子东门二千余人,楚因四面击之。纪信乃乘王车,黄屋,左纛③,曰:"食尽,汉王降。"楚皆呼万岁,之城东观。以故汉王得与数十骑出西门遁去,令韩王信与周苛、魏豹、枞公守荥阳④。羽见纪信,问:"汉王安在?"曰:"已出去矣。"羽烧杀信。

【注释】 ①纪信:刘邦手下将领,在"楚汉之争"中保护刘邦有功。②诳:欺骗。③纛:古时军队或仪仗队的大旗。④枞:音。

【译文】 五月,将军纪信对汉王说:"局势紧急!请让臣用计策引开楚军,汉王可以趁机离开。"于是陈平在夜里将二千余女子放出东门,引来楚军四面围击她们。纪信乘汉王的车,车上张黄盖,左边竖立着汉王的旗帜,叫道:"食尽粮绝,汉王降楚。"楚人高呼万岁,都聚集到城东来围观。汉王则趁此机会带了数十骑出西门逃走,令韩王信与周苛、魏豹、枞公守荥阳。项羽见到是纪信,问:"汉王在哪里?"纪信回答道:"已经离开了。"项羽烧死了纪信。

【原文】 项羽自知少助;食尽,韩信又进兵击楚①,羽患之。汉遣侯公说羽请太公②。羽乃与汉约,中分天下,割洪沟以西为汉③,以东为楚。九月,楚归太公、吕后,引兵解而东归。汉王欲西归,张良、陈平说曰:"汉有天下太半,而诸侯皆附;楚兵疲食尽,此天亡之时也。今释弗击④,此所谓养虎自遗患也⑤。"汉王从之。

【注释】 ①韩信:刘邦大将,汉初著名军事家。②太公:汉王刘邦的父亲。③洪沟:即鸿沟。古代最早沟通黄河和淮河的人工运河。西汉时期又称狼汤渠。④释:放弃。⑤养虎自遗患:留着老虎不除掉,就会成为后患。比喻纵容坏人坏事,留下后患。

【译文】 高帝四年(前203年)八月,项羽自知身边缺少帮手,粮草即将用尽,韩信又进兵击楚,心中非常忧虑。汉王派了侯公来劝说项羽放回太公、吕后。于是项羽和汉王约定平分天下,以洪沟为界,以西归汉,以东归楚。九月,项羽放还了太公和吕后,带兵解了荥阳之围而东归。汉王也打算西归关中,张良、陈平劝阻说:"汉已拥有大半天下,各地诸侯也都前来归附,而楚兵已疲惫不堪,粮草将尽,这是上天赐予的灭楚的最好时机。如果就此放过楚人,这就是所谓的养虎遗患。"汉王听从了他们的意见。

【原文】 冬,十月,汉王追项羽至固陵①,与齐王信、魏相国越期会击楚②;信、越不至,楚击汉军,大破之。汉王复坚壁自守,谓张良曰:"诸侯不从,奈何?"对曰:"楚兵且破③,二人未有分地,其不至固宜。君王能与共天下,可立致也④。齐王信之立,非君王意,

147

信亦不自坚;彭越本定梁地,始,君王以魏豹故拜越为相国⑤,今豹死,越亦望王,而君王不早定。今能取睢阳以北至穀城皆以王彭越⑥,从陈以东傅海与齐王信⑦。信家在楚,其意欲复得故邑。能出捐此地以许两人,使各自为战,则楚易破也。"汉王从之。于是韩信、彭越皆引兵来。

【注释】 ①固陵:古地名,今河南淮阳西北。②齐王信:即韩信,时为齐王。魏相国越:即彭越,汉初著名将领。拜魏相国,又被封为梁王。③且:将要,快要。④致:招引,引来。⑤魏豹:六国时魏国的公子。⑥睢阳:今河南商丘南。穀城:今山东东阿。⑦陈:陈州,相当于今河南周口地区。

【译文】 高帝五年(前202年)十月,汉王追击项羽到固陵,和齐王韩信、魏相国彭越约好共同出击楚国。可是韩信、彭越二人失期不至,楚大败汉军。汉王只好重新坚壁自守,对张良说:"韩信、彭越这些手下不听我的,我该怎么办?"张良说:"楚兵就快要败了,而韩信、彭越二人未有明确分封到土地,所以他们不来也是很正常的事。如果您能和他们共享天下,他们立刻就会来。齐王韩信的封爵并非汉王的意思,他自己也觉得不安心;彭越平定了梁地,原来您因为魏豹是魏王的缘故所以拜彭越为相国,现在魏豹死了,彭越也在等着您能封他为王,您却没有早些决定。如果您能把睢阳以北至穀城的土地都封给彭越,把从陈以东沿海一带都给韩信。韩信的家在楚地,他想要的封地包括他的故乡。假如您答应分割这些土地给他们二人,让他们各自为战,则打败楚军轻而易举。"汉王听从了他的意见,于是韩信、彭越都带了军队来会合。

【原文】 十二月,项王至垓下①,兵少,食尽,与汉战不胜,入壁;汉军及诸侯兵围之数重。项王夜闻汉军四面皆楚歌,乃大惊曰:"汉皆已得楚乎?是何楚人之多也!"则夜起,饮帐中,悲歌慷慨,泣数行下;左右皆泣,莫能仰视。于是项王乘其骏马名骓②,麾下壮士骑从者八百余人③,直夜,溃围南出驰走。平明④,汉军乃觉之,令骑将灌婴以五千骑追之⑤。项王渡淮,骑能属者才百余人⑥。至阴陵⑦,迷失道,问一田父,田父绐曰"左"。左,乃陷大泽中,以故汉追及之。

【注释】 ①垓下:古地名,在今安徽灵璧东南。②骓:毛色苍白相杂的马。③麾下:指将帅的部下。④平明:天刚亮的时候。⑤灌婴:汉初名将。⑥属:连接,跟着。⑦阴陵:春秋楚邑。为项羽兵败后迷失道处,汉时置县。故城在今安徽定远西北。

【译文】 十二月,项王撤兵至垓下,兵少食尽,与汉军作战不顺利,退守营垒;陷入了汉军和诸侯兵的重重包围之中。项王夜里听见汉军阵营中到处传唱楚歌,大惊问道:"汉军已得到所有的楚地吗?怎么有这么多的楚人?"半夜在帐中饮酒,慷慨悲歌,流下数行眼泪;身边的人也都流泪哭泣,不敢抬头看他。于是项王乘上叫作骓的骏马,带领八百余壮士骑从,趁夜深突破重围向南快马奔驰。天亮时分,汉军才发觉,骑将灌婴带了五千骑兵追击。项王渡过淮河的时候,跟随他的只有百余骑兵了。到阴陵时迷了路,向一农夫

询问,农夫骗他们说"向左"。他们向左走,结果陷入大泽中,因此被汉军追上来。

【原文】 项王乃复引兵而东,至东城①,乃有二十八骑。汉骑追者数千人,项王自度不得脱,谓其骑曰:"吾起兵至今,八岁矣;身七十余战,未尝败北,遂霸有天下。然今卒困于此,此天之亡我,非战之罪也。今日固决死,愿为诸君快战,必溃围,斩将,刈旗②,三胜之,令诸君知天亡我,非战之罪也。"乃分其骑以为四队,四乡。汉军围之数重。项王谓其骑曰:"吾为公取彼一将。"令四面骑驰下,期山东为三处。于是项王大呼驰下,汉军皆披靡③,遂斩汉一将。是时,郎中骑杨喜追项王④,项王嗔目而叱之⑤,喜人马俱惊,辟易数里⑥。项王与其骑会为三处,汉军不知项王所在,乃分军为三,复围之。项王乃驰,复斩汉一都尉⑦,杀数十百人。复聚其骑,亡其两骑耳。乃谓其骑曰:"何如?"骑皆伏曰:"如大王言!"

【注释】 ①东城:今安徽定远东南。②刈旗:砍断敌旗。刈,砍断。③披靡:草木随风倒伏,比喻军队溃败。④郎中骑:骑兵禁卫官。⑤嗔目:睁大眼睛。叱:大声责骂。⑥辟易:惊慌地退避,避开。⑦都尉:武官名。始置于战国,位略低于将军。秦时设郡,掌郡内军事。西汉时为郡守之辅佐,掌全郡军事。

【译文】 项王又率兵向东,到东城时只剩下二十八骑。而汉军的追兵有数千人。项王估计不可能脱身,对属下骑兵说:"我起兵至今八年,身经七十余战,从未失败过,这才霸有天下。但是如今终究被困于此,这是天要亡我,不是我仗打得不好。今日自然要决一死战,愿为大家痛痛快快地打一场仗,突出重围、斩杀敌将、拔取敌旗,要打赢对手,让大家知道是天要亡我,而不是我指挥作战有什么过错。"于是分二十八骑为四队,向四个方向冲杀。汉军围了几层。项王对属下说:"我为各位斩对方一将。"同时他命令骑兵们向四面骑驰而下,约定在山的东面分三处集合。于是项王和属下骑兵大呼驰下,汉军溃散,项王斩了一员汉将。当时郎中骑杨喜追项王,项王瞪大眼睛怒喝,杨喜人马俱惊,向后奔逃数里。项王和属下分为三处,汉军不知项王在哪里,于是分军为三,又将楚军包围起来。项王继续奔驰冲杀,又斩杀一名汉军都尉,杀死汉军数百人。召集属下人马,发现只损失了两骑。项王问道:"怎么样?"属下都佩服地说:"正如大王所说。"

【原文】 于是项王欲东渡乌江①,乌江亭长舣船待②,谓项王曰:"江东虽小,地方千里,众数十万人,亦足王也。愿大王急渡!今独臣有船,汉军至,无以渡。"项王笑曰:"天之亡我,我何渡为!且籍与江东子弟八千人渡江而西,今无一人还;纵江东父兄怜而王我,我何面目见之!纵彼不言,籍独不愧于心乎!"乃以所乘骓马赐亭长,令骑皆下马步行,持短兵接战。独籍所杀汉军数百人,身亦被十余创。顾见汉骑司马吕马童③,曰:"若非吾故人乎?"马童面之,指示中郎骑王翳曰④:"此项王也!"项王乃曰:"吾闻汉购我头千金,邑万户,吾为若德⑤。"乃刎而死。王翳取其头,余骑相蹂践争项王⑥,相杀者数十人。最其后,杨喜、吕马童及郎中吕胜、杨武各得其一体;五人共会其体,皆是。故分其户,封五人皆为列侯⑦。

【注释】　①乌江：在安徽和县境内。②亭长：秦汉时每十里为一亭，设亭长一人，掌治安、诉讼等事。舣船：使船靠岸。③骑司马：项羽自立建立郡国后采用的新的军事官职。④翳：音 yì。⑤德：情义，恩惠。⑥蹂践：踩踏。⑦列侯：爵位名。秦制爵分二十级，彻侯位最高。汉承秦制，为避汉武帝刘彻讳，改彻侯为通侯，或称列侯。

【译文】　这时项王想要东渡乌江，乌江亭长停船靠岸等着他，对项王说："江东虽小，方圆千里，百姓数十万，也足以让您称王了。请大王立刻渡江！这里只有臣有船，汉军即使追到，也无法过江。"项王笑着说："上天要亡我，我还渡江干什么！而且项籍当年带了八千江东子弟渡江西征，如今没有一人回去；纵使江东父兄怜惜我而仍然视我为王，可我又有何面目去见他们！即使他们不怪我，难道我就不会有愧于心吗？"把所乘骓马赐亭长，下令骑兵都下马步行，持短兵器迎战。仅项王一人就杀了数百汉军，身上也负伤十余处。回头忽然看见汉骑司马吕马童，说："你不是故人吗？"吕马童看到了，用手指着项羽对中郎骑王翳说："这是项王！"项王说："我听说汉王以千金，邑万户悬赏我的头颅，我就把这件好处留给故人吧。"自刎而死。王翳取其头，别的骑兵互相践踏争抢项王，有数十人在争斗中被杀。最后，杨喜、吕马童及郎中吕胜、杨武各得到项王的一件肢体，将肢体拼凑起来，证实是项羽。所以刘邦在封赏时，将悬赏的邑万户分为五份，五人都被封为列侯。

诸吕之变

【题解】

诸吕之变是西汉初期的著名历史事件。高祖刘邦已经考虑到异姓王的威胁，所以生前和大臣杀白马盟誓，非刘不王。但是由于吕太后的擅权和惠帝的早逝，其后出现了太后称制时期。因此诸吕牟王位，直接威胁到刘氏宗室的安全。外戚专权在汉代一直是个严重的问题，吕后应该是开风气之先的一位皇后。

值得注意的是，诸吕意图叛乱是在吕后过世之后的事。事实上，吕氏家族除了吕后之外，新任诸王在朝廷中毫无根基，也谈不到真正的势力。太后这座靠山一倒，颇有四面楚歌之势。从史书的记载看，陈平、周勃和宗室合作，在极短的时间内就轻松平定了这次未遂的政变。比起空有其表的外戚诸王，反而是刘姓宗室的力量不可小看，他们有地位，有血统的联系，有诸多关系网络和掌握各种权力，后来发动七国之乱的宗室势力已经在此时初露锋芒，等到汉武帝用一系列政策削夺宗室实力以后，刘姓家族的力量才渐渐削弱下去。

【原文】　冬，太后议欲立诸吕为王①，问右丞相陵②。陵曰："高帝刑白马盟曰：'非刘氏而王，天下共击之。'今王吕氏，非约也。"太后不说③。问左丞相平、太尉勃④，对曰："高帝定天下，王子弟⑤；今太后称制，王诸吕，无所不可。"太后喜，罢朝。王陵让陈平、绛侯

曰⑥："始与高帝啑血盟⑦，诸君不在邪？今高帝崩，太后女主，欲王吕氏；诸君纵欲阿意背约⑧，何面目见高帝于地下乎？"陈平、绛侯曰："于今，面折廷争，臣不如君；全社稷，定刘氏之后，君亦不如臣。"陵无以应之。十一月，甲子，太后以王陵为帝太傅⑨，实夺之相权。陵遂病免归。

【注释】　①太后：刘邦皇后吕雉。②右丞相陵：王陵，刘邦的重臣之一。孝惠帝六年（前189年），相国曹参去世，安国侯王陵为右丞相，陈平为左丞相。③说：同"悦"。④太尉：掌军事，地位与丞相相同。勃：即周勃，是刘邦的大将，被封为绛侯。⑤王子弟：封子弟为王。⑥让：责备。⑦啑血盟：古代几方拑会结盟时的一种仪式。口中含牲血表示忠诚。一说手指蘸血涂在口四周。啑血，即"歃血"。⑧阿意：迎合他人的意旨。⑨太傅：太子太傅，辅导太子的官。

【译文】　高后元年（前187年）冬天，吕太后与臣下商议想立吕氏诸人为王，于是问右丞相王陵。王陵说："高皇帝当年杀白马盟誓：'不是刘氏子弟而封了王，天下共起讨伐。'如今封吕氏为王，岂不是违背了誓约。"太后不高兴。又问左丞相陈平、太尉周勃，他们回答说："高皇帝平定天下，所以封刘姓子弟为王；如今太后称制，那么封吕氏子弟为王，也无不可。"太后听了很高兴。罢朝后王陵责备陈平、周勃道："早先和高皇帝歃血盟誓时，难道诸君不在吗？如今高帝驾崩，太后要封吕氏为王，诸君想要迎合太后的意旨，阿谀奉承，违背誓约，将来有何面目去见高帝？"陈平、周勃说："在朝廷上面折廷争，我们不如阁下；保全社稷，安定刘氏后人，阁下就不如我们了。"王陵也无话可说。十一月，甲子，太后以王陵为帝太傅，实际剥夺了他的相权。王陵于是告病归家。

【原文】　乃以左丞相平为右丞相，以辟阳侯审食其为左丞相①，不治事，令监宫中，如郎中令②。食其故得幸于太后，公卿皆因而决事。

【注释】　①审食其：刘邦同乡，汉初被封为辟阳侯。②郎中令：掌宫殿掖门户。

【译文】　太后用左丞相陈平为右丞相，以辟阳侯审食其为左丞相，不负责宰相事务，而是让他监理宫中事务，像郎中令。审食其得到太后的宠幸，公卿都按照他的意思办事。

【原文】　太后怨赵尧为赵隐王谋①，乃抵尧罪。上党守任敖尝为沛狱吏②，有德于太后，乃以为御史大夫③。

太后又追尊其父临泗侯吕公为宣王，兄周吕令武侯泽为悼武王，欲以王诸吕为渐。

【注释】　①赵隐王：刘邦之子刘如意，戚夫人所出，后为吕后所杀。②上党：上党郡，在今山西的东南部。任敖：初为沛县狱吏，与刘邦友善。后跟随刘邦起兵。③御史大夫：秦置，为御史台长官，地位仅次于丞相，掌管弹劾纠察及图籍秘书。与丞相（大司徒）、太尉（大司马）合称"三公"。

【译文】　太后怨恨赵尧为赵隐王出主意，就治了赵尧的罪。上党太守任敖曾经做过沛县狱吏，有恩于太后，太后就任用他为御史大夫。太后又追尊父亲临泗侯吕公为宣王，

兄周吕令武侯吕泽为悼武王,想以此为封诸吕为王的开端。

【原文】 七月,太后病甚,乃令赵王禄为上将军,居北军[1];吕王产居南军。太后诫产、禄曰:"吕氏之王,大臣弗平。我即崩,帝年少,大臣恐为变。必据兵卫宫,慎毋送丧,为人所制!"辛巳,太后崩,遗诏:大赦天下,以吕王吕产为相国,以吕禄女为帝后。高后已葬,以左丞相审食其为帝太傅。

【注释】 [1]北军:汉代守卫京师的屯卫兵。未央宫在京城西南,其卫兵称南军;长乐宫在京城东面偏北,其卫兵称北军。

【译文】 高后八年(前180年)七月,太后病重,下令赵王吕禄为上将军,统率北军;吕王吕产统率南军。太后告诫吕产、吕禄说:"吕氏封王,大臣心中不服。我快要死了,皇帝年幼,大臣中恐怕会有人要趁机政变。你们一定要握住兵权,保卫皇宫,千万不要送丧,以免为人所制!"辛巳,太后驾崩,遗诏:大赦天下,以吕王吕产为相国,以吕禄女为帝后。高后下葬之后,左丞相审食其出任太傅。

【原文】 诸吕欲为乱,畏大臣绛、灌等,未敢发。朱虚侯以吕禄女为妇[1],故知其谋,乃阴令人告其兄齐王,欲令发兵西,朱虚侯、东牟侯为内应[2],以诛诸吕,立齐王为帝。齐王乃与其舅驷钧、郎中令祝午、中尉魏勃阴谋发兵[3]。齐相召平弗听。八月,丙午,齐王欲使人诛相。相闻之,乃发卒卫王宫。魏勃绐召平曰[4]:"王欲发兵,非有汉虎符验也[5]。而相君围王固善,勃请为君将兵卫王。"召平信之。勃既将兵,遂围相府,召平自杀。于是齐王以驷钧为相,魏勃为将军,祝午为内史[6],悉发国中兵。

【注释】 [1]朱虚侯:刘章,齐悼惠王刘肥次子。刘肥是汉高祖长子,公元前201年,立刘肥为齐王。惠帝中,刘肥去世,子襄立,是为齐哀王。刘章到长安入宿卫,被吕后封为朱虚侯,并以吕禄女妻之。文帝即位,因朱虚侯刘章诛诸吕有功,封朱虚侯户二千,银千斤。后又被封为城阳王,都莒(今山东莒城)。[2]东牟侯:刘兴居,齐悼惠王刘肥之子。[3]郎中令:秦置,汉初沿袭,为皇帝左右亲近的高级官职,掌守卫宫殿门户。中尉:汉官,掌京师治安。[4]绐:欺哄。[5]虎符:中央发给地方官或驻军首领的调兵凭证,作虎形。刻有铭文,分为两半,多为铜质。调兵遣将时需要两半勘合验真,才能生效。[6]内史:官名,西汉初,诸侯王国置内史,掌民政。

【译文】 吕氏诸人想作乱,但是畏惧大臣绛侯周勃、灌婴等人,不敢先发难。朱虚侯娶了吕禄的女儿为妻,所以知道了吕家的阴谋。他悄悄地让人告诉了兄长齐王,想让他发兵西进,朱虚侯、东牟侯为内应,来诛杀诸吕,立齐王为帝。齐王和他的舅舅驷钧、郎中令祝午、中尉魏勃密谋发兵。齐相召平不愿参与。八月丙午,齐王想派人杀召平。召平听说了,于是发兵守住王宫。魏勃骗召平说:"齐王要发兵,非有汉虎符证明不可。而您想围住王宫也好,我自请为您带兵保护齐王。"召平相信了。结果魏勃一拿到兵权,就包围了召平的相府,召平自杀。于是齐王以驷钧为齐相,魏勃为将军,祝午为内史,把国中

的士卒全部派了出去。

【原文】 太尉欲入北军,不得入。襄平侯纪通尚符节①,乃令持节矫内太尉北军。太尉复令郦寄与典客刘揭先说吕禄曰②:"帝使太尉守北军,欲足下之国。急归将印辞去。不然,祸且起。"吕禄以为郦况不欺己,遂解印属典客,而以兵授太尉。太尉至军,吕禄已去。太尉入军门,行令军中曰:"为吕氏右袒,为刘氏左袒!"军中皆左袒,太尉遂将北军。然尚有南军。丞相平乃召朱虚侯章佐太尉,太尉令朱虚侯监军门,令平阳侯告卫尉③:"毋入相国产殿门。"

【注释】 ①符节:古代派遣使者或调兵时用作凭证的东西。用竹、木、玉、铜等制成,刻上文字,分成两半,一半存朝廷,一半给外任官员或出征将帅。尚:管理,掌管。②郦寄:汉初大臣郦商之子。典客:官名,秦置,掌管接待少数民族和诸侯来朝事务。③卫尉:汉九卿之一,掌宫廷警卫。卫尉主官门和宫内,与主宫外的中尉相为表里。

【译文】 太尉想入北军,但无法进入。襄平侯纪通掌管符节,就让人持节假传圣旨让太尉入北军。太尉又让郦寄予典客刘揭先劝吕禄说:"皇帝派太尉掌管北军,想要足下回封地去。你赶紧回去将掌管的北军的印交出去,否则就要大祸临头了。"吕禄以为郦况不会骗自己,就解印交给典客刘揭先,将北军的兵权交给了太尉周勃。太尉到北军时吕禄已经离开。太尉一入军门,就在军中下令说:"站在吕氏一边的袒露右臂,站在刘氏一边的袒露左臂。"军中都袒露左臂,太尉就此接管了北军。而还有南军仍然在吕氏手中。丞相陈平召朱虚侯刘章帮助太尉,太尉令朱虚侯守着军门,令平阳侯告诉卫尉:"别让相国吕产进殿门。"

【原文】 吕产不知吕禄已去北军①,乃入未央宫②,欲为乱。至殿门,弗得入,徘徊往来。平阳侯恐弗胜,驰语太尉。太尉尚恐不胜诸吕,未敢公言诛之,乃谓朱虚侯曰:"急入宫卫帝!"朱虚侯请卒,太尉予卒千余人。入未央宫门,见产廷中。日餔时③,遂击产,产走。天风大起,以故其从官乱,莫敢斗,逐产,杀之郎中府吏厕中。朱虚侯已杀产,帝命谒者持节劳朱虚侯④。朱虚侯欲夺其节,谒者不肯。朱虚侯则从与载,因节信驰走,斩长乐卫尉吕更始⑤。还,驰入北军报太尉。太尉起,拜贺朱虚侯曰:"所患独吕产。今已诛,天下定矣!"遂遣人分部悉捕诸吕男女,无少长皆斩之。

【注释】 ①去:离开。②未央宫:汉未央宫在长安城的西南部(今陕西西安西北),是汉朝君臣朝会的地方。③餔时:午后三时到五时,傍晚。④谒者:官名。始置于春秋、战国时,秦汉因之。掌宾赞受事,即为天子传达。节:符节,使臣执以示信之物。⑤长乐卫尉:皇后所居为长乐宫,设长乐卫尉。

【译文】 吕产不知吕禄已离开北军,就直入未央宫,试图叛乱。到了殿门却不能进入,在外徘徊。平阳侯怕出纰漏,骑马通报了太尉。太尉也怕不能战胜诸吕,不敢公开宣布诛杀诸吕的事。他对朱虚侯说:"马上进宫保卫皇上!"朱虚侯要求给他一些人马,太尉

给了他千余人。朱虚侯进入未央宫门，看见吕产正在廷中。傍晚，刘章带人袭击吕产，吕产逃跑，这时天起了大风，吕产的随从乱作一团，都不敢狠斗，刘章追上吕产，在郎中府吏的厕所里杀了他。朱虚侯杀了吕产之后，皇帝命谒者持节慰劳朱虚侯。朱虚侯想将他的符节抢过来，谒者不肯。朱虚侯就和他同车而行，进入长乐宫，斩杀了长乐卫尉吕更始。回去驰入北军向太尉回报。太尉站起来拜谢朱虚侯说："我们担心的不过是吕产。如今已死，天下太平了。"于是派人分部捉拿诸吕男女，无论老少一律处死。

王莽的复出

【题解】

王莽在很长一段时间里，都是以谦谦君子的面貌出现的，礼贤下士、温和谦恭。他不断地退让应该得到的官爵，完全不像骄慢的外戚子弟。因此他拥有王氏家族中绝无仅有的好名声。哀帝即位之后，推崇自己外家的势力，太皇太后的家族受到冷落，于是王莽又一次辞去显要的职位，安然退隐。

西汉元寿二年(公元前1年)，哀帝去世，太皇太后见大司马董贤一时无力处理事务，立刻举荐了自己的侄子——新都侯王莽进宫佐助。这是他篡位之前最后一次复出，下文选取的就是这一时期的记载片段。

当时局势已经发生了根本的变化，无论即位的是怎样的幼主，几乎都要倚仗太皇太后的支持。王莽也不再需要随时做好准备放弃显赫的职位。所以他开始毫无忌惮地扩张势力。和太皇太后联手除掉董贤及其家族。然后在宫廷里，他将可能成为王氏家族敌手的人一一清除。又在太皇太后的支持下，将他在朝廷里的对手排挤出去；与此同时，王莽已经开始准备一个顺我者昌逆我者亡的朝廷。他擅长表演，拥有一个深刻体会他心意的智囊团，最后他连官员的任免权也已牢牢掌握，到了这个时候，王莽和皇位之间已经没有了任何障碍。

【原文】 太皇太后闻帝崩①，即日驾之未央宫，收取玺绶。太后召大司马贤②，引见东箱，问以丧事调度。贤内忧，不能对，免冠谢。太后曰："新都侯莽③，前以大司马奉送先帝大行④，晓习故事，吾令莽佐君。"贤顿首："幸甚！"太后遣使者驰召莽。诏尚书，诸发兵符节、百官奏事、中黄门、期门兵皆属莽⑤。莽以太后指，使尚书劾贤帝病不亲医药，禁止贤不得入宫殿司马中⑥；贤不知所为，诣阙免冠徒跣谢⑦。己未，莽使谒者以太后诏即阙下册贤曰⑧："贤年少，未更事理，为大司马，不合众心，其收大司马印绶，罢归第！"即日，贤与妻皆自杀；家惶恐，夜葬。莽疑其诈死。有司奏请发贤棺，至狱诊视，因埋狱中。太皇太后诏"公卿举可大司马者"。莽故大司马，辞位避丁、傅⑨，众庶称以为贤，又太皇太后近亲，自大司徒孔光以下⑩，举朝皆举莽。独前将军何武、左将军公孙禄二人相与谋⑪，以为"往时惠、昭之世，外戚吕、霍、上官持权，几危社稷；今孝成、孝哀比世无嗣，方当选立近亲

幼主,不宜令外戚大臣持权。亲疏相错,为国计便。"于是武举公孙禄可大司马,而禄亦举武。庚申,太皇太后自用莽为大司马、领尚书事。

【注释】 ①太皇太后:即王政君,汉元帝皇后,成帝时尊为皇太后,以其兄王凤为大司马大将军领尚书事,开启了外戚王氏专权的时期。哀帝即位尊为太皇太后。这里的皇帝即哀帝,公元前1年去世。②大司马:武官名,汉武帝时置大司马,与大司徒、大司空并称"三公",共理军国事务。贤:指董贤。汉哀帝的男宠,官至大司马。哀帝死后,董贤随即失势,自杀死去。③新都侯莽:指王莽,王政君之侄。公元前16年,受封新都侯。汉哀帝继位后由于丁皇后的外戚势力,王莽退居新野。④前以大司马奉送先帝大行:指王莽在大司马任上备办过汉成帝的丧事。⑤中黄门:在宫廷服役的太监。期门兵:掌扈从护卫。⑥宫殿司马:掌宫廷军事宿卫。⑦徒跣:赤足。⑧谒者:官名,掌宾赞受事,即为天子传达。⑨丁、傅:丁太后、傅太后,外戚势力。⑩大司徒:官名,汉哀帝时罢丞相之职,置大司徒,与大司马、大司空并称"三公"。孔光:西汉时大臣。⑪前将军:负责京师兵卫和边防屯警。左将军:掌京师兵卫及戍守边隘,讨伐四夷。公孙禄:哀帝初为执金吾,迁右将军,又迁左将军。元寿末,坐与何武互举为大司马,免。

【译文】 公元前1年,太皇太后王氏听到哀帝驾崩的消息,当日前往未央宫收取玺绶。她在东厢召见大司马董贤,询问皇帝后事的办理情形。董贤内心忧惧,什么也回答不出来,只好免冠谢罪。太后说:"新都侯王莽过去曾经以大司马一职处理过先帝的丧事,熟悉旧例,我让他来帮助你料理。"董贤磕头说:"这真是太好了。"太后派使者驰召王莽。下诏尚书省,凡是发兵符节、百官奏事、宦官、期门兵都归王莽统管。王莽遵循太后的指示,派尚书弹劾董贤在皇帝生病时没有亲自料理医药事宜,并禁止他不得入宫殿司马中。董贤不明事理,只得脱下官帽,赤足到未央宫外谢罪。已未,王莽派谒者在宫门下向董贤宣读太后诏书:"董贤年少,不明事理,担任大司马不合众心,立即收回大司马印信,罢官归第。"董贤与他的妻子当天自杀;其家人惊恐,连夜下葬。王莽怀疑董贤诈死,有司奏请开棺,带到狱中检验,后来董贤就被埋在了狱中。太皇太后下诏让"公卿推举可以担任大司马的人"。王莽过去就担任过大司马,后来辞官以避让外戚丁、傅两家的势力,众人都称许他贤明,加上他又是太皇太后的侄子,因此自大司徒孔光以下,满朝官员都举荐王莽。只有前将军何武、左将军公孙禄二人商量,认为"以往惠帝、昭帝时期,外戚吕、霍、上官擅权,几乎危害到社稷;如今孝成皇帝、孝哀皇帝接连都没有后嗣,正在选立近亲宗室中的幼主继承皇位,因此不宜让外戚大臣总揽大权。掌权的大臣要有亲有疏,互相交错,才有利于国家。"于是何武推举公孙禄为大司马,而公孙禄也推举何武。庚申,太皇太后任用王莽为大司马、领尚书事。

【原文】 莽又白太皇太后,诏有司以皇太后前与女弟昭仪专宠锢寝①,残灭继嗣,贬为孝成皇后,徙居北宫②。又以定陶共王太后与孔乡侯晏同心合谋③,背恩忘本,专恣不

轨,徙孝哀皇后退就桂宫④,傅氏、丁氏皆免官爵归故郡,傅晏将妻子徙合浦⑤。独下诏褒扬傅喜曰⑥:"高武侯喜,姿性端悫⑦,论议忠直,虽与故定陶太后有属,终不顺指从邪⑧,介然守节,以故斥逐就国。《传》不云乎:'岁寒然后知松柏之后凋也。'其还喜长安,位特进⑨,奉朝请⑩。"喜虽外见褒赏,孤立忧惧;后复遣就国,以寿终。莽又贬傅太后号为定陶共王母,丁太后号曰丁姬。莽又奏董贤父子骄恣奢僭⑪,请收没入财物县官,诸以贤为官者皆免。父恭、弟宽信与家属徙合浦,母别归故郡巨鹿⑫。长安中小民欢哗,乡其第哭⑬,几获盗之。县官斥卖董氏财,凡四十三万万。贤所厚吏沛朱诩自劾去大司马府⑭,买棺衣,收贤尸葬之。莽闻之,以他罪击杀诩。莽以大司徒孔光名儒,相三主,太后所敬,天下信之,于是盛尊事光,引光女婿甄邯为侍中、奉车都尉⑮,诸素所不说者,莽皆傅致其罪,为请奏草,令邯持与光,以太后指风光⑯。光素畏慎,不敢不上之;莽白太后,辄可其奏。于是劾奏何武、公孙禄互相称举,皆免官,武就国。

【注释】 ①皇太后前与女弟昭仪:成帝皇后赵飞燕和其妹昭仪赵合德。专宠锢寝:受到专房之宠。②北宫:位于汉长安城西北。③定陶共王太后:傅太后,死后谥为孝哀皇后。孔乡侯晏:即傅晏,哀帝傅皇后之父。④桂宫:汉代五大宫之一。⑤合浦:古郡名。郡治在今广西壮族自治区合浦东北。⑥傅喜:哀帝祖母定陶傅太后从父弟。⑦端悫:正直诚谨。⑧指:同"旨"。⑨特进:官名。始设于西汉末。授予列侯中有特殊地位的人,位在三公下。⑩奉朝请:古代诸侯春季朝见天子叫朝,秋季朝见为请。因称定期参加朝会为奉朝请。汉代退职大臣、将军和皇室、外戚多以奉朝请名义参加朝会。⑪骄恣奢僭:骄横放纵,过分奢侈。⑫巨鹿:郡名。秦置,汉因之。唐名邢州,其地约当今河北南 自任县至晋州市藁城一带地区。⑬乡:通"向"。⑭沛:郡名,今江苏沛县。⑮甄邯:字子心,中山无极人,孔光婿。侍中:古代职官名,为正规官职外的加官之一。因侍从皇帝左右,出入宫廷,与闻朝政,逐渐变为亲信贵重之职。奉车都尉:官名,汉武帝设,掌管皇帝乘舆之事。⑯风:讽喻。

【译文】 七月,王莽又禀告太皇太后,诏有司因为皇太后过去与妹妹昭仪为专宠,残害皇子事,贬她为孝成皇后,迁居北宫。又因为定陶共王太后与孔乡侯傅晏同心合谋,背恩忘义,专权放纵,图谋不轨,因此迁孝哀皇后退住桂宫,傅氏、丁氏家族一律免官,遣送回乡。傅晏携妻子迁到合浦。下诏褒奖傅喜说:"高武侯傅喜,秉性谨慎,议论正直,虽是故定陶太后的亲属,终究没有顺从她的意旨,去干邪恶的事,而是清介有节操,因此遭到斥逐,遣归封国。《传》有云:'岁寒然后知松柏之后凋。'准许他回长安,官位特进,定期参加朝会。"傅喜虽得到褒赏,但孤立忧惧;后来又再遣他回国,得以安享天年。王莽又贬傅太后号为定陶共王母,贬丁太后号为丁姬。又上奏太皇太后下诏称董贤父子骄纵奢侈,放肆僭越,请求没收其财物归公,所有因董贤的缘故得官的全部免职。其父董恭、弟董宽信与家属流放到合浦郡,其母则准许回故乡巨鹿郡。这些处置得到了长安百姓的欢

呼和拥戴。一些人假装去董氏府第哀哭，实际是想盗窃财物。官府变卖董氏家产得四十三万万钱。董贤所亲厚的属吏沛郡朱诩，辞职离开大司马府，买了棺材和衣服，收敛董贤尸体安葬。王莽听说之后借口以其他罪名杀了他。王莽因为大司徒孔光是当世名儒，三朝宰相，为太皇太后和天下人敬信，于是处处尊重孔光，援引其婿甄邯为侍中、奉车都尉。凡是平常不喜欢的，王莽都罗织罪名，写成奏章，让甄邯带给孔光，用太皇太后的意旨暗示孔光。孔光向来谨慎，不敢不上奏。王莽就转告太后，太后自然也同意其所奏的内容。于是弹劾何武、公孙禄互相推举，二人被革职，何武回到封国。

【原文】 红阳侯立，太后亲弟，虽不居位，莽以诸父内敬惮之，畏立从容言太后，令己不得肆意，复令光奏立罪恶。

莽之所以胁持上下，皆此类也。

【译文】 红阳侯王立是太后的亲弟，虽不居官职，但王莽因为他是叔父比较敬惮他，担心王立在太后面前毫无拘束地说话，自己就不能肆意行事，又令孔光奏王立的罪恶。

王莽挟上持下，用的大多都是这一类的手段。

【原文】 于是附顺莽者拔擢，忤恨者诛灭，以王舜、王邑为腹心，甄丰、甄邯主击断[1]，平晏领机事，刘秀典文章，孙建为爪牙。丰子寻、秀子棻、涿郡崔发、南阳陈崇皆以材能幸于莽[2]。莽色厉而言方，欲有所为，微见风采，党与承其指意而显奏之。莽稽首涕泣，固推让，上以惑太后，下用示信于众庶焉。

【注释】 ①击断：专断，决断。②棻：涿郡：治涿县，即今河北涿州市。南阳：郡名，辖境相当于今河南熊耳山以南叶县内乡之间和湖北大洪山以北应山郧阳区之间的大部分地区。

【译文】 于是顺从王莽的得到提升，违逆他的惨遭诛灭，以王舜、王邑为心腹，甄丰、甄邯主管刑法，平晏掌管机要事务，刘秀负责舆论，孙建为爪牙。甄丰的儿子甄寻、刘秀的儿子刘棻、涿郡崔发、南阳陈崇都因为才能受到重用。王莽神色严厉而言谈方正，想要做什么，只微露口风，党羽就会按照他的意思公开请求朝廷封赠。王莽再磕头涕泣，坚持推让，上以迷惑太后，下以示威信于百姓百官。

【原文】 八月，莽复白太皇太后，废孝成皇后、孝哀皇后为庶人，就其园。是日，皆自杀。

大司空彭宣以王莽专权[1]，乃上书言："三公鼎足承君；一足不任，则覆乱美实[2]。臣资性浅薄，年齿老眊[3]，数伏疾病，昏乱遗忘，愿上大司空、长平侯印绶，乞骸骨归乡里，俟填沟壑[4]。"莽白太后策免宣，使就国。

【注释】 ①彭宣：字子佩，淮阳阳夏人。成帝时为博士，哀帝时进右将军，徙左将军，免。后拜大司空。封长平侯。②覆乱美实：倾倒。③眊：眼睛失神，看不清楚。④填沟壑：代指死亡。填，置。

【译文】 八月，王莽又通报太皇太后，废孝成皇后、孝哀皇后为庶人，迁居到园中。当天二人自杀。

大司空彭宣因为王莽专权，就上书说："三公鼎足承君；一足不任，则损害完美的格局。臣资性浅薄，年老糊涂，常年卧病，昏乱善忘，想交出大司空、长平侯印绶，愿乞骸骨还乡，终养老年。"王莽请太后策免去其职位，使就国。

【原文】 平帝年九岁，太皇太后临朝，大司马莽秉政，百官总己以听于莽。莽权日盛，孔光忧惧，不知所出，上书乞骸骨；莽白太后，帝幼少，宜置师傅，徙光为帝太傅，位四辅①。

【注释】 ①四辅：官名。相传古代天子身边的四个辅佐。

【译文】 平帝九岁，太皇太后临朝，大司马王莽秉政，百官受王莽节制。王莽的权势日盛一日，孔光担忧，不知怎么办，上书告老；王莽向太后提出，皇帝幼少，应当置师傅，任命孔光为皇帝太傅，位四辅。

【原文】 春，正月，王莽风益州，令塞外蛮夷自称越裳氏重译献白雉一、黑雉二。莽白太后下诏，以白雉荐宗庙①。于是群臣盛陈莽功德，致周成白雉之瑞，周公及身在而托号于周，莽宜赐号曰安汉公，益户畴爵邑。太后诏尚书具其事。莽上书言："臣与孔光、王舜、甄丰、甄邯共定策；今愿独条光等功赏②，寝置臣莽，勿随辈列。"甄邯白太后下诏曰："'无偏无党，王道荡荡。'君有安宗庙之功，不可以骨肉故蔽隐不扬，君其勿辞！"莽复上书固让数四，称疾不起。左右白太后，"宜勿夺莽意，但条孔光等，莽乃肯起"。

【注释】 ①荐：进献。②条：分条列举，举出。

【译文】 元始元年（公元1年）正月，王莽暗示益州，让塞外自称是越裳氏，几经翻译而通使的少数民族，进献白雉一只、黑雉两只。王莽禀告太后，请太后下诏，以白雉进献给宗庙。于是群臣盛赞王莽的功德过人，以致获得和周公时一样的白雉祥瑞，而周公生前在周朝就有美号，所以请朝廷赐王莽号安汉公，增加户畴爵邑。太后诏尚书讨论具体事宜。王莽上书："臣与孔光、王舜、甄丰、甄邯共同定策；现在朝廷爵赏，宁愿全部加封给孔光等人，臣王莽就不必了。"甄邯请太后下诏给王莽："没有偏私，没有党派，才是坦荡的王道。'你有安定宗庙的功劳，不可以因为是太皇太后的家人就隐蔽不宣扬，请不要再推辞。"王莽再次上书一再要求辞让，并称病不起。左右向太后提议，"还是按照王莽的本意好了，只封赏孔光等人，他就肯起来了"。

【原文】 四人既受赏，莽尚未起。群臣复上言："莽虽克让，朝所宜章，以时加赏，明重元功，无使百僚元元失望①！"太后乃下诏："以大司马、新都侯莽为太傅，干四辅之事，号曰安汉公，益封二万八千户。"于是莽为惶恐，不得已而起，受太傅、安汉公号，让还益封事，云："愿须百姓家给，然后加赏。"群臣复争，太后诏曰："公自期百姓家给，是以听之，其令公奉赐皆倍故。百姓家给人足，大司徒、大司空以闻。"莽复让不受，而建言褒赏宗室群

臣。立故东平王云太子开明为王②；又以故东平思王孙成都为中山王③，奉孝王后④；封宣帝耳孙信等三十六人皆为列侯⑤；太仆王恽等二十五人皆赐爵关内侯⑥。又令诸侯王公、列侯、关内侯无子而有孙若同产子者⑦，皆得以为嗣⑧；宗室属未尽而以罪绝者⑨，复其属⑩；天下令比二千石以上年老致仕者⑪，参分故禄⑫，以一与之，终其身。下及庶民鳏寡⑬，恩泽之政，无所不施。

【注释】　①元元：百姓，庶民。②东平王云：刘云，汉东平思王刘宇之子，其父死后继任为东平王。后自杀，国除。太子开明：刘云之子。③东平思王：刘宇，汉宣帝之子，元帝之弟。④孝王：中山孝王刘兴，元帝之子。⑤耳孙：泛指远代子孙。⑥太仆：官名，秦汉九卿之一，掌为天子执御，舆马畜牧之事。⑦列侯：爵位名，秦汉二十等爵中的最高一级，最初称彻侯，后避汉武帝刘彻讳，改称通侯，后又改称列侯，有封邑。关内侯：爵位名，秦汉二十等爵级之第十九级，位于列侯之下。无子：没有嫡长子可以继承爵位。同产子：指兄弟之子。同产：同母所生者，兄弟。⑧嗣：继承者。⑨属：亲属。⑩复：恢复。属：属籍，宗室家谱。⑪二千石：汉代郡守俸禄为二千石，因此就称郡守为"二千石"。致仕：辞官，退休。⑫参分：参通"三"。故禄：没有退休以前的俸禄。⑬鳏寡：鳏指老而无妻的人，寡指寡妇，无夫的人。引申为老弱孤苦者。

【译文】　二月里，孔光等四人接受了封赏，而王莽仍然称病不起。群臣再次上言："王莽虽然谦让，朝廷典章还是要按时加赏，彰显功劳，不要让百僚和百姓失望！"太后于是下诏："任命大司马、新都侯王莽为太傅，主管四辅之事，赐号安汉公，增加封邑二万八千户。"于是王莽假装惶恐，不得已而起；接受太傅、安汉公的封号，让还增加的封户，说："希望等到百姓家给人足了，然后再受赏。"群臣坚持要赏赐，太后下诏说："你希望百姓富足，朝廷满足了你的要求，但对你的赏赐都要加倍。等到百姓家给人足的时候，大司徒、大司空要记得上奏。"王莽还是推辞不受，而提议褒赏宗室群臣。于是朝廷下令已故东平王刘云的太子开明继立为王；以故东平思王刘宇的孙子刘成都为中山王，奉孝王后；封宣帝耳孙刘信等三十六人为列侯；太仆王恽等二十五人皆赐爵关内侯。又令诸侯王公、列侯、关内侯，如果没有嫡长子，却有庶子生的孙儿，或有同母兄弟的儿子，都可以继承爵位。宗室族属未进而因罪被剔除。恢复爵位；天下令比二千石以上高级官员年老退休的，可以终身领取原来俸禄的三分之一。下及庶民鳏寡，加恩于人的，无不实施。

【原文】　莽既媚说吏民①，又欲专断，知太后老，厌政，乃风公卿奏言："往者吏以功次迁至二千石，及州部所举茂材异等吏②，率多不称，宜皆见安汉公。又，太后春秋高，不宜亲省小事。"令太后下诏曰："自今以来，唯封爵乃以闻，他事安汉公、四辅平决。州牧、二千石及茂材吏初除奏事者，辄引入，至近署对安汉公，考故官，问新职，以知其称否。"于是莽人人延问，密致恩意，厚加赠送，其不合指，显奏免之，权与人主侔矣③。

【注释】　①说：同"悦"。②茂材：秀才。异等吏：考核成绩优秀的官员。③侔：相等。

【译文】 王莽既取悦了官员和百姓，又想要独断独行，他知道太后年纪老迈，厌烦朝政，就暗示公卿上奏说："以往官吏凭借功勋依次升到二千石，由州部所举荐的茂材官吏，大多名实不符，所以以后这些人都要先由安汉公审察。还有，太后年纪大了，不宜亲自处理小事。"让太后下诏说："自今以后，只有封爵的事需要上奏，其余事都由安汉公、四辅决定。州地方官、二千石及茂材吏初次接受任命奏报事务的，则引入到近署衙门，由安汉公考察他们对前任政绩的评价，询问他们上任后的打算，来了解他们是否名实相符。"于是王莽接见官员，向他们问好致意，厚加赠送，其中有不合自己心意的，上奏将其免职，王莽拥有了和皇帝一样的权力。

【原文】 王莽恐帝外家卫氏夺其权，白太后："前哀帝立，背恩义，自贵外家丁、傅，挠乱国家，几危社稷。今帝以幼年复奉大宗为成帝后[1]，宜明一统之义，以戒前事，为后代法。"六月，遣甄丰奉玺绶，即拜帝母卫姬为中山孝王后。赐帝舅卫宝、宝弟玄爵关内侯。赐帝女弟三人号曰君，皆留中山，不得至京师。

【注释】 [1]奉大宗为成帝后：奉平帝刘箕子为成帝的儿子入继皇位。

【译文】 王莽怕皇帝的外家卫氏夺权，对太后说："以前哀帝即位，背恩忘义，抬高自己外家丁、傅，扰乱国家法度，危害皇权。现在，皇帝以幼年继承大宗为成帝后嗣，应该申明一统之义，以为惩戒，也可以为后代效法。"六月，派甄丰奉玺绶，即拜帝母卫姬为中山孝王后。赐皇帝的舅舅卫宝、卫宝的弟弟卫玄为关内侯。赐皇帝三位妹妹为君，让他们都留在中山国，不得进入京师。

魏纪

司马懿诛曹爽

【题解】

明帝临终将八岁的儿子托付给司马懿和曹爽。起初一切都很顺利，二人轮番值宿，朝政也很平静。但是曹爽是个浮躁急进、不能容人，且有野心的人。他和他的同党要做的第一件事就是把司马懿排挤出去，大权在握，控制禁宫宿卫，安插亲信，党同伐异，任意更张制度。

可是他们都疏忽了司马懿，司马懿韬光养晦，成功地让对方觉得他不再具有任何威胁，最后除掉曹爽几乎是在谈笑间完成的。

【原文】 太子即位，年八岁；大赦。尊皇后曰皇太后，加曹爽、司马懿侍中，假节钺[1]，都督中外诸军、录尚书事。诸所兴作宫室之役，皆以遗诏罢之。

【注释】 [1]节钺：符节和斧钺。古代授予将帅，作为加重权力的标志。

【译文】 景初三年（239年），魏明帝曹叡去世，齐王曹芳即位，年八岁；大赦天下。尊皇后为皇太后，加曹爽、司马懿侍中，假节钺，都督中外诸军、总领尚书事。之前明帝时期正在建造的宫室，都因遗诏停止。

【原文】 爽、懿各领兵三千人更宿殿内①，爽以懿年位素高，常父事之，每事咨访，不敢专行。

【注释】 ①更：轮流。

【译文】 曹爽、司马懿各领兵三千轮流在宫殿内值班，曹爽因为司马懿年纪和地位都比自己高，所以像对待长辈那样对待他，每每碰到事情都向他咨询请教，不敢独断专行。

【原文】 初，并州刺史东平毕轨及邓飏、李胜、何晏、丁谧皆有才名而急于富贵①，趋时附势，明帝恶其浮华，皆抑而不用。曹爽素与亲善，及辅政，骤加引擢，以为腹心。晏，进之孙；谧，斐之子也。晏等咸共推戴爽，以为重权不可委之于人。丁谧为爽画策，使爽白天子发诏，转司马懿为太傅，外以名号尊之，内欲令尚书奏事，先来由己，得制其轻重也。爽从之。二月，丁丑，以司马懿为太傅，以爽弟羲为中领军②，训为武卫将军③，彦为散骑常侍、侍讲④，其余诸弟皆以列侯侍从，出入禁闼，贵宠莫盛焉。

【注释】 ①东平：地名，在今山东省。②中领军：官名，汉末曹操置。品级较领军将军稍低。③武卫将军：官名，三国魏置，掌管中军宿卫禁兵。④散骑常侍：官名，三国魏置，由汉代散骑和中常侍合并而成，在皇帝左右规谏过失，以备顾问。

【译文】 当初并州刺史东平毕轨和邓飏、李胜、何晏、丁谧都是有才名而急于求富贵的人，趋炎附势，明帝厌恶这种浮华的作风，因此压制他们不加重用。曹爽向来和他们亲厚，等到辅政，骤然提拔他们，视之为心腹。何晏是何进的孙子，丁谧为丁斐的儿子。何晏等人共同推戴曹爽，认为大权不可交托给别人。丁谧为曹爽谋划，让曹爽禀告天子下诏，将司马懿转任太傅，对外以名号尊崇他，却没有实际的权力，尚书奏事则要先通过自己，以此控制大权。曹爽接受了提议。二月丁丑，任司马懿为太傅，任命曹爽弟弟曹羲为中领军，曹训为武卫将军，曹彦为散骑常侍、侍讲，其余诸弟都成为列侯担任皇帝侍从，出入宫禁，贵宠无比。

【原文】 爽事太傅，礼貌虽存，而诸所兴造，希复由之①。爽徙吏部尚书卢毓为仆射②，而以何晏代之，以邓飏、丁谧为尚书，毕轨为司隶校尉。晏等依势用事，附会者升进，违忤者罢退，内外望风，莫敢忤旨③。

【注释】 ①希复由之：很少再通过他（司马懿）。②仆射：官名，汉成帝置尚书五人，一人为仆射，地位仅次于尚书令。③忤旨：违抗意旨。

【译文】 曹爽对待太傅的态度，仅保存着表面的礼貌，真正要进行的事务很少再跟司马懿商量了。曹爽将吏部尚书卢毓调任仆射，让何晏取代这个职位，任命邓飏、丁谧为

尚书,毕轨为司隶校尉。何晏等人仗着势力处理事务,依附他们的就加以升迁,违逆他们的则加以罢免,内外望风,官员没有敢违抗他们意旨的。

【原文】 大将军爽用何晏、邓飏、丁谧之谋,迁太后于永宁宫;专擅朝政,多树亲党,屡改制度;太傅懿不能禁,与爽有隙。五月,懿始称疾,不与政事。

【译文】 正始八年(247 年),大将军曹爽用何晏、邓飏、丁谧的计策,将太后迁居到永宁宫;独自把持朝政,树立亲信党羽,屡次更改制度。太傅司马懿不能阻止,与曹爽之间开始有了嫌隙。五月,司马懿开始称病,不参与政事。

【原文】 大将军爽,骄奢无度,饮食衣服,拟于乘舆①;尚方珍玩②,充牣其家③;又私取先帝才人以为伎乐。作窟室④,绮疏四周⑤,数与其党何晏等纵酒其中。弟羲深以为忧,数涕泣谏止之,爽不听。爽兄弟数俱出游,司农沛国桓范谓曰⑥:"总万机,典禁兵,不宜并出。若有闭城门,谁复内入者?"爽曰:"谁敢尔邪!"

【注释】 ①乘舆:代指皇帝。②尚方:皇室库房。③牣:丰足。④窟室:地下室。⑤绮疏:雕饰花纹的窗户。⑥司农:官名,掌租税钱谷盐铁和国家的财政收支,为九卿之一。沛国:今江苏沛县。桓范:曹爽的"智囊"。司马懿起兵讨曹爽时,桓范劝曹爽挟持魏帝到许昌,曹爽不听。后曹爽被司马懿所杀,桓范也被杀。

【译文】 大将军曹爽骄奢无度,饮食衣服都和皇帝类似;家中充斥着宫廷才有的珍玩,又私自将明帝的才人当作歌舞伎乐。营造地下室,四壁装满雕饰花纹的窗户。经常和何晏等人在此纵饮。其弟曹羲非常担忧,屡屡流泪劝谏,曹爽不听。曹爽兄弟屡次一起出游,大司农沛国人桓范对他说:"你们兄弟总揽大权,掌管禁兵,不宜一起出城。万一有人关闭城门,你们谁又能进城呢?"曹爽说:"谁敢做这种事!"

【原文】 初,清河、平原争界①,八年不能决。冀州刺史孙礼请天府所藏烈祖封平原时图以决之②。爽信清河之诉,云图不可用,礼上疏自辨,辞颇刚切。爽大怒,劾礼怨望,结刑五岁。久之,复为并州刺史,往见太傅懿,有忿色而无言。懿曰:"卿得并州少邪?恚理分界失分乎?"礼曰:"何明公言之乖也③!礼虽不德,岂以官位往事为意邪?本谓明公齐踪伊、吕④,匡辅魏室,上报明帝之托,下建万世之勋。今社稷将危,天下凶凶⑤,此礼之所以不悦也!"因涕泣横流。懿曰:"且止,忍不可忍!"

【注释】 ①清河:今河北清河。平原:今山东平原。②天府:朝廷藏物之府库为天府。烈祖封平原时图:即明帝曹叡封平原王时的地图。③乖:不正常,古怪。④齐踪伊、吕:和伊尹、吕尚(姜子牙)相比。⑤凶凶:骚动不安的样子。

【译文】 原先清河国和平原国为了地界争论不休,历时八年都不能解决。冀州刺史孙礼请求用朝廷所藏的明帝封平原王时的地图比对,来判定边界。曹爽相信了清河国的说法,说地图已经不能用了。孙礼上疏辩解,言辞直率而激烈。曹爽大怒,弹劾孙礼心怀怨恨,判了他五年徒刑。后来孙礼又做了并州刺史,往见太傅司马懿,神情愤怒,不说话。

司马懿问:"你嫌并州刺史职务低呢?还是生气处理地界的事?"孙礼说:"明公怎么讲这么奇怪的话?孙礼虽然不德,难道会将官职和往事放在心上吗?我本以为明公您是伊尹、吕尚一样的人物,可以辅佐魏室,上报明帝重托,下建万世功勋。如今社稷就快要处于危难之中了,天下都骚动不安,这才是我不高兴的理由。"边说着边涕泪横流。司马懿说:"先别这样,要忍耐别人忍受不了的事。"

【原文】 冬,河南尹李胜出为荆州刺史,过辞太傅懿。懿令两婢侍,持衣,衣落;指口言渴,婢进粥,懿不持杯而饮,粥皆流出沾胸。胜曰:"众情谓明公旧风发动,何意尊体乃尔!"懿使声气才属①,说:"年老枕疾,死在旦夕。君当屈并州,并州近胡,好为之备!恐不复相见,以子师、昭兄弟为托。"胜曰:"当还忝本州,非并州。"懿乃错乱其辞曰:"君方到并州?"胜复曰:"当忝荆州。"懿曰:"年老意荒,不解君言。今还为本州,盛德壮烈,好建功勋!"胜退,告爽曰:"司马公尸居余气②,形神已离,不足虑矣。"他日,又向爽等垂泣曰:"太傅病不可复济③,令人怆然④!"故爽等不复设备。

【注释】 ①属:连接。②尸居余气:形容人即将死亡。③济:有利,有益。④怆然:悲伤的样子。

【译文】 冬季,河南尹李胜出任荆州刺史,去向太傅司马懿辞行。司马懿叫两名婢女服侍,他拿衣服,衣服掉落;指着嘴巴说口渴,婢女进粥,司马懿不拿杯子直接饮用,结果粥都流出来洒在胸口。李胜说:"大家都说明公旧病发作,没想到身体已经这样了!"司马懿装作半天才缓过气来的样子说:"年老病重,生死不过是早晚的事。委屈你到并州为官,那里靠近胡地,要做好防备!这一别恐怕不再相见,就把小儿司马师、司马昭兄弟托付给你了。"李胜说:"我是回到本州,不是并州。"司马懿故意听错,问道:"你才到并州?"李胜又说:"荆州。"司马懿说:"年老昏聩,听不明白你的话了。如今你回到家乡为官,德高壮烈,好好建立功勋。"李胜回去后,告诉曹爽说:"司马公奄奄一息,身体和神魂分离,已不足为虑了。"后来有一天,他又向曹爽等垂泪道:"太傅病大概不会再好了,真是令人难过。"因此曹爽等不再防范司马懿。

【原文】 太傅懿阴与其子中护军师、散骑常侍昭谋诛曹爽。

【译文】 太傅司马懿暗中与其子中护军司马师、散骑常侍司马昭谋划如何除掉曹爽。

【原文】 春,正月,甲午,帝谒高平陵①,大将军爽与弟中领军曹羲、武卫将军曹训、散骑常侍彦皆从。太傅司马懿以皇太后名义下令,闭诸城门,勒兵据武库②,授兵出屯洛水浮桥③,召司徒高柔假节行大将军事,据爽营,太仆王观行中领军事④,据羲营。因奏爽罪恶于帝曰:"臣昔从辽东还,先帝诏陛下、秦王及臣升御床,把臣臂,深以后事为念。臣言'太祖、高祖亦属臣以后事⑤,此自陛下所见,无所忧苦。万一有不如意,臣当以死奉明诏'。今大将军爽,背弃顾命,败乱国典,内则僭拟⑥,外则专权,破坏诸营,尽据禁兵,群官

要职,皆置所亲,殿中宿卫,易以私人,根据盘互⑦,纵恣日甚,又以黄门张当为都监⑧,伺察至尊,离间二宫,伤害骨肉,天下汹汹,人怀危惧。陛下便为寄坐,岂得久安!此非先帝诏陛下及臣升御床之本意也。臣虽朽迈,敢忘往言!太尉臣济等皆以爽为有无君之心,兄弟不宜典兵宿卫,奏永宁宫,皇太后令敕臣如奏施行。臣辄敕主者及黄门令'罢爽、羲、训吏兵,以侯就第,不得逗留,以稽车驾;敢有稽留,便以军法从事!'臣辄力疾将兵屯洛水浮桥⑨,伺察非常。"爽得懿奏事,不通;迫窘不知所为,留车驾宿伊水南⑩,伐木为鹿角⑪,发屯田兵数千人以为卫。

【注释】 ①高平陵:明帝曹叡之墓,在今河南洛阳东南。②勒兵:带领军队。武库:储藏兵器军备的仓库。③浮桥:在并列的船或筏子上铺上木板而成的桥。④太仆:官名,秦汉九卿之一,掌舆马畜牧之事。⑤太祖:曹操。高祖:文帝曹丕。⑥僭拟:僭越,超出规定范围,自比皇帝。⑦根据盘互:把持据守,互相勾结。⑧都监:三国时称内侍官。⑨力疾:勉强支撑病体。⑩伊水:在今河南西部,源出栾川伏牛山北麓。⑪伐木为鹿角:一种用带有枝杈形似鹿角的树木堆放地上以阻挡敌军前进的防御物。

【译文】 嘉平元年(249年)正月,皇帝谒高平陵,大将军曹爽与弟中领军曹羲、武卫将军曹训、散骑常侍曹彦都随侍在侧。太傅司马懿以皇太后名义下令,关闭城门,带兵占领武库,派遣军队驻扎在洛水浮桥,召司徒高柔持节代理大将军的职务,占据曹爽营。太仆王观行中领军事,占据曹羲营。然后向皇帝上奏曹爽罪恶,说"臣当年从辽东回到京师,先帝诏令陛下、秦王及臣登上御床,握着臣的手臂,念念不忘身后事。臣进言说'太祖、高祖也曾把后事托付臣,这是陛下所见过的,陛下不用担心,万一有违陛下意愿的事情发生,臣自当不惜一死完成陛下的托付'。如今大将军曹爽,背弃先帝的遗命,败坏典章制度,在内则僭越自比为君主,在外则专权擅政,扰乱军队,控制了禁军,朝廷上重要官职都安插亲信,连殿中宿卫都换了私人,亲党势力盘根错节,日益放纵。他又任用宦官张当为都监,窥视陛下动静,离间太后和陛下的感情,伤害骨肉关系,如今天下人情汹汹,人们心怀恐惧。如此局面,陛下就像是暂时寄坐在皇位上,并非长治久安之道。这种局面也并非先帝要陛下及臣登上御床当面嘱托的本意。臣虽然老迈,也不敢忘记前言。太尉蒋济等都认为曹爽有叛逆之心,他们兄弟不宜再掌管宿卫,于是上奏永宁宫,皇太后下令让臣如奏执行。臣则吩咐主事者和黄门令'罢免曹爽、曹羲、曹训的官职,剥夺他们军权,以列侯的身份回到府邸,不得逗留,阻碍陛下车驾;要是有人敢阻碍车驾的,一律以军法从事!'臣立即率兵屯驻洛水浮桥,又伺察有无异常情况。"曹爽看到了司马懿的奏章,城里的信息又不通,十分窘迫不知所措,安排皇帝的车驾夜宿伊水南,伐木制成鹿角以作防御,征发屯田兵数千人护卫。

【原文】 懿使侍中高阳、许允及尚书陈泰说爽,宜早自归罪,又使爽所信殿中校尉尹大目谓爽①,唯免官而已,以洛水为誓。

【注释】 ①殿中校尉:武职官名。

【译文】 司马懿派侍中高阳、许允及尚书陈泰劝说曹爽,应当及早回来认罪,又派他信任的殿中校尉尹大目对他说,不过免官而已,并以洛水为誓。

【原文】 (桓)范至,劝爽兄弟以天子诣许昌①,发四方兵以自辅。爽疑未决,范谓羲曰:"此事昭然,卿用读书何为邪!于今日卿等门户,求贫贱复可得乎?且匹夫质一人,尚欲望活;卿与天子相随,令于天下,谁敢不应也!"俱不言。范又谓羲曰:"卿别营近在阙南,洛阳典农治在城外②,呼召如意。今诣许昌,不过中宿③,许昌别库,足相被假;所忧当在谷食,而大司农印章在我身。"羲兄弟默然不从,自甲夜至五鼓④,爽乃投刀于地曰:"我亦不失作富家翁!"范哭曰:"曹子丹佳人⑤,生汝兄弟,犊犊耳⑥!何图今日坐汝等族灭也!"

【注释】 ①许昌:今河南许昌东部。②洛阳典农治:洛阳屯田部队。③中宿:半夜。④甲夜:初更时分。五鼓:天亮。⑤曹子丹:曹真,字子丹,曹操族子,三国著名将领,曹爽、曹羲的父亲。⑥犊犊:小猪,小牛。

【译文】 桓范到了曹爽那里,劝曹爽兄弟带天子至许昌,征发四方的军队以增强自己的实力。曹爽迟疑未决,桓范对曹羲说:"此事昭然若揭,你是读书人还不明白吗?今日情形下你们曹家这样的门户,即使只求贫贱平安度日还能做到吗?况且平民百姓抓了一个人为人质,还想以此为条件试图活下来。你们现在和天子在一起,挟天子号令天下,谁敢不听!"大家都默不作声。桓范又对曹羲说:"你的一支军队就近在城南,洛阳屯田部队也在城外,只要愿意,立刻可以招致。现在启程去许昌的话,不过半夜就到了。许昌的武库,足可以装备士兵;只有粮食让人担忧,而我身上就带着大司农印章。"曹羲兄弟默然,不听从桓范的主张,自入夜至五鼓,最后曹爽将刀扔在地上说:"即使免官了,我也不失为富家翁。"桓范哭道:"曹真何等人物,竟生出你们兄弟,像猪和牛一样蠢笨。想不到今日竟被你们连累灭族。"

【原文】 爽乃通懿奏事①,白帝下诏免己官,奉帝还宫。爽兄弟归家,懿发洛阳吏卒围守之;四角作高楼,令人在楼上察视爽兄弟举动。爽挟弹到后园中,楼上便唱言:"故大将军东南行!"爽愁闷不知为计。

【注释】 ①通:通传,转达。

【译文】 曹爽于是把司马懿的奏章转交给皇帝,请皇帝下诏罢免自己的官职,然后奉送皇帝回宫。曹爽兄弟回到家里,司马懿立即派出洛阳官吏和兵士将曹家团团围住,在宅院四角建起高楼,令人在楼上监视曹氏兄弟举动。曹爽带了弹弓到后园中,楼上便有人大声喊:"前大将军往东南去了。"曹爽愁闷得不知所措。

【原文】 戊戌,有司奏:"黄门张当私以所择才人与爽,疑有奸。"收当付廷尉考实①,辞云:"爽与尚书何晏、邓飏、丁谧、司隶校尉毕轨、荆州刺史李胜等阴谋反逆,须三月中

发。"于是收爽、羲、训、晏、飏、谧、轨、胜并桓范皆下狱,劾以大逆不道,与张当俱夷三族^②。

【注释】 ①廷尉:官名,掌司法刑狱。考实:审讯出实情。②夷三族:秦汉时代的刑罚。凡犯特殊重罪,尤其谋反谋叛等十恶罪名者,处以诛灭三族的极刑。三族之范围说法不一,一般认为指父、兄弟及妻子。

【译文】 戊戌,有司奏:"宦官张当私自将所择才人送给曹爽,怀疑他们之间有勾结。"收捕张当交付廷尉审讯。张当说:"曹爽与尚书何晏、邓飏、丁谧、司隶校尉毕轨、荆州刺史李胜等人阴谋造反,到三月中就会起事。"于是抓捕曹爽、曹羲、曹训、何晏、邓飏、丁谧、毕轨、李胜和桓范一起入狱,弹劾他们大逆不道,与张当都被夷灭三族。

晋　纪

桓温废立

【题解】

桓温在东晋是个重要人物。随着他军功和人望的增长,他和朝廷的关系变得越来越微妙。在某个程度上说,东晋需要桓温的军事力量,更寄希望于他北伐成功,恢复故地。但是随着桓温在征伐中的胜利,朝廷和他之间渐渐陷入了功高不赏的尴尬境地。桓温平蜀有大功,威名大振,这些军事上的胜利对于东晋来说无疑是好事,但是桓温的位置也越来越难以安顿。在每次酬功之际,我们都可以看出代表朝廷立场的官员小心翼翼的态度。

东晋这个偏安的朝廷,外敌环伺,皇室衰落,朝中门阀力量强大,军事实权操于如桓温这样的悍将之手。朝廷中不同势力之间相互牵制、妥协和对立。桓温废立的过程中,王彪之、王坦之、谢安等人,在桓温的野心和实力作用之下,每次都通过合于法度的方法保护皇权,尽力让东晋在原来的格局下延续下去。

【原文】 (永和二年)安西将军桓温将伐汉^①,将佐皆以为不可。

朝廷以蜀道险远,温众少而深入,皆以为忧,惟刘惔以为必克^②,或问其故,惔曰:"以博知之。温,善博者也,不必得则不为。但恐克蜀之后,温终专制朝廷耳。"

【注释】 ①安西将军桓温:桓温,东晋大将。娶明帝女南康公主为妻,曾三次北伐,一度收复洛阳,但北伐最终未能成功。由于长期掌握大权,渐渐有了不臣之心。成安元年(371),废帝司马奕为东海王,改立简文帝,以大司马专掌朝政。次年,简文帝死,桓温有代晋之心,但不久病故。汉:成汉,十六国之一。巴賨贵族李雄所建。以成都为都城,最盛时包括了今四川东部和云南、贵州的一部分。347 年东晋桓温伐蜀,成汉亡。②惔:音 tán。

【译文】 永和二年（346年），安西将军桓温将伐成汉，将佐都不赞成。

朝廷认为蜀道险远，桓温人少而深入，都为之担忧。惟刘惔以为必定成功，有人问他怎么知道的，刘惔说："从赌博中知道的。桓温是个善赌的人，不是志在必得就不会出手。但是怕他克蜀之后，会渐渐控制朝廷。"

【原文】 （永和四年）八月，朝廷论平蜀之功，欲以豫章郡封桓温①，尚书左丞荀蕤曰②："温若复平河、洛，将何以赏之？"乃加温征西大将军、开府仪同三司③，封临贺郡公④。

温既灭蜀，威名大振，朝廷惮之。会稽王昱以扬州刺史殷浩有盛名⑤，朝野推服，乃引为心膂⑥，与参综朝权，欲以抗温，由是与温寖相疑贰⑦。

【注释】 ①豫章郡：治所南昌（今江西南昌），原辖境大致同今江西省。②尚书左丞：尚书省官员，类似于秘书长之类的官职。③开府仪同三司：魏晋南北朝时期的一种高级官位，东晋南朝，开府仪同三司是虚号，渐不为人所重。④临贺郡：今广西贺州东南。⑤会稽王昱：司马昱，初封琅邪王，后徙会稽王。司马奕为帝，进位丞相。桓温废立，迎司马昱为帝。在位二年病故，谥简文帝。会稽，在今江苏东部及浙江西部。殷浩：善玄谈，有重名。晋康帝时，会稽王司马昱征聘殷浩出山，以对抗桓温。永和九年（公元353年）十月，殷浩率领7万人北征许昌、洛阳，大败，被废为庶人。⑥心膂：心与脊骨，比喻主要的辅佐人员，或亲信得力之人。⑦寖相疑贰：渐渐起了疑忌之心。疑贰，也作"疑二"。因猜忌而生异心。

【译文】 永和四年（348年）八月，朝廷论赏平蜀的功劳，想要将豫章郡封给桓温。尚书左丞荀蕤说："如果赏了豫章郡，那么桓温若平复河、洛，还有什么可以赏的？"于是就加封桓温为征西大将军、开府仪同三司，封临贺郡公。

桓温灭蜀以后，威名大振，朝廷也很忌惮他。会稽王司马昱因为扬州刺史殷浩有盛名，朝野都很推崇他，所以将他视为心腹，参与朝政，想用他来对抗桓温，由此殷浩和桓温渐渐地开始互生猜疑。

【原文】 （兴宁元年）五月，加征西大将军桓温侍中、大司马、都督中外诸军、录尚书事①，假黄钺②。温以抚军司马王坦之为长史③。坦之，述之子也。又以征西掾郗超为参军④，王珣为主簿⑤，每事必与二人谋之。府中为之语曰："髯参军⑥，短主簿，能令公喜，能令公怒。"温气概高迈，罕有所推。与超言，常自谓不能测，倾身待之，超亦深自结纳。珣，导之孙也，与谢玄皆为温掾④，温俱重之。

【注释】 ①侍中：魏晋以后，往往相当于宰相。大司马：南朝时为兼握政务与军事重权的高官。都督中外诸军：掌管全国军事。录尚书事：南北朝时期，凡掌握重权的大臣经常带"录尚书事"的名号，总揽政要大权，无所不管。②假黄钺：魏晋南北朝时，重臣出征往往加有假黄钺的称号。黄钺，以黄金为饰，古代帝王所用，后世用为仪仗。借之以增威重，有代表皇帝亲征之意。③抚军司马：官名。抚军府中掌军事的属官。长史：官名，战

国末年秦已置,属官。④征西掾:征西将军的属官。掾,属官,辅佐的助手。郗超:字景兴,东晋大臣。参军:武官名,掌辅助谋划军事。⑤王珣:和其父亲洽、祖父导三代皆以能书著名。主簿:掌管文书的属吏。⑥髯:两腮上面的胡子,也泛指胡子。⑦谢玄:宰相谢安之侄,东晋著名军事家。

【译文】 兴宁元年(363年)五月,加封征西大将军桓温侍中、大司马、都督中外诸军、录尚书事,假黄钺。桓温以抚军司马王坦之为长史。王坦之是王述之子。又以征西掾郗超为参军,王珣为主簿,遇事必与二人商量。府中人总结道:"胡子参军,矮子主簿,能让桓公欢喜,也能让桓公生气。"桓温气概高迈,很少有人能得到他的器重。桓温和郗超谈话,常常觉得对方深不可测,推心置腹地对待他,郗超也深相结纳。王珣是王导的孙子,与谢玄都是桓温的属吏,桓温也都很器重他们。

【原文】 (兴宁二年五月)加大司马温扬州牧、录尚书事①。壬申,使侍中召温入参朝政,温辞不至。

【注释】 ①扬州牧:扬州的最高官员。牧,州郡长官。

【译文】 兴宁二年(364年)五月,朝廷加封大司马桓温扬州牧、录尚书事。壬申,朝廷派侍中召桓温入参朝政,桓温推辞不去。

【原文】 (兴宁三年)大司马温移镇姑孰①。二月,乙未,以其弟右将军豁监荆州、扬州之义城、雍州之京兆诸军事②,领荆州刺史,加江州刺史桓冲监江州及荆、豫八郡诸军事③,并假节。

司徒昱闻陈祐弃洛阳④,会大司马温于洌洲⑤,共议征讨。丙申,帝崩于西堂,事遂寝⑥。帝无嗣,丁酉,皇太后诏以琅邪王奕承大统。百官奉迎于琅邪第,是日,即皇帝位,大赦。

【注释】 ①姑孰:今江苏苏州。②监:掌管。荆州:治所在今湖北江陵。义城:义城郡,治所在今湖北光化。雍州之京兆:治所在今湖北襄阳。③江州:今江西九江。④陈祐:东晋冠军将军,镇守洛阳。燕人进攻洛阳,陈祐不敌,选出洛阳。⑤洌洲:今安徽当涂长江中小岛。⑥寝:平息,停止。

【译文】 兴宁三年(365年),大司马桓温移镇姑孰。二月乙未,以其弟右将军桓豁掌荆州、扬州之义城、雍州之京兆的军事,领荆州刺史;加封江州刺史桓冲掌管江州及荆、豫八郡诸军事,同时假节。

司徒昱听说了陈祐放弃洛阳的事,在洌洲和大司马桓温会面,商议征讨洛阳的事。丙申,东晋哀帝司马丕在太极殿西堂病逝,事情中止。哀帝无嗣,丁酉,皇太后下诏以琅邪王司马奕继承皇位。百官去琅邪王府第迎接他入宫,当天,司马奕即皇帝位,大赦天下。

【原文】 (咸安元年十月)大司马温恃其材略位望,阴蓄不臣之志①,尝抚枕叹曰:

"男子不能流芳百世,亦当遗臭万年!"术士杜炅能知人贵贱②,温问炅以己禄位所至,炅曰:"明公勋格宇宙,位极人臣。"温不悦。温欲先立功河朔③,以收时望,还受九锡④。及枋头之败⑤,威名顿挫。既克寿春⑥,谓参军郗超曰:"足以雪枋头之耻乎?"超曰:"未也。"久之,超就温宿,中夜,谓温曰:"明公都无所虑乎?"温曰:"卿欲有言邪?"超曰:"明公当天下重任,今以六十之年,败于大举,不建不世之勋,不足以镇惬民望⑦!"温曰:"然则奈何?"超曰:"明公不为伊、霍之举者⑧,无以立大威权,镇压四海。"温素有心,深以为然,遂与之定议。以帝素谨无过,而床笫易诬⑨,乃言"帝早有痿疾,嬖人相龙、计好、朱灵宝等,参侍内寝,二美人田氏、孟氏生三男,将建储立王,倾移皇基"。密播此言于民间,时人莫能审其虚实。

【注释】 ①不臣之志:不守臣节,不合臣道的心思,指想谋反篡位。②炅:音 jiǒng。③立功河朔:收复北方,北伐成功。④九锡:古代天子赐给诸侯、大臣的九种器物,是最高的礼遇。西汉末,王莽篡汉时先受赐九锡,魏晋六朝以后权臣夺取政权、建立新王朝时都沿袭此例,后世就以九锡为权臣篡位先声。⑤枋头之败:枋头,今河南浚县。369 年,桓温第三次北伐,在枋头大败于燕人。⑥寿春:魏晋南北朝时期淮南军事重镇,今安徽寿县。⑦惬:满足,称心。⑧伊、霍之举:伊尹、霍光,即指废立。⑨床笫:床和垫在床上的竹席,指男女房中之事。

【译文】 咸安元年(371 年)十月,大司马桓温凭借自身的才略位望,暗地里积蓄不臣之心,曾经抚枕叹息:"男子不能流芳百世,就应当遗臭万年!"术士杜炅能够预知人的贵贱,桓温就问他,自己的官爵最大可以做到什么位置。杜炅说:"明公的功劳大如宇宙,必定可以位极人臣。"桓温不高兴。他想先北伐立功,增加威望,然后回来接受九锡之赐。但是经过 369 年枋头之败后,桓温的威名受挫。371 年成功攻占寿春之后,他问参军郗超道:"这次胜利足以洗雪枋头之败的耻辱吗?"郗超答道:"还不能。"过了很久,一天郗超住在桓温那里,夜半时问道:"明公都没有忧虑的事吗?"桓温说:"你想说什么?"郗超说:"明公身上担负着天下重任,现在已六十岁了,遇到惨败,在这种情形之下,只有建立非同一般的功勋,才足以震慑人心。"桓温问:"那要怎么做?"郗超答:"明公没有行伊尹、霍光那样的废立之事,就不可以立大威权,慑服天下。"桓温向来就有类似的想法,深以为然,于是决定要废立。由于皇帝司马奕素来谨慎没有过错,只有男女间的事容易造谣,于是传播谣言说"皇帝早有阳痿的毛病,他宠信的相龙、计好、朱灵宝等人,出入寝宫侍候,皇帝的两位美人田氏、孟氏生了三个儿子,将要立为太子,这样皇室的根本就被动摇了"。这种说法在民间秘密流传,谁也不知道真假。

【原文】 十一月,癸卯,温自广陵将还姑孰①,屯于白石②。丁未,诣建康③,讽褚太后④,请废帝,立丞相会稽王昱,并作令草呈之。太后方在佛屋烧香,内侍启云:"外有急奏。"太后出,倚户视奏数行,乃曰:"我本自疑此!"至半,便止,索笔益之曰:"未亡人不幸

罹此百忧⑤,感念存没,心焉如割。"

【注释】 ①广陵:今江苏扬州。②白石:今安徽当涂采石矶西南。③建康:东晋都城,今江苏南京。④褚太后:名蒜子,晋康帝司马岳皇后。⑤罹:遭遇。

【译文】 十一月癸卯,桓温自广陵打算返姑孰,驻扎在白石。丁未,到了都城建康,他暗示褚太后,请求废黜皇帝,另立丞相会稽王司马昱,并将大致意思写成奏稿进呈。太后正在佛屋烧香,内侍启奏:"外面有急奏。"太后出来,靠在门边看了数行,就说:"我本就疑心这个。"看到一半便停下不看,索笔填写到:"未亡人不幸遭遇种种忧患,想起活在人世的和过世的,心如刀割。"

【原文】 己酉,温集百官于朝堂。废立既旷代所无①,莫有识其故典者,百官震慄②。温亦色动,不知所为。尚书仆射王彪之知事不可止③,乃谓温曰:"公阿衡皇家④,当倚傍先代。"乃命取《汉书·霍光传》,礼度仪制,定于须臾⑤。彪之朝服当阶,神彩毅然,曾无惧容。文武仪准,莫不取定,朝廷以此服之。于是宣太后令,废帝为东海王,以丞相、录尚书事、会稽王昱统承皇极。百官入太极前殿,温使督护竺瑶、散骑侍郎刘亨收帝玺绶⑥。帝著白帢单衣⑦,步下西堂,乘犊车出神虎门⑧,群臣拜辞,莫不歔欷⑨。侍御史、殿中监将兵百人卫送东海第⑩。温帅百官具乘舆法驾⑪,迎会稽王于会稽邸。王于朝堂变服,著平巾帻、单衣⑫,东向流涕,拜受玺绶,是日,即皇帝位,改元。温出次中堂,分兵屯卫。温有足疾,诏乘舆入殿。温撰辞,欲陈述废立本意,帝引见,便泣下数十行,温兢惧,竟不能一言而出。

【注释】 ①旷代:绝代,当代无人能及。②震慄:震惊害怕。③尚书仆射:官名,地位仅次于尚书令。王彪之:王导之侄。④阿衡:商代官名,伊尹曾任此职。后引申为辅导帝王,主持国政。⑤须臾:片刻。⑥督护:武官名,晋置。散骑侍郎:官名,三国魏置。⑦白帢单衣:白色便帽和单衣。⑧犊车:牛车。⑨歔欷:悲泣,抽噎。⑩侍御史:官名,秦置,汉沿袭,在御史大夫之下。掌管给事殿中、举劾非法、督察郡县,或奉使出外执行指定任务。殿中监:官名,魏晋以后,在门下省设殿中监一官,多以皇帝之亲戚、贵臣担任,掌管皇帝生活起居之事。⑪乘舆法驾:天子车驾仪仗。⑫平巾帻:帻本是古时的头巾。东汉时用一种平顶的帻做戴冠时的衬垫物,称为平巾帻。西晋末,出现了一种小冠,前面呈半圆形平顶,后面升起呈斜坡形尖突,戴时不能覆盖整个头顶,只能罩住发髻的,就是平巾帻(也称小冠)。

【译文】 己酉,桓温在朝堂上召集百官。废立既然是当代没有过的事,也就没有官员知道制度应该如何,百官震惊恐惧。桓温变了脸色,不知应该怎么办。尚书仆射王彪之知道事情已不可挽回,就对桓温说:"明公辅佐皇室治理天下,应当遵循先代制度。"让人取来《汉书·霍光传》,当时就定下礼仪制度。王彪之穿着朝服站在朝堂上,神情坚毅,毫无惧色。文武官员的礼仪格式都由王彪之一言而定。因此大家都很是佩服他。于是

宣布太后的诏令,废皇帝司马奕为东海王,以丞相、录尚书事、会稽王司马昱继承皇位。百官进入太极前殿,桓温派督护竺瑶、散骑侍郎刘亨收取皇帝的印玺。司马奕戴着白帽子,身穿单衣,走下西堂,乘牛车出神虎门离开。群臣磕头拜别,没有不流泪叹息的。侍御史、殿中监带了百名士卒护送废帝至东海王府第。桓温带领百官准备了天子车驾仪仗,前往会稽王府迎接会稽王。会稽王在朝堂上更换衣服,戴着平巾帻,身穿单衣,面向东而立,流着眼泪,拜受天子印玺,当天即位改元;桓温在太极殿中堂,分派士兵守卫。桓温的脚有毛病,皇帝下诏他可以乘轿入殿。桓温准备了文章,想在进见时详细陈述废立的本意,皇帝召见他时不断哭泣,桓温战战兢兢的,最终竟一句话也说不出来。

【原文】 太宰武陵王晞好习武事①,为温所忌,欲废之,以事示王彪之。彪之曰:"武陵亲尊,未有显罪,不可以猜嫌之间便相废徙。公建立圣明,当崇奖王室,与伊、周同美;此大事,宜更深详。"温曰:"此已成事,卿勿复言!"乙卯,温表"晞聚纳轻剽②,息综矜忍③,袁真叛逆④,事相连染。顷日猜惧,将成乱阶。请免晞官,以王归藩。"从之。并免其世子综、梁王瑶等官。温使魏郡太守毛安之帅所领宿卫殿中⑤。

【注释】 ①太宰:晋以避司马师讳,置太宰以代太师。武陵王晞:司马晞,晋元帝子,简文帝兄弟。综、瑶均为其子。②聚纳轻剽:召集轻浮急躁之徒。③息综:其子司马综。矜忍:傲慢残忍。④袁真叛逆:369年东晋发生袁真叛乱。⑤魏郡:今河北大名、临漳一带。毛安之:荥阳人,是简文帝时期的重要将领。

【译文】 太宰武陵王司马晞喜好武事,因此为桓温所忌,想要贬斥他,桓温借其他事由示意王彪之。王彪之说:"武陵王是天子的兄弟,并没有明显的罪状,不可因为猜嫌就将其废黜。既然明公废立是匡扶皇室,就应当努力保护好皇室,这样才能比美伊尹、周公。这样的大事,应该从长计议。"桓温说:"此事已定,你就不必再说了。"乙卯,桓温上表称"司马晞召集轻浮急躁之徒,其子司马综又傲慢残忍,而且牵连在袁真叛逆案中,朝廷和他彼此猜惧,必将酿成大乱。请将司马晞免官,以王爵回王府。"皇帝同意了。同时罢免其世子司马综、梁王司马瑶等人的官职。桓温派魏郡太守毛安之统带宿卫守在殿中。

【原文】 初,殷浩卒,大司马温使人赍书吊之①,浩子涓不答,亦不诣温,而与武陵王晞游。广州刺史庾蕴②,希之弟也,素与温有隙。温恶殷、庾宗强,欲去之。辛亥,使其弟秘逼新蔡王晃诣西堂叩头自列,称与晞及子综、著作郎殷涓、太宰长史庾倩、掾曹秀、舍人刘强、散骑常侍庾柔等谋反③;帝对之流涕,温皆收付廷尉。倩、柔,皆蕴之弟也。癸丑,温杀东海王三子及其母。甲寅,御史中丞谯王恬承温旨④,请依律诛武陵王晞。诏曰:"悲惋惶怛⑤,非所忍闻,况言之哉!其更详议!"恬,承之孙也。乙卯,温重表固请诛晞,词甚酷切。帝乃赐温手诏曰:"若晋祚灵长,公便宜奉行前诏;如其大运去矣,请避贤路。"温览之,流汗变色,乃奏废晞及三子,家属皆徙新安郡。丙辰,免新蔡王晃为庶人,徙衡阳;殷涓、庾倩、曹秀、刘强、庾柔皆族诛,庾蕴饮鸩死⑥。蕴兄东阳太守友子妇,桓豁之女也,故

171

温特赦之。庾希闻难,与弟会稽王参军邈及子攸之逃于海陵陂泽中⑦。

【注释】 ①赍:送信。②庾蕴:庾希之弟,庾氏为东晋大族。③著作郎:官名,三国魏明帝始置,属中书省,掌编纂国史。太宰长史:太师的属吏。散骑常侍:官名,秦汉设散骑(皇帝的骑从)和中常侍,三国魏时将其并为一官,称"散骑常侍",在皇帝左右规谏过失,以备顾问。晋以后,往往预闻要政。④御史中丞:官名,汉以御史中丞为御史大夫的助理,外督部刺史,内领侍御史,受公卿章奏,纠察百僚,其权颇重。⑤惶怛:惶恐痛苦。⑥鸩:传说中的一种毒鸟。把它的羽毛放在酒里,可以毒杀人。后世指毒药。⑦陂泽:湖泽。

【译文】 当初殷浩过世,大司马桓温派人送信吊唁。殷浩子殷涓不回信,也不去回拜桓温,而和武陵王司马晞来往密切。广州刺史庾蕴是庾希的弟弟,向来和桓温有嫌隙。桓温讨厌殷、庾两家势力强大,想要铲除他们。辛亥,桓温派弟弟桓秘逼新蔡王司马晃诣西堂叩头自列,在皇帝面前供称说自己与司马晞及其子司马综、著作郎殷涓、太宰长史庾倩、掾曹秀、舍人刘强、散骑常侍庾柔等共同谋反;简文帝流下眼泪,桓温将他们都抓起来交付给廷尉。庾倩、庾柔都是庾蕴的弟弟。癸丑,桓温杀了东海王的三个儿子及其生母。甲寅,御史中丞谯王司马恬秉承桓温意旨,请皇帝依法诛杀武陵王司马晞。皇帝下诏说:"这样诛杀亲族的事,令人悲哀惨痛,不是我所忍听闻的,何况是亲手做呢?此事再详加商议。"司马恬是司马承的孙子。乙卯,桓温再次上表坚持要求杀司马晞,言词迫切。简文帝赐桓温手诏说:"如果晋朝的国祚还长,桓公就遵行我上道诏书的意思吧;如果晋室大运已去,请让我退位让贤。"桓温看到以后,汗流浃背,变了脸色,转而请求废黜司马晞及三子,家属流放到新安郡。丙辰,下诏免新蔡王司马晃为庶人,流放衡阳;殷涓、庾倩、曹秀、刘强、庾柔都被灭族,庾蕴服毒而死。庾蕴的哥哥东阳太守庾友的儿媳是桓温弟弟桓豁的女儿,所以得到桓温特赦。庾希听到此事,和弟弟会稽王参军庾邈以及儿子庾攸之逃到海陵的湖泽中。

【原文】 温既诛殷、庾,威势翕赫①,侍中谢安见温遥拜②。温惊曰:"安石,卿何事乃尔?"安曰:"未有君拜于前,臣揖于后。"

【注释】 ①翕赫:显赫。②谢安:出身士族,东晋名臣。

【译文】 桓温杀了殷、庾之后,威势显赫,侍中谢安看见桓温远远就拜下去。桓温惊道:"安石,你为什么这样做?"谢安道:"君王尚且叩拜于前,臣下哪有以平礼相见的道理?"

【原文】 (咸安二年七月)甲寅,帝不豫①,急召大司马温入辅,一日一夜发四诏。温辞不至。

【注释】 ①不豫:身体不适,生病。

172 【译文】 咸安二年(372年)七月甲寅,简文帝生病,急召大司马桓温入京,一日一夜

连发四道诏书。桓温推辞不去。

【原文】 己未，立昌明为皇太子，生十年矣。以道子为琅邪王，领会稽国，以奉帝母郑太妃之祀。遗诏："大司马温依周公居摄故事①"。又曰："少子可辅者辅之，如不可，君自取之。"侍中王坦之自持诏入，于帝前毁之。帝曰："天下，傥来之运②，卿何所嫌！"坦之曰："天下，宣、元之天下③，陛下何得专之！"帝乃使坦之改诏曰："家国事一禀大司马，如诸葛武侯、王丞相故事④。"是日，帝崩。

【注释】 ①周公居摄：西周时周公旦在武王去世后，出任摄政，辅佐年幼的成王。故事：旧例。②傥来：无意中得到。③宣、元：宣帝司马懿，元帝司马睿，西晋的创立者。④诸葛武侯、王丞相：诸葛亮、王导，都是辅佐君主的名臣。

【译文】 己未，简文帝立司马昌明为皇太子，当时已经十岁了。封另一个儿子司马道子为琅邪王，统领会稽国，负责皇帝生母郑太妃之祭祀。遗诏说："大司马桓温依照周公居摄旧例。"又曰："太子可以辅佐就辅佐他，如不成器，大司马自取皇位。"侍中王坦之拿着诏书进见，在皇帝面前撕毁。简文帝说："我拥有天下也不过是出于意外，偶然的运气，你又何必如此？"王坦之说："天下，是宣帝、元帝创立的天下，陛下怎么能凭一己之意举以赠人！"于是简文帝让王坦之将诏书改为："家国事全部交付给大司马处分，如诸葛武侯和王丞相的旧例。"当天，简文帝去世。

【原文】 群臣疑惑，未敢立嗣，或曰："当须大司马处分①。"尚书仆射王彪之正色曰："天子崩，太子代立，大司马何容得异！若先面咨，必反为所责。"朝议乃定。太子即皇帝位，大赦。崇德太后令②，以帝冲幼，加在谅闇③，令温依周公居摄故事。事已施行，王彪之曰："此异常大事，大司马必当固让，使万机停滞，稽废山陵④，未敢奉令，谨具封还。"事遂不行。

【注释】 ①须：等待。②崇德太后：即褚太后。③谅闇：居丧，多用于皇帝。④稽废山陵：稽迟荒废安葬事宜。

【译文】 群臣疑惑，不敢就此立嗣，有人说："要等大司马来了处分。"尚书仆射王彪之正色说："天子驾崩，自然是太子继立，大司马又怎么会有异议呢！如果先去问他，反而会被大司马责备。"于是朝议决定由太子即皇帝位，大赦天下。崇德褚太后下令，因为皇帝年幼，又在居丧期，让桓温依照周公旧例摄政。这道诏令已经发下去了，王彪之说："这是非常之事，大司马一定会推辞，这样一来，朝廷上下所有的政务都停顿下来，连先皇的后事也会延迟，所以臣不敢奉命，还是将诏书封还。"因此桓温摄政一事终究未成。

淝水之战

【题解】

前秦王苻坚在王猛的辅佐下，将前秦治理得有声有色，也征服了周围很多的小国。

国力强大,苻坚的名望也越来越高。东晋无论多么弱小,在南北朝人的眼中,终归是正朔之所在。苻坚在自信自满的时候很自然就想到了伐晋。他的心腹谋臣王猛在临终前曾经劝谏他不要起意南征。但是在公元383年,苻坚终于还是决心要和东晋打一仗。

这场仗打得几乎全无悬念。

苻坚的臣下、亲人无一赞成出兵,时人非常清醒地看到前秦的庞大架构中缺陷多多,臣服的诸国各怀异心,而东晋远不如苻坚以为的不堪一击。可是苻坚这一次非常坚定,或者更准确地说,这就是一意孤行。

最初交战双方的情况和苻坚想的差不多,数十万大军的声势也让晋军畏惧。但是刘牢之和梁

淝水之战

成一战,前秦军败了东晋军胜了了,东晋军开始有了信心,而寿阳城里的苻坚已开始草木皆兵。其后的淝水一役,前秦军还没怎么打就已经兵败如山倒。《通鉴》列于不同时间顺序下记载展现了苻坚在战争前后迥异的心态,对比读起来甚至有点残酷。

但是在这次记述得相当简单的战争中,苻坚确实要负主要的责任。这是一个关于知人知己的反面例证,联系到《通鉴》写作的初衷,作者是要明鉴君主在认识和判断上的错误可以带来多么严重的后果。

【原文】 (太元八年七月)秦王坚下诏大举入寇①,民每十丁遣一兵;其良家子年二十已下②,有材勇者,皆拜羽林郎③。又曰:"其以司马昌明为尚书左仆射,谢安为吏部尚书,桓冲为侍中;势还不远,可先为起第。"良家子至者三万余骑,拜秦州主簿金城赵盛之为少年都统④。是时,朝臣皆不欲坚行,独慕容垂、姚苌及良家子劝之⑤。阳平公融言于坚曰⑥:"鲜卑、羌虏⑦,我之仇雠⑧,常思风尘之变以逞其志,所陈策画,何可从也!良家少年皆富饶子弟,不闲军旅⑨,苟为谄谀之言以会陛下之意耳⑩。今陛下信而用之,轻举大事,臣恐功既不成,仍有后患,悔无及也!"坚不听。

【注释】 ①秦王坚:前秦王苻坚,氐族人,十六国时期前秦的皇帝。早期很有作为,曾统一中国北方,国力一度超过东晋数倍,很有机会统一全国,但是在淝水之战中惨败。鲜卑、羌等部族相继叛变,西燕慕容冲攻入长安,苻坚出逃被杀。入寇:侵入东晋。②良家子:出身清白的子女。③羽林郎:官名,汉代所置,皇家禁卫军军官。④秦州:今甘肃天水。金城:今甘肃兰州。都统:武官名,始置于十六国时期,为统兵将官。⑤慕容垂:又名慕容霸,鲜卑族人。公元384年建立后燕,后投降前秦。淝水之战中暗中保存实力,在前

秦败后叛变,姚苌:后秦武昭帝,羌族。十六国时期后秦政权的开国君主。公元357年与前秦战于三原,兵败投降,后为苻坚部将,累建战功。淝水之战后,前秦大败,姚苌趁机自立。公元385年缢杀苻坚于新平佛寺(今彬县南静光寺),称帝于长安,国号大秦。⑥阳平公融:苻融,苻坚之弟,封阳平公。⑦鲜卑、羌虏:即分别指慕容垂、姚苌的国家。⑧仇雠:仇敌。⑨闲:同"娴",熟悉,精通。⑩谄谀:奉承拍马。会:迎合。

【译文】 太元八年(383年)七月,秦王苻坚下诏大举发兵入侵东晋,百姓每十名成年男子中征发一人当兵;良家子弟二十岁以下勇武有力的,都被任命为羽林郎。又说:"胜利以后要用东晋皇帝司马昌明为尚书左仆射,宰相谢安为吏部尚书,车骑将军桓冲为侍中;想来也是很快的事了,可以先为他们起好宅第。"良家子弟自带战马应征而来的有三万多人,任命当时的秦州主簿金城赵盛之为少年都统,统领这些人。当时朝臣都不想让苻坚南下,只有慕容垂、姚苌和应征来的良家子弟希望打仗。阳平公苻融对苻坚说:"鲜卑、羌虏都是我们的仇敌,他们一直在等待机会报仇复国,这样人所说的话怎么能听呢?良家少年不过是富家子弟,不熟悉军旅之事,不过是顺口说些阿谀奉承的话讨陛下欢心罢了。如今陛下信用这些人,轻率地南伐,我担心不仅不能成功,还会有后患,到时候悔之不及。"苻坚不听。

【原文】 (八月)甲子,坚发长安,戎卒六十余万①,骑二十七万,旗鼓相望,前后千里。九月,坚至项城②,凉州之兵始达咸阳③,蜀、汉之兵方顺流而下,幽、冀之兵至于彭城④,东西万里,水陆齐进,运漕万艘。阳平公融等兵三十万,先至颍口⑤。

是时,秦兵既盛,都下震恐。

【注释】 ①戎卒:兵士。②项城:今河南项城。③凉州:今武威,地处甘肃河西走廊东端。咸阳:今陕西咸阳。④幽、冀:今河北地区。彭城:今江苏徐州。⑤颍口:今安徽颍上东南的西正阳镇。

【译文】 八月甲子,苻坚从长安出发,有步兵六十余万,骑兵二十七万,旗鼓相望,前后绵延千里。九月,苻坚到达项城,而凉州的军队才到达咸阳,蜀、汉的军队正沿长江顺流而下,幽州、冀州的军队到达彭城,东西万里之内,水陆并进,出动运输的船只数以万计。阳平公苻融等率兵三十万,先期到达颍口。

当时,秦兵声势浩大,建康人心惶惶。

【原文】 冬,十月,秦阳平公融等攻寿阳①;癸酉,克之,执平虏将军徐元喜等②。融以其参军河南郭褒为淮南太守③。慕容垂拔郧城④。胡彬闻寿阳陷,退保硖石⑤,融进攻之。秦卫将军梁成等帅众五万屯于洛涧⑥,栅淮以遏东兵⑦。谢石、谢玄等去洛涧二十五里而军,惮成,不敢进。胡彬粮尽,潜遣使告石等曰:"今贼盛,粮尽,恐不复见大军!"秦人获之,送于阳平公融。融驰使白秦王坚曰:"贼少易擒,但恐逃去,宜速赴之!"坚乃留大军于项城,引轻骑八千,兼道就融于寿阳⑧。遣尚书朱序来说谢石等以"强弱异势,不如速

降"。序私谓石等曰："若秦百万之众尽至,诚难与为敌。今乘诸军未集,宜速击之;若败其前锋,则彼已夺气,可遂破也。"

【注释】　①寿阳:今安徽寿县。②平虏将军:东晋武官名。③淮南太守:治所在安徽寿县,今安徽淮河以南地区的地方长官。④郧城:今湖北安陆。⑤硖石:安徽凤台、寿县一带。⑥卫将军:官名,汉代设立,掌握禁兵,预闻政务。洛涧:即洛水。⑦栅淮以遏东兵:在淮水上设立栅栏以阻挡东晋军队。栅,动词,用竹、木、铁条等做成的阻拦或防卫物。遏,阻拦,阻挡。⑧兼道:加倍赶路。

【译文】　十月,前秦阳平公苻融等攻打寿阳;癸酉,攻入城中,俘虏了东晋平虏将军徐元喜等人。苻融任命他的参军河南郭褒为淮南太守。慕容垂攻克郧城。东晋胡彬听说寿阳陷落,退守硖石,苻融继续进攻。前秦卫将军梁成等率领五万将士驻扎在洛水,在淮河上设立栅栏以阻止东晋的援军。谢石、谢玄等在离洛涧二十五里的地方扎营,因为害怕梁成而不敢进兵。胡彬粮草将要用尽,暗中派人告诉谢石等人说:"现在秦军声势盛大,我一旦没有了粮草,恐怕我们就不能再相见了。"秦人抓到送信的人,押送到苻融那里。苻融派人驰报秦王苻坚,说:"晋军人少,容易对付,只怕他们逃走,请秦王速来。"苻坚于是将大军留在项城,自己带了八千轻骑兵,日夜兼程,赶往寿阳和苻融会合。秦人派尚书朱序去劝降谢石,说"秦强晋弱,力量相差悬殊,不如速速投降"。朱序却私下对谢石等人说:"如果秦军百万之众全数到达,晋军自然很难与之对抗。现在乘大军未会集,应该迅速出击;如果打败前秦前锋,则秦军气势一泄,就可击败他们了。"

【原文】　石闻坚在寿阳,甚惧,欲不战以老秦师①。谢琰劝石从序言。十一月,谢玄遣广陵相刘牢之帅精兵五千趣洛涧②,未至十里,梁成阻涧为陈以待之③。牢之直前渡水,击成,大破之,斩成及弋阳太守王咏④,又分兵断其归津⑤,秦步骑崩溃,争赴淮水,士卒死者万五千人。执秦扬州刺史王显等,尽收其器械军实⑥。于是谢石等诸军水陆继进。秦王坚与阳平公融登寿阳城望之。见晋兵部阵严整,又望见八公山上草木⑦,皆以为晋兵,顾谓融曰:"此亦劲敌,何谓弱也!"怃然始有惧色⑧。

【注释】　①老:使得对方衰竭,疲惫。②刘牢之:东晋名将。趣:趋赴,奔向。③陈:同"阵",军阵。④弋阳太守:江西弋阳地区的地方官。⑤归津:退路。⑥器械军实:军用器械和粮饷。⑦八公山:位于寿县城北,距城2.5公里,南临淝水,北濒淮河。⑧怃然:怅然失意的样子。

【译文】　谢石听说苻坚已到寿阳,非常害怕,想要不出战拖疲秦军。谢琰劝谢石听从朱序的话。十一月,谢玄派广陵相刘牢之率领五千精兵直奔洛涧,未出十里,梁成就依涧布好阵势等待他们。刘牢之径直向前渡水,攻击梁成军队,大破秦军,斩梁成和弋阳太守王咏,又分兵阻断秦军撤退的险要渡口。秦军步兵和骑兵陷入混乱中,争相渡河,损失了一万五千士兵,刘牢之军队抓到秦扬州刺史王显等,缴获武器军备和粮饷。于是谢石

诸军从水陆相继前进。秦王符坚与阳平公符融登上寿阳城观察，见晋兵部阵严整，又望见八公山上草木摇动，符坚以为都是晋兵，回头对符融说："晋军也是劲敌，怎么能说他们弱呢？"怅然若失，开始有畏惧之色。

【原文】 秦兵逼淝水而陈①，晋兵不得渡。谢玄遣使谓阳平公融曰："君悬军深入，而置陈逼水，此乃持久之计，非欲速战者也。若移陈小却，使晋兵得渡，以决胜负，不亦善乎？"秦诸将皆曰："我众彼寡，不如遏之，使不得上，可以万全。"坚曰："但引兵少却，使之半渡，我以铁骑蹙而杀之②，蔑不胜矣③！"融亦以为然，遂麾兵使却④。秦兵遂退，不可复止，谢玄、谢琰、桓伊等引兵渡水击之。融驰骑略陈⑤，欲以帅退者，马倒，为晋兵所杀，秦兵遂溃。玄等乘胜追击，至于青冈⑥。秦兵大败，自相蹈藉而死者⑦，蔽野塞川。其走者闻风声鹤唳⑧，皆以为晋兵且至，昼夜不敢息，草行露宿，重以饥冻，死者什七八。初，秦兵小却，朱序在陈后呼曰："秦兵败矣！"众遂大奔。序因与张天锡、徐元喜皆来奔。获秦王坚所乘云母车及仪服器械、军资、珍宝、畜产不可胜计⑨，复取寿阳，执其淮南太守郭褒。

【注释】 ①陈：同"阵"，布阵。②蹙：逼近，逼迫。③蔑：没有。④麾：指挥。⑤驰骑略陈：骑着马来回奔驰，想要压住阵脚。⑥青冈：今安徽凤台西北。⑦蹈藉：践踏。⑧风声鹤唳：形容惊慌失措，或自相惊扰。唳，鹤叫声。⑨云母车：以云母为饰的车。

【译文】 秦兵在靠近淝水的地方列阵，晋军就无法渡江。谢玄派使者对阳平公符融说："阁下孤军深入，而靠着河岸列阵，这是作持久战的打算，不是想要速战速决。如果阁下能稍稍将兵阵向后移动一下，让晋兵得以渡河，然后一决胜负，不也是件好事吗？"前秦的将领都说："我众敌寡，不如阻止晋军渡河，倒是万全之策。"符坚说："我们引兵稍退，等他们渡河到当中的时候，我军以铁骑猛烈冲杀，这样没有不胜的道理！"符融也认为言之有理。于是传令秦兵退却。秦兵一退就停不下来。谢玄、谢琰、桓伊等立刻带兵渡河追击。符融骑马布阵，想要指挥后退的士兵，但是马被绊倒，为晋兵所杀，秦兵于是溃败。谢玄等乘胜追击到青冈。秦兵大败，自相践踏而死的，布满田野山川。逃走的士兵听见风声和鹤鸣的声音，都以为晋兵将至，昼夜不敢停下来休息，在草丛中穿行、露宿，加上饥寒交迫，死者十有七八。起初秦兵稍做退却时，朱序就在阵后高呼："秦兵败啦！"于是军队溃散。朱序借机和张天锡、徐元喜回到东晋。晋军俘获秦王符坚所乘云母车及军服仪仗、武器军备、珍宝畜产不可胜数，晋军又收复寿阳，抓获前秦淮南太守郭褒。

【原文】 坚中流矢，单骑走至淮北，饥甚，民有进壶飧、豚髀者①，坚食之，赐帛十匹，绵十斤。辞曰："陛下厌苦安乐，自取危困。臣陛下子，陛下为臣父，安有子饲其父而求报乎？"弗顾而去。坚谓张夫人曰："吾今复何面目治天下乎！"潸然流涕②。

【注释】 ①壶飧：一壶水泡饭。飧，晚饭，饭食。豚髀：猪腿。②潸然流涕：伤心流泪的样子。

【译文】 符坚中了箭，单人独骑逃到淮北，很饿，百姓进献了一壶水泡饭和猪腿，符

177

坚吃了以后,赏赐帛十四,绵十斤。献食者推辞说:"陛下不肯安于逸乐,冒险征伐东晋,是自取困苦。臣民是陛下之子,陛下是臣民的君父,哪有儿子进食父亲还求回报的?"便头也不回地离去。苻坚对张夫人说:"经过这一役,我还有何面目再治天下呀!"潸然而泪下。

齐 纪

魏迁洛阳

【题解】

北魏孝文帝迁都洛阳,与其说是一次迁都,不如说是鲜卑政权的一次全面汉化改革运动。

孝文帝对这次变革运动的重要性有深刻的了解,而对于族人的心态和性格也有足够充分的认知,所以他在迁都前作了一次有趣的表演。他号称要南征伐齐,而且疾言厉色,以威严震慑群臣的反对意见。等到大军似模似样地到了洛阳,终于有大臣出面劝阻,然后群臣一致表示希望皇帝放弃南征。在这种情形下,孝文帝提出南征可以放弃,可是大张旗鼓地离开平城,总不好就此偃旗息鼓,如果不打仗,那么就迁都到洛阳吧。在南征的可怕威胁下,大多数官员都主动选择了迁都。这完全是利用了人们两害相较取其轻的心理反应。

然后孝文帝一边派宗室王公心腹大臣去平城传达消息,安抚大家,一边一再在群臣面前表现出坚定的迁都姿态,不断和大臣讨论迁都和移风易俗的必要性。看起来似乎是用力过度,但是结合到迁都后颁布的等同于全盘汉化的改革措施,可以看出孝文帝完全了解这次变革对于鲜卑旧人心理的巨大冲击,所以他之前所做的种种晓之以理,临之以威,不惜再三譬解要大家改变想法的努力就显得务实而稳妥了。这是一次比较成功的变革,领导者事先充分的准备和得体的处置方式起到了很大的作用。

【原文】 (永明十一年)魏主以平城地寒①,六月雨雪,风沙常起,将迁都洛阳;恐群臣不从,乃议大举伐齐②,欲以胁众。斋于明堂左个③,使太常卿王谌筮之④,遇"革",帝曰:"'汤、武革命⑤,应乎天而顺乎人。'吉孰大焉!"群臣莫敢言。尚书任城王澄曰⑥:"陛下奕叶重光⑦,帝有中土;今出师以征未服,而得汤、武革命之象,未为全吉也。"帝厉声曰:"繇云:'大人虎变⑧,'何言不吉?"澄曰:"陛下龙兴已久,何得今乃虎变!"帝作色曰:"社稷我之社稷,任城欲沮众邪⑨!"澄曰:"社稷虽为陛下之有,臣为社稷之臣,安可知危而不言!"帝久之乃解⑩,曰:"各言其志,夫亦何伤!"

【注释】 ①魏主:即北魏孝文帝拓跋宏,也称元宏,鲜卑人。执政期间,对北魏的政

治、经济、文化和社会习俗等各方面,进行大刀阔斧的改革。平城:今山西大同,北魏的都城。②齐:南朝的齐。③斋于明堂左个:在明堂南厢的东头大厅。明堂,古代帝王颁布政令,接受朝觐和祭祀天地诸神以及祖先的场所。④太常卿:官名,秦置奉常,汉改名太常,掌宗庙礼仪,兼选试博士。其后为专掌祭祀礼乐之官。北魏称太常卿。筮:古代用蓍草占卜的一种迷信活动。⑤汤、武革命:商汤讨伐夏,周武王讨伐商,都是改朝换代的征伐。这是革卦的卦辞。⑥任城王澄:拓跋澄,孝文帝叔父,北魏迁都的重要支持者。⑦奕叶重光:指孝文帝继承北魏先世光辉的基业。奕叶,即奕世,累世。重光,比喻累世盛德,辉光相承。⑧繇(zhòu):《易经》的"繇辞",即卜辞。大人虎变:比喻居上位者出处行动变化莫测。虎变,如虎身花纹的变化。⑨沮:动词,令⋯⋯沮丧。⑩解:消失,消解。

【译文】 永明十一年(493 年),魏孝文帝因为平城寒冷,六月都会下雪,又常有风沙,因此想要迁都洛阳;但担心群臣不愿意,于是声言要大举伐齐,以此胁迫众人。在明堂斋戒,让太常卿王谌占卜,得出"革"卦,孝文帝说:"革卦就是'汤、武革命,顺乎天命应乎人心。'这是大吉!"群臣不敢说话。尚书任城王拓跋澄说:"陛下继承了先世的光辉基业,在中原称帝;如今出兵征伐还未臣服的敌寇,就得到表示汤、武革命的卦,这不算是全吉。"皇帝厉声说:"繇辞说:'王者出处行动变化莫测,就如同虎身上的花纹一样',怎么不吉啦?"拓跋澄答道:"陛下龙兴已久,怎么现在又出来虎变呢?"孝文帝怒道:"社稷是我的社稷,任城王是想阻止我发兵吗?"拓跋澄说:"社稷虽为陛下所有,但臣为社稷之臣,怎么能明知危险而不说话。"过了很久皇帝才平息怒气,说:"不过是各自表明心意而已,也没什么关系。"

【原文】 既还宫,召澄入见,逆谓之曰①:"向者《革卦》,今当更与卿论之。明堂之忿,恐人人竞言,沮我大计②,故以声色怖文武耳。想识朕意。"因屏人③,谓澄曰:"今日之举,诚为不易。但国家兴自朔土,徙居平城;此乃用武之地,非可文治。今将移风易俗,其道诚难,朕欲因此迁宅中原,卿以为何如?"澄曰:"陛下欲卜宅中土④,以经略四海⑤,此周、汉之所以兴隆也。"帝曰:"北人习常恋故⑥,必将惊扰,奈何?"澄曰:"非常之事,故非常人之所及。陛下断自圣心,彼亦何所能为!"帝曰;"任城,吾之子房也⑦!"

六月,丙戌,命作河桥,欲以济师。

【注释】 ①逆:迎上前去。②沮:同"阻",阻挠。③屏:屏退,让人退下。④卜宅:选择住地。这里指迁都。⑤经略四海:经营治理天下。⑥习常恋故:习惯于旧有的、已经成为常例的事物,恋旧。⑦子房:张良,汉初刘邦谋臣。

【译文】 孝文帝回宫后召拓跋澄入见,迎上前去对他说:"上次说的《革卦》,我现在和你再重新讨论一下。明堂上我之所以发怒,是因为怕人人竞相发言,破坏我的大计,所以故意疾言厉色,不过为了震慑百官罢了。想必你能了解我的心意。"让随从退下,对拓跋澄说:"今日之事实在是不容易,但国家在北方兴起,迁都到平城,此地是适合打仗的地

方,不适合推行文治。如今要移风易俗,实在艰难,朕因此想迁都中原,你有什么看法?"拓跋澄说:"陛下想迁居中原,以经营天下,这本来就是周、汉两朝之所以能够兴盛的原因。"孝文帝说:"北人风俗恋旧保守,知道之后必定惊扰,阻力重重,你有什么办法?"拓跋澄说:"不平凡的事,本身就不是平凡的人可以办得到的,陛下乾纲独断,反对的人又能做什么呢?"孝文帝说:"任城王真是我的张良。"

六月丙戌,孝文帝下令建造黄河上的桥,准备出师时渡河用。

【原文】 (九月),戊辰,魏主济河①;庚午,至洛阳。

魏主自发平城至洛阳,霖雨不止②。丙子,诏诸军前发。丁丑,帝戎服③,执鞭乘马而出。群臣稽颡于马前④。帝曰:"庙算已定⑤,大军将进,诸公更欲何云?"尚书李冲等曰:"今者之举,天下所不愿,唯陛下欲之。臣不知陛下独行,竟何之也!臣等有其意而无其辞,敢以死请!"帝大怒曰:"吾方经营天下,期于混壹⑥,而卿等儒生,屡疑大计;斧钺有常⑦,卿勿复言!"策马将出,于是安定王休等并殷勤泣谏。帝乃谕群臣曰:"今者兴发不小,动而无成,何以示后!朕世居幽朔,欲南迁中土;苟不南伐,当迁都于此,王公以为何如?欲迁者左,不欲者右。"安定王休等相帅如右。南安王桢进曰:"'成大功者不谋于众。'今陛下苟辍南伐之谋⑧,迁都洛邑,此臣等之愿,苍生之幸也。"群臣皆呼万岁。时旧人虽不愿内徙,而惮于南伐,无敢言者;遂定迁都之计。

【注释】 ①济河:渡河。②霖雨:连绵大雨。③戎服:穿着军服。④稽颡:古代一种跪拜礼,屈膝下拜,以额触地,表示极度的虔诚。⑤庙算:朝廷确定的谋略。⑥混壹:统一天下。⑦斧钺有常:斧和钺,古代兵器,用于斩刑。这里借指重刑。常,规矩,规则。⑧辍:停止,停息。

【译文】 九月戊辰,孝文帝渡过黄河;庚午至洛阳。

孝文帝自平城出发到洛阳,雨一直连绵不止。丙子,下诏诸军出发。丁丑,孝文帝穿着战袍,执鞭乘马出来。群臣聚集在他的马前磕头拦阻。皇帝说:"朝廷的大计已定,大军就要出发,诸公还想说什么?"尚书李冲等人说:"陛下现在的征伐,天下人都不愿意,只合陛下自己的心意,臣不知陛下如此独断专行,究竟为什么?臣等不愿陛下出征,但不知道该说什么来阻止陛下,只有以死相劝。"孝文帝大怒说:"我正在经营天下,希望有朝一日可以完成统一大业,而你们这些儒生,屡屡怀疑我的大计;斧钺不饶人,你们就不必再说了。"策马将行,这时安定王拓跋休等都恳切地哭谏皇帝放弃出征。孝文帝于是对群臣说:"如今做出这么大的场面,最后如果取消征伐,怎么做后人的榜样?朕世代居住在遥远的北方,想要南迁到中原;如果不南征,就迁都于此,各位王公以为如何?同意迁都地站在左面,不愿意的站到右面。"安定王拓跋休等人一起站到了右面。南安王拓跋桢上奏说:"建立大功勋的人不征求大家的意见。'如今陛下如果能停止南征,迁都洛阳,那么这是臣等的心愿,也是百姓之幸。"群臣高呼万岁。当时虽然老一辈人都不愿迁都,但相比

之下更害怕南征，所以没有敢出来反对的；于是孝文帝就定下迁都之策。

【原文】 李冲言于上曰："陛下将定鼎洛邑①，宗庙宫室，非可马上行游以待之。愿陛下暂还代都②，俟群臣经营毕功③，然后备文物、鸣和鸾而临之④。"帝曰："朕将巡省州郡，至邺小停⑤，春首即还，未宜归北。"乃遣任城王澄还平城，谕留司百官以迁都之事，曰："今日真所谓革也。王其勉之!"帝以群臣意多异同，谓卫尉卿、镇南将军于烈⑥："卿意如何?"烈曰："陛下圣略渊远，非愚浅所测。若隐心而言，乐迁之与恋旧，适中半耳。"帝曰："卿既不唱异，即是肯同，深感不言之益。"使还镇平城，曰："留台庶政⑦，一以相委。"

【注释】 ①定鼎：这里指迁都。②代都：即平城。③俟：等。经营毕功：指营建都城的工程结束。④备文物、鸣和鸾：准备好车驾及典章文物(迎接孝文帝)。和鸾，古代车上的铃铛。挂在车前横木上称"和"，挂在轭首或车架上称"鸾"。⑤邺：今河北临漳境内。⑥卫尉卿：官名，统率卫士守卫宫禁。⑦留台庶政：平城政府中的各种政务。

【译文】 李冲进言："陛下将定都洛邑，则新都的宗庙宫室，并非立刻可以建成。希望陛下暂回平城，待群臣将都城营造完毕，再具仪仗车驾，迎候陛下驾临。"孝文帝说："朕要去巡省州郡，在邺城稍做停留，初春就会回洛阳，不宜北回旧都了。"于是派遣任城王拓跋澄回平城，将迁都之事告知留下的百官，说："今日是真正的'革'了。任城王要好好努力!"孝文帝知道群臣意见不一，对卫尉卿、镇南将军于烈说："你觉得迁都之事如何?"于烈答道："陛下英明的谋略看得深远，不是愚笨和浅陋之辈可以猜测得到的。如果诚心来说，愿意迁都和怀恋旧地，各占一半吧。"皇帝说："你既不提出反对，也就是赞同，我深深感念你不说出反对的话的好处。"派他还镇平城，说："旧都的一切政务，全都委托给你了。"

【原文】 冬，十月，戊寅朔，魏主如金墉城①，征穆亮，使与尚书李冲、将作大匠董尔经营洛都②。

乙未，魏解严③，设坛于滑台城东④，告行庙以迁都之意⑤。大赦。起滑台宫。任城王澄至平城，众始闻迁都，莫不惊骇。澄援引古今，徐以晓之，众乃开伏⑥。澄还报于滑台，魏主喜曰："非任城，朕事不成。"

【注释】 ①金墉城：三国魏明帝时筑，为当时洛阳城(今河南洛阳东)西北角的一个小城。②将作大匠：官名，掌宫室、宗庙、陵寝等的土木营建。③魏解严：解除戒严令。④坛：祭坛。滑台：河南滑县。相传古有滑氏，于此筑垒，后人筑以为城，高峻坚固。汉末以来为军事要冲。北魏与金墉、虎牢、碻磝称河南四镇。⑤行庙：天子巡幸或大军出征临时所立的庙。⑥开伏：开悟心服。

【译文】 冬季，十月戊寅朔，孝文帝到金墉城，征用穆亮，让他与尚书李冲、将作大匠董尔营造洛都。

乙未，孝文帝在滑台城东设祭坛，将迁都之意禀报行庙，大赦天下。修建滑台宫。任

城王拓跋澄回到平城，百官才听说迁都的事，无不大惊失色。拓跋澄引古论今，慢慢开导大家，众人也就渐渐明白过来，接受了这件事。拓跋澄回报，孝文帝大喜，说："没有任城王，朕迁都之事不会这样顺利。"

【原文】 癸卯，魏主如邺城。王肃见魏主于邺①，陈伐齐之策。魏主与之言，不觉促席移晷②。自是器遇日隆，亲旧贵臣莫能间也③。魏主或屏左右与肃语，至夜分不罢，自谓君臣相得之晚。寻除辅国将军、大将军长史。时魏主方议兴礼乐，变华风，凡威仪文物，多肃所定。

乙巳，魏主遣安定王休帅从官迎家于平城。

【注释】 ①王肃：出身世家大族，其父王奂在南齐被人诬陷，父子一起被杀，只有王肃逃到北魏，得到孝文帝的重用，对于北魏的改革贡献极大。②促席移晷：座席向前移动，时间流逝。形容孝文帝和王肃一见如故，谈话投机，不知不觉地时光就过去了，座位也越来越近。晷，日影。③间：隔阂，疏远。

【译文】 癸卯，孝文帝到邺城。王肃在邺城觐见，陈奏伐齐之策。孝文帝和他谈话，不自觉促席相就，忘记了时间。从此越来越器重他，礼遇也越来越隆重，亲旧贵臣谁也不能让君臣之间有隔阂。孝文帝有时屏退左右和他谈话，到夜半还不停，自称君臣相见恨晚。很快任命王肃为辅国将军、大将军长史。其时孝文帝正在准备兴礼乐，变华风，所有典章文物，大多为王肃制定。

乙巳，孝文帝派安定王拓跋休带领官员到平城，将皇室成员接来洛阳。

【原文】 （建武元年十月），戊申，魏主亲告太庙，使高阳王雍、于烈奉迁神主于洛阳；辛亥，发平城。

（十一月）魏主至洛阳，欲澄清流品①，以尚书崔亮兼吏部郎。

（十二月）魏主欲变易旧风，壬寅，诏禁士民胡服②。国人多不悦。

【注释】 ①澄清流品：魏晋南北朝时特有的制度，按照门第的高低将士人分成不同等级，以此确定官员的地位高低。②胡服：鲜卑服装。

【译文】 建武元年（494年）十月戊申，孝文帝亲自告祭太庙，派高阳王拓跋雍和于烈负责将祖宗牌位护送到洛阳。辛亥，自平城出发迁都洛阳。

十一月，孝文帝到洛阳，想要效法南朝的门阀品第，用尚书崔亮兼吏部郎。

十二月，孝文帝想改变鲜卑族的旧风俗，壬寅，下诏禁止士民穿胡服。国人大多不愿意。

【原文】 （建武二年五月）魏主欲变北俗，引见群臣，谓曰："卿等欲朕远追商、周，为欲不及汉、晋邪？"咸阳王禧对曰："群臣愿陛下度越前王耳①。"帝曰："然则当变风易俗，当因循守故邪？"对曰："愿圣政日新。"帝曰："为止于一身，为欲传之子孙邪？"对曰："愿传之百世！"帝曰："然则必当改作，卿等不得违也。"对曰："上令下从，其谁敢违！"帝曰：

"夫'名不正,言不顺,则礼乐不可兴'。今欲断诸北语^②,一从正音。其年三十已上,习性已久,容不可猝革^③。三十已下,见在朝廷之人,语音不听仍旧;若有故为,当加降黜。各宜深戒!王公卿士以为然不?"对曰:"实如圣旨。"帝曰:"朕尝与李冲论此,冲曰:'四方之语,竟知谁是;帝者言之,即为正矣。'冲之此言,其罪当死!"因顾冲曰;"卿负社稷,当令御史牵下!"冲免冠顿首谢。又责留守之官曰:"昨望见妇女犹服夹领小袖^④,卿等何为不遵前诏!"皆谢罪。帝曰:"朕言非是,卿等当庭争^⑤。如何入则顺旨,退则不从乎!"六月,己亥,下诏:"不得为北俗之语于朝廷。违者免所居官!"

【注释】 ①度越:超越。②北语:鲜卑语。③猝:忽然。④夹领小袖:即鲜卑服装。⑤庭争:即廷争,在朝堂上当面提出反对意见。

【译文】 建武二年(495年)五月,孝文帝想改变鲜卑人的风俗习惯,于是引见群臣,问道:"各位想要朕远比商、周之善政,还是想要朕连汉、晋都不如?"咸阳王拓跋禧奏对道:"群臣愿陛下超越前王。"孝文帝说:"那么我们应当移风易俗呢?还是因循守旧呢?"群臣答道:"愿陛下的施政不断日新月异。"孝文帝问:"朝廷基业是要止于一身呢?还是想要传之子孙呢?"群臣答道:"愿传之百世。"孝文帝说:"那么一定要加以变革,各位不可以不遵行朝廷颁布的法度。"群臣答道:"朝廷颁布政令,臣下服从遵行,没有人敢抗命的。"孝文帝说:"古语说'名不正,言不顺,礼乐制度也建立不了'。如今我想禁止说鲜卑语,改说汉话。三十岁以上的,已经习惯了,可以不必立刻改变。三十以下、现在朝廷为官的,不许再说鲜卑语;有人还故意说鲜卑语的,就降职免官。各位请深以为戒。王公卿士们以为如何?"群臣答道:"陛下说得有理。"孝文帝说:"朕曾与李冲讨论过此事,李冲说:'四方都有土语,谁知道哪种才是正确的呢?陛下用哪种语言,哪种就是正音。'李冲此言,应该处死。"回顾李冲说:"你辜负了社稷,应当令御史牵下治罪。"李冲脱帽,磕头谢罪。孝文帝又责备留守官说:"昨天我看见有的妇人仍然穿着夹领小袖的鲜卑服装,你们为什么不遵行我之前的诏书?"官员们一起谢罪。孝文帝说:"我说的对不对,你们应当面指出。但怎么能当面唯命是从,转了身就不肯遵行呢?"六月己亥下诏:"朝廷之上不许说鲜卑语,违者免官!"

【原文】 魏有司上奏:"广川王妃葬于代都^①,未审以新尊从旧卑^②,以旧卑就新尊?"魏主曰:"代人迁洛者,宜悉葬邙山^③。其先有夫死于代者,听妻还葬;夫死于洛者,不得还代就妻。其余州之人,自听从便。"丙辰,诏:"迁洛之民死,葬河南,不得还北。"于是代人迁洛者悉为河南洛阳人。

【注释】 ①广川王妃:广川王拓跋谐的王妃。②审:弄明白。③邙山:在今河南境内。

【译文】 魏有司上奏说:"广川王妃葬在平城,现在广川王落葬,不知道应该将广川王葬回平城呢,还是将王妃移到洛阳和王爷一起下葬?"孝文帝说:"代人迁到洛阳的,死

后一律葬在洛阳以北的邙山。如果有丈夫先死葬在平城的，可以准许妻子还葬；丈夫死于洛阳的，不得还葬就妻。其余各州的人，可以自行决定。"丙辰诏："迁居洛阳的鲜卑人死后，葬河南，不得还北。"于是代人迁到洛阳的，全部为河南洛阳人。

梁　纪

侯景之乱

【题解】

　　侯景之乱是南朝后期的一次重大的政治事件。事情的起因很简单，东魏高欢死后，河南大将军侯景因为和高欢的继任者不和，叛离东魏，一度投靠西魏，失败以后，侯景转而向梁武帝请降。他带来的礼物是十余州的土地以及将来可能统一天下的前景。虽然梁朝内部也一直有各种反对意见，而且侯景是个出名的反复无常的将军，但是梁武帝还是接收了侯景，并一直给予优厚的待遇。

　　梁朝本身并没有从侯景那里得到什么实质性的好处，侯景只是一贯地向朝廷诸多需索。

　　侯景在梁朝休养生息并且壮大了实力后，又因为梁和东魏关系的缓和感觉到了威胁，在梁武帝的盲目信任中决定起兵造反。

　　当时的梁朝自建立以来近五十年从未有过战事，在最初的惊慌失措之后，朝廷仓促应战，经过了激烈的对峙，侯景的军队攻破了台城，控制了梁武帝父子和百官。

　　这是南朝时期江淮地区遭到的最大的一次破坏。最直接的表现是人口的急剧减少。没有具体的数字表明这一点，按照《通鉴》的说法是"饿死者什五六"，"存者百无一二"。说法虽然有异，但是死于战乱和死于围城引起的粮荒的人绝对不在少数，这一点是毫无疑问的。

　　同时，南朝以来一直都处于和平状态的建康城及其附近地区，受到了严重破坏。战争期间双方大肆纵火，大量的建筑、图书和财富化为灰烬。经此一役，使建康城变得残破不堪。

　　【原文】　东魏司徒、河南大将军、大行台侯景①，右足偏短，弓马非其长②，而多谋算。诸将高敖曹、彭乐等皆勇冠一时，景常轻之，曰："此属皆如豕突③，势何所至！"景尝言于丞相欢："愿得兵三万，横行天下，要须济江缚取萧衍老公④，以为太平寺主。"欢使将兵十万，专制河南，杖任若己之半体。

　　【注释】　①大行台：台省在外者称行台。魏晋始有之，为出征时随其所驻之地设立的代表中央的政务机构。北朝后期，称尚书大行台，设置官属无异于中央，自成行政系

统。侯景:鲜卑化羯人。南北朝时期著名的将领,反复无常,他攻打南朝梁的战争,对江南地区的经济文化造成极大的破坏。②弓马:骑射武艺。③豕突:像野猪一样奔突窜扰。④萧衍老公:萧衍老家伙。萧衍,南朝梁武帝。

【译文】 东魏司徒、河南大将军、大行台侯景,右足偏短,不擅长骑射,但富于谋略。当时名将如高敖曹、彭乐等都勇冠一时,侯景却看不起他们,往往轻蔑地说:"这些家伙就像猪一样东奔西跑,能做出什么事来!"他曾对丞相高欢说:"我希望拥兵三万,就可以横行天下,渡过长江擒拿萧衍这老家伙,让他来做太平寺主。"高欢让他带兵十万,统领河南,行事拥有自己一半的权力。

【原文】 景素轻高澄①,尝谓司马子如曰②:"高王在,吾不敢有异;王没,吾不能与鲜卑小儿共事!"子如掩其口。及欢疾笃,澄诈为欢书以召景。先是,景与欢约曰:"今握兵在远,人易为诈,所赐书皆请加微点。"欢从之。景得书无点,辞不至;又闻欢疾笃,用其行台郎颍川王伟计③,遂拥兵自固。

【注释】 ①高澄:东魏高欢的长子,鲜卑人。②司马子如:高欢的重臣之一,一度权倾朝野,但不为高澄信任。③行台郎:官名,大行台所任的郎官,护卫侍从,以备顾问。颍川:郡名,治阳翟(今河南禹州),辖境相当今河南登封、宝丰以东。王伟:侯景心腹。

【译文】 侯景向来看不起高澄,曾经对司马子如说:"高王在,我不敢有异心;高王过世了,我可不要和这个鲜卑小子共事。"子如立刻堵上他的嘴。等到高欢病重,高澄伪造了高欢的书信召回侯景。原先侯景和高欢约定:"我在外带兵,有人会轻易假传信息,请在所赐书信中加小点。"高欢答应了。这次的信没有点,侯景知道有诈,推托不去;又听说高欢病重,于是用其行台郎颍川王伟的计策,决定拥兵自重,不听高澄的命令。

【原文】 (太清元年正月)丙午,东魏勃海献武王欢卒。侯景自念己与高氏有隙,内不自安。辛亥,据河南叛,归于魏,颍州刺史司马世云以城应之①。景诱执豫州刺史高元成、襄州刺史李密、广州刺史怀朔暴显等②。遣军士二百人载仗,暮入西兖州③,欲袭取之。刺史邢子才觉之,掩捕,尽获之。因散檄东方诸州,各为之备,由是景不能取。

【注释】 ①颍州:今河南许昌。②豫州:今河南汝南。襄州:今河南襄城。广州:今河南鲁山。怀朔:今内蒙古固阳。③西兖州:今河南滑县。

【译文】 太清元年(547年)正月丙午,东魏勃海献武王高欢去世。

侯景想到自己和高氏有矛盾,内心不安。辛亥,在河南叛变,归降西魏,颍州刺史司马世云开城响应他。侯景诱捕豫州刺史高元成、襄州刺史李密、广州刺史怀朔暴显等人。又派遣二百军士带着武器,趁夜色袭击西兖州,想要夺取此地。但刺史邢子才及早发觉,将侯景派来的人全部拿获。并且发檄文给东魏在东方的各州,各自做好防备,因此侯景不能再夺取州郡。

【原文】 (二月),魏以开府仪同三司若于惠为司空,侯景为太傅、河南道行台、上

中华传世藏书

国学经典文库 资治通鉴

图文珍藏版

谷公。

庚辰，景又遣其行台郎中丁和来，上表言："臣与高澄有隙，请举函谷以东①，瑕丘以西②，豫、广、颍、荆、襄、兖、南兖、济、东豫、洛、阳、北荆、北扬等十三州内附③，惟青、徐数州④，仅须折简⑤。且黄河以南，皆臣所职，易同反掌。若齐、宋一平⑥，徐事燕、赵⑦。"上召群臣廷议。尚书仆射谢举等皆曰："顷岁与魏通和，边境无事，今纳其叛臣，窃谓非宜。"上曰："虽然，得景则塞北可清；机会难得，岂宜胶柱⑧！"

【注释】 ①函谷：函谷关，今河南新安境内。②瑕丘：今山东兖州东北。③荆：今河南邓州市东南。兖：今山东兖州。南兖：今安徽蒙城。济：今山东茌平。东豫：今河南惠县。洛：今河南洛阳。阳：今河南宜阳。北荆：今河南嵩县。北扬：今河南项城。④青：今山东青州东。徐：今江苏徐州。⑤折简：书信。⑥齐、宋：今山东、河南一带。⑦燕、赵：指今河北地区。⑧胶柱：胶住瑟上的弦柱，以致不能调节音的高低，比喻固执拘泥。

【译文】 二月，魏以开府仪同三司若于惠为司空，侯景为太傅、河南道行台、上谷公。

庚辰，侯景又派了行台郎中丁和到梁，上表说："臣与高澄不和，请让我带着函谷关以东，瑕丘以西，包括豫、广、颍、荆、襄、兖、南兖、济、东豫、洛、阳、北荆、北扬等十三州的广大地区归附朝廷。青、徐数州，只要写信过去就可以招徕。而且黄河以南，都曾是臣所职掌之地，想取得那里易如反掌。如果齐、宋平定了，燕、赵之地也可以慢慢去收复。"梁武帝召群臣廷议。尚书仆射谢举等都说："近来和魏相处友好，边境无事，如今接收魏的叛臣，似乎并不妥当。"武帝说："虽然如此，可是得到侯景就有机会平定北方，机会难得，不能过于拘泥。"

【原文】 是岁，正月，乙卯，上梦中原牧守皆以地来降，举朝称庆。旦，见中书舍人朱异①，告之，且曰："吾为人少梦，若有梦，必实。"异曰："此乃宇内混壹之兆也。"及丁和至，称景定计以正月乙卯，上愈神之。然意犹未决，尝独言："我国家如金瓯②，无一伤缺，今忽受景地，讵是事宜③？脱致纷纭④，悔之何及？"朱异揣知上意，对曰："圣明御宇，南北归仰，正以事无机会，未达其心。今侯景分魏土之半以来，自非天诱其衷⑤，人赞其谋，何以至此！若拒而不内，恐绝后来之望。此诚易见，愿陛下无疑。"上乃定议纳景。壬午，以景为大将军，封河南王，都督河南北诸军事、大行台，承制如邓禹故事⑥。

【注释】 ①中书舍人：官名，舍人始于先秦，指国君、太子亲近属官，魏晋时于中书省内置中书通事舍人，掌传宣诏命。南朝沿置，梁朝称中书舍人，掌管起草诏令，参与机密，权力目重。朱异：博学多才，为梁武帝君臣器重。②金瓯：黄金之瓯。后用比喻疆土之完固。③讵：岂，难道。④脱致纷纭：倘若引起纠纷。⑤天诱其衷：上天开导其心意。⑥承制：秉承皇帝旨意而便宜行事。邓禹：东汉中兴名将。

【译文】 本年正月乙卯，武帝梦见中原的地方官都献地来降，举朝称庆。第二天见到中书舍人朱异，告诉了他，说："我很少做梦，但如果有梦，一定会实现。"朱异说："这是

天下统一的预兆。"等到丁和到来，称侯景也是在正月乙卯决定归附的，于是武帝更加相信梦兆。但仍有犹豫，自言自语说："我国家如金瓯毫无伤缺，现在忽然接纳侯景献地，可以这样做吗？倘若引起纠纷，后悔也来不及了吧？"朱异揣测上意，对武帝说："圣天子在位，南北归心，只是没有合适的时机，所以没办法表达出心意。如今侯景带着东魏一半的土地前来，如果不是上天开导其心意，又有人从旁协助的话，是怎么也不可能办到的！如果拒而不纳，恐怕会断绝后来人的希望。侯景一定是出于诚心，愿陛下不必怀疑。"于是武帝决定接纳侯景。壬午，以侯景为大将军，封河南王，都督河南河北诸军事、大行台，可以像东汉邓禹那样，秉承皇帝旨意便宜行事。

【原文】　上遣使吊澄。景又启曰："臣与高氏，衅隙已深①，仰凭威灵，期雪仇耻；今陛下复与高氏连和，使臣何地自处！乞申后战，宣畅皇威！"上报之曰："朕与公大义已定，岂有成而相纳，败而相弃乎？今高氏有使求和，朕亦更思偃武②。进退之宜，国有常制。公但清静自居，无劳虑也！"景又启曰："臣今蓄粮聚众，秣马潜戈③，指日计期，克清赵、魏④，不容军出无名，故愿以陛下为主耳。今陛下弃臣遐外⑤，南北复通，将恐微臣之身，不免高氏之手。"上又报曰："朕为万乘之主，岂可失信于一物！想公深得此心，不劳复有启也。"

【注释】　①衅隙：仇怨，隔阂。②偃武：停息武备。③秣马潜戈：即厉兵秣马，磨戈喂马，喻做好战斗准备。④赵、魏：指今河北地区。⑤遐外：边远地区，蛮荒之地。

【译文】　武帝派人出使东魏吊唁高欢。侯景又上奏说："臣与高氏，仇怨已深，所以希望仰仗陛下的威望，期待有朝一日报仇雪耻；现在陛下又和高氏连和，让臣无地自处！请陛下答应臣日后为陛下和高氏作战，宣扬陛下的皇威。"武帝答复道："朕与公君臣大义已定，哪有成功则接纳，失败了就舍弃的道理？现在高氏遣使求和，朕也想停息武备，锐意文治。进退之间，国家自有规则和安排。你只要安享清福，不必过虑。"侯景又启奏说："臣如今积蓄粮草，招募士兵，厉兵秣马，指望很快就可以攻克赵、魏，只是不能师出无名，所以愿意以陛下为主。如今陛下弃臣于边远之地，南北朝恢复往来，恐怕微臣终究不免遭高氏毒手。"武帝再答复："朕为万乘之主，岂可因为小事而失信！想来公一定明白我的心意，不必再启奏了。"

【原文】　景乃诈为邺中书，求以贞阳侯易景①；上将许之。舍人傅岐曰："侯景以穷归义，弃之不祥；且百战之余，宁肯束手就絷②？"谢举、朱异曰："景奔败之将，一使之力耳。"上从之，复书曰："贞阳旦至，侯景夕返。"景谓左右曰："我固知吴老公薄心肠！"王伟说景曰："今坐听亦死，举大事亦死，唯王图之！"于是始为反计，属城居民③，悉召募为军士，辄停责市估及田租④，百姓子女，悉以配将士。

【注释】　①贞阳侯：萧渊明，梁武帝之侄，叛梁投奔东魏。②絷：系绊马足，绊。③属城：所属的城池。④停责：停止征收。市估：商税。

【译文】 侯景于是假造了一封东魏的书信，要求用贞阳侯交换侯景。武帝不知有诈，想要答应。舍人傅岐说："侯景因为走投无路来归降，既然已经接纳了他，又如此舍弃他，似乎不对；况且侯景历经百战，怎么肯束手受擒？"谢举、朱异则说："侯景一介败军之将，不过派个使者就可以将他擒拿。"武帝觉得他们说得对。回信说："贞阳侯早上到，我们晚上就遣返侯景。"侯景对左右说："我就知道这老家伙心肠凉薄。"王伟劝道："如今奉命也是死，起兵造反失败了也不过一死，希望您考虑考虑！"于是开始谋划造反，将属下诸城居民全数招募为军士，不再征收商业税和田租，百姓子女都分配给将士。

【原文】 侯景自至寿阳①，征求无已②，朝廷未尝拒绝。景请娶于王、谢③，上曰："王、谢门高非偶，可于朱、张以下访之④。"景恚曰⑤："会将吴儿女配奴！"又启求锦万匹为军人作袍⑥，中领军朱异议以青布给之。又以台所给仗多不能精⑦，启请东冶锻工⑧，欲更营造，敕并给之。

【注释】 ①寿阳：今安徽寿县。②已：停止。③王、谢：南朝门第显赫的两大家族。④朱、张：南朝高门，比王、谢门第稍低。⑤恚：愤怒。⑥锦：有彩色花纹的丝织品。⑦台所给仗：中央政府机构提供的武器。⑧东冶锻工：官府里专业的锻造工匠。东冶是朝廷专门从事冶炼的机构。

【译文】 侯景自到寿阳便需索众多，朝廷从不拒绝。侯景请求和王、谢联姻，武帝说："王、谢门第太高和你不大相称，可在朱、张以下寻找合适的人家。"侯景怒道："总有一天，要把吴地儿女配给奴隶。"又请求锦万匹为军人做袍子，中领军朱异提议换成青布给他。又嫌朝廷供应的武器不够精良，奏请东冶锻工重新制造。这些要求武帝都满足了他。

【原文】 上既不用景言，与东魏和亲，是后景表疏稍稍悖慢①；又闻徐陵等使魏②，反谋益甚。元贞知景有异志③，累启还朝。景谓曰："河北事虽不果，江南何虑失之，何不小忍！"贞惧，逃归建康，具以事闻；上以贞为始兴内史④，亦不问景。

【注释】 ①悖慢：违逆不敬，悖理傲慢。②徐陵：南朝梁陈间著名诗人。公元548年，奉命出使东魏。次年因为侯景之乱，被迫留在邺城。③元贞：咸阳王元贞。④始兴：今广东曲江区。内史：官名，地方上掌民政的官员。

【译文】 武帝没有采纳侯景的意见，和东魏保持友好关系，其后侯景上奏态度稍稍傲慢；又听说徐陵等人出使东魏，更加坚定了叛乱的心思。元贞知道侯景有反心，屡次上表请求还朝。侯景对他说："河北的事虽然没有成功，但区区江南怎么会担心搞不定，为什么不稍稍忍耐？"元贞恐惧，逃回建康，将侯景的事上奏，武帝用元贞为始兴内史，但并不责问侯景。

【原文】 鄱阳王范密启景谋反。时上以边事专委朱异，动静皆关之，异以为必无此理。上报范曰："景孤危寄命，譬如婴儿仰人乳哺，以此事势，安能反乎！"范重陈之曰："不

早剪扑^①，祸及生民。"上曰："朝廷自有处分，不须汝深忧也。"范复请以合肥之众讨之，上不许。朱异谓范使曰："鄱阳王遂不许朝廷有一客！"自是范启，异不复为通^②。

【注释】　①剪扑：剪除，扑灭。②通：转达，通告。

【译文】　鄱阳王萧范密奏侯景谋反。当时武帝将边境事务交付朱异全权负责，一动一静都要通报，朱异以为绝无可能。于是武帝答复鄱阳王萧范说："侯景在孤立危难之际归附我朝，就像婴儿需要依靠人哺乳以生存，以此局势，侯景怎么可能造反呢？"鄱阳王萧范再次陈奏："侯景如果不早剪除，必将祸及百姓。"武帝答复："朝廷自有处分，你就不必多担心了。"鄱阳王萧范又请求自己率合肥军队去讨伐侯景，武帝不许。朱异对鄱阳王的使者说："鄱阳王就是不许朝廷有一个宾客。"自此之后，只要是鄱阳王萧范的启奏，朱异就不再呈报上去。

【原文】　景邀羊鸦仁同反^①，鸦仁执其使以闻。异曰："景数百叛虏，何能为！"敕以使者付建康狱，俄解遣之。景益无所惮^②，启上曰："若臣事是实，应罹国宪^③；如蒙照察^④，请戮鸦仁！"

上使朱异宣语答景使曰："譬如贫家，畜十客、五客，尚能得意；朕唯有一客，致有忿言，亦朕之失也。"益加赏赐锦彩钱布，信使相望。

【注释】　①羊鸦仁：当时的司州刺史。②惮：畏惧。③罹国宪：遭到国家法律的制裁。④照察：明察，清楚地知道。

【译文】　侯景邀羊鸦仁一起造反，羊鸦仁捉住他的来使上奏。朱异说："侯景不过只有数百手下，能做什么？"下令将使者关入建康狱，不久就将使者释放。侯景更加肆无忌惮，上奏说："若臣谋反是实，应该被处死；如果陛下明察，知道臣无辜，那么请杀羊鸦仁。"

武帝派朱异宣示上谕答复侯景来使："譬如贫寒人家，养十客、五客，尚能如意；朕唯有一客，却导致有人出怨言，这也是朕的过失。"更多地赏赐锦彩钱布给侯景以示安慰，信使络绎不绝。

【原文】　戊戌，景反于寿阳，以诛中领军朱异、少府卿徐驎、太子右卫率陆验、制局监周石珍为名^①。异等皆以奸佞骄贪，蔽主弄权，为时人所疾，故景托以兴兵。

【注释】　①少府卿：官名，掌皇室所用的山河池泽之税。驎：音 lín。太子右卫率：官名，掌管太子侍卫。制局监：官名，负责皇禁卫兵力的部署及监督包括近侍禁卫武官在内的臣僚的行为。

【译文】　戊戌，侯景在寿阳造反，以诛杀中领军朱异、少府卿徐驎、太子右卫率陆验、制局监周石珍为名。朱异等人都是奸佞之徒，骄横贪污，蒙蔽君主，肆意弄权，为当时人痛恨，所以侯景以此为借口起兵。

【原文】　己酉，景至慈湖。建康大骇，御街人更相劫掠，不复通行。赦东、西冶、尚方钱署及建康系囚^①，以扬州刺史宣城王大器都督城内诸军事^②，以羊侃为军师将军副之，南

浦侯推守东府③，西丰公大春守石头④，轻车长史谢禧、始兴太守元贞守白下⑤，韦黯与右卫将军柳津等分守宫城诸门及朝堂。

【注释】 ①东、西冶：朝廷冶炼的机构。尚方钱署：尚方为制造帝王所用器物的官署，指其中的钱署。系囚：关押的囚犯。②宣城：今安徽宣城。③东府：指南京东南的宰相府。④石头：今江苏南京西。⑤轻车长史：轻车将军府长史。白下：今江苏江宁西北。

【译文】 己酉，侯景到慈湖。建康大惊，御街上屡屡发生抢劫，官府禁断通行。赦东冶、西冶、尚方钱署的工人和建康监狱里的犯人，临时组织军队，以扬州刺史宣城人王大器都督城内诸军事，以羊侃为军师将军，辅佐王大器。南浦侯萧推守卫宰相府，西丰公萧大春守卫石头城，轻车长史谢禧、始兴太守元贞守卫白下，韦黯与右卫将军柳津等分守宫城诸门和朝堂。

【原文】 百姓闻景至，竞入城，公私混乱，无复次第，羊侃区分防拟①，皆以宗室间之。军人争入武库，自取器甲，所司不能禁，侃命斩数人，方止。是时，梁兴四十七年，境内无事，公卿在位及闾里士大夫罕见兵甲②，贼至猝迫，公私骇震。宿将已尽，后进少年并出在外，军旅指㧑③，一决于侃，侃胆力俱壮，太子深仗之。

【注释】 ①区分防拟：布置城区的防御事务。②闾里：民间。③指㧑：即指挥。

【译文】 百姓听说侯景将到，竞相入城，朝廷和民间都非常混乱，完全没了秩序。羊侃分派防御，都要宗室一起参与商量。军人则争相进入武器库，自己擅自拿取武器盔甲，有关部门禁止不了，羊侃下令斩杀数人，才控制住局面。当时，梁朝建立四十七年，境内太平无事，朝中公卿及民间的士大夫都很少见到武器，侯景的军队一转眼就已兵临城下，事起仓促，公私震惊。当时有经验的将领大多已过世，后进少年可以作战的又大多领兵在外，军旅指挥，完全仰仗于羊侃，羊侃胆力俱壮，太子非常信重他。

【原文】 辛亥，景至朱雀桁南①，太子以临贺王正德守宣阳门，东宫学士新野庾信守朱雀门②，帅宫中文武三千余人营桁北。太子命信开大桁以挫其锋③，正德曰："百姓见开桁，必大惊骇。可且安物情。"太子从之。俄而景至，信帅众开桁，始除一舸，见景军皆著铁面，退隐于门。信方食甘蔗，有飞箭中门柱，信手甘蔗，应弦而落，遂弃军走。南塘游军沈子睦④，临贺王正德之党也，复闭桁渡景。太子使王质将精兵三千援信，至领军府，遇贼，未陈而走。正德帅众于张侯桥迎景，马上交揖，既入宣阳门，望阙而拜，歔欷流涕，随景渡淮。景军皆著青袍，正德军并著绛袍，碧里，既与景合，悉反其袍。景乘胜至阙下，城中汹惧，羊侃诈称得射书云："邵陵王、西昌侯援兵已至近路⑤。"众乃少安。西丰公大春弃石头，奔京口；谢禧、元贞弃白下走；津主彭文粲等以石头城降景⑥，景遣其仪同三司于子悦守之。

【注释】 ①朱雀桁：朱雀桥。桁，浮桥。②新野：今河南新野。③开大桁：拆除浮桥。④南塘游军：秦淮河南的军队。⑤邵陵王：萧纶。西昌侯：萧渊藻。⑥津主：负责要塞的

长官。

【译文】 辛亥，侯景到了朱雀桥南，太子派临贺王萧正德守卫宣阳门，东宫学士新野庾信守朱雀门，带领宫中文武三千余人在浮桥北面扎营。太子命庾信拆掉浮桥以挫其锋芒，萧正德说："百姓见到浮桥断了，一定大为震惊。还是暂且让大家安心的好。"太子接受了这个建议。一会儿侯景到了，庾信带人断桥，才解开一艘浮船，就看见侯景军都戴着铁面，便马上退到门后。庾信正在吃甘蔗，有飞箭射中门柱，庾信手中的甘蔗应声而落，就丢下军队逃跑了。南塘游军将领沈子睦是萧正德的党羽，又修好了浮桥让侯景的军队通过。太子派王质带三千精兵支援庾信，才到领军府，遭遇叛军，连兵阵都未列就纷纷逃散。萧正德率众在张侯桥迎接侯景，马上交揖为礼，进入宣阳门，望着宫门跪拜，感叹流泪和侯景一起度过秦淮。侯景军穿青袍，正德军穿绛袍，绿色里子，和侯景军会合以后，都把袍子反过来穿。侯景乘胜追到宫门，城中人震惊恐惧，羊侃假称得射书，说："邵陵王、西昌侯的援兵快到了。"众人才稍微镇定了些。西丰公萧大春放弃石头城，逃往京口；谢禧、元贞放弃白下逃走；津主彭文粲等以石头城投降了侯景，侯景派他的仪同三司于子悦镇守石头城。

【原文】 壬子，景列兵绕台城[1]，幡旗皆黑[2]，射启于城中曰："朱异等蔑弄朝权，轻作威福，臣为所陷，欲加屠戮。陛下若诛朱异等，臣则敛辔北归。"上问太子："有是乎?"对曰："然。"上将诛之。太子曰："贼以异等为名耳;今日杀之，无救于急，适足贻笑将来[3]，俟贼平，诛之未晚。"上乃止。

【注释】 ①台城:即宫城。②幡:旗帜。③贻笑:见笑。

【译文】 壬子，侯景带兵包围台城，旗帜都是黑色的，他将奏章射入城中，写着："朱异等人弄权乱政，擅作威福，臣为他们陷害，所以想杀掉他们。如果陛下能够诛除朱异等人，臣就带兵北归。"武帝问太子："有这种事吗?"太子答道："有的。"武帝想杀朱异等人。太子说："侯景不过是用朱异等人为借口而已;今日即使杀了他们，也无济于事，只不过将来被人笑话罢了，等叛乱平定以后再杀也不晚。"武帝作罢。

【原文】 景绕城既匝[1]，百道俱攻，鸣鼓吹唇，喧声震地，纵火烧大司马、东、西华诸门。羊侃使凿门上为窍，下水沃火[2];太子自捧银鞍，往赏战士;直阁将军朱思帅战士数人逾城出外洒水[3]，久之方灭。贼又以长柯斧斫东掖门[4]，门将开，羊侃凿扇为孔，以槊刺杀二人[5]，斫者乃退。景据公车府[6]，正德据左卫府[7]，景党宋子仙据东宫，范桃棒据同泰寺。景取东宫妓数百，分给军士。东宫近城，景众登其墙射城内。至夜，景于东宫置酒奏乐，太子遣人焚之，台殿及所聚图书皆尽。景又烧乘黄厩、士林馆、太府寺[8]。

【注释】 ①匝:环绕一周。②沃火:用水浇灭火。③逾城:翻墙出城。④长柯斧:长柄斧子。斫:砍。⑤槊:长杆矛。⑥公车府:掌管宫门的官署。⑦左卫府:负责守卫皇宫的左卫部队官署。⑧乘黄厩:官署名。东汉太仆寺有未央厩，三国魏改乘黄厩，掌皇室车

马及驾驭之法。士林馆：延集文士谈论学问的处所。在南京城西，梁武帝设立。太府寺：宫廷仓库。

【译文】 侯景的军队形成合围之势以后，百道俱攻，鸣鼓吹唇，喧声震天，纵火烧大司马门、东华门、西华门。羊侃派人在门上凿洞，灌水以救火；太子亲自捧着银鞍，赏给有功的将士；直阁将军朱思率战士数人翻墙出城洒水，过了很久才将大火扑灭。叛军又用长柄斧砍东掖门，门将被打开之际，羊侃在门扇上凿孔，用长矛刺杀二人，击退了砍门的人。侯景占据公车府，萧正德占据左卫府，侯景同党宋子仙占据东宫，范桃棒占据同泰寺。侯景取东宫乐妓数百人，分赏给军士。东宫离台城较近，侯景等众人登上东宫的墙向城内射箭。夜间，侯景在东宫置酒奏乐，太子派人纵火，东宫建筑和所聚图书都化为灰烬。侯景又烧了乘黄厩、士林馆、太府寺。

【原文】 景初至建康，谓朝夕可拔，号令严整，士卒不敢侵暴①。及屡攻不克，人心离沮。景恐援兵四集，一旦溃去；又食石头常平诸仓既尽②，军中乏食；乃纵士卒掠夺民米及金帛子女。是后米一升至七八万钱，人相食，饿死者什五六。

【注释】 ①侵暴：侵犯骚扰。②石头常平诸仓：石头城中政府官仓。

【译文】 侯景初到建康，以为可以很快攻克，所以号令严整，士卒不敢侵夺强取。等到屡攻不克，士气离散沮丧。侯景怕四方援兵一旦到来，自己的军队就会溃散；加上石头城常平等仓库中的粮食也已经吃光，军中缺粮；于是就放纵士卒掠夺百姓的粮食、金帛、子女。其时米一升值七八万钱，人相食，建康人饿死什五六。

【原文】 乙丑，景于城东、西起土山，驱迫士民，不限贵贱，乱加殴捶①，疲羸者因杀以填山②，号哭动地。民不敢窜匿③，并出从之，旬日间，众至数万。城中亦筑土山以应之。

【注释】 ①殴捶：殴打。②羸：身体瘦弱。③窜匿：逃跑和躲藏。

【译文】 乙丑，侯景在城东、西堆起土山，驱赶士民，不分贵贱，胡乱加以殴打，疲劳瘦弱的被杀死以填山，哭声动地。百姓不敢躲藏逃跑，都只得出来听命。十来天的时间里，找到了数万人。城里也亦筑土山以防御。

【原文】 景募人奴降者，悉免为良①；得朱异奴，以为仪同三司，异家赀产悉与之。奴乘良马，衣锦袍，于城下仰诟异曰②："汝五十年仕宦，方得中领军③；我始事侯王，已为仪同矣④！"于是三日之中，群奴出就景者以千数，景皆厚抚以配军⑤，人人感恩，为之致死。

【注释】 ①免为良：免除奴籍，恢复其平民的身份。②诟：骂。③中领军：魏晋时改称领军将军，均统率禁军。南朝沿设，北朝略同。与护军将军或中护军同掌中央军队，为重要军事长官之一。④仪同：魏晋以后，将军之开府置官属者称"开府仪同三司"。⑤厚抚以配军：优待并将他们分配到军队中。

【译文】 侯景招募奴仆，一旦投军，立刻免除奴籍，恢复其平民的身份；找到朱异的奴仆，任命他为仪同三司，将朱异的资产全部赏赐给他。此人乘良马，穿着锦袍，在城下

仰头大骂朱异："你做了五十年官，才做到中领军；我才跟随侯王，已经是仪同了。"于是三天之内，奴仆出城投奔侯景的数以千计，侯景都厚待他们，将他们分别派到军中，这些人都感念侯景的恩德，愿意为他效死。

【原文】 俄而景遣王伟入文德殿奉谒①，上命褰帘开户引伟入②，伟拜呈景启，称："为奸佞所蔽，领众入朝，惊动圣躬，今诣阙待罪③。"上问："景何在？可召来。"景入见于太极东堂，以甲士五百人自卫。景稽颡殿下④，典仪引就三公榻⑤。上神色不变，问曰："卿在军中日久，无乃为劳！"景不敢仰视，汗流被面。又曰："卿何州人，而敢至此，妻子犹在北邪？"景皆不能对。任约从旁代对曰："臣景妻子皆为高氏所屠，唯以一身归陛下。"上又问："初渡江有几人？"景曰："千人。""围台城几人？"曰："十万。""今有几人？"曰："率土之内，莫非己有。"上俯首不言。

【注释】 ①奉谒：拜见。②褰帘开户：打开门，掀起帘子。③诣阙待罪：到官门请罪。④稽颡：古代一种跪拜礼，屈膝下拜，以额触地，表示极度的虔诚。⑤典仪：引导官员依照礼仪行事的官员。三公榻：三公的座位。

【译文】 城破以后，不久侯景派王伟人文德殿谒见，武帝命人打开帘子引王伟进入，王伟拜呈侯景书启，自称："为奸佞蒙蔽，领兵入朝，惊动圣躬，如今在宫门请罪。"武帝问："侯景在哪里？可召他来。"侯景在太极殿东堂入见，带了五百甲士自卫。侯景在殿下叩首，典仪引他入座三公榻。武帝神色不变，问："你在军中日久，辛苦！"侯景不敢仰视，汗流满面。又问："你是哪里人？你敢到此地来，妻子还在北方吗？"侯景都不能对答。任约在旁边代答道："臣景妻子都为高氏所屠，仅以一身归于陛下。"武帝又问："最早渡江有多少人？"侯景答："千人。""围台城有多少人？"侯景答："十万。""如今呢？"侯景答："率土之内，尽属己有。"武帝低头不言。

【原文】 景复至永福省见太子，太子亦无惧容。侍卫皆惊散，唯中庶子徐摛、通事舍人陈郡殷不害侧侍①。摛谓景曰："侯王当以礼见，何得如此！"景乃拜。太子与言，又不能对。

【注释】 ①中庶子：东宫属官。摛：音 chī。通事舍人：东宫官员，掌管传达令旨，内外启奏。陈郡：今河南项城。

【译文】 侯景再到永福省见太子，太子也无惧怕之色。侍卫都已惊散，只有中庶子徐摛、通事舍人陈郡人殷不害在一旁侍奉。徐摛对侯景说："侯王当以礼入见太子，怎能如此？"侯景才跪拜。太子和他说话，又不能对答。

【原文】 景退，谓其厢公王僧贵曰①："吾常跨鞍对陈，矢刃交下，而意气安缓，了无怖心。今见萧公，使人自慑②，岂非天威难犯？吾不可以再见之。"于是悉撤两宫侍卫，纵兵掠乘舆、服御、宫人皆尽。收朝士、王侯送永福省，使王伟守武德殿，于子悦屯太极东堂。矫诏大赦，自加大都督中外诸军、录尚书事。

【注释】 ①厢公:侯景对其亲信封加的官号。②自慑:慑服,从内心觉得畏惧。

【译文】 侯景退出后,对厢公王僧贵说:"我平时在战场上,跨鞍对阵,刀剑齐下也能意气安详,从来没有觉得害怕过。今天见到萧公,却从内心里觉得惶恐惊惧,难道是天威难犯吗?我不可以再见他了。"于是将两宫侍卫全部撤除,放纵士兵将车马、服饰、宫人抢掠一空。收捕朝士、王侯送到永福省,派王伟守卫武德殿,于子悦驻扎在太极东堂。假传圣旨大赦天下,自加头衔大都督中外诸军、录尚书事。

【原文】 建康士民逃难四出。

上虽外为侯景所制,而内甚不平。景欲以宋子仙为司空①,上曰:"调和阴阳,安用此物!"景又请以其党二人为便殿主帅②,上不许。景不能强,心甚惮之。太子入,泣谏,上曰:"谁令汝来!若社稷有灵,犹当克复;如其不然,何事流涕!"景使其军士入直省中,或驱驴马,带弓刀,出入宫庭,上怪而问之,直阁将军周石珍对曰:"侯丞相甲士。"上大怒,叱石珍曰:"是侯景,何谓丞相!"左右皆惧。是后上所求多不遂志,饮膳亦为所裁节,忧愤成疾。太子以幼子大圜属湘东王绎,并剪爪发以寄之。五月,丙辰,上卧净居殿,口苦,索蜜不得,再曰:"荷!荷!"遂殂③。年八十六。景秘不发丧,迁殡于昭阳殿,迎太子于永福省,使如常入朝。王伟、陈庆皆侍太子,太子呜咽流涕,不敢泄声,殿外文武皆莫之知。

【注释】 ①司空:负责最高国务的长官。②便殿主帅:正殿以外的别殿主帅,负责宫廷警卫。③殂:死亡。

【译文】 建康士民四处逃难。

武帝虽然行动被侯景所控制,而内心不平。侯景想让宋子仙做司空,武帝说:"这是调和阴阳的职位,怎么可以用这样的东西?"侯景又请求用他手下二人为便殿主帅,武帝不答应。侯景不能逼迫他答应,心里很是忌惮。太子入见武帝,哭着劝谏武帝不要这样强硬。武帝说:"谁让你来的?若社稷有灵,还应当复国;如其不然,流泪又有什么用呢?"侯景派军士入直省中,有人驱驴马,带弓刀,出入宫廷,武帝觉得奇怪,问是什么人,直阁将军周石珍答说:"是侯丞相的甲士。"武帝大怒,叱责道:"侯景就是侯景,哪来的丞相?"左右都很害怕。因此后来武帝有所需索多不如愿,饮食也多为侯景裁减,武帝忧愤成疾。太子将幼子大圜嘱托给湘东王萧绎,并剪下指甲头发寄给他。五月丙辰,武帝睡在净居殿,口苦,要蜜而不得,连说:"荷!荷!"就此去世,终年八十六。侯景秘不发丧,将灵柩停于昭阳殿,将太子从永福省迎人,使如常入朝。王伟、陈庆都跟在太子身边,太子流泪,不敢出声,殿外文武官员没有知道武帝死讯的。

【原文】 高祖之末,建康士民服食、器用,争尚豪华,粮无半年之储,常资四方委输①。自景作乱,道路断绝,数月之间,人至相食,犹不免饿死,存者百无一二。贵戚、豪族皆自出采稆②,填委沟壑③,不可胜纪。

【注释】 ①委输:转运。②稆:野生的禾。③填委沟壑:指人倒毙在水沟山谷中。

【译文】 梁武帝后期,建康士民服食器用,竞相崇尚豪华,家中大多没有超过半年的存粮,常依靠四方的转运。从侯景叛乱起,交通断绝,数月之间,建康到了人相食的地步,很多人还是免不了饿死,活下来的人一百人中也未必有一二人。贵戚、豪族都自己出去找吃的,倒毙在水沟和山谷中的不计其数。

陈 纪

杨坚篡周

【题解】

北周宣帝宇文赟统治严苛,当时作为杨皇后父亲的杨坚在朝中有很高的威望和势力,宣帝很忌惮他,曾经想杀掉杨坚以除后患。579 年,宣帝驾崩,年幼的儿子即位为静帝,同时宣帝将后事托付给他的宠臣刘昉、颜之仪。刘昉和郑译等大臣认为主少国疑,杨坚又有如许声望,所以转投杨坚,支持他在改朝换代之际夺取政权。

当时的局面是北周宗室并无掌握实权的人物,重臣如小御正刘昉、内史郑译、御饰大夫柳裘、内史大夫韦謩、御正下士皇甫绩等人都倾向于杨坚,朝中一批杰出的人才如李德林、高颎等也都选择站在杨坚一边,维护周皇室的只有御正中大夫颜之仪。在革退颜之仪,用禁军震慑百官以及矫诏自任为左丞相,节制所有政治军事事务以后,朝中的权力已经牢牢控制在杨坚手中。

杨坚像

杨坚掌握实权之后,马上废除宣帝时期的暴政,颁布法令,改行宽大之政,又躬行节俭,努力营造良好的个人形象。到了这个时候,杨坚已经准备好了一切,改周为隋不过是个仪式而已。

【原文】 周杨后性柔婉①,不妒忌,四皇后及嫔、御等②,咸爱而仰之。天元昏暴滋甚③,喜怒乖度④,尝谴后,欲加之罪。后进止详闲,辞色不挠⑤,天元大怒,遂赐后死,逼令引诀⑥,后母独孤氏诣阁陈谢⑦,叩头流血,然后得免。

【注释】 ①周杨后:北周宣帝宇文赟的正室杨皇后,杨坚之女。②四皇后:周宣帝立五位皇后,除了杨后外,还有朱氏、陈氏、元氏、尉迟氏。③天元:即周宣帝,称天元皇帝。滋甚:更加厉害。④乖度:背离常理。⑤不挠:不屈。⑥引诀:自杀。⑦独孤氏:杨坚之妻,杨皇后母亲。诣阁陈谢:到皇宫请罪。诣,前往。

【译文】 北周宣帝的杨后性情柔婉,不妒忌。四皇后和后宫嫔御都敬爱和尊重她。

宣帝日益昏暴，喜怒无常，曾经责备杨后，想治她的罪。杨后态度安详，辞色不屈，宣帝大怒，就赐杨后死，逼着她自裁。杨后的母亲独孤氏到皇帝面前请罪自责，叩头流血，杨后才得以幸免。

【原文】　后父大前疑坚①，位望隆重，天元忌之，尝因忿谓后曰："必族灭尔家！"因召坚，谓左右曰："色动，即杀之。"坚至，神色自若，乃止。内史上大夫郑译②，与坚少同学，奇坚相表，倾心相结。坚既为帝所忌，情不自安，尝在永巷③，私于译曰："久愿出藩④，公所悉也，愿少留意！"译曰："以公德望，天下归心。欲求多福，岂敢忘也！谨即言之。"

【注释】　①大前疑：古官名。四辅之一。杨坚：隋朝的开国君主。②内史上大夫：北周官名，相当于统治者的辅佐。郑译：仕北周，官内史上大夫，参决朝政。与杨坚为同学，辅佐其代周建隋。③永巷：后宫。④出藩：出任地方长官。

【译文】　杨后的父亲大前疑杨坚，地位高贵，声望显赫，宣帝猜忌他，曾经在发怒时对杨后说："我一定将你家灭族！"于是召见杨坚，对左右说："要是他神色变了，就马上杀了他。"杨坚到了之后，神色自若，宣帝才暂时放过他。内史上大夫郑译与杨坚是少时同学，认为杨坚仪表堂堂，是了不起的人物，所以倾心与他结交。杨坚遭到宣帝猜忌，内心不安，有次在永巷悄悄地对郑译说："我一直想要出任外官，你也是知道的，请多为我留意。"郑译说："以你的德望可以令天下归心。我还想为将来求多福，怎么敢忘记你的事呢？我会找机会为你进言的。"

【原文】　天元将遣译入寇①，译请元帅。天元曰："卿意如何？"对曰："若定江东，自非懿戚重臣②，无以镇抚。可令随公行，且为寿阳总管以督军事。"天元从之。己丑，以坚为扬州总管，使译发兵会寿阳。将行，会坚暴有足疾③，不果行。

【注释】　①入寇：南征陈朝。②懿戚：皇亲国戚。③暴：突然。

【译文】　宣帝准备派郑译南征，郑译请宣帝任命元帅。宣帝问："你认为谁比较合适？"郑译答道："要想南征成功，没有皇亲重臣，是无法镇抚军队的。可让随公出行，同时任命他为寿阳总管以掌管军事。"宣帝答应了。己丑，以杨坚为扬州总管，派郑译发兵南征。快出行的时候，杨坚突然患上了脚病，未能成行。

【原文】　甲午夜，天元备法驾，幸天兴宫。乙未，不豫而还。小御正博陵刘昉①，素以狡谄得幸于天元②，与御正中大夫颜之仪并见亲信③。天元召昉、之仪入卧内，欲属以后事④，天元喑⑤，不复能言。昉见静帝幼冲⑥，以杨坚后父，有重名，遂与领内史郑译、御饰大夫柳裘、内史大夫杜陵韦謩、御正下士朝那皇甫绩谋引坚辅政⑦。坚固辞，不敢当。昉曰："公若为，速为之；不为，昉自为也。"坚乃从之，称受诏居中侍疾。

【注释】　①小御正：官名。北周所置。博陵：今河北安平。刘昉：和郑译一起都是杨坚代周的重要帮手。②狡谄：狡猾，善于奉承。③御正中大夫：官名。北周所置。④属：同"嘱"，嘱托。⑤喑：哑，不能说话。⑥静帝：宇文阐，宣帝之子，其时八岁。⑦领内史：即

内史上大夫。御饰大夫：掌管皇宫首饰的官员。内史大夫：官名，北周置。杜陵：今陕西西安东南。蓍：音 mó。御正下士：官名。北周所置。朝那：今甘肃平凉西北。

【译文】 甲午夜，宣帝备好车马往天兴宫。乙未，宣帝身体不适回宫。小御正博陵人刘昉一向以狡猾善阿谀得到宣帝的宠信，他和御正中大夫颜之仪都为宣帝亲近和信任。宣帝召刘昉、颜之仪二人入寝殿，想吩咐后事，当时宣帝嗓子哑了已经不能说话。刘昉见静帝年幼，而杨坚是皇后之父，极有名望，于是和领内史郑译、御饰大夫柳裘、内史大夫杜陵韦蓍、御正下士朝那人皇甫绩商量以杨坚辅政。杨坚执意辞让，不敢奉命。刘昉说："您要是可以出任辅政，请立刻接受任命；如果不接受，我就自己出任此职。"杨坚这才答应了，对外宣称是奉宣帝诏居宫中侍候宣帝的疾病。

【原文】 是日，帝殂[1]，秘不发丧。昉、译矫诏以坚总知中外兵马事。颜之仪知非帝旨，拒而不从。昉等草诏署讫[2]，逼之仪连署[3]，之仪厉声曰："主上升遐[4]，嗣子冲幼，阿衡之任[5]，宜在宗英。方今赵王最长，以亲以德，合膺重寄[6]。公等备受朝恩，当思尽忠报国，奈何一旦欲以神器假人[7]！之仪有死而已，不能诬罔先帝。"昉等知不可屈，乃代之仪署而行之。诸卫既受敕[8]，并受坚节度[9]。

【注释】 ①殂：去世。②讫：完毕，结束。③连署：共同署名。④升遐：帝王去世的婉称。⑤阿衡：指国家辅弼之任，宰相之职。⑥膺：承当，接受。⑦神器：比喻皇权。⑧诸卫：各禁卫军。⑨节度：节制，指挥。

【译文】 当天宣帝驾崩，秘不发丧。刘昉、郑译假传圣旨，任命杨坚总管中外兵马事。颜之仪知道并非宣帝本意，拒绝奉命。刘昉等人草拟好诏书，各自署名，逼颜之仪共同签署，颜之仪厉声说："主上驾崩，嗣子年幼，辅政的大任应该由宗室中有能力的人承担，如今赵王年纪最长，无论是和皇室的亲近程度或是德行，都应该承担重任。你们备受朝恩，就当思尽忠报国，怎么能够就这样把国家权力交给别人！之仪宁可一死，也不能诬罔先帝。"刘昉等人知道他不会屈服，就代替他签署了名字，然后颁行诏书。诸卫接受敕令，都听从杨坚指挥。

【原文】 坚恐诸王在外作乱，以千金公主将适突厥为辞[1]，征赵、陈、越、代、滕五王入朝[2]。坚索符玺，颜之仪正色曰："此天子之物，自有主者，宰相何故索之！"坚大怒，命引出，将杀之；以其民望，出为西边郡守。

【注释】 ①千金公主：北周宣帝的弟弟、赵王宇文招的女儿。适：嫁。②赵、陈、越、代、滕五王：赵王宇文招、陈王宇文纯、越王宇文盛、代王宇文达、滕王宇文逌。

【译文】 杨坚担心宗室诸王在外生变，就借着千金公主将要嫁到突厥为借口，征召赵、陈、越、代、滕五王入朝。杨坚索要符印和玉玺，颜之仪正色道："符玺是天子之物，自然有人掌管，宰相为什么索要？"杨坚大怒，命人将颜之仪拉出去，本来想杀他；考虑他很有民望，所以派他到西边去做郡守。

【原文】 丁未，发丧。静帝入居天台。罢正阳宫①。大赦，停洛阳宫作。庚戌，尊阿史那太后为太皇太后，李太后为太帝太后，杨后为皇太后，朱后为帝太后，其陈后、元后、尉迟后并为尼。以汉王赞为上柱国、右大丞相，尊以虚名，实无所综理。以杨坚为假黄钺、左大丞相，秦王赞为上柱国。百官总己以听于左丞相②。

【注释】 ①正阳宫：静帝原来居住的宫殿，天台是宣帝住的宫殿。②总己：全部，总体。

【译文】 丁未发丧。静帝入居天台。罢正阳宫。大赦天下，停止洛阳宫的修造工程。庚戌，尊阿史那太后为太皇太后，李太后为太帝太后，杨后为皇太后，朱后为帝太后，陈后、元后、尉迟后出家为尼。以汉王宇文赞为上柱国、右大丞相，外示尊崇，并不参与实际政务。以杨坚为假黄钺、左大丞相，秦王宇文赞为上柱国。百官都由左丞相节制管理。

【原文】 坚初受顾命①，使邢国公杨惠谓御正下大夫李德林曰②："朝廷赐令总文武事，经国任重。今欲与公共事，必不得辞。"德林曰："愿以死奉公。"坚大喜。始，刘昉、郑译议以坚为大冢宰③，译自摄大司马④，昉又求小冢宰⑤。坚私问德林曰："欲何以见处？"德林曰："宜作大丞相、假黄钺、都督中外诸军事，不尔，无以压众心。"及发丧，即依此行之。以正阳宫为丞相府。

【注释】 ①顾命：帝王临终前遗命。②李德林：隋初名臣。③大冢宰：周官名。为六卿之首，亦称太宰。④大司马：官名，南北朝以大将军、大司马为二大。⑤小冢宰：北周官名。

【译文】 杨坚在接受宣帝临终之命的最初，就派邢国公杨惠对御正下大夫李德林说："朝廷赐令总管文武事宜，身负重任，想和您共事，请不要推辞。"李德林说："愿以死侍奉杨公。"杨坚大喜。最初刘昉、郑译商量，想以杨坚为大冢宰，郑译自任大司马，刘昉又求小冢宰一职。杨坚私下问李德林："你认为我应该如何处理？"李德林说："应当做大丞相、假黄钺、都督中外诸军事，否则无以慑服众心。"为宣帝发丧之后，杨坚立即依此行事。将正阳宫改为丞相府。

【原文】 时众情未壹，坚引司武上士卢贲置左右①。将之东宫，百官皆不知所从。坚潜令贲部伍仗卫②，因召公卿，谓曰："欲求富贵者宜相随。"往往偶语③，欲有去就④。贲严兵而至，众莫敢动。出崇阳门，至东宫，门者拒不纳，贲谕之，不去；瞋目叱之⑤，门者遂却，坚入。贲遂典丞相府宿卫⑥。以郑译为丞相府长史，刘昉为司马，李德林为府属，二人由是怨德林。

【注释】 ①司武上士：北周武官名。贲：音 bēn。②部伍仗卫：带领手持武器的侍卫。③偶语：相聚议论或窃窃私语。④去就：取舍。⑤瞋目：睁大眼睛。叱：大声责骂。⑥典：掌管。

【译文】 当时朝中群情不一，杨坚任用司武上士卢贲随侍左右。杨坚将往东宫，百

官都不知道应不应该跟随他。杨坚暗中让卢贲安排好全副武装的禁卫,然后召集公卿,对他们说:"想要求富贵的请跟随我。"一时百官窃窃私语,犹豫着想要离开。这时卢贲带着全副武装的禁卫进入,百官就没有敢动的。杨坚和百官出崇阳门,到东宫,门卫阻挡不让他们进入,卢贲告诉他们有关情况,门卫仍然不让开。卢贲瞪大眼睛呵斥,门卫害怕退却,杨坚进入东宫。于是卢贲掌管丞相府宿卫。杨坚以郑译为丞相府长史,刘昉为司马,李德林为府属,郑、刘二人因此怨恨李德林。

【原文】 内史下大夫勃海高颎明敏有器局①,习兵事,多计略,坚欲引之入府,遣杨惠谕意。颎承旨,欣然曰:"愿受驱驰②。纵令公事不成,颎亦不辞灭族。"乃以为相府司录③。

【注释】 ①高颎:隋代名相,杨坚最信任和器重的宰相。②驱驰:比喻奔走效力。③相府司录:丞相府属官。

【译文】 内史下大夫勃海高颎明敏有度量,熟习兵事,多谋略,杨坚想引为己用,派杨惠向高颎转达此意。高颎欣然接受说:"愿受丞相驱驰。即使令公大事不成,高颎遭到灭族之祸也在所不辞。"于是杨坚任命他为相府司录。

【原文】 时汉王赞居禁中,每与静帝同帐而坐①。刘昉饰美妓进赞,赞甚悦之。昉因说赞曰:"大王,先帝之弟,时望所归。孺子幼冲②,岂堪大事!今先帝初崩,人情尚扰。王且归第,待事宁后,入为天子,此万全计也。"赞年少,性识庸下,以为信然③,遂从之。

【注释】 ①静帝:《通鉴》误记,应当为"杨坚",当时杨坚为左丞相,汉王为右丞相。②孺子:幼儿,儿童。幼冲:年幼。③信然:信以为真。

【译文】 当时汉王宇文赞住在宫中,每每与杨坚同帐而坐。刘昉进献美妓给汉王宇文赞,宇文赞很高兴。刘昉趁机对宇文赞说:"大王是先帝之弟,众望所归。当今天子年幼,岂能担当大事?如今先帝初崩,人情纷扰,汉王不如暂时归第,等到局势稳定以后,再回来登基称帝,这才是万全之策。"汉王宇文赞年轻,见识平庸,觉得刘昉的话很有道理,就听从了他的意见。

【原文】 坚革宣帝苛酷之政,更为宽大,删略旧律,作《刑书要制》,奏而行之;躬履节俭①,中外悦之。

【注释】 ①躬履:亲身奉行。

【译文】 杨坚废除宣帝严酷统治,改行宽大之政,删改原有法律,作《刑书要制》,上奏以后颁行;自己躬行节俭,朝野内外都很敬服他。

隋　纪

杨广夺嫡

【题解】

隋文帝即位之初,立长子杨勇为太子,其余诸子分别封王。起初相安无事,随着时间的推移,皇帝、太子和晋王杨广之间的关系发生了变化。

原本文帝很信任太子,太子也已经开始参与日常政务的处理。但是太子为人直率,文帝崇尚节俭,独孤皇后则痛恨男人有内宠,正好杨勇喜爱奢华,又冷淡太子妃,专宠云昭训,于是太子渐渐失去了父母的宠爱。

与此同时,文帝次子晋王杨广曾经率兵平陈,又长镇江南,无论是从军功或者人望来看,都已经相当出色。晋王在长安的时候,尽全力讨父母的欢心,一切都投其所好,于是成为文帝夫妇的宠儿。

晋王任用心腹宇文述、张衡等人,决定通过文帝最信任的大臣杨素来实施夺嫡计划。宇文述和杨素的弟弟杨约交好,于是就由宇文述出面,假装输钱给他,在赠送了大量财物之后,宇文述向杨约说明真相。并且动之以利,提出一旦废立成功,杨素就成了将来朝廷的领袖人物,可以长保富贵。杨素接受了这样的条件。

杨素先和皇后达成了默契,里应外合,废立的第一件事就是侦查太子的过错并且加以宣扬。然后等到太子种种失德传得沸沸扬扬的时候,杨素开始在文帝面前无中生有地大讲太子的坏话,此时的太子行动开始受到严密监视,身边的亲信也多被调离或者买通,完全陷入孤立之中。杨素等人接着找到太子曾经的心腹出首告发。

最后,文帝回到长安之后,群臣摘摘太子的罪行,主要是怨望、图谋不轨,派杨素等人审讯此案。到这个时候,文帝已经对太子完全失望,也已经决定废立,审讯结果不过是个形式而已。果然,虽然杨素深文周纳,锻炼成狱,可结果却是找不到什么切实的证据证明太子谋逆。但是终归还是要废立,太子及其儿女被废黜为庶人,晋王杨广成为储君。

【原文】 时太子勇失爱于上[1],潜有废立之志[2],从容谓颍曰[3]:"有神告晋王妃,言王必有天下,若之何?"颍长跪曰[4]:"长幼有序,其可废乎!"上默然而止。独孤后知颍不可夺[5],阴欲去之。

【注释】 ①太子勇:杨勇,隋文帝杨坚长子,起初被立为太子,后被废。②潜:暗中。③从容:不慌不忙。颍:音 jiǒng。④长跪:直身而跪。古时席地而坐,坐时两膝据地,以臀部着足跟。跪则伸直腰股,以示庄敬。⑤夺:夺志,改变想法。

【译文】 当时太子杨勇不得隋文帝杨坚的欢心,文帝暗中有废立的想法,闲时对宰

相高颎说："有神告晋王杨广的王妃,说晋王必定拥有天下,你觉得如何?"高颎长跪,说："长幼有序,太子位居嫡长,怎么可以废黜呢!"文帝默然。独孤皇后知道高颎不会改变主意,暗中想要除掉他。

【原文】 会上令选东宫卫士以入上台①,颎奏称："若尽取强者,恐东宫宿卫太劣。"上作色曰②:"我有时出入,宿卫须得勇毅。太子毓德东宫③,左右何须壮士!此极弊法。如我意者,恒于交番之日④,分向东宫,上下团伍不别,岂非佳事!我熟见前代,公不须仍踵旧风⑤。"颎子表仁,娶太子女,故上以此言防之。

【注释】 ①上台:指三公、宰辅出入的大殿。②作色:脸上变色。指神情变严肃或发怒。③毓德:修养德性。④交番:轮流值班。⑤踵:跟随,继续。

【译文】 正值文帝下令选东宫卫士以入上台,高颎奏称："如果把其中出色的全部挑出来,恐怕东宫宿卫就太弱了。"文帝变了脸色说："我时常出入,宿卫需要选择勇毅之士。太子在东宫修养德性,左右要什么勇士!这项制度很不好。要是按照我的意思,就应该在侍卫轮值的时候,每次都分出一部分到东宫,不必专门分派,这岂不是很好的事!我熟悉前代故事,你就不用遵行旧风尚了。"高颎的儿子高表仁娶了太子之女,因此文帝故意这么说来防范他。

【原文】 颎夫人卒,独孤后言于上曰："高仆射老矣,而丧夫人,陛下何能不为之娶!"上以后言告颎。颎流涕谢曰："臣今已老,退朝,唯斋居读佛经而已。虽陛下垂哀之深,至于纳室,非臣所愿。"上乃止。既而颎爱妾生男,上闻之,极喜,后甚不悦。上问其故,后曰："陛下尚复信高颎邪?始,陛下欲为颎娶,颎心存爱妾,面欺陛下。今其诈已见,安得信之?"上由是疏颎。

【译文】 高颎夫人去世,独孤后对文帝说："高仆射老了,夫人去世,陛下怎么能不为他另娶!"文帝把皇后的话告诉了高颎。高颎流着眼泪辞谢,说："臣如今已老,退朝以后,不过斋戒读佛经而已。虽然陛下垂怜老臣至深,但再娶实非臣所愿。"文帝也就算了。不久高颎爱妾生了儿子,文帝听说以后,极其喜悦,皇后却很不高兴。文帝询问原因,皇后说："陛下还会再信任高颎吗?原先陛下想为他再娶,高颎明明心存爱妾,却捏造理由当面欺骗陛下。如今他骗人的手段都已经暴露了,您还怎么能信任他?"文帝从此疏远了高颎。

【原文】 初,上使太子杨勇参决军国政事,时有损益,上皆纳之。勇性宽厚,率意任情①,无矫饰之行。上性节俭,勇尝文饰蜀铠②,上见而不悦,戒之曰："自古帝王未有好奢侈而能久长者。汝为储后③,当以俭约为先,乃能奉承宗庙。吾昔日衣服,各留一物,时复观之以自警戒。恐汝以今日皇太子之心忘昔时之事,故赐汝以我旧所带刀一枚,并菹酱一合④,汝昔作上士时常所食也⑤。若存记前事,应知我心。"

【注释】 ①率意:直率,按照本意。任情:任意,恣意。②铠:铠甲。③储后:储君。

④菹酱：酱菜。⑤上士：军衔，军士的最高一级。

【译文】 起先，文帝派太子杨勇参与决策军国政事，太子经常会提出意见，有所兴革，文帝都能接纳。太子杨勇生性宽厚，行事直率任性，不会弄虚作假。文帝为人节俭，杨勇曾经装饰自己来自蜀地的精美铠甲，文帝看见了很不高兴，告诫他说："自古没有好奢侈还能享国长久的帝王。你既然是储君，就应当以俭约为先，这样才能继承宗庙。我以前的衣服，都各留了一样，不时地拿出来看看，以警诚自己。我怕你因为如今做了皇太子而忘记了以往的事，所以把我以前所带的一枚刀，还有一盒酱菜给你，酱菜是你昔日做上士时经常食用的。如果你还记得以前的事，就应该了解我的心意。"

【原文】 后遇冬至，百官皆诣勇，勇张乐受贺①。上知之，问朝臣曰："近闻至日内外百官相帅朝东宫，此何礼也？"太常少卿辛亶对曰②："于东宫，乃贺也，不得言朝。"上曰："贺者正可三数十人，随情各去，何乃有司征召③，一时普集！太子法服设乐以待之④，可乎？"因下诏曰："礼有等差，君臣不杂。皇太子虽居上嗣⑤，义兼臣子，而诸方岳牧正冬朝贺⑥，任土作贡⑦，别上东宫；事非典则，宜悉停断！"自是恩宠始衰，渐生猜阻。

【注释】 ①张乐：奏乐。②亶：音 dǎn。③何乃：何故，为何。④法服：古代根据礼法规定的不同等级的服饰，指正式的礼服。⑤上嗣：君主的嫡长子。后指太子。⑥岳牧：泛称封疆大吏。⑦任土作贡：依据土地的具体情况，制定贡赋的品种和数量。

【译文】 后遇冬至的时候，百官都到东宫谒见杨勇，杨勇让人奏乐，接受百官的庆贺。文帝知道了，问朝臣说："最近听说冬至那天内外百官朝见太子，这算是什么礼节？"太常少卿辛亶答道："百官见东宫是祝贺，不能说是朝见。"文帝说："庆贺冬至，那应该数十人，随意地去，为什么这次却是有司征召，百官同时汇集东宫？太子穿着礼服，奏乐以待，这样是应该的吗？"于是下诏说："礼节有不同，所以君臣分定不会混杂。皇太子虽然位居储君，但同时也是臣下，百官冬至朝贺进献礼品，拜见太子，不符合制度，应当就此停止！"自此文帝对太子的宠爱渐衰，也逐渐对他起了猜忌之意。

【原文】 勇多内宠，昭训云氏尤幸①。其妃元氏无宠，遇心疾②，二日而薨，独孤后意有他故，甚责望勇。自是云昭训专内政，生长宁王俨、平原王裕、安成王筠；高良娣生安平王嶷、襄城王恪③；王良媛生高阳王该、建安王韶；成姬生颍川王煚④；后宫生孝实、孝范。后弥不平，颇遣人伺察，求勇过恶。

晋王广知之⑤，弥自矫饰，唯与萧妃居处，后庭有子皆不育⑥，后由是数称广贤。大臣用事者，广皆倾心与交。上及后每遣左右至广所，无贵贱，广必与萧妃迎门接引，为设美馔⑦，申以厚礼；婢仆往来者，无不称其仁孝。上与后尝幸其第，广悉屏匿美姬于别室⑧，唯留老丑者，衣以缦彩⑨，给事左右；屏帐改用缣素⑩；故绝乐器之弦，不令拂去尘埃。上见之，以为不好声色，还宫，以语侍臣，意甚喜。侍臣皆称庆，由是爱之特异诸子。

【注释】 ①昭训：皇太子侧室的名号，下文良娣、良媛也是。②心疾：劳思、忧愤等引

起的疾病。春秋秦医和所谓六疾之一。也指心脏病。③嶷：音 yí。④晛：音 jiǒng。⑤晋王广：杨广，隋文帝杨坚次子，即隋炀帝，历史上著名的暴君。⑥不育：不养育。⑦馔：食物。⑧屏匿：隐藏。⑨缦彩：无花纹的丝织品。⑩缣素：双丝织成的细绢。

【译文】　太子杨勇有很多内宠，尤其宠幸昭训云氏。太子妃元氏不受宠爱，心疾发作，两天后就去世了。独孤皇后怀疑另有原因，责备杨勇。自此以后，云昭训主理东宫内政，生长宁王杨俨、平原王杨裕、安成王杨筠；高良娣生安平王杨嶷、襄城王杨恪；王良媛生高阳王杨该、建安王杨韶；成姬生颍川王杨煚；后宫生杨孝实、杨孝范。皇后更加不高兴，派了不少人侦察东宫，寻找杨勇的过错。

　　晋王杨广，很善于伪装，只和王妃萧氏住在一起，侧室生了孩子也都不养育。皇后因此屡次称道杨广贤德。凡是大臣中握有实权的，杨广都与他们倾心结交。文帝和独孤皇后每次派手下到杨广的住处，来往的婢女仆人无论贵贱，杨广必定和萧妃一起到门口迎接，准备丰盛的饮食，赠送厚礼。凡是去见过杨广的婢仆，无不称赞他的仁孝。文帝和皇后曾经临幸他的府第，杨广将美姬全都藏到别的房间，屋中只留下老丑的侍女，穿着朴素的衣服，侍奉左右；屏帐改用简单的缣素，故意将乐器的弦弄断，不让打扫上面的尘土。文帝见了，认为他不好声色，回宫以后转告侍臣，表现得非常欣喜。侍臣都向文帝庆贺，从此文帝对杨广的疼爱远远超过了其他儿子。

【原文】　上密令善相者来和遍视诸子，对曰："晋王眉上双骨隆起，贵不可言。"上又问上仪同三司韦鼎："我诸儿谁得嗣位？"对曰："至尊、皇后所最爱者当与之，非臣敢预知也。"上笑曰："卿不肯显言邪①？"

【注释】　①显言：明白说出。

【译文】　文帝私下让善看相的来和为所有皇子看相，来和说："晋王杨广眉上双骨隆起，贵不可言。"文帝又问上仪同三司韦鼎："我诸多儿子中谁可以继承皇位？"韦鼎答道："陛下和皇后最喜爱谁，就应该叫谁继承，这不是臣下能够预知的。"文帝笑着说："你不肯明说吗？"

【原文】　晋王广美姿仪，性敏慧，沉深严重；好学，善属文①；敬接朝士，礼极卑屈；由是声名籍甚②，冠于诸王。

【注释】　①属文：撰写文章。②籍：声名盛大。

【译文】　晋王杨广仪表出众，生性聪慧，为人深沉持重。好学，善于写文章；和朝士来往时礼节极其周到，因此声名盛大，在诸王中最好。

【原文】　广为扬州总管，入朝，将还镇，入宫辞后，伏地流涕，后亦泫然泣下①。广曰："臣性识愚下，常守平生昆弟之意②，不知何罪失爱东宫，恒蓄成怒，欲加屠陷。每恐谗谮生于投杼③，鸩毒遇于杯勺④，是用勤忧积念，惧履危亡。"后忿然曰："睍地伐渐不可耐⑤，我为之娶元氏女，竟不以夫妇礼待之。专宠阿云，使有如许豚犬⑥。前新妇遇毒而夭⑦，我

亦不能穷治⑧，何故复于汝发如此意？我在尚尔，我死后，当鱼肉汝乎⑨！每思东宫竟无正嫡，至尊千秋万岁之后，遣汝等兄弟向阿云儿前再拜问讯，此是几许苦痛邪！"广又拜，呜咽不能止，后亦悲不自胜。自是后决意欲废勇立广矣。

【注释】　①泫然：流泪貌。亦指流沼。②昆弟：兄弟。③谗谮生于投杼：春秋时，有个和曾参同名的人杀了人，有人告诉曾参的母亲，说曾参杀了人。起初曾母不信，但第三人来告诉她的时候，她扔下手里织布的梭子就逃走了。用来比喻流言可畏或诬枉之祸。典出《战国策·秦策二》。谮，恶言中伤。杼，梭子。④鸩：传说中的一种毒鸟，把它的羽毛放在酒里，可以毒杀人。⑤睍地伐：太子杨勇的小名。⑥豚犬：蔑称不成器的儿子。⑦新妇：称儿媳。⑧穷治：追究。⑨鱼肉：侵害，摧残。

【译文】　杨广任扬州总管，入朝，即将还镇扬州，入宫辞别皇后的时候，伏地流泪，皇后也流泪。杨广说："臣性情愚笨，但一直安守兄弟之意，不知犯了什么过错失爱于东宫，常常含着怒气，想要陷害我。每每担心他在母后面前说我坏话，也担心会在杯勺中对我下毒，因此一直都不停地忧虑，害怕遇到危险。"皇后愤怒地说："睍地伐越来越让人受不了了，我为他娶了元氏女，他竟不以夫妇之礼相待，专宠阿云，生了这许多不成器的孩子。前些日子太子妃被毒而死，我一时也不能追究，怎么又对你生出这样歹毒的念头？我在他都敢这样，我死后，一定会把你们当作鱼肉来宰割！每次想起东宫竟没有嫡长子，陛下千秋万岁之后，要让你们兄弟在阿云的儿子前行礼问安，真是太痛苦了！"杨广再拜，呜咽不能停止，皇后也非常伤心。自此皇后决定要废黜太子杨勇改立杨广。

【原文】　广与安州总管宇文述素善①，欲述近己，奏为寿州刺史。广尤亲任总管司马张衡②，衡为广画夺宗之策③。广问计于述，述曰："皇太子失爱已久，令德不闻于天下。大王仁孝著称，才能盖世，数经将领，频有大功；主上之与内宫，咸所钟爱，四海之望，实归大王。然废立者国家大事，处人父子骨肉之间，诚未易谋也。然能移主上意者，唯杨素耳④，素所与谋者唯其弟约。述雅知约，请朝京师，与约相见，共图之。"广大悦，多赍金宝⑤，资述入关。

【注释】　①安州：治所在今湖北安陆。总管：武官名。隋代至唐代初在各州设总管，边镇和大州设大总管，为地方军政长官。宇文述：鲜卑族，隋朝名将。②总管司马：总管属官。张衡：杨广心腹。③画：计划，谋划。④杨素：隋朝著名将相。在文帝废立太子事件中，杨素是举足轻重的人物。⑤赍：携带。

【译文】　杨广和安州总管宇文述向来交好，想要他为自己所用，奏请任命他为寿州刺史。杨广尤其信任总管司马张衡，张衡为杨广谋划了夺嫡之策。杨广向宇文述问计，宇文述说："皇太子失宠已久，天下人也没听说他有什么好的德行和名声。而大王则以仁孝著称，才能盖世，数度领兵出征，不断建有大功，受到陛下和皇后的一致钟爱。天下人的希望都归于大王。但是废立太子是国家大事，这关系到父子骨肉之间，实在不是一件

容易谋划的事。但是如今能让陛下改变主意的，只有杨素一个人，能够和杨素谈论大事的又只有其弟杨约。我和杨约一向交往密切，请大王让我到京师朝见时，与杨约相见，共同图谋此事。"杨广大喜，让宇文述携带了许多金宝入朝。

【原文】 约时为大理少卿①，素凡有所为，皆先筹于约而后行之②。述请约，盛陈器玩，与之酣畅，因而共博③，每阳不胜④，所赍金宝尽输之约。约所得既多，稍以谢述。述因曰："此晋王之赐，令述与公为欢乐耳。"约大惊曰："何为尔？"述因通广意，说之曰⑤："夫守正履道，固人臣之常致；反经合义⑥，亦达者之令图⑦。自古贤人君子，莫不与时消息以避祸患⑧。公之兄弟，功名盖世，当途用事有年矣，朝臣为足下家所屈辱者，可胜数哉！又，储后以所欲不行，每切齿于执政⑨；公虽自结于人主，而欲危公者固亦多矣！主上一旦弃群臣⑩，公亦何以取庇！今皇太子失爱于皇后，主上素有废黜之心，此公所知也。今若请立晋王，在贤兄之口耳。诚能因此时建大功，王必永铭骨髓，斯则去累卵之危⑪，成太山之安也⑫。"约然之，因以白素。素闻之，大喜，抚掌曰："吾之智思，殊不及此，赖汝启予。"约知其计行，复谓素曰："今皇后之言，上无不用，宜因机会早自结托，则长保荣禄，传祚子孙⑬。兄若迟疑，一旦有变，令太子用事，恐祸至无日矣！"素从之。

【注释】 ①大理少卿：掌刑法的官员。②筹：想办法，定计划。③博：古代的一种棋戏，后来泛指赌博。④阳：佯装，假装。⑤说之：劝说他。⑥反经合义：虽违背常道，但仍合于义理。⑦令图：善谋，远大的谋略。⑧与时消息：指事物无常，随时间的推移而兴盛衰亡。⑨执政：宰相。⑩弃群臣：皇帝去世。⑪累卵之危：像垒起来的鸡蛋那样危险的局面。⑫太山：即泰山。⑬传祚：流传后世。

【译文】 杨约当时任大理少卿。杨素凡有所为，都会先和他商量妥当之后再去施行。宇文述邀请杨约，把器玩全都摆了出来，和他畅饮，然后对赌，宇文述经常假装不胜，将所携带的金宝全都输给了杨约。杨约所得既多，于是向宇文述表示感谢。宇文述就对他说："这些都是晋王之赐，晋王吩咐我陪您高兴高兴罢了。"杨约大惊说："他想做什么？"宇文述借此机会将杨广的意思告诉了他，劝说他道："遵循正道，固然是人臣的常理；但另一方面，即使违背常道，却仍合于义理，也不失为通达者远大的谋略。自古贤人君子，无不根据事物的变化而变化，以期趋避祸患。足下兄弟，功名盖世，执政当权已经很久了，足下家所得罪的朝臣数不胜数！而且，太子因为所求经常阻止，每每切齿痛恨执政；您虽然跟随陛下，但是那些想要扳倒你们的臣子实在也不少啊！陛下一旦离世，抛弃群臣，您又想从哪里求得庇佑呢？如今皇太子失宠于皇后，陛下一直有废黜之心，这些都是您知道的事。现在请立晋王，不过是令兄一句话的事罢了。要是能够在这个时候立下大功，晋王必定永远铭记在心，这样的话对足下兄弟而言，也就去掉了如累卵一样的危难，成就此后稳固如泰山的权势。"杨约觉得他说得有理，就转告了杨素。杨素听到后大喜，拍手道："我的智慧还想不到此处，幸亏有你启发了我。"杨约知道计划可行了，又对杨

素说："当今皇后所说的话，陛下无不听从，应当找机会早早跟皇后接近，事成之后才可以长保荣禄，传给子孙后世。兄长如果迟疑，一旦局势有变，陛下让太子掌权，恐怕大祸就要来了。"杨素听从了他的话。

【原文】 后数日，素入侍宴，微称"晋王孝悌恭俭①，有类至尊"。用此揣后意②。后泣曰："公言是也！吾儿大孝爱，每闻至尊及我遣内使到，必迎于境首；言及违离，未尝不泣。又其新妇亦大可怜，我使婢去，常与之同寝共食。岂若睍地伐与阿云对坐，终日酣宴，昵近小人，疑阻骨肉！我所以益怜阿麽者③，常恐其潜杀之。"素既知后意，因盛言太子不才。后遂遗素金，使赞上废立。

【注释】 ①悌：敬爱兄长。这里泛指敬重长上。②揣：试探。③阿麽：晋王杨广的小名。

【译文】 之后过了数日，杨素入宫侍宴，稍稍提起"晋王孝悌恭俭，很像陛下"。用这些话试探皇后的心意。皇后流泪说："您说得是。我儿非常孝顺仁爱，每次听说陛下和我派内使去了，必定到边境上出迎；说到要离开我们，没有不哭泣的。而且晋王妃也很可爱，我派侍女去，王妃经常与之同寝共食。怎么像睍地伐和阿云对坐，终日设宴酣饮，亲近小人，猜忌骨肉！我现在对他更加怜惜，常担心太子会暗中杀掉阿麽。"杨素了解了皇后的心意，就开始极力说太子不好。皇后于是送给杨素财物，让他支持文帝废立。

【原文】 勇颇知其谋，忧惧，计无所出，使新丰人王辅贤造诸厌胜①；又于后园作庶人村，室屋卑陋，勇时于中寝息，布衣草褥，冀以当之。上知勇不自安，在仁寿宫，使杨素观勇所为。素至东宫，偃息未入②，勇束带待之，素故久不进，以激怒勇；勇衔之③，形于言色。素还言："勇怨望，恐有他变，愿深防察！"上闻素谮毁，甚疑之。后又遣人伺觇东宫④，纤介事皆闻奏⑤，因加诬饰以成其罪。

【注释】 ①厌胜：也作压胜，指以迷信的方法如符咒等，镇服或驱避可能出现的灾祸，或致灾祸于人。②偃息：止息，停止。③衔之：怀恨在心。④伺觇：暗中窥视守候。⑤纤介：细微。

【译文】 太子杨勇也了解他们的谋划，很担心害怕，不知应该如何是好，就派新丰人王辅贤施用厌胜的方法；又在后园建造庶人村，屋宇简陋，杨勇常在其中休息，布衣草褥，希望用这样的办法避祸。文帝知道了杨勇内心的不安，在仁寿宫派杨素侦察杨勇的所作所为。杨素到了东宫门口，就停下来不进去，杨勇衣冠整齐地等着，杨素故意很久都不进去，以激怒杨勇；杨勇果然怀恨在心，并且表现在言语和神色上。杨素回去禀报文帝："太子杨勇怨望，恐怕还会有别的变故，愿陛下小心探察和防范。"文帝听到杨素说的坏话，更怀疑太子。后来又派人暗中查看东宫，所有细微的小事都向皇帝奏报，夸大捏造，以罗织其罪。

【原文】 上遂疏忌勇，乃于玄武门达至德门量置候人①，以伺动静，皆随事奏闻。又，

东宫宿卫之人，侍官以上②，名籍悉令属诸卫府，有勇健者咸屏去之③。出左卫率苏孝慈为淅州刺史④，勇愈不悦。太史令袁充言于上曰⑤："臣观天文，皇太子当废。"上曰："玄象久见，群臣不敢言耳。"

【注释】 ①玄武门：皇宫正北门。至德门：皇宫东北门。量置：酌量安置。候人：斥候，军中侦伺敌情者。②侍官：在宫廷中轮番宿卫的军士。③屏去：退除，除却。④左卫率：统带东宫侍卫的武职官员。淅州：今河南淅川。⑤太史令：官名，掌管起草文书，记载史事，天文历法、祭祀等。

【译文】 文帝于是疏远怀疑杨勇，在玄武门到至德门之间设置候人，以侦伺太子动静，随时奏闻。另外，东宫宿卫中侍官以上的人员，名籍都要报到诸卫府，其中勇健的全都调走。又将左卫率苏孝慈调出为淅州刺史，太子杨勇更加不高兴。太史令袁充上奏文帝说："臣观天文，皇太子当废。"文帝说："天象早就已经出现了，群臣不敢明言而已。"

【原文】 晋王广又令督王府军事姑臧段达私赂东宫幸臣姬威①，令伺太子动静，密告杨素；于是内外喧谤②，过失日闻。段达因胁姬威曰："东宫过失，主上皆知之矣。已奉密诏，定当废立；君能告之，则大富贵！"威许诺，即上书告之。

【注释】 ①督王府军事：掌管王府军事的官员。姑臧：今甘肃武威。②喧谤：大声指责。

【译文】 晋王杨广又让督王府军事姑臧人段达私下贿赂东宫宠臣姬威，要她察看太子动静，密告杨素；于是朝野内外诽谤声四起。段达要挟姬威说："东宫的过失，陛下全都知道了。已经有了密诏，定当废立；如果你能告发太子，一定可以获取大富贵。"姬威答应了，立即上书告发了太子。

【原文】 秋，九月，壬子，上至自仁寿宫。翌日，御大兴殿，谓侍臣曰："我新还京师，应开怀欢乐；不知何意翻邑然愁苦①！"吏部尚书牛弘对曰②："臣等不称职，故至尊忧劳。"上既数闻谮毁，疑朝臣悉知之，故于众中发问，冀闻太子之过。弘对既失旨，上因作色，谓东宫官属曰："仁寿宫此去不远，而令我每还京师，严备仗卫，如入敌国。我为下利③，不解衣卧。昨夜欲近厕，故在后房恐有警急，还移就前殿，岂非尔辈欲坏我家国邪？"于是执太子左庶子唐令则等数人付所司讯鞫④；命杨素陈东宫事状以告近臣。

【注释】 ①邑然：忧闷不安的样子。②吏部尚书：吏部长官。掌官员升迁、任免。③下利：同"下痢"。④太子左庶子：东宫属官。讯鞫：同"讯鞫"，审讯。

【译文】 秋季，九月壬子，文帝自仁寿宫出发到了长安。第二天，驾临大兴殿，对侍臣说："我刚刚回到京师，应当开怀欢乐；但不知怎么反而忧闷愁苦。"吏部尚书牛弘答道："臣等不称职，所以导致陛下忧劳。"文帝已经听到很多诬陷太子的话，疑心朝臣也都知道了，故而在群臣中发问，希望能够听到有关太子的过失。牛弘的应对不合文帝的心意，文帝变了脸色，对东宫官属说："仁寿宫离此不远，而令我每次回京师，都要侍卫谨严，如人

207

敌国。我因为得了痢疾，不解衣休息。昨夜想要入厕，担心在后房会有警急，还是移到了前殿，这难道不是你们这些人想要败坏我们的家国吗？"于是捉拿太子左庶子唐令则等数人交付所司审讯；命杨素陈述东宫事状以告近臣。

【原文】 素乃显言之曰："臣奉敕向京，令皇太子检校刘居士余党①。太子奉诏，作色奋厉②，骨肉飞腾③，语臣云：'居士党尽伏法，遣我何处穷讨！尔作右仆射，委寄不轻，自检校之，何关我事！'又云：'昔大事不遂，我先被诛，今作天子，竟乃令我不如诸弟，一事以上，不得自遂！'因长叹回视云：'我大觉身妨④。'"上曰："此儿不堪承嗣久矣，皇后恒劝我废之。我以布衣时所生，地复居长，望其渐改，隐忍至今。勇尝指皇后侍儿谓人曰：'是皆我物。'此言几许异事！其妇初亡，我深疑其遇毒，尝责之，勇即忿曰⑤：'会杀元孝矩⑥。'此欲害我而迁怒耳。长宁初生⑦，朕与皇后共抱养之，自怀彼此，连遣来索。且云定兴女，在外私合而生，想此由来，何必是其体胤⑧！昔晋太子取屠家女，其儿即好屠割。今偎非类，便乱宗祐⑨。我虽德惭尧、舜，终不以万姓付不肖子！我恒畏其加害，如防大敌；今欲废之以安天下！"

【注释】 ①检校：调查。刘居士：上柱国彭公刘昶之子刘居士，在东宫掌管皇太子宿卫，为七品官。刘居士不守朝廷法度，屡次犯罪，文帝由于刘昶的缘故，每次都宽宥了他。于是刘居士有恃无恐，党羽有三百人，他们无故殴打路人，侵夺财物，为非作歹，甚至于连公卿大臣、后妃公主也都不敢和他们计较。后来有人上告说刘居士图谋不轨，文帝下令将刘居士斩首，很多公卿子弟受到牵连而被除名为民。②作色奋厉：神情凌厉凶狠。③骨肉飞腾：形容太子暴跳如雷、激动愤怒的样子。④妨：妨碍，受限。⑤忿：怨恨。⑥元孝矩：隋臣，太子妃元氏父亲。⑦长宁：太子勇的长子长宁王俨，云昭训所出。⑧体胤：亲生的后代。⑨宗祐：宗庙中藏神主的石室。亦借指宗庙、宗祠。

【译文】 杨素于是明确地说："臣奉敕来京，令皇太子追查刘居士余党。太子奉诏之后，神色凌厉，非常愤怒地对臣说：'刘居士党羽已经全都伏法，让我还去哪里追讨？你作为右仆射，身负重任，自己应该去追查此事，与我有什么相干！'又说：'当年以隋代周，如果大事不遂，我就会先被杀，如今做天子，竟然令我的处境还不如诸弟，每件事都不能自己做主。'又长叹回顾说：'我实在是觉得自身处处受到妨碍。'文帝说：'此儿不能胜任太子之位已经很久了，皇后也一直劝我废黜他。我念着他是我布衣时所生，又居嫡长，希望他渐渐改过，所以才隐忍至今。杨勇曾经指着皇后侍儿对人说：'这些将来都是我的。'这句话很奇怪。其妇刚去世时，我很怀疑是被他毒死的，曾经责备过他，杨勇就怨恨地说：'早晚我要杀掉元孝矩。'这明明是想要害我而迁怒的。长宁王刚生下的时候，朕与皇后一起抱养他，他自己心里分别彼此，连连派人来要回去。何况此子是他和云定兴之女在外私合而生的，这样的出身想来未必是真正的皇室血脉。昔日晋太子娶了屠家女，其儿就爱好屠割。倘若长宁王并非太子后代，便是混乱宗室。我虽然没有尧、舜那样的德行，

但终究不会将百姓交付给不肖子。我一直以来怕他加害，如防大敌；如今想废黜太子以安天下。"

【原文】 左卫大将军五原公元旻谏曰①："废立大事，诏旨若行，后悔无及。谗言罔极②，惟陛下察之。"

【注释】 ①左卫大将军：禁军大将军之一。旻：音mín。②罔极：无穷尽。

【译文】 左卫大将军五原公元旻劝谏说："废立大事，诏旨一旦颁布，后悔就来不及了。谗言无穷尽，陛下一定要明察秋毫。"

【原文】 上不应，命姬威悉陈太子罪恶。威对曰："太子由来与臣语，唯意在骄奢，且云：'若有谏者，正当斩之，不杀百许人，自然永息。'营起台殿，四时不辍①。前苏孝慈解左卫率，太子奋髯扬肘曰②：'大丈夫会当有一日，终不忘之，决当快意。'又宫内所须，尚书多执法不与，辄怒曰：'仆射以下，吾会戮一二人，使知慢我之祸。'每云：'至尊恶我多侧庶，高纬、陈叔宝岂孽子乎③？'尝令师姥卜吉凶④，语臣云：'至尊忌在十八年，此期促矣⑤。'"上泫然曰："谁非父母生，乃至于此！朕近览《齐书》，见高欢纵其儿子，不胜忿愤，安可效尤邪！"于是禁勇及诸子，部分收其党与。杨素舞文巧诋⑥，锻炼以成其狱⑦。

【注释】 ①辍：停止。②奋髯：抖动胡须。激愤或激昂貌。扬肘：挥舞手臂。③高纬、陈叔宝：分别为北齐、陈朝的亡国之君。孽子：庶出之子。④师姥：巫婆。⑤促：快到了，逼近。⑥舞文巧诋：罗织罪名，蓄意毁谤。⑦锻炼：罗织罪状，陷人于罪。

【译文】 文帝不听，让姬威陈述太子的所有罪恶。姬威说："太子从来和臣所说的话，都是相当骄奢的。他说：'如有劝谏者，就应当处死，不必等到杀百来人，进谏的自然都不敢出现了。'营建台殿，一年四季不停止。之前苏孝慈从左卫率解任，太子抖动胡须，挥舞手臂，很激愤地说：'大丈夫总会有一天扬眉吐气，总不会忘记今日之事，到时候就可以顺着我的心了。'又宫内所须的东西，尚书大多遵守法度不肯给，太子就发怒说：'仆射以下，我早晚杀一两人，让他们知道轻慢我的坏处。'经常说：'陛下讨厌我多内宠和庶子，可是像高纬、陈叔宝这些亡国之君又何尝不是嫡子！'曾经让巫婆为他占卜吉凶，对我说：'陛下忌在十八年，日子就快到了。'"文帝流泪说："谁不是父母所生的，竟做出这样的事来！朕最近看《齐书》，见高欢放纵其子，觉得不胜愤怒，这样的事怎么能效仿呀！"于是软禁杨勇及诸子，收捕其部分党羽。杨素罗织罪名，蓄意毁谤，以兴起大狱。

【原文】 居数日，有司承素意，奏元旻常曲事于勇①，情存附托，在仁寿宫，勇使所亲裴弘以书与曼，题云："勿令人见。"上曰："朕在仁寿宫，有纤介事，东宫必知，疾于驿马，怪之甚久，岂非此徒邪！"遣武士执旻于仗。右卫大将军元胄时当下直②，不去，因奏曰："臣向不下直者，为防元旻耳。"上以旻及裴弘付狱。

【注释】 ①曲事：曲意侍奉。②右卫大将军：禁军大将之一。下直：在宫中当直结束，下班。

【译文】 过了几天，有司承杨素意旨，奏元旻曲意侍奉杨勇，有依附之意，在仁寿宫，杨勇派亲信裴弘送信给元旻，上题："勿令人见。"文帝说："朕在仁寿宫，有任何小事，东宫必定知道，比驿马传报的还要快，我已经长久都觉得奇怪了，难道不是这些家伙做的吗？"派武士从仪仗中捉拿元旻。右卫大将军元胄当时应当下班了，却不肯离去，于是上奏说："臣向来不下直就是为了防范元旻。"文帝将元旻和裴弘下狱。

【原文】 先是，勇见老枯槐，问："此堪何用？"或对曰："古槐尤宜取火。"时卫士皆佩火燧①，勇命工造数千枚，欲以分赐左右；至是，获于库。又药藏局贮艾数斛②，索得之，大以为怪，以问姬威，威曰："太子此意别有所在，至尊在仁寿宫，太子常饲马千匹，云：'径往守城门，自然饿死。'"素以威言诘勇，勇不服，曰："窃闻公家马数万匹，勇忝备太子③，马千匹，乃是反乎！"素又发东宫服玩，似加琱饰者④，悉陈之于庭，以示文武群官，为太子之罪。上及皇后迭遣使责问勇，勇不服。

【注释】 ①火燧：引火之物。②艾：草本植物，叶子有香气，可做药，点着后烟能熏蚊蝇，还可制艾绒，是灸法治病的燃料。斛：古量器名，也是容量单位，十斗为一斛。③忝：羞辱，愧对，表示愧于进行某事。④琱：治玉，引申为雕刻、刻镂。或指用彩绘装饰。

【译文】 先前杨勇见老枯槐，问："这能做什么用？"有人说："古槐最适宜取火。"当时卫士都随身带着火燧，杨勇让工匠造数千枚，想要分赐左右；此时在东宫的库房里找到了。又药藏局储藏了数斛艾，找到之后觉得非常奇怪，就问姬威，姬威说："太子别有用意，陛下在仁寿宫，太子常养马千匹，说：'只守着城门，自然饿死。'"杨素用姬威的话质问杨勇，杨勇不服，说："我也听说过公家马数万匹，杨勇不才，身为太子，养马千匹就是谋反吗？"杨素又找出东宫服饰玩器，加以彩绘装饰的全部陈列于庭，以示文武群官，就以此为太子之罪。文帝和皇后多次派人责问杨勇，杨勇不服。

【原文】 冬，十月，乙丑，上使人召勇，勇见使者，惊曰："得无杀我邪①？"上戎服陈兵，御武德殿，集百官立于东面，诸亲立于西面，引勇及诸子列于殿庭，命内史侍郎薛道衡宣诏②，废勇及其男、女为王、公主者，并为庶人。勇再拜言曰："臣当伏尸都市③，为将来鉴戒；幸蒙哀怜，得全性命！"言毕，泣下流襟，既而舞蹈而去，左右莫不闵默④。长宁王俨上表乞宿卫，辞情哀切；上览之闵然⑤。杨素进曰："伏望圣心同于螫手⑥，不宜复留意。"

【注释】 ①得无：也作"得毋""得微"，能不，岂不是。②内史侍郎：即内史省长官的副职。薛道衡：著名诗人，历仕北齐、北周、隋。③伏尸都市：在法场上被处死。④闵默：忧郁不语。⑤闵然：忧伤貌。⑥螫手：比喻为了顾全大局而忍痛牺牲局部。

【译文】 冬季，十月乙丑，文帝派人召杨勇，杨勇看到使者，惊道："不是来杀我的吧？"文帝穿着军服，带来禁军，亲自到武德殿，召集百官立于东面，宗室立于西面，引杨勇及其子女列于殿庭，命内史侍郎薛道衡宣诏，废杨勇及其为王、为公主的儿女们，一律贬为庶人。杨勇再拜说："臣本当被处死，以当作将来的鉴戒；幸而蒙陛下哀怜，我才得以保

全性命。"说完,泪下衣襟,过了片刻,拜舞而去,左右都很难过。长宁王杨俨上表请求留京担任宿卫,言辞哀伤恳切。文帝看了很伤心。杨素进言:"希望圣心能够顾全大局,不应该再留意这些小事情了。"

【原文】 己巳,诏:"元旻、唐令则及太子家令邹文腾、左卫率司马夏侯福、典膳监元淹、前吏部侍郎萧子宝、前主玺下士何竦并处斩①,妻妾子孙皆没官。车骑将军榆林阎毗、东郡公崔君绰、游骑尉沈福宝、瀛州术士章仇太翼②,特免死,各杖一百,身及妻子、资财、田宅皆没官。副将作大匠高龙叉、率更令晋文建、通直散骑侍郎元衡皆处尽③。"于是集群官于广阳门外,宣诏戮之。乃移勇于内史省,给五品料食。赐杨素物三千段,元胄、杨约并千段,赏鞫勇之功也。

【注释】 ①太子家令:管理东宫事务的属官。竦:音sǒng。②榆林:今内蒙古托克托。游骑尉:武职散官。③副将作大匠:将作大匠的副手,掌营造。率更令:官名,为太子属官,唐时掌宫殿门户、赏罚之事,以及皇族次序、刑法事。

【译文】 己巳下诏:"元旻、唐令则及太子家令邹文腾、左卫率司马夏侯福、典膳监元淹、前吏部侍郎萧子宝、前主玺下士何竦一起处斩,妻妾子孙没官。车骑将军榆林人阎毗、东郡公崔君绰、游骑尉沈福宝、瀛州术士章仇太翼,特免死,各杖一百,自身和妻子、资财、田宅都没官。副将作大匠高龙叉、率更令晋文建、通直散骑侍郎元衡皆处其罪使自尽。"于是召集群官于广阳门外,宣诏然后行刑。将杨勇移到内史省,供给五品食料。赐杨素物三千段,元胄、杨约并千段,赏赐审讯杨勇的功劳。

【原文】 十一月,戊子,立晋王杨广为皇太子。

【译文】 十一月戊子,文帝立晋王杨广为皇太子。

【原文】 帝囚故太子勇于东宫,付太子广掌之。勇自以废非其罪,频请见上申冤,而广遏之不得闻。勇于是升树大叫,声闻帝所,冀得引见。杨素因言勇情志昏乱,为癫鬼所著①,不可复收。帝以为然,卒不得见。

【注释】 ①癫鬼:使人癫狂的鬼祟。

【译文】 文帝将前太子杨勇囚禁在东宫,交由太子杨广管制。杨勇自己认为无罪,被无辜地废黜了,所以屡次请见文帝申冤,杨广加以阻止,使文帝听不到这些事。杨勇于是爬到树上大叫,声音传到文帝所在的地方,希望得以进见。杨素趁势说杨勇心志昏乱,就像被癫鬼附体一样,无药可救。文帝信以为真,杨勇最终还是不得召见。

唐　纪

玄武门之变

【题解】

唐朝的建立和平定天下依靠了李渊父子的同心协力,进行得非常顺利。但是短短几年时间,因为继承问题,皇室内部就起了极大的冲突。冲突的一方是太子李建成和齐王李元吉,另一方则是立下赫赫战功的秦王李世民。他们各自拥有自己的官属和军事力量,暗中招兵买马,笼络人心。随着天下局势的稳定,到武德六七年以后,双方的关系势成水火,越来越紧张。

从《通鉴》的记载来看,高祖李渊的态度经常会在两边摇摆,由于太子一方争取到了后宫的支持,所以随着时间的推移,李渊越来越倾向于太子。在数度暗算失败以后,李建成、李元吉分散秦王的属下,削夺他的兵权,准备寻找时机除掉秦王。

李世民的态度则一直暧昧不明,他和对手一样,也在暗中扩大自身实力,甚至收买对方心腹手下,可是表面的态度始终容忍

李世民像

退让。在对方的步步紧逼和秦府忠心下属的劝谏之下,公元 626 年 6 月,秦王发动兵变,一举除掉了太子李建成和齐王李元吉,事情发生在皇宫北面的玄武门,所以被后世称为"玄武门之变"。

事变的结果是李世民大获全胜,很快掌握了政权。

司马光在最后的评论中指出,从太原起兵开始,李世民是李唐皇室真正的缔造者,所以在唐高祖立长的时候就埋下了祸根。换言之,这也是李世民为发动政变辩护的最主要的理论依据。事实上,这也是唐代修史以来一贯的思路,但是这一观点近年来遭到部分史家的质疑,考虑到贞观以后对于史书的修正,关于如何评价秦王和太子甚至是李渊,在唐朝建立过程中的作用还需要进一步的分析。

【原文】　初,齐王元吉劝太子建成除秦王世民[①],曰:"当为兄手刃之!"世民从上幸元吉第,元吉伏护军宇文宝于寝内[②],欲刺世民;建成性颇仁厚,遽止之。元吉愠曰[③]:"为兄计耳,于我何有!"

【注释】　①齐王元吉劝太子建成除秦王世民:唐高祖李渊四子,长子建成,次子世民,三子早逝,四子元吉。建成被立为太子,和齐王元吉关系友善。②护军:唐初秦王府和齐王府各置左右六府护军,武职。③愠:含怒,生气。

【译文】　当初,齐王李元吉曾经劝太子李建成除掉秦王李世民,他说:"我定当为兄

长亲手杀掉他!"李世民跟高祖李渊驾临元吉府第,李元吉派护军宇文宝埋伏在卧室里,想趁机刺杀李世民;李建成为人仁厚,马上阻止了他。李元吉发怒,说:"这都是为兄长打算罢了,又关我什么事呢!"

【原文】 建成擅募长安及四方骁勇二千余人为东宫卫士,分屯左、右长林①,号长林兵。又密使右虞侯率可达志从燕王李艺发幽州突骑三百②,置东宫诸坊③,欲以补东宫长上④,为人所告。上召建成责之,流可达志于巂州⑤。

【注释】 ①屯:驻军防守。左、右长林:长林门,太极宫东宫的官门。②右虞侯:东宫官属,掌警卫伺查。突骑:精锐骑兵。③坊:官署。④长上:武官名。唐时九品,其职为守边和宿卫宫禁。⑤巂州:今四川西昌地区。

【译文】 太子李建成擅自招募了长安和各地的骁勇之士二千余人为东宫卫士,分别驻守在左、右长林门,称为长林兵。又秘密地派了右虞侯率可达志从燕王李艺那里征发的幽州三百精锐骑兵,安置在东宫诸坊,想将这些骑兵补充东宫长上,被人告发。高祖责备李建成,将可达志流放到崔巂州。

【原文】 杨文幹尝宿卫东宫,建成与之亲厚,私使募壮士送长安。上将幸仁智宫,命建成居守,世民、元吉皆从。建成使元吉就图世民①,曰:"安危之计,决在今岁!"又使郎将尔朱焕、校尉桥公山以甲遗文幹②。二人至豳州③,上变,告太子使文幹举兵,使表里相应;又有宁州人杜凤举亦诣宫言状④。上怒,托他事,手诏召建成,令诣行在⑤。建成惧,不敢赴。太子舍人徐师謩劝之据城举兵⑥;詹事主簿赵弘智劝之贬损车服⑦,屏从者,诣上谢罪,建成乃诣仁智宫。未至六十里,悉留其官属于毛鸿宾堡⑧,以十余骑往见上,叩头谢罪,奋身自掷⑨,几至于绝。上怒不解,是夜,置之幕下,饲以麦饭,使殿中监陈福防守⑩,遣司农卿宇文颖驰召文幹⑪。颖至庆州⑫,以情告之,文幹遂举兵反。上遣左武卫将军钱九陇与灵州都督杨师道击之⑬。

【注释】 ①图:图谋。②郎将:武官名。秦置,主宿卫、车骑。校尉:为武散官低品官号。③豳州:今陕西彬县。④宁州:今甘肃宁县。⑤行在:皇帝所在的地方。⑥太子舍人:东宫属官,掌文书。⑦詹事主簿:东宫属官,类似于秘书官。⑧毛鸿宾堡:今陕西淳化西。⑨奋身自掷:以头碰地,表示自责之意。⑩殿中监:殿中省长官,多以皇帝之亲戚、贵臣担任,掌管皇帝生活起居之事。⑪司农卿:官名,掌国家仓廪。⑫庆州:今甘肃庆阳。⑬左武卫将军:唐代十二卫中之一。灵州:治所在今宁夏灵武。都督:军事长官。

【译文】 杨文幹曾经担任东宫侍卫,李建成和他关系亲厚,悄悄地派他招募壮士送到长安。高祖将往仁智宫,命李建成留守长安,李世民、李元吉随驾。李建成让李元吉图谋除去李世民,说:"安危之计,就决定在今年了!"又派郎将尔朱焕、校尉桥公山将盔甲送给杨文幹。二人到了豳州,就向皇帝禀报了太子的图谋,告发太子派杨文幹起兵,和太子内外呼应;又有宁州人杜凤举也到仁智宫举报太子的事。高祖大怒,借口别的事,下手诏

召见李建成,让他到仁智宫来。李建成害怕,不敢去。太子舍人徐师菩劝他干脆占据长安城起兵;詹事主簿赵弘智则劝他不用车马,贬损服饰,不带随从,单独进见皇帝谢罪;于是李建成赶去仁智宫。还没走到六十里,太子就将官属全部留在毛鸿宾堡,只带了十余人骑马去见皇帝,向皇帝磕头请罪,拼命磕头表自责之意,几乎要没命了。高祖怒气不消,当夜,将太子安顿在幕下,供应粗糙的麦饭,派殿中监陈福防守,又派司农卿宇文颖驰召杨文幹。宇文颖到了庆州,将太子的情况告诉了他,杨文幹就起兵造反。高祖派左武卫将军钱九陇与灵州都督杨师道迎战。

【原文】 甲子,上召秦王世民谋之,世民曰:"文幹竖子,敢为狂逆,计府僚已应擒戮;若不尔,正应遣一将讨之耳。"上曰:"不然。文幹事连建成,恐应之者众。汝宜自行,还,立汝为太子。吾不能效隋文帝自诛其子,当封建成为蜀王。蜀兵脆弱,他日苟能事汝,汝宜全之;不能事汝,汝取之易耳!"

【译文】 甲子,高祖召秦王李世民商议杨文幹叛乱之事,李世民说:"杨文幹这小子,竟然敢犯下这样狂妄谋逆的事,想来他手下的属员应当已经将他捉拿或是杀死了;如果不是这样,那么朝廷就应该派一员将领讨伐他。"高祖说:"不是这样的。杨文幹的事牵连着建成,恐怕响应的人很多。你应该自己出征讨伐,得胜回朝,我就立你做太子。我不能效法隋文帝诛杀其子,到时候封建成为蜀王。蜀兵脆弱不善征战,这样的话,将来他要是能够忠心事你为主,你就应当保全他;如果他做不到忠心事你为主,你也容易制服他。"

【原文】 上以仁智宫在山中,恐盗兵猝发,夜,帅宿卫南出山外,行数十里,东宫官属将卒继至者,皆令三十人为队,分兵围守之。明日,复还仁智宫。

【译文】 高祖因为仁智宫地处山中,担心有叛军猝然发难,夜里率宿卫向南走出山外,行进了几十里。东宫官属和将卒相继跟来的,一律编为三十人一队,分兵包围起来看守。第二天,高祖再回到仁智宫。

【原文】 世民既行,元吉与妃嫔更迭为建成请,封德彝复为之营解于外①,上意遂变,复遣建成还京师居守。惟责以兄弟不睦,归罪于太子中允王珪、左卫率韦挺、天策兵曹参军杜淹②,并流于巂州。挺,冲之子也。初,洛阳既平,杜淹久不得调,欲求事建成。房玄龄以淹多狡数,恐其教导建成,益为世民不利,乃言于世民,引入天策府。

【注释】 ①营解:营救。②太子中允:东宫属官。王珪:贞观名臣。天策兵曹参军:秦王的天策上将府属官。

【译文】 李世民出征以后,李元吉与后宫妃嫔都相继为李建成求情,封德彝又在外面营救他,高祖的想法就改变了,重新派李建成返回长安留守。只是责备他与兄弟不和,归罪于太子中允王珪、左卫率韦挺、天策兵曹参军杜淹,将他们流放到巂州。韦挺是韦冲之子。起初,洛阳平定以后,杜淹很久都不得调任,想侍奉李建成。房玄龄认为杜淹狡猾多计,担心他教唆李建成,对李世民更加不利,于是就向李世民进言,将杜淹引入天策府。

【原文】 上校猎城南，太子、秦、齐王皆从，上命三子驰射角胜①。建成有胡马，肥壮而喜蹶②，以授世民曰："此马甚骏，能超数丈涧③。弟善骑，试乘之。"世民乘以逐鹿，马蹶，世民跃立于数步之外，马起，复乘之，如是者三，顾谓宇文士及曰："彼欲以此见杀，死生有命，庸何伤乎？"建成闻之，因令妃嫔谮之于上曰④："秦王自言，我有天命，方为天下主，岂有浪死⑤！"上大怒，先召建成、元吉，然后召世民人，责之曰："天子自有天命，非智力可求；汝求之一何急邪！"世民免冠顿首，请下法司案验。上怒不解，会有司奏突厥入寇，上乃改容，劳勉世民，命之冠带，与谋突厥。闰月，己未，诏世民、元吉将兵出豳州以御突厥，上饯之于兰池⑥。上每有寇盗，辄命世民讨之，事平之后，猜嫌益甚。

【注释】 ①角胜：争胜负。②蹶：颠覆。③超：越过。涧：山间流水的沟。④谮：无中生有地说人坏话。⑤浪死：徒然死去，白白送死。⑥兰池：在今陕西成阳东。

【译文】 高祖到城南打猎，太子李建成、秦王李世民、齐王李元吉都跟随在旁，高祖下令三人比赛骑射以决胜负。李建成有匹胡马，肥壮但喜欢将人甩下来，李建成将这匹马交给李世民说："这马很神骏，能跃过数丈宽的水沟。二弟善骑，试着骑骑看。"李世民骑马逐鹿，马颠覆人，李世民一跃而起，跃出几步远站稳，等马安静下来，再骑上去，这样好几次，李世民回头对宇文士及说："他们想用这种方法来杀我，可是死生有命，又怎么能伤害到我呢？"李建成听说了，就让妃嫔对高祖说他的坏话："秦王自己说，我有天命，将来要成为天下之主，怎么会就这样白白死去？"高祖大怒，先召见李建成、李元吉，然后召李世民进见，责备他说："天子自有天命，不是靠智慧和勇武就可以求来的；你也未免太着急了吧！"李世民摘去帽子磕头谢罪，自请将此事交付法司调查。高祖仍然怒气不止，正在此时有司上奏突厥入侵，高祖这才换了脸色，安慰勉励李世民，让他重新戴好帽子，和他商量突厥的事。闰月己未，下诏让李世民、李元吉带兵出豳州抵御突厥，高祖在兰池为他们饯行。每每有战事，高祖就让李世民出征，事平之后，对李世民的猜忌就更加厉害。

【原文】 （武德九年）秦王世民既与太子建成、齐王元吉有隙，以洛阳形胜之地①，恐一朝有变，欲出保之，乃以行台工部尚书温大雅镇洛阳，遣秦府车骑将军荥阳张亮将左右王保等千余人之洛阳，阴结纳山东豪杰以俟变，多出金帛，恣其所用②。元吉告亮谋不轨，下吏考验；亮终无言，乃释之，使还洛阳。

【注释】 ①形胜：地理位置优越，地势险要。②恣：放纵，任凭，无拘束。

【译文】 武德九年（626年），秦王李世民因为和太子李建成、齐王李元吉已经有了嫌隙，想到洛阳地形险要，担心将来有一天发生变故，所以想镇守洛阳以求自保，于是就以行台工部尚书温大雅去镇守洛阳，派秦府车骑将军荥阳张亮率左右王保等千余人到洛阳去，暗中结纳山东豪杰以做准备，取出大量财物，由他们任意使用。元吉告发张亮图谋不轨，于是抓了他交付法司审讯，张亮最终什么也不说，只得释放他，让他返回洛阳。

【原文】 建成夜召世民，饮酒而鸩之，世民暴心痛①，吐血数升，淮安王神通扶之还西

宫②。上幸西宫，问世民疾，敕建成曰："秦王素不能饮，自今无得复夜饮!"因谓世民曰："首建大谋，削平海内，皆汝之功。吾欲立汝为嗣③，汝固辞;且建成年长，为嗣日久，吾不忍夺也。观汝兄弟似不相容，同处京邑，必有纷竞，当遣汝还行台④，居洛阳，自陕以东皆王之。仍命汝建天子旌旗，如汉梁孝王故事⑤。"世民涕泣，辞以不欲远离膝下。上曰："天下一家，东、西两都，道路甚迩⑥。吾思汝即往，毋烦悲也。"将行，建成、元吉相与谋曰："秦王若至洛阳，有土地甲兵，不可复制;不如留之长安，则一匹夫耳⑦，取之易矣。"乃密令数人上封事⑧，言"秦王左右闻往洛阳，无不喜跃，观其志趣，恐不复来"。又遣近幸之臣以利害说上。上意遂移，事复中止。

【注释】 ①暴:突然而猛烈。②淮安王神通:高祖李渊的堂弟。③嗣:继承人。④行台:台省在外者称行台。魏晋始有之，为出征时随其所驻之地设立的代表中央的政务机构，北朝后期，称尚书大行台，设置官属无异于中央，自成行政系统。唐贞观以后渐废。⑤汉梁孝王故事:汉梁孝王是汉景帝的同母弟，准许他建天子旌旗。⑥迩:近。⑦匹夫:泛指寻常的个人。⑧封事:密封的奏章。

【译文】 李建成夜召李世民，请他饮酒借机在酒中下毒，酒后，李世民忽然心痛，吐血数升，淮安王李神通扶他回西宫。高祖到西宫探望李世民，问了他病情，下诏书给李建成说:"秦王向来不能饮酒，以后再不要夜饮了。"对李世民说:"首倡起兵的大事，平定海内，都是你的功劳。我想立你为太子，你坚持不肯;况且建成年长，又做了很长时间太子，我不忍心废黜他的储位。看你们兄弟似乎互不相容，一起待在京邑长安必定会有纷争，我派你回行台，驻于洛阳，陕州以东都奉你号令。让你建天子旌旗，如汉梁孝王旧例。"李世民流泪哭泣，推说不愿远离高祖膝下。高祖说:"天下一家，西京和东都离得很近，我想念你了就去看你，不必为此难过。"秦王快要出发，李建成、李元吉商议:"秦王如果到了洛阳，有土地有军队，就无法再控制了;不如把他留在长安，那样他不过是个寻常人，制服他也容易。"于是他们秘密地让几个人密奏皇帝，说"秦王左右听说往洛阳，无不欢喜雀跃，看来他们的野心很大，恐怕一去之后就不会再回来"。又派皇帝亲近宠信的大臣以利害关系劝说高祖。高祖的想法改变了，秦王去洛阳的事就被中止。

【原文】 建成、元吉与后宫日夜谮诉世民于上，上信之，将罪世民。陈叔达谏曰："秦王有大功于天下，不可黜也。且性刚烈，若加挫抑，恐不胜忧愤，或有不测之疾，陛下悔之何及!"上乃止。元吉密请杀秦王，上曰："彼有定天下之功，罪状未著，何以为辞!"元吉曰："秦王初平东都，顾望不还，散钱帛以树私恩，又违敕命，非反而何? 但应速杀，何患无辞?"上不应。

【译文】 李建成、李元吉和后宫嫔妃日夜在高祖面前讲李世民的坏话，高祖渐渐相信了，准备治李世民的罪。陈叔达劝谏说:"秦王有大功于天下，不可废黜。而且他性情刚烈，如果加以压抑挫折，恐怕他承受不了这样的愤怒忧伤，可能会出意外，到那时陛下就后悔莫及了。"高祖也就不再追究。李元吉秘密地向高祖奏请杀秦王，高祖说:"秦王有

定天下之功，罪状并未显现，用什么理由杀他呢？"李元吉说："秦王刚刚平定东都的时候，迁延观望不回长安。广施财物收买人心，又违抗父皇的诏命，这不是造反又是什么？就应该立刻处死，哪还用得着担心没有理由？"高祖不肯答应。

【原文】　秦府僚属皆忧惧不知所出。行台考功郎中房玄龄谓比部郎中长孙无忌曰①："今嫌隙已成，一旦祸机窃发，岂惟府朝涂地②，乃实社稷之忧；莫若劝王行周公之事以安家国③。存亡之机，间不容发④，正在今日！"无忌曰："吾怀此久矣，不敢发口；今吾子所言，正合吾心，谨当白之。"乃入言世民。世民召玄龄谋之，玄龄曰："大王功盖天地，当承大业；今日忧危，乃天赞也，愿大王勿疑！"乃与府属杜如晦共劝世民诛建成、元吉⑤。

【注释】　①行台考功郎中：秦府属官，吏部官员，掌官员考核事宜。房玄龄：唐代初年名相。比部郎中：刑部所属四司之一的比部司官，掌稽核簿籍。长孙无忌：先世为鲜卑拓跋氏，后改为长孙氏。是唐太宗李世民的内兄，文德顺圣皇后的哥哥。②涂地：彻底败坏而不可收拾。③周公之事：西周时，成王年幼，辅政的周公旦诛杀叛乱的管叔、蔡叔等诸侯，安定天下。④间不容发：中间容不下一根头发。比喻与灾祸相距极近，情势极其危急。⑤杜如晦：出身于西北望族，唐初名相。

【译文】　秦府官员都担心害怕，不知如何是好。行台考功郎中房玄龄对比部郎中长孙无忌说："如今秦王和太子的嫌隙已成，一旦事情发作起来，不只是王府和朝廷受到损害，实在也是国家的祸患。不如劝秦王效法周公诛管、蔡之事以安定皇室和国家。如今正是存亡之际，间不容发，机会就在今日了。"长孙无忌说："我早就有这样的想法了，只是不敢说出来；如今您所说的话正合我的心意，我一定去和秦王说。"于是他就向秦王进言。李世民召房玄龄共同商议，房玄龄说："大王功盖天地，应当继承大业。如今局势危急，正是上天帮助我们，希望您不要犹豫。"就和府属杜如晦共同劝李世民诛李建成、李元吉。

【原文】　建成、元吉以秦府多骁将，欲诱之使为己用，密以金银器一车赠左二副护军尉迟敬德①，并以书招之曰："愿迂长者之眷，以敦布衣之交。"敬德辞曰："敬德，蓬户瓮牖之人②，遭隋末乱离，久沦逆地③，罪不容诛。秦王赐以更生之恩，今又策名藩邸，唯当杀身以为报；于殿下无功，不敢谬当重赐。若私交殿下，乃是贰心，徇利忘忠④，殿下亦何所用！"建成怒，遂与之绝。敬德以告世民，世民曰："公心如山岳，虽积金至斗，知公不移。相遗但受，何所嫌也！且得以知其阴计，岂非良策！不然，祸将及公。"既而元吉使壮士夜刺敬德，敬德知之，洞开重门，安卧不动，刺客屡至其庭，终不敢入。元吉乃谮敬德于上，下诏狱讯治，将杀之。世民固请，得免。又谮左一马军总管程知节⑤，出为康州刺史⑥。知节谓世民曰："大王股肱羽翼尽矣⑦，身何能久！知节以死不去，愿早决计。"又以金帛诱右二护军段志玄，志玄不从。建成谓元吉曰："秦府智略之士，可惮者独房玄龄、杜如晦耳。"皆谮之于上而逐之。

【注释】　①左二副护军：和下文的左一马军总管、右二护军等相似，都是唐初王府的

217

武职官员。尉迟敬德:唐初著名大将。②蓬户瓮牖:指贫穷人家。蓬户,用蓬草编成的门户。瓮牖,用破瓮做的窗户。③久沦逆地:指尉迟敬德在降唐之前曾经跟随刘武周。④徇利忘忠:即见利忘义。⑤程知节:唐初名将。⑥康州:今甘肃省成县。⑦股肱:比喻左右辅助得力的人。

【译文】 李建成、李元吉认为秦府有很多骁勇善战的将领,想要收买过来以为己用,于是就私下里将一车金银器送给左二副护军尉迟敬德,并且写信以招揽:"我希望得到您的顾念,建立起我们之间诚恳的布衣友谊。"尉迟敬德辞谢道:"敬德出身贫苦,遭逢隋末乱世,一直沦落在叛逆的境地,罪不容诛。秦王赐予我重生的恩德,如今又成为秦王府的属下,只能杀身以报秦王的知遇之恩。敬德没有为殿下立过什么功劳,不敢谬当厚赐。如果私下和殿下结交,就是有二心的臣子,为了追求利益把忠心抛到脑后,这样的人对殿下又有什么用呢?"李建成发怒,不再和他结交。尉迟敬德把此事告诉李世民,李世民说:"您的心意山岳般坚定,我深知即使成斗的黄金放在眼前您也不会动摇的。如果太子再送礼物,您就收下好了,不必有所顾虑。这样还可以知道他们的阴谋,岂不是好计策? 不然的话,您可能会惹祸上身。"不久李元吉派壮士夜里行刺尉迟敬德,尉迟敬德知道了,将重重门户都大开着,安卧不动,刺客数次到他的庭院里,但终究还是不敢进去。李元吉就在高祖面前诬陷尉迟敬德,皇帝将尉迟敬德下诏狱审讯拷打,想要处死他。李世民一直为他求情,尉迟敬德得以幸免。李元吉又诬陷左一马军总管程知节,高祖将他外放为康州刺史。程知节对李世民说:"大王左右得力的人都被调走,您自己的安全就不能长久了。知节宁死不去,希望您早早定计。"太子他们又用财货引诱右二护军段志玄,段志玄不肯。李建成对李元吉说:"秦府有谋略之士,可忌惮的只有房玄龄、杜如晦而已。"在高祖面前说他们的坏话,让高祖把他们赶走。

【原文】 世民腹心唯长孙无忌尚在府中,与其舅雍州治中高士廉①、左候车骑将军三水侯君集及尉迟敬德等②,日夜劝世民诛建成、元吉。世民犹豫未决,问于灵州大都督李靖③,靖辞;问于行军总管李世勣④,世勣辞;世民由是重二人。

【注释】 ①治中:官名,为州刺史的助理。②三水:今陕西省旬邑县北。侯君集:唐朝名将,凌烟阁二十四功臣之一。③李靖:唐朝名将。④行军总管:武官名。唐初在各州设总管,边镇和大州设大总管,均为地方军政长官,后恢复都督名称,但统兵出征的将帅仍称为总管。李世勣:本姓徐,入唐后赐姓李,后避唐太宗讳,单名绩。唐初名将。

【译文】 李世民心腹只有长孙无忌还在府中,和他的舅舅雍州治中高士廉、左候车骑将军三水侯君集及尉迟敬德等人,日夜劝说李世民诛杀李建成、李元吉。李世民犹豫未决,向灵州大都督李靖询问,李靖不答;又问行军总管李世勣,李世勣也不答;李世民因此器重二人。

【原文】 会突厥郁射设将数万骑屯河南①,入塞,围乌城②,建成荐元吉代世民督诸军北征;上从之,命元吉督右武卫大将军李艺、天纪将军张瑾等救乌城。元吉请尉迟敬

德、程知节、段志玄及秦府右三统军秦叔宝等与之偕行，简阅秦王帐下精锐之士以益元吉军。率更丞王晊密告世民曰③："太子语齐王：'今汝得秦王骁将精兵，拥数万之众，吾与秦王饯汝于昆明池，使壮士拉杀之于幕下，奏云暴卒，主上宜无不信。吾当使人进说，令授吾国事。敬德等既入汝手，宜悉坑之，孰敢不服！'"世民以晊言告长孙无忌等，无忌等劝世民先事图之。世民叹曰："骨肉相残，古今大恶。吾诚知祸在朝夕，欲俟其发，然后以义讨之，不亦可乎！"敬德曰："人情谁不爱其死！今众人以死奉王，乃天授也。祸机垂发，而王犹晏然不以为忧④，大王纵自轻，如宗庙社稷何！大王不用敬德之言，敬德将窜身草泽⑤，不能留居大王左右，交手受戮也⑥！"无忌曰："不从敬德之言，事今败矣。敬德等必不为王有，无忌亦当相随而去，不能复事大王矣！"世民曰："吾所言亦未可全弃，公更图之。"敬德曰："王今处事有疑，非智也；临难不决，非勇也。且大王素所畜养勇士八百余人，在外者今已入宫，擐甲执兵⑦，事势已成，大王安得已乎！"

【注释】 ①郁射设：阿史那郁射设，突厥将领。②乌城：今陕西定边南。③率更丞：官名，为太子属官，率更令下属。晊：音 zhì。④晏然：安定的样子。⑤窜身：藏身。窜，躲藏。⑥交手受戮：合着双手等别人来杀自己。⑦擐甲：穿上甲胄，贯甲。执兵：手执武器。

【译文】 正好突厥郁射设率领数万骑兵屯驻黄河以南，侵入边关，包围了乌城，李建成推荐李元吉代替李世民率军北征；高祖答应了，让李元吉带领右武卫大将军李艺、天纪将军张瑾等救援乌城。李元吉请求尉迟敬德、程知节、段志玄及秦府右三统军秦叔宝等人和他共同出征，挑选秦王帐下精锐之士编入李元吉军中。率更丞王晊密告李世民："太子对齐王说：'如今你得到秦王手下的骁将精兵，率领数万之众，我和秦王在昆明池为你饯行，你派壮士在幕下拉杀世民，上奏说他猝死，陛下一定会相信。我会让人进言，请陛下将国事交给我。敬德等人既然到了你手中，你就全部处死他们，还有谁敢不服？'"李世民将王晊的话告诉了长孙无忌等人，长孙无忌等劝李世民先发制人。李世民叹息道："骨肉相残，是自古以来最大的恶行。我也知道早晚会有祸事，但一直想等他们先动了手，然后再用有负道义的罪名讨伐他们，这样不行吗？"尉迟敬德说："人之情谁不爱惜生命？如今众人甘心冒着生命危险奉大王和太子一争高低，这是上天赐予大王的机会。祸患随时都会发生，而大王还安然不以为忧，大王即使不把自己的生命看得那么重要，那国家宗庙怎么办？如果大王不听敬德的话，敬德就将藏身于民间，不能再留在大王身边，合着双手等着别人来杀我。"长孙无忌说："不听敬德的话，必定败事。敬德等不会再跟随大王，无忌也会随之离开，不能再侍奉大王了。"李世民说："我所说的也并不是全无道理，各位再好好考虑一下。"尉迟敬德说："大王如今处事犹疑，这是不智；大难临头做不了决断，这是不勇。何况大王向来畜养的八百多勇士，在外面的也都已经入宫，穿上盔甲，手执兵器，对峙之势已成，大王想要就此罢休是绝无可能的。"

【原文】 世民访之府僚，皆曰："齐王凶戾①，终不肯事其兄。比闻护军薛实尝谓齐

王曰:'大王之名,合之成"唐"字,大王终主唐祀。'齐王喜曰:'但除秦王,取东宫如反掌耳。'彼与太子谋乱未成,已有取太子之心。乱心无厌②,何所不为! 若使二人得志,恐天下非复唐有。以大王之贤,取二人如拾地芥耳③,奈何徇匹夫之节④,忘社稷之计乎?"世民犹未决,众曰:"大王以舜为何如人?"曰:"圣人也。"众曰:"使舜浚井不出⑤,则为井中之泥;涂廪不下⑥,则为廪上之灰,安能泽被天下,法施后世乎! 是以小杖则受,大杖则走⑦,盖所存者大故也。"世民命卜之,幕僚张公谨自外来,取龟投地,曰:"卜以决疑;今事在不疑,尚何卜乎! 卜而不吉,庸得已乎?"于是定计。

【注释】 ①戾:凶暴,猛烈。②厌:满足。③如拾地芥:比喻取之极易。④徇:无原则地顺从。⑤浚:疏通,挖深。文中所举的舜的例子都是关于他遭受父亲和弟弟迫害的事例。⑥廪:米仓。⑦小杖则受,大杖则走:儒家讲究的孝道,父亲生气了要打人,儿子应该逆来顺受,但是如果父亲大怒。可能会致儿子于死地时,儿子就应该先行逃跑。以免真的被打死,陷父亲于不义不慈之地。

【译文】 李世民向手下询问,都说:"齐王凶暴,终究是不肯侍奉太子的。近来听说护军薛实曾经对齐王说:'大王之名,合之成"唐"字,大王最终还是要主持大唐祭祀的。'齐王大喜说:'只要除掉了秦王,再除东宫易如反掌。'他和太子共谋还未成功,已经有了夺取储位的心思。他的为乱之心没有满足停息的时候,什么事做不出来? 如果太子和齐王得志,恐怕唐室未必能保有天下。以大王的贤明,收拾此二人如拣拾草芥一样容易,怎么能像寻常人那样拘泥小节,而忘记了社稷大计呢?"李世民犹豫未决,众人说:"大王认为舜是什么样的人?"李世民说:"是圣人。"众人说:"如果舜挖井的时候没能逃出来,就成为井中之泥;粉刷仓库的时候没能下来,就成为仓库上面的灰尘,怎么还能泽被天下,法施后世呢? 因此所谓小杖则受,大杖则走,是因为还有更加重要的事需要大王去做啊。"李世民让人占卜一下这样做是否顺利,幕僚张公谨从外面进来,拿起占卜用的龟甲扔到地上,说:"占卜是有疑问的时候用来做决定的,如今的事根本没有犹疑地余地,还占卜什么呢? 如果占卜得到的是不吉的结果,难道可以就此罢休吗?"于是秦王作了决定。

【原文】 世民令无忌密召房玄龄等,曰:"敕旨不听复事王;今若私谒,必坐死,不敢奉教。"世民怒,谓敬德曰:"玄龄、如晦岂叛我邪?"取所佩刀授敬德曰:"公往观之,若无来心,可断其首以来。"敬德往,与无忌共谕之曰:"王已决计,公宜速入共谋之。吾属四人,不可群行道中。"乃令玄龄、如晦著道士服,与无忌俱入,敬德自他道亦至。

【译文】 李世民派长孙无忌密召房玄龄等人,他们说:"诏书说不让我们再侍奉秦王,如今要是私下谒见,一定会被处死,所以不敢奉大王的命令。"李世民发怒,对尉迟敬德说:"玄龄、如晦难道也要背叛我吗?"取所佩刀交给尉迟敬德说:"您去看一看,如果他们真的没有来见我的意思,就砍下他们的首级来见我。"尉迟敬德和长孙无忌一起前往去见房玄龄等人,告诉他们说:"大王已经决定要动手了,各位应该尽快入府商议。我们四

人不能在路上一起走。"让房玄龄、杜如晦穿着道士的衣服，和长孙无忌一起进入秦王府，尉迟敬德则从另一路返回。

【原文】 己未，太白复经天。傅奕密奏："太白见秦分，秦王当有天下。"上以其状授世民。于是世民密奏建成、元吉淫乱后宫，且曰："臣于兄弟无丝毫负，今欲杀臣，似为世充、建德报仇①。臣今枉死，永违君亲，魂归地下，实耻见诸贼！"上省之②，愕然③，报曰："明当鞫问④，汝宜早参。"

【注释】 ①世充、建德：王世充、窦建德，都是唐朝建立时的对手，为李世民所平定。②省：知觉。③愕然：形容吃惊。④鞫问：审讯。

【译文】 己未，太白星又出现了。傅奕密奏："太白在秦地上空出现，秦王将会得天下。"高祖把这件事告诉了李世民。于是李世民密奏李建成、李元吉淫乱后宫，并且说："儿臣于兄弟之间并没有丝毫做得不对的地方，如今他们想要杀死儿臣，好像是为王世充、窦建德报仇一样。儿臣要是枉死，永别陛下和亲人，魂归地下，也羞于见到经我手除灭的诸贼。"高祖有所醒悟，很吃惊，答复道："明天我会审问此事，你要早点进见。"

【原文】 庚申，世民帅长孙无忌等人，伏兵于玄武门。张婕妤窃知世民表意，驰语建成。建成召元吉谋之，元吉曰："宜勒宫府兵①，托疾不朝，以观形势。"建成曰："兵备已严，当与弟入参，自问消息。"乃俱入，趣玄武门。上时已召裴寂、萧瑀、陈叔达等②，欲按其事。

【注释】 ①勒：统率，率领。②瑀：音 yǔ。

【译文】 庚申，李世民率长孙无忌等人进宫，在玄武门埋伏好士兵。张婕妤私下里得知李世民的意图，派人驰告李建成。李建成召李元吉商议，李元吉说："应该率领宫府兵，称病不朝，看看形势再说。"李建成说："我们的兵备已经很严密了，还是应该和你一同入朝，亲自去探听一下消息。"于是二人一起入宫，往玄武门。高祖当时已经召裴寂、萧瑀、陈叔达等人入宫，想要查问其事。

【原文】 建成、元吉至临湖殿，觉变，即跋马东归宫府。世民从而呼之，元吉张弓射世民，再三不彀①，世民射建成，杀之。尉迟敬德将七十骑继至，左右射元吉坠马。世民马逸入林下，为木枝所絓②，坠不能起。元吉遽至③，夺弓将扼之④，敬德跃马叱之。元吉步欲趣武德殿，敬德追射，杀之。翊卫车骑将军冯翊冯立闻建成死⑤，叹曰："岂有生受其恩，而死逃其难乎！"乃与副护军薛万彻、屈咥直府左车骑万年谢叔方帅东宫、齐府精兵二千驰趣玄武门。张公谨多力，独闭关以拒之，不得入。云麾将军敬君弘掌宿卫后⑥，屯玄武门，挺身出战，所亲止之曰："事未可知，且徐观变，俟兵集，成列而战，未晚也。"君弘不从，与中郎将吕世衡大呼而进，皆死之。君弘，显俊之曾孙也。守门兵与万彻等力战良久，万彻鼓噪欲攻秦府，将士大惧；尉迟敬德持建成、元吉首示之，宫府兵遂溃，万彻与数十骑亡入终南山。冯立既杀敬君弘，谓其徒曰："亦足以少报太子矣！"遂解兵，逃于野。

【注释】①彀：将弓拉满。②绁：牵绊，勾住。③遽：马上，立刻。④扼：用力掐住，抓住。⑤翊：音yì。⑥麾：音huī。

【译文】 李建成、李元吉走到临湖殿的时候，察觉有变故，立即拨转马头向东，想回到东宫。李世民跟在后面叫住他们，李元吉张弓射李世民，惊慌之下怎么也拉不开弓，李世民射中李建成，杀死了他。尉迟敬德带领七十骑相继赶到，左右射中李元吉，掉下马来。李世民的马跑到林子里，被树枝挂住，秦王坠马不能起身。李元吉突然赶到，夺下弓想要掐死秦王，尉迟敬德骑马赶到呵斥李元吉。李元吉步行逃往武德殿，尉迟敬德追上去射杀了他。翊卫车骑将军冯翊、冯立听说李建成的死讯，叹息道："岂有活着的时候受他的恩典，死了就逃离灾难的呢？"于是就和副护军薛万彻、屈咥直府左车骑万年谢叔方率领东宫、齐府二千精兵骑马赶往玄武门。张公谨力气很大，独力关上宫门阻挡东宫、齐府兵，使他们不能进来。云麾将军敬君弘掌管宿卫，驻扎在玄武门，挺身和冯翊作战，他亲近的手下阻止他说："局势未定，暂且先旁观，等军队都到了以后，列成兵阵再出战也不晚。"敬君弘不听，与中郎将吕世衡大喊着出战，都战死了。敬君弘是敬显俊的曾孙。守门卫兵和薛万彻等人力战很久，薛万彻鼓噪着要攻打秦王府，秦府将士大为惊惧。这时尉迟敬德手持李建成、李元吉的首级展示，东宫和齐府的军队就溃散了，薛万彻带数十骑逃入终南山。冯立杀了敬君弘，对手下说："这样也足以报答太子了！"于是解散军队，逃亡民间。

【原文】 上方泛舟海池，世民使尉迟敬德入宿卫，敬德擐甲持矛，直至上所。上大惊，问曰："今日乱者谁邪？卿来此何为？"对曰："秦王以太子、齐王作乱，举兵诛之，恐惊动陛下，遣臣宿卫。"上谓裴寂等曰："不图今日乃见此事，当如之何？"萧瑀、陈叔达曰："建成、元吉本不预义谋，又无功于天下，疾秦王功高望重，共为奸谋。今秦王已讨而诛之，秦王功盖宇宙，率土归心，陛下若处以元良①，委之国务，无复事矣。"上曰："善！此吾之夙心也②。"时宿卫及秦府兵与二宫左右战犹未已，敬德请降手敕，令诸军并受秦王处分，上从之。天策府司马宇文士及自东上阁门出宣敕，众然后定。上又使黄门侍郎裴矩至东宫晓谕诸将卒，皆罢散。上乃召世民，抚之曰："近日以来，几有投杼之惑③。"李世民跪而吮上乳，号恸久之。

【注释】①元良：太子的代称。②夙心：本心，一贯的想法。③投杼：指抛下织布的梭子。投杼之惑：比喻没有事实依据的谣言所造成的疑虑。

【译文】 当时高祖正泛舟海池，李世民派尉迟敬德入宫守卫，尉迟敬德穿着盔甲，手执长矛，径直来到高祖所在的地方。高祖大惊，问："今日作乱的是谁？你来这里做什么？"尉迟敬德答道："秦王因为太子、齐王叛乱，起兵诛杀了他们，秦王担心惊动陛下，所以派臣宿卫。"高祖对裴寂等人说："想不到今日会看到这样的事，现在应该怎么做呢？"萧瑀、陈叔达说："建成、元吉本来没有参与起兵之事，又没有大功于天下，忌惮秦王功高望

重，所以共同阴谋杀害秦王，如今秦王既然已经讨伐诛杀了二人，加上秦王功盖宇宙，天下归心，如果陛下立他为太子，将政务交托给他，自然太平无事。"高祖说："好！这正是我一直以来的想法。"当时宫廷宿卫、秦府兵和东宫以及齐府的将士仍在激战不已，尉迟敬德请高祖降下手敕，下令诸军都由秦王统领，高祖答应了。天策府司马宇文士及从东上阁门出宣诏书，然后局势渐渐平息下来。高祖又派黄门侍郎裴矩到东宫晓谕将士，将他们罢兵解散。高祖于是召见李世民，安慰他说："近来几乎因为相信流言而错怪了你。"李世民跪下来抱住高祖，放声痛哭了很久。

【原文】 建成子安陆王承道、河东王承德、武安王承训、汝南王承明、钜鹿王承义，元吉子梁郡王承业、渔阳王承鸾、普安王承奖、江夏王承裕、义阳王承度，皆坐诛，仍绝属籍。

【译文】 李建成的儿子安陆王李承道、河东王李承德、武安王李承训、汝南王李承明、钜鹿王李承义，李元吉子梁郡王李承业、渔阳王李承鸾、普安王李承奖、江夏王李承裕、义阳王李承度，都因为受到牵连而被杀，被革除宗室的身份。

【原文】 初，建成许元吉以正位之后，立为太弟，故元吉为之尽死。诸将欲尽诛建成、元吉左右百余人，籍没其家①，尉迟敬德固争曰："罪在二凶，既伏其诛；若及支党，非所以求安也。"乃止。是日，下诏赦天下。凶逆之罪，止于建成、元吉，自余党与，一无所问。其僧、尼、道士、女冠并宜依旧。国家庶事，皆取秦王处分。

【注释】 ①籍没：登记并没收家产。

【译文】 原先李建成答应李元吉，自己即位之后，立他为皇太弟，因此李元吉为之效死力。秦王诸将想要将李建成、李元吉手下百余人全部杀掉，查抄家产。尉迟敬德坚持说："这只是他们两个人的罪，如今已经伏诛；如果牵连过广，就不是殿下求安定天下的本愿了。"秦王接受了他的建议不再追究。当天下诏大赦天下。表示凶逆之罪，止于李建成、李元吉，其余党羽一概不问。那些僧、尼、道士、女冠如旧。国家大事都由秦王处分。

【原文】 癸亥，立世民为皇太子。又诏："自今军国庶事，无大小悉委太子处决，然后闻奏。"

【译文】 癸亥，高祖立李世民为皇太子。又下诏说："自今以后军国事务无论大小都交给太子处决，然后上奏。"

【原文】 臣光曰：立嫡以长，礼之正也。然高祖所以有天下，皆太宗之功；隐太子以庸劣居其右，地嫌势逼，必不相容。向使高祖有文王之明，隐太子有泰伯之贤①，太宗有子臧之节⑦，则乱何自而生矣！既不能然，太宗始欲俟其先发，然后应之，如此，则事非获已，犹为愈也。既而为群下所迫，遂至蹀血禁门③，推刃同气，贻讥千古，惜哉！夫创业垂统之君，子孙之所仪刑也④，彼中、明、肃、代之传继⑤，得非有所指拟以为口实乎！

【注释】 ①隐太子：李建成，谥"隐"。泰伯：周太王长子，让位于其弟。②子臧：子臧贤能，曹国人想拥立他为君，取代无德的曹王，子臧拒绝并离开曹国。③蹀血：同"喋

血"，血流遍地。④仪刑：效法，为法，做楷模。⑤中、明、肃、代之传继：这几任皇帝即位之际都发生过武装政变。

【译文】 臣光曰：立嫡长是礼法的正道。但是高祖之所以拥有天下都倚仗了太宗的功勋；李建成天资平庸，即使身在储位，也是居于尴尬的境地，又被秦王的功劳名望所笼罩，必定互不相容。如果高祖有周文王那样的英明，隐太子有泰伯那样的贤德，太宗有子臧那样的节操，叛乱怎么还会发生呢？既然不能像这样，那么太宗开始的时候想等对手先行动手，然后应敌，这样的话还可以说是迫不得已。结果秦王被群下所迫，终于喋血玄武门，手刃兄弟，引起后世人的嘲笑，多么可惜啊！开创基业的君主是子孙后代效仿的楷模，后来中宗、玄宗、肃宗、代宗传承之际的情形，不是都以玄武门之变做借口吗？ 贞观治道

【题解】

"贞观之治"是中国历史上最为人称道的治世。或者可以说这是最接近古代理想社会的时期。

关于"贞观之治"，太宗所说的"去奢省费，轻徭薄赋，选用廉吏，使民衣食有余"大约是最简约的概括了，《通鉴》涉及贞观之治的内容都是围绕着这些主题展开的。

"贞观之治"是唐太宗和当时诸多大臣如房玄龄、杜如晦、魏徵、王珪等人共同努力的结果。太宗的知人善任、虚己以听和归美群臣都为后世艳称，因此这一时期的君臣关系也成为古代社会君臣关系的典范。

【原文】 上与群臣论止盗。或请重法以禁之，上哂之曰①："民之所以为盗者，由赋繁役重，官吏贪求，饥寒切身，故不暇顾廉耻耳。朕当去奢省费，轻徭薄赋，选用廉吏，使民衣食有余，则自不为盗，安用重法邪！"自是数年之后，海内升平，路不拾遗，外户不闭，商旅野宿焉②。上又尝谓侍臣曰："君依于国，国依于民。刻民以奉君，犹割肉以充腹，腹饱而身毙，君富而国亡。故人君之患，不自外来，常由身出。夫欲盛则费广，费广则赋重，赋重则民愁，民愁则国危，国危则君丧矣。朕常以此思之，故不敢纵欲也。"

【注释】 ①哂：嘲笑。②野宿：露宿。

【译文】 唐太宗李世民和群臣讨论如何平息盗贼。有人请求用严格的法令来禁止，太宗微微笑着说："百姓之所以成为盗贼，是因为赋税劳役繁重，官吏贪污，民众饥寒切身，所以才不顾廉耻的。朕应当捐弃奢华，减少费用，轻徭薄赋，任用清廉的官员，让百姓衣食有余，自然就不做盗贼了，哪里需要用重法！"这样过了几年以后，天下太平，路不拾遗，外面的大门都不用关闭，商旅之人可以在荒郊野外露宿都不用担心治安问题。太宗又曾经对侍臣说："君主依靠国家，国家依仗百姓。压榨百姓以侍奉君主，如同割肉以充饥，填饱了肚子人却死了，君主富有了国家就要灭亡。因此人君最担心的不是外患，而是国家内部出现的事。欲望多了花费就多，花费多了赋税就重，赋税重则百姓忧愁，百姓忧

愁则国家危险,国家危险君主也就难以自保了。朕经常考虑这些事,所以不敢放纵自己的欲望。"

【原文】 上厉精求治①,数引魏徵入卧内②,访以得失;徵知无不言,上皆欣然嘉纳。上遣使点兵,封德彝奏:"中男虽未十八③,其躯干壮大者,亦可并点。"上从之。敕出,魏徵固执以为不可,不肯署敕,至于数四。上怒,召而让之曰:"中男壮大者,乃奸民诈妄以避征役,取之何害,而卿固执至此!"对曰:"夫兵在御之得其道,不在众多。陛下取其壮健,以道御之,足以无敌于天下,何必多取细弱以增虚数乎!且陛下每云:'吾以诚信御天下,欲使臣民皆无欺诈。'今即位未几,失信者数矣!"上愕然曰:"朕何为失信?"对曰:"陛下初即位,下诏云:'逋负官物④,悉令蠲免⑤。'有司以为负秦府国司者,非官物,征督如故。陛下以秦王升为天子,国司之物,非官物而何!又曰:'关中免二年租调,关外给复一年⑥。'既而继有敕云:'已役已输者,以来年为始。'散还之后,方复更征,百姓固已不能无怪。今既征得物,复点为兵,何谓以来年为始乎?又,陛下所与共治天下者在于守宰,居常简阅,咸以委之;至于点兵,独疑其诈,岂所谓以诚信为治乎?"上悦曰:"向者朕以卿固执,疑卿不达政事,今卿论国家大体,诚尽其精要。夫号令不信,则民不知所从,天下何由而治乎?朕过深矣!"乃不点中男,赐徵金瓮一⑦。上闻景州录事参军张玄素名⑧,召见,问以政道,对曰:"隋主好自专庶务,不任群臣;群臣恐惧,唯知禀受奉行而已,莫之敢违。以一人之智决天下之务,借使得失相半,乖谬已多,下谀上蔽,不亡何待!陛下诚能谨择群臣而分任以事,高拱穆清而考其成败以施刑赏⑨,何忧不治?又,臣观隋末乱离,其欲争天下者不过十余人而已,其余皆保乡党、全妻子,以待有道而归之耳。乃知百姓好乱者亦鲜,但人主不能安之耳。"上善其言,擢为侍御史⑩。

【注释】 ①厉精求治:振奋精神,力图治理好国家。②魏徵:贞观名臣,以敢于进谏闻名。③中男:未成年的男子。④逋负:拖欠,欠税。⑤蠲免:免除。⑥给复:免除赋税徭役。⑦瓮:一种口小腹大的陶制容器。⑧景州:今河北衡水。录事参军:官名,刺史属官,掌管文书,纠查府事。⑨高拱:两手相抱,高抬于胸前。安坐时的姿势。穆清:太平祥和。⑩侍御史:官名,唐代属于御史台官员,举劾非法,督察郡县。

【译文】 太宗励精图治,数次将魏徵带入卧室,询问他自己施政的得失。魏徵知无不言,太宗总是欣然接纳。太宗派人征兵,封德彝奏:"中男虽然未满十八,但是其中身材粗壮的也可以征募。"太宗同意了。下诏之后,魏徵坚持认为不可,不肯签署,拒签了几次。太宗发怒,召见魏徵责问道:"中男中身材壮大的,都是狡猾的百姓欺骗官府妄图以此逃避征役,征募这些人又有什么害处,而你要这样固执己见!"魏徵答复说:"军队是否有用在于能否统领得法,而不在人数众多。陛下征发成丁男子中身体健壮的,用合适的方法统带,足以无敌于天下,何必再多征募尚未成年的男子虚增人数呢?何况陛下经常说:'我以诚信治理天下,希望可以带动臣民都不做欺骗的事,如今陛下即位不久,就屡次失信了。"太宗吃惊地说:"我什么时候失信了?"魏徵答道:"陛下初即位时下诏说:'所欠的朝廷赋税,全部免除。'有司认为欠秦王府库租税的,就不在其列,照旧征收。陛下从秦王升为天子,秦王府库之物不就是朝廷之物吗?又下诏:'关中免二年租调,关外免一年的赋税徭役。'不久又下诏说:'当年已经征发徭役和已经交纳赋税的,就从第二年开始。'这样一来,把大家上交的赋税散还以后,又再征收,百姓当然不能不怪朝廷朝令夕改。如今不止征收赋役,还点中男为兵,这样怎么能说是'来年为始'呢?还有,辅佐陛下共同治理天下的在于地方官员,经常要接受陛下检阅,将重任交托给他们;可是到了征兵的时候,却开始怀疑他们有心欺骗,这难道是所谓的以诚信为治吗?"太宗高兴地说:"以前朕觉得你太过固执,疑心你可能不大了解政务,如今见你议论国家大体,实在是说到了它的精要部分。号令没有诚信,则百姓不知道应当遵行什么,天下怎么可能治理得好呢?朕真是错得厉害了。"于是不再征发中男,赏赐魏徵一件金瓮。太宗听说了景州录事参军张玄素的名声,召见他询问政道,张玄素答道:"隋主喜欢自己把持所有事务,不愿意信任群臣,因此群臣恐惧,只知道受命奉行而已,没有敢违抗的。以一人的智慧决定天下事,即使能够做到得失相半,犯的错误也已经很多了,加上君主被下面阿谀奉承所蒙蔽,不亡国还等什么!陛下如果能够谨慎地选择群臣,将政事分别交付给他们,自己安坐在朝廷上考查其成败而施以刑法或者赏赐,如果能够这样,何必担心天下治理不好呢?另外,臣留心到隋末乱世,真正想要争夺天下的不过十余人,其余都不过是保全乡里和妻子儿女,等待有道的君主出现而诚心归附的。所以臣才知道百姓极少有人喜欢乱世的,只不过君主不能带给大家太平时世而已。"太宗认为他说的很有道理,将他升为侍御史。

【原文】 上令封德彝举贤,久无所举。上诘之,对曰:"非不尽心,但于今未有奇才耳。"上曰:"君子用人如器,各取所长,古之致治者,岂借才于异代乎?正患己不能知,安可诬一世之人!"德彝惭而退。御史大夫杜淹奏"诸司文案恐有稽失①,请令御史就司检校"。上以问封德彝,对曰:"设官分职,各有所司。果有愆违②,御史自应纠举;若遍历诸司,搜摘疵颣③,太为烦碎。"淹默然。上问淹:"何故不复论执?"对曰:"天下之务,当尽至公,善则从之。德彝所言,真得大体,臣诚心服,不敢遂非。"上悦曰:"公等各能如是,朕复何忧!"

【注释】 ①稽失:延误,贻误。②愆违:过失。③摘:挑出。疵颣:缺点,毛病。

【译文】 太宗让封德彝推荐贤才,过了很久也没有人选。太宗问他是怎么回事,封德彝说:"不是臣不尽心,只是如今没有奇才。"太宗说:"君子用人如器,各取所长罢了。古代明君治理天下,难道依靠的是从别的时代借来的人才吗?人应该忧虑自己不能了解别人的长处,怎么能诬陷天下人?"封德彝惭愧地退下了。御史大夫杜淹上奏"诸司文案恐怕会有延误,请让御史到诸司检校"。太宗问封德彝,封德彝回答道:"设立不同的官职,原本就各有自己的职责所掌。如果诸司真的有过失,御史自然应当纠察检举;如果让

御史查遍诸司，搜摘出各种毛病，未免太过琐碎。"杜淹默然。太宗问杜淹："为什么不再坚持了？"杜淹答道："处理天下事务，应当尽心尽力，一秉大公，听到好的意见就要接受。德彝所说的是朝廷大体，臣诚心佩服，不敢再争是非。"太宗很高兴，说："各位如果像这样行事，朕还有什么可担心的呢？"

【原文】　上神采英毅，群臣进见者，皆失举措；上知之，每见人奏事，必假以辞色①，冀闻规谏②。尝谓公卿曰："人欲自见其形，必资明镜；君欲自知其过，必待忠臣。苟其君愎谏自贤③，其臣阿谀顺旨，君既失国，臣岂能独全！如虞世基等谄事炀帝以保富贵④，炀帝既弑⑤，世基等亦诛。公辈宜用此为戒，事有得失，无毋尽言！"

【注释】　①假以辞色：对别人和颜悦色。②冀：希望，期望。③愎谏自贤：对别人的劝告态度刚愎自用，认为只有自己才最聪明正确。④谄事：逢迎侍奉。虞世基：隋炀帝重臣。⑤弑：君主被臣下所杀。

【译文】　太宗神采英毅，群臣进见的时候心中畏惧，经常举止失措；太宗知道以后，每每见人奏事，必定对别人和颜悦色，希望可以听到大臣的规谏。太宗曾经对公卿说："人想见到自己的样子，必定要靠明镜的帮助；君主想要了解自己的过失，必定需要忠臣的劝谏。如果君王刚愎自用，不听劝告，大臣阿谀顺从，一旦君主亡了国，大臣怎么能保全自己呢！就像虞世基等人逢迎侍奉隋炀帝以求保全自身的富贵，隋炀帝遇弑以后，虞世基等人也被处死。各位应当把这些当作前车之鉴，如果我处事有过错，你们要知无不言。"

【原文】　上谓房玄龄曰："官在得人①，不在员多。"命玄龄并省，留文武总六百四十三员。

【注释】　①得人：得到德才兼备的人，用人得当。

【译文】　太宗对房玄龄说："任用官吏最重要的是用人得当，而不在于人多。"让房玄龄裁减合并官职，最终保留了文武官员一共六百四十三人。

【原文】　上曰："为朕养民者，唯在都督、刺史，朕常疏其名于屏风，坐卧观之，得其在官善恶之迹，皆注于名下，以备黜陟①。县令尤为亲民，不可不择。"乃命内外五品已上，各举堪为县令者，以名闻。

【注释】　①黜陟：官吏的升降。

【译文】　太宗说："为朕养护百姓的就是都督、刺史这些地方官。朕常常将他们的名字写在屏风上，坐卧的时候都看得到，了解了他们在任上做的好事和坏事，都一一注于名下，将这些作为将来的升迁和降职的依据。县令和百姓最为亲近，不可不认真选择。"于是让朝野内外五品官以上的各自推举能够担任县令的人，将名字奏报上来。

【原文】　上谓房玄龄、杜如晦曰："公为仆射，当广求贤人，随才授任，此宰相之职也。比闻听受辞讼①，日不暇给，安能助朕求贤乎！"因敕"尚书细务属左右丞②，唯大事应奏

者,乃关仆射"。

【注释】　①辞讼:诉讼的言辞。②左右丞:尚书左右丞,为尚书令、仆射的助手,分别管理尚书省事,品秩与六部侍郎相等,为正四品。

【译文】　太宗对房玄龄、杜如晦说:"你们身为仆射,应当广求贤才,根据他们的才能授予官职,这才是宰相的职责。近来听说你们处理诉讼每天都来不及,怎么还能帮助朕广求贤才呢!"于是下敕"尚书省的日常事务交付左右丞,只有大事应该启奏的才告知仆射"。

【原文】　玄龄明达政事,辅以文学,夙夜尽心①,唯恐一物失所;用法宽平,闻人有善,若己有之,不以求备取人,不以己长格物。与杜如晦引拔士类,常如不及。至于台阁规模,皆二人所定。上每与玄龄谋事,必曰:"非如晦不能决。"及如晦至,卒用玄龄之策。盖玄龄善谋,如晦能断故也。二人深相得②,同心徇国③,故唐世称贤相者,推房、杜焉。

【注释】　①夙夜:朝夕,日夜。指日夜从事。②相得:彼此投合。③徇国:为国家利益奉献。

【译文】　房玄龄明敏通达政事,而且文采出众,日夜尽心,唯恐一件事情处理不当;用法宽大平和,听说别人有优点,就像自己有优点一样高兴,不对人求全责备,不用自己的长处衡量别人。与杜如晦一起引荐人才,常常如不及杜如晦的样子。朝廷制度规模都由二人商议决定。太宗每次和房玄龄商议政事,他一定会说:"非如晦不能决断。"等杜如晦到了,总是采用了房玄龄的主意。这是因为房玄龄善于谋划而杜如晦能够决断的缘故。二人彼此相处投合,同心同德地为国效命,因此唐代能够被称为贤相的,首推房、杜。

【原文】　诸宰相侍宴,上谓王珪曰:"卿识鉴精通①,复善谈论,玄龄以下,卿宜悉加品藻②,且自谓与数子何如。"对曰:"孜孜奉国③,知无不为,臣不如玄龄。才兼文武,出将入相,臣不如李靖。敷奏详明④,出纳惟允⑤,臣不如温彦博。处繁治剧,众务毕举,臣不如戴胄⑥。耻君不及尧、舜,以谏争为己任,臣不如魏徵。至于激浊扬清⑦,嫉恶好善,臣于数子,亦有微长。"上深以为然,众亦服其确论。

【注释】　①识鉴:见识和鉴别人才。②品藻:评论。③孜孜:勤勉努力的样子。④敷奏:陈奏,向君上报告。⑤允:公半。⑥胄:音 zhòu。⑦激浊扬清:冲去污水,让清水上来,比喻清除坏的,发扬好的。

【译文】　诸宰相侍宴,太宗对王珪说:"你精通鉴别人才,又善于言辞,现在就对玄龄以下的官员都加以品评,而且要说你自己觉得和他们相比如何。"王珪答道:"勤勤恳恳地为国出力,知无不为,臣不如玄龄。文武兼具,出将入相,臣不如李靖。陈奏详尽清楚,出纳允当,臣不如温彦博。将繁重的事务处理得井井有条,臣不如戴胄。以君主不及尧、舜为耻辱,以进谏为己任,臣不如魏徵。至于激浊扬清,嫉恶好善,是臣比起各位略有所长的地方。"太宗深以为然,众臣也佩服他说得切实。

【原文】 上之初即位也,尝与群臣语及教化,上曰:"今承大乱之后,恐斯民未易化也。"魏徵对曰:"不然。久安之民骄佚①,骄佚则难教;经乱之民愁苦,愁苦则易化。譬犹饥者易为食,渴者易为饮也。"上深然之。封德彝非之曰:"三代以还②,人渐浇讹③,故秦任法律,汉杂霸道,盖欲化而不能,岂能之而不欲邪?魏徵书生,未识时务,若信其虚论,必败国家。"徵曰:"五帝、三王不易民而化,昔黄帝征蚩尤④,颛顼诛九黎⑤,汤放桀⑥,武王伐纣,皆能身致太平,岂非承大乱之后邪!若谓古人淳朴,渐至浇讹,则至于今日,当悉化为鬼魅矣,人主安得而治之!"上卒从徵言。

【注释】 ①骄佚:骄奢安逸。②三代:指夏、商、周三代。③浇讹:浮薄诈伪。④蚩尤:传说中的古代九黎族首领,与黄帝战于涿鹿,失败被杀。⑤颛顼诛九黎:传说中颛顼消灭南方的九黎族。颛顼,远古传说中的帝王。号高阳氏。⑥桀:夏朝最后一位君主,相传是个暴君。

【译文】 太宗刚刚即位的时候,曾经和群臣讨论教化。太宗说:"如今承大乱之后,恐怕百姓不容易教化。"魏徵说:"不是这样的。享受了长久太平的百姓骄奢安逸,骄奢安逸了才难以教化;经过战乱的百姓愁苦,愁苦了倒容易接受教化。譬如饥饿的人容易吃得下食物,而口渴的人容易喝得下饮品。"太宗认为他说的对。封德彝反驳道:"夏、商、周三代以下,人心逐渐凉薄诈伪,因此秦朝施行严刑峻法,汉代更杂以霸道,都是因为想教化百姓而做不到,哪里是有能力做却不想做吗!魏徵一介书生,不识时务,如果相信他的虚论,必定败坏国家。"魏徵说:"五帝三王不易民而化,昔日黄帝征蚩尤,颛顼诛杀九黎,成汤流放夏桀,武王伐纣,都能够亲身努力造就太平时世,这些难道不是承接大乱之后吗?如果说古人淳朴,渐至于浮薄狡诈,那么到了今天,人早就全部化为鬼魅了,人主哪里还有天下治理!"太宗最终还是接受了魏徵的意见。

【原文】 元年,关中饥,米斗直绢一匹;二年,天下蝗;三年,大水。上勤而抚之,民虽东西就食①,未尝嗟怨②。是岁,天下大稔③,流散者咸归乡里,米斗不过三、四钱,终岁断死刑才二十九人。东至于海,南及五岭,皆外户不闭,行旅不赍粮④,取给于道路焉⑤。上谓长孙无忌曰:"贞观之初,上书者皆云:'人主当独运威权,不可委之臣下。'又云:'宜震耀威武,征讨四夷。'唯魏徵劝朕'偃武修文⑥,中国既安,四夷自服'。朕用其言。今颉利成擒⑦,其酋长并带刀宿卫,部落皆袭衣冠,徵之力也,但恨不使封德彝见之耳!"徵再拜谢曰:"突厥破灭,海内康宁,皆陛下威德,臣何力焉!"上曰:"朕能任公,公能称所任,则其功岂独在朕乎?"

【注释】 ①就食:谓出外谋生。②嗟怨:嗟叹怨恨。③稔:庄稼成熟。④赍粮:携带干粮。⑤取给:取得物力或人力以供需用。⑥偃武修文:停止战备,提倡文教。偃,停息。⑦颉利成擒:唐大败突厥,俘虏了颉利可汗。

【译文】 贞观元年(627年),关中饥荒,每斗米值绢一匹;贞观二年(628年),天下

中华传世藏书 国学经典文库 资治通鉴 图文珍藏版

遭受蝗灾;贞观三年(629年),发大水。太宗勤勉地抚慰百姓,百姓虽然出外奔走就食,却并没有叹息怨恨。到了贞观四年(630年),天下丰收,流散在外的都回到了家乡,每斗米不过三、四钱,一整年被判死刑的才二十九人。东面到海,南面到五岭,治安好到外门不关,出外旅行可以不必携带干粮,在路上就可以得到需要的物品。太宗对长孙无忌说:"贞观初年,上书者都说:'人主应当独运威权,不可交付给臣下。'又说:'应当炫耀武力,征讨四夷。'只有魏徵劝朕'停止战备,提倡文教,只要中原安定,四夷自然臣服'。朕采纳了他的意见。如今突厥颉利可汗被我们俘获,突厥首长都成为朝廷的带刀宿卫,其族人都换上我们的衣冠,这都是魏徵的力量,只恨没能让封德彝见到今天的局面!"魏徵再拜辞让:"突厥破灭,天下太平,这都是仰仗陛下的威德,臣又做了什么呢?"太宗说:"朕能任用你,你能够胜任这一职位,那么天下太平岂是朕一个人的功劳?"

李林甫当政

【题解】

在某种程度上说,是李林甫的才能与吏干,为人处世的方式,契合了玄宗在当时的需要,因此他成了玄宗为当时朝局选中的宰相。

在《通鉴》的记载中,李林甫就是安史之乱的罪魁祸首,这基本上可以代表传统史学的观点。

李林甫在玄宗时期长居相位十九年,举凡玄宗后期的种种举措都和他有关。从太子瑛的废黜,张九龄的罢免,天宝时期目标指向太子亨的数次大狱,也包括了当时相关的政治经济军事措施。当然,李林甫的排除异己和嫉贤妒能也都相当著名。

【原文】 (开元二十二年)吏部侍郎李林甫①,柔佞多狡数②,深结宦官及妃嫔家,侍候上动静,无不知之。由是每奏对,常称旨③,上悦之。时武惠妃宠幸倾后宫④,生寿王清,诸子莫得为比,太子浸疏薄⑤。林甫乃因宦官言于惠妃,愿尽力保护寿王;惠妃德之,阴为内助,由是擢黄门侍郎。五月,戊子,以裴耀卿为侍中,张九龄为中书令,林甫为礼部尚书、同中书门下三品⑥。

李林甫像

【注释】 ①李林甫:出自皇族。开元二十二年(734年)拜礼部尚书、同中书门下三品。收买嫔妃宦官,探得玄宗动静,迎合意旨,因而获得信任,掌握大权。在相位十九年。②佞:用花言巧语谄媚。③称旨:符合皇帝心意。④武惠妃:唐开元中,后宫皇后以下,立惠妃、丽妃、华妃三位,为正一品。⑤浸疏薄:渐渐疏远,关系淡薄。⑥侍中、中书令、同中书门下三品:均为宰相。裴耀卿:中唐时期著名的政治家,主要功绩是整顿漕运。张九

龄:唐代有名的贤相。

【译文】　开元二十二年(734年),吏部侍郎李林甫,狡猾又擅长花言巧语,与宦官及后宫妃嫔家的结交很深,对玄宗的行动止息无不了解。因此每每奏对都能符合皇帝的心意,玄宗很喜欢他。当时武惠妃宠冠后宫,生寿王李清,其宠幸程度远过于其余诸子,太子和皇帝的关系也日渐疏远。李林甫于是就通过宦官进言武惠妃,表示愿意尽力保护寿王。武惠妃很感激李林甫,就暗中帮助他,因此李林甫很快就升任为黄门侍郎。五月戊子,以裴耀卿为侍中,张九龄为中书令,李林甫为礼部尚书、同中书门下三品。

【原文】　初,上欲以李林甫为相,问于中书令张九龄,九龄对曰:"宰相系国安危,陛下相林甫①,臣恐异日为庙社之忧。"上不从。时九龄方以文学为上所重,林甫虽恨,犹曲意事之②。侍中裴耀卿与九龄善,林甫并疾之③。是时,上在位岁久,渐肆奢欲④,怠于政事。而九龄遇事无细大皆力争;林甫巧伺上意,日思所以中伤之。

【注释】　①相:以……为宰相。②曲意事之:委曲己意而奉承别人。③疾:恨,④肆奢欲:放纵欲望,喜好奢侈。

【译文】　当初,玄宗想用李林甫为相,询问中书令张九龄的意见,张九龄答道:"宰相关系到国家安危,陛下如果用林甫为相,臣担心他以后会成为国家的祸患。"玄宗不听。当时张九龄正因为文学才能为玄宗器重,李林甫虽然恨他,但仍然努力奉承他。侍中裴耀卿与张九龄相处友善,李林甫非常痛恨他们。当时玄宗在位日久,渐渐地放纵欲望,对政务也开始懈怠了,而张九龄遇事无论大小都要力争,李林甫小心观察玄宗的心思,每天都在考虑如何中伤张九龄。

【原文】　上之为临淄王也,赵丽妃、皇甫德仪、刘才人皆有宠①,丽妃生太子瑛,德仪生鄂王瑶,才人生光王琚。及即位,幸武惠妃,丽妃等爱皆弛②;惠妃生寿王瑁,宠冠诸子。太子与瑶、琚会于内第,各以母失职有怨望语。驸马都尉杨洄尚咸宜公主,常伺三子过失以告惠妃③。惠妃泣诉于上曰:"太子阴结党与,将害妾母子,亦指斥至尊。"上大怒,以语宰相,欲皆废之。九龄曰:"陛下践祚垂三十年④,太子诸王不离深宫,日受圣训,天下之人皆庆陛下享国久长,子孙蕃昌。今三子皆已成人,不闻大过,陛下奈何一旦以无根之语,喜怒之际,尽废之乎?且太子天下本,不可轻摇。昔晋献公听骊姬之谗杀申生,三世大乱⑤。汉武帝信江充之诬罪戾太子,京城流血⑥。晋惠帝用贾后之谮废愍怀太子⑦,中原涂炭⑧。隋文帝纳独孤后之言黜太子勇,立炀帝,遂失天下⑨。由此观之,不可不慎。陛下必欲为此,臣不敢奉诏。"上不悦。林甫初无所言,退而私谓宦官之贵幸者曰:"此主上家事,何必问外人!"上犹豫未决。惠妃密使官奴牛贵儿谓九龄曰:"有废必有兴,公为之援,宰相可长处。"九龄叱之,以其语白上;上为之动色,故讫九龄罢相,太子得无动。林甫日夜短九龄于上⑩,上浸疏之。

【注释】　①赵丽妃、皇甫德仪、刘才人:开元时期后宫中皇后以下,立惠妃、丽妃、华

妃三位,为正一品。才人七人,正四品。②弛:这里指失宠。③伺:探察。④践祚:登基称帝。⑤"昔晋献公"两句:晋献公听信骊姬的阴谋,杀了太子申生,逼走公子重耳和夷吾,献公去世之后,传位骊姬之子奚齐,很快为大夫里克所杀。⑥"汉武帝"两句:详见前文"戾太子事件"。⑦"晋惠帝"句:晋惠帝贾皇后诬陷太子司马通造反,唆使惠帝废黜太子,后来又暗杀了他,引起群情激愤,引发了八王之乱。潛,无中生有地说人坏话。⑧涂炭:陷入泥沼,坠入炭火。比喻极其艰难困苦。⑨"隋文帝"三句:见上文"杨广夺嫡"条。⑩短:指责别人的缺点。

【译文】 玄宗为临淄王的时候,赵丽妃、皇甫德仪、刘才人都有宠,丽妃生太子李瑛,德仪生鄂王李瑶,才人生光王李琚。玄宗即位,宠幸武惠妃,丽妃等都失宠;武惠妃生寿王李瑁,所受宠爱超过其他皇子。太子与李瑶、李琚在内廷住所聚会,因为各自生母的境遇而出言抱怨。驸马都尉杨洄娶了咸宜公主,经常探察三位皇子的过失告诉武惠妃。武惠妃向玄宗哭诉说:"太子暗中结党,将要谋害臣妾母子,他们还指责陛下。"玄宗大怒,告诉了宰相,想要废黜这三位皇子。张九龄说:"陛下登基将近三十年,太子诸王不离深宫,得以经常听到陛下的教导,天下人都觉得陛下享国久长,子孙昌盛,都为陛下高兴。如今三位皇子都已成人,没有听说犯过什么大错误,陛下怎么能突然因为无根的传言,在发怒的时候就要全部废黜他们呢?何况太子为天下的根本,不可轻易动摇。以往历史上晋献公听信骊姬的谗言杀申生,晋国三世大乱。汉武帝相信了江充的诬告降罪戾太子,造成京城流血的惨剧。晋惠帝听了贾后无中生有的话废了愍怀太子,最后中原涂炭。隋文帝因为独孤后之意见废黜太子杨勇,立炀帝,最终丢掉了天下。可见废黜太子不可不慎重。陛下一定要这样做,则臣不敢奉诏。"玄宗不高兴。李林甫开始并没有说什么,退朝后私下对玄宗宠信的宦官说:"这是陛下的家事,何必问外人!"玄宗犹豫不决。武惠妃秘密派官奴牛贵儿对张九龄说:"有废必有兴,太子废立之时,如果您能够加以援手,自然可以长保宰相之位。"张九龄断然斥责,并把她说的话告诉了玄宗。玄宗听了为之变色。因此直到张九龄罢相,太子都安于其位。李林甫则随时随地在玄宗面前讲张九龄的坏话,玄宗渐渐地疏远了张九龄。

【原文】 林甫引萧炅为户部侍郎①。炅素不学,尝对中书侍郎严挺之读"伏腊"为"伏猎"②。挺之言于九龄曰:"省中岂容有'伏猎侍郎'!"由是出炅为岐州刺史③,故林甫怨挺之。九龄与挺之善,欲引以为相,尝谓之曰:"李尚书方承恩,足下宜一造门,与之款昵。"挺之素负气,薄林甫为人,竟不之诣;林甫恨之益深。挺之先娶妻,出之,更嫁蔚州刺史王元琰④,元琰坐赃罪下三司按鞫⑤,挺之为之营解。林甫因左右使于禁中白上。上谓宰相曰:"挺之为罪人请属所由。"九龄曰:"此乃挺之之出妻,不宜有情。"上曰:"虽离乃复有私。"

【注释】 ①炅:音jiǒng。户部侍郎:尚书省户部长官副手,掌财政。②中书侍郎:中书省长官副手,职掌诏命。③岐州:今陕西凤翔。④蔚州:今河北蔚县。⑤三司:管理司

法的衙门,大理寺、御史台、刑部。按鞫:审问。

【译文】 李林甫引萧炅为户部侍郎。萧炅向来不学无术,曾经在中书侍郎严挺之面前读"伏腊"为"伏猎"。严挺之对张九龄说:"省中岂容有'伏猎侍郎'!"于是将萧炅外放为岐州刺史,因此李林甫怨恨严挺之。张九龄与严挺之友善,想要引荐他人相,曾对他说:"李尚书正受陛下器重,足下应当上门拜望,与他相处和睦亲近。"严挺之一向自恃意气,轻视李林甫为人,终究不肯上门拜望。李林甫更加恨他。严挺之原先娶妻,后来休了她,他的妻子改嫁蔚州刺史王元琰,王元琰因为犯贪赃罪交付三司衙门审问,严挺之努力营救他。李林甫趁机通过宦官将这件事告诉了玄宗。玄宗对宰相说:"挺之营救罪人是有私人原因的。"张九龄说:"这是挺之休掉的妻子,不应当还有私情。"玄宗说:"虽然此离,还是有私情的。"

【原文】 于是上积前事,以耀卿、九龄为阿党①;壬寅,以耀卿为左丞相,九龄为右丞相,并罢政事。以林甫兼中书令,仙客为工部尚书、同中书门下三品②,领朔方节度如故③。严挺之贬洺州刺史④,王元琰流岭南。

【注释】 ①阿党:结党营私,相互勾结。②仙客:即牛仙客。开元二十四年(736年)秋,赴任朔方行军大总管。不久升任宰相。③朔方节度:治所在今宁夏灵武。④洺州:今河北永年。

【译文】 于是玄宗联系到以前的事,认定裴耀卿、张九龄结为朋党;壬寅,以裴耀卿为左丞相,张九龄为右丞相,同时罢免政事。以李林甫兼中书令,牛仙客为工部尚书、同中书门下三品,仍然领朔方节度。严挺之贬为沼州刺史,王元琰流放岭南。

【原文】 上即位以来,所用之相,姚崇崇尚通,宋璟崇尚法,张嘉贞崇尚吏,张说崇尚文,李元纮、杜暹崇尚俭①,韩休、张九龄崇尚直,各其所长也。九龄既得罪,自是朝廷之士,皆容身保位,无复直言。

【注释】 ①纮:音 hóng。暹:音 xiān。

【译文】 玄宗即位以来所任用的丞相,姚崇主张通变,宋琛提倡法制,张嘉贞讲究吏治,张说擅长文学,李元纮、杜暹推崇节俭,韩休、张九龄则因忠直著名,各有所长。张九龄得罪被贬斥以后,朝廷之士都顾虑安身保位,不再直言。

【原文】 李林甫欲蔽塞人主视听,自专大权,明召诸谏官谓曰:"今明主在上,群臣将顺之不暇,乌用多言!诸君不见立仗马乎①?食三品料,一鸣辄斥去,悔之何及!"

【注释】 ①立仗马:朝会上仪仗中的马,待遇优厚,但是有很严格的训练。

【译文】 李林甫想要堵塞玄宗的耳目,自己专擅大权,于是公开召集各谏官对他们说:"如今明主在上,群臣顺从遵行旨意做事都来不及,哪里用得着多说话呢!各位没看过立仗马吗?平时吃的是三品官的食料,一旦在仪仗中叫一声就被拉出去,到时后悔也晚了。"

【原文】 李林甫为相,凡才望功业出己右及为上所厚、势位将逼己者,必百计去之;尤忌文学之士,或阳与之善,啖以甘言而阴陷之①。世谓李林甫"口有蜜,腹有剑"。

中华传世藏书 —— 国学经典文库 史学经典 —— 图文珍藏版

【注释】　①啖：引诱。

【译文】　李林甫任丞相时，凡是才能、声望、功业超过自己以及受到玄宗器重，在权位上对自己造成威胁的，必定想方设法地除去；尤其忌惮文学之士，有时候会表面与人友善，说些好话而暗中加以陷害。世人说李林甫是"口蜜腹剑"。

【原文】　初，太子之立，非林甫意。林甫恐异日为己祸，常有动摇东宫之志；而坚，又太子之妃兄也。皇甫惟明尝为忠王友①，时破吐蕃，入献捷，见林甫专权，意颇不平。时因见上，乘间微劝上去林甫。林甫知之，使杨慎矜密伺其所为。会正月望夜，太子出游，与坚相见，坚又与惟明会于景龙观道士之室。慎矜发其事，以为坚戚里，不应与边将狎昵②。林甫因谮坚与惟明结谋，欲共立太子。坚、惟明下狱，林甫使慎矜与御史中丞王鉷、京兆府法曹吉温共鞫之③。上亦疑坚与惟明有谋而不显其罪，癸酉，下制，责坚以干进不已④，贬缙云太守⑤；惟明以离间君臣，贬播川太守⑥；仍别下制戒百官。

【注释】　①忠王：李亨曾封为忠王。②狎昵：亲近，亲昵。③御史中丞：御史台长官，监察官吏，有弹劾之权。王鉷：天宝年间，每年聚敛大量财物入内库，极受信任。京兆府法曹：京兆府掌司法的官吏。吉温：天宝年间的酷吏。④干进：谋求仕进。⑤缙云：今浙江丽水。⑥播川：今贵州遵义。

【译文】　立李亨为太子并非李林甫的意见。李林甫怕将来会成为自己的祸端，所以一直有动摇太子地位的想法。韦坚是太子妃的兄长。皇甫惟明曾是忠王友，当时打败吐蕃，入朝呈献捷报，见李林甫专权，心里颇不满。当时趁着进见玄宗的机会，劝玄宗罢黜李林甫。李林甫知道了，派杨慎矜秘密侦伺他的行事。正逢正月十五夜，太子出游，和韦坚相见，韦坚又和皇甫惟明在景龙观道士室里会面。杨慎矜告发此事，指出韦坚作为外戚，不应与边将过分接近。李林甫趁机诬陷韦坚与皇甫惟明合谋想推太子登基。韦坚和皇甫惟明下狱，李林甫派杨慎矜和御史中丞王鉷、京兆府法曹吉温共同审讯。玄宗也疑心韦坚与皇甫惟明有阴谋，但是不愿意公开此事。癸酉下诏，指责韦坚过度热衷谋求仕进，贬为缙云太守；指责皇甫惟明离间君臣，贬为播川太守；另外下制告诫百官。

【原文】　以门下侍郎、崇玄馆大学士陈希烈同平章事①。希烈，宋州人，以讲老、庄得进，专用神仙符瑞取媚于上。李林甫以希烈为上所爱，且柔佞易制，故引以为相；凡政事一决于林甫，希烈但给唯诺。故事，宰相午后六刻乃出。林甫奏，今太平无事，巳时即还第，军国机务皆决于私家；主书抱成案诣希烈书名而已。

【注释】　①门下侍郎：为门下省长官侍中的副手。

【译文】　任门下侍郎、崇玄馆大学士陈希烈为同平章事。陈希烈，宋州人，凭借老庄讲得好而进用，专门用神仙符瑞之说讨好玄宗。李林甫因为玄宗喜欢陈希烈，而且他性情温和，善于奉承，容易控制，所以推荐他入相；所有政事都由李林甫决定，陈希烈只是唯唯诺诺而已。旧例规定宰相要到下午一时半才可以离开。李林甫上奏说如今太平无事，

上午九时至十一时就可以回家。于是军机政务都在李林甫家中料理;文书抱着已经处理好的文件找陈希烈签名就可以了。

【原文】 李林甫屡起大狱,别置推事院于长安①。以杨钊有掖廷之亲②,出入禁闼③,所言多听,乃引以为援,擢为御史。事有微涉东宫者,皆指擿使之奏劾④,付罗希奭、吉温鞫之⑤,钊因得逞其私志,所挤陷诛夷者数百家,皆钊发之。幸太子仁孝谨静,张垍、高力士常保护于上前⑥,故林甫终不能间也。

【注释】 ①推事院:勘断案件的场所。②杨钊:杨贵妃的堂兄,后改名国忠。③闼:小门,门。④指擿:同"指摘",挑出缺点错误。⑤罗希奭:和吉温一样,也是当时著名的酷吏。⑥张垍:张说子,娶玄宗公主。高力士:唐代的著名宦官。他幼年时入宫,玄宗时期,其地位达到顶峰。

【译文】 李林甫屡兴大狱,在长安另设审判案子的推事院。因为杨钊是外戚,可以出入宫廷,玄宗比较听信他的话,于是李林甫就引荐他来帮助自己,升他为御史。事情只要有稍微涉及东宫的,都挑出来上奏弹劾,交由罗希奭、吉温审讯。杨钊因此利用机会,达到自己的目的,趁机排挤陷害了数百家。幸好太子仁孝谨静,张垍、高力士经常在玄宗面前加以保护,因此李林甫终究不能离间玄宗和太子的关系。

【原文】 上晚年自恃承平,以为天下无复可忧,遂深居禁中,专以声色自娱,悉委政事于林甫。林甫媚事左右,迎合玄宗的心意,以固其宠;杜绝言路,掩蔽聪明,以成其奸;妒贤疾能,排抑胜己,以保其位;屡起大狱,诛逐贵臣,以张其势。自皇太子以下,畏之侧足。凡在相位十九年,养成天下之乱,而上不之寤也①。

【注释】 ①寤:觉悟,认识到。

【译文】 玄宗晚年自以为天下太平,觉得天下事没有可以担心的,于是就安居宫里,一心以声色自娱,将政事全部交托给李林甫。李林甫结好玄宗左右,迎合玄宗心意以保证皇帝对自己的宠信;杜绝言路,堵塞皇帝耳目,以满足一己私欲;妒忌贤能,排挤胜过自己的官员,来保住相位;屡次兴起大狱,诛杀放逐大臣,以扩大自己的势力。自皇太子以下没有不忌惮他的。李林甫在相位十九年,造成了最终的安史之乱,而玄宗始终没有醒悟。

马嵬事变

【题解】

"安史之乱"对于天宝朝局来说,是一个巨大的变数。

天宝十五载(756 年)六月九日,哥舒翰大败,潼关失守。六月十日,玄宗接受杨国忠的建议,决定出亡蜀地。六月十二日,玄宗下制亲征,当天移居北内。六月十三日黎明时分，玄宗一行从延秋门离开，从行的只有杨贵妃姐妹、宰相杨国忠、韦见素、内侍高力士等，以及太子、亲王。其余的皇族多不及随行。天亮后长安大乱。十三日在咸阳望贤驿和金城驿都遇到了粮食短缺的问题，可见出这次行动的仓皇，人心惶惶的气氛无所不在。

六月十四日中午，玄宗一行到达兴平市西北的马嵬驿，禁军发动兵变，杀死了宰相杨国忠，并进一步包围驿站要求杀死杨贵妃。事变以玄宗让步赐死贵妃的结局告终。太子李亨留下对抗叛军，禁军重新集结护卫玄宗入蜀。

【原文】 甲午，百官朝者什无一二。上御勤政楼，下制，云欲亲征，闻者皆莫之信。以京兆尹魏方进为御史大夫兼置顿使；京兆少尹灵昌崔光远为京兆尹①，充西京留守；将军边令诚掌宫闱管钥。托以剑南节度大使颍王璬将赴镇②，令本道设储偫。是日，上移仗北内③。既夕，命龙武大将军陈玄礼整比六军④，厚赐钱帛，选闲厩马九百余匹⑤，外人皆莫之知。乙未，黎明，上独与贵妃姊妹、皇子、妃、主、皇孙、杨国忠、韦见素、魏方进、陈玄礼及亲近宦官、宫人出延秋门，妃、主、皇孙之在外者，皆委之而去。上过左藏⑥，杨国忠请焚之，曰："无为贼守。"上愀然曰⑦："贼来不得，必更敛于百姓；不如与之，无重困吾赤子⑧。"是日，百官犹有入朝者，至宫门，犹闻漏声⑨，三卫立仗俨然⑩。门既启，则宫人乱出，中外扰攘，不知上所之。于是王公、士民四出逃窜，山谷细民争入宫禁及王公第舍，盗取金宝，或乘驴上殿。又焚左藏大盈库⑪。崔光远、边令诚帅人救火，又募人摄府、县官分守之，杀十余人，乃稍定。光远遣其子东见禄山，令诚亦以管钥献之。

【注释】 ①灵昌：今河南滑县。②璬：音jiǎo。③移仗北内：移住到北内，唐长安宫城太极宫为西内，兴庆宫为南内，大明宫为东内，北内究竟何指，似有分歧，有认为是太极宫北部的宫苑。④整比六军：整顿禁军。当时只有左右龙武军和左右羽林军，合称北门四军，这里记载有误。⑤闲厩马：宫中马匹。闲厩，武则天时期，有六闲厩，后又置闲厩使专掌乘舆车马事。闲厩中除了马以外，还养象、驼及其他动物。⑥左藏：唐代国库，掌钱帛、杂彩、天下赋调。⑦愀然：忧愁的样子。⑧赤子：比喻百姓。⑨漏声：漏壶的声音。漏是指古代滴水计时的仪器⑩三卫：唐禁卫军，有亲卫、勋卫、翊卫，合称"三卫"。⑪左藏大盈库：唐玄宗私库，王鉷每岁进钱百亿，以供皇帝宫廷享乐及赏赐之用。

【译文】 甲午，百官上朝的不到平时的十分一二。玄宗驾临勤政楼，下制书说要亲征，听到的人没有相信的。玄宗派京兆尹魏方进为御史大夫兼置顿使；京兆少尹灵昌崔光远为京兆尹，充任西京留守；将军边令诚掌管皇宫钥匙。借口说剑南节度大使颍王李璬将到四川赴镇，下令本道准备物资储备。当天玄宗移居北内。到了晚上，下令龙武大将军陈玄礼整顿禁军，赏赐给将士丰厚的钱帛，选出闲厩马九百余匹，这些准备外人没有知道的。第二天黎明，只有玄宗独自与贵妃姊妹、皇子、妃、主、皇孙、杨国忠、韦见素、魏方进、陈玄礼及贴身宦官、宫人出延秋门，妃、主、皇孙在外的，都不顾而去。玄宗经过左藏库时，杨国忠请求烧掉，说："不要落到叛军手里。"玄宗忧闷地说："叛军要是得不到什

么,一定会重新从百姓处征敛,不如留给他们,这样可以不必增加百姓的负担。"当天百官还有照常入朝的,到宫门时,还听到计时的滴漏声,禁军宿卫的仪仗整齐依然。宫门打开以后,宫人乱纷纷地跑出来,朝廷内外扰攘,不知玄宗到什么地方去了。于是王公士民四处逃难,平民百姓争相进入宫禁和王公府第,盗取金银珠宝,有人乘驴上殿,又有人在左藏大盈库纵火。崔光远、边令诚带人救火,又招募人员暂时代理府、县官以备守卫,杀了十余人,局面才稍稍安定。崔光远派儿子向东去见安禄山,边令诚也把负责的宫闱管钥献给了安禄山。

【原文】 上过便桥①,杨国忠使人焚桥。上曰:"士庶各避贼求生,奈何绝其路!"留内侍监高力士,使扑灭乃来。上遣宦者王洛卿前行,告谕郡县置顿。食时,至咸阳望贤宫②,洛卿与县令俱逃,中使征召,吏民莫有应者。日向中③,上犹未食,杨国忠自市胡饼以献④。于是民争献粝饭⑤,杂以麦豆;皇孙辈争以手掬食之⑥,须臾而尽,犹未能饱。上皆酬其直⑦,慰劳之。众皆哭,上亦掩泣。有老父郭从谨进言曰:"禄山包藏祸心,固非一日;亦有诣阙告其谋者,陛下往往诛之,使得逞其奸逆,致陛下播越⑧。是以先王务延访忠良以广聪明⑨,盖为此也。臣犹记宋璟为相,数进直言,天下赖以安平。自顷以来,在廷之臣以言为讳,惟阿谀取容,是以阙门之外,陛下皆不得而知。草野之臣,必知有今日久矣,但九重严邃⑩,区区之心,无路上达。事不至此,臣何由得睹陛下之面而诉之乎!"上曰:"此朕之不明,悔无所及!"慰谕而遣之。俄而尚食举御膳以至⑪,上命先赐从官,然后食之。命军士散诣村落求食,期未时皆集而行⑫,夜将半,乃至金城⑬。县令亦逃,县民皆脱身走,饮食器皿具在,士卒得以自给。时从者多逃,内侍监袁思艺亦亡去,驿中无灯,人相枕藉而寝⑭,贵贱无以复分辨。

【注释】 ①便桥:在长安城外渭水上。②咸阳望贤宫:距长安四十里。③日向中:近午。④胡饼:类似于今天的烧饼。⑤粝饭:糙米饭。⑥掬:双手捧着。⑦酬其直:偿还所值价钱。直,值,价值。⑧播越:流亡。⑨以广聪明:以扩展自己所看到的和听到的,使自己耳聪目明。⑩九重:指天子所居住的地方,天子。⑪尚食:掌管皇帝膳食的官署。⑫未时:下午一点到三点。⑬金城:金城县,今陕西兴平。⑭枕藉:纵横交错地躺卧在一起。

【译文】 玄宗过便桥,杨国忠让人将桥烧毁。玄宗说:"士庶各自避贼逃难,怎么能把人家求生的路断掉呢!"留下内侍监高力士,让他灭了火再跟上来。玄宗派宦官王洛卿前行,告知郡县准备安顿皇帝一行。午饭时分到了咸阳望贤宫,王洛卿和县令都已经逃走,中使征召,官员百姓没有奉命应召的。将近正午,玄宗仍然没有进食,杨国忠亲自去买了胡饼进上。于是百姓争相进献掺杂了麦豆的糙米饭;皇孙们争着用手捧着吃,一会儿就吃光了,还没能吃饱。玄宗都付给了他们钱,并慰劳了他们。百姓都难过得哭了,玄宗也遮住了脸流泪。有老人郭从谨进言说:"安禄山包藏祸心,不是一天两天的事,也有人到宫门口去告发他,往往被陛下所杀,使得安禄山的奸谋得逞,致使陛下不得不流亡。

先王务必要寻找忠良之士来让自己耳聪目明，正是因为这个原因。臣还记得宋璟为相时，屡进直言，天下得以太平。后来廷臣忌讳直言，只有阿谀奉承，因此宫门之外的情形，陛下都不能够知道。草野臣民晓得一定有今天，但天子深居九重之上，我们的拳拳心意，没有办法上达。事情不到这个田地，臣哪能见到陛下当面向陛下说这些话呢？"玄宗说："这都是朕造成的，真是后悔不及。"安慰晓谕之后将大家送走。不久尚食将御膳送到，玄宗下令先赐从官，然后自己再吃。令军士分散到村落中求食，约定下午未时集合出发。将近夜半时分才到金城县。县令逃走，当地百姓也都已逃离，但饮食器皿还在，因此士卒得到供给。当时随从多有逃跑的，内侍监袁思艺也逃走了，驿中没有灯火，人们纵横交错地躺卧在一起，无法再分辨贵贱。

【原文】　丙申，至马嵬驿①，将士饥疲，皆愤怒。陈玄礼以祸由杨国忠，欲诛之，因东宫宦者李辅国以告太子②，太子未决。会吐蕃使者二十余人遮国忠马③，诉以无食，国忠未及对，军士呼曰："国忠与胡虏谋反！"或射之，中鞍。国忠走至西门内，军士追杀之，屠割支体④，以枪揭其首于驿门外，并杀其子户部侍郎暄及韩国、秦国夫人。御史大夫魏方进曰："汝曹何敢害宰相！"众又杀之。韦见素闻乱而出⑤，为乱兵所挝⑥，脑血流地。众曰："勿伤韦相公。"救之，得免。军士围驿，上闻喧哗，问外何事，左右以国忠反对。上杖屦出驿门⑦，慰劳军士，令收队，军士不应。上使高力士问之，玄礼对曰："国忠谋反，贵妃不宜供奉，愿陛下割恩正法。"上曰："朕当自处之。"入门，倚杖倾首而立⑧。久之，京兆司录韦谔前言曰⑨："今众怒难犯，安危在晷刻⑩，愿陛下速决！"因叩头流血。上曰："贵妃常居深宫，安知国忠反谋！"高力士曰："贵妃诚无罪，然将士已杀国忠，而贵妃在陛下左右，岂敢自安！愿陛下审思之，将士安，则陛下安矣。"上乃命力士引贵妃于佛堂，缢杀之。舆尸置驿庭⑪，召玄礼等入视之。玄礼等乃免胄释甲，顿首请罪，上慰劳之，令晓谕军士。玄礼等皆呼万岁，再拜而出，于是始整部伍为行计。谔，见素之子也。国忠妻裴柔与其幼子晞及虢国夫人、夫人子裴徽皆走，至陈仓⑫，县令薛景仙帅吏士追捕，诛之。

【注释】　①马嵬驿：今陕西兴平西北。②李辅国：本名静忠，后改名辅国。幼年进宫，曾经侍奉高力士，后掌闲厩，入东官侍候太子李亨。马嵬事变后建议太子分兵北上，因功渐渐掌握大权，声势显赫。③遮：拦住。④支体：即"肢体"。⑤韦见素：左相。⑥挝：敲打，击打。⑦杖屦：手杖和鞋子。屦，鞋子。⑧倾首：低头。⑨谔：音è。⑩晷刻：片刻，顷刻。⑪舆：抬。⑫陈仓：今陕西宝鸡。

【译文】　丙申，玄宗一行到马嵬驿，将士又累又饿，都很愤怒。陈玄礼认为祸患是由杨国忠造成的，想要杀掉他，通过东宫宦官李辅国告知太子，太子不能决定。正在此时，吐蕃使者二十余人拦着杨国忠的马，哭诉没有食物，杨国忠还没来得及回答，军士便高喊道："国忠与胡人谋反。"有人向他射箭，射中了马鞍。杨国忠下马逃到驿站西门内，军士追上去杀了他，将他分尸，用枪挑着他的首级挂在驿门外，又杀了他的儿子户部侍郎杨暄

及韩国、秦国夫人。御史大夫魏方进说："你们怎么敢杀害宰相？"将士又杀了魏方进。韦见素听到骚乱声出来查看，被乱兵击打，脑部受伤，血流满地。有人说："别伤了韦相公。"韦见素被人救起，才得以幸免。军士围在驿外，玄宗听到喧哗声，询问外面发生了什么事，左右回报说杨国忠谋反。玄宗拄杖出了驿门，慰劳军士，下令收队，军士无人响应。玄宗派高力士询问原因，陈玄礼答道："国忠谋反，贵妃不宜侍奉陛下左右，愿陛下割断恩情正法。"玄宗说："朕自会处理这件事。"入门，拄着手杖低头而立。过了很久，京兆司录韦谔上前进言："如今众怒难犯，安危就在顷刻之间，愿陛下速决。"叩头流血不止。玄宗说："贵妃久居深宫，怎么会知道国忠谋反的阴谋呢？"高力士说："贵妃诚然无罪，但将士已经杀了国忠，而贵妃仍然在陛下左右侍奉，怎么敢安心跟随陛下呢？愿陛下三思，只有将士安心，则陛下才会安全。"玄宗于是就让高力士带贵妃到佛堂，将她缢死。尸体抬放在驿庭，召陈玄礼等进入观看。陈玄礼等这才脱下盔甲，磕头请罪，玄宗慰劳他们，让他们晓谕军士。陈玄礼等高呼万岁，两拜后出了驿庭，于是开始整理队伍准备继续前行。韦谔是韦见素之子。杨国忠的妻子裴柔与其幼子杨晞及虢国夫人、夫人子裴徽都逃跑了，逃到陈仓，县令薛景仙率吏士追捕，加以诛杀。

【原文】　丁酉，上将发马嵬，朝臣惟韦见素一人，乃以韦谔为御史中丞，充置顿使。将士皆曰："国忠谋反，其将吏皆在蜀，不可往。"或请之河、陇①，或请之灵武②，或请之太原，或言还京师。上意在入蜀，虑违众心，竟不言所向。韦谔曰："还京，当有御贼之备。今兵少，未易东向，不如且至扶风③，徐图去就④。"上询于众，众以为然，乃从之。及行，父老皆遮道请留，曰："宫阙，陛下家居；陵寝，陛下坟墓，今舍此，欲何之？"上为之按辔久之⑤，乃命太子于后宣慰父老。父老因曰："至尊既不肯留，某等愿帅子弟从殿下东破贼，取长安。若殿下与至尊皆入蜀，使中原百姓谁为之主？"须臾，众至数千人。太子不可，曰："至尊远冒险阻，吾岂忍朝夕离左右。且吾尚未面辞，当还白至尊，更禀进止。"涕泣，跋马欲西。建宁王倓与李辅国执鞯谏曰⑤："逆胡犯阙，四海分崩，不因人情，何以兴复！今殿下从至尊入蜀，若贼兵烧绝栈道⑦，则中原之地拱手授贼矣。人情既离，不可复合，虽欲复至此，其可得乎！不如收西北守边之兵，召郭、李于河北⑧，与之并力东讨逆贼，克复二京⑨，削平四海，使社稷危而复安，宗庙毁而更存，扫除宫禁以迎至尊，岂非孝之大者乎？何必区区温情，为儿女之恋乎！"广平王俶亦劝太子留⑩。父老共拥太子马，不得行。太子乃使俶驰白上。上总辔待太子⑪，久不至，使人侦之，还白状，上曰："天也！"乃命分后军二千人及飞龙厩马从太子，且谕将士曰："太子仁孝，可奉宗庙，汝曹善辅佐之。"又谕太子曰："汝勉之，勿以吾为念。西北诸胡，吾抚之素厚，汝必得其用。"太子南向号泣而已。又使送东宫内人于太子，且宣旨欲传位，太子不受。

【注释】　①河、陇：河西、陇右地区。②灵武：今宁夏灵武。③扶风：今陕西凤翔。④徐图去就：慢慢地商议该如何取舍。⑤按辔：扣紧马缰使马缓行或停止。⑥倓：音 tán。

鞚:带嚼子的马笼头。⑦栈道:又称"阁道""复道",古代沿悬崖峭壁修建的一种道路,多出现在今川、陕、甘、滇诸省境内。⑧郭、李:郭子仪、李光弼,唐代平定安史叛乱的名将。⑨二京:长安和洛阳。⑩俶:音 chù。⑪总辔:抓住马的缰绳,让马停下来。

【译文】 丁酉,玄宗准备从马嵬出发,朝臣只有韦见素一人,于是以韦谔为御史中丞,担任置顿使。将士都说:"杨国忠谋反,他的属下将吏都在蜀地,所以御驾不可入蜀。"有人请求往河、陇,有人要求去灵武,有人奏请去太原,还有人说应当回京师。玄宗想要入蜀,担心违背众意,就不肯说出想法。韦谔说:"回京就应当有御贼的兵备。如今兵少,不适合向东行进,不如暂且先到扶风,再慢慢讨论去向。"玄宗问大家的意见,众人都觉得这样比较好,于是就采纳了韦谔的建议。等到出发的时候,父老都拦路挽留,说:"宫殿是陛下的家,陵寝是陛下祖先的坟墓,如今放弃这些,又想去哪里呢?"玄宗扣紧马缰,停下很久,才让太子在后面宣慰父老。父老就说:"陛下既然不肯留下,我们愿意率领子弟跟随太子殿下向东攻打叛军,收复长安。如果殿下和至尊都进入蜀地,那么中原百姓该奉谁为主呢?"很快就聚集了数千人。太子不肯答应,说:"陛下冒险远行,我怎么忍心朝夕离他左右呢?而且我尚未面辞,应当回去告诉陛下,听从陛下的安排。"流泪哭泣想要拨马西行。建宁王李倓和李辅国抓住太子的马笼头劝谏说:"逆胡犯阙,四海分崩,如果不顺应民意,怎么能战胜叛军呢?如今殿下跟随陛下入蜀,若叛军烧毁栈道,那么中原之地就拱手让人了。民心散了就很难复合,到时候就算是想要有今天这样的局面,恐怕也不行了!不如征集西北守边将士,从黄河以北召回郭子仪、李光弼,联合起来东进讨伐逆贼,光复京洛,平定天下,使社稷转危为安,毁坏宗庙重新建立起来,清扫好宫禁迎回陛下,这岂不是最大的孝顺吗?何必在意区区温情,做儿女之恋呢!"广平王李俶也劝太子留下。父老一起围住太子马,太子不得行。于是太子派李俶骑马禀告了玄宗。玄宗在马上等待太子,很久都不到,派人去探察,派去的人回来将情形禀告玄宗,玄宗说:"天意啊!"就下令分后军二千人及飞龙厩马跟随太子,并且告谕将士说:"太子仁孝,可奉宗庙,你们要好好辅佐。"又派人传谕太子说:"你好好做事,不要以我为念。西北诸胡,我待他们很厚,一定会对你有用的。"太子向南大声哭泣。玄宗又派人将东宫内人送还给太子,而且宣旨想要传位,太子不接受。

甘露之变

【题解】
　　宦官专权是唐代后期政治的重要特点之一,他们掌握禁军,挟持皇帝的废立,甚至弑君。宪宗和敬宗就死于宦官之手。文宗即位以后,不愿意忍受宦官的专横,一直在寻找能够帮助他解决这一问题的大臣。
　　首先是宋申锡。但是因为事机不密,被王守澄预先察觉,反过来诬陷宋申锡,先发制

人。之后，文宗认为他所信任的李训和郑注可以解决宦官问题。他们联络了一些官员，做了详尽的准备，包括可以调动的军事力量。然后计划在太和九年十一月的某一天，谎称天降甘露于宫中，然后事先在那里埋伏好士兵，引宦官进去观看，出其不意，一网成擒。可是因为风吹起了伏兵藏身处的帷幕，仇士良及时发觉了这一计划。宦官立刻挟持了文宗，因此李训和郑注的计划彻底失败，大量官员被杀，长安陷入混乱之中，而宦官的权力则更加难以撼动了。

【原文】 （太和四年）上患宦官强盛，宪宗、敬宗弑逆之党犹有在左右者①。中尉王守澄尤为专横②，招权纳贿，上不能制。尝密与翰林学士宋申锡言之③，申锡请渐除其偪。上以申锡沉厚忠谨，可倚以事，擢为尚书右丞。秋，七月，癸未，以申锡同平章事。

【注释】 ①宪宗、敬宗弑逆之党：宦官于元和末年和宝历末杀害宪宗和敬宗。②中尉：神策军中尉，禁军统领。王守澄：唐宪宗李纯时的宦官，主张册立穆宗李恒，后为文宗鸩杀。③宋申锡：文宗曾选中宋申锡共谋除掉宦官，但事泄，宋被诬蔑谋反，远贬。

【译文】 太和四年（830年），文宗担心宦官势力强盛，杀害宪宗、敬宗的逆党还有在左右侍奉的。中尉王守澄尤其专横，招权纳贿，文宗没有办法制止。曾经秘密地和翰林学士宋申锡说到此事，宋申锡请求慢慢除去宦官势力。文宗觉得宋申锡沉稳厚重忠谨，可依靠他做事，提拔他为尚书右丞。秋季，七月癸未，任用宋申锡为同平章事。

【原文】 （太和五年）上与宋申锡谋诛宦官，申锡推荐吏部侍郎王璠为京兆尹①，以密旨谕之。璠泄其谋，郑注、王守澄知之，阴为之备。上弟漳王凑贤，有人望，注令神策都虞候豆卢著诬告申锡谋立漳王②。戊戌，守澄奏之，上以为信然，甚怒。守澄欲即遣二百骑屠申锡家，飞龙使马存亮固争曰："如此，则京城自乱矣！宜召他相与议其事。"守澄乃止。是日，旬休③，遣中使悉召宰相至中书东门。中使曰："所召无宋公名。"申锡知获罪，望延英④，以笏叩额而退⑤。宰相至延英，上示以守澄所奏，相顾愕眙⑥。上命守澄捕豆卢著所告十六宅宫市品官晏敬则及申锡亲事王师文等，于禁中鞫之；师文亡命。三月，庚子，申锡罢为右庶子⑦。

【注释】 ①璠：音 fán。②神策都虞候：神策军军官。③旬休：旬假，官员每十天有一次假期。④延英：唐代宫殿名，在延英门内。唐中叶以后，双日及非时大臣奏事，另开延英赐对。⑤笏：朝见时大臣所执的竹板，用以记事。⑥愕眙：惊视。⑦右庶子：东宫属官。

【译文】 太和五年（831年），文宗和宋申锡谋划诛灭宦官，宋申锡推荐吏部侍郎王璠为京兆尹，将文宗的密旨告诉了他。王璠泄露了计划，郑注、王守澄知道以后，暗中做了准备。文宗弟弟漳王李凑有贤名和众望，郑注让神策都虞候豆卢著诬告宋申锡谋立漳王。戊戌，王守澄上奏，文宗以为真有其事，大怒。王守澄想立即派二百骑杀掉宋申锡全家，飞龙使马存亮坚决不同意："如果这样做，京城就乱了。应该召其他宰相一起商议。"王守澄这才罢休。当天是旬休的日子，文宗派宦官把宰相全部召至中书省东门。宦官

241

说："所召没有宋公的名字。"宋申锡知道自己获罪,遥望延英殿,以笏板叩额而退。宰相到延英殿,文宗将王守澄的奏表宣示众人,大家惊讶地彼此相顾。文宗让王守澄抓捕豆卢著所告的十六宅宫市品官晏敬则和宋申锡亲事王师文等人,在禁中审讯。王师文出逃。三月庚子,宋申锡罢相,为右庶子。

【原文】 宋申锡获罪,宦官益横。上外虽包容,内不能堪。李训、郑注既得幸①,揣知上意,训因进讲,数以微言动上②。上见其才辩,意训可与谋大事,且以训、注皆因王守澄以进,冀宦官不之疑,遂密以诚告之。训、注遂以诛宦官为己任,二人相挟③,朝夕计议,所言于上无不从,声势烜赫④。注多在禁中,或时休沐⑤,宾客填门,赂遗山积⑥。外人但知训、注倚宦官擅作威福,不知其与上有密谋也。上之立也,右领军将军兴宁仇士良有功⑦。王守澄抑之,由是有隙。训、注为上谋,进擢士良以分守澄之权。(太和九年)五月,乙丑,以士良为左神策中尉,守澄不悦。

【注释】 ①李训:肃宗时宰相李揆的族孙。郑注:为人诡谲狡险,由宦官王守澄推荐,为文宗任用。意图和李训里应外合一举消灭宦官势力。"甘露之变"失败后,被杀。②微言:隐微不显、委婉讽谏的言辞。③相挟:互相扶持。④烜赫:盛大显著。⑤休沐:休息洗沐,犹休假。⑥赂遗:赠送或买通他人的财物。⑦右领军将军:掌握中央军事力量的重要军事长官。仇士良:唐文宗时当权宦官。

【译文】 自宋申锡获罪后,宦官更加专横。文宗表面上虽然颇为包容,内心不能忍受。李训、郑注得到皇帝的宠信之后,揣摩得知皇帝的心意。李训借进讲的机会,屡次用隐晦的言辞打动文宗。文宗觉得他有才能,是可以共同谋划大事的人,而且李训、郑注都是通过王守澄的引荐而被皇帝任用的,如果用他们的话,宦官不会起疑心,就把真实想法秘密地告诉了他们。李训、郑注就开始以诛杀宦官为己任,二人互相扶持,朝夕计划,他们的进言,文宗无不听从,因此一时声势显赫。郑注经常在禁中,有时出宫休假,家里宾客盈门,赂送的财货堆得像山一样。外人只知道李训、郑注倚仗宦官的势力擅作威福,不知道他们和文宗也有密谋。文宗即位时,右领军将军兴宁仇士良有功。王守澄排挤仇士良,因此二人有嫌隙。李训、郑注为文宗出主意,晋升仇士良以分夺王守澄之权。太和九年(835年)五月乙丑,以仇士良为左神策中尉,王守澄不高兴。

【原文】 始,郑注与李训谋,至镇,选壮士数百,皆持白棓①,怀其斧,以为亲兵。是月(大和九年十一月),戊辰,王守澄葬于浐水②,注奏请入护葬事,因以亲兵自随。仍奏令内臣中尉以下尽集浐水送葬,注因阖门③,令亲兵斧之,使无遗类④。约既定,训与其党谋:"如此事成,则注专有其功,不若使行馀、璠以赴镇为名,多募壮士为部曲,并用金吾、台、府吏卒⑤,先期诛宦者,已而并注去之。"行馀、璠、立言、约及中丞李孝本,皆训素所厚也,故列置要地,独与是数人及舒元舆谋之,他人皆莫之知也。

【注释】 ①棓:同"棒"。②浐水:今浐河。③阖门:关闭门户。④使无遗类:不留一

个人，赶尽杀绝。⑤金吾、台、府吏卒：负责京师治安的金吾、负责监察的御史台、京兆府的士兵。

【译文】　起先，郑注与李训商量，郑注到了凤翔节度使任上，选出数百名壮士，全都手持白木棒，身藏大斧作为亲兵。大和九年(835年)十一月戊辰，王守澄葬于浐水，郑注奏请亲自护卫葬礼，借此机会带去亲兵。还奏请让宦官中尉以下的全部集会于浐水送葬，郑注趁机关闭门户，令亲兵杀死他们，一个不留。约定之后，李训和他的党羽们商量："如此事成，则郑注夺走了全部功劳，不如派郭行馀、王璠以赴镇上任的名义，多多招募壮士，再加上金吾、御史台、京兆府的士卒，提前行动，诛灭宦官，然后连郑注也一起除去。"郭行馀、王璠、罗立言、韩约及中丞李孝本，平常都和李训结好，因此李训把他们都安置在重要位置上。他只和这几个人还有舒元舆谋划，别人都不知道内幕。

【原文】　壬戌，上御紫宸殿。百官班定，韩约不报平安，奏称："左金吾听事后石榴夜有甘露，臣递门奏讫①。"因蹈舞再拜，宰相亦帅百官称贺。训、元舆劝上亲往观之，以承天贶②，上许之。百官退，班于含元殿。日加辰，上乘软舆出紫宸门，升含元殿。先命宰相及两省官诣左仗视之③，良久而还。训奏："臣与众人验之，殆非真甘露，未可遽宣布，恐天下称贺。"上曰："岂有是邪！"顾左、右中尉仇士良、鱼志弘帅诸宦者往视之。宦者既去，训遽召郭行馀、王璠曰④："来受敕旨！"璠股栗不敢前⑤，独行馀拜殿下。时二人部曲数百，皆执兵立丹凤门外，训已先使人召之，令受敕。独东兵入⑥，邠宁兵竟不至⑦。

【注释】　①门奏：夜间的紧急奏章要从门缝里塞进去，故称门奏。②贶：赏赐。③两省：门下省、中书省。左仗：即左金吾卫官署。④遽：立刻，马上。⑤股栗：害怕紧张得双腿颤抖。⑥东兵：王璠的河东军。⑦邠宁兵：郭行馀的邠宁军。

【译文】　壬戌，文宗驾临紫宸殿。百官列班已定，左金吾大将军韩约不像往常一样报平安，而是奏称："左金吾官署后面的石榴树夜里降有甘露，臣已经递了门奏上报。"行大礼跪拜，宰相也率领百官向文宗道贺。李训、舒元舆劝文宗亲自去看，以承受上天的恩赐，文宗答应了。百官退到含元殿列班。过了一会儿，文宗乘软舆出紫宸门，升含元殿。先让宰相和门下、中书两省官员到左金吾官署观看。过了很久才回来。李训上奏说："臣与众人检验，似乎不是真甘露，不可马上宣布，恐怕天下人当作是真的来称贺。"文宗说："怎么会有这种事！"吩咐左、右中尉仇士良、鱼志弘带宦官去看。宦官去了之后，李训立刻召郭行馀、王璠说："来受诏！"王璠双腿颤抖不敢上前，只有郭行馀拜于殿下。当时二人带领的数百名部下，都手执兵器立于丹凤门外，李训已先派人召集，下令进入禁中听受诏令。但只有王璠的河东兵进入，郭行馀的邠宁兵却没有来。

【原文】　仇士良等至左仗视甘露，韩约变色流汗。士良怪之曰："将军何为如是？"俄风吹幕起，见执兵者甚众，又闻兵仗声，士良等惊骇走出。门者欲闭之，士良叱之，关不得上①。士良等奔诣上告变。训见之，遽呼金吾卫士曰："来上殿卫乘舆者，人赏钱百

缗^②!"宦官曰:"事急矣,请陛下还宫!"即举软舆,迎上扶升舆,决殿后罘罳^③,疾趋北出。训攀舆呼曰:"臣奏事未竟,陛下不可入宫!"金吾兵已登殿。罗立言帅京兆逻卒三百余自东来^④,李孝本帅御史台从人二百余自西来,皆登殿纵击,宦官流血呼冤,死伤者十余人,乘舆迤逦入宣政门^⑤,训攀舆呼益急,上叱之,宦者郗志荣奋拳殴其胸^⑥,偃于地。乘舆即入,门随阖,宦者皆呼万岁,百官骇愕散出。训知事不济,脱从吏绿衫衣之^⑦,走马而出,扬言于道曰:"我何罪而窜谪^⑧!"人不之疑。王涯、贾餗、舒元舆还中书^⑨,相谓曰:"上且开延英,召吾属议之。"两省官诣宰相请其故,皆曰:"不知何事,诸公各自便!"士良等知上豫其谋,怨愤,出不逊语,上惭惧不复言。

【注释】 ①关:门闩。②缗:成串的铜钱,每串一千文。③决:冲破,打破。罘罳:古代的一种屏风,设在门外。④逻卒:巡逻的士兵。⑤迤逦:渐次。⑥郗:音 xī。⑦绿衫:唐制,六品以下绿袍。⑧窜谪:贬官放逐。⑨悚:音 sù。

【译文】 仇士良等往左金吾官署看甘露,韩约紧张得脸色都变了,直冒冷汗。仇士良奇怪地问:"将军为什么这个样子?"一阵风把帘幕吹起来,露出很多手执兵器的人,又听到兵器的声音,仇士良等大惊失色,连忙逃出。守门的人想要关门,仇士良大声呵斥,门没能关上。仇士良等奔到文宗面前报告事变发生。李训见此情形,马上召集金吾卫士说:"上殿来保卫陛下的,每人赏钱百缗!"宦官说:"事态紧急,请陛下回宫。"立刻抬起软舆,把文宗扶持上去,打破殿后的屏风,迅速向北奔逃。李训攀住软舆叫道:"臣奏事未完,陛下不可回宫。"此时金吾兵已经来到殿上。罗立言率京兆府三百余士兵自东而来,李孝本率御史台随从二百余人自西而来,都登殿猛烈攻击宦官,宦官流血大声喊冤,死伤十余人。文宗的乘舆跌跌撞撞地抬回宣政门,李训抓住软轿,喊得更加急切,文宗呵斥他,宦官郗志荣用拳猛击李训的胸口,李训被打倒在地。文宗的轿子就进了宣政门,门也随后关上了,宦官都呼万岁,百官惊骇,各自散出。李训知道事情失败了,脱下随从吏的绿衫自己穿上,骑马出宫,在路上故意大声说:"我犯了什么罪要流放我?"别人也不怀疑他。王涯、贾餗、舒元舆回到中书省,彼此商量着说:"陛下就要开延英殿,召我们议了。"两省官见宰相询问原因,都说:"不知何事,诸公请自便。"仇士良等人知道文宗也参与了这次的计划,很愤怒,出言不逊,文宗又惭愧又害怕,也不再说话。

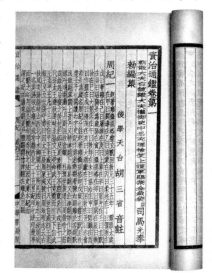

《资治通鉴》书影

【原文】 士良等命左、右神策副使刘泰伦、魏仲卿等各帅禁兵五百人,露刃出阁门讨

贼。王涯等将会食，吏白："有兵自内出，逢人辄杀！"涯等狼狈步走，两省及金吾吏卒千余人填门争出。门寻阖，其不得出者六百余人皆死。士良等分兵闭宫门，索诸司，捕贼党。诸司吏卒及民酤贩在中者皆死^①，死者又千余人，横尸流血，狼藉涂地，诸司印及图籍、帷幕、器皿俱尽。又遣骑各千余出城追亡者，又遣兵大索城中。舒元舆易服单骑出安化门，禁兵追擒之。王涯徒步至永昌里茶肆，禁兵擒入左军。涯时年七十余，被以桎梏^②，掠治不胜苦^③，自诬服，称与李训谋行大逆，尊立郑注。王璠归长兴坊私第，闭门，以其兵自防。神策将至门，呼曰："王涯等谋反，欲起尚书为相，鱼护军令致意！"璠喜，出见之。将趋贺再三，瑶知见绐^④，涕泣而行，至左军，见王涯曰："二十兄自反，胡为见引？"涯曰："五弟昔为京兆尹，不漏言于王守澄，岂有今日邪！"瑶俯首不言。又收罗立言于太平里，及涯等亲属奴婢，皆入两军系之。户部员外郎李元皋，训之再从弟也，训实与之无恩，亦执而杀之。故岭南节度使胡证，家巨富，禁兵利其财，托以搜贾𬘓入其家，执其子溵^⑤，杀之。又入左常侍罗让、詹事浑镜、翰林学士黎埴等家^⑥，掠其赀财，扫地无遗。镜，瑊之子也^⑦，坊市恶少年因之报私仇，杀人，剽掠百货^⑧。互相攻劫，尘埃蔽天。

【注释】　①酤贩：买卖酒的商贩。②桎梏：刑具，脚镣手铐。③掠治：拷打讯问。④见绐：被欺哄。⑤溵：音 yīn。⑥镜：音 huì。⑦瑊：音 jiān。⑧剽掠：攻抢；劫掠。

【译文】　仇士良等命左、右神策副使刘泰伦、魏仲卿等各率禁兵五百人，手持明晃晃的兵器出阁门讨贼。王涯等将要会餐，吏人报告说："有兵自宫内涌出，逢人就杀。"王涯等狼狈而逃，两省官员和金吾兵近千余人争相夺门而出。宫门很快关闭，来不及逃出来的六百余人都被杀死。仇士良等分兵关闭所有宫门，到诸司寻找李训党人。在诸司中的吏卒和民间卖酒的商贩也都被杀死，大约有千余人，横尸流血，狼藉涂地，诸司的印章、图籍、帷幕、器皿都被毁掉。又派千余骑兵出城追拿逃亡的人，还派兵在城中大肆搜索。舒元舆改换衣服单骑逃出安化门，被禁兵追获。王涯徒步来到永昌里茶肆，被禁军捉入左军。王涯当时已经七十余岁，戴着刑具，被拷打讯问不胜其苦，于是自诬，称和李训谋反，尊立郑注为帝。王璠归长兴坊私第，关门不出，以河东兵护卫。神策军将至门，喊道："王涯等谋反，想以尚书为相，鱼护军让我们向您致意。"王璠大喜，出来相见。神策军急速进来，再三假意道贺，王瑶知道被骗了，流泪而行，到左军见到王涯说："二十兄自己谋反，为什么要把我供出来呢？"王涯说："五弟当年做京兆尹的时候，不把宋申锡的计划泄露给王守澄，哪里会有今日？"王瑶低头不语。又在太平里收捕到罗立言，还有王涯等人的亲属奴婢，都关在左右两军。户部员外郎李元皋，是李训的再从弟，李训对他也不好，也被抓捕处死。前岭南节度使胡证，家资巨富，禁兵贪图他的钱财，借口搜捕贾𬘓为由，进入胡家，抓住其子胡溵处死。又闯入左常侍罗让、詹事浑镜、翰林学士黎埴等家，将他们的家财抢掠一空。浑镜是浑瑊的儿子。民间地痞恶少也趁此机会报私仇，杀人抢劫，互相攻击，搞得尘埃蔽天。

左传

中华传世藏书

国学经典文库 史学经典

图文珍藏版

【导语】

《左传》又称《春秋左氏传》或《左氏春秋》，儒家经典之一，是中国古代一部史学和文学名著。

《春秋》是鲁国的一部自隐公元年至哀公十四年(后人又续至十六年)共244年间的不完备而可信的编年史，相传是孔子在史官所编基础上，加以整理修订而成，是后代编年史之滥觞。《春秋》文字简短，相传寓有褒贬之意，即后世所称的"春秋笔法"。解释《春秋》的主要有左丘明的《左传》、公羊高的《公羊传》和穀梁赤的《穀梁传》。《左传》成书于战国时代，而《公羊传》和《穀梁传》则成书于汉代。

《左传》之所以受到历代的重视，是因为以下几方面的原因。其一，《左传》是今天研究春秋时代的一部最为重要而必读之书。其中的原始史料，弥足珍贵。它在历史散文的地位上是上承《尚书》《春秋》，下启《国策》《史记》的桥梁，是战国时代最优秀的历史散文作品。

左丘明像

其二，《左传》的文笔特别优美，在记言记事方面，都表现出极高的艺术成就，特别是其中已含有对人的外表描写、心理刻画以及设置悬念、前后照应等后世小说所具有的因素。其三，《左传》通过对各国历史事实之记述，揭露了当时社会中的种种矛盾与斗争，这里有大国对小国的吞并与征伐；有宫廷内部血腥的政变，父子相残，嫡庶之争屡见不鲜；有不同人物为了各自的理想而奋争的历程——晋公子重耳在外流亡十九年后，终成大事，烛之武凭三寸不烂之舌智退秦师，申包胥为求救兵在秦廷号哭七日七夜，介之推不言禄——各色人物，无不栩栩如生，感人至深。

本书是为普通读者提供的一个《左传》选本，所选篇章或长或短，基本上囊括了《左传》的精华。

隐　公

郑伯克段于鄢

【题解】

郑庄公即位后,其弟共叔段在母亲姜氏的支持下,扩充势力,企图夺取政权。郑庄公不断满足共叔段的要求,促使其权欲膨胀,终于在鲁隐公元年(前722)一举消灭了他。这表现了郑庄公善于权谋,也说明春秋时权力斗争的残酷。

【原文】　初,郑武公娶于申①,曰武姜,生庄公及共叔段。庄公寤生②,惊姜氏,故名曰寤生,遂恶之。爱共叔段,欲立之。亟请于武公③,公弗许。及庄公即位,为之请制④。公曰:"制,岩邑也,虢叔死焉⑤。佗邑惟命⑥。"请京⑦,使居之,谓之京城大叔。祭仲曰⑧:"都,城过百雉⑨,国之害也。先王之制,大都,不过参国之一⑩,中,五之一;小,九之一。今京不度⑪,非制也,君将不堪。"公曰:"姜氏欲之,焉辟害?"对曰:"姜氏何厌之有⑫?不如早为之所⑬,无使滋蔓。蔓,难图也。蔓草犹不可除,况君之宠弟乎?"公曰:"多行不义,必自毙,子姑待之。"

既而大叔命西鄙、北鄙贰于己⑭。公子吕曰⑮:"国不堪贰,君将若之何?欲与大叔,臣请事之;若弗与,则请除之,无生民心⑯。"公曰:"无庸,将自及。"大叔又收贰以为己邑,至于廪延⑰。子封曰⑱:"可矣,厚将得众。"公曰:"不义,不暱⑲。厚将崩。"

大叔完聚⑳,缮甲兵,具卒乘㉑,将袭郑,夫人将启之㉒。公闻其期,曰:"可矣。"命子封帅车二百乘以伐京。京叛大叔段。段入于鄢㉓。公伐诸鄢。五月辛丑,大叔出奔共㉔。

书曰:"郑伯克段于鄢。"段不弟,故不言弟;如二君㉕,故曰克;称郑伯,讥失教也,谓之郑志㉖;不言出奔,难之也。

遂寘姜氏于城颍㉗,而誓之曰:"不及黄泉㉘,无相见也。"既而悔之。

颍考叔为颍谷封人㉙,闻之,有献于公。公赐之食,食舍肉。公问之,对曰:"小人有母,皆尝小人之食矣,未尝君之羹,请以遗之㉚。"公曰:"尔有母遗,繄我独无㉛。"颍考叔曰:"敢问何谓也?"公语之故,且告之悔。对曰:"君何患焉!若阙地及泉,隧而相见,其谁曰不然?"公从之。公入而赋:"大隧之中,其乐也融融。"姜出而赋:"大隧之外,其乐也泄泄。"遂为母子如初。

君子曰:"颍考叔,纯孝也,爱其母,施及庄公。《诗》曰'孝子不匮,永锡尔类㉜',其是之谓乎!"

【注释】　①郑武公:名掘突,郑国第二位国君,约公元前770~前744年在位。申:春秋初国名,姜姓。其地为今河南南阳市。②寤:牾字的假借字,逆、倒的意思。寤生,即逆

生,出生时脚先见,即难产。③亟:屡次。④制:郑国属地。当今河南荥阳市汜水乡,亦名虎牢关。⑤虢叔:虢,西周时的封国,封于制,称东虢。虢叔为东虢国君,东虢被郑国吞并,虢叔死在那里。⑥佗:即他。⑦京:郑国属地,在今河南荥阳市东南20余里。⑧祭仲:郑国大夫,字足,祭是他的采邑。⑨都:指诸侯的国都与卿大夫封邑。雉:城墙高一丈、长三丈称为一雉。⑩参:同"三"。意思是大的诸侯的国都,也只能是"百雉"的三分之一。以下"五之一""九之一"类此。⑪度:法度,不度即不合法度。⑫何厌之有:厌,满足。意思是有什么满足呢?⑬为之所:给他安排一个地方。所,地方。⑭贰:指存在二心,这里指背叛郑庄公而投靠共叔段。⑮公子吕:郑国大夫。⑯无生民心:不要让老百姓产生拥护共叔段的念头。⑰廪延:郑国属地,当在今河南延津县境内。⑱子封:公子吕的字。⑲昵:粘连的意思,意指不能团结其部众。⑳完:坚固城郭。聚:聚集粮食。㉑卒乘:士兵和战车。㉒启:开,指开城门,迎接共叔段。㉓鄢:西周时国名,后被郑武公所灭,当今河南鄢陵县北。㉔共:卫国附属国,今河南辉县。㉕如二君:指郑庄公与共叔段好像是两个国家的君主。㉖郑志:指郑庄公的意志。㉗寘:同"置"。城颍:郑国属地,在今河南临颍县西北。㉘黄泉:地下,指代死后葬身之处。㉙颍谷:郑国属地,在今河南登封市西南。封人:镇守边疆的地方官吏。㉚遗:赠送。㉛繄:语气词,作用与"惟"相近。㉜锡:同"赐"。

【译文】 当初,郑国的武公从申国娶妻,称为武姜,武姜生了郑庄公和共叔段。郑庄公出生时逆生,姜氏难产而害怕,所以就给他取名为寤生,因此而讨厌他。姜氏喜爱共叔段,想要把他立为太子,屡次向郑武公请求,郑武公没有答应。等到郑庄公继承了君位,姜氏又请求把制这个地方分封给共叔段。郑庄公对她说:"制,那是个危险的地方,东虢国的国君就死在那里。别的地方你可任意选择,我唯命是听。"姜氏又为共叔段请求以京地作封邑,让共叔段居住到那里,称为京城太叔。祭仲对郑庄公说:"都会的城墙超过百雉,那将是国家的祸害。按照先王的制度,卿大夫最大的封邑,也不能超过侯、伯国都的三分之一,中等的封邑只能是国都的五分之一,小的只能是九分之一。现在京城封邑不合法度,违背先王制度,君王你会承受不了的。"郑庄公说:"这是姜氏想要的,我怎么能躲避祸害呢?"祭仲对郑庄公说:"姜氏的要求哪里能够满足得了,不如趁早为共叔段安排个地方,不要让他发展。如果发展起来,就难以对付了。蔓延的野草还不能除掉,何况是君王你宠贵的弟弟呢!"庄公说:"多行不义,必定自取灭亡,你就等待着他的灭亡吧!"

　　不久,共叔段又命令郑国西部和北部的边地接受他与郑庄公的共同管辖。公子吕对郑庄公说:"一个国家不能接受两个人的管属,君王你将如何办呢?如果想把君位让给共叔段,那我就请求服侍他;如果不给他君位,那就请你除掉他,以免让老百姓产生二心。"郑庄公说:"用不着去管,他会自己遇到祸害。"共叔段又将西部和北部由他和郑庄公共同管辖的边地收归己有,延伸到廪延这个地方。公子吕又对郑庄公说:"这可好了,共叔段

势力雄厚,能够得到众多人的支持了。"郑庄公说:"他不行道义,不团结人,势力雄厚只能促进他的崩溃。"

共叔段加固了京地的城防,聚集粮草,整修铠甲和兵器,装备起步兵和战车,准备袭取郑国国都。姜氏将为他打开城门。郑庄公打探到共叔段进袭国都的日期,说:"这就可以向共叔段进攻了。"于是,命令公子吕为统帅,率领战车二百辆(每辆战车配甲士三人,步卒七十二人),向京地展开讨伐。京地的人民都背叛了共叔段。共叔段逃到鄢地。郑庄公又派兵到鄢地讨伐他。五月辛丑(二十三日)这天,共叔段逃奔到共国。

《春秋》写道:"郑伯克段于鄢。"共叔段不像弟弟,故不说他是郑庄公的弟弟,只写他的名字;郑庄公和共叔段之间的战争好像两国国君相战,所以用"克";称郑庄公为郑伯,是讥刺他对弟弟不加教诲,养成他的罪恶,也说明郑庄公本来的动机;不写共叔段出奔共国,是嫌单单归罪于共叔段,难以下笔。

于是,郑庄公把他母亲安置到城颍这个地方,并发誓说:"不到我到黄泉之下的时候,不会再见你了。"不久,他就感到后悔。

颍考叔是颍谷这个边邑的地方官吏,听到郑庄公这样做,就以向郑庄公进献为名,见到了郑庄公。郑庄公赐予他饭食,颍考叔在吃饭的时候把肉都留下来不吃。郑庄公便问他为何不吃肉。颍考叔说:"小人我有老母,尝遍了我给她的食物,从未吃过君王这带汁的肉,请你让我把这肉送给她。"郑庄公说:"你有母亲,能馈赠她饭食,只是我没有母亲,不能向她馈赠了。"颍考叔说:"冒昧地问一下,你说的是什么意思?"郑庄公就告诉了他事情的原委,并告诉颍考叔他感到很后悔。颍考叔说:"你有什么为难的呢? 如果挖地挖出泉水来,再顺着穿个隧道,你与你母亲在隧道里相见,有谁会说你的不对呢?"郑庄公按照颍考叔的建议去做,在隧道与母亲相见。郑庄公进入隧道,见到他的母亲赋诗说:"大隧道内与母亲相见,这样的乐融融啊!"姜氏走出隧道,也赋诗说:"大隧道外,这样的乐呵呵啊!"于是母子和好如初。

君子评论说:"颍考叔,是一位真正的孝子,爱他的母亲,还把孝道延及到郑庄公。《诗经》说:'孝子是不会让孝道匮竭的,将永远把孝道给予他的同类人。'这正说的是颍考叔这样的人。"

石碏谏宠州吁

【题解】

卫桓公之弟州吁"有宠而好兵",桓公不听大臣石碏的劝告,放纵他的"骄、奢、淫、泆",终于导致州吁作乱,杀桓公而自立:为安定卫国秩序,石碏让陈国捉拿州吁而杀之,同时"大义灭亲",派人杀死与州吁同党的亲生之子。

【原文】 卫庄公娶于齐东宫得臣之妹①,曰庄姜,美而无子,卫人所为赋《硕人》也②。

又娶于陈,曰厉妫③,生孝伯,早死。其娣戴妫④,生桓公,庄姜以为己子。

公子州吁,嬖人之子也⑤。有宠而好兵,公弗禁,庄姜恶之。石碏谏曰⑥:"臣闻爱子,教之以义方,弗纳于邪。骄、奢、淫、泆⑦,所自邪也。四者之来,宠禄过也。将立州吁,乃定之矣;若犹未也,阶之为祸。夫宠而不骄,骄而能降,降而不憾,憾而能眕者,鲜矣⑧。且夫贱妨贵,少陵长⑨,远间亲⑩,新间旧,小加大⑪,淫破义,所谓六逆也;君义臣行,父慈子孝,兄爱弟敬,所谓六顺也。去顺效逆,所以速祸也。君人者,将祸是务去,而速之,无乃不可乎?"弗听。其子厚与州吁游,禁之,不可。桓公立,乃老。

四年春,卫州吁弑桓公而立。

公与宋公为会⑫,将寻宿之盟。未及期,卫人来告乱。夏,公及宋公遇于清⑬。

宋殇公之即位也,公子冯出奔郑。郑人欲纳之。及卫州吁立,将修先君之怨于郑,而求宠于诸侯,以和其民。使告于宋曰:"君若伐郑,以除君害,君为主,敝邑以赋与陈、蔡从,则卫国之愿也。"宋人许之。于是陈、蔡方睦于卫,故宋公、陈侯、蔡人、卫人伐郑,围其东门,五日而还。

公问于众仲曰:"卫州吁其成乎?"对曰:"臣闻以德和民,不闻以乱。以乱,犹治丝而棼之也⑭。夫州吁,阻兵而安忍。阻兵无众;安忍无亲。众叛亲离,难以济矣。夫兵,犹火也;弗戢⑮,将自焚也。夫州吁弑其君,而虐用其民,于是乎不务令德,而欲以乱成,必不免矣。"

秋,诸侯复伐郑。宋公使来乞师,公辞之。羽父请以师会之⑯,公弗许。固请而行。故书曰"翚帅师",疾之也。诸侯之师败郑徒兵,取其禾而还。

州吁未能和其民,厚问定君于石子。石子曰:"王觐为可⑰。"曰:"何以得觐?"曰:"陈桓公方有宠于王。陈、卫方睦,若朝陈使请,必可得也。"厚从州吁如陈。石碏使告于陈曰:"卫国褊小⑱,老夫耄矣⑲,无能为也。此二人者,实弑寡君,敢即图之。"陈人执之,而请莅于卫。九月,卫人使右宰丑莅杀州吁于濮⑳,石碏使其宰獳羊肩莅杀石厚于陈㉑。

君子曰:"石碏,纯臣也。恶州吁而厚与焉,大义灭亲,其是之谓乎!"

卫人逆公子晋于邢㉒。冬十二月宣公即位。书曰,"卫人立晋",众也。

【注释】 ①东宫得臣:东宫指太子,得臣为太子之名。②《硕人》:《诗经·卫风》中的一篇,歌颂庄姜的贤惠而怜念她的无子。③妫:姓。④娣:女弟,即妹妹。⑤嬖人:地位低下而得宠的人。⑥石碏:卫国大夫。⑦骄、奢、淫、泆:唐孔颖达疏:"骄谓恃己陵物,奢谓夸矜僭上,淫谓嗜欲过度,洪谓放恣无艺。"⑧眕:自安自重。⑨陵:侵压。⑩间:代替。⑪加:凌驾。⑫公:指鲁隐公。⑬清:地名,卫国属邑,当在今山东东阿县境内。⑭棼:纷乱。⑮戢:收敛、止息。⑯羽父:鲁国公子翚的字。⑰觐:诸侯朝见天子称为"觐"。⑱褊:狭小。⑲耄:老的意思。⑳濮:地名,陈国属邑,当今安徽亳县东南。㉑獳:姓。㉒邢:国名,当今河北邢台

【译文】 卫庄公娶了齐国太子得臣的妹妹，称为庄姜，漂亮贤淑却没有生下儿子，卫国的人所以为她创作了《硕人》的诗篇，表达对她的赞颂和怜念。（卫庄公）又从陈国娶妻，称为厉妫，生了孝伯，但孝伯早死了。厉妫的妹妹戴妫（随厉妫嫁给卫庄公），生了卫桓公，庄姜就把卫桓公收养为自己的儿子。

公子州吁，是卫庄公宠幸的一个妾的儿子，很得卫庄公的宠信，又好动武弄兵，卫庄公不加管束，庄姜很憎恶他。卫国大夫石碏对卫庄公进谏说："我听说爱护子孙，是要教给他们正义的道理，不能让他们进入邪道。骄横、奢侈、放荡、恣肆，都会导入邪路。这四种情况的由来，都是由于过分的宠幸和享受。要立州吁为太子，就要及早定下来；如果还没有定下来，宠信他就是给他为祸架起阶梯。得到宠幸而不骄横，骄横而能下降自己的地位，地位下降了又没有怨恨，有怨恨而又能自安自重的人，是很少的。况且卑贱者妨害高贵者，年轻者侵逼年长者，疏远者代替亲近者，新的代替旧的，小人凌驾于君子之上，荒淫毁坏正义，被称为六种倒逆行为；国君主持正义，臣子按君主的意思而行，做父亲的仁慈，为子者孝顺，为兄者友爱，为弟者敬上，这些称为六种顺服的行为。离开顺服的行为而效法施行倒逆的行为，只能是加速祸害的到来。作为人民的君主，一定是务必除去祸害，而（你却）加速祸害的到来，那不是不可以的吗？"卫庄公不听他的进谏。石碏的儿子石厚与州吁相处交游，石碏要禁绝他们，已做不到了。卫桓公立为国君，石碏便告老致仕了。

（鲁隐公）四年春天，卫国的州吁杀害了卫桓公而自立为国君。

鲁隐公与宋殇公要举行盟会，将要重申过去在宿地会盟时的盟约。盟会的日期没有到，卫国就来（鲁国）报告其国内的战乱：夏天，鲁隐公与宋殇公在卫国的清地仓促相会。

宋殇公的即位，使公子冯出亡郑国，郑国大夫正准备接纳他。等到卫州吁立为国君，州吁又要重提他的先君对郑国的仇怨，以求得一些诸侯对他的好感，用以和好他的人民。他派出使者对宋国说："宋君如果讨伐郑国，用来消除对你的威胁，你做主帅，我的国家担负军需并同陈国、蔡国跟随着你，那就是卫国的心愿了。"宋殇公同意了这个请求。这时陈国、蔡国刚刚亲睦于卫，所以宋殇公，陈国国君，蔡国大夫，卫国大夫率军攻伐郑国。包围了郑国都城东门，五天之后又回到各国。

鲁隐公问大夫祭仲说："卫国的州吁将会成功吗？"祭仲回答说："我听说用仁德来团结人民，没听说用战乱来团结人民。用战乱，就好像整理丝线而要弄乱它一样。那个州吁呀，依恃兵力而习性残忍。依恃兵力，不会有群众；习性残忍，就不会有亲近的人。众叛亲离，很难成功了。那战乱，像火一样，不加止息，将会自我焚烧。那州吁杀害他的君主，又暴虐地使用他的人民，在这时不致力于建立善德，而想要以战乱成功，一定不会免于祸患了。"

秋天，四国诸侯又进攻郑国。宋殇公派使者来鲁国请求派兵支援，鲁隐公辞绝了他。

公子翚请求带军队参加伐郑的战争,鲁隐公不答应。公子翚坚持请求并带兵参战。所以《春秋》写道,"公子翚带领军队",是谴责他不听从国君的命令。五国诸侯的军队打败了郑国的步兵,割取了郑国的一些庄稼而回去了。

州吁没有能够团结他的人民,石厚向石碏请教稳定君位的计策。石碏说:"朝见东周天子就可稳定君位。"石厚又问:"怎样才得以朝见天子?"回答说:"陈国的桓公刚刚得到周天子的宠信。陈国、卫国又刚刚亲睦,如果拜见陈桓公而让他去请求东周天子,一定可以得到朝见。"石厚跟随州吁前往陈国。石碏派人告诉陈国说:"卫国狭小,老夫老了,没有能做的事了。这两个人,就是杀害我的君主的人,请就在你们的国土内想法除掉他们。"陈国的大夫抓获了州吁和石厚,而请卫国自己来处置他们。(鲁隐公四年)九月,卫国的大夫派右宰丑在濮地杀了州吁。石碏派他的管家獳羊肩在陈地杀了石厚。

君子评论说:"石碏,忠实的大臣。憎恨州吁而连同他的儿子石厚一齐杀掉。大义灭亲,这正是说的石碏吧。"

卫国的大夫从邢国把公子晋迎回国内。这年冬天十二月卫宣公当了国君。《春秋》写道,"卫国大夫立公子晋为君",意思是说公子晋之立得到多数人的拥护。

桓 公

臧哀伯谏纳郜鼎

【题解】

宋庄公为了取得鲁国的支持,把郜国的大鼎送给鲁国作为贿赂,鲁桓公把它置于太庙中。鲁大臣臧哀伯认为这是明示百官可以纳贿,是国家衰败的象征。"国家之败,由官邪也",不仅针对鲁国,而且具有普遍意义。

【原文】 宋殇公立,十年十一战,民不堪命。孔父嘉为司马,督为大宰,故因民之不堪命先宣言曰:"司马则然。"已杀孔父而弑殇公,召庄公于郑而立之,以亲郑。以郜大鼎赂公,齐、陈、郑皆有赂,故遂相宋公。

夏四月,取郜大鼎于宋。戊申,纳于大庙,非礼也。臧哀伯谏曰[①]:"君人者,将昭德塞违,以临照百官,犹惧或失之,故昭令德以示子孙。是以清庙茅屋[②],大路越席[③],大羹不致,粢食不凿[④],昭其俭也。衮、冕、黻、珽、带、裳、幅、舄,衡、纮、紞、綖[⑤],昭其度也。藻、率、鞞、鞛、鞶、厉、游、缨[⑥],昭其物也。火、龙、黼、黻[⑦],昭其文也。五色比象,昭其物也。锡、鸾、和、铃[⑧],昭其声也。三辰旂旗[⑨],昭其明也。夫德,俭而有度,登降有数,文物以纪之,声明以发之,以临照百官。百官于是乎戒惧,而不敢易纪律。今灭德立违,而宾其赂器于大庙,以明示百官。百官象之,其又何诛焉?国家之败,由官邪也。官之失德,宠赂

章也。郜鼎在庙,章孰甚焉?武王克商,迁九鼎于雒邑,义士犹或非之,而况将昭违乱之赂器于大庙,其若之何?"公不听。

周内史闻之,曰:"臧孙达其有后于鲁乎!君违,不忘谏之以德。"

【注释】 ①臧哀伯:鲁国大夫,名达,臧僖伯之子。②清庙:君主的祖庙,亦称太庙、明堂。③大路:又作大辂,古代国君所乘五种车辆之一。越席:蒲草编成的席子。④粢食:主食。《周礼·春官·小宗伯》有六粢,即黍、稷、稻、粱、麦、苽。凿:春。⑤衮:古代天子及上公的礼服,祭祀时穿用,衣上有卷曲的龙形图案。黻:古代用以遮盖腹部与膝间的皮革,田猎时用。珽:古代天子所执的玉笏。幅:绑腿布。舄:古代双层鞋底的鞋。衡:古代把头冠固定在发上的簪。紞:古代冠冕上用以系瑱(塞耳的玉)的带子。纮:古代冠冕上的纽带,由颌下向上挽而系在笄的两侧。綖:冠上的装饰,以木版为质,用黑布裹起来。⑥藻:放置玉的彩色板,用木板做成,外包熟皮革,以彩色画水藻纹于其上。率:亦作"帨",佩巾。鞞:装刀的套子,刀鞘。鞛:佩刀刀把处装饰物。鞶:皮革做的衣带。厉:皮革衣带的下垂部分,起装饰作用。游:亦作旒,旌旗上的飘带。缨:即马鞅,用皮革做成,套在马的颈上,以便驾车。⑦黼:古代礼服上的刺绣花纹,以黑白两色相间,绣两斧头相对的图案。黻:礼服上的花纹。用黑青两色绣两弓相悖的形状。⑧锡:马头前额上的装饰物,用铜做成,马走时发出声响。鸾:通"銮",古代的一种车铃。和:古代车前横木前的小铃。铃:这里指系于旌旗上的小铃。⑨三辰:指日、月、星。旆旌:旗的总称。这里指君主所用的旗。

【译文】 宋殇公立为君主后,在十年内就进行了十一次战争,老百姓难以保住性命。孔父嘉担任司马,华督为太宰。华督趁老百姓难保性命的怨气,首先扬言说:"司马要这样做的。"先杀死了孔父嘉而又杀害了宋殇公,从郑国召回公子冯而立为君,用来讨好郑国。又用郜国铸造的大鼎贿赂鲁桓公,对齐国、陈国、郑国都有贿赂,于是华督成为宋庄公的宰相。

(鲁桓公二年)四月,鲁国去宋国运取郜国所铸的大鼎,戊申这天,把它放到了鲁国的祖庙里,违背了礼法。鲁大夫臧哀伯劝谏桓公说:"统治人民的人,就要宣扬德义堵塞背德弃义的事情,这样才能居高临下审视百官,还害怕(后代)有时会失去德义,所以显扬善德让子孙效法:那就是太庙用茅草覆盖,大路这种车里用蒲草作为垫席,肉汁不用五味调和,黍、稷、稻、粱等主食不用去皮舂细,这都是显示俭朴的。天子和上大夫祭祀穿的礼服、戴的帽子、用来遮盖腹膝间的皮革、用的笏,与束腰的大带、下衣、裹腿、鞋只,以及冠上的簪子、系瑱的丝带与垂丝等装饰,是表明法度和天子的德量的。(天子所用的)放玉的垫子、佩巾、刀鞘、刀柄的装饰物,与革带、革带下垂部分的装饰物、旗上的飘带、套马的马鞅,都是表明礼数的。衣服上的火、龙、黼、黻等图形彩饰,都是表明文采的。用青、黄、红、白、黑五色绘山、龙、花、虫之象,是表明事物色彩的。锡、銮、和、铃等铃铛,是表明声

音的。绘有日、月、星三辰的旗帜，是表明上天的光明的。（礼义、伦常之）德，虽俭朴却有一定的限度，增加减少都有一定之数，文采、物色用以分辨它，声音、光明来显现它，用（文采、物色、声音、光明）居高临下审视百官，百官就会有所警戒和畏惧，从而不敢违背纲纪法律。现在你减灭了德义，树立了违背德义的样子，把用来贿赂你的器物放到太庙内，以此明白地显示在百官面前，（你对百官）还能有什么要求呢？国家的败亡，是由于官吏的邪恶。官吏的丧失德义，宠幸与贿赂就会公开。郜鼎放到太庙，这种公开还能有什么能比得上呢？周武王战胜了商朝，把九鼎迁到雒邑，正义之士还有的指责他，更何况将表明违礼乱制的赂器放到太庙之中，比周武王的迁鼎又如何呢？"鲁桓公不肯听从这番劝谏。

东周的内史听到臧哀伯的进谏，说："臧孙达这个人会在鲁国有他的后人的。君主违背礼法，他不忘用德义来劝谏。"

王以诸侯伐郑

【题解】

春秋以来，周天子已丧失了诸侯的共主地位，受到诸侯的侵凌。周平王削弱郑庄公的辅政权力，引起郑国怨恨，双方以交换人质作保证。周桓王执政，周郑关系进一步恶化，双方发生战争，东周失败，成为王室衰微的一个标志。

【原文】 郑武公、庄公为平王卿士。王贰于虢[①]。郑伯怨王。王曰："无之。"故周、郑交质。王子狐为质于郑[②]，郑公子忽为质于周[③]。王崩，周人将畀虢公政[④]。四月，郑祭足帅师取温之麦[⑤]。秋，又取成周之禾[⑥]。周、郑交恶。

君子曰："信不由中[⑦]，质无益也。明恕而行，要之以礼[⑧]，虽无有质，谁能间之？苟有明信，涧、溪、沼、沚之毛[⑨]，蘋、蘩、蕰藻之菜[⑩]，筐、筥、锜、釜之器[⑪]，潢、汙、行潦之水[⑫]，可荐于鬼神[⑬]，可羞于王公，而况君子结二国之信，行之以礼，又焉用质？《风》有《采蘩》《采蘋》，《雅》有《行苇》《泂酌》[⑭]，昭忠信也。"

王夺郑伯政，郑伯不朝。秋，王以诸侯伐郑，郑伯御之。

王为中军，虢公林父将右军[⑮]，蔡人、卫人属焉；周公黑肩将左军[⑯]，陈人属焉。

郑子元请为左拒[⑰]，以当蔡人、卫人；为右拒，以当陈人，曰："陈乱，民莫有斗心。若先犯之，必奔。王卒顾之，必乱。蔡、卫不枝，固将先奔。既而萃于王卒，可以集事。"从之。曼伯为右拒[⑱]，祭仲足为左拒[⑲]，原繁、高渠弥以中军奉公[⑳]，为鱼丽之陈。先偏后伍[㉑]，伍承弥缝。

战于繻葛[㉒]。命二拒曰："旝动而鼓[㉓]。"蔡、卫、陈皆奔，王卒乱，郑师合以攻之，王卒大败。祝聃射王中肩，王亦能军。祝聃请从之[㉔]，公曰："君子不欲多上人[㉕]，况敢陵天子

乎？苟自救也，社稷无陨㉖，多矣。"

夜，郑伯使祭足劳王，且问左右：

【注释】　①貳：指把辅政权力分给西虢国君。虢：西周封国，指西虢。这里指西虢国君。②王子孤：周平王的儿子。③公子忽：郑庄公的太子。④畀：给予；付予。⑤温：东周管辖范围内的小国，当在今河南温县境内。⑥成周：西周时的东都，东周都城，在今洛阳市东。⑦中：同"衷"。指诚心。⑧要：约束。⑨沼、沚：二者均为小的池塘。⑩苹、蘩、蕰藻：三种均为草本植物名。苹生于池塘，也称"苹蒿"；蘩为菊科多年生草本植物；蕰藻为水草。⑪筐、筥、锜、釜：筐、筥皆竹器，方者为筐，圆者为筥；锜、釜皆烹食之器，有足者为锜，无足者为釜。⑫行潦：指积于路面的雨水。⑬荐：进献。后一句的"羞"也是进献的意思。⑭迥：即"迥"。⑮虢公林父：西虢国君，名林父。⑯周公黑肩：东周卿士，名黑肩。⑰郑子元：郑庄公之子公子突，子元是他的字。⑱曼伯：郑庄公之子公子忽的字。⑲祭仲足：郑国大夫。即上文的祭足。⑳原繁：郑国大夫。㉑先偏后伍：一种战阵。杜预："《司马法》，车战二十五乘为偏，以车居前，以伍次之，承偏之隙而弥缝缺漏也。五人为伍。此盖鱼丽阵法。"清代江永也引《司马法》解释说："二十五乘为偏，百二十五乘为伍。"先偏后伍指二十五乘居前，百二十五乘在后。与杜预解释有差别，难以考定。㉒繻葛：地名，亦名长葛，当今河南长葛市。㉓旝：大将所用的旗帜。㉔从之：即追击他。㉕上：驾凌。㉖陨：损害。

【译文】　郑武公、郑庄公都是东周平王时的执政卿士。平王同时又把执政权交给西虢的虢公。郑庄公因此而埋怨平王。平王对他说："没有让虢公来执政。"（为了相互取信，）所以东周和郑国交换了人质。周平王之子王子孤去郑国做了人质，郑庄公的太子公子忽到东周做了人质。周平王死后，东周准备将执政权全部交给虢公（更使郑庄公怨恨）。（鲁隐公元年）四月，郑国大夫祭足率领军队收割东周附属国温国的小麦。秋天，他又收割了成周地区的庄稼。东周、郑国由此结下仇怨。

君子说："人言不诚实，交换人质是没有用的。光明正大地、相互体谅地去做事，用礼仪加以约束，虽没有人质，谁能离间得了？如果有光明正大的信义，山涧、溪流、池塘中生长的水草，苹、蘩、蕰藻等植物，筐、筥等竹器和锜、釜等炊具，池、塘、路面的积水，都可以进献鬼神，可以进献王公，又何况君子缔结两国间的信义，用礼制实行这种信义，又哪里需要人质？《诗经》的《国风》有《采蘩》《采苹》的篇章，《雅》有《竹苇》《泂酌》的篇章，都是昭示忠诚信义的。"

周桓王收取了郑庄公对东周的参政权，郑庄公就不去朝拜他了。（鲁桓公五年）秋天，周桓王就用诸侯进攻郑国，郑庄公抵御这场进攻。

周桓王为中军统帅，虢国国君林父带领右军，蔡国、卫国的军队附属于他；周公黑肩带领左军，陈国军队附属于他。

郑公子突要求布置一个左面的方阵,用来抵挡蔡国、卫国的军队;布置一个右面的方阵,用来抵挡陈国军队,他说:"陈国正在战乱之中,人民没有斗志,如果先对他发起进攻,他们必定逃跑。周王的士卒要照料他们,必定会乱了阵容。蔡国、卫国的军队不能支撑,也一定会首先逃奔。这样就可以集中兵力进攻周桓王带领的士卒,咱们就可以成功了。"郑庄公听从了他的建议。郑国的公子忽统帅右面方阵,祭仲足统帅左面方阵,原繁、高渠弥带领中军保护着郑庄公,构成了一个群鱼附丽的阵式,前为车乘,后为步卒,步卒见机补充车乘间的间隙。

双方在缙葛展开战争。郑庄公命令左右两个方阵:"大将的旗帜一旦挥动,就击鼓前进。"蔡国、卫国、陈国的军队都逃奔了,周桓王的士卒混乱了,郑国军队汇合起来攻打他们,周桓王的士卒大败。郑国的将领祝聃射中了周桓王的肩膀,但周桓王还能指挥军队。祝聃请求去追逐周桓王,郑庄公说:"君子不想超过比自己在上的人,又哪里敢凌驾于天子之上呢? 这只不过是为了自救,国家不至于陨灭,就很满足了。"

到晚上,郑庄公派祭足去慰劳周桓王,同时也慰问了跟随周桓王的人。

庄 公

楚灭邓

【题解】

鲁庄公六年(前688),楚文王征伐申国,路过邓国,邓国大夫劝邓祁侯乘机杀掉文王,以免楚国灭了申国后再消灭邓国。邓祁侯不听劝告,迷信楚邓之间的亲戚关系,终被楚国消灭。

【原文】
楚文王伐申①,过邓②。邓祁侯曰:"吾甥也。"止而享之。骓甥、聃甥、养甥请杀楚子③。邓侯弗许。三甥曰:"亡邓国者,必此人也。若不早图,后君噬齐④。其及图之乎! 图之,此为时矣。"邓侯曰:"人将不食吾余⑤。"对曰:"若不从三臣,抑社稷实不血食,而君焉取余?"弗从。还年,楚子伐邓。十六年,楚复伐邓,灭之。

【注释】
①申:春秋时小国,故地在今河南南阳市。②邓:春秋时小国,故地当今河南邓县。③骓:本指毛色苍白相杂的马,此处为人名。④噬齐:齐即"脐",噬脐,即噬肚脐。人不能自咬其肚脐,比喻后悔不及。⑤不食吾余:不再参加我其余的宴会,意思是遭到唾弃。

【译文】
楚文王侵伐申国,经过邓国。邓国国君祁侯说:"这是我们的外甥。"把他留住宴请。邓祁侯的外甥骓、聃、养请求邓祁侯杀掉楚文王,邓祁侯不答应他们的请求。三位外甥说:"灭亡邓国的,一定就是这个人。如果不及早打算,以后你会自咬肚脐咬不

着了。请你赶快对他下手吧,除掉他,这就是机会啊。"邓祁侯说:"那样做,人们将会唾弃我们,不再参加我们其余的宴会。"三位外甥对他说:"如果你不听从我们三人的话,或许社稷没有血肉之食来祭奠,你君王还能有其余的宴会赐给别人吗?"邓祁侯还是不听从他们的话。楚文王在伐申返回来的那年(鲁庄公六年),进伐邓国。(鲁庄公)十六年,楚国再次进攻邓国,灭亡了它。

齐无知弑其君诸儿

【题解】

鲁庄公八年(前686),齐国内乱,齐襄公被杀。这是"政令无常"的结果。这次动乱,为齐桓公的兴起创造了机会。

【原文】 齐侯使连称、管至父戍葵丘①,瓜时而往,曰:"及瓜而代。"期戍②,公问不至。请代,弗许。故谋作乱。

僖公之母弟曰夷仲年,生公孙无知,有宠于僖公,衣服礼秩如適③。襄公绌之④。二人因之以作乱。

连称有从妹在公宫,无宠,使间公⑤,曰:"捷,吾以汝为夫人。"

冬十二月,齐侯游于姑棼⑥,遂田于贝丘⑦。见大豕,从者曰:"公子彭生也⑧。"公怒,曰:"彭生敢见!"射之,豕人立而啼。公惧,队于车⑨。伤足,丧屦⑩。反,诛屦于徒人费⑪。弗得,鞭之见血。走出,遇贼于门,劫而束之。费曰:"我奚御哉?"袒而示之背,信之。费请先入。伏公而出,斗,死于门中。石之纷如死于阶下。遂入,杀孟阳于床。曰:"非君也,不类。"见公之足于户下,遂弑之,而立无知。

初,襄公立,无常。鲍叔牙曰:"君使民慢,乱将作矣。"奉公子小白出奔莒⑫。乱作,管夷吾、召忽奉公子纠来奔。

【注释】 ①葵丘:亦称渠丘,齐国属地。当今山东临淄西。②期:一周年。③適:"嫡"的假借字。④绌:"黜"的假借字。⑤间:刺探。⑥姑棼:即薄姑,在今山东博兴县境。⑦贝丘:齐地,在今山东博兴县南。⑧公子彭生:齐国公子,鲁桓公十八年(前694)被齐襄公所杀。⑨队:即"坠"。⑩屦:麻、葛等制成的单底鞋。⑪徒人:杨伯峻《春秋左传注》谓,此徒人之徒当为侍字之误,侍人即寺人。下文的石之纷如、孟阳皆为寺人。⑫公子小白:即齐桓公。

【译文】 齐襄公派大夫连称、管至父去镇守葵丘,吃瓜的时候派出,说:"到下次吃瓜的季节就让人替换你们。"已经镇守了一年了,齐襄公派人换防的消息仍没有到来。二人请求替换,又不答应。所以两人就谋划作乱。

齐僖公的同母弟弟夷仲年,生了个儿子叫无知,在齐僖公时很得宠,穿的衣服与享受

的待遇像嫡子一样。到齐襄公执政时，就疏远和贬斥他。连称、管至父就利用无知发动变乱。

连称有个堂妹在齐襄公的宫里，不受齐襄公的宠爱，无知就让她侦察齐襄公的行动。对她说："事成之后，我让你做我的夫人。"

（鲁庄公八年）十二月，齐襄公到姑棼游玩，于是就在贝丘围猎。遇见一只大猪。跟随他的人说："这是公子彭生。"齐襄公听说大怒，说："彭生你敢来见我！"发箭射这只猪。这只猪像人一样站起来啼哭，齐襄公害怕了，从车上摔下来，伤了脚，丢掉了鞋子。回到宫中后，向寺人费责要他的鞋子，费没有给他找到，他就鞭打了费，打得他背上流出血来。费从宫中出来后，在宫门口遇上了暗杀齐襄公的人。这些人劫持了费并把他绑起来。费对这些人说："我为什么要抵御你们呢？"脱掉上衣让他们看自己的背，这些人相信了他。费请求这些人让他先进入宫中。他进去后让齐襄公躲藏起来，又出来与暗杀者格斗，死在宫门之内。寺人石之纷如也被杀死在宫殿的台阶下。于是暗杀者进入宫中，把寺人孟阳杀死在床上。说："这不是齐襄公，长得不像。"看见齐襄公的脚露在门底下，于是杀了他，立了无知为国君。

当初，齐襄公即位以后，政令无常。齐国大夫鲍叔牙说："君主要使百姓轻视他的政令，就会发生变乱。"就带着公子小白出奔到了莒国。齐国变乱发生，管夷吾、召忽拥护着公子纠急忙来到鲁国。

齐桓公入齐

【题解】

鲁庄公九年（前685），齐桓公在击败由鲁国护送回国的公子纠后，回到齐国，听从鲍叔牙的意见，任用公子纠的谋士管仲为相，开始了齐国的治理。

【原文】 九年春，雍廪杀无知①。

公及齐大夫盟于蔇②，齐无君也。

夏，公伐齐，纳子纠。桓公自莒先入。

秋，师及齐师战于乾时③，我师败绩。公丧戎路④，传乘而归⑤。秦子、梁子以公旗辟于下道，是以皆止。

鲍叔帅师来言曰："子纠，亲也，请君讨之；管、召，仇也，请受而甘心焉。"乃杀子纠于生窦⑥。召忽死之。管仲请囚，鲍叔受之，及堂阜而税之⑦。归而以告曰："管夷吾治于高傒⑧，使相可也。"公从之。

【注释】 ①雍廪：亦作雍林，齐地。今地不详。②蔇：即"暨"，鲁国属地，当今山东枣庄市南。③乾时：时为河水名，在齐国境内。乾时指时河河道当时干涸无水。④戎路：国君所乘兵车。⑤传乘：乘驿传的车。传，驿传。⑥生窦：鲁地，当今山东菏泽市北。

⑦堂阜:齐、鲁交界处而属于齐国的地方,当今山东蒙阴县西北。税:通"脱"。⑧高傒:齐国卿大夫,扶立齐桓公的人。

【译文】 (鲁庄公)九年春天,齐国雍林地方的人杀了无知。

鲁庄公与齐国的大夫在蔇地举行会盟,当时齐国没有国君。

夏天,鲁庄公进攻齐国,送公子纠回国当国君。可齐桓公(公子小白)已经从莒国先一步回到了齐国。

秋天,鲁国军队同齐国军队在干涸了的时河边进行战争,鲁国军队溃败了。鲁庄公丧失了他的战车,坐了一辆驿传的车跑回去了。为他驾驭战车的秦子、梁子带着他的旗帜逃避到河下面的一条道路上,所以两个人都被齐军俘虏了。

鲍叔牙率领着军队来到鲁国对鲁庄公说:"公子纠,是我们的亲人,请你杀掉他。管夷吾、召忽,是我们的仇人,请让我们亲自处置而满足我们的心愿。"于是就把公子纠杀死在鲁国的生窦。召忽为公子纠自杀了。管仲请求鲁公把他囚禁起来,鲍叔牙接受了管仲,到了堂阜的时候,就为管仲解开了绑缚的绳子。回到齐国,鲍叔牙对齐桓公说:"管夷吾的治国才略高于高傒,可以让他做宰相。"齐桓公听从了鲍叔牙的意见。

闵　公

狄人伐卫

【题解】

卫懿公享乐成性,以养鹤为娱,引起国人怨恨,在狄人进攻下,终至灭国。这是春秋时乐而忘忧,丧家辱国的一个典型例证。

【原文】 冬十二月,狄人伐卫①。卫懿公好鹤,鹤有乘轩者②。将战,国人受甲者皆曰:"使鹤,鹤实有禄位,余焉能战?"公与石祁子玦③,与宁庄子矢,使守,曰:"以此赞国,择利而为之。"与夫人绣衣④,曰:"听于二子。"渠孔御戎,子伯为右,黄夷前驱,孔婴齐殿。及狄人战于荧泽⑤,卫师败绩,遂灭卫。卫侯不去其旗,是以甚败。

狄人囚史华龙滑与礼孔,以逐卫人。二人曰:"我,大史也,实掌其祭。不先,国不可得也。"乃先之。至则告守曰:"不可待也。"夜与国人出。狄入卫,遂从之,又败诸河。

初,惠公之即位也少,齐人使昭伯烝于宣姜⑥,不可,强之。生齐子、戴公、文公、宋桓夫人、许穆夫人。文公为卫之多患也,先适齐。及败,宋桓公逆诸河,宵济。卫之遗民男女七百有三十人,益之以共、滕之民为五千人⑦。立戴公以庐于曹⑧。许穆夫人赋《载驰》。齐侯使公子无亏帅车三百乘、甲士三千人以戍曹。归公乘马,祭服五称,牛、羊、豕、鸡、狗皆三百与门材。归夫人鱼轩⑨,重锦三十两⑩。

【注释】 ①狄人:指卫国北部的少数民族。②轩:有藩蔽的车,大夫以上的人所乘。③玦:环形而有缺口的玉器。④绣衣:华丽的衣服。⑤荥泽:湖泽名,位于今河南荥阳南。此处的荥泽似在黄河北,今地不详。⑥昭伯:公子顽。烝:以下淫上。⑦共:卫国属邑,当今河南辉县。滕:卫国属邑,今地不详。⑧曹:卫国属邑,当今河南滑县西南的白马故城。⑨鱼轩:鱼皮装饰的车。⑩两:布帛单位,匹。

【译文】 (鲁闵公二年)冬十二月,狄人侵伐卫国。卫懿公很喜欢养鹤,鹤有乘坐轩车的。卫国要和狄人打仗,国中之人被授予兵器者都说:"让鹤去打仗,鹤实际上享受俸禄有官位,我们哪能打仗呢?"卫懿公送给大夫石祁子一环玉块,又给大夫宁庄子箭,让二人守城,对二人说:"用这些来救助咱们的国家吧,但要选择有利的情形去做。"他又送给他的夫人华丽的上衣,对她说:"你就听从石祁子和宁庄子的安排吧。"渠孔为他驾驭着战车,子伯担任警卫站在车右,黄夷前驱打头阵,孔婴齐为他压阵。卫懿公率军与狄人战斗在荥泽,卫国军队溃败了,狄人于是消灭了卫国。卫懿公还不拔掉他的战旗,所以失败得很惨。

狄人囚禁了太史华龙滑和礼孔,让他们带路驱逐卫国人。二人说:"我们,只是太史,实际掌管祭祀的事。不先入国祭祀卫国的祖先,你们就不可能得到他。"狄人让他们先进入卫国国都。二人到了国都,告诉守卫的人说:"不能在这里等待下去了。"在夜里与国中之人跑出来。狄人进入卫国后,又追赶这些人,把他们打败在黄河岸边。

当初,卫惠公即位时年龄小,齐僖公就让卫宣公的儿子昭伯与他的庶母宣姜通奸,宣姜不愿意,昭伯就强迫她。生了齐子、后来的卫戴公、卫文公、宋桓公的夫人、许穆公的夫人。卫文公当时因为国内忧患太多,先到了齐国。等到卫国被狄人打败后,宋桓公到黄河上把他迎接回来,夜里渡过黄河。卫国都城只留下百姓男女一共七百三十人,加上卫国共、滕两地的百姓共五千人。他们立卫戴公为君,寄住在曹地。许穆公的夫人做了一首《载驰》的诗。(《诗经·载驰》序中说,为许穆夫人作,悯其宗国颠覆自伤不能救也。)齐桓公让公子无亏带领三百辆战车、三千名带甲之士去戍守曹地。又馈赠卫戴公乘马,祭服五套,牛、羊、猪、鸡、狗各三百只,以及做门户的木材。送给卫戴公夫人鱼皮装饰的轩车,精细的织锦三十匹。

晋太子申生伐东山皋落氏

【题解】

闵公二年(前660),晋献公命令太子申生征伐东山皋落氏,指令他"尽敌而返",实际是要牺牲他。申生的谋臣们为此议论纷纷。说明当时晋国内部的权力斗争已达到白热化程度。

【原文】 晋侯使大子申生伐东山皋落氏①。里克谏曰:"大子奉冢祀②、社稷之粢盛,

以朝夕视君膳者也,故曰冢子。君行则守,有守则从。从曰抚军,守曰监国,古之制也。夫帅师,专行谋,誓军旅,君与国政之所图也,非大子之事也。师在制命而已,禀命则不威,专命则不孝,故君之嗣适不可以帅师。君失其官,帅师不威,将焉用之?且臣闻皋落氏将战,君其舍之。"公曰:"寡人有子,未知其谁立焉。"不对而退。

见大子,大子曰:"吾其废乎?"对曰:"告之以临民,教之以军旅,不共是惧,何故废乎?且子惧不孝,无惧弗得立,修己而不责人,则免于难。"

大子帅师,公衣之偏衣③,佩之金玦。狐突御戎,先友为右。梁余子养御罕夷,先丹木为右。羊舌大夫为尉。先友曰:"衣身之偏,握兵之要,在此行也,子其勉之!偏躬无慝,兵要远灾,亲以无灾,又何患焉?"狐突叹曰:"时,事之徵也;衣,身之章也;佩,衷之旗也④。故敬其事则命以始,服其身则衣之纯,用其衷则佩之度。今命以时卒,闵其事也;衣之尨服⑤,远其躬也;佩以金玦,弃其衷也。服以远之,时以闷之。尨凉冬杀,金寒玦离,胡可恃也?虽欲勉之,狄可尽乎?"梁余子养曰:"帅师者,受命于庙,受脤于社⑥,有常服矣,不获而尨,命可知也。死而不孝,不如逃之。"罕夷曰:"尨奇无常,金玦不复,虽复何为?君有心矣。"先丹木曰:"是服也,狂夫阻之。曰'尽敌而反',敌可尽乎?虽尽敌,犹有内谗,不如违之。"狐突欲行。羊舌大夫曰:"不可。违命不孝,弃事不忠。虽知其寒,恶不可取。子其死之!"

大子将战,狐突谏曰:"不可,昔辛伯谂周桓公云⑦:'内宠并后,外宠二政,嬖子配嫡,大都耦国,乱之本也。'周公弗从,故及于难。今乱本成矣,立可必乎?孝而安民,子其图之!与其危身以速罪也。"

【注释】 ①东山皋落氏:春秋时少数民族赤狄的部族,初期活动于今山西垣曲县境东部山区。②冢:大的意思。③偏衣:上衣后背两面颜色不同,称偏衣。④衷:内心。⑤尨:杂色。⑥脤:祭祀社稷所用的肉。⑦谂:规谏。

【译文】 晋献公派太子申生进攻东山皋落氏。大夫里克进谏说:"太子执掌管理着重大祭祀、祭祀社稷的谷物,是朝夕不离国君左右,亲自照顾国君膳食的人,所以才称为冢子。国君出行他在国内居守,君主有守护疆土的出征时他随从出行。跟随君主出征称为抚军,在国居守称为监国,这是古来的制度。统率军队,要能够独断行军的谋略,全权号令指挥军队,这是国君和执政的卿大夫拥有的权力及所要图谋的,不属于太子权力范围的事。出兵打仗在于统帅能够专制命令,承受君主的命令指挥军队就没有权威,如果不接受君主命令擅自行事则又是不讲孝道,所以国君的继承者不可以让他来统率军队。你搞乱了任官授权的原则,让太子率军而没有权威,你还用他做什么呢?况且我已听说,皋落氏将要抵抗我们,请你还是放弃这次出征吧。"晋献公说:"我的儿子,还不知道他们谁能立为太子呢!"里克听后没有再说什么就退出来了。

里克去见太子申生,太子问他:"我会被废掉吗?"里克对他说:"国君告诉你让你统治

人民，又教给你率领军队的才能，担心的是你对国君的不恭敬，有什么缘故要把你废掉呢？况且作为太子，你只能担心对君主的不孝，不能害怕得不到嗣立。自己修身而不责怪旁人，就会免于患难。"

太子申生统率起军队，晋献公为他穿上了背面两色的军衣，送给他一只金块。狐突为太子驾驭戎车，先友在车右跟随。梁余子养为罕夷驾驭戎车，先丹木为这乘戎车的车右。羊舌大夫为管各级军官的军尉。先友对太子说："君主给你穿上两色的衣服，让你掌握军事大权，（成败）在此一行，你就自勉自励吧！（君主让你穿两色衣）意在分他的一半衣服给你，看来没有恶意，手握兵权就远离了灾难，君主对你亲近也就没有灾难，你还有什么可怕的呢？"狐突叹口气说："时间，是事情成败的征兆；衣服，是身份的表示；身上的佩物，是内心思想的旗帜。所以要严肃地做事，就在恰当的时间发布命令，给衣服穿就应是纯色的衣服，真心做事就应给合乎礼度的佩物。现在命令出军的时间是在四季的末了，是让事情不顺利；让穿杂色的衣服，是让太子远离开君主身边；以金块佩在太子身上，是表示君主确定太子还没有决心。衣服表示让太子远离；时间又选择在让事情不顺利的时候；颜色杂乱，是寡薄的象征；冬季，是收杀的象征；金子，是寒冷的象征；金块，是绝离的象征。还有什么可以依恃的呢？虽说想要勉励，戎狄还能消灭干净吗？"梁余子养说："统率军队的人，要在君主的祖庙里接受命令，要在社坛下接受祭肉，穿有常规的服装。不能获得常规服装而让穿这杂色衣服，君主命令出兵的含义就很清楚了。出兵而死还落个不孝，不如逃走。"罕夷说："杂色奇异是不遵常规，金块是不能恢复成没有缺口的圆环的，即便能够恢复又能怎样呢？君主已经有了与太子决绝之心了。"先丹木说："这种服装，连疯子都会拒绝穿的。还说什么让消灭光敌人才能返回来，敌人能消灭光吗？即便是把敌人全部消灭了，还有人在宫内进谗言，不如违背了他的命令。"狐突准备让大家一起出逃，监军的羊舌大夫说："这不可以，违背君主的命令是不孝，放弃要做的事是不忠诚。虽然咱们都知道天气和人心都很冷酷，那些恶行咱们是不能去做的，咱们一起去拼死吧！"

太子申生准备率军去战斗，狐突劝谏他说："不可以。过去周朝的辛伯极力劝周桓公说：'在宫内有受宠的并列的王后，在宫外宠幸着两名同时的执政官，让宠姬之子与嫡子相匹配，建立另一都城与国都成对偶，这都是国家政局动乱的根本原因。'周桓公不听他的劝告，所以祸难临头。现在咱们晋国动乱的原因已经形成，确立太子能够准确一定吗？行孝道而安定人民，你就考虑这事吧。与其使自己受到危害而又加速罪戾降临到你头上，不如服从君命，实行孝道。"

僖　公

虞师、晋师灭下阳

【题解】

晋国为了扩大领土，先以借道的形式，灭了虢国的下阳，为其进一步消灭虢国、虞国做了准备。

【原文】　晋荀息请以屈产之乘，与垂棘之璧①，假道于虞以伐虢②。公曰："是吾宝也。"对曰："若得道于虞，犹外府也。"公曰："宫之奇存焉。"对曰："宫之奇之为人也，懦而不能强谏，且少长于君，君暱之，虽谏，将不听。"乃使荀息假道于虞，曰："冀为不道③，入自颠轮④，伐鄍三门⑤。冀之既病，则亦惟君故。今虢为不道，保于逆旅，以侵敝邑之南鄙，敢请假道以请罪于虢。"虞公许之，且请先伐虢。宫之奇谏，不听，遂起师。夏，晋里克、荀息帅师会虞师，伐虢，灭下阳⑥。先书虞，赂故也。

【注释】　①垂棘：晋国属地，当今山西潞城县境内。②虞：春秋时小国，今山西平陆县。③冀：春秋时小国，在今山西河津市境内。④颠轮：虞国属地，亦称虞坂，在今平陆县东北，为中条山要道。⑤鄍：虞国属地，在今平陆县东北。⑥下阳：虢国属地，在今平陆县东北。

【译文】　(鲁僖公二年，)晋国的荀息请求晋献公用北屈所产良马和垂棘之地所出玉璧送给虞国，向虞国借道去进攻虢国。晋献公说："这两种东西可是我们的宝物呀。"荀息对他说："如果得到虞国这条通道，那就好像把宝物放在我们外部的库房了。"晋献公说："那里还有个善于谋事的宫之奇呢，(会答应吗?)"荀息又说："宫之奇的性格懦弱，不能强烈地去谏诤。而且他小时候就和虞公一起长大，虞公对他很亲昵，他即便劝谏，虞公也不会听从他。"晋献公就派荀息去虞国借道。荀息对虞公说："冀国实在是残忍无道，从你们的颠轮进来，攻打你们鄍城三座城门。我们挫伤了冀国，完全是为了给你们复仇的缘故。当今虢国又残忍无道，把碉堡建立在旅行道上，以便侵犯我国的南部地区。请求你借出一条通道，我们要向虢国问罪。"虞公答应了他的要求，并且请求先出兵讨伐虢国。宫之奇劝谏，虞公不听他的话，于是出兵先行。夏天，晋国的里克、荀息率军会合虞国军队去进攻虢国，攻取了虢国的下阳城。《春秋》把虞国写在前面，是因为虞国此前接受了贿赂。

齐桓公伐楚

【题解】

鲁僖公四年，齐桓公率领一些诸侯国的军队侵进楚国。楚国大臣据理质问，迫使齐

桓公退兵。楚大臣理直气壮而委婉的外交辞令及捍卫国家主权的态度,成为中国历史上的美谈。

【原文】 四年春,齐侯以诸侯之师侵蔡①,蔡溃,遂伐楚。

楚子使与师言曰:"君处北海,寡人处南海,唯是风马牛不相及也②,不虞君之涉吾地也,何故?"管仲对曰:"昔召康公命我先君大公曰:'五侯九伯,女实征之,以夹辅周室。'赐我先君履:东至于海,西至于河,南至于穆陵③,北至于无棣④。尔贡苞茅不入,王祭不共,无以缩酒⑤,寡人是征。昭王南征而不复,寡人是问。"对曰:"贡之不入,寡君之罪也,敢不共给?昭王之不复,君其问诸水滨!"师进,次于陉。

夏,楚子使屈完如师。师退,次于召陵⑥。

齐侯陈诸侯之师,与屈完乘而观之。齐侯曰:"岂不谷是为⑦?先君之好是继,与不谷同好,如何?"对曰:"君惠徼福于敝邑之社稷⑧,辱收寡君,寡君之愿也。"齐侯曰:"以此众战,谁能御之?以此攻城,何城不克?"对曰:"君若以德绥诸侯,谁敢不服?君若以力,楚国方城以为城⑨,汉水以为池,虽众,无所用之。"

屈完及诸侯盟。

【注释】 ①蔡:春秋诸侯国,周武王母弟叔度的始封地,国都在今河南上蔡县境。②唯是风马牛不相及也:牛马公母相诱而追逐称为风。此句意谓齐、楚相距很远,即使像牛马相诱而追逐跑得很远,也不至于互相侵入边界。③穆陵:今湖北麻城市北的一些地区。④无棣:今河北卢龙一带。⑤缩酒:有二意,一为用菁茅榨酒;一为祭祀时将菁茅竹立在地上,将酒浇在上面,酒顺菁茅滴下,像神饮酒。⑥召陵:地名,当今河南郾城区境。⑦不谷:自贬之称,类似"寡人"等。⑧徼:求取。⑨方城:楚国北部疆界的城防。姚鼐《春秋左传补注》:"楚所指方城,据地甚远。居淮之南,江、汉之北,西逾桐柏,东越光、黄,只是一山,其间通南北之大者,唯有义阳三关……然而方城连岭可七八百里矣。"

【译文】 (鲁僖公)四年春天,齐桓公率齐国、宋国、陈国、卫国、郑国、许国、曹国的军队侵伐蔡国,蔡国被打败,他们又进攻楚国。

楚成王派出的使者对齐桓公说:"你们居住在北海边上,我们处在南海边上,就公、母牛马相追逐也不至于及于两国的地界呀,没有预料到你们会进入我国领土,什么原因啊?"管仲对他说:"原来西周的召公奭授命我们的先君姜太公说:'公、侯、伯、子、男五等诸侯,分管九州的方伯,你都可以征伐他们,以此辅佐西周王朝。'赐我们先君鞋子,让他可以东到海上,西到黄河,南到穆陵,北到无棣。你们对王室上贡连一束菁茅都不给,周王的祭祀你们都没有礼物供给,周室里连榨酒的原料都没有,所以我们要对你问罪。西周昭王南征没有回去,我们要向你问个究竟。"使者对他说:"应上贡的没有上贡,这是我们的罪过,哪里敢不供给呢?昭王的不复还,那请君去问长江堤岸吧。"诸侯国的联军继续前进,停留在楚国北部要塞外。

夏季,楚成王又派屈完去到诸侯的军队里交涉。终于使这支军队后撤,停留在召陵。

齐桓公将诸侯国的军队陈列好阵势,同屈完在车上观看。齐桓公说:"向楚国进攻这哪里是我要想做的事情呢?我想的是要继续咱们两国先君的友好,你们与我和好怎么样?"屈完回答说:"你要为我们的国家人民求福,扶助我们的国君,那是我们的愿望啊。"齐桓公说:"用如此多的军队去打仗,有谁能抵御得了?用这支军队攻城,有什么样的城能不被攻破?"屈完对他说:"你如果用仁德来抚绥各国,谁敢不服从你?你如果以暴力来对待,楚国北部的方城就可以当作城,汉水就是池,虽然你的军队众多,没有什么用处。"

屈完与各诸侯国举行了会盟。

晋太子申生之死

【题解】

僖公四年(前656),骊姬为稳定其子奚齐的地位,终于将太子申生害死,并诬陷夷吾、重耳与太子同党,迫使他们出逃。

【原文】 初,晋献公欲以骊姬为夫人,卜之,不吉;筮之①,吉。公曰:"从筮。"卜人曰:"筮短龟长,不如从长。且其繇曰②:'专之渝,攘公之羭③。一薰一莸,十年尚犹有臭。'必不可。"弗听,立之。生奚齐,其娣生卓子。

及将立奚齐,既与中大夫成谋,姬谓大子曰:"君梦齐姜,必速祭之。"大子祭于曲沃,归胙于公④。公田,姬真诸宫六日。公至,毒而献之。公祭之地,地坟⑤;与犬,犬毙;与小臣,小臣亦毙。姬泣曰:"贼由大子⑥。"大子奔新城。公杀其傅杜原款。

或谓大子:"子辞⑦,君必辩焉。"大子曰:"君非姬氏,居不安,食不饱。我辞,姬必有罪。君老矣,吾又不乐。"曰:"子其行乎?"大子曰:"君实不察其罪,被此名也以出,人谁纳我?"

十二月戊申,缢于新城。姬遂谮二公子曰:"皆知之。"重耳奔蒲,夷吾奔屈。

【注释】 ①筮:用蓍草占卜。②繇:占卜的兆词。③羭:母羊。引申为美。④归:送。胙:古代祭祀时供献的酒肉。⑤坟:地面突起如坟堆。⑥贼:暗杀。⑦辞:申辩。

【译文】 当初,晋献公想要让骊姬成为夫人,用龟甲占卜,不吉利;又用蓍草占卜,吉利。晋献公说:"服从蓍草占卜的结果。"卜筮的人说:"筮用的蓍草短,卜用的龟甲长,不如根据长的占卜的结果去做。而且卦词上说:'专爱宠幸就会生变,除掉公的美物。香草跟臭草二者并列,十年后还有臭气。'一定不可以立骊姬为夫人。"晋献公不听他的话,终于立骊姬为夫人。就生了奚齐,她的妹妹生了卓子。

等到快要立奚齐为太子的时候,骊姬先和晋国的中大夫定好了计策,她对太子申生说:"国君夜里梦见了你母亲齐姜,你一定赶快去祭奠她。"太子申生就在曲沃进行祭奠,而后把祭奠时的酒肉送给晋献公。晋献公当时正在外打猎,骊姬把这些酒肉在宫中放了

六天。晋献公回来后，骊姬在酒肉里下了毒而后献给晋献公。晋献公洒酒在地以示对齐姜的祭奠，地面被浇成虚土堆；把肉喂给狗，狗死去了；又让他的近臣吃，那个近臣也倒毙了。骊姬哭着说："暗杀你的毒物就是从太子申生那里来的。"太子申生逃奔回了曲沃。晋献公杀了申生的师傅杜原款。

有人对申生说："你去声辩，国君一定让你辩的。"太子说："国君没有姬氏，居住都不安宁，吃饭都吃不好。我去声辩，骊姬必定有罪被杀。君父老了，我也没什么高兴的。"又说："你不会出走吗？"太子申生说："君父实在不清楚是谁的罪恶，我带着这谋害父亲的名声出走，有谁会容纳我呢？"

（鲁僖公四年）十二月戊申日，申生在曲沃自缢而死。骊姬于是又谗害重耳和夷吾两位公子，说："他们都知道申生要毒害国君。"重耳逃奔到蒲，夷吾逃奔到屈。

晋公子重耳出亡

【题解】

晋公子重耳出亡十九年，备受艰难险阻，也取得了丰富的政治经验，为日后振兴晋国、成就霸业奠定了基础。

【原文】 晋公子重耳之及于难也，晋人伐诸蒲城。蒲城人欲战，重耳不可，曰："保君父之命而享其生禄，于是乎得人。有人而校，罪莫大焉。吾其奔也。"遂奔狄。从者狐偃、赵衰、颠颉、魏武子、司空季子。狄人伐廧咎如①，获其二女叔隗、季隗，纳诸公子。公子取季隗，生伯鯈、叔刘②，以叔隗妻赵衰，生盾。将适齐，谓季隗曰："待我二十五年，不来而后嫁。"对曰："我二十五年矣，又如是而嫁，则就木焉，请待子。"处狄十二年而行。

过卫，卫文公不礼焉。出于五鹿③，乞食于野人，野人与之块④，公子怒，欲鞭之。子犯曰："天赐也。"稽首受而载之。

及齐，齐桓公妻之，有马二十乘，公子安之。从者以为不可。将行，谋于桑下。蚕妾在其上，以告姜氏。姜氏杀之，而谓公子曰："子有四方之志，其闻之者，吾杀之矣。"公子曰："无之。"姜曰："行也！怀与安，实败名。"公子不可。姜与子犯谋，醉而遣之。醒，以戈逐子犯。

及曹，曹共公闻其骈胁⑤，欲观其裸。浴，薄而观之⑥。僖负羁之妻曰："吾观晋公子之从者，皆足以相国；若以相，夫子必反其国，反其国，必得志于诸侯；得志于诸侯，而诛无礼，曹其首也。子盍蚤自贰焉⑦。"乃馈盘飧⑧，寘璧焉。公子受飧反璧。

及宋，宋襄公赠之以马二十乘。

及郑，郑文公亦不礼焉。叔詹谏曰："臣闻天之所启，人弗及也。晋公子有三焉，天其或者将建诸，君其礼焉。男女同姓，其生不蕃。晋公子，姬出也，而至于今，一也；离外之患⑨，而天不靖晋国，殆将启之，二也；有三士足以上人，而从之，三也。晋郑同侪，其过子

弟,固将礼焉,况天之所启乎?"弗听。

及楚,楚子飨之,曰:"公子若反晋国,则何以报不谷?"对曰:"子女玉帛,则君有之,羽毛齿革,则君地生焉。其波及晋国者,君之余也;其何以报君?"曰:"虽然,何以报我?"对曰:"若以君之灵,得反晋国,晋楚治兵,遇于中原,其辟君三舍。若不获命,其左执鞭弭,右属櫜鞬⑩,以与君周旋。"子玉请杀之。楚子曰:"晋公子广而俭,文而有礼;其从者肃而宽,忠而能力。晋侯无亲,外内恶之。吾闻姬姓唐叔之后,其后衰者也,其将由晋公子乎!天将兴之,谁能废之?违天,必有大咎。"乃送诸秦。

秦伯纳女五人,怀嬴与焉。奉匜沃盥⑪,既而挥之。怒,曰:"秦晋匹也,何以卑我?"公子惧,降服而囚。

他日,公享之,子犯曰:"吾不如衰之文也,请使衰从。"公子赋《河水》,公赋《六月》。赵衰曰:"重耳拜赐!"公子降,拜,稽首,公降一级而辞焉。衰曰:"君称所以佐天子者命重耳,重耳敢不拜?"

【注释】 ①廧咎如:春秋少数族赤狄的一种,活动于今山西太原市南。②伯儵:人名。③五鹿:卫地,当今河南濮阳南。④块:土块。⑤骈胁:肋骨中有两根并为一而隆起者。⑥薄:迫近,走近。⑦蚤:同"早"。⑧飧:晚餐,引申为熟食。⑨离:通"罹",遭受。⑩櫜:盛衣甲或弓箭的皮囊。鞬:马上盛弓的器物。⑪匜:盥洗器,用来倒水。盥:浇水洗手,引申为洗漱。

【译文】 晋公子重耳遭难的时候,晋献公派人去蒲城攻打他。蒲城内的人们都要抵抗,重耳不允许,他说:"我是依靠君父的任命享受他的养生的俸禄,才得到了一批人。有了一批人后去跟他较量,罪恶莫大于这个了。我出逃就行了。"于是逃奔到狄人那里去了。跟随他的人有狐偃、赵衰、颠颉、魏武子、司空季子。狄人曾征伐唐咎如部落,俘获了部落首领的两个女儿叔隗、季隗,狄人把他们送给重耳。重耳娶了季隗,生了伯儵、叔刘,把叔隗送给赵衰做妻子,生了赵盾。他们将要到齐国,重耳对季隗说:"你在这等待我二十五年,我要不来你就改嫁。"季隗回答说:"我再过二十五年,像这样再嫁,那就进入棺木中了,我就等待你吧。"重耳在狄人那里生活了十二年以后才走。

他路过卫国,卫文公不礼遇他。他从卫国的五鹿东出,向村野里的人要饭,一个乡村人给了他一块土,重耳恼怒,要鞭打这人,狐偃说:"这是上天赐予你土地。"重耳拱手低头接受了这块土并把它装起来。

重耳到了齐国,齐桓公又为他娶了妻子,有二十乘马匹,重耳安心住在这里,跟随的人都不想这样做。他们还要离开齐国,在一棵桑树下策划,一位养蚕采桑的小妾把策划要走的情况告诉了重耳的妻子姜氏,姜氏就把这个人杀掉了。她对重耳说:"你有远走四方的想法,知道你这个想法的人,我已经把她杀掉了。"重耳说:"我没有这个想法。"姜氏说:"你走吧! 怀恋妻室与安逸怕动,实在会败坏名声。"重耳不想走。姜氏与狐偃策划,

把他灌醉后送他离开。重耳酒醒后，用戈追着打狐偃。

重耳到了曹国，曹共公听说重耳的肋骨连成一片，想看他的光身子，就让重耳洗澡，他靠近洗澡处观看重耳。曹国大夫僖负羁的妻子说："我观察晋公子的跟随者，都可以当国相。如果让这些人当他的国相，这位公子一定会返回他的国家，返回国后将来一定会使诸侯服从他，让诸侯服从他，要诛罚对他无礼的人，曹国是他首要诛讨的，你为什么不早点对他亲近？"僖负羁送给重耳一盒饭食，在饭食里放进了玉璧。重耳接受了饭食送还他玉璧。

重耳到了宋国，宋襄公赠送给他二十乘马匹。

重耳到了郑国，郑文公也不礼遇他。郑国大夫叔詹劝谏郑文公说："我听说上天要赞助的事情，人力是不可扭转的。晋公子有三方面的优势。上天或许将要树立他，你还是要以礼招待他。男女同姓而婚，生殖不会繁盛。但姬姓的晋公子重耳，却也是姬姓女子所生，他能活到今天，这是第一。遭受到出逃的患难，在他遭难时上天不使晋国安宁，大概是赞助他，这是第二条。他身边有三个谋士，足以成为人上人，而能跟随着他，这是第三条。晋国、郑国地位同等，来往的子弟应当以礼相待，何况上天所赞助呢！"郑文公不听叔詹的话。

重耳到了楚国，楚成王以国君的礼仪招待他，请他赴宴，说："公子如果返回晋国，那用什么来报答我？"重耳回答说："男女奴隶、金玉丝帛，君主都有，鸟羽、旄牛、象齿、皮革，你的土地上生长着，这些能流散到我们晋国的，都是你的剩余物，那我用什么来报答呢？"楚成王还是说："尽管如此，你还是要用什么来报答我吧？"重耳回答说："如果靠你的威灵，能够返回晋国，晋、楚两国要训练军队，在中原相遇，那时我会躲避你三舍之地，如果这样做你还不答应，那我就只好左手执马鞭、弓箭，右边配着装载武器的皮具，用来与你周旋了。"子玉让楚成王杀掉重耳。楚成王说："晋公子志气远大而作风简朴，文雅有礼度。他的跟随者肃敬而宽厚，忠于他而能为他出死力。晋怀公没有亲近者，国外和国内都讨厌他。我听说姬姓中唐叔的后代，是最后衰落的，这大概是由于公子重耳呀。上天将要兴起他，谁能废止他？违背上天，一定会有大的罪过。"于是把重耳送到秦国。

秦穆公送给重耳五名女子，怀嬴就在其中。怀嬴侍奉重耳洗漱，不久受到重耳的挥斥。怀嬴很生气，说："秦、晋是相等的国家，你为什么要鄙弃我？"重耳害怕，脱去上衣自我囚禁起来。

后来有一天，秦穆公宴请重耳一行。狐偃说："我比不上赵衰的文辞，请让赵衰跟随你赴宴吧。"重耳在宴会上诵了一首《河水》的诗，秦穆公诵了一首《六月》。赵衰说："重耳赶快拜谢！"重耳走下堂，向秦穆公揖拜，磕头，秦穆公走下一级台阶辞让。赵衰说："国君你诵的诗，意思是以辅佐天子的道理来教导重耳(听你的辅佐)，重耳敢不拜谢你！"

介之推不言禄

【题解】

晋公子重耳在秦国的帮助下回到晋国,夺取了政权。他不仅善用旧臣,而且起用一些原来的仇敌,收拢人心,稳定晋国,巩固了政治统治基础。

【原文】 二十四年春王正月,秦伯纳之。不书,不告入也。

及河,子犯以璧授公子,曰:"臣负羁绁从君巡于天下①,臣之罪甚多矣,臣犹知之,而况君乎?请由此亡。"公子曰:"所不与舅氏同心者,有如白水!"投其璧于河。

济河,围令狐②,入桑泉③,取臼衰④。二月甲午,晋师军于庐柳⑤。秦伯使公子絷如晋师。师退,军于郇⑥。辛丑,狐偃及秦、晋之大夫盟于郇。壬寅,公子入于晋师。丙午,入于曲沃。丁未,朝于武宫。戊申,使杀怀公于高梁。不书,亦不告也。

吕、郤畏逼,将焚公宫而弑晋侯。寺人披请见,公使让之,且辞焉,曰:"蒲城之役,君命一宿,女即至。其后余从狄君以田渭滨,女为惠公来求杀余,命女三宿,女中宿至。虽有君命,何其速也?夫袪犹在⑦,女其行乎!"对曰:"臣谓君之入也,其知之矣;若犹未也,又将及难。君命无二,古之制也。除君之恶,唯力是视。蒲人、狄人,余何有焉?今君即位,其无蒲、狄乎?齐桓公置射钩而使管仲相。君若易之⑧,何辱命焉?行者甚众,岂唯刑臣⑨?"公见之,以难告。三月,晋侯潜会秦伯于王城。己丑晦,公宫火。瑕甥、郤芮不获公,乃如河上,秦伯诱而杀之。晋侯逆夫人嬴氏以归。秦伯送卫于晋三千人,实纪纲之仆。

初,晋侯之竖头须,守藏者也;其出也,窃藏以逃,尽用以求纳之。及入,求见,公辞焉以沐。谓仆人曰:"沐则心覆,心覆则图反,宜吾不得见也。居者为社稷之守,行者为羁绁之仆,其亦可也,何必罪居者?国君而仇匹夫,惧者其众矣。"仆人以告,公遽见之。

狄人归季隗于晋,而请其二子。文公妻赵衰,生原同、屏括、楼婴。赵姬请逆盾与其母,子余辞。姬曰:"得宠而忘旧,何以使人?必逆之!"固请,许之。来,以盾为才,固请于公,以为嫡子,而使其三子下之,以叔隗为内子⑩,而己下之。

晋侯赏从亡者,介之推不言禄,禄亦弗及。推曰:"献公之子九人,唯君在矣。惠、怀无亲,外内弃之。天未绝晋,必将有主。主晋祀者,非君而谁?天实置之,而二三子以为己力,不亦诬乎?窃人之财,犹谓之盗,况贪天之功以为己力乎?下义其罪,上赏其奸,上下相蒙,难与处矣。"其母曰:"盍亦求之?以死谁怼⑪?"对曰:"尤而效之,罪又甚焉。且出怨言,不食其食。"其母曰:"亦使知之,若何?"对曰:"言,身之文也。身将隐,焉用文之?是求显也。"其母曰:"能如是乎?与女偕隐。"遂隐而死。晋侯求之不获。以绵上为之田⑫,曰:"以志吾过,且旌善人。"

【注释】 ①羁绁:羁为马络头,绁为系牲畜或人的绳索。②令狐:晋地,在今山西临猗县西。③桑泉:晋地,在今临猗县临晋镇东北。④臼衰:晋地,当在今运城市解州镇西。⑤庐柳:晋地,当在今临猗县境。⑥郇:西周封国,后属晋,在今临猗境内。⑦袪:袖子。⑧易:改变,违背。⑨刑臣:寺人披自称。⑩内子:正妻。⑪怼:怨恨。⑫绵上:晋地,在今山西介休市境内。

【译文】 (鲁僖公)二十四年周历正月,秦穆公送重耳回国。《春秋》不记载,因为没有向周朝报告重耳回国。

重耳一行到达黄河岸边,狐偃把一块玉璧归还给重耳,说:"臣下牵马负索跟随您巡行天下,臣下的过错很多了,我自己都知道,何况您呢?请让我从此逃亡吧。"重耳说:"如不与舅舅一心,有这河水作见证!"随着把玉璧投到河中。

重耳一行渡过黄河,(护送他们的秦军)包围了令狐,他们进入桑泉,又夺取了臼衰。二月甲午日,晋国的军队布置在庐柳阻挡。秦穆公派他儿子公子挚到晋军中谈判。晋军后退,驻扎在郇地。辛丑日,狐偃和秦国、晋国的大夫们在郇地举行了盟誓。壬寅日,重耳进入晋国的军队中。丙午日,进入曲沃。丁未日,又进入绛都在晋武宫的太庙内即位。戊申日,派人在高梁将晋怀公杀死。《春秋》不记载,也是因为未向周朝报告此事。

吕氏、郤氏畏惧重耳对他们镇压,阴谋要焚烧晋武公的宫殿,从而杀害重耳。寺人披要求进见重耳,重耳派人指责他,并教给指责的话,对他说:"你去攻打蒲城的那次,国君让你一天一夜到达,你即刻就到了。这以后我跟随狄人的君主要到渭河岸边田猎,你接受惠公的命令来追杀我,惠公命令你三天三夜到达,你到第二天晚上就来了。虽然有君主的命令,为什么要这样来得快呢?你割下的我的袖口还在我这里。你还是到别的地方去吧。"寺人披对来人说:"我原以为国君回来,很懂得为君之道,如果还不懂的话,还会遭受苦难的。君主的命令没有第二道,这是古来的制度。为君主铲除祸害,只有用全力来看待。对蒲人、狄人来说,我心目中有他们的什么呢?现在君主你即位了,也没有把蒲人、狄人当回事吧。齐桓公把射中他的带钩放起来,而使射他的管仲为国相。如果把齐桓公的做法改变过来,那不是太污损你的命令吗?(如果你这样做,)那该外出的人就很多了,哪里只有我这一个受过阉刑的呢?"重耳因此接见了他,寺人披把将要发生的患难告诉给重耳。三月,重耳秘密地在王城会见了秦穆公。己丑这天天色阴暗,晋武公的宫殿起了大火,吕氏瑕甥、郤芮没有拿获到重耳,就到了黄河岸上等待,秦穆公把他们诱骗去杀掉了。重耳迎接夫人嬴氏回到晋国。秦穆公送给他卫士三千人,这些都是能维护纪纲的得力臣仆。

当初,重耳身边有个未成年的奴仆叫头须,是一个管理仓库的人,(重耳外出后,)他外逃时,偷盗了仓库财物,现在,又要送回这些财物要求接纳他回国。等到他回国后,要求进见重耳。重耳托词说他正在洗沐。头须对重耳的仆人说:"人在洗沐时心就倒过去

了,倒过去就想再倒过来,正好是我不能见的时候。留在国内的是为国家保护,外出的是牵马负载的仆人,都是应当的,有什么必要责怪留守的人呢? 作为国君而仇恨匹夫,那害怕的人就众多了。"重耳的仆人把这些转告给重耳,重耳急忙会见了他。

狄人把季隗送回到晋国,而请求留下她的两个儿子。重耳又把她送给赵衰,后来生了原同、屏括、楼婴。赵衰的这位妻子赵姬迎接赵盾和赵盾的母亲,赵衰推辞不让。赵姬说:"你得到宠贵就忘了旧事,还怎么去使用人呢? 一定要迎接他们母子。"她坚持请求,赵衰答应了。迎回来后,赵姬认为赵盾有才干,又坚持向重耳请求,立为赵衰的嫡子,而让她自己生的三个儿子居于赵盾之下,又以叔隗为嫡妻,自己居于她的下面。

重耳赏赐跟随他的人,其中的介子推不声言要禄位,禄位也没有涉及他。介子推说:"献公的儿子共九人,只有国君重耳活着。惠公、怀公没有亲近者,国外国内都抛弃了他们。上天没有灭绝晋国,它一定会有主持的人。主持晋国祖宗祭祀的,除了重耳还有谁呢? 上天把重耳安排到君主的位置上,而一些大臣认为是他们自己的力量,这不很错误吗? 偷窃了别人的财物,还称为盗贼,更何况贪占上天的功劳作为自己所有呢? 在下的臣属以罪过为正义,在上的君主赏赐奸伪的行为,上下互相隐瞒欺骗,这就很难与他们相处了。"他的母亲说:"你为何不去要求赏赐呢? 就这样,死了又能怨谁呢?"介子推回答说:"知道求功是错误而要效法它,罪又大多了。又且口出怨言,不如不吃他的俸禄。"他母亲说:"那也要让他知道吧,你觉得如何?"介子推回答说:"言语,是身体的文采。身体将要隐蔽,还用在身上加上文采吗? 这样做是追求显达。"他母亲说:"能归隐吗? 如果要归隐,我和你一起去。"于是隐居而死去。重耳寻找他没有找到,把绵上这块地方分封为介子推的田地。并说:"用这记下我的过失,且表彰善良的人。"

展喜犒师

【题解】
　　鲁僖公二十六年(前634),齐国侵犯鲁国,鲁国大夫展喜遵照展禽的嘱咐,以巧妙的外交辞令迫使齐国退兵。其词不卑不亢,委婉而强硬,是《左传》外交辞令的又一佳作。

【原文】 二十六年春王正月,公会莒兹秄公、宁庄子盟于向,寻洮之盟也①。

齐师侵我西鄙,讨是二盟也。

夏,齐孝公伐我北鄙。卫人伐齐,洮之盟故也。

公使展喜犒师,使受命于展禽。齐侯未入竟,展喜从之,曰:"寡君闻君亲举玉趾,将辱于敝邑,使下臣犒执事。"齐侯曰:"鲁人恐乎?"对曰:"小人恐矣,君子则否。"齐侯曰:"室如县罄,野无青草,何恃而不恐?"对曰:"恃先王之命。昔周公、大公股肱周室③,夹辅成王。成王劳之而赐之盟,曰:'世世子孙无相害也!'载在盟府④,大师职之⑤。桓公是以

纠合诸侯,而谋其不协,弥缝其阙,而匡救其灾,昭旧职也。及君即位,诸侯之望曰:'其率桓之功!'我敝邑用不敢保聚⑥,曰:'岂其嗣世九年,而弃命废职?其若先君何?君必不然。'恃此以不恐。"齐侯乃还。

【注释】 ①寻:重申(前盟或旧约)。②县罄:悬挂着的中空器物。县,同"悬";罄,同"磬"③股肱:辅佐。④盟府:保存盟约的库房;⑤大师:即太师。职:司职,保管。⑥用:因此。保聚:设置堡垒,积聚民众。保,通"堡"。

【译文】 鲁僖公二十六年春正月,鲁僖公会见莒公兹丕、宁庄子在向盟誓,重申去年在洮的盟约。

齐国侵犯鲁国的西部边疆,因鲁国的这两次会盟而对鲁国讨伐。

夏季,齐国的孝公率兵侵犯鲁国的北部边疆。卫国人进攻齐国,是因为卫与鲁有洮地、向地的盟约。

鲁僖公让展喜去犒劳齐国军队,行前让他先到展禽那里接受具体指令。齐国军队没有进入鲁国国境,展喜就出境跟随着齐孝公,对齐孝公说:"我们君主听到您亲自抬起贵足,将要受辱到我们这里来,特派低下的臣子我犒赏你们诸位管事的人。"齐孝公说:"鲁国人恐慌吗?"展喜回答说:"小人们恐慌了,君子们不恐慌。"齐孝公说:"你们的室内空空,像悬挂着的中空器物,田野里连青草都没有,凭靠什么而不恐慌?"展喜回答说:"凭靠的是先王的命令。过去周公旦、太公吕望像股肱一样辅佐周室,两面辅佐成王。成王慰劳他们,赐给他们二人盟约,盟约说:'两家世代子孙不得互相侵害。'收藏在存放盟约的府库中,由周朝太史管理着。齐桓公用这个盟约来收聚诸侯,而考虑调解他们的不协调,弥补他们之间的隔阂,而救助他们的灾难,这是发扬光大齐国旧有的职责。等到你即位后,各诸侯的希望是:'他要遵循齐桓公的功绩。'我们这里因此不敢设堡聚众,都说:'他哪里会在继承君位九年的时候,而抛弃先人的命令废除自己的职责呢?那他会怎样对待他的先君呢?您一定不会那样做。'君子们凭靠这些就不恐慌。"齐孝公便率军回国了。

烛之武退秦师

【题解】

鲁僖公三十年(前630),秦、晋出兵包围郑国,郑国大臣烛之武出面去见秦穆公,分析了秦军帮助晋军消灭郑国,只能有利于晋国,扩大晋国的领土,而对秦国形成威胁。于是秦军主动撤退,晋军也退走了。

【原文】 九月甲午,晋侯、秦伯围郑,以其无礼于晋,且贰于楚也①。晋军函陵②,秦军汜南③。

佚之狐言于郑伯曰:"国危矣,若使烛之武见秦君,师必退。"公从之。辞曰:"臣之壮也,犹不如人,今老矣,无能为也已。"公曰:"吾不能早用子,今急而求子,是寡人之过也。

然郑亡,子亦有不利焉。"许之。夜,缒而出④。见秦伯曰:"秦、晋围郑,郑既知亡矣。若亡郑而有益于君,敢以烦执事。越国以鄙远⑤,君知其难也,焉用亡郑以陪邻⑥?邻之厚,君之薄也。若舍郑以为东道主,行李之往来,共其乏困,君亦无所害。且君尝为晋君赐焉,许君焦、瑕,朝济而夕设版焉,君之所知也。夫晋何厌之有?既东封郑,又欲肆其西封,不阙秦,将焉取之?阙秦以利晋,惟君图之。"秦伯说,与郑人盟,使杞子、逢孙、杨孙戍之,乃还。

子犯请击之。公曰:"不可。微夫人之力不及此。因人之力而敝之,不仁;失其所与,不知;以乱易整,不武。吾其还也。"亦去之。

【注释】 ①贰:亲近,投靠。②函陵:郑地,在今河南新郑北十三里。③氾南:即氾水之南,氾水在今中牟南,今湮。④缒:用绳子拴在腰间从高处送下来。⑤鄙:用为动词,把……当作边境地区。⑥陪:增益。

【译文】 (鲁僖公三十年)九月甲午日,晋文公、秦穆公率军包围了郑国,因为郑国曾对晋文公无礼,而且又投靠楚国。晋国的军队驻扎在函陵,秦国军队驻扎在氾水南岸。

郑国大夫佚之狐对郑文公说:"国家危险了,如果让烛之武去见秦穆公,这些军队一定会退走。"郑文公听从了他的建议。烛之武推辞说:"我在壮年的时候,还不如别人;现在已经老了,什么事情也不能做了。"郑文公说:"我不能早用你,现在着急了才来求你,是我的过错。可是如果郑国灭亡了,你也不会有什么利益呀。"烛之武答应了他。夜晚,从城墙上把烛之武吊着放下来,见到了秦穆公。烛之武对秦穆公说:"秦国、晋国包围了郑国,郑国已经知道要亡国了。如果灭亡郑国对你有益,那就麻烦你灭亡它吧。越过别的国家以远地为你国的边疆之地,你知道这是很难做到的,为什么要用灭亡郑国来增强你的邻国呢?邻国土地的增加,意味着你的土地的减少。如果你能舍了郑国把郑国作为你出行东方的主人,郑国供给你旅途中所缺乏的东西,你也没有什么害处。况且你曾经对晋国国君有所施予,他们答应给你焦、瑕,可早晨渡过黄河,晚上就筑起城墙抵御你,这是你知道的。那个晋国,哪里有满足呢?他们既然要向东把郑国作为他们的封土,又要扩大西面的封土。如果不使秦国的土地有损失,他将去哪里掠取土地呢?使秦国受损害而有利于晋国,那请你考虑吧。"秦穆公同意他的看法,同郑国结成同盟,让杞子、逢孙、杨孙留下守卫郑国,他带大军回国了。

狐偃要求进击秦军,晋文公说:"不可以。如果没有秦穆公的力量我们不会达到现在这个地步。用人家的力量而又伤害人家,是不仁义的;失掉同盟,是不聪明的;用战乱去代替和平,不是用武之道。我们回去吧。"也撤退了。

蹇叔哭师

【题解】

鲁僖公三十二年(前628),晋文公去世,秦国适在此时接到留守郑国的杞子的报告,

273

说他掌管郑国北门的启闭,让秦国偷袭郑国。秦国大臣蹇叔预料晋国必在中途邀击秦军,秦军一定大败。本篇是下篇的前奏。

【原文】 冬,晋文公卒。庚辰,将殡于曲沃①。出绛,柩有声如牛。卜偃使大夫拜,曰:"君命大事,将有西师过轶我②,击之,必大捷焉。"

杞子自郑使告于秦曰:"郑人使我掌其北门之管③,若潜师以来,国可得也。"穆公访诸蹇叔④。蹇叔曰:"劳师以袭远,非所闻也。师劳力竭,远主备之,无乃不可乎?师之所为,郑必知之,勤而无所,必有悖心。且行千里,其谁不知?"公辞焉。召孟明、西乞、白乙,使出师于东门之外。蹇叔哭之,曰:"孟子⑤!吾见师之出而不见其入也。"公使谓之曰:"尔何知?中寿⑥,尔墓之木拱矣。"蹇叔之子与师,哭而送之,曰:"晋人御师必于殽⑦,殽有二陵焉。其南陵,夏后皋之墓也⑧;其北陵,文王之所辟风雨也。必死是间,余收尔骨焉。"秦师遂东。

【注释】 ①殡:停放灵柩。②轶:突然出现。③管:开启城门的钥匙。④访:咨询,请教。⑤孟子:指秦军三帅之一孟明。⑥中寿:各家解释不一,或称八十岁以下、六十岁以上为中寿。⑦殽:即崤山,在今河南渑池西南。⑧夏后皋:夏朝帝王,夏桀之祖父。

【译文】 (鲁僖公三十二年)冬天,晋文公去世了。庚辰日,将要把他的灵柩送往曲沃停放,出了绛都,灵柩发出像牛叫的声音。卜偃让大夫们叩拜,说:"国君有大事下命令,将有西方军队经过我国领土,进攻他们,必定取得大捷。"

留守郑国的秦国将领杞子从郑国派人报告秦国说:"郑国让我掌管他们北城门的钥匙,如果秘密派军来,郑国国都就可被我们夺取。"秦穆公接到报告后,去请教蹇叔。蹇叔说:"劳动师旅以袭击远方,不是我所听说过的。军队奔劳力尽,远方的君主防备它,不是不应当出动吗?军队的行动,郑国一定会知道,咱们军队辛勤奔走而没有结果,必然会产生背离之心。况且要走一千多里,谁会不知道呢?"秦穆公不接受他的话,告辞了。秦穆公召集孟明、西乞、白乙,让他们朝东门之外的方向进军。蹇叔为他们痛哭,说:"孟明啊,我看见军队的出去而看不见他们回来了。"秦穆公让人对蹇叔说:"你懂得什么?你如果活到六十岁就死掉,你墓上的树木早应该用两手合抱了。"蹇叔的儿子参加了军队,蹇叔哭着送他,说:"晋国防御秦军一定在崤山,崤山有二座陵阜,它的南陵,是夏朝帝王皋的墓地,它的北陵,是周文王用来防避风雨的地方,你一定会死在它们中间,我去收你的尸骨吧。"秦国军队于是向东开走。

晋人及姜戎败秦师于殽

【题解】

此篇承续上篇,叙述秦穆公不听蹇叔劝告,出师袭击郑国,被晋国邀击而大败。秦、晋殽之战,是互相争夺东方领土的一次战争,通过这次战争,晋国阻挡了秦国向东发展。

【原文】 三十三年春,秦师过周北门,左右免胄而下,超乘者三百乘。王孙满尚幼,观之,言于王曰:"秦师轻而无礼,必败。轻则寡谋,无礼则脱①,入险而脱,又不能谋,能无败乎?"

及滑,郑商人弦高将市于周,遇之,以乘韦先②,牛十二犒师,曰:"寡君闻吾子将步师出于敝邑,敢犒从者。不腆敝邑③,为从者之淹,居则具一日之积,行则备一夕之卫。"且使遽告于郑④。

郑穆公使视客馆,则束载、厉兵、秣马焉。使皇武子辞焉,曰:"吾子淹久于敝邑⑤,唯是脯资、饩牵竭矣⑥,为吾子之将行也,郑之有原圃⑦,犹秦之有具囿也⑧,吾子取其麋鹿以闲敝邑,若何?"杞子奔齐,逢孙、杨孙奔宋。

孟明曰:"郑有备矣,不可冀也。攻之不克,围之不继,吾其还也。"灭滑而还。

……

晋原轸曰:"秦违蹇叔而以贪勤民,天奉我也。奉不可失,敌不可纵。纵敌患生,违天不祥。必伐秦师。"栾枝曰:"未报秦施,而伐其师,其为死君乎?"先轸曰:"秦不哀吾丧而伐吾同姓,秦则无礼,何施之为?吾闻之:'一日纵敌,数世之患也。'谋及子孙,可谓死君乎?"遂发命,遽兴姜戎。子墨衰绖⑨,梁弘御戎,莱驹为右。

夏四月辛巳,败秦师于殽,获百里孟明视、西乞术、白乙丙以归。遂墨以葬文公。

文嬴请三帅,曰:"彼实构吾二君,寡君若得而食之,不厌。君何辱讨焉?使归就戮于秦,以逞寡君之志。若何?"公许之。先轸朝,问秦囚。公曰:"夫人请之,吾舍之矣。"先轸怒,曰:"武夫力而拘诸原,妇人暂而免诸国⑩,堕军实而长寇雠,亡无日矣。"不顾而唾。公使阳处父追之,及诸河,则在舟中矣。释左骖,以公命赠孟明。孟明稽首曰:"君之惠,不以累臣衅鼓,使归就戮于秦,寡君之以为戮,死且不朽。若从君惠而免之,三年将拜君赐。"

秦伯素服郊次,乡师而哭,曰:"孤违蹇叔,以辱二三子,孤之罪也。"不替孟明,曰:"孤之过也,大夫何罪?且吾不以一眚掩大德。"

【注释】 ①脱:简易,疏忽。②乘韦:乘为数词,即四,韦指熟皮,乘韦即指四张熟牛皮。③腆:丰厚。④遽:迅速。⑤淹:久留。⑥脯资:脯为干肉,资即粮食,脯资即食品。饩牵:活着的牲畜为饩,牵为可牵行的牲畜,都是活畜。⑦原圃:即圃田泽,是郑国境内的湖泽。⑧具囿:秦国境内的湖泽,亦称阳纡薮、杨陓,在今陕西华阴南、潼关西。⑨子:指晋襄公。其父晋文公未葬,故称子。墨:染黑。⑩暂:读为渐,欺诈。

【译文】 (鲁僖公)三十三年春天,秦国军队经过东周国都的北城门,将士们都脱去头盔下车步行,过后有三百乘的士卒又跳跃上车。东周的王孙满还年幼,看着秦军通过,对周襄王说:"秦国军队轻佻而没有礼度,一定要失败。轻佻就缺乏谋略,没有礼度就会疏忽大意。进入危险的殽山地带而疏忽大意,又没什么谋略,能不失败吗?"

秦军到滑国的时候，郑国的商人弦高要去东周做买卖，遇到了秦军，弦高先送给秦军四张熟牛皮，又送给十二头牛犒劳秦军，对他们说："我们君主听说你们将行军通过我们这破地方，我就犒劳行军的人。我们这不丰厚的地方，可以作为你们长久的驻地，你们要住的话可以供应一天的积粮，走的话可以为你预备一晚上的防卫。"并且让人尽快向郑国报告。

郑穆公让人去检查秦国将领杞子、逢孙、杨孙住在郑国的旅馆，看到这些人已经把物资装载到车上，兵器都已磨砺，马匹已经喂饱了。郑穆公就派皇武子去道歉，对他们说："各位久住在我们这里，只是我们的干肉物资、活的牲畜都没有了，因为各位就要离开了，郑国有块湖沼叫原圃，像秦国的具圃一样，各位可以到那里打些麋鹿，也好让我们得一些闲暇，怎么样？"三人听后，杞子逃奔到了齐国，逢孙、杨孙逃奔到了宋国。

孟明（遇到弦高后）说："郑国有了防备了，没什么希望了。进攻它不能取胜，包围它我们又没有后继部队，我们还是回去吧。"消灭了滑国后就往回开。

……

晋国的先轸说："秦国不听蹇叔的劝说，而无休止地劳苦百姓，这是上天给我们的机会。给予的不可丢失，敌人不可放纵。放纵敌人，就要产生祸患；违背天意，就没有好处。一定要进攻秦军。"栾枝说："还没有报答秦国对咱们的恩施，就要进攻秦军，心目中还有死去的国君吗？"先轸说："秦国不为我国的丧事而哀伤，而要进攻我们的同姓，秦国就没有道理，有什么要向他们报恩的事可做呢？我听说过：'一日放纵敌人，会造成数代的祸害。'谋划长远，想到子孙后代，可以这样对死去的君主交代了吧？"于是就发布命令，很快整顿姜戎。晋文公的嫡子全身穿起黑色孝服，梁弘为他驾驭戎车，姜戎的将领莱驹为他的车右。

夏季四月辛巳日，晋军在崤山打败了秦军，俘虏了孟明、西乞、白乙回国。于是，将士们穿上黑色的孝服埋葬了晋文公。

晋文公的夫人文嬴向晋襄公要孟明、西乞、白乙三个被俘的秦军将帅，说："这些人实际上是挑拨晋、秦两位君主关系的人，如果我的君主（秦穆公）获得他们把他们吃掉也不满足，哪里用得着你去惩办他们呢？让他们回秦国接受杀戮，用来满足我的君主的心愿，怎么样？"晋襄公答应了。先轸上朝，问起秦国的这三个囚徒，晋襄公说："夫人要他们，我已经放了他们了。"先轸听后大怒，说："武夫们用尽全力在战场上捉住他们，妇人凭欺诈就把他们赦免在国中，这是摧毁军队的实力而增长仇敌的气焰，我们灭亡没有多少日子了。"不管晋襄公在前就向前唾了一口。晋襄公派阳处父追赶这三个人，到达黄河边，这些人已经坐在河里的船上了。阳处父解下车上的套马，以晋襄公的命令赠送给孟明。孟明在船上低头下拜说："你们国君的恩惠，不把我这被俘的人杀掉用血来祭鼓，使回去接受秦国的杀戮，我的君主如果把我杀了，那我是死而不朽；如果依照你的恩惠赦免了我，

那么三年后我将拜谢你的赐予。"

秦穆公穿着白衣服在国都郊外等待,向着秦军大哭,说:"我不听蹇叔的话,使各位受了屈辱,是我的罪过啊。"不废掉孟明,说:"是我的过错,大夫有什么罪?况且我不会因为一次过错就掩盖了一个人的全部优点。"

<h1 style="text-align:center">文　公</h1>

<h2 style="text-align:center">楚世子商臣弑其君</h2>

【题解】
楚成王在确立继承者的问题上,犹疑不定,终于导致太子商臣作乱,自身遭到杀害。

【原文】　初,楚子将以商臣为大子,访诸令尹子上。子上曰:"君之齿未也,而又多爱,黜乃乱也。楚国之举,恒在少者。且是人也,蜂目而豺声,忍人也①,不可立也。"弗听。既,又欲立王子职而黜大子商臣。商臣闻之而未察,告其师潘崇曰:"若之何而察之?"潘崇曰:"享江芈而勿敬也②。"从之。江芈怒曰:"呼!役夫!宜君王之欲杀女而立职也。"告潘崇曰:"信矣。"潘崇曰:"能事诸乎?"曰:"不能。""能行乎?"曰:"不能。""能行大事乎?"曰:"能。"

冬十月,以宫甲围成王。王请食熊蹯而死③,弗听。丁未,王缢。谥之曰"灵",不瞑,曰"成",乃瞑。

穆王立,以其为大子之室与潘崇,使为大师,且掌环列之尹④。

【注释】　①忍:狠心,残忍。②江芈:芈是楚国的一种姓氏。江芈,为楚成王之妹,嫁在江国。③熊蹯:熊掌。煮熟熊掌需很长时间,楚成王意在拖延时间,等待救兵。④环列之尹:掌管宫廷侍卫的长官。

【译文】　当初,楚成王准备以商臣为太子,与令尹子上商量。子上说:"君王的年纪还不大,还有很多宠幸的姬妾,废去太子就会发生动乱。楚国的确立太子,常常是选择最年少的公子,况且商臣这个人,眼睛像蜜蜂眼睛而声音像豺狼号叫,是一个残忍的人,不可立为太子。"楚成王不听他的话。不久,楚成王想立王子职为太子,而要废掉太子商臣。商臣听到传闻但还没有得到证实,就把这消息告诉了他的老师潘崇,问:"如何才能把这消息证实?"潘崇说:"你去宴请成王的妹妹江芈但要戏弄她。"商臣照他的话去做。江芈受他戏弄而大怒,说:"哎呀!你这贱役之人,难怪君王要杀你而立王子职为太子呢!"商臣回来告诉潘崇说:"消息可靠。"潘崇问他:"你能去侍奉王子职吗?"回答说:"不能。"又问:"你能出逃吗?"回答说:"不能。"最后问:"能举行大事吗?"回答:"能。"

(鲁文公元年)冬十月,商臣用他宫中的兵包围了成王。成王请求吃一只熊掌再死,

商臣不答应。丁未这天,楚成王自缢。大臣们为他定谥为"灵王",他不闭眼;改为"成王",才闭上了眼。

商臣立为楚穆王,把他当太子时室内的财物用品都给了潘崇,任潘崇为太师,让他掌管环列宫廷的警卫。

晋侯及秦师战于彭衙

【题解】

鲁文公二年(前625),秦国进攻晋国,战于彭衙,又被晋国击败。但秦穆公没有责怪两次率兵失败的孟明视,专一地任其主持国政,终使秦国强大起来。

【原文】 殽之役,晋人既归秦帅,秦大夫及左右皆言于秦伯曰:"是败也,孟明之罪也,必杀之。"秦伯曰:"是孤之罪也。周芮良夫之诗曰[1]:'大风有隧,贪人败类[2],听言则对[3],诵言如醉[4]。匪用其良,覆俾我悖。'是贪故也,孤之谓矣。孤实贪以祸夫子,夫子何罪?"复使为政。

二年春,秦孟明视帅师伐晋,以报殽之役。二月,晋侯御之,先且居将中军,赵衰佐之。王官无地御戎,狐鞫居为右。甲子,及秦师战于彭衙[5],秦师败绩。晋人谓秦"拜赐之师"。

战于殽也,晋梁弘御戎,莱驹为右。战之明日,晋襄公缚秦囚,使莱驹以戈斩之。囚呼,莱驹失戈,狼瞫取戈以斩囚,禽之以从公乘,遂以为右。箕之役,先轸黜之,而立续简伯。狼瞫怒。其友曰:"盍死之?"瞫曰:"吾未获死所。"其友曰:"吾与女为难。"瞫曰:"《周志》有之:'勇则害上,不登于明堂。'死而不义,非勇也。共用之谓勇,吾以勇求右,无勇而黜,亦其所也。谓上不我知,黜而宜,乃知我矣。子姑待之。"及彭衙,既陈,以其属驰秦师,死焉。晋师从之,大败秦师。

君子谓:"狼瞫于是乎君子。《诗》曰:'君子如怒,乱庶遄沮[6]。'又曰:'王赫斯怒,爰整其旅。'怒不作乱,而以从师,可谓君子矣。"

秦伯犹用孟明。孟明增修国政,重施于民。赵成子言于诸大夫曰:"秦师又至,将必辟之。惧而增德,不可当也。《诗》曰:'毋念尔祖,聿修厥德。'孟明念之矣。念德不怠,其可敌乎?"

【注释】 ①芮良夫:周厉王时卿士。②类:善。指善良的人。③听言:道听途说的话。④诵言:诵读《诗》《书》的话。⑤彭衙:秦地,当今陕西白水县东北四十里的彭衙堡。⑥乱庶遄沮:意思是乱可以很快阻止。遄,疾速,很快;沮,阻止。

【译文】 崤山战役后,晋国把被俘的秦国将帅放回不久,秦国的大夫们和秦穆公的左右臣僚都进言于秦穆公说:"这次失败,是孟明的罪过,一定要杀掉他。"秦穆公说:"是我的罪过。周朝的芮良夫作的诗里说:'大风迅疾地吹来,像是贪婪的人要把良善者败

坏；那贪婪者凭借道听途说就来应对，听到《诗》《书》诵读之语则昏昏如醉。居上者不用别人的良言，反使自己有悖逆的行为。'失败是贪婪的缘故，这诗正是说的我。我确实是贪图人家的土地而使孟明遭祸，孟明有什么罪呢？"仍然使孟明执掌政务。

（鲁文公）二年春天，秦国的孟明视率领军队进攻晋国，用以报复崤山战役之仇。二月，晋襄公率军抵御。先且居为中军统帅，赵衰为副统帅。王官无地为晋襄公驾驭戎车，狐鞫居为车右。甲子日，与秦军在彭衙展开战争，秦军没有取得进展。晋国人称秦的军队为"拜谢晋国恩赐的军队。"

在殽的战役中，晋襄公的戎车由梁弘驾驭，莱驹为车右。战役的第二天，晋襄公绑缚了秦国的俘虏，让莱驹用戈去斩杀他们；俘虏们呼叫起来，莱驹害怕地丢掉了戈，狼瞫捡起戈来斩杀了囚徒，捉拿了莱驹跟在晋襄公的戎车后，于是就以狼瞫为车右。到晋国与狄人在箕地作战时，晋军将领先轸又废掉狼瞫的车右职务，而让狐鞫居来担任。狼瞫很恼怒。狼瞫的朋友对他说："你为什么不去死？"狼瞫说："我没有去死的地方。"他的朋友说："我和你一起作乱。"狼瞫说："《周志》里说：'勇敢而谋害上司，死后就进不了明堂配享。'死了却不合道义，不是勇敢的表现。生命为国家所用才称为勇敢，我是以这样的勇敢来求当车右的，没有这样的勇敢而被废掉，那也是我应得到的结果。如果认为上司还不了解我，废掉我，我觉得合适，那他就了解我了。你就等待着吧。"到彭衙战争时，晋军列好阵后，狼瞫率领自己的部属冲击秦军，战死了。晋军紧跟着他冲击，打败了秦军。

君子称："狼瞫真够得上是位君子。《诗经》说：'君子如果发怒，祸乱就会很快被阻止。'又说：'天子赫然发怒，于是就整旅而征讨。'狼瞫发怒而不去作乱，用恼怒来从军打仗，可以称得上君子了。"

秦穆公仍然重用孟明。孟明加强了国政的整顿，施行对百姓有重大利益的措施。赵衰对晋国的大夫们说："秦国军队要再来的话，一定要避开他们。警惧失败因而增强道德，那是不可阻挡的。《诗经》说：'怀念你的祖先，修养你的道德。'孟明是经常想到这些的。经常想到修养道德而不懈怠，哪里可以胜过他呢？"

宣　公

宋、郑战于大棘

【题解】

鲁宣公二年（前607），郑国接受楚国的命令，进攻宋国。宋国将领狂狡将已掉入井中的郑国军士救出来，使自己被俘；宋国将领内部不团结而导致全军覆没。这次战争，再次说明宋国一些大臣不懂得战争，也缺乏为国牺牲的精神。

【原文】 二年春,郑公子归生命于楚,伐宋。宋华元、乐吕御之。二月壬子,战于大棘。宋师败绩。囚华元,获乐吕,及甲车四百六十乘,俘二百五十人,馘百^①。

狂狡辂郑人^②,郑人入于井,倒戟而出之,获狂狡。君子曰:"失礼违命,宜其为禽也。戎,昭果毅以听之之谓礼。杀敌为果,致果为毅。易之,戮也。"

将战,华元杀羊食士,其御羊斟不与。及战,曰:"畴昔之羊,子为政;今日之事,我为政。"与入郑师,故败。君子谓:"羊斟,非人也,以其私憾,败国殄民,于是刑孰大焉?《诗》所谓'人之无良'者,其羊斟之谓乎!残民以逞。"

宋人以兵车百乘、文马百驷,以赎华元于郑。半入,华元逃归。立于门外,告而入。见叔将羊,曰:"子之马然也?"对曰:"非马也,其人也。"既合而来奔。

宋城,华元为植,巡功。城者讴曰:"睅其目^③,皤其腹^④,弃甲而复。于思于思^⑤,弃甲复来。"使其骖乘谓之曰:"牛则有皮,犀兕尚多^⑥,弃甲则那?"役人曰:"从有其皮^⑦,丹漆若何?"华元曰:"去之!夫其口众我寡。"

【注释】 ①馘:指战争中割取的敌人的左耳。②辂:迎战。③睅:眼球突出。④皤:腹大的样子。⑤于思:胡须多的样子。⑥犀兕:犀牛。兕为犀牛的雌者。⑦从:同"纵"。

【译文】 (鲁宣公)二年春,郑国的公子归生受楚国的命令进攻宋国,宋国的华元、乐吕率军抵抗。二月壬子日,在大棘展开战争。宋军被打败了。俘虏了华元,乐吕战死被收回郑国。郑国还俘虏了宋国的兵车四百六十乘,俘虏兵士二百五十人,打死宋军而割下左耳一百个。

宋国的狂狡迎战郑国军队,郑军士卒落入田野的井中,狂狡倒过战戟让这些人抓住戟柄上来,郑军俘获了狂狡。君子评论说:"狂狡失掉礼法违背命令,正应当被擒获。兵戎,是要发扬果毅精神并把这种精神存在心内表现在外,才称得上礼法。杀伤敌人为勇敢,把勇敢用来立功就为强毅,反过来,就应遭到刑戮。"

就要打仗的时候,华元杀了羊给战士吃,为他驾车的羊斟却不分给吃。到打起来的时候,羊斟说:"前日的羊,是你主管;今天的事情,是我主管。"就把华元的戎车驾到郑国军队中,所以失败了。君子说:"羊斟不是人,因为私人的怨恨,败坏国家残害人民,对他该用多大的刑罚呀?《诗经》所说'人没有好德行'的话,说的不正是羊斟吗?他残害人民以快自己的心意。"

宋国用兵车百乘、毛色华丽的马四百匹去郑国赎华元,兵车、马匹已经有一半进入郑国,华元逃回来了。他站立在城门外,让人通告了才进去。华元见到了羊斟,问他:"你驾驭的马要跑到郑军那里去吗?"回答说:"不是马要去,是人让去的。"华元从羊斟这里证实他的被俘是羊斟干的,羊斟就害怕了,出逃到鲁国。

宋国筑城垣,华元为主管,出去巡察工程。筑城的人唱道:"鼓起他的眼睛,挺起他的大肚,丢弃了衣甲又回来了。络腮胡子呀络腮胡子,丢弃了衣甲又回来了。"华元让他的

护车武士回答筑城的人说："牛皮是有的,犀牛的皮子更多,弃甲又怎么样?"筑城的人回答他说："纵然有犀牛的皮子,油漆弓箭的丹漆又从哪里来呢?"华元说："离开他们,他们口多我少。"

晋灵公不君

【题解】

晋灵公暴虐残忍,不听劝谏,终被臣下杀死。《春秋》引孔子的话,赞赏主张杀灵公的赵盾是"良大夫",说明对此事是赞同的。

【原文】 晋灵公不君,厚敛以雕墙;从台上弹人,而观其辟丸也。宰夫胹熊蹯不熟[1],杀之,真诸畚,使妇人载以过朝。赵盾、士季见其手,问其故而患之。将谏,士季曰:"谏而不入,则莫之继也。会请先,不入,则子继之。"三进,及溜[2],而后视之,曰:"吾知所过矣,将改之。"稽首而对曰:"人谁无过,过而能改,善莫大焉。《诗》曰:'靡不有初,鲜克有终[3]。'夫如是,则能补过者鲜矣。君能有终,则社稷之固也,岂惟群臣赖之。又曰:'衮职有阙[4],惟仲山甫补之。'能补过也。君能补过,衮不废矣。"

犹不改。宣子骤谏,公患之。使钮麑贼之[5]。晨往,寝门辟矣,盛服将朝,尚早,坐而假寐[6]。麑退,叹而言曰:"不忘恭敬,民之主也。贼民之主,不忠;弃君之命,不信,有一于此,不如死也。"触槐而死。

秋九月,晋侯饮赵盾酒,伏甲将攻之。其右提弥明知之,趋登,曰:"臣侍君宴,过三爵,非礼也。"遂扶以下。公嗾夫獒焉[8],明搏而杀之。盾曰:"弃人用犬,虽猛何为?"斗且出,提弥明死之。

初,宣子田于首山[9],舍于翳桑。见灵辄饿,问其病,曰:"不食三日矣。"食之,舍其半。问之,曰:"宦三年矣,未知母之存否,今近焉,请以遗之。"使尽之,而为之箪食与肉,真诸橐以与之。既而与为公介[10],倒戟以御公徒而免之。问何故,对曰:"翳桑之饿人也。"问其名居,不告而退,遂自亡也。

乙丑,赵穿杀灵公于桃园。宣子未出山而复。大史书曰:"赵盾弑其君。"以示于朝。宣子曰:"不然。"对曰:"子为正卿,亡不越竟,反不讨贼,非子而谁?"宣子曰:"呜呼!诗曰:'我之怀矣,自诒伊慼。'其我之谓矣。"孔子曰:"董狐,古之良史也,书法不隐。赵宣子,古之良大夫也,为法受恶。惜也,越竟乃免。"

宣子使赵穿逆公子黑臀于周而立之。壬申,朝于武宫。

初,丽姬之乱,诅无畜群公子,自是晋无公族。及成公即位,乃宦卿之適而为之田,以为公族。又宦其余子,亦为余子,其庶子为公行。晋于是有公族、余子、公行。

赵盾请以括为公族,曰:"君姬氏之爱子也。微君姬氏,则臣狄人也。"公许之。冬,赵盾为旄车之族[11],使屏季以其故族为公族大夫。

【注释】 ①脭:煮。蹯:兽足。②溜:同"霤",檐下水溜之处。③鲜:很少。此处二句见于《诗经·大雅·荡》。④衮:天子及上公礼服,指天子。⑤鉏麑:武士。⑥假寐:穿着衣服打瞌睡。⑦右:车右,负责护卫。⑧獒:凶猛的狗。⑨首山:即首阳山,在今山西永济市南:⑩与:参与。介:甲士。⑪旄车:指戎车。旄车之族,即余子。平时训练,战时随军,故称旄车之族。

【译文】 晋灵公不像个君主的样子,加重赋税收入用来雕饰墙壁;又从高台上射弹丸打人,观看那些躲避弹丸的人的样子;他的伙夫煮熊掌而没有煮熟,他就杀掉伙夫,把尸体放到竹畚中,让妇人们抬着这个畚经过朝堂。赵盾、士会都看到畚里死者的手,问明原委,都感到很担心。赵盾准备劝谏晋灵公,士会对赵盾说:"你去劝谏,如果他不接受,就不会有人继续劝谏了。我士会请先去,如果他听不进去,那你就接着劝谏。"士会前进三次,到了朝堂,到达了檐下滴水的地方,晋灵公才看他,说:"我知道自己所犯的过失了,正准备改。"士会低头对他说:"人谁能没有过错,有过错而能改,那就最好了。《诗经》说:'人们莫不有好的开始,但很少有好的结果。'这样看来,能够补救过错的人是极少的。君能有好的结果,那就是社稷的保障了,也不只是群臣的依赖。《诗经》又说:'君王或公侯职务上做得有过失的地方,只有仲山甫能补救它。'是讲的可以补救过失。君主能补救过失,君主的大位就可以不坏了。"

但晋灵公仍然不改过。赵盾就激烈地劝谏,晋灵公害怕了,就派鉏麑去暗杀赵盾。鉏麑清晨去赵盾家中,看到赵盾寝室的门已打开,赵盾穿起朝服准备上朝,时间太早,他坐着假睡。鉏麑退了出来,叹息道:"不忘恭敬,真是人民的主人啊!暗杀人民的主人,不是忠义;背弃了君主的命令,不守信用。与其二者要选择一种,还不如死。"头撞槐树死去了。

秋季九月,晋灵公又请赵盾去喝酒,埋伏下甲士,要杀害赵盾。赵盾的车右提弥明知道了宫中有伏兵,急步登上朝堂,说:"大臣陪侍君主吃宴席,饮过三杯酒,就不守礼法了。"于是把赵盾扶下朝堂。晋灵公又嗾使恶狗来咬赵盾,提弥明与恶狗搏斗而杀死它。赵盾说:"不用人而用狗,虽猛又能做什么呢!"边斗边退出去了,提弥明被伏兵杀死了。

当初,赵盾在首阳山游猎,住在翳桑。在那里看见灵辄饿倒了,赵盾问他的病痛,灵辄说:"不吃饭已经三天了。"赵盾给他饭食,他留了一半。问他为何留下,灵辄说:"游学在外已三年了,不知道母亲是否还活着,现在离家近了,请用这一半给她。"赵盾就让他把这些吃完,又为他装上食物与肉,放在大袋子里给了他。不久灵辄同一些人成为晋灵公的甲士。(晋灵公让伏兵攻打赵盾的时候),灵辄倒戈抵抗晋灵公的甲士使赵盾免于死亡。赵盾问他为何倒戈,他回答说:"我是翳桑地方的那个挨饿的人。"赵盾问他的姓名居处,他不告诉就走了。后来灵辄逃亡了。

九月乙丑,赵穿在桃园里杀死了灵公。赵盾没有走出晋国边境的山岭就又返回来

了。晋太史写道："赵盾杀了他的君主。"并展示在朝堂上。赵盾看后说："不是这样的。"太史回答说："你作为正卿，出逃不出国境，返回来又不讨伐凶手，不是你杀是谁杀?"赵盾说："啊呀!《诗经》里说：'我的怀恋，自己给自己留下忧愁。'这不是说我吗?"孔子说："董狐，古代的优良史官，记载史事的法则是不隐讳。赵盾，古代的好大夫，服从这种法则而受了恶名。可惜了，如果他逃出境外就免了这恶名了。"

赵盾派赵穿到东周迎接晋襄公的弟弟黑臀而立为君主。壬申日，正式在武宫朝拜祖先，宣布即位。

当初，骊姬乱了晋国的时候，骊姬、晋献公和晋国大夫举行了诅盟，不许养群公子，从此以后，晋国就没有公族大夫这个职官了。到晋成公即黑臀为君主后，就让卿大夫的嫡子任官并分给他们田地，把这些人作为公族大夫，又让这些嫡子的同母兄弟任官，这些官称为余子;同时，任卿大夫的庶出子弟为公行。于是晋国就产生了公族大夫、余子、公行三种官。

赵盾请求让异母兄弟赵括为公族大夫，说："赵括是我母赵姬的爱子，如果不是赵姬，我就属于狄人了。"晋成公答应了他。冬天，赵盾担任了管理君主车辆的余子，使赵括统领赵氏原来的宗族而担任了公族大夫。

郑穆公卒

【题解】

郑文公先后娶妻生子，都不得嗣立为君，只有贱妾燕姞因梦天使授兰花而生子，其子继立为君，即为郑穆公。而兰花死去，郑穆公也就死了。故事颇具神话味道，同时也说明贵族的腐朽。

【原文】 冬，郑穆公卒。

初，郑文公有贱妾曰燕姞，梦天使与己兰，曰："余为伯鯈，余，而祖也，以是为而子。以兰有国香，人服媚之如是。"既而文公见之，与之兰而御之①。辞曰："妾不才，幸而有子，将不信，敢徵兰乎?"公曰："诺。"生穆公，名之曰兰。

文公报郑子之妃曰陈妫②，生子华、子臧。子臧得罪而出。诱子华而杀之南里③，使盗杀子臧于陈、宋之间。又娶于江④，生公子士。朝于楚，楚人酖之，及叶而死⑤。又娶于苏⑥，生子瑕、子俞弥。俞弥早卒。泄驾恶瑕，文公亦恶之，故不立也。公逐群公子，公子兰奔晋，从晋文公伐郑。石癸曰："吾闻姬、姞耦，其子孙必蕃。姞，吉人也，后稷之元妃也。今公子兰，姞甥也，天或启之，必将为君，其后必蕃。先纳之，可以亢宠。"与孔将钼、侯宣多纳之，盟于大宫而立之，以与晋平。

穆公有疾，曰："兰死，吾其死乎! 吾所以生也。"刈兰而卒。

【注释】 ①御:君主与妃妾同床。②报:通奸。郑子:郑文公叔父子仪。③南里:郑

地,在今河南新郑南。④江:春秋时小国,在今河南郑阳。⑤叶:楚地,在今河南叶县南30里。⑥苏:原为小国,后为西周武王时司寇苏忿生封邑,即今河南温县。

【译文】 （鲁宣公三年）冬天,郑穆公死去。

当初,郑文公有一个地位低下的妾叫燕姞,有天夜里梦见上天的使者给了她一枝兰花,对她说:"我是伯儵,我,是你的祖先,因为兰花的香气甲于一国,所以人们佩戴它喜爱它。"不久,郑文公见了燕姞,就送给她兰花而与他同床。燕姞推辞说:"我没有才能,咱们同床生了孩子以后,假若你不相信是你的孩子的话,是否可用这兰花作证呢?"郑文公说:"可以。"后来生下郑穆公,取名叫兰。

郑文公与他叔父郑子的妃陈妫通奸,生了子华、子臧。子臧得罪了郑文公出逃到外地,郑文公把子华诱骗到南里杀害了他,又派人把子臧暗杀在陈国、宋国交界地。郑文公又从江国娶了妃子,生了公子士。公子士到楚国朝见,楚国人给他酒里下了毒药,他喝了后在回郑国途中走到叶地便死去了。郑文公又从苏地娶了妃子,生了子瑕、子俞弥。子俞弥早死了。大夫泄驾很讨厌子瑕,郑文公也讨厌他,所以没有把子瑕立为太子。郑文公又驱逐群公子,公子兰逃奔到晋国,曾跟随晋文公进攻郑国。当时郑国大夫石癸说:"我听说姬姓、姞姓配偶,生下子孙一定会壮大。姞字,是善人的意思,后稷的原配夫人就姓姞。现在公子兰,是姞姓的外甥,上天也许正在引导他,一定会成为君主,他的后代一定会壮大。先迎他回国,将来可以让我的宠幸达到极点。"石癸与郑国大夫孔将钮、侯宣多把公子兰迎回国,在郑国的祖庙里盟誓后把他立为太子,用他来和晋国达成了和议。

郑穆公得了病,说:"兰花要死去,我是否也要死,我是因为兰花而出生的。"有人割了兰花而郑穆公就死了。

楚子围郑

【题解】

鲁宣公十二年(前597),楚庄王北上进攻郑国,占领郑国国都,迫使郑国与之议和而成为他的附庸。

【原文】 十二年春,楚子围郑,旬有七日。郑人卜行成,不吉;卜临于大宫①,且巷出车,吉。国人大临,守陴者皆哭②。楚子退师。郑人修城。进复围之,三月,克之。入自皇门,至于逵路。郑伯肉袒牵羊以逆,曰:"孤不天,不能事君,使君怀怒以及敝邑,孤之罪也,敢不唯命是听?其俘诸江南,以实海滨,亦唯命;其翦以赐诸侯③,使臣妾之,亦唯命!若惠顾前好,徼福于厉、宣、桓、武,不泯其社稷,使改事君,夷于九县④,君之惠也,孤之愿也,非所敢望也。敢布腹心,君实图之。"左右曰:"不可许也,得国无赦。"王曰:"其君能下人,必能信用其民矣,庸可几乎⑤!"退三十里而许之平。潘尪入盟,子良出质。

【注释】 ①临:哭吊。②陴:城上女墙。③翦:消灭。④夷:等。⑤几:希望。

【译文】 （鲁宣公）十二年春季，楚庄王率军包围了郑国国都，一直包围了一旬又七天。郑国的大夫们占卜看是否可以与楚国议和，结果不好；又占卜在郑国的祖庙哭泣，并陈兵于街巷，结果是吉利的。于是国人都在城中大哭，守城的士兵也都哭泣。楚庄王率军后退，郑国人就修筑加固城墙。楚庄王再次进兵包围，经过三个月，攻破了郑国国都。楚军从郑国都城皇门中进入城中，郑襄公露出上身牵着羊迎接楚国军队，对楚庄王说："我不能奉承上天的旨意，不能服从于你，使你怀着愤怒来到我们这里，是我的罪过了，哪里敢不听从你的命令？你要把我们俘虏到长江以南，让我们去海滨地区，我们也只能听你的命令；你要消灭郑国把我们分配给各诸侯国，让我们给人家做臣做妾，也只能听从你的命令。如果你能顾及我们两国以前的友好，求得郑厉公、宣公、桓公、武公等祖先的保佑，使我们的国家不至于灭亡，让我们重新侍奉你，把我国等同于你们的九个县，那是你对我们的恩惠，是我的愿望，可我又不敢有这些希望。我向你展示内心，请你考虑我的意见。"楚庄王的左右随从说："不能答应郑襄公的请求，得到他的国家就没有赦免二字。"楚庄王说："郑国国君能处于人下，就一定能相信任用他的人民，以后是有希望的。"率军后退三十里而答应与郑国议和。楚国大夫潘尪到郑国国都与郑襄公订立了盟约，郑国的子良到楚国当了人质。

晋侯伐郑

【题解】

晋国在邲之战失败后，郑国背叛它而投靠了楚国。为了让郑国服从晋国，晋景公亲自率领军队到郑国示威，郑襄公急忙到楚国寻求援助。

【原文】 夏，晋侯伐郑，为邲故也。告于诸侯，蒐焉而还①。中行桓子之谋也②，曰："示之以整，使谋而来。"郑人惧，使子张代子良于楚。郑伯如楚，谋晋故也。郑以子良为有礼，故召之。

【注释】 ①蒐：检阅车马。②中行桓子：荀林父把晋军分为三部：中行、右行、左行。荀行父为中行统帅，谥号桓，因称中行桓子。

【译文】 （鲁宣公十四年）夏天，晋景公率军进攻郑国，是因为邲地战役的缘故。他向各国诸侯宣布，到郑地检阅军队后就回国了。这是荀林父出的计谋，荀林父说："要给郑国显示出晋国部队的齐整，让郑国自谋而来服从晋国。"郑国害怕了，让子张代替子良到了楚国。郑襄公到楚国，谋划抵御晋国。郑国因为子良有礼度，所以把他召回国内。

楚子围宋

【题解】

鲁宣公十四年（前595），楚庄王派使者到齐国、晋国，却不让他们向必经的宋、郑两国行借道之礼，就是向两国挑衅。宋国不畏楚国势力，杀了使者申舟，激怒了楚庄王，到秋季，楚军包围了宋国。

【原文】 楚子产使申舟聘于齐，曰："无假道于宋。"亦使公子冯聘于晋，不假道于郑。申舟以孟诸之役恶宋，曰："郑昭宋聋，晋使不害，我则必死。"王曰："杀女，我伐之。"见犀而行。及宋，宋人止之。华元曰："过我而不假道，鄙我也。鄙我，亡也。杀其使者，必伐我，伐我亦亡也。亡一也。"乃杀之。楚子闻之，投袂而起，屦及于窒皇①，剑及于寝门之外，车及于蒲胥之市②。秋九月，楚子围宋。

【注释】 ①窒皇：亦作绖皇，宫中路寝前面的庭。②蒲胥：楚国都城街道，市场在其中。

【译文】 楚庄王派申舟聘使齐国，对他说："不要向宋国说明，直接通过它的国家就行了。"也派公子冯出使晋国，不向郑国说明就通过郑国。申舟因为以前在孟诸的战役中惹怒了宋国，对楚庄王说："郑国明白，宋国很不聪明，出使晋国的人不会受害，我是一定要死了。"楚庄王说："如果宋国杀了你，我就去攻伐他。"（楚庄王为保证他的诺言，）让申舟把儿子申犀领来见了他才出行。申舟到达宋国边境，宋国人把他留住了。宋国的华元说："申舟路过宋国而不行借道之礼，是小瞧我国。小瞧我们，就是要灭亡我国。如果杀了他这个使者，楚国一定进攻我们，进攻我们也是要灭亡我国。都是一样的亡国。"就杀了申舟。楚庄王听到这个消息，立刻愤怒得撩起袖子站起来，赤脚跑到路寝前的庭中，后面给他拿鞋的人到这里才追上他；他又跑出寝门之外，给他送剑的人在寝门外才追上他；为他备好的车子到蒲胥街上的市场中才追上他。秋季的九月，楚庄王率军包围了宋国。

成　公

王师败绩于茅戎

【题解】

东周王室本来要与茅戎达成和议，但刘康公却乘议和之机，向茅戎进攻，结果失败，使自己因不守信用而遭到惩罚。

【原文】 元年春，晋侯使瑕嘉平戎于王，单襄公如晋拜成。刘康公徼戎①，将遂伐之。叔服曰："背盟而欺大国，此必败。背盟，不祥；欺大国，不义；神人弗助，将何以胜？"不听，遂伐茅戎②。三月癸未，败绩于徐吾氏③。

【注释】 ①徼：侥幸。②茅戎：春秋时少数族，主要分布于今山西平陆、河南洛阳市东等地。③徐吾氏：茅戎的部落，活动地点不详。

【译文】 （鲁成公）元年春天，晋景公派瑕嘉去主持茅戎和东周的议和，东周的卿士

单襄公到晋国答谢晋国为他们议和。东周的刘康公趁议和期间戎族没有防备想侥幸打败戎族，准备驱逐进攻戎族。东周的内史叔服说："背叛盟约而又欺骗大国，这次出兵一定要失败。背叛盟约，不会吉祥；欺骗大国，不讲道义；神灵和人都不会帮助，将用什么来取胜呢？"刘康公不听他的话。于是就进攻茅戎。三月癸未日，被茅戎的徐吾氏部落打败了。

<h1 style="text-align:center">鞌之战</h1>

【题解】

鞌之战是晋国援助鲁、卫两国而与齐国进行的一场战争，也是春秋时期规模较大的一次战争。晋国将士团结一致，奋死战斗，终于击败齐国，争取到鲁、卫对晋国的支持。

【原文】 二年春，齐侯伐我北鄙，围龙①。顷公之嬖人卢蒲就魁门焉。龙人囚之。齐侯曰："勿杀，吾与而盟，无入而封。"弗听，杀而膊诸城上②。齐侯亲鼓，士陵城③。三日取龙。遂南侵，及巢丘④。

卫侯使孙良夫、石稷、宁相、向禽将侵齐，与齐师遇。石子欲还，孙子曰："不可。以师伐人，遇其师而还，将谓君何？若知不能，则如无出。今既遇矣，不如战也。"

……

石成子曰："师败矣。子不少须，众惧尽。子丧师徒，何以复命？"皆不对。又曰："子，国卿也。陨子⑤，辱矣。子以众退，我此乃止。"且告车来甚众。齐师乃止，次于鞫居⑥。新筑人仲叔于奚救孙桓子，桓子是以免。

既，卫人赏之以邑，辞，请曲县、繁缨以朝，许之。

仲尼闻之曰："惜也，不如多与之邑。唯器与名，不可以假人，君之所司也。名以出信，信以守器，器以藏礼，礼以行义，义以生利，利以平民，政之大节也。若以假人，与人政也。政亡，则国家从之，弗可止也已。"

孙桓子还于新筑，不入，遂如晋乞师。臧宣叔亦如晋乞师。皆主郤献子⑦。晋侯许之七百乘。郤子曰："此城濮之赋也。有先君之明与先大夫之肃，故捷。克于先大夫，无能为役，请八百乘。"许之。郤克将中军，士燮佐上军，栾书将下军，韩厥为司马，以救鲁、卫。臧宣叔逆晋师，且道之，季文子帅师会之。

及卫地，韩献子将斩人，郤献子驰，将救之。至，则既斩之矣。郤子使速以徇，告其仆曰："吾以分谤也。"

师从齐师于莘⑧。六月壬申，师至于靡笄之下⑨。齐侯使请战，曰："子以君师辱于敝邑，不腆敝赋，诘朝请见。"对曰："晋与鲁、卫，兄弟也，来告曰：'大国朝夕释憾于敝邑之地。'寡君不忍，使群臣请于大国，无令舆师淹于君地。能进不能退，君无所辱命。"齐侯

287

曰："大夫之许,寡人之愿也;若其不许,亦将见也。"齐高固入晋师,桀石以投人⑩,禽之而乘其车,系桑本焉,以徇齐垒,曰:"欲勇者贾余馀勇!"

癸酉,师陈于鞌⑪。邴夏御齐侯,逢丑父为右。晋解张御郤克,郑丘缓为右。齐侯曰:"余姑翦灭此而朝食。"不介马而驰之。郤克伤于矢,流血及屦,未绝鼓音,曰:"余病矣!"张侯曰:"自始合,而矢贯余手及肘,余折以御,左轮朱殷,岂敢言病?吾子忍之!"缓曰:"自始合,苟有险,余必下推车,子岂识之?然子病矣!"张侯曰:"师之耳目,在吾旗鼓,进退从之。此车一人殿之,可以集事,若之何其以病败君之大事也?擐甲执兵,固即死也,病未及死,吾子勉之!"左并辔,右援枹而鼓,马逸不能止,师从之,齐师败绩。逐之,三周华不注⑫。

韩厥梦子舆谓己曰:"旦辟左右。"故中御而从齐侯。邴夏曰:"射其御者,君子也。"公曰:"谓之君子而射之,非礼也。"射其左,越于车下⑬。射其右,毙于车中。綦毋张丧车,从韩厥曰:"请寓乘。"从左右,皆肘之,使立于后。韩厥俛,定其右。逢丑父与公易位,将及华泉,骖絓于木而止。丑父寝于辂中⑭,蛇出于其下,以肱击之,伤而匿之,故不能推车而及,韩厥执絷马前,再拜稽首,奉觞加璧以进,曰:"寡君使群臣为鲁、卫请,曰:'无令舆师陷入君地。'下臣不幸,属当戎行,无所逃隐。且惧奔辟,而忝两君。臣辱戎士,敢告不敏,摄官承乏。"丑父使公下,如华泉取饮。郑周父御佐车,宛茷为右,载齐侯以免。韩厥献丑父,郤献子将戮之,呼曰:"自今无有代其君任患者,有一于此,将为戮乎?"郤子曰:"人不难以死免其君,我戮之,不祥。赦之,以劝事君者。"乃免之。

齐侯免,求丑父,三入三出。每出,齐师以帅退,入于狄卒,狄卒皆抽戈、楯冒之,以入于卫师,卫师免之,遂自徐关入⑮。齐侯见保者,曰:"勉之,齐师败矣。"辟女子。女子曰:"君免乎?"曰:"免矣。"曰:"锐司徒免乎?"曰:"免矣。"曰:"苟君与吾父免矣,可若何?"乃奔。齐侯以为有礼。既而问之,辟司徒之妻也。予之石窌⑯。

晋师从齐师,入自丘舆⑰。击马陉⑱。

齐侯使宾媚人赂以纪甗、玉磬与地⑲。"不可,则听客之所为。"宾媚人致赂。晋人不可,曰:"必以萧同叔子为质,而使齐之封内尽东其亩。"对曰:"萧同叔子非他,寡君之母也。若以匹敌,则亦晋君之母也。吾子布大命于诸侯,而曰必质其母以为信,其若王命何?且是以不孝令也:《诗》曰:'孝子不匮,永锡尔类。'若以不孝令于诸侯,其无乃非德类也乎?先王疆理天下,物土之宜,而布其利。故《诗》曰:'我疆我理,南东其亩。'今吾子疆理诸侯,而曰'尽东其亩'而已,唯吾子戎车是利,无顾土宜,其无乃非先王之命也乎?反先王则不义,何以为盟主?其晋实有阙。四王之王也,树德而济同欲焉;五伯之霸也,勤而抚之,以役王命。今吾子求合诸侯,以逞无疆之欲。《诗》曰:'布政优优,百禄是遒。'子实不优,而弃百禄,诸侯何害焉?不然,寡君之命使臣,则有辞矣。曰:'子以君师辱于敝邑,不腆敝赋,以犒从者。畏君之震,师徒桡败。吾子惠徼齐国之福,不泯其社稷,

使继旧好,唯是先君之敝器、土地不敢爱,子又不许,请收合余烬,背城借一。敝邑之幸,亦云从也;况其不幸,敢不唯命是听?"鲁、卫谏曰:"齐疾我矣。其死亡者,皆亲暱也。子若不许,雠我必甚。唯子,则又何求? 子得其国宝,我亦得地,而纾于难,其荣多矣。齐、晋亦唯天所授,岂必晋?"晋人许之,对曰:"群臣帅赋舆,以为鲁、卫请。若苟有以藉口,而复于寡君,君之惠也。敢不唯命是听?"

禽郑自师逆公。

【注释】 ①龙:鲁地,在今山东泰安东南。②膊:暴露、陈列。③陵:登上。④巢丘:鲁地,今地不详,当亦在山东泰安境内。⑤陨:损失。⑥鞠居:当是卫地。今地不详。⑦主:以……为主人。⑧莘:卫地,在今山东莘县北。⑨摩笄:山名,即今山东济南千佛山。⑩桀:举。⑪鞌:同"鞍",即历下,在今济南西。⑫华不注:山名,在今济南市北。⑬越:坠。⑭辇:竹木做成的车。⑮徐关:齐地,当在今山东淄博市西。⑯石窌:齐地,在今山东长清东南。⑰丘舆:齐地,在今山东益都西南。⑱马陉:即马陵,在丘舆北。⑲甋:古代的炊具。

【译文】 (鲁成公)二年春天,齐顷公率军侵伐鲁国北部边境,包围了龙地。齐顷公的宠臣卢蒲就魁攻城,被龙地的人俘虏。齐顷公与龙地的人说:"不要杀他,我和你们盟誓,不再进入你们的边境。"龙地的人不听他的,把卢蒲就魁杀死后又暴尸在城头上。齐顷公很愤怒,亲自击鼓催促进兵,齐军战士又纷纷登上城墙,经过三天的战斗,夺取了龙地。于是齐顷公又率军向南侵伐,到达了巢丘。

卫穆公派孙良夫、石稷、宁相、向禽将四人带兵侵伐齐国,跟齐军相遇了。石稷想退回去,孙良夫说:"不可以退。带领军队进攻别人,遇到正是要进攻的军队却又退回去,将怎样向国君交代? 如果原来就知道不能取胜,那就不如不出兵。现在既然遇到了齐国的队伍,那就不如与他打。"

……

石稷对孙良夫等说:"咱们的军队要失败了,你不稍稍等待(顶住齐军),全军恐怕就要被消灭尽了。你丧失了军队,怎么回去交代呢?"孙良夫和其他两人都不回答。石稷又对孙良夫说:"你,是国家的上卿。损失了你,那是国家的耻辱。你带领大军后退,我在这里阻挡齐军。"并且告诉卫军说有很多战车前来支援。齐军受到抵御而停止了进攻,驻扎在鞠居。又有卫国的新筑地方的大夫仲叔于奚救孙良夫,所以孙良夫才免于被齐军俘虏。

不久,卫国就奖赏仲叔于奚一处城邑。仲叔于奚推辞了,而要求赏他一套诸侯用的乐器、一套装饰马头的繁缨,用来上朝。卫穆公答应了他。

孔子听到后说:"可惜了,不如多给他些地方。只有器物和爵号,是不能让给别人的,这是君主权力的标志。有了名号就有了威信,有了威信就能保持所得到的器物,器物隐

含有贵贱的礼法,礼法是用来实行道义的,有道义就能产生大众的利益,利益可以治理平定人民,这是政事的重大事情。如果把器与名给别人,那就是给了别人政权。政权没有了,那国家也就跟着灭亡,这是不能够阻止得了。"

孙良夫退回到新筑,不回国都,顺便就到晋国请求援军。鲁国的臧宣叔也到晋国请求派军支援。两人都以郤克为主人。晋景公答应一共出七百乘戎车。郤克说:"这是当年城濮战役所用的军事力量,当时有晋文公的英明和先大夫们的敏捷,所以打胜了。我和先大夫们相比,连给他们当仆役的能力都没有,我请求给八百乘戎车。"晋景公答应了他。郤克统率中军,士燮为上军副统帅,栾书为下军统帅,韩厥为司马,去援救鲁国、卫国。鲁国大夫臧宣叔迎接晋国军队,并为晋军引路,鲁国大夫季文子带领军队与晋军会合。

晋军到达卫国的地方,韩厥将要斩掉晋军中一个违反纪律的人,郤克快速驾车,去救这个人,他到了的时候,韩厥已把人斩掉了。郤克让很快用这事宣示三军,并对给他驾车的人说:"我这样做是要分担别人对韩厥的怨怒。"

晋军追击齐国的军队到了莘地。六月壬申日,晋军到了齐国境内的摩笄山下。齐顷公派人到晋军请战,说:"你带领你们君主的军队来到我们这里,我们不很强大的军队,明天早上与你们相见。"郤克对来人说:"晋国与鲁国、卫国,是兄弟国家,两国都来晋国报告说:'齐国早晚要到我们国家来发泄怨愤。'我们君主不忍心让他们遭受战争,让我们这些大臣向齐国请求,但不准我们的车辆军队长期停留在你们的土地上,只准我们前进不准后退,我们不会玷辱了你们的命令。"齐顷公说:"郤克大夫的许诺,也正符合我的愿望。如果你不许诺,也要与你相见。"齐国的高固打到晋国军队中,举起石头来打晋军士兵。晋军捕获了他并乘坐了他的战车,在车上拴系了桑树根子,带着他和他的战车到齐国的军营前宣示,说:"想要表现勇敢的就来买我们剩下的勇气吧!"

(六月)癸酉日,晋军、齐军在鞌地布下战阵。邴夏为齐顷公驾车,逢丑父为车右。晋军的解张为郤克驾车,郑丘缓为车右。齐顷公说:"我先消灭郤克再吃早饭。"他的战车上的马没有披甲就驱车冲向晋军。郤克被箭射伤,血流到鞋子上,但没有使战鼓停歇下来,他说:"我已支持不住了。"解张说:"自从两军开始交战,箭头就穿过我的手到了肘部,我折断箭杆驾车,戎车的左轮子已被我的血染成朱红色,我哪里敢说支持不住?你还是忍着痛吧。"郑丘缓说:"自从两军开始交战,一遇到险处,我必定下去推车,你哪里看得到?但你确实是伤得很重了。"解张说:"军队的耳目,就在于我们的元帅的旗鼓,进退都听旗鼓指挥,这辆车由一人来镇守,就可以完成任务,为什么你要因为伤重而败坏君主的战事呢?穿起甲衣手持兵器,就是要去死的,伤重还到不了死,你还是努力吧。"解张左手把四匹马的缰绳都攥到手里,右手拿起鼓槌来擂击战鼓。马奔跑起来不能停止下来,军队都跟着郤克的战车冲击。齐国军队溃散了。晋军追逐齐军,在华不注山下绕了三圈。

　　韩厥梦见他的父亲子舆对他说："早晨避开左或右。"所以代替为他驾车的人而站在车的中央去追击齐顷公。齐顷公的驾车者邴夏说："射那个驾车的，那是位君子。"齐顷公说："认为他是君子而又射他，那是不讲礼的。"射韩厥车上左边的人，这人被射中落到车下。齐顷公又射韩厥的车右，车右中箭死在车中。晋军中的綦毋张丧失了战车，跟在韩厥的车后，说："让我借乘你的战车。"綦毋张上车后要站在车的左边或右边，韩厥都用胳膊肘撞他，让他站立在自己的后边。韩厥弯下腰，把被射死的车右稳定在车上。齐军的逢丑父在车上乘机与齐顷公调换了位置。齐顷公的战车快要到华不注山下的华泉时，他的拉套的马被树木阻挡住而停止下来。逢丑父夜里在竹木制成的车中睡觉，有一条蛇出现在他的身下面，他用胳膊去打蛇，受了伤而隐瞒着。所以当齐顷公的车被树木挡住时，他不能推车而被韩厥追上。韩厥在齐顷公战车的马头下拿着缰绳，两次揖拜并低头行礼，捧着酒壶和玉璧进献，说："我们的君主让我们这些大臣来替鲁国、卫国请求，对我们说：'不要让车辆军队进入齐国国土。'我实在不幸运，正好担当了军旅之士，没有地方逃避隐藏，又恐怕逃奔躲避战争，而侮辱了两国君主。我勉强担任军士，我实在不聪明，只好执行命令了。"逢丑父让齐顷公下车，到华泉取水喝，郑周父驾着齐顷公的备用战车，宛筏为车右，让齐顷公上了这辆车而免于被俘。韩厥俘虏了逢丑父献给郤克，郤克要杀掉他，逢丑父呼喊说："到今天还没有出现过替自己的君主担当祸患的人，现在有一个人这样做了，就要把他杀掉吗？"郤克说："一个人不害怕死而让他的君主免于被俘，我要杀了他，不会吉祥。赦免了他，用这事来规劝那些服侍君主的人。"就把逢丑父赦免了。

　　齐顷公逃脱后，寻找逢丑父，三次出入战场。每一次从战场出来，齐国的军队都保护着他向后退。齐顷公进入晋军的盟军狄人的军队中，狄人的士卒都拿出戈和盾护卫他，因而他又进入到卫国的军队中，卫国军队也放了他。于是从徐关回到齐国。齐顷公途中见到守卫的人，对他们说："努力吧，齐军失败了。"他正要让一位女子为他避道，那女子问他："国君逃出来了吗？"他回答说："逃出来了。"又问："主管锐利兵器的官员和步兵逃出来了吗？"回答："逃出来了。"女子说："如果君主和我的父亲逃脱了，还有什么问的呢？"就跑开了。齐顷公认为这女子很有礼度。不久他问女子是谁，原来是负责战事垒壁的军官的妻子。就把石窌这块地方赐给了她。

　　晋军追逐齐军，从丘舆地方进入齐国，在马陉又打击了齐军。

　　齐顷公让宾媚人送给晋军纪国铜锅、玉磬和齐国的一些土地。嘱咐宾媚人说："这些晋国还认为不行的话，那就任凭对方去做吧。"宾媚人向郤克送礼，晋国的郤克不满意，说："一定要让你们的萧同叔子来当人质，要让齐国的疆土之内垅亩和道路全部向东。"宾媚人回答说："萧同叔子不是别人，恰恰是我们君主的母亲。如果要和晋国相匹敌，那也就是晋国君主的母亲。你向诸侯宣布你的重大命令，而竟说一定要让诸侯的母亲做人质才算信用，你怎样对待周王的命令呢？况且你这是用不孝发命令的。《诗经》说：'孝子不

缺乏孝心,才能保证永远有族类。'如果用不孝来命令诸侯,那不是没有道德一类的人了吗? 先前的帝王分疆划界治理天下,根据水土的情况,布局生产物品。所以《诗经》说:'我划出疆界划分地理,要把地垄开成南东方向。'现在你划分诸侯的土地,说只能'垄亩全部向东',只是为了你的战车行走有利,不顾土地与物产相适宜,这也不是先代帝王的命令吧? 违背先王的做法就没有道义,怎么去做盟主呢? 你们晋国实在是有过失的。舜、禹、商汤、周武四位帝王统治天下,树立仁德而满足人们的共同欲望;夏伯昆吾、商伯大彭、豕韦、周伯齐桓、晋文等五位诸侯称霸一时,辛勤地抚绥别的国家,为帝王的命令去服役;现在你追求的是让诸侯会合在你的指挥下,用来满足你们无止境的欲望。《诗经》说:'发布的政教和缓,才会使各种福禄聚集而来。'你发布的政教不是和缓的,是抛弃福禄的,诸侯对你有什么损害呢? 你如果不改变你的命令的话,那我们的君主命令我这位使臣,对你们也有话说。要说的是:'你带领着你们的军队来到我们这里,我们虽然军队不很强盛,也可用来犒劳跟随你的人。只是被你们君主的威力震慑,我们军队失败了。你如果能降下恩惠为齐国求福,不使齐国灭亡,能够维持原来两国的友好,那我们先君留下的器物、土地我们不敢私爱。可你又不要这些,那我们只好收集残余的力量,背靠我国的城池最后决战一次。如果我们有幸胜了,我们也会听从你们的,假若不幸而灭亡,哪里敢不听从你的命令呢?'"鲁国、卫国的统帅都劝郤克说:"齐国怨恨我们两国了。他们战死的人,都是齐顷公的亲近者。你如果不答应他们的请求,他们一定会更加仇恨我们。纵然是你,还有什么要求呢? 你能得到他们的国宝,我们也得到土地,又缓解了我们两国的危难,好处还是很多的。齐国、晋国也都是上天赐予的,为什么只要晋国存在呢?"郤克答应了齐国的要求,对齐国的使者说:"我们这些大臣带领着车辆军队,只是为了替鲁国、卫国的请求。如果能让我们有话说,回去好交代我们君主,那就是齐国的福分了。我敢不听从你们的命令吗?"

鲁成公来到战场会见晋军,鲁国大夫禽郑从队伍中出去迎接他。

晋师归

【题解】

鲁成公二年(前589),晋国的军队从鞌之战的战场归来,将帅们都受到晋景公的表彰,但他们个个都谦虚有礼,表明晋国君臣之间的团结。

【原文】 晋师归,范文子后入①。武子曰②:"无为吾望尔也乎?"对曰:"师有功,国人喜以逆之,先入,必属耳目焉③,是代帅受名也,故不敢。"武子曰:"吾知免矣。"

郤伯见,公曰:"子之力也夫。"对曰:"君之训也,二三子之力也,臣何力之有焉?"范叔见,劳之如郤伯。对曰:"庚所命也,克之制也,燮何力之有焉?"栾伯见④,公亦如之。对

曰："燮之诏也，士用命也，书何力之有焉？"

【注释】　①范文子：晋国上军副统帅士燮。②武子：士燮之父士会。③属耳目：成为众人注视倾听的对象。属，集中。④栾伯：晋国下军统帅栾书。

【译文】　晋国军队在鞌之战后回到国内。士会的儿子士燮最后到达国都。士会对他说："你没有想到我在等待着你吧？"士燮回答说："军队有了战功，国人高兴地来迎接它，我如果走在最前面进入国都，国人的视线都集中到我身上，这无意中是代替主帅接受了名誉，所以我不敢走在前面。"士会说："从这我就知道你会免遭祸患。"

郤克进见晋景公，晋景公对他说："这次胜利全凭你的力量了。"郤克回答说："这是依靠了君主的训导，依靠众将领的力量，我有什么功劳可言呢？"士燮进见晋景公，晋景公也用同样的话慰劳他。士燮回答说："这是凭借了上军统帅荀庚的命令，依靠了郤克的统一指挥，士燮有什么功劳呢？"栾书进见晋景公，晋景公也是这样慰劳，栾书回答说："我是受命于上军统帅士燮，依靠了下军士兵的服从命令，我有什么功劳呢？"

楚归晋知罃

【题解】

晋国的荀罃在邲之战中被楚国俘虏，鲁成公三年（前588），晋国用楚俘换他回国。在即将离开楚国时，他在回答楚共王的问话时，表现出不卑不亢和忠于晋国的态度。

【原文】　晋人归楚公子谷臣与连尹襄老之尸于楚，以求知罃。于是荀首佐中军矣，故楚人许之。王送知罃，曰："子其怨我乎？"对曰："二国治戎，臣不才，不胜其任，以为俘馘。执事不以衅鼓，使归即戮，君之惠也。臣实不才，又谁敢怨？"王曰："然则德我乎？"对曰："二国图其社稷，而求纾其民，各惩其忿，以相宥也①。两释累囚②，以成其好。二国有好，臣不与及，其谁敢德？"王曰："子归，何以报我？"对曰："臣不任受怨，君亦不任受德，无怨无德，不知所报。"王曰："虽然，必告不谷。"对曰："以君之灵，累臣得归骨于晋③，寡君之以为戮，死且不朽，若从君之惠而免之，以赐君之外臣首④，首其请于寡君，而以戮于宗，亦死且不朽。若不获命，而使嗣宗职，次及于事，而帅偏师⑤，以修封疆。虽遇执事，其弗敢违，其竭力致死，无有二心，以尽臣礼，所以报也。"王曰："晋未可与争。"重为之礼而归之。

【注释】　①宥：宽恕，赦罪。②累囚：捆绑的囚徒。③累臣：被捆缚的人（荀罃自称，他被俘了）。④首：荀罃的父亲荀首，又称知庄子。⑤偏师：非主力军（谦称）。

【译文】　晋国把俘虏的楚国公子谷臣和连尹襄老的尸体归还给楚国，以求换回知罃。这时知罃的父亲荀首已为中军的副统帅，所以楚国答应了。楚共王来送知罃，对他说："你怨恨我吗？"知罃回答说："两国交战，我没有才能，不胜任自己的职务，所以成为俘虏，你们执掌政事的人没有把我杀掉用我的血来祭鼓，让我回去等待杀头，这是你对我的

恩惠,我确实没有才能,敢怨恨谁呢?"楚共王说:"那么你感谢我吗?"回答说:"晋、楚两国都是为了国家,而求拯救两国的人民,各自克制心中的怨怼,以取得相互宽恕。各自释放了俘虏,用来达成和好。两国达成和好,我没有参与,感谢谁呢?"楚共王说:"你回去,用什么报答我?"回答说:"我不承担接受怨恨,你也不承担接受报答你的仁德,既没有怨恨也不存在仁德,我不知要报答谁。"楚共王说:"虽说如此,你也一定得告诉我怎样报答。"回答说:"借你的保佑,我这囚徒能够把这一把骨头送回晋国,如果我们君主把我杀掉,那我也就虽死也不会枯朽。如果像你这样对我优惠而免了我的死刑,把我交给你的外国臣子荀首,荀首向我们君主请示,把我杀死在我们宗族的庙里,也是虽死而不会枯朽。如果我们君主不会批准他这样做,让我继承管理宗族的职务,按宗族次序选择我去参加战争,让我带领一些非主力部队,去整顿我国的疆土。到那时,虽然遇到你们执掌政事的人,也不敢背离你们而后退,只能竭尽全力去送死,对我们君主绝对不会有二心,一定要尽到臣子的礼节,那就只能用这来报答你。"楚共王说:"晋国是不可同它争夺的。"于是举行隆重的礼仪把知䓨送回晋国。

鲁成公如晋

【题解】
　　鲁成公到晋国没有得到晋景公的尊重,想要叛晋而投楚。他的大臣季文子既对晋景公不满,又不同意鲁成公的想法,说楚国"非我族类",不可信任。虽然说明重视华夏族的凝聚,但也反映出狭隘的民族观念。

　　【原文】　夏,公如晋。晋侯见公,不敬,季文子曰:"晋侯必不免。《诗》曰:'敬之敬之,天惟显思,命不易哉。'夫晋侯之命在诸侯矣,可不敬乎。"

　　秋,公至自晋,欲求成于楚而叛晋。季文子曰:"不可。晋虽无道,未可叛也。国大、臣睦,而迩于我,诸侯听焉,未可以贰①。《史佚之志》有之曰:'非我族类,其心必异。'楚虽大,非吾族也,其肯字我乎②?"公乃止。

　　【注释】　①贰:背叛。②字:保护,爱护。

　　【译文】　(鲁成公四年)夏季,鲁成公到了晋国。晋景公接见鲁成公,对他不尊重。鲁大夫季文子知道后说:"晋景公一定不会免于祸患。《诗经》说:'恭敬啊再恭敬,上天是那样的明显呀,获得与保守天命是不容易的啊!'晋景公的命运在诸侯们掌握之中,能不敬重诸侯吗?"

　　秋季,鲁成公从晋国回来,想要求与楚国结盟而背叛晋国。季文子说:"不能这样做。晋国虽然不讲道义,但还不能叛变他。晋国国土大、大臣和睦,又与我们邻近,诸侯还听他的,我们还不可以对他有二心。《史佚之志》有这样的话说:'与我们不是同一种族的人,他们的心肠和我们一定不一样。'楚国虽是大国,跟我们不是同一种族,他肯爱护我们

吗?"鲁成公于是放弃了这一想法。

郑伯伐许

【题解】

郑、许两国发生战争,晋、楚两大国乘机插足。这说明大国无时不在寻找机会,蚕食小国的领土。

【原文】 冬十一月,郑公孙申帅师疆许田:许人败诸展陂[①]。郑伯伐许,取钼任、泠敦之田[②]。

晋栾书将中军,荀首佐之;士燮佐上军,以救许伐郑,取氾、祭[③]。

楚子反救郑,郑伯与许男讼焉,皇戌摄郑伯之辞[④]。子反不能决也,曰:"君若辱在寡君,寡君与其二三臣共听两君之所欲,成其可知也。不然,侧不足以知二国之成。"

【注释】 ①展陂:许国属地,在今河南许昌市西北。②钼任、泠敦:两地都是许国的地方,当距今许昌市不远。③氾、祭:两地都属郑。氾在今河南荥阳西北,祭在今郑州市北。④摄:代理,这里是指替郑襄公发言。

【译文】 (鲁成公四年)冬季十一月,郑国的公孙申带领军队去许国划定他们夺取的许国田地的疆界,许国在展陂打败了郑军。于是郑襄公又率军进攻许国,夺取了许国钼任、泠敦两地的土地。

晋国的栾书统率中军,荀首为副统帅,士燮为上军副统帅,带领两军援救许国而进攻郑国,夺取了郑国的氾、祭两地。

楚共王不救他的盟国许国而反过来援救郑国,郑襄公同许灵公在楚军中互相控告,郑国的皇戌代替郑襄公来发言。楚国的子反主持他们的争讼而不能决断,说:"你们两位如果都到楚国朝拜我们君主,我们君主同一些大臣们共同听听你们二位各自想的,是非曲直就知道了。不然的话,我子反是不能够给你们判定结果的。"

晋帅诸侯伐秦

【题解】

鲁成公十三年(前578),晋厉公向秦国发出断绝关系的书信后,就率领诸侯进攻秦国,打败了秦军。

【原文】 秦桓公既与晋厉公为令狐之盟[①],而又召狄与楚,欲道以伐晋,诸侯是以睦于晋。晋栾书将中军,荀庚佐之;士燮将上军,郤锜佐之;韩厥将下军,荀罃佐之;赵旃将新军,郤至佐之。郤毅御戎,栾铖为右。孟献子曰:"晋帅乘和,师必有大功。"五月丁亥,晋师以诸侯之师及秦师战于麻隧[②]。秦师败绩,获秦成差及不更女父[③]。曹宣公卒于师。师遂济泾[④],及侯丽而还[⑤]。迓晋侯于新楚[⑥]。

【注释】 ①令狐之盟：晋、秦令狐之盟在鲁成公十一年。这次盟会本来就是没有诚意的。《左传》记载：秦、晋进行和议，要在令狐会盟，晋厉公先到了令狐。秦桓公却不肯过河，停留在王城，让史颗过河与晋厉公盟誓。晋国的郤犨到河西同秦桓公盟誓。晋国的士燮说："这样的盟会有什么益处？斋戒而盟誓，是用来要求信义的。盟会的地点，就是信义的出发点，连这信义的出发点都不能服从，还有什么信义可求？"秦桓公回去就背叛了盟约。②麻隧：秦地，在今陕西泾阳县境。③不更：秦国军功爵位名称。按商鞅变法所定的爵位等级，不更为第四等爵，职位甚低，春秋时的不更或许比这等级要高。④泾：指泾水，在陕西省中部。⑤侯丽：秦地，今地不确，或以为在今陕西礼泉县境。⑥新楚：秦地，在今陕西大荔县境。

【译文】 （鲁成公十三年，）秦桓公已经与晋厉公举行了令狐之盟，而又招引狄人和楚国进攻晋国，其他诸侯国所以都亲睦于晋国，跟随晋国进攻秦国。晋国的栾书统率中军，荀庚为副统帅；士燮统率上军，郤锜为副统率；韩厥统率下军，荀罃为副统率；赵旃统率新军，郤至为副统率。郤毅为中军统率驾车，栾鍼为车右。鲁国的孟献子说："晋军将帅乘卒团结一致，这次出师一定能立大功。"五月丁亥日，晋军带领诸侯的军队同秦军在麻隧展开战斗。秦军被打得溃散了，晋军俘虏了秦国将领成差和一个有不更爵位名叫女父的人。曹宣公率军与晋军一起作战，死在军中。诸侯联军于是渡过泾水，攻到侯丽才退回去，在新楚迎接晋厉公。

楚子伐郑

【题解】

鲁成公十五年（前576），楚国不顾自己与晋国订立的盟约，进攻晋国的盟国郑国和卫国，国内的一些大臣认为这样做是失信。但从春秋的事实来看，盟约大多为空言，盟誓背后，隐藏着更激烈的争夺。

【原文】 楚将北师，子囊曰："新与晋盟而背之，无乃不可乎？"子反曰："敌利则进，何盟之有？"申叔时老矣，在申，闻之，曰："子反必不免。信以守礼，礼以庇身，信、礼之亡，欲免，得乎？"

楚子侵郑，及暴隧①。遂侵卫，及首止②。郑子罕侵楚，取新石③。

栾武子欲报楚。韩献子曰："无庸，使重其罪，民将叛之。无民，孰战？"

【注释】 ①暴隧：本为周室暴辛公封邑，后入于郑。在今河南原阳县西。②首止：卫地，近于郑。在今河南睢县东南。③新石：楚地，在今河南叶县境内。

【译文】 楚共王准备向北方进军。公子囊对他说："我们刚刚同晋国订立盟约就要背叛，这不是不可以吗？"子反说："敌方的情况对我们有利就进攻他，还管它盟约呢。"申叔时已经年老退休了，回到申县，听到子反这样做，说："子反一定不会免于祸患。信用是

用来保持礼义的,礼义是用来保护自身的,信用、礼义都不要了,想要免于祸患,能办得到吗?"

楚共王带兵侵略郑国,打到了郑国的暴隧。于是又侵略卫国,打到了卫国的首止。郑国的子罕也带兵侵略楚国,夺取了楚邑新石。

栾书准备报复楚国,韩厥说:"不用报复它,让他加重自己的罪过,他的人民就会背叛他。到时候没有人民,谁去打仗?"

葬宋共公

【题解】

宋共公死后,宋国公族大夫互相排挤、残杀,反映了贵族之间的激烈斗争。

【原文】 秋八月,葬宋共公。于是华元为右师,鱼石为左师,荡泽为司马,华喜为司徒,公孙师为司城,向为人为大司寇,鳞朱为少司寇,向带为大宰,鱼府为少宰。荡泽弱公室①,杀公子肥。华元曰:"我为右师,君臣之训,师所司也。今公室卑而不能正,吾罪大矣。不能治官,敢赖宠乎?"乃出奔晋。

二华②,戴族也;司城,庄族也;六官者皆桓族也。鱼石将止华元。鱼府曰:"右师反,必讨,是无桓氏也。"鱼石曰:"右师苟获反,虽许之讨,必不敢。且多大功,国人与之,不反,惧桓氏之无祀于宋也。右师讨,犹有戍在③。桓氏虽亡,必偏④。"鱼石自止华元于河上。请讨,许之,乃反。使华喜、公孙师帅国人讨荡氏,杀子山,书曰"宋杀其大夫山",言其背族也。

鱼石、向为人、鳞朱、向带、鱼府出舍于睢上⑤,华元使止之,不可。冬十月,华元自止之,不可,乃反。鱼府曰:"今不从,不得入矣。右师视速而言疾,有异志焉。若不我纳,今将驰矣。"登丘而望之,则驰。驰而从之,则决睢澨、闭门登陴矣。左师、二司寇、二宰遂出奔楚。华元使向戍为左师,老佐为司马,乐裔为司寇,以靖国人。

【注释】 ①弱:用为动词,削弱。②二华:华元、华喜。③戍:向戍,是华元的党羽。④偏:其中一部分。⑤睢:指睢水。

【译文】 (鲁成公十五年)秋八月,宋国埋葬了宋共公。当时华元担任右师,鱼石担任左师,荡泽担任司马,华喜担任司徒,公孙师担任司城,向为人担任大司寇,鳞朱任少司寇,向带为太宰,鱼府担任少宰。司马荡泽要削弱宋国公室,杀害了公子肥。华元说:"我担任右师,君臣关系的训导,是师的职官所管辖的事情。现在公室弱小,而不能加以整顿,我的罪大了。我不能尽到官职的职责,还敢贪图宠幸吗?"于是就要出逃到晋国。

华元、华喜,是属于宋戴公这一氏族;司城公孙师,是属宋庄公的氏族;其余鱼石、荡泽、向为人、鳞朱、向带、鱼府六位都是宋桓公的氏族。鱼石要阻止华元去晋国。鱼府说:"右师回来,一定要进行讨伐,到那时就没有桓公的氏族了。"鱼石说:"右师如果能返回

297

来,虽允许他讨伐,他一定不敢讨伐桓公的氏族。右师建立过很多大的功劳,国人拥护他,他要不返回来,倒恐怕国人攻击我们,使桓公的氏族在宋国灭绝。右师回来即使要讨伐,还不至于讨伐桓氏中的向戌。桓公氏族虽然灭亡,也只是一部分。"鱼石就自己到黄河边上阻止华元出逃。华元要求讨伐荡泽,鱼石同意了,华元就返回来。华元就让华喜、公孙师带领国人攻击荡泽的氏族,杀了荡泽。《春秋》写道,"宋国杀了他的大夫子山",说明他背叛自己的宗族。

鱼石、向为人、鳞朱、向带、鱼府都害怕国人攻击,到国都外的睢水边暂住,华元让人阻止他们出去,他们不同意。冬季十一月,华元又亲自出去阻止他们在那里停留,他们还不同意,华元自己就要返回国都了。鱼府对他们说:"今天不跟随华元回去,咱们就回不了国都了。华元看我时眼神一扫而过,言语也很快,说明已有别的想法了。如果他不愿意容纳我们,他的车子就会奔驰而回。"他们几个登上小丘看,华元果然奔驰着回国都。他们五个也都乘车追赶华元,华元则决开睢水堤防阻止他们,并关闭城门登上城墙了。左师鱼石、向为人和鳞朱两位司寇、向带和鱼府两位宰官都出逃到了楚国。华元让向戌担任了左师,老佐担任了司马,乐裔担任了司寇,用来安定国人。

襄　　公

祁奚请老

【题解】

此篇后人多名为"祁奚荐贤",是说祁奚推荐官吏,能做到"举善不为仇,举亲不为比",一直为后世传颂。

【原文】 祁奚请老,晋侯问嗣焉。称解狐,其雠也,将立之而卒。又问焉。对曰:"午也可①。"于是羊舌职死矣,晋侯曰:"孰可以代之?"对曰:"赤也可②。"于是使祁午为中军尉,羊舌赤佐之。

君子之谓祁奚:"于是能举善矣。称其雠,不为谄;立其子,不为比;举其偏③,不为党。《商书》曰,'无偏无党④,王道荡荡',其祁奚之谓矣。解狐得举,祁午得位,伯华得官,建一官而三物成,能举善也。夫唯善,故能举其类。《诗》云,'惟其有之,是以似之',祁奚有焉。"

【注释】 ①午:祁午,祁奚之子。②赤:羊舌赤,羊舌职之子。③偏:副职。④偏:偏私,不公正。

【译文】 祁奚请求告老退休,晋悼公询问他的继承者。他推荐了解狐,解狐是他的冤家对头,晋悼公正准备让解狐接替祁奚而解狐却死去了。悼公又问祁奚谁可接替他的

职位,祁奚回答说:"我儿子祁午可以。"这时祁奚的副手羊舌职死去,晋悼公问祁奚:"谁可以接任羊舌职的职务?"祁奚回答说:"羊舌职的儿子羊舌赤就可以。"晋悼公就让祁午当了中军尉,让羊舌赤为他做副手。

君子这样评论祁奚:"在这方面能推荐优秀的人才。他推举他的冤家,不是为了奉承讨好;确立他的儿子为他的继承者,不是为了结党偏私;推举他的辅佐者,不是为了树立党羽。《商书》里说,'不搞偏私结党,统治天下的帝王之道就能至大无边',这正是说的祁奚了。解狐得到推荐,祁午得到了职位,羊舌赤得到官职,设立一个军尉的官职而成就了三件事,是祁奚推荐优秀人才的结果。只有自己好,所以才能推举他的同类。《诗经》说,'只有自己有这种善德,才能寻找到与自己相似的人',祁奚具有这种善德。"

师旷侍于晋侯

【题解】

晋悼公认为卫国人驱逐了他们君主,做得太过分了。师旷回答说,也许是因为君主没有善政才使人民这样做的。他所说的"若困民之主,匮神乏祀,百姓绝望,社稷无主,将安用之"的话,成为历代君主的警语。

【原文】

师旷侍于晋侯。晋侯曰:"卫人出其君,不亦甚乎?"对曰:"或者其君实甚。良君将赏善而刑淫,养民如子,盖之如天,容之如地。民奉其君,爱之如父母,仰之如日月,敬之如神明,畏之如雷霆,其可出乎?夫君,神之主而民之望也。若困民之主,匮神乏祀,百姓绝望,社稷无主,将安用之?弗去何为?天生民而立之君,使司牧之,勿使失性。有君而为之贰,使师保之,勿使过度。是故天子有公,诸侯有卿,卿置侧室①,大夫有贰宗②,士有朋友,庶人、工、商、皂、隶、牧、圉皆有亲暱,以相辅佐也③。善则赏之,过则匡之,患则救之,失则革之。自王以下各有父兄子弟以补察其政。史为书,瞽为诗④,工诵箴谏,大夫规诲,士传言,庶人谤,商旅于市,百工献艺。故《夏书》曰:'遒人以木铎徇于路⑤,官师相规,工执艺事以谏。'正月孟春,于是乎有之,谏失常也。天之爱民甚矣,岂其使一人肆于民上⑥,以从其淫,而弃天地之性?必不然矣。"

【注释】

①侧室:官职名,负责管理卿大夫宗族事务。②贰宗:官职名,负责管理大夫宗族事务。③皂:奴隶的一种,可能负责养马,身穿黑衣。④瞽:乐师。⑤遒人:传达命令的官吏。木铎:金口木舌的铃。⑥肆:凌驾。

【译文】

(鲁襄公十四年,)师旷侍奉在晋悼公身旁。晋悼公说:"卫国人把他们君主赶出去了,不是有点太过分了吧?"师旷对他说:"或者还是他们君主实际做得太过分了。好的君主就是要做到奖赏善良的惩罚淫滥的,养活人民就像养活他的儿子,要像天那样覆盖他们,要像地那样容纳他们。人民奉立他们的君主,爱他像爱自己的父母一样,仰望他像仰望日月一样,尊敬他像尊敬神灵一样,畏惧他像畏惧雷霆一样,这样的君主能

被人民赶出去吗? 君主,是神的主人而也是人民的希望。如果是使人民财产贫困,神灵穷匮祭祀缺乏,百姓断绝希望,国家社稷没有主持者,将用君主干什么? 不去掉他还要他有什么用? 上天生出人民并为人民立了君主,让君主来管理他们,不使他们失去本性。有了君主还要为他设置辅佐,让师傅来保护他,不使他做事过度。所以天子有三公,诸侯有国卿,公卿可设置一个侧室的官吏,大夫可设置一个贰宗的官吏,宗族的家长有他的同宗子弟,一般平民、工人、商人及皂、隶、牧、圉等奴隶各有各的亲近,用这些来辅助他们。好的就奖赏他们,有过错就纠正他们,有患难就援救他们,丧失人民就把他们清除掉。从最高的天子以下各自有父兄子弟补充检查他们的政教。太史为他们记录着言行,乐师把他们的言行写成诗歌,乐工歌唱规劝匡正的词曲,大夫们进行正面教导,宗族家长听到君主的过失转告给大夫,一般平民要发怨言(来警告他们),商旅在市井中议论,各种工匠献出他们的技艺用以讽谏。所以《夏书》说:'传达命令的官吏摇着金口木舌的铃在道路上宣布政教,负责规谏的官吏来规劝,工匠们各自从事他们的技艺来劝谏。'正月春天的开始,就为百姓、商人和工匠们提供进言的机会,劝谏君主不合常道的行为。上天对人民是十分爱惜的,哪里能够让一个人在人民之上为所欲为,放纵他的荒淫,抛弃了天地赋予人民的常性呢? 一定不能让他这样下去。"

宋人献子罕玉

【题解】

鲁襄公十五年(前558),宋国有人向执政的子罕献宝玉,子罕说,对他来说,玉石并非宝物,而不贪才是宝物,拒绝接受。《左传》还有一些故事说以人才为宝,与此类似。都说明对人才及当政者道德修养的高度重视。

【原文】 宋人或得玉,献诸子罕。子罕弗受。献玉者曰:"以示玉人①,玉人以为宝也,故敢献之。"子罕曰:"我以不贪为宝,尔以玉为宝。若以与我,皆丧宝也,不若人有其宝。"稽首而告曰:"小人怀璧,不可以越乡,纳此以请死焉②。"子罕宾诸其里③,使玉人为之攻之④,富而后使复其所。

【注释】 ①玉人:治玉的工匠。②请死:请求免于被强盗杀害。③里:街巷。④攻:治,雕琢。

【译文】 有一个宋国人得到了一块玉石,就把它进献给当政的子罕。子罕不接受它。献玉的人说:"我拿它给加工玉石的人看过,他认为这是一块宝玉,所以敢来奉献给你。"子罕说:"我是以不贪占为宝物,你是以玉为宝物。如果你把它给了我,咱们两人都丧失了宝物,不如各人有各人的宝物。"献玉的人叩拜后对子罕说:"小人我怀揣着玉璧,连外乡都不敢去,把这块玉送给你我就可以免死了。"子罕把这块玉放到他居住的里巷里,让加工玉石的人雕琢它,献玉的人卖了玉石富起来以后回到自己的家乡。

楚子合诸侯于申

【题解】

鲁昭公四年(前538),楚灵王在晋国不干涉的情况下,在楚国的申地召集了一批诸侯会盟,向各诸侯炫耀楚国的强大,并带领诸侯伐吴、灭赖,以武力威胁各国,为楚国的衰落埋下祸根。

【原文】

夏,诸侯如楚,鲁、卫、曹、邾不会。曹、邾辞以难,公辞以时祭,卫侯辞以疾。郑伯先待于申。六月丙午,楚子合诸侯于申。椒举言于楚子曰:"臣闻诸侯无归,礼以为归。今君始得诸侯,其慎礼矣。霸之济否,在此会也。夏启有钧台之享①,商汤有景亳之命②,周武有孟津之誓③,成有岐阳之蒐④,康有酆宫之朝⑤,穆有涂山之会⑥,齐桓有召陵之师⑦,晋文有践土之盟。君其何用? 宋向戌、郑公孙侨在,诸侯之良也,君其选焉。"王曰:"吾用齐桓。"王使问礼于左师与子产。左师曰:"小国习之,大国用之,敢不荐闻⑧?"献公合诸侯之礼六。子产曰:"小国供职,敢不荐守?"献伯、子、男会公之礼六。君子谓合左师善守先代,子产善相小国。

王使椒举侍于后,以规过,卒事不规。王问其故,对曰:"礼,吾所未见者有六焉,又何以规?"

宋大子佐后至,王田于武城⑨,久而弗见。椒举请辞焉。王使往,曰:"属有宗祧之事于武城,寡君将堕币焉⑩,敢谢后见。"

徐子,吴出也,以为贰焉,故执诸申。

楚子示诸侯侈。椒举曰:"夫六王二公之事,皆所以示诸侯礼也,诸侯所由用命也。夏桀为仍之会⑪,有缗叛之⑫。商纣为黎之蒐⑬,东夷叛之,周幽为大室之盟,戎狄叛之,皆所以示诸侯汏也,诸侯所由弃命也。今君以汏,无乃不济乎?"王弗听。子产见左师曰:"吾不患楚矣。汏而愎谏⑭,不过十年。"左师曰:"然。不十年侈,其恶不远。远恶而后弃。善亦如之,德远而后兴。"

秋七月,楚子以诸侯伐吴,宋大子、郑伯先归,宋华费遂、郑大夫从。使屈申围朱方⑮,八月甲申,克之,执齐庆封而尽灭其族。将戮庆封,椒举曰:"臣闻无瑕者可以戮人。庆封唯逆命,是以在此,其肯从于戮乎? 播于诸侯,焉用之?"王弗听,负之斧钺,以徇于诸侯,使言曰:"无或如齐庆封弑其君,弱其孤,以盟其大夫。"庆封曰:"无或如楚共王之庶子围,弑其君兄之子麇而代之,以盟诸侯。"王使速杀之。

遂以诸侯灭赖⑯。赖子面缚衔璧,士袒,舆榇从之,造于中军。王问诸椒举,对曰:"成王克许,许僖公如是。王亲释其缚,受其璧,焚其榇。"王从之,迁赖于鄢。

楚子欲迁许于赖,使斗韦龟与公子弃疾城之而还。

申无宇曰:"楚祸之首将在此矣。召诸侯而来,伐国而克,城竟莫校⑰,王心不违,民其居乎？民之不处，其谁堪之？不堪王命，乃祸乱也。"

【注释】 ①钧台：夏朝时地名，当在今河南禹县境。②景亳：即亳。商朝早期都邑，当在今河南商丘境内。③孟津：亦作盟津。在今河南孟州市南。④岐阳：即岐山之阳，在今陕西岐山县。⑤酆宫：即丰宫，为周文王庙，在今陕西鄠邑区。⑥涂山：即嵩山。⑦召陵：楚地。在今河南郾城东。⑧荐：进献。⑨武城：楚地，当今河南南阳市北。⑩堕：输，送。⑪仍：即任氏，太昊风姓的后裔，此指其部落活动地区，当今山东金乡北。⑫有缗：夏朝所属的部落，属有仍氏。⑬黎：商朝时部落，活动在今山西黎城一带，此处即指地区。⑭愎谏：不接受劝谏。⑮朱方：吴国属地，在今江苏镇江市丹镇南。⑯赖：春秋时小国，在今湖北随县。⑰竟：同"境"。校：争。

【译文】 （鲁昭公四年）夏季，诸侯们到达楚国，鲁、卫、曹、邾等四国不参加这个盟会。曹国、邾国借口国内不安定，鲁昭公借口要按时祭祖，卫襄公借口有病。郑简公先期到达申地等候。六月丙午（十六）日，楚灵王在申地会合各诸侯。伍举对楚灵王说："我听说诸侯们并没有固定的归属，看谁遵守礼法就归属谁。现在君主你刚刚得到诸侯的归服，盟会要慎重礼法了。霸业成功与否，就在这次盟会了。夏朝的帝王启有钧台会盟时对诸侯的慰劳之礼，商朝的汤王有景亳会盟时的命令诸侯之礼，周朝的武王有盟津会盟的誓师之礼，周成王有在岐阳检阅诸侯队伍之礼，周康王有在周文王庙丰宫前朝会诸侯之礼，周穆王有涂山会盟诸侯之礼，齐桓公有在召陵出师之礼，晋文公有在践土盟誓之礼。你用其中的哪一种？宋国的向戌、郑国的子产都在这里，他们是诸侯国中熟习礼仪的人啊，你要选择好礼仪。"楚灵王说："我要用齐桓公召陵的礼仪。"楚灵王又让人向宋国的向戌和郑国的子产请教礼仪。向戌说："我们小国只是练习这些礼仪，大国是运用这些礼仪，我哪里敢不把听说的献出来呢？"提供了受封为公者集合诸侯的六种礼法。子产说："小国是供奉职务的。还敢不献出自己所掌握的礼仪？"献出伯、子、男进见公的礼仪六种。君子认为他们所献的礼仪正好合在一起，向戌能善守先代礼仪，子产善于辅佐小国。

（在举行盟会时，）楚灵王让伍举在他的身后侍奉来纠正他在礼仪方面的过失，到盟会结束后伍举也没有纠正他。楚灵王问什么原因，伍举回答说："向戌、子产所献的礼仪，我所没有见过的就有六种，又用什么来纠正你呢？"

宋国的太子佐迟后来到楚国，楚灵王已经到武城打猎去了，很久不去接见太子佐。伍举请求楚灵王辞谢太子佐。楚灵王就派伍举去辞谢，说："正好因为有宗庙田猎的事情在武城，我们君主要把宋国送来的礼物送到宗庙里，接见迟了，向你道歉。"

徐国的国君，是吴国的女子生下的，楚国怀疑他对楚国有二心，所以把他捉拿到申地。

楚灵王向来会合的诸侯夸耀他的强大。伍举对他说："夏启、商汤、周武王、成王、康

王、穆王等六王,齐桓公、晋文公二公会盟诸侯的事,都因为他们向诸侯示范的是礼仪,各诸侯因此而服从他们的命令。夏桀举行了仍地的会盟,有缗氏就背叛了他。商纣王在黎地举行了诸侯参加的阅兵,东方夷族背叛了他。周幽王在太室山举行诸侯的盟会,戎狄部族就背叛了他。都是由于他们向诸侯夸耀自己的骄纵,诸侯所以就不服从他们的命令了。现在君主你太骄纵了,那就不是达不到你的目的了吗?"楚灵王不听他的话。子产见到左师向戌说:"我们不会害怕楚国了。楚王骄纵而不听从劝谏,不会维持到十年的强大。"向戌说:"没有十年的骄纵,他的恶行就不会延续很远。恶行延续得很远而后就为人抛弃。善行也像恶行一样,仁德深远才能够兴盛起来。"

这年秋季的七月,楚灵王又用各诸侯的部队征伐吴国,宋国的太子佐、郑简公先期回到国内,宋国的华费遂、郑国的大夫们跟随着楚灵王。楚灵王派屈申包围了吴国的朱方。八月甲申这天,攻克了朱方,捕获了齐国出走到这里的庆封而全部灭了他的家族。正准备杀掉庆封,伍举说:"我听说没有缺陷的人才可以杀人。庆封只是违背他们君主的命令,所以出走到这里,他肯服从杀戮吗?把这事传播给诸侯,哪里会任用他呢?"楚灵王不听他的话,让庆封背上斧钺,在诸侯面前游行示众,让庆封说:"不要像齐国的庆封一样,杀害君主,削弱幼小的君主,强迫大夫们与他盟誓。"庆封却说:"不要像楚共王的庶出儿子围(即楚灵王)那样杀害君主——他兄长的儿子麇——取而代之,用这来强迫诸侯盟会。"楚灵王让人尽快杀死庆封。

(杀了庆封之后,)于是用诸侯的部队灭了赖国。赖国国君两手反绑衔着玉璧,军士们都袒露出左臂,抬着棺材跟随着他,来到楚灵王所在的中军队伍中。楚灵王向伍举问这是怎么回事,伍举回答说:"楚成王攻克许国时,许僖公就是这样做的。楚成王亲自解掉他的绑缚,接受了他衔的玉璧,焚烧了他的棺材。"楚灵王照着伍举说的做了,把赖国迁到了鄢地。

楚灵王打算把许国迁到赖国土地,就派斗韦龟和公子弃疾去赖地修筑了城墙后才回来。

楚国的申无宇说:"楚国祸害的开始就在这里了。把诸侯召集到楚国来,征伐了别的国家而灭亡了他,把城墙修筑到边境而诸侯不能跟他争夺,楚王的愿望都能满足,人民还会安居吗?人民不会安居,谁能忍受他的驱使呢?不能忍受他的命令,就会发生祸乱。"

郑人铸刑书

【题解】

郑国的子产把刑书铸在鼎上,晋国的叔向去信批评他放弃礼法,而让百姓以刑书判断是非,意在维护旧的秩序。郑国的子产这样做,也在维护旧秩序,但它在客观上起了用法治代替礼治的作用,促使新的生产关系出现。

【原文】 三月,郑人铸刑书,叔向使诒子产书,曰:

"始吾有虞于子①,今则已矣。昔先王议事以制,不以刑辟,惧民之有争心也。犹不可禁御,是故闲之以义②,纠之以政,行之以礼,守之以信,奉之以仁;制为禄位,以劝其从;严断刑罚,以威其淫。惧其未也,故诲之以忠,耸之以行③,教之以务,使之以和,临之以敬,莅之以强,断之以刚;犹求圣哲之上、明察之官、忠信之长、慈惠之师,民于是乎可任使也,而不生祸乱。民知有辟,则不忌于上。并有争心,以徵于书,而微幸以成之,弗可为矣。

"夏有乱政,而作《禹刑》④;商有乱政,而作《汤刑》⑤;周有乱政,而作《九刑》⑥。三辟之兴,皆叔世也⑦。

"今吾子相郑国,作封洫,立谤政,制参辟,铸刑书,将以靖民,不亦难乎?《诗》曰:'仪式刑文王之德,日靖四方。'又曰:'仪刑文王,万邦作孚⑧。'如是,何辟之有?民知争端矣,将弃礼而徵于书,锥刀之末,将尽争之。乱狱滋事,贿赂并行,终子之世,郑其败乎?肸闻之,'国将亡,必多制',其此之谓乎!"

复书曰:"若吾子之言——侨不才,不能及子孙,吾以救世也。既不承命,敢忘大惠?"

【注释】 ①虞:希望。②闲:防范,限制。③耸:奖励,勉励。④《禹刑》:亦称《吕刑》,是夏代的刑法,未必为禹所作。⑤《汤刑》:商汤王时的刑法。先秦诸子有所征引。⑥《九刑》:西周的刑法,分为九篇,故称九刑。⑦叔世:末世。⑧孚:信用。

【译文】 (鲁昭公六年)三月,郑国把刑法条文铸在了鼎上。晋国的叔向听说后给郑国的执政者子产写了封信,信中说:

"当初我是对你很抱有希望的,今天这种希望破灭了。过去先代帝王是根据事情轻重来判断罪行的大小的,不制定统一的刑法,就是害怕老百姓根据刑法产生争斗之心。尽管这样还是不能禁止防范他们的争斗,所以用道义来防御限制,用政教来约束,让他们实行礼法,保守信用,奉行仁德;规定了官位等级,用来劝导他们服从;严厉地实行刑罚判定,用来威慑那些放纵者。这样还怕不能禁止争斗,所以又教诲他们要忠诚,鼓励他们要以忠诚的态度做事,教导他们全力从事专业,用和善的态度来驱使他们,上面要严肃认真对待他们,对百姓要有威严,有违反者则要坚决判刑裁决。还要在他们中寻求圣哲的公卿大夫、有明确判断力的官员、忠诚可信的乡里贤者、慈祥恩惠的师长,这样老百姓才可以任用做事,而不会发生祸乱。老百姓知道有了刑法,就不会尊敬上面的统治者。人人有争斗之心,各自引用刑法为自己辩护。这样,整个社会都会侥幸去做事,就不可治理了。

"夏朝时期老百姓有违反政令的,而制定了《禹刑》;商朝时期老百姓有违反政令的,而制定了《汤刑》;周朝时期老百姓有违反政令的,而制定了《九刑》。三部刑法的兴起,都是在尧、舜以后的时代。

"现在你做郑国的国相,重新划分了土地的界限和沟渠,推行了征收赋税而引起人们

怒骂的政策，制定了三类刑法，又把刑法条文铸在鼎上，用这些来安定老百姓，不是很难做到吗？《诗经》说：'效法周文王的德治，每日来安定四方。'又说：'效法周文王，万国都能讲信用。'像这样，还要有什么刑法呢？老百姓懂得争端，就会抛弃礼法征引刑书，刑书的每字每句，都会尽力去争。混乱的案件就会增多，贿赂就会普遍地流行。在你活着的时期，郑国将要败坏吧？我听说，'国家将要灭亡的时候，就会多次地改变法令制度'，就是说的这种情况吧！"

子产给叔向回信说："如果像你说的那样——我子产没有才能，不会顾及子孙后代，我这样做只是为了挽救国家。我不能接受你的奉劝，但怎么会忘记你劝谏的好意呢？"

定　公

吴入郢

【题解】

鲁定公四年(前509)，吴国联合蔡国、唐国，向楚国发动进攻，攻克了楚国郢都。楚国大臣申包胥到秦国请求援救，大哭七日七夜，终于感动了秦王，答应派兵援救。

【原文】　冬，蔡侯、吴子、唐侯伐楚。舍舟于淮汭，自豫章与楚夹汉①。左司马戌谓子常曰："子沿汉而与之上下，我悉方城外以毁其舟，还塞大隧、直辕、冥阨②。子济汉而伐之，我自后击之，必大败之。"既谋而行。武城黑谓子常曰③："吴用木也，我用革也，不可久也，不如速战。"史皇谓子常："楚人恶子而好司马。若司马毁吴舟于淮，塞城口而入④，是独克吴也。子必速战，不然，不免。"乃济汉而陈，自小别至于大别⑤。三战，子常知不可，欲奔。史皇曰："安求其事，难而逃之，将何所入？子必死之，初罪必尽说。"

十一月庚午，二师陈于柏举⑥。阖庐之弟夫槩王晨请于阖庐曰："楚瓦不仁，其臣莫有死志。先伐之，其卒必奔；而后大师继之，必克。"弗许。夫槩王曰："所谓'臣义而行，不待命'者，其此之谓也。今日我死，楚可入也。"以其属五千先击子常之卒。子常之卒奔，楚师乱，吴师大败之。子常奔郑。史皇以其乘广死。吴从楚师，及清发⑦，将击之。夫槩王曰："困兽犹斗，况人乎？若知不免而致死，必败我。若使先济者知免，后者慕之，蔑有斗心矣。半济而后可击也。"从之，又败之。楚人为食，吴人及之，奔。食而从之，败诸雍澨⑧。五战，及郢⑨。

己卯，楚子取其妹季芈畀我以出，涉睢⑩。鍼尹固与王同舟，王使执燧象以奔吴师。

庚辰，吴入郢，以班处宫。子山处令尹之宫，夫槩王欲攻之，惧而去之，夫槩王入之。

左司马戌及息而还，败吴师于雍澨，伤。初，司马臣阖庐，故耻为禽焉，谓其臣曰："谁能免吾首？"吴句卑曰："臣贱，可乎？"司马曰："我实失子，可哉。"三战皆伤，曰："吾不可

用也已。"句卑布裳，刭而裹之，藏其身，而以其首免。

楚子涉睢，济江，入于云中。王寝，盗攻之，以戈击王，王孙由于以背受之，中肩。王奔郧⑪。锺建负季芈以从。由于徐苏而从。郧公辛之弟怀将弑王，曰："平王杀吾父，我杀其子，不亦可乎？"辛曰："君讨臣，谁敢雠之？君命，天也。若死天命，将谁雠？诗曰，'柔亦不茹，刚亦不吐，不侮矜寡，不畏强御'，唯仁者能之。违强陵弱，非勇也；乘人之约，非仁也；灭宗废祀，非孝也；动无令名，非知也。必犯是，余将杀女。"斗辛与其弟巢以王奔随。吴人从之，谓随人曰："周之子孙在汉川者，楚实尽之。天诱其衷，致罚于楚，而君又窜之，周室何罪？君若顾报周室，施及寡人，以奖天衷，君之惠也。汉阳之田，君实有之。"楚子在公宫之北，吴人在其南。子期似王，逃王，而己为王，曰："以我与之，王必免。"随人卜与之，不吉，乃辞吴曰："以随之辟小，而密迩于楚，楚实存之。世有盟誓，至于今未改。若难而弃之，何以事君？执事之患不唯一人，若鸠楚竟，敢不听命？"吴人乃退。炉金初宦于子期氏，实与随人要言。王使见，辞，曰："不敢以约为利。"王割子期之心，以与随人盟。

初，伍员与申包胥友。其亡也，谓申包胥曰："我必复楚国。"申包胥曰："勉之。子能复之，我必能兴之。"及昭王在随，申包胥如秦乞师，曰："吴为封豕、长蛇，以荐食上国⑫，虐始于楚。寡君失守社稷，越在草莽⑬，使下臣告急，曰：'夷德无厌，若邻于君，疆埸之患也。逮吴之未定，君其取分焉。若楚之遂亡，君之土也。若以君灵抚之，世以事君。'"秦伯使辞焉，曰："寡人闻命矣。子姑就馆，将图而告。"对曰："寡君越在草莽，未获所伏⑭，下臣何敢即安？"立依于庭墙而哭，日夜不绝声，勺饮不入口七日。秦哀公为之赋《无衣》⑮。九顿首而坐。秦师乃出。

【注释】　①豫章：在汉水与淮水之间，难以确指。②大隧、直辕、冥阨：杨伯峻《春秋左传注》释曰："今豫鄂交界三关，东为九里关，即古之大隧，中为武胜关，即直辕；西为平靖关，即冥阨。冥阨有大小石门，凿山通道，极为险隘。"按此，大隧、直辕、冥阨在今河南信阳与湖北应山之间。③武城黑：武城，今河南信阳东北。黑为武城县大夫。④城口：即注②三关的总名。⑤自小别至于大别：大别、小别皆指今大别山脉中的山峰。大别指今安徽霍邱西南安阳山，或湖北英山北之大别山。小别指今河南光山与湖北黄冈之间的山峰。⑥柏举：今地不详。⑦清发：水名，在今湖北安陆。⑧雍澨：指今湖北京山西南的澨河。⑨郢：楚国都城，即今湖北荆州市北的纪南城遗址。⑩睢：即沮水，当在今湖北枝江东北。⑪郧：在今湖北京山、安陆一带。⑫荐：屡次。⑬越：流落。⑭伏：居处。⑮《无衣》：秦哀公援楚所赋的诗，诗中说："王于兴师，修我戈矛，与子同仇。与子偕作，与子偕行。"

【译文】　（鲁定公四年）冬季，蔡昭公、吴阖庐、唐惠侯联合进攻楚国。把战船停在淮水旁边，从豫章同楚国隔汉水对阵。楚国左司马戌对楚军统帅子常说："你沿着汉水同吴军上下抵抗，我用方城以外所有的人来毁坏他们的船只，回来堵塞大隧、直辕、冥阨这

三道关隘。你渡过汉水进攻他们，我从他们的后面打击他们，一定会大败吴军。"他们谋划好正要行动，武城县大夫黑对子常说："吴国战车全用木头制成，我们的战车用皮革包装，我们的战车不能维持很长时间，不如赶快进行战斗。"楚大夫史皇对子常说："楚国人憎恶你而对司马戌有好感，如果司马戌把吴国的船只毁坏在淮河中，封闭三道关隘而进入吴地，就会单独战胜吴国。你一定要速战，不速战，你不会免于罪过。"子常就渡过汉水设阵，楚军摆在自小别山到大别山的战线上。（楚军向吴军）发动了三次进攻，子常知道这样做不能取胜，想要逃奔。史皇说："还是安静下来，寻求获胜的办法。遇到困难就逃避，将有什么地方可进入呢？你一定要死在这次战事中，这样当初的罪过才能全部免去。"

十一月庚午这天，楚军和吴军在柏举布开阵局。吴王阖庐的弟弟夫槩王早晨向吴王说："楚国统帅子常不讲仁义，部下没有拼死的决心。先进攻他们，士兵一定奔逃，而后大军继续进攻，一定取胜。"没有答应。夫槩王说："有所谓'臣下依据道义做事，就不等待命令'的话，它正是指的这种情况了。今日我去战死，楚国就可以进入了。"他用他的部属中的五千士卒先攻击子常的士兵。子常的士卒逃奔了，楚国军队混乱了，吴国军队大败楚军。子常逃奔到郑国。史皇带着子常的兵车战死了。吴军追击楚军，到了清发河，正准备进击楚军，夫槩王说："被围困的野兽还要争斗，何况是人呢！他们如果知道不能免死而拼命，一定会打败我们。如果让先头渡过河的知道可以免死，后继者就会效仿他们，没有斗志了。等到他们（一部分）到达河中后就可以攻击了。"夫槩王率军追击楚军，又打败了他们。楚军做饭吃，吴军追上他们，他们都逃奔了，吴军吃了他们的饭又追击他们，在雍澨击败了楚军。经过五次进攻，吴军打到了郢都。

己卯日，楚昭王带了他的妹妹季半畀我逃出郢都，渡雎水。针尹固与楚昭王坐着一条船，楚昭王让人在大象尾部系上火把冲向吴军把他们吓退了。

庚辰日，吴军进入郢都，按照他们的职位居住楚国的宫殿。吴王的儿子子山住进了楚国令尹的宫中，夫槩王就要攻打他，子山惧怕而退出去了，夫槩王进入这座宫殿。

楚国的左司马戌到达息县后就回楚国，在雍澨打败了吴国的一部分军队，但受伤了。当初，司马戌是阖庐的臣属，所以他耻于被阖庐擒获，对他的臣下说："你们谁能不让我的尸首被吴军取走呢？"跟随他的吴国人句卑说："我地位低下，可以保存你的尸首吗？"司马戌说："我以前实在是不知道你有贤才，当然可以了。"他几次战斗都受伤了，说："我是不可用了。"句卑把他的衣裳铺开，割下他的首级裹起来，把他的身子掩藏好，而带着他的首级逃走，没有让吴人得到。

楚昭王渡过雎水，又渡过长江，进入云梦泽中。他在泽中睡着了，强盗来进攻他，用戈刺他，王孙由于用背阻挡强盗，被击中了肩膀。楚昭王逃奔到郑国。锺建背着季半跟随着。王孙由于慢慢苏醒过来也追赶他们。郧县县公斗辛的弟弟怀打算杀害楚昭王，

说:"楚平王杀了我的父亲,我再杀他的儿子,不是也可以吗?"斗辛说:"君主讨伐臣下,(臣下)谁敢与他敌对? 君主的命令,就是上天。如果死于上天的命令,将对谁仇恨?《诗经》说,'柔弱的也不吃掉,坚硬的也不吐出来,不侮辱弱者,不畏惧强者',只有仁义的人能做到这些。逃避强者欺凌弱者,不是勇敢;趁别人困难的机会,不是仁义;使宗族灭绝而废祭祀,不是孝道;行动得不到美好的名声,不是聪明。你一定要违反这些,我就会杀了你。"斗辛同他弟弟斗巢伴随着楚昭王逃奔到随国。吴军追击着他们,对随国人说:"周朝的子孙们在汉水流域的,楚国实际都把他们消灭尽了。上天发了它本来的善心,把惩罚加到楚国,你们却把楚国君臣藏匿起来,周朝有什么罪? 你们君主如果还顾及报答周王朝,把这种报答分给我们一些,让上天保佑我们,那是你们君主的福惠。汉水以北的土地,你们就会拥有。"楚昭王在随君宫殿的北面,吴军在宫殿的南面。楚昭王的兄长子期相貌与他相似,逃到昭王这里,而自己穿上了昭王的服装。子期说:"把我送给吴军,君王一定会免遭停虏。"随国人占卜把子期送给吴军,结果是不吉利,就拒绝吴军说:"因为随国僻远弱小,而紧密靠近楚国,楚国让它存在下来。世代与楚国有盟约誓言,到今天没有改变。如果有危难就互相抛弃,我们将还用什么来服侍你们君主呢? 我们执掌政事者的忧患不只是楚王一个人(而在楚国大众),如果你们能安定楚国境内,我们还敢不听从你们的命令?"吴国军队撤退出随国。随国的炉金当初在子期家做家臣,实际是他与随国人相约(保护楚王和子期)。楚昭王让他来见,炉金辞谢了,说:"不敢因为这一约言而图谋私利。"楚昭王割破子期的心口取血与随国人进行了盟誓。

当初,楚国大夫伍员与申包胥是朋友,伍员逃亡出楚国时,对申包胥说:"我一定要倾覆楚国。"申包胥说:"努力去做吧! 你能倾覆它,我一定能兴起它。"到楚昭王在随国的时候,申包胥就到秦国请求援军,对秦哀公说:"吴国就像封豕、长蛇一般的危害别人,以致数次蚕食中原,这种暴虐就是从楚国开始的。我们君主丧失掉守护社稷的地位,流落在草莽之中,让下臣我来告急,说:'蛮夷的心肠是不能满足的,如果他们与你秦君做了邻居,那是你们边境上的祸患。趁吴国还没有占领楚国,你秦君可以取得一部分。如果楚国很快灭亡,那是失掉了秦君的土地。如果用秦君的神灵存恤楚国,楚国将世代服侍秦君。'"秦哀公让人推辞他,说:"寡人知道你的命令了,你暂且住到旅馆中,我们考虑后再告诉你。"申包胥回答说:"我们君主流落在草莽中,没有得到居住的地方,下臣我哪里敢到安静的居所?"他站着,靠在秦国宫廷的墙上哭泣,哭声日夜不断,七天内连一勺水都没有入口。秦哀公为申包胥诵了一首《无衣》的诗,申包胥向秦哀公九次磕头才坐下来。秦国终于出师到楚国。

晋卫郸泽之盟

【题解】

鲁定公八年(前502),晋国与卫国在郸泽订立盟约,卫灵公在盟会上受到晋国大夫的

侮辱。卫灵公回国后，用此事实激起朝中大夫和国人的愤慨，君臣上下团结一心，不甘受辱，决定叛离晋国。晋国也畏缩了。

【原文】　晋师将盟卫侯于郑泽①，赵简子曰②："群臣谁敢盟卫君者?"涉佗、成何曰："我能盟之。"卫人请执牛耳③。成何曰："卫，吾温、原也④，焉得视诸侯⑤?"将歃，涉佗捘卫侯之手⑥，及捥⑦。卫侯怒，王孙贾趋进⑧，曰："盟以信礼也，有如卫君，其敢不唯礼是事而受此盟也?"

卫侯欲叛晋，而患诸大夫。王孙贾使次于郊⑨。大夫问故，公以晋诟语之，且曰："寡人辱社稷，其改卜嗣，寡人从焉。"大夫曰："是卫之祸，岂君之过也?"公曰："又有患焉，谓寡人'必以而子与大夫之子为质'。"大夫曰："苟有益也，公子则往，群臣之子敢不皆负羁绁以从⑩?"将行，王孙贾曰："苟卫国有难，工商未尝不为患，使皆行而后可。"公以告大夫，乃皆将行之。行有日，公朝国人，使贾问焉，曰："若卫叛晋，晋五伐我，病何如矣?"皆曰："五伐我，犹可以能战。"贾曰："然则如叛之，病而后质焉，何迟之有?"乃叛晋。

晋人请改盟，弗许。

【注释】　①郑泽:卫地，所在不详。②赵简子:晋国国卿赵鞅，谥号简子，自晋定公十五年(前497)至三十七年(前475)执政。③执牛耳:诸侯会盟，地位卑下者执牛耳。这里是说卫灵公请晋国大夫执牛耳。④温:晋国县名，在今河南温县南。原:晋国县名，今河南济源市西北。⑤视:比拟，等同。⑥捘:推。一说用手指按。⑦捥:同"腕"。⑧王孙贾:卫国大夫，王孙牟之后。⑨次:驻扎，停留。⑩羁绁:指绳索。

【译文】　晋国军队要在郑泽跟卫灵公订立盟约，赵简子说："诸位臣下谁敢去跟卫君订立盟约?"涉佗、成何两位大夫说："我能去。"在盟会上，卫国请晋国大夫抓住牛耳朵取血。成何说："卫国是小国，就像我们晋国温县、原县一样，怎么能等同诸侯国家?"将要蘸血涂抹嘴唇，卫君先蘸上血，涉佗按住他的手，血流到手腕上。卫君发怒了，王孙贾急步走上前去，说："盟誓是用来申明礼义的，像我们卫君，哪里敢不遵照礼义却接受盟约呢?"

卫君受到侮辱，想要叛离晋国，却担忧大夫们不听从他。王孙贾让他驻在郊外，不进都城。大夫们问他为什么这样，卫君告诉他们受到晋国侮辱的事，并且说："我身为国君，却让国家受到侮辱，请另选继位者吧，我服从他。"大夫们说："这是卫国的灾难，难道是国君的过失吗?"卫君说："又有灾难呀，命令我'一定要用你的儿子和大夫们的儿子送来晋国当人质'。"大夫们说："如果这样对卫国有益处，国君的儿子前去的话，诸位大夫的儿子敢不都背着绳索跟着前去?"准备出发，王孙贾说："假如卫国发生动乱，工匠、商人未尝不闹事，驱使他们一起前去才好。"卫君把这个意见告诉了大夫们，便带上这些人一起来。出发的日期定下来，卫君接见国内百姓，派王孙贾问他们，说："如果卫国叛离晋国，晋军五次进攻我们，能有多大危害?"百姓们都说："五次进攻我们，我们还可以抗战。"王孙贾说："这样说来应当叛离晋国，陷入危难而后再送人质，有什么晚的?"于是叛离晋国了。

晋国人要求改立盟约,卫国没有答应。

<h1 style="text-align:center">哀　公</h1>

<h2 style="text-align:center">越及吴平</h2>

【题解】

　　鲁哀公元年(前494),吴王夫差率军攻入越国,越王勾践退守会稽山,只剩下五千兵马了,被迫求和,吴王夫差不听劝谏,便答应了。这就埋下了亡国杀身的祸根。"一日纵敌,数世之患。"教训是深刻的。

　　【原文】　吴王夫差败越于夫椒①,报携李也②,遂入越。越子以甲楯五千保于会稽,使大夫种因吴大宰嚭以行成。吴子将许之。伍员曰:"不可。臣闻之,树德莫如滋,去疾莫如尽。昔有过浇③,杀斟灌以伐斟鄩④,灭夏后相⑤。后缗方娠⑥,逃出自窦,归于有仍,生少康焉⑦。为仍牧正⑧。惎浇⑨,能戒之。浇使椒求之,逃奔有虞,为之庖正⑩,以除其害。虞思于是妻之以二姚⑪,而邑诸纶⑫。有田一成,有众一旅,能布其德而兆其谋,以收夏众,抚其官职;使女艾谍浇,使季杼诱殪⑬,遂灭过、戈,复禹之绩,祀夏配天,不失旧物。今吴不如过而越大于少康,或将丰之,不亦难乎? 勾践能亲而务施,施不失人,亲不弃劳,与我同壤而世为仇雠。于是乎克而弗取,将又存之,违天而长寇雠。后虽悔之,不可食已⑭。姬之衰也⑮,日可俟也。介在蛮夷而长寇雠,以是求伯,必不行矣。"弗听。退而告人曰:"越十年生聚而十年教训,二十年之外,吴其为沼乎!"

　　三月,越及吴平。

　　【注释】　①夫椒:地名,据考在今浙江绍兴市北。②携李:越国地名,接近吴国。鲁定公十四年(前496),吴越在此交战,吴国战败,吴王阖庐(夫差之父)受伤而死。③过:夏代国名,是浇的封国。④斟灌:古代部落之一。在今山东范县北。斟鄩:古代部落之一,在今河南偃师县东北。⑤相:夏启之孙,失国后依附斟灌、斟鄩。⑥后缗:夏后相之妻,有仍氏女。⑦少康:夏代帝王。⑧牧正:管理畜牧的长官。⑨惎:嫉恨。⑩庖正:管理膳食的长官。⑪虞思:有虞氏国酋长。二姚:两个女儿(有虞氏姓姚)。⑫邑:作为封邑。纶:在今河南虞城县东南。⑬殪:浇之弟,封国为戈。⑭食:消除。⑮姬:指吴国(吴为姬姓封国)。

　　【译文】　吴王夫差率军在夫椒打败了越国,为携李之役报仇雪耻,于是进入了越国。越王勾践带领五千兵马退守会稽山,派文种大夫通过太宰伯嚭请求议和。吴王夫差准备答应他。伍员说:"不可以。臣下听说,树立德义不如多上加多,消除疾患不如彻底干净。从前有个部落酋长过浇,占领斟灌氏,讨伐斟鄩氏,把他们的酋长杀害了,依附他们的夏后

相也完蛋了。相的妻子后缗正在怀孕，从墙洞里逃出去，回归了有仍氏，生下少康。少康做了有仍氏的牧正。他嫉恨过浇，能戒备他。过浇派部属椒搜寻少康，少康逃奔到有虞氏，做了庖正，为有虞氏消除灾害。酋长虞思于是把两个女儿嫁给他，用纶地给他做封邑。少康有长宽各十里的田地，有五百兵马，能够广泛施行恩德，开始实行复兴国家计划，以便收聚夏国的民众，建立官职。他派女艾前去侦查过浇，派季杼引诱过浇的弟弟戈豷，于是灭亡了过国、戈国，恢复了禹王的业绩，祭祀夏代祖先，同时祭祀天帝，不让以往的典制失传。如今吴国不如过国，可是越国大于少康，上天或者将使越国强大起来，放过他们，不就难对付了吗？勾践能够亲近臣民，而且尽力施给恩惠，所施给恩惠的没有不该赏赐的人，所亲近的都是有功劳的，跟我们吴国同在一块地方，却又世代为仇。在这时候打败了越国不加占领，又将让他保存下来，这就叫作违背天意助长仇敌。以后虽然悔恨，不能消除祸害了。姬姓国家衰亡，指日可待了。处在蛮夷之间，却助长了仇敌，这样追求称霸诸侯，必定行不通。"吴王不听他的。伍员退出宫廷后告诉人们说："越国用十年繁育人口、积聚财富，用十年教育子弟、训练军队，二十年后，吴国宫苑将会变成水坑了！"

三月，越国和吴国达成议和。

宋桓魋之宠害于公

【题解】

春秋末期，诸侯国君与执政大臣之间矛盾加剧，斗争激烈，公室地位动摇，大臣日益骄横，于是演出了一幕幕君臣互相残杀的惨剧。鲁哀公十四年（前481），宋景公追杀向魋就是其中一例。

《左传》书影

【原文】 宋桓魋之宠害于公[①]，公使夫人骤请享焉[②]，而将讨之。未及，魋先谋公，请以鞌易薄[③]。公曰："不可。薄，宗邑也[④]。"乃益鞌七邑，而请享公焉，以日中为期，家备尽往[⑤]。公知之，告皇野曰[⑥]："余长魋也，今将祸余，请即救。"司马子仲曰："有臣不顺，神之所恶也，而况人乎？敢不承命！不得左师不可[⑦]，请以君命召之。"左师每食击钟，闻钟声，公曰："夫子将食。"既食，又奏。公曰："可矣！"以乘车往，曰："迹人来告曰[⑧]：'逢泽有介麇焉[⑨]。'公曰：'虽魋未来，得左师，吾与之田[⑩]，若何？'君憚告子，野曰：'尝私焉。'君欲速，故以乘车逆子。"与之乘，至，公告之故，拜，不能起。司马曰："君与之言。"公曰："所难子者[⑪]，上有天，下有先君。"对曰："魋之不共[⑫]，宋之祸也，敢不唯命是听。"司马请瑞焉[⑬]，以命其徒攻桓氏。其父兄故臣曰"不可"，其新臣曰"从吾君之命"。遂攻之。

子顷骋而告桓司马。司马欲入，子车止之，曰："不能事君，而又伐国，民不与也，只取

死焉。"向魋遂入于曹以叛^⑭。

六月,使左师巢伐之,欲质大夫以入焉。不能,亦入于曹,取质。魋曰:"不可。既不能事君,又得罪于民,将若之何?"乃舍之。民遂叛之。

向魋奔卫。向巢来奔,宋公使止之,曰:"寡人与子有言矣,不可以绝向氏之祀。"辞曰:"臣之罪大,尽灭桓氏可也。若以先臣之故,而使有后,君之惠也。若臣,则不可以入矣。"

【注释】 ①桓魋:向魋,又称桓魋,宋国执政大臣,曾任司马(执掌军队)。②夫人:宋景公母亲。骤:急忙。享:设宴招待。③鄈:原为齐地,后为宋邑。薄:即"亳",今河南商丘市北。④宗邑:祖庙所在之地(商汤建都于亳)。⑤家备:私家护卫。⑥皇野:宋国大臣,字子仲,时任司马。⑦左师:宋国武官。这里指左师向巢,向魋之兄。⑧迹人:官名,执掌田猎足迹,辨认禽兽去处。⑨逢泽:在今河南商丘市南。介麇:单个的麋鹿。⑩田:打猎。⑪所:如果(用于誓言)。难:为难。⑫共:同"恭"。⑬瑞:玉制的符节,古代调兵的凭证。⑭曹:春秋时诸侯小国,被宋灭亡。

【译文】 宋国执政大臣桓魋依侍尊崇骄横放纵,危害公室,景公让母亲赶快宴请他,准备乘机进攻他。还没有来得及宴请,桓魋先已阴谋害死景公,请求用鄈邑交换薄邑。景公说:"不可以。薄邑,那是宋国祖庙所在的地方。"于是给鄈加了七个乡邑。桓魋接受赏赐,并且请求设宴答谢景公,宴会定在中午,桓魋把私家护卫全带到那里。景公知道了他的阴谋,告诉司马皇野说:"是我助长了桓魋的势力,今天桓魋将要加害我,请你立即救援。"皇野说:"作为臣下,却不顺从,这是神明所厌恶的,何况人呢?哪里敢不奉命!得不到左师向巢,这事办不成,请用国君的命令召他前来。"左师向巢每次吃饭一定撞钟奏乐,听到钟声,景公说:"向大人要用餐了。"向巢已吃过饭,又奏乐。景公说:"可以去了!"皇野乘着兵车去见向巢,说:"负责寻找野兽足迹的官吏前来报告说:'逢泽有单个的麋鹿。'国君说:'虽然桓魋没有来,左师能来,我跟他一起打猎,怎么样?'国君不好意思烦劳你,我说:'让我试着说一下吧。'国君想要快些,所以用兵车迎接你。"向巢跟他一起上了车,到了景公那里,景公告诉了召他救援的事,向巢跪下叩拜,吓得站不起来。皇野说:"国君要跟你盟誓。"景公便宣誓说:"如果我为难你,上有老天,下有先君,可以作证。"向巢回答说:"桓魋对国君不恭敬,这是宋国的灾祸,我敢不听从命令。"皇野让他交出调兵的玉制符节,用符节召集他的部下进攻桓氏家族。向巢的父老兄弟老部下们说"不可以",他的新部下们说"服从国君的命令"。于是前去进攻桓魋。

桓魋的弟弟子颀骑马疾驰,前去报告桓魋。桓魋想进去攻打宫廷,他的另一弟弟子车阻止他,说:"不能侍奉国君,却又进攻国都,民众不会跟随你的,只是白送性命罢了。"桓魋便进入曹邑发动叛乱。

(鲁哀公十四年)六月,景公派左师向巢率军讨伐他,(向巢不愿攻击桓魋,)想用桓

魋的大夫做人质回都城去。没有抓到大夫,也进入曹邑,想抓一些百姓做人质。桓魋说:"不能这样。既不能侍奉国君,又得罪了百姓,将有什么结果?"便把百姓放走了。当地百姓于是都叛离了他。

桓魋逃奔到了卫国,向巢逃往鲁国来,景公派人阻止他,说:"寡人我跟你有言在先,不能让向氏断绝香火。"向巢拒绝了,说:"臣下我罪过大,灭绝向氏家族也应当呀。如果因为我们先人给您做过臣子,使他们有后代,这是国君的恩惠。至于臣下本人,就不可以回国了。"

汉书

【导语】

《汉书》，共一百二十卷。相对于《后汉书》，又称《前汉书》。主要记述了汉高祖元年（前206）到王莽地皇四年（23）二百三十年的史事，是我国第一部纪传体的断代史，也是继《史记》之后我国古代又一部重要史书。

《汉书》的编著者班固（32—92），字孟坚，后汉扶风安陵（今陕西省咸阳市东）人。

《汉书》这部史学巨著，有记叙西汉帝王事迹的"纪"十二篇；志各类人物生平及少数民族、外国情况的"传"七十篇；专述典章制度、天文、地理和各种社会现象的"志"十篇；史"表"八篇。全书八十万字。书中的史料十分丰富翔实。汉武帝以前部分，基本上依据《史记》写成。汉武帝以后部分，除吸收了班彪遗书和当时十几家续《史记》书的资料外，还采用了大量的诏令、奏议、诗赋、类似起居注的《汉著记》、天文历法书，以及班氏父子的"耳闻"。不少原始史料，他都是全文录入书中。《史通·六家》

班固像

说："如《汉书》者，究西都之首末，穷刘氏之废兴，包举一代，撰成一书。言皆精炼，事甚该密，故学者寻讨，易为其功。自古迄今，无改斯道。"刘知几的这个评价，今天看来还是很公允的，它道出了班固及《汉书》在我国史学史上的重要地位。

纪

宣帝纪（节选）

【题解】

本卷记述汉宣帝刘询在位二十五年的政事。宣帝幼遭巫蛊之祸，生长于民间，被霍光等迎立为帝，初委政于霍光，后加强皇权。当时的政治，主要有几个方面值得注意：一、"信赏必罚，综核名实"，"吏称其治，民安其业"，这与霍光"知时务之要"及宣帝出身下层、熟知民间事有关。同时，宣帝的"综核"，有苛察的一面，赵广汉、盖宽饶、韩延寿、杨恽都不得其死，是很有力的例证。二、皇权与权臣的矛盾，酿成霍氏族诛的历史悲剧。这是封建统治者内部反复出现而不得解决的老问题。理解这个矛盾，当然不排斥人物性格的因素，但更重要的还是封建社会历史内在矛盾的因素在起决定性作用。三、呼韩邪单于

向汉朝"称藩",消除了匈奴对汉朝的威胁,同时也加强了中原与西域的经济、文化交流。四、招抚流亡、假民公田,设常平仓,减免租赋,促使生产恢复,百姓安定。五、宣帝频繁地改元易号(计七次),赏金赐爵,甚至凤凰、甘露、神爵(雀)、金芝、玄稷、黄龙等祥瑞纷呈,实是有意粉饰"中兴"。其实,当时已启宦官、外戚弄权之祸。汉家中兴之日,也是皇权走下坡路之时。班固只颂"中兴",难免带有片面性。

【原文】　孝宣皇帝①,武帝曾孙,戾太子孙也。太子纳史良娣②,生史皇孙③。皇孙纳王夫人,生宣帝,号曰皇曾孙④。生数月,遭巫蛊事⑤,太子、良娣、皇孙、王夫人皆遇害。语在《太子传》⑥。曾孙虽在襁褓⑦,犹坐收系郡邸狱⑧。而邴(丙)吉为廷尉监⑨,治巫蛊于郡邸,怜曾孙之亡(无)辜,使女徒复作淮阳赵徵卿、渭城胡组更乳养⑩,私给衣食,视遇甚有恩。

【注释】　①孝宣皇帝:刘询,戾太子刘据之孙。前74年至前49年在位。②史良娣:史,姓;良娣,太子妃之号。③史皇孙:史,外家之姓;皇孙,指武帝之孙。④皇曾孙:指武帝之曾孙。⑤巫蛊事:古代法律指祈求鬼神加害于人或以邪术使人迷惑昏狂的犯罪行为。汉武帝时因巫蛊屡兴大狱,史称"巫蛊之狱"。⑥《太子传》:即《汉书》卷六十三《武五子传》。⑦襁褓:包裹婴儿的被子和带子。⑧郡邸狱:处治天下郡国上计者的监狱。属大鸿胪。当时因巫蛊狱繁而收系者众,故皇曾孙寄在郡邸狱。⑨廷尉监:官名。廷尉的属官。廷尉:官名。掌刑法。⑩复作:女囚徒。罪行轻微者,男子守边一年,女子软弱不胜任,复令作于官,也是一年,所以称为复作徒。更:更替,轮流。

【原文】　巫蛊事连岁不决。至后元二年,武帝疾,往来长杨、五柞宫①,望气者言长安狱中有天子气,上遣使者分条中都官狱系者②,轻重皆杀之③。内谒者令郭穰夜至郡邸狱④,吉拒闭,使者不得入,曾孙赖吉得全。因遭大赦,吉乃载曾孙送祖母史良娣家。语在《吉》及《外戚传》⑤。

【注释】　①长杨、五柞宫:宫殿名。均在盩厔县(今陕西省周至县)。②中都官:指京师诸官府。③轻重:不论轻罪、重罪。④内谒者令:即中谒者令,掌传宣诏命。⑤《吉》:《丙吉传》,见《汉书》卷七十四。

【原文】　后有诏掖庭养视①,上属籍宗正②。时掖庭令张贺尝事戾太子,思顾旧恩,哀曾孙,奉养甚谨,以私钱供给教书。既壮,为取暴室啬夫许广汉女③,曾孙因依倚广汉兄弟及祖母家史氏。受《诗》于东海澓中翁④,高材好学,然亦喜游侠,斗鸡走马,具知闾里奸邪,吏治得失。数上下诸陵,周遍三辅,常困于莲勺卤中⑤。尤乐杜、鄠之间⑥,率常在下杜⑦。时会朝请,舍长安尚冠里⑧,身足下有毛,卧居数有光耀。每买饼,所从买家辄大雠⑨,亦以是自怪。

【注释】　①掖庭:宫中官署名,掌宫人事。有令丞,由宦者充任。②上属籍宗正:由宗正登记入宗室簿。③暴室:掖庭中主染织的官署。啬夫:暴室属官。④澓中翁:姓澓,名中翁。⑤莲勺:县名。在今陕西省蒲城南。卤中:盐池。⑥杜:县名。在今陕西省西安

市东南。鄂:县名。今陕西省鄠邑区。⑦下杜:城名。位于杜、鄂之间,在今西安市南。⑧尚冠里:汉长安城中里名。⑨雠:售。

【原文】 元平元年四月,昭帝崩,毋嗣。大将军霍光请皇后征昌邑王①。六月丙寅,王受皇帝玺绶,尊皇后曰皇太后。癸巳,光奏王贺淫乱,请废。语在《贺》及《光传》。

秋七月,光奏议曰:"礼,人道亲亲故尊祖,尊祖故敬宗。大宗毋嗣,择支子孙贤者为嗣。孝武皇帝曾孙病已②,有诏掖庭养视,至今年十八,师受《诗》《论语》《孝经》,操行节俭,慈仁爱人,可以嗣孝昭皇帝后,奉承祖宗,子万姓③。"奏可。遣宗正德至曾孙尚冠里舍,洗沐,赐御府衣。太仆以軨猎车奉迎曾孙④,就齐(斋)宗正府。庚申,入未央宫,见皇太后,封为阳武侯⑤。已而群臣奉上玺绶,即皇帝位,谒高庙。

九月,大赦天下。

十一月壬子,立皇后许氏。赐诸侯王以下金钱,至吏民鳏寡孤独各有差。皇太后归长乐宫。初置屯卫⑥。

【注释】 ①昌邑王:刘贺。《汉书》卷六十三附其传。②病已:宣帝原名病已,后改名询。③子万姓:天子以万姓为子,故有此语。④軨猎车:轻便小车。⑤封为阳武侯:先封为侯,因不能以庶人直接立为天子。⑥屯卫:指长乐宫的屯卫。

【原文】 本始元年春正月①,募郡国吏民訾(赀)百万以上徙平陵。遣使者持节诏郡国二千石谨牧养民而风德化②。

大将军光稽首归政,上谦让委任焉。论定策功,益封大将军光万七千户,车骑将军光禄勋富平侯安世万户。诏曰:"故丞相安平侯敞等居位守职③,与大将军光、车骑将军安世建议定策,以安宗庙,功赏未加而薨。其益封敞嗣子忠及丞相阳平侯义、度辽将军平陵侯明友、前将军龙雒侯增、太仆建平侯延年、太常蒲侯昌、谏大夫宜春侯谭、当涂侯平、杜侯屠耆堂、长信少府关内侯胜邑户各有差④。封御史大夫广明为昌水侯,后将军充国为营平侯,大司农延年为阳城侯,少府乐成为爰氏侯,光禄大夫迁为平丘侯⑤。赐右扶风德、典属国武、廷尉光、宗正德、大鸿胪贤、詹事畸、光禄大夫吉、京辅都尉广汉爵皆关内侯⑥。德、武食邑⑦。"

【注释】 ①本始元年:即前73年。②风德化:进行德化教育。③等:此字当移至下句"安世"下,因未赏而死者仅杨敞一人,不宜有"等"字。④义:蔡义。明友:范明友。增:韩增。延年:杜延年。昌:苏昌。谭:王谭。平:"圣"字之误。《功臣表》作魏圣。胜:夏侯胜。⑤广明:田广明。充国:赵充国。延年:田延年。乐成:史乐成。迁:王迁。⑥右扶风德:周德。武:苏武。光:李光。宗正德:楚元王曾孙、刘辟疆之子刘德。贤:韦贤。畸:宗畸。吉:丙吉。广汉:赵广汉。⑦德、武食邑:因苏武守节于匈奴,刘德乃宗室之俊彦,故特令食邑。

【原文】 夏四月庚午,地震。诏内郡国举文学高第各一人①。

五月,凤皇集胶东、千乘②。赦天下。赐吏二千石、诸侯相,下至中都官、宦吏、六百石

爵,各有差,自左更至五大夫③。赐天下人爵各一级,孝者二级,女子百户牛酒。租税勿收。

六月,诏曰:"故皇太子在湖④,未有号谥。岁时祠,其议谥,置园邑。"语在《太子传》⑤。

秋七月,诏立燕刺王太子建为广阳王,立广陵王胥少子弘为高密王。

二年春,以水衡钱为平陵⑥,徙民起第宅。

【注释】　①内郡:指中原诸郡。缘边有夷狄者称外郡。②凤皇:即凤凰。胶东:郡国名。都即墨(今山东莱西市西南)。千乘:郡名。治于乘(今山东省滨州市西南)。③左更:爵名,第十二级。五大夫:爵名,第五级。④在湖:言皇太子死后葬于湖县(在今河南省灵宝市西)。⑤《太子传》:即本书卷六十三《戾太子传》。⑥水衡:汉武帝置水衡都尉,掌上林苑,兼保管皇室财物及铸钱。

【原文】　夏五月,诏曰:"朕以眇(渺)身奉承祖宗,夙夜惟念孝武皇帝躬履仁义,选明将,讨不服,匈奴远遁,平氏、羌、昆明、南越,百蛮乡(向)风,款塞来享①;建太学,修邓祀,定正朔,协音律;封泰山,塞宣房②,符瑞应,宝鼎出,白麟获。功德茂盛,不能尽宣,而庙乐未称,其议奏。"有司奏请宜加尊号。六月庚午,尊孝武庙为世宗庙,奏《盛德》《文始》《五行》之舞,天子世世献。武帝巡狩所幸之郡国,皆立庙。赐民爵一级,女子百户牛酒。

匈奴数侵边,又西伐乌孙③。乌孙昆弥及公主因国使者上书④,言昆弥愿发国精兵击匈奴,唯天子哀怜,出兵以救公主。秋,大发兴调关东轻车锐卒,选郡国吏三百石伉健习骑射者⑤,皆从军。御史大夫田广明为祁连将军,后将军赵充国为蒲类将军⑥,云中太守田顺为虎牙将军,及度辽将军范明友、前将军韩增,凡五将军,兵十五万骑,校尉常惠持节护乌孙兵,咸击匈奴。

【注释】　①款塞来享:叩塞门来表示服从。②宣房:堤坝名,在东郡。③乌孙:西域国名。在天山山脉一带。④昆弥:乌孙王之号。公主:指汉朝嫁与乌孙王的公主。国使:指汉朝之使。⑤伉健:强健。⑥蒲类:蒲类泽,匈奴中海名,在敦煌北。

【原文】　三年春正月癸亥,皇后许氏崩。戊辰,五将军师发长安。夏五月,军罢。祁连将军广明,虎牙将军顺有罪①,下有司,皆自杀。校尉常惠将乌孙兵入匈奴右地②,大克获,封列侯。

大旱。郡国伤旱甚者,民毋出租赋。三辅民就贱者,且毋收事③,尽四年④。

【注释】　①有罪:田广明坐逗留,田顺坐增虏获(即虚报俘虏之数)。②右地:匈奴西部。③收:指租赋。事:指役使。④尽四年:到本始四年止。

食货志（节选）

【题解】

《食货志》上、下两分卷，分食、货两大部分，大大地修补和发展了《史记·平准书》的内容。《平准书》专写汉代财政，史论结合，对武帝文治武功、兴功兴利，多所讽刺，于论自然进步，于史则欠片面。《食货志》言食、货二者乃"生民之本"，分别叙述远古时代至于王莽时期的农政和财政，兼记农业、手工业和商业，详载有关议论，论述具体，内容丰富，远胜于《平准书》的内容。它是研究先秦秦汉财政经济史以及王莽改制的重要参考文献。作者以"食足货通"揭示全志主旨，又以"衰多益寡，称物平施"，"贸迁有无"为立足点，宣传取多益少、有无相通的观点，基本上肯定武帝时期"平准、均输"等财经政策；这与司马迁宣传人人求富争利、讽刺武帝与民争利的观点颇不一致。这里节选的是上卷。

【原文】　《洪范》八政[①]，一曰食[②]，二曰货[③]。食谓农殖嘉谷可食之物[④]，货谓布帛可衣，及金刀龟贝[⑤]，所以分财布利通有无者也。二者，生民之本，兴自神农之世。"斫木为耜，煣木为耒，耒耨之利以教天下[⑥]"，而食足；"日中为市，致天下之民，聚天下之货，交易而退，各得其所[⑦]"，而货通。食足货通，然后国实民富，而教化成。黄帝以下"通其变，使民不倦[⑧]"。尧命四子以"敬授民时[⑨]"，舜命后稷以"黎民祖饥[⑩]"，是为政首[⑪]。禹平洪水，定九州[⑫]，制土田[⑬]，各因所生远近，赋入贡棐（篚）[⑭]，楙（贸）迁有无[⑮]，万国作乂[⑯]。殷周之盛，《诗》《书》所述，要在安民，富而教之。故《易》称"天地之大德曰生，圣人之大宝曰位；何以守位曰仁，何以聚人曰财[⑰]"。财者，帝王所以聚人守位，养成群生，奉顺天德，治国安民之本也。故曰："不患寡而患不均，不患贫而患不安；盖均亡（无）贫，和亡（无）寡，安亡（无）倾[⑱]。"是以圣王域民[⑲]，筑城郭以居之，制庐井以均之[⑳]，开市肆以通之[㉑]，设庠序以教之[㉒]；士农工商，四民有业。学以居位曰士，辟土殖谷曰农，作巧成器曰工，通财鬻货曰商。圣王量能授事，四民陈力受职，故朝亡（无）废官，邑亡（无）敖民[㉓]，地亡（无）旷土。

【注释】　①《洪范》八政：《尚书·洪范》记载箕子向周武王建议重视八政，即：食、货、祀、司空、司徒、司寇、宾、师等，主要是指重视粮食、布帛与货币、各项祭祀、工程、土地管理、赋役征敛、刑狱、礼仪、士子教育诸事。②一曰食：八政以食为先。因为食乃万物之始，人事之所本。③二曰货：货所以通有无，利民用，故仅次于食。④农：勉。殖：种。嘉谷：指禾。⑤金：谓五色之金，即：金（黄）、银（白）、铜（赤）、铅（青）、铁（黑）。刀：谓钱币。龟贝：古代之货币。⑥"斫木为耜"等句：见《易·系辞下》。耒耨：当作"耒耜"（金少英说）。⑦"日中为市"等句：见《易·系辞下》。⑧"通其变，使民不倦"：见《易·系辞下》。李奇曰："器币有不

便于时,则变更通利之,使民乐其业而不倦也。"⑨四子:尧之四子是羲仲、羲叔、和仲、和叔。见《尚书·尧典》。敬授民时:引自《尚书·尧典》。⑩后稷:名弃,相传为舜时农官。祖:始。⑪政首:谓施政之首要问题。⑫九州:谓冀、兖、青、徐、扬、荆、豫、梁、雍等地区。⑬制土田:谓区分土壤等差,而定贡赋级别。⑭筐:盛物之竹器。⑮贸迁:指贸易。⑯作:始也。义:"刈"的古字。收割;治理。⑰"故《易》称"等句:引文见《易·系辞下》。仁:当读为"人"(李庆善说)。⑱"故曰"等句:引文见《论语·季氏》。杨树达曰:"寡谓民少,贫谓财少,寡与均义不相贯。馀谓不患寡,寡当作贫;不患贫,贫当作寡。下文均无贫,承不患贫而患不均言之;和无寡,安无倾,皆承不患寡而患不安言之。如今本贫寡二字互误,则与下文均无贫三句不贯矣。《春秋繁露·度制篇》引《论语》,作'不患贫而患不均',其证也。"(《论语疏证》卷十六《季氏》第十六)⑲域民:处民之意。⑳庐:庐舍。井:指井田。㉑市肆:指市场。㉒庠序:古代之学校。㉓放民:闲游之民。

【原文】 理民之道,地著为本①。故必建步立亩,正其经界②。六尺为步,步百为亩,亩百为夫,夫三为屋,屋三为井③,井方一里,是为九夫。八家共之,各受私田百亩,公田十亩,是为八百八十亩,馀二十亩以为庐舍④。出入相友,守望相助,疾病相救,民是以和睦,而教化齐同,力役生产可得而平也⑤。

【注释】 ①地著:谓使民附着于土地。②经界:指井田之界。③井:一井为九百亩。④庐舍:居住的屋舍。⑤力役:指人民向国家所服劳役。

【原文】 民受田,上田夫百亩①,中田夫二百亩,下田夫三百亩。岁耕种者为不易上田②;休一岁者为一易中田;休二岁者为再易下田,三岁更耕之,自爰其处③。农民户人已受田④,其家众男为馀夫⑤,亦以口受田如比⑥。士工商家受田,五口乃当农夫一人。此谓平土可以为法者也。若山林薮泽原陵淳卤之地⑦,各以肥硗多少为差。有赋有税。税谓公田什一及工商衡虞之入也。赋共(供)车马甲兵士徒之役,充实府库赐予之用。税给郊社宗庙百神之祀,天子奉养百官禄食庶事之费。民年二十受田,六十归田。七十以上,上所养也;十岁以下,上所长也;十一以上,上所强也⑧。种谷必杂五种⑨,以备灾害。田中不得有树,用妨五谷。力耕数耘,收获如寇盗之至⑩。还(环)庐树桑⑪,菜茹有畦⑫,瓜瓠果蓏殖于疆易(场)⑬。鸡豚狗彘毋失其时,女修蚕织,则五十可以衣帛,七十可以食肉。

【注释】 ①夫:谓一夫。②岁:谓每年。易:更换。此指轮耕。③爰:更换;更易。④人:谓一人。⑤馀夫:指家一夫外的其馀男劳力。⑥以口受田:馀夫受田之数低于正夫,有说馀夫二十五亩。比:例。⑦淳卤之地:不生五谷。⑧强:勉强劝导,让其工作。⑨五种:即五谷,指黍、稷、麻、麦、豆。⑩盗寇之至:形容收获时十分紧迫,恐为风雨所损。⑪环:环绕。⑫茹:所食之菜。⑬果蓏:树上结的、有核的叫果;地上长的、无核的叫蓏。疆场:国界;田界。

【原文】 是月,馀子亦在于序室①。八岁入小学②,学六甲五方书计之事③,始知室家

319

长幼之节。十五入大学,学先圣礼乐,而知朝廷君臣之礼。其有秀异者,移乡学于庠序;庠序之异者,移国学于少学④。诸侯岁贡少学之异者于天子,学于大学,命曰造士⑤。行同能偶⑥,则别之以射⑦,然后爵命焉。

【注释】 ①馀子:指尚未成年而未任役者。序室:里中的学校。②小学:周代的贵族子弟八岁入小学,学习六艺(礼、乐、射、御、书、数),到了汉代,小学成了文字训诂之学的专称。③六甲:用天干地支相配计算时日,其中有甲子、甲戌、甲申、甲午、甲辰、甲寅,称"六甲"。五方:指东、西、南、北、中,即地理。书:指文字。计:指筹算。④国:指诸侯国。少学:此有别于天子之大学。⑤造士:《礼制·王制》郑臣:"造,成也,能习礼则为成士。"⑥行同能偶:指德才彼此相当。⑦射:指射箭技艺。

【原文】 孟春之月①,群居者将散②,行人振木铎徇于路③,以采诗,献之大师④,比其音律,以闻于天子。故曰王者不窥牖户而知天下⑤。

【注释】 ①孟春之月:农历正月。②群居者将散:谓各分散到田野去耕作。③行人:官府派出的使者。木铎:木制的铃。使者用以宣传政令。徇:巡视。④大师:掌音律之官。⑤王者不窥牖户而知天下:谓王者不出门而知天下民情。

【原文】 此先王制土处民富而教之之大略也。故孔子曰:"道千乘之国,敬事而信,节用而爱人,使民以时①。"故民皆劝功乐业,先公而后私。其《诗》曰:"有渰凄凄,兴云祁祁,雨我公田,遂及我私②。"民三年耕,则馀一年之畜(蓄)。衣食足而知荣辱,廉让生而争讼息,故三载考绩。孔子曰"苟有用我者,期月而已可也,三年有成③",成此功也。三考黜陟④,馀三年食,进业曰登⑤;再登曰平,馀六年食;三登曰太平,二十七岁,遗九年食⑥。然后至德流洽,礼乐成焉。故曰"如有王者,必世而后仁⑦",繇(由)此道也。

【注释】 ①"孔子曰"等句:引文见《论语·学而》。道:治理。千乘之国:指拥有一千辆战车的大国。②"《诗》曰"等句:引诗见《诗经·小雅·大田》。渰:指阴云。凄凄:云兴起貌。祁祁:渐渐。私:指私田。③"孔子曰"等句:引文见《论语·子路》。用:谓使之为政。④黜陟:指官职的进退升降。⑤进业:谓农业有所发展。登:谓丰收。⑥遗:谓储备。⑦"故曰"等句:引文见《论语·子路》。世:三十年为一世。必世而后仁:必三十年仁政乃成。

【原文】 周室既衰,暴君污吏慢其经界①,繇(徭)役横作,政令不信,上下相诈,公田不治。故鲁宣公"初税亩②"《春秋》讥焉③。于是上贪民怨,灾害生而祸乱作。

【注释】 ①慢:忽视与破坏之义。经界:指井田之界。②鲁宣公:春秋时鲁国国君。"初税亩":《春秋》载于宣公十五年。初:开始。税亩:谓履亩而税。③《春秋》讥:《左传》与《公羊传》皆以为初税亩"非礼"。

【原文】 陵夷至于战国,贵诈力而贱仁谊(义),先富有而后礼让。是时,李悝为魏文侯作尽地力之教①,以为地方百里,提封九万顷②,除山泽邑居参(三)分去一,为田六百万亩,治田勤谨则亩益三升③,不勤则损亦如之④。地方百里之增减,辄为粟百八十万石

矣⑤。又曰籴甚贵伤民⑥，甚贱伤农；民伤则离散，农伤则国贫。故甚贵与甚贱，其伤一也。善为国者，使民毋伤而农益劝。今一夫挟五口，治田百亩，岁收亩一石半⑦，为粟百五十石，除十一之税十五石，馀百三十五石。食，人月一石半，五人终岁为粟九十石，馀有四十五石。石三十⑧，为钱千三百五十，除社闾尝新春秋之祠⑨，用钱三百，馀千五十。衣，人率用钱三百⑩，五人终岁用千五百，不足四百五十⑪。不幸疾病死丧之费，及上赋敛⑫，又未与此⑬。此农夫所以常困，有不劝耕之心，而令籴至于甚贵者也。是故善平籴者，必谨观岁有上中下孰（熟）。上孰（熟）其收自四⑭，馀四百石⑮；中孰（熟）自三⑯，馀三百石；下孰（熟）自倍⑰，馀百石。小饥则收百石⑱，中饥七十石⑲，大饥三十石⑳。故大孰（熟）则上籴三而舍一㉑，中孰（熟）则籴二㉒，下孰（熟）则籴一㉓，使民适足㉔贾（价）平则止。小饥则发小孰（熟）之所敛㉕，中饥则发中孰（熟）之所敛，大饥则发大孰（熟）之所敛，而粜之。故虽遇饥馑水旱，籴不贵而民不散，取有馀以补不足也。行之魏国，国以富强。

【注释】　①尽地力：谓充分利用土地，使地无旷土。教：教令。②提封：总计。③勤谨：有说当作"劝谨"（宋祁说）。益：谓增产。三升：有说当是"三斗"（臣瓒、颜师古说）。④不勤：有说为"不劝"（宋祁说）。损亦如之：谓减产也是三斗。⑤百八十万石：以每亩增损二斗计，六百万亩为百八十万石。⑥民：指士、工、商。⑦亩一石半：谓每亩产量一石五斗。战国时一亩，约合今三分之一亩；战国时一石，约合今五分之一石，故知此亩产量不高。⑧石三十：汉代米粟平均每石百钱左右。此"石三十"是按低价计算。⑨除社间尝新春秋之祠：谓各种祭祀之费用。⑩衣，人率用钱三百：陈直云："汉代一匹布，长四丈，只可做成人一件长袍，每匹布价，通常在三百钱左右，志文是按最低之标准计算。"⑪不足：谓缺少。⑫上赋敛：谓缴纳赋税。⑬未与此：谓未计入此数。⑭收自四：谓收成增产四倍（即百亩六百石）。⑮馀四百石：谓除缴纳什一税、食粮、穿衣、祭祀费用等外，剩余四百石。⑯自三：谓收成增加三倍（即百亩四百五十石）。⑰自倍：谓收成翻一番（即百亩三百石）。⑱饥：谓灾荒。小饥：小灾荒。收百石：谓百亩收成百石（实减产三分之一）。⑲中饥：中等灾荒。七十石：谓百亩产量七十石（实减产一半）。⑳大饥三十石：谓大灾荒百亩仅收三十石（实减产五分之四）。㉑大熟则上籴三而舍一：谓大丰年官府收购粮三百石，馀一百石由农户自己储存。㉒籴二：谓官府收购粮二百石。㉓籴一：谓官府收购粮一百石（农户无储备之粮了）。㉔适足：谓适当的满足。㉕发……敛：谓将敛藏之粮出卖。

艺文志（节选）

【题解】

本卷是当时公家藏书的分类目录，也是我国现存最早的一部文献目录。它是今人研究先秦秦汉文化学术史的重要参考资料。我国有悠久的文化传统，自周代以来，官修私著，书籍繁多，内容宏富，故需校理群书，以为目录。刘向校书，著有《别录》，刘歆继承父业，又著《七略》。《七略》分辑略、六艺、诸子、诗赋、兵书、术数、方技等七个部分；班氏自言，"今删其要，以备篇籍"。本志名曰"艺文"，所谓"艺"，以《诗》《书》《礼》《乐》《易》《春秋》六者为六艺；所谓"文"，指文学百家之说而言。其内容，在简短的序言之后，分为六艺、诸子、诗赋、兵书、术数、方技等六部分，共收书三十八种，五百九十六家，一万三千二百六十九卷。每种之后有小序，每部分之后有总序，对先秦、秦汉学术思想的源流和演变，都做了简明的叙述。可以想见，《艺文志》乃班氏对《七略》删繁取要，加上吸收刘氏观点及掺以自己学术见解而成。其辨章学术、考究源流之功，不可磨灭。

【原文】　昔仲尼没而微言绝①，七十子丧而大义乖②。故《春秋》分为五③，《诗》分为四④，《易》有数家之传。战国从衡（纵横），真伪分争，诸子之言纷然淆乱。至秦患之，乃燔灭文章，以愚黔首⑤。汉兴，改秦之败，大收篇籍，广开献书之路。迄孝武世，书缺简脱⑥，礼坏乐崩，圣上喟然而称曰："朕甚闵（悯）焉！"于是建藏书之策，置写书之官⑦，下及诸子传说，皆充秘府⑧。至成帝时，以书颇散亡，使谒者陈农求遗书于天下⑨。诏光禄大夫刘向校经传诸子诗赋⑩，步兵校尉任宏校兵书⑪，太史令尹咸校数术⑫，侍医李柱国校方技⑬。每一书已，向辄条其篇目，撮其指意，录而奏之⑭。会向卒，哀帝复使向子侍中奉车都尉歆卒父业⑮。歆于是总群书而奏其《七略》，故有《辑略》⑯，有《六艺略》⑰，有《诸子略》，有《诗赋略》，有《兵书略》，有《术数略》，有《方技略》。今删其要，以备篇籍。

【注释】　①仲尼：孔子名丘，字仲尼。微言：精微要妙之言。②七十子：指孔子弟子达者七十人。七十，是指成数。大义：指诸经之义。③《春秋》分为五：谓《左传》《公羊传》《穀梁传》《邹氏》《夹氏》。④《诗》分为四：谓《毛氏》（毛亨）、《齐》（齐人辕固）、《鲁》（鲁人申培）、《韩》（燕人韩婴）。⑤黔首：劳动人民。⑥简脱：编简之绳断，则简脱落。⑦写书之官：指抄书者。⑧秘府：宫中藏书处。⑨谒者：官名。属郎中令。⑩光禄大夫：官名。掌顾问应对。刘向：字子政。《汉书·楚元王传》附其传。⑪步兵校尉：官名。掌宿卫兵。⑫太史令：官名。掌天时星历。数术：占卜之书。⑬侍医：太医令之属官。方技：医药之书。⑭录：刘向的《书录》，附于原书的，渭之《叙录》；汇于一书者，则为《别录》，已佚。⑮侍中：加官。奉车都尉：官名。掌御乘舆车。歆：刘歆，字子骏。刘向之子。《汉书·楚元王传》附其传。⑯辑：与"集"同，谓诸书之总要。略：概要。⑰《六艺略》：即"六经"略。

【原文】　《易经》十二篇①，施、孟、梁丘三家②。

《易传周氏》二篇③。字王孙也④。

《服氏》二篇⑤。

《杨氏》二篇⑥。名何，字叔元，菑川人⑦。

《蔡公》二篇⑧。卫人，事周王孙。

《韩氏》二篇⑨。名婴。

《王氏》二篇。名同⑩。

《丁氏》八篇。名宽，字子襄，梁人也⑪。

《古五子》十八篇。自甲子至壬子，说《易》阴阳⑫。

《淮南道训》二篇⑬。淮南王安聘明《易》者九人，号九师说。

《古杂》八十篇，《杂灾异》三十五篇，《神输》五篇，图一⑭。

《孟氏京房》十一篇，《灾异孟氏京房》六十六篇。五鹿充宗《略说》三篇，《京氏段嘉》十二篇⑮。

《章句》施、孟、梁丘氏各二篇⑯。

凡《易》十三家，二百九十四篇⑰。

【注释】　①《易经》：即《周易》。至今尚存。②施、孟、梁丘三家：三家之传，已亡。③《易传周氏》：书已亡。④字王孙也：此为班氏原注，无"师古曰"三字，下同。⑤《服氏》：书已亡。服氏，齐人，号服先。服、宓、伏三字互相通假。⑥《杨氏》：书已亡。⑦杨何：汉武帝时五经博士之一，官至中大夫。⑧《蔡公》：书已亡。蔡公，其人无考。⑨《韩氏》：书已亡。姚振宗云，《韩诗外传》间有引《易》文者，亦《韩氏易》也。⑩《王氏》：书已亡。王同：字子中，东武人，受《易》于田何。⑪《丁氏》：书已亡。《儒林传》云：丁将军作《易》说三万言，今小章句是也。姚振宗曰：以上自《周氏》至此凡七家，皆承上"易传"二字为文。⑫《古五子》：书已亡。《初学记》文部引刘向《别录》曰：所校雠中《易》传《古五子篇》，除复重，定著十八篇，分六十四卦，著之日辰。自甲子至于壬子，故号曰《五子》。所谓"古"，是指用篆文写的书，以区别于用隶字写的今文书。⑬《淮南道训》：书已亡。⑭《神输》：颜师古引刘向《别录》曰：《神输》者，王道失则灾害生，得则四海输之祥瑞。⑮《孟氏京房》等：书残，《四库全书》著录《京氏易传》三卷，人子部数术类。京房，字君明，顿丘人，曾为魏郡太守。所谓《孟氏京房》《灾异孟氏京房》，皆京房述孟氏之学。五鹿充宗：人名，其为《梁丘易》。段嘉：《儒林传》作"殷嘉"。东海人，为博士。京房弟子。⑯《章句》：书已亡。章句，对经师教授经书分章、断句、释义之称。⑰"凡《易》十三家"等句：今计十三家，二百九十四篇。此为《易》书之统计。《艺文志》每种书之后皆计之。

【原文】　《易》曰："宓戏（伏羲）氏仰观象于天，俯观法于地，观鸟兽之文，与地之宜，近取诸身，远取诸物，于是始作八卦，以通神明之德，以类万物之情①。"至于殷、周之际，纣在上位，逆天暴物②，文王以诸侯顺命而行道，天人之占可得而效③，于是重《易》六爻，作上下篇④。孔氏为之《彖》《象》《系辞》《文言》《序卦》之属十篇⑤。故曰《易》道深矣，人更三圣⑥，世历三古。及秦燔书，而《易》为筮卜之事，传者不绝⑦。汉兴，田何传之。讫于宣、元，有施、孟、梁丘、京氏列于学官⑧，而民间有费、高二家之说⑨。刘向以中《古文易经》校施、孟、梁丘经⑩，或脱去"无咎""悔亡"⑪，唯费氏经与古文同⑫。

【注释】　①"《易》曰"等句：引文见《易·系辞下》。所谓伏羲氏画卦，乃言《易》之

创始。②物：万物，万事。③效：犹"见"。④六爻：指六十四卦。分上下篇。《经》文有《卦辞》《爻辞》。⑤十篇：此言《传》文，实有七种十篇，除《彖辞》上下篇、《象辞》上下篇、《系辞》上下篇、《文言》一篇、《序卦》一篇外，还有《说卦》《杂卦》各一篇。此十篇称《十翼》。⑥更：经。三圣：指伏羲、文王、孔子。⑦及秦燔书，而《易》为筮卜之事，传者不绝：秦始皇焚书，命令"医药卜筮种树之书"不烧。⑧有施、孟、梁丘、京氏列于学官：王先谦曰：汉武帝立五经博士，《易》惟杨何。宣帝立施、孟、梁丘《易》。元帝立京氏《易》，见《儒林传赞》。⑨费：费直，字长翁，东莱人；高：高相，沛人。两人同时，未立于学官。⑩中：指秘府。⑪"无咎""悔亡"：皆经文。⑫此段为《易》学之小序。《艺文志》每种书后皆有之。

【原文】 《尚书古文经》四十六卷①。为五十七篇。

《经》二十九卷②。大、小夏侯二家。《欧阳经》三十二卷。

《传》四十一篇③。

《欧阳章句》三十一卷④。

《大小夏侯章句》各二十九卷⑤。

《大小夏侯解故》二十九篇⑥。

《欧阳说义》二篇⑦。

刘向《五行传记》十一卷⑧。

许商《五行传记》一篇⑨。

《周书》七十一篇⑩。周史记。

《议奏》四十二篇。宣帝时石渠论⑪。

凡《书》九家，四百一十二篇⑫。入刘向《稽疑》一篇⑬。

【注释】 ①《尚书古文经》：即《尚书》。上古的文献汇编，包括典、谟、训、诰、誓、命六种体裁。有《今文尚书》《古文尚书》之分。如今通行的《十三经注疏》本、《四部丛刊》本，是以伪《古文尚书》二十五篇，杂以《今文尚书》三十三篇，共五十八篇，各附以伪孔安国的《尚书传》。②《经》：书已亡。此是今文。③《传》：此伏生《尚书大传》。已残。《四库全书》录《尚书·大传》四卷，补遗一卷。④《欧阳章句》：书已亡。杨树达引庄述祖云：欧阳《经》三十二卷，《章句》仅三十一卷，其一卷无章句盖序也。⑤《大小夏侯章句》：书已亡。大小夏侯，大指夏侯胜，小指夏侯建。⑥《大小夏侯解故》：书已亡。故，同"诂"。⑦《欧阳说义》：书已亡。⑧《五行传记》：书已亡。《五行传记》即《洪范五行传论》。⑨许商：汉长安人，字长伯，周堪弟子，位至九卿。⑩《周书》：书已残。今《四库全书》著录十卷，入别史类。⑪《议奏》：书已亡。汉宣帝时于石渠阁大集儒生讨论经旨异同，帝为称别临决。⑫凡《书》九家，四百一十二篇：陈国庆曰："王氏《补注》本《尚书古文经》四十六卷、《经》二十九卷、《传》四十一篇为一行，即作一家计算，则适符九家之数。大小夏侯《经》二十九卷，《章句》亦如之，若欧阳《经》作三十二卷，合计为四百二十二篇，多十篇。"

⑬入：班氏新增入者。颜师古曰："此凡言'入'者，谓《七略》之外班氏新人之也。其云'出'者与此同。"

【原文】 《易》曰："河出图，洛出书，圣人则之①。"故《书》之所起远矣，至孔子纂焉，上断于尧，下讫于秦，凡百篇，而为之序，言其作意②。秦燔书禁学，济南伏生独壁藏之。汉兴亡失，求得二十九篇，以教齐鲁之间。讫孝宣世，有《欧阳》《大小夏侯氏》，立于学官。《古文尚书》者，出孔子壁中。武帝末③，鲁共（恭）王坏孔子宅，欲以广其宫，而得《古文尚书》及《礼记》《论语》《孝经》凡数十篇，皆古字也。共（恭）王往入其宅，闻鼓琴瑟钟磬之音，于是惧，乃止不坏。孔安国者，孔子后也，悉得其书，以考二十九篇，得多十六篇④。安国献之。遭巫蛊事⑤，未列于学官。刘向以中古文校欧阳、大小夏侯三家经文⑥，《酒诰》脱简一，《召诰》脱简二。率简二十五字者，脱亦二十五字，简二十二字者，脱亦二十二字，文字异者七百有余，脱字数十。《书》者，古之号令，号令于众，其言不立具，则听受施行者弗晓。古文读应尔雅⑦，故解古今语而可知也⑧。

【注释】 ①"《易》曰"等句：引文见《易·系辞上》。②作意：作者之意。③武帝末：《论衡·正说》以为景帝时。④得多十六篇：此谓考见行世二十九篇外，多得十六篇。⑤巫蛊事：详见《武五子传·戾太子传》。⑥中古文：秘府之古文经。⑦尔雅：近正之意。⑧古今语：古语为方言，今语指汉语。

传

楚元王传

【题解】

本传叙述楚元王刘交及其世系，尤详于刘向、刘歆其人其事。刘交是刘邦的同父少弟。从刘邦起事，汉高帝六年（前201）废楚王韩信后，受封为楚王。传至楚王刘戊，因参加七国之乱失败而自杀。汉又封刘交之子刘礼为楚王，以续其祀。而刘交之子刘富的后嗣出了刘向、刘歆父子两位著名人物。《史记》以楚元王入世家，又附赵王刘遂，主要是叙述楚王刘戊、赵王刘遂参与七国之乱失败自杀之事；之所以列于世家，大概是因楚未绝祀之故。《汉书》传写楚元王及其家系，对楚王刘戊，详补申公等始末；写刘向、刘歆尤为具体。向、歆父子，学业传承，而人品大异。刘向拳拳于国家，欲抑王氏，以崇刘氏，而刘歆力赞王莽，为唱颂歌。班固在写向、歆父子言行的字里行间，流露出思想倾向。所书"及王莽篡位，歆为国师"，"向卒后十三岁而王氏代汉"，乃史家书法。

【原文】 楚元王交字游，高祖同父少弟也①。好书，多材艺。少时尝与鲁穆生、白生、申公俱受《诗》于浮丘伯②。伯者，孙卿门人也③。及秦焚书，各别去。

【注释】 ①同父:言同父,则必是异母。②浮丘伯:姓浮丘,名伯。③孙卿:即荀况。汉以避宣帝讳,改荀曰孙。

【原文】 高祖兄弟四人,长兄伯,次仲,伯早卒。高祖既为沛公,景驹自立为楚王。高祖使仲与审食其留侍太上皇①,交与萧、曹等俱从高祖见景驹,遇项梁,共立楚怀王。因西攻南阳,入武关,与秦战于蓝田。至霸上,封交为文信君,从入蜀汉,还定三秦,诛项籍。即帝位,交与卢绾常侍上,出入卧内,传言语诸内事隐谋。而上从父兄刘贾数别将②。

汉六年,既废楚王信,分其地为二国,立贾为荆王,交为楚王,王薛郡、东海、彭城三十六县③,先有功也。后封次兄仲为代王,长子肥为齐王。

【注释】 ①太上皇:指汉高祖刘邦之父。②上:指汉高祖。③薛郡:治鲁县(今山东省曲阜市)。东海:郡名。治郯城(今山东省郯城北)。彭城:楚王国都。今江苏徐州市。

【原文】 初,高祖微时,常避事,时时与宾客过其丘嫂食①。嫂厌叔与客来,阳(佯)为羹尽,辖釜②,客以故去。已而视釜中有羹,繇(由)是怨嫂。及立齐、代王,而伯子独不得侯。太上皇以为言,高祖曰:"某非敢忘封之也,为其母不长者。"七年十月,封其子信为羹颉侯。

【注释】 ①丘嫂:《史记》作"巨嫂"。即大嫂②辖釜:以勺刮釜使发声。

【原文】 元王既至楚,以穆生、白生、申公为中大夫。高后时,浮丘伯在长安,元王遣子郢客与申公俱卒业。文帝时,闻申公为《诗》最精,以为博士。元王好《诗》,诸子皆读《诗》,申公始为《诗》传①,号《鲁诗》。元王亦次之《诗》传②,号曰《元王诗》,世或有之。

高后时,以元王子郢客为宗正,封上邳侯。元王立二十三年薨,太子辟非先卒,文帝乃以宗正上邳侯郢客嗣,是为夷王。申公为博士,失官,随郢客归,复以为中大夫。立四年薨,子戊嗣。文帝尊宠元王,子生,爵比皇子③。景帝即位,以亲亲封元王宠子五人:子礼为平陆侯,富为休侯,岁为沈犹侯,执为宛朐侯,调为棘乐侯。

【注释】 ①为《诗》传:为《诗》解说。②次:编集。③子生,爵比皇子:言楚元王生子,封爵与皇子同,所以尊崇元王。

【原文】 初,元王敬礼申公等,穆生不耆(嗜)酒,元王每置酒,常为穆生设醴①。及王戊即位,常设,后忘设焉。穆生退曰:"可以逝矣!醴酒不设,王之意怠,不去,楚人将钳我于市②。"称疾卧。申公、白生强起之曰:"独不念先王之德与(欤)?今王一旦失小礼,何足至此!"穆生曰:"《易》称'知幾其神乎!幾者动之微,吉凶之先见者也。君子见幾而作,不俟终日③。先王之所以礼吾三人者,为道之存故也;今而忽之④,是忘道也。忘道之人,胡可与久处!岂为区区之礼哉⑤?"遂谢病去。申公、白生独留。

【注释】 ①醴:甜酒。②钳:以铁束颈。③"《易》称"等句:引文见《易·系辞下》。④忽:怠。⑤区区:言小。

【原文】 王戊稍淫暴,二十年,为薄太后服私奸,削东海、薛郡,乃与吴通谋。二人

谏,不听,胥靡之①,衣之赭衣,使杵臼雅舂于市②。休侯使人谏王,王曰:"季父不吾与③,我起,先取季父矣。"休侯惧,乃与母太夫人奔京师。二十一年春,景帝之三年也,削书到,遂应吴王反。其相张尚、太傅赵夷吾谏,不听。遂杀尚、夷吾,起兵会吴西攻梁,破棘壁,至昌邑南,与汉将周亚夫战。汉绝吴楚粮道,士饥,吴王走,戊自杀,军遂降汉。

【注释】 ①胥靡:拘系而强迫劳动。②杵臼雅舂:执杵而常舂。雅,经常。③与:帮助。

【原文】 汉已平吴楚,景帝乃立宗正平陆侯礼为楚王,奉元王后,是为文王。四年薨,子安王道嗣。二十二年薨,子襄王注嗣。十四年薨,子节王纯嗣。十六年薨,子延寿嗣。宣帝即位,延寿以为广陵王胥武帝子,天下有变必得立,阴欲附倚辅助之,故为其后母弟赵何齐取广陵王女为妻。与何齐谋曰:"我与广陵王相结,天下不安,发兵助之,使广陵王立,何齐尚公主,列侯可得也。"因使何齐奉书遗广陵王曰:"愿长耳目①,毋后人有天下②。"何齐父长年上书告之。事下有司,考验辞服,延寿自杀。立三十二年,国除。

【注释】 ①长耳目:言打听消息。②毋后人:言不能落后于人

【原文】 初,休侯富既奔京师,而王戊反,富等皆坐免侯,削属籍。后闻其数谏戊,乃更封为红侯。太夫人与窦太后有亲,惩山东之寇①,求留京师,诏许之。富子辟彊等四人供养,仕于朝。太夫人薨,赐茔,葬灵户②。富传国至曾孙,无子,绝。

【注释】 ①惩:重创。②灵户:地名。不是守冢户。

【原文】 辟彊字少卿,亦好读《诗》,能属文①。武帝时,以宗室子随二千石论议,冠诸宗室。清静少欲,常以书自娱,不肯仕。昭帝即位,或说大将军霍光曰:"将军不见诸吕之事乎?处伊尹、周公之位,摄政擅权,而背宗室,不与共职,是以天下不信,卒至于灭亡。今将军当盛位,帝春秋富②,宜纳宗室,又多与大臣共事③,反诸吕道,如是则可以免患。"光然之,乃择宗室可用者。辟彊子德待诏丞相府④,年三十馀,欲用之。或言父见在,亦先帝之所宠也。遂拜辟彊为光禄大夫,守长乐卫尉,时年已八十矣。徙为宗正,数月卒。

【注释】 ①属文:谓连缀字句而成文章。即写作。②春秋富:即富于春秋,指年龄小。③共事:言共商大事。④待诏:听候诏命。

【原文】 德字路叔,修黄老术,有智略。少时数言事,召见甘泉宫,武帝谓之"千里驹"①。昭帝初,为宗正丞②,杂治刘泽诏狱③。父为宗正,徙大鸿胪丞④,迁太中大夫,后复为宗正,杂案上官氏、盖主事⑤。德常持《老子》知足之计⑥。妻死,大将军光欲以女妻之,德不敢取(娶),畏盛满也。盖长公主孙谭遮德自言⑦,德数责以公主起居无状⑧。侍御史以为光望不受女⑨,承指(旨)劾德诽谤诏狱⑩,免为庶人,屏居山田。光闻而恨之⑪,复白召德守青州刺史。岁馀,复为宗正,与(预)立宣帝,以定策赐爵关内侯。地节中⑫,以亲亲行谨厚封为阳城侯。子安民为郎中右曹,宗家以德得官宿卫者二十馀人。

【注释】 ①千里驹:言若骏马可致千里。驹,小马。②宗正丞:官名。属宗正。③杂

治:言与他官共治。刘泽:齐孝王之孙。④大鸿胪丞:官名。属大鸿胪。⑤上官氏、盖主事:参考《外戚传》。⑥知足:《老子》有"知足不辱"之说。⑦自言:申诉盖主所坐事。⑧无状:言无礼貌。⑨望:怨望。⑩承指(旨):谓承霍光之意旨。⑪光闻而恨之:霍光以侍御史不知己意而恨之。⑫地节:宣帝年号(前69—前60)。

【原文】 德宽厚,好施生①,每行京兆尹事,多所平反罪人。家产过百万,则以振(赈)昆弟宾客食饮,曰:"富,民之怨也。"立十一年,子向坐铸伪黄金,当伏法,德上书讼罪②。会薨,大鸿胪奏德讼子罪,失大臣体,不宜赐谥置嗣。制曰:"赐谥缪侯,为置嗣。"传至孙庆忌,复为宗正太常。薨,子岑嗣,为诸曹中郎将,列校尉,至太常。薨,传子,至王莽败,乃绝。

【注释】 ①好施生:言好施恩惠而使生全。②讼罪:指告发其子刘向之罪。

【原文】 向字子政,本名更生。年十二,以父德任为辇郎①。既冠,以行修饬擢为谏大夫②。是时,宣帝循武帝故事,招选名儒俊材置左右。更生以通达能属文辞,与王褒、张子侨等并进对③,献赋颂凡数十篇。上复兴神仙方术之事,而淮南有《枕中鸿宝苑秘书》,书言神仙使鬼物为金之术,及邹衍重道延命方,世人莫见,而更生父德武帝时治淮南狱得其书。更生幼而读诵,以为奇,献之,言黄金可成。上令典尚方铸作事④,费甚多,方不验。上乃下更生吏,吏劾更生铸伪黄金,系当死。更生兄阳城侯安民上书,入国户半⑤,赎更生罪。上亦奇其材,得逾冬减死论⑥。会初立《穀梁春秋》,征更生受《穀梁》,讲论《五经》于石渠⑦,复拜为郎中、给事黄门⑧,迁散骑、谏大夫、给事中⑨。

【注释】 ①任:保任,保举。辇郎:引御辇的官。②谏大夫:官名。掌议论,属光禄勋。③王褒:以辞赋著名,著有《僮约》一篇。张子侨:《萧望之传》作张子蟜。进对:进见而对诏命。④尚方:官署名。掌管供应制造帝王所用器物。⑤入国户半:输入其封国户口之半数。⑥逾冬减死论:狱冬处决,若过冬至春,乃宽大而减死罪。⑦石渠:石渠阁,在未央大殿西北,收藏秘书。⑧给事黄门:官名。供职于黄门之中(宫中)。⑨散骑:加官。皇帝的骑从,无常职。给事中:给事于殿中。

【原文】 元帝初即位,太傅萧望之为前将军①,少傅周堪为诸吏光禄大夫②,皆领尚书事,甚见尊任。更生年少于望之、堪,然二人重之,荐更生宗室忠直,明经有行,擢为散骑宗正给事中,与侍中金敞拾遗于左右③。四人同心辅政,患苦外戚许、史在位放纵④,而中书宦官弘恭、石显弄权⑤。望之、堪、更生议,欲白罢退之。未白而语泄,遂为许、史及恭、显所谮诉,堪、更生下狱,及望之皆免官。语在《望之传》。其春地震⑥,夏,客星见昴、卷舌间⑦。上感悟,下诏赐望之爵关内侯,奉朝请。秋,征堪、向,欲以为谏大夫,恭、显白皆为中郎。冬,地复震。时恭、显、许、史子弟侍中诸曹,皆侧目于望之等,更生惧焉,乃使其外亲上变事⑧。言:

【注释】 ①太傅:即太子太傅。为辅导太子之官。②少傅:即太子少傅。为辅导太

子之官。位次于太傅。诸吏：加官。得举不法。③拾遗于左右：言纠正帝王的过失。④许、史在位放纵：参考《外戚传》。⑤弘恭、石显弄权：详见《佞幸石显传》。⑥其春：当是初元二年，参考《元帝纪》及《天文志》。⑦客星：忽隐忽现之星。昂、卷舌：两星名。⑧变事：非常之事。

【原文】　窃闻故前将军萧望之等，皆忠正无私，欲致大治，忤于贵戚尚书①。今道路人闻望之等复进，以为且复见毁谗，必曰尝有过之臣不宜复用，是大不然。臣闻春秋地震，为在位执政太盛也，不为三独夫动②，亦已明矣。且往者高皇帝时，季布有罪，至于夷灭，后赦以为将军，高后、孝文之间卒为名臣。孝武帝时，兒宽有重罪系③，按道侯韩说谏曰④："前吾丘寿王死⑤，陛下至今恨之；今杀宽，后将复大恨矣！"上感其言，遂贳宽⑥，复用之，位至御史大夫，御史大夫未有及宽者也。又董仲舒坐私为灾异书⑦，主父偃取奏之⑧，下吏，罪至不道，幸蒙不诛，复为太中大夫，胶西相，以老病免归。汉有所欲兴，常有诏问。仲舒为世儒宗，定议有益天下。孝宣皇帝时，夏侯胜⑨坐诽谤系狱三年，免为庶人。宣帝复用胜，至长信少府，太子太傅，名敢直言，天下美之。若乃群臣，多此比类，难一二记。有过之臣，无负国家，有益天下，此四臣者，足以观矣。

前弘恭奏望之等狱决，三月，地大震。恭移病出⑩，后复视事，天阴雨雪。由是言之，地动殆为恭等。

臣愚以为宜退恭、显以章蔽善之罚⑪，进望之等以通贤者之路。如此，太平之门开，灾异之原塞矣。

【注释】　①忤：违逆。②三独夫：暗指萧望之、周堪及刘向。③兒宽：《汉书》有其传。④韩说：附见于《汉书·韩王信传》。⑤吾丘寿王：《汉书》有其传。⑥贳：言缓恕其罪。⑦董仲舒：西汉著名思想家。《汉书》卷五十六有其传。⑧主父偃：《汉书》卷六十四有其传。⑨夏侯胜：《汉书》卷七十五有其传。⑩移病出：言以病移出官府。即以病不视事。⑪章：同"彰"，明。

【原文】　书奏，恭、显疑其更生所为，白请考奸诈。辞果服，遂逮更生系狱，下太傅韦玄成、谏大夫贡禹①，与廷尉杂考②。劾更生前为九卿，坐与望之、堪谋排车骑将军高、许、史氏侍中者，毁离亲戚，欲退去之，而独专权。为臣不忠，幸不伏诛，复蒙恩征用，不悔前过，而教令人言变事，诬罔不道。更生坐免为庶人。而望之亦坐使子上书自冤前事③，恭、显白令诣狱置对④。望之自杀。天子甚悼恨之，乃擢周堪为光禄勋，堪弟子张猛光禄大夫给事中⑤，大见信任。恭、显惮之，数谮毁焉。更生见堪、猛在位，几（冀）已得复进⑥，惧其倾危。乃上封事谏曰：

【注释】　①韦玄成：《汉书》卷七十三有其传。贡禹：《汉书》卷七十二有其传。②杂考：共同查究。③自冤：自诉冤屈。④置对：立为对辞。⑤张猛：张骞之孙，有俊才。见《汉书·张骞传》（卷六十一）。⑥冀：希望。

【原文】 臣前幸得以骨肉备九卿,奉法不谨,乃复蒙恩。窃见灾异并起,天地失常,征表为国①。欲终不言,念忠臣虽在畎亩②,犹不忘君,惓惓之义也③。况重以骨肉之亲,又加以旧恩未报乎!欲竭愚诚,又恐越职,然惟二恩未报,忠臣之义,一杼愚意,退就农亩,死无所恨。

【注释】 ①征:证。②畎亩:田间;民间。畎,田间小沟(广尺、深尺)③惓惓:同"拳拳"。诚恳、深切之意。

【原文】 臣闻舜命九官①,济济相让,和之至也。众贤和于朝,则万物和于野。故箫《韶》九成②,而凤皇来仪;击石拊石③,百兽率舞。四海之内,靡不和宁。及至周文④,开基西郊,杂沓众贤⑤,罔不肃和,崇推让之风,以销分争之讼。文王既没,周公思慕,歌咏文王之德,其《诗》曰:"於穆清庙,肃雍显相;济济多士,秉文之德⑥。"当此之时,武王、周公继政,朝臣和于内,万国欢于外,故尽得其欢心,以事其先祖。其《诗》曰:"有来雍雍,至止肃肃,相维辟公,天子穆穆⑦。"言四方皆以和来也。诸侯和于下,天应报于上,故《周颂》曰"降福穰穰"⑧,又曰"饴(贻)我厘麰"⑨。厘麰,麦也,始自天降。此皆以和致和,获天助也。

【注释】 ①舜命九官:《尚书》云,舜时,禹作司空,弃后稷,契司徒,咎繇作士,垂共工,益朕虞,伯夷秩宗,夔典乐,龙纳言,凡九官。②《韶》:传说是舜时之乐名。九成:奏九次。③击石拊石:击钟鸣磬。④周文:周文王。⑤杂沓:众多纷杂貌。⑥"《诗》曰"等句:引诗见《诗经·周颂·清庙》。於:赞叹辞。穆:华美。肃:庄重。雍:和顺。显:显赫。相:助祭的人。济济:众多貌。多士:众官。⑦"《诗》曰"等句:引诗见《诗经·周颂·雍》。雍雍:和。肃肃:敬。相:助祭的人。辟公:指诸侯。穆穆:严肃貌。⑧"降福穰穰":见《诗经·周颂·执竞》。穰穰,多貌。⑨"贻我厘麰":见《诗经·周颂·思文》。贻,赠送。厘麰,大小麦的统称。

【原文】 下至幽、厉之际①,朝廷不和,转相非怨,诗人疾而忧之曰:"民之无良,相怨一方②。"众小在位而从邪议,歙歙相是而背君子③,故其《诗》曰:"歙歙泚泚,亦孔之哀!谋之其臧,则具(俱)是违;谋之不臧,则具(俱)是依!"君子独处守正,不桡众枉⑤,勉强以从王事则反见憎毒谗诉,故其《诗》曰:"密勿从事,不敢告劳,无罪无辜,谗口嗷嗷⑥!"当是之时,日月薄蚀而无光⑦,其《诗》曰:"朔日辛卯,日有蚀之,亦孔之丑⑧!"又曰:"彼月而微,此日而微,今此下民,亦孔之哀⑨!"又曰:"日月鞠凶,不用其行;四国无政,不用其良⑩!"天变见于上,地变动于下,水泉沸腾,山谷易处,其《诗》曰:"百川沸腾,山冢卒(崒)崩,高岸为谷,深谷为陵。哀今之人,胡憯莫惩⑪!"霜降失节,不以其时,其《诗》曰:"正月繁霜,我心忧伤;民之讹言,亦孔之将⑫!"言民以是为非,甚众大也。此皆不和,贤不肖易位之所致也⑬。

【注释】 ①幽、厉:周幽王、周厉王。②"民之无良,相怨一方":引诗见《诗经·小

雅·角弓》。诗言民各为不善,以致相怨。③歙歙:投合貌。④"《诗》曰"等句:引诗见《诗经·小雅·小旻》。泄泄:诋毁,诽谤。孔:很。之:犹若。臧:善。违:违背。⑤不桡众枉:不为众曲而自屈。桡,屈。⑥"《诗》曰"等句:引诗见《诗经·小雅·十月之交》。密勿:犹黾勉。尽力。嗷嗷:众口交毁貌。⑦薄:迫。⑧"《诗》曰"等句:引诗见《诗经·小雅·十月之交》。朔日:初一日。孔:很。丑:犹凶。⑨"又曰"等句:引诗见《诗经·小雅·十月之交》。彼:指往日。微:幽昧不明。此:指今日。⑩"又曰"等句:引诗见《诗经·小雅·十月之交》。鞠:告。鞠凶:示人以灾凶。行:轨道。四国:四方之国,指天下。无政:没有善政。⑪"《诗》曰"等句:引诗见《诗经·小雅·十月之交》。冢:山顶。岸:山崖。陵:即岭。憯:曾,乃。惩:惩戒,警惕之意。⑫"《诗》曰"等句:引诗见《诗经·小雅·正月》。正月:当作"四月",形似而误。繁:多。讹言:犹谣言。孔:很。将:大,盛。⑬贤不肖易位:言贤人在下,不肖者居上。

【原文】 自此之后,天下大乱,篡杀殃祸并作,厉王奔彘①,幽王见杀②,至乎平王末年③,鲁隐之始即位也④,周大夫祭伯乖离不和,出奔于鲁,而《春秋》为讳,不言来奔,伤其祸殃自此始也。是后尹氏世卿而专恣⑤,诸侯背畔(叛)而不朝,周室卑微。二百四十二年之间⑥,日食三十六,地震五,山陵崩阤二⑦,彗星三见(现)⑧,夜常星不见(现),夜中星陨如雨一,火灾十四。长狄入三国⑨,五石陨坠,六鹢退飞⑩,多麋⑪,有蜮、蜚⑫,鸲鹆来巢者⑬,皆一见(现)。昼冥晦⑭。雨木冰⑮。李梅冬实⑯。七月霜降,草木不死。八月杀菽⑰。大雨雹。雨雪雷霆失序相乘⑱。水、旱、饥、蝝、螽、螟蜂午并起⑲。当是时,祸乱辄应,弑君三十六,亡国五十二,诸侯奔走,不得保其社稷者,不可胜数也。周室多祸:晋败其师于贸戎⑳;伐其郊㉑;郑伤桓王㉒;戎执其使㉓;卫侯朔召不往,齐逆命而助朔㉔;五大夫争权,三君更立,莫能正理㉕,遂至陵夷不能复兴㉖。

【注释】 ①彘:地名。在今山西省霍县。②幽王见杀:幽王被犬戎攻杀于骊山下。③平王:幽王之子。④鲁隐:鲁隐公。⑤尹氏:周天子之卿。《诗经·小雅·节南山》有"尹氏太师,赫赫师尹"句。⑥二百四十二年:自鲁隐公元年至哀公十四年(前723—前482)。⑦阤:塌下,崩颓。⑧见:通"现"。下同。⑨长狄:春秋时狄族之一支。三国:指齐、鲁、晋。⑩鹢:鸟名,即鷁。一种像鹭鸶的水鸟,能高飞。⑪麋:即麋鹿。⑫蜮:相传为一种能含沙射人的动物。蜚:相传为一种怪兽。⑬鸲鹆:鸟名,即八哥。⑭昼冥晦:白天昏暗。⑮雨木冰:雨著树木结为冰。⑯冬实:冬天结果。⑰菽:豆。⑱失序:指雨雪雷电的时令失调。⑲蝝:未生翅的蝗子。螽:虫名,螽有五种,旧说为蝗类之总名。螟:螟蛾的幼虫。蜂午:纷然并起貌。⑳晋败其师于贸戎:见《春秋公羊传》成公元年秋。师:指王师。贸戎:即茅戎,在今山西省平陆县西。㉑伐其郊:《春秋》昭公二十三年正月,"晋人围郊"。郊:地名。在今山东省定陶西南。㉒郑伤桓王:见《左传》桓公五年秋。郑伯射伤周桓王肩。㉓戎执其使:《春秋》隐公七年冬,"大王使凡伯来聘,戎伐凡伯于楚丘以归"。

㉔卫侯朔召不往,齐逆命而助朔:《春秋》桓公十六年,"卫侯朔出奔齐"。《穀梁传》桓公十六年,"天子召而不往也"。㉕"五大夫争权"等句:周景王崩,单穆公、刘文公、巩简公、甘平公、召庄公等五大夫相互争权。更立王子猛、子朝、敬王等三君。㉖陵夷:衰落。

【原文】 由此观之,和气致祥,乖气致异;祥多者其国安,异众者其国危,天地之常经,古今之通义也。今陛下开三代之业,招文学之士,优游宽容,使得并进。今贤不肖浑淆(混淆),白黑不分,邪正杂糅,忠谗并进。章交公车,人满北军①。朝臣舛午②,胶戾乖剌,更相谗诉,转相是非。传授增加,文书纷纠,前后错缪,毁誉浑(混)乱,所以营或(惑)耳目③,感移心意,不可胜载。分曹为党,往往群朋④,将同心以陷正臣⑤。正臣进者,治之表也;正臣陷者,乱之机也。乘治乱之机,未知孰任,而灾异数见(现),此臣所以寒心者也。夫乘权藉势之人,子弟鳞集于朝⑥,羽翼阴附者众,辐凑于前⑦,毁誉将必用,以终乖离之咎。是以日月无光,雪霜夏陨,海水沸出,陵谷易处,列星失行,皆怨气之所致也。夫遵衰周之轨迹,循诗人之所刺,而欲以成太平,致雅颂,犹却行而求及前人也⑧。初元以来六年矣⑨,案《春秋》六年之中,灾异未有稠如今者也⑩。夫有《春秋》之异,无孔子之救,犹不能解纷,况甚于《春秋》乎?

【注释】 ①章交公车,人满北军:此言待诏廪食于北军者多。公车,汉官署名。公车令掌管宫殿中司马门的警卫工作。臣民上书和征召,均由公车接待。有说臣民上书,诣北军待报。②舛午:相违背,相抵触。③营惑耳目:言诬罔天子。④分曹为党,往往群朋:言分派结党。⑤正臣:正派之臣。⑥鳞集:群集。⑦辐凑:车辐集中于轴心。喻人或物聚集一处。⑧却行:退步行走。⑨初元:元帝年号(前48—前44)。⑩稠:多而密。

【原文】 原其所以然者,谗邪并进也。谗邪之所以并进者,由上多疑心,既已用贤人而行善政,如或谮之,则贤人退而善政还①。夫执狐疑之心者,来谗贼之口;持不断之意者,开群枉之门②。谗邪进则众贤退,群枉盛则正士消。故《易》有《否》《泰》③。小人道长,君子道消,君子道消,则政日乱,故为否。否者,闭而乱也。君子道长,小人道消,小人道消,则政日治,故为泰。泰者,通而治也。《诗》文云"雨雪麃麃,见晛聿消"④,与《易》同义。昔者鲧、共工、驩兜与舜、禹杂处尧朝,周公与管、蔡并居周位,当是时,迭进相毁⑤,流言相谤,岂可胜道哉!帝尧、成王能贤舜、禹、周公而消共工、管、蔡,故以大治,荣华至今。孔子与季、孟偕仕于鲁⑥,李斯与叔孙俱宦于秦⑦,定公、始皇贤季、孟、李斯而消孔子、叔孙,故以大乱,污辱至今。故治乱荣辱之端,在所信任;信任既贤,在于坚固而不移。《诗》云"我心匪石,不可转也"⑧。言守善笃也。《易》曰"涣汗其大号"⑨。言号令如汗,汗出而不反者也。今出善令,未能逾时而反⑩,是反汗也;用贤未能三旬而退,是转石也⑪。《论语》曰:"见不善如探汤⑫。"今二府奏佞谄不当在位⑬,历年而不去。故出令则如反汗,用贤则如转石,去佞则如拔山,如此望阴阳之调,不亦难乎!

【注释】 ①还:言收还。②枉:曲。③《否》《泰》:《易》两卦名。旧时于命运之好坏、

事情之顺逆,皆曰否泰。④"《诗》文云"等句:引诗见《诗经·小雅·角弓》。麀麀:盛貌。今《诗经·小雅·角弓》作"瀌瀌"。睍:太阳的热气。聿:辞。⑤迭:互。⑥季、孟:季孙氏、孟孙氏。⑦叔孙:叔孙通。⑧"《诗》云"等句:引诗见《诗经·邶风·柏舟》。言意志坚定而不易。⑨"涣汗其大号":引文见《易·涣卦》。言号令大发面不变。⑩时:一时为三个月。⑪转石:石头移动。喻意志不坚。⑫"见不善如探汤":引文见《论语·季氏》。言除难而不避。⑬二府:指丞相、御史大夫。

【原文】 是以群小窥见间隙,缘饰文字,巧言丑诋,流言飞文,毕于民间。故《诗》云:"忧心悄悄,愠于群小①。"小人成群,诚足愠也。昔孔子与颜渊、子贡更相称誉,不为朋党②;禹、稷与皋陶传相汲引,不为比周③。何则?忠于为国,无邪心也。故贤人在上位,则引其类而聚之于朝,《易》曰"飞龙在天,大人聚也④";在下位,则思与其类俱进,《易》曰"拔茅茹以其汇,征吉⑤"。在上则引其类,在下则推其类,故汤用伊尹,不仁者远,而众贤至,类相致也。今佞邪与贤臣并在交戟之内⑥,合党共谋,违善依恶,歔歔泚泚,数设危险之言,欲以倾移主上。如忽然用之,此天地之所以先戒,灾异之所以重至者也。

【注释】 ①"《诗》云"等句:引诗见《诗经·邶风·柏舟》。悄悄:忧愁之态。愠:怒。群小:众小人。②"孔子与颜渊"等句:此事俱见《论语》。③"禹、稷与皋陶"等句:此事俱见《尚书·舜典》。比周:言结党营私。④"《易》曰"等句:引文见《易·乾卦》。言圣王君临天下,贤人君子皆来聚合。⑤"《易》曰"等句:引文见《易·泰卦》。此喻君臣类聚。汇:类聚。征:行。⑥交戟:言宿卫者。

【原文】 自古明圣,未有无诛而治者也,故舜有四放之罚①,而孔子有两观之诛②,然后圣化可得而行也。今以陛下明知,诚深思天地之心,迹察两观之诛③,览《否》《泰》之卦,观雨雪之诗,历周、唐之所进以为法④,原秦、鲁之所消以为戒⑤,考祥应之福,省灾异之祸⑥,以揆当世之变,放远佞邪之党,坏散险诐之聚⑦,杜闭群枉之门,广开众正之路,决断狐疑,分别犹豫,使是非炳然可知,则百异消灭,而众祥并至,太平之基,万世之利也。

臣幸得托肺附⑧,诚见阴阳不调,不敢不通所闻。窃推《春秋》灾异,以救今事一二⑨。条其所以,不宜宣泄。臣谨重封昧死上。

【注释】 ①四放之罚:相传舜流共工于幽州,流驩兜于崇山,窜三苗于三危,殛鲧于羽山。②两观之诛:有说孔子摄司寇,诛少正卯于两观之下。两观,谓阙。③迹察:按事迹而察之。④历:谓历观之。⑤原:谓思其本。⑥省:省视。⑦险诐:邪恶不正。⑧肺附:谓肝肺相附着。比喻帝王的亲属或亲戚。⑨以:由。

【原文】 恭、显见其书,愈与许、史比而怨更生等①。堪性公方,自见孤立,遂直道而不曲。是岁夏寒,日青无光,恭、显及许、史皆言堪、猛用事之咎②。上内重堪,又患众口之浸润②,无所取信。时长安令杨兴以材能幸,常称誉堪。上欲以为助,乃见问兴:"朝臣断断不可光禄勋③,何邪?"兴者倾巧士,谓上疑堪,因顺指曰:"堪非独不可于朝廷,自州里亦

不可也。臣见众人闻堪前与刘更生等谋毁骨肉，以为当诛，故臣前言堪不可诛伤，为国养恩也。"上曰："然此何罪而诛？今宜奈何？"兴曰："臣愚以为可赐爵关内侯，食邑三百户，勿令典事。明主不失师傅之恩，此最策之得者也④。"上于是疑。会城门校尉诸葛丰亦言堪、猛短，上因发怒免丰。语在其传。又曰："丰言堪、猛贞信不立，朕闵（悯）而不治，又惜其材能未有所效，其左迁堪为河东太守⑤，猛槐里令⑥。"

【注释】 ①比：勾结。②浸润：积渐之深。③断断：忿嫉之意。光禄勋：指周堪。④最策之得：最妥善的办法。⑤河东：郡名。治安邑（在今山西省夏县西北）。⑥槐里：县名。在今陕西省兴平市东南。

【原文】 显等专权日甚。后三岁馀，孝宣庙阙灾，其晦，日有蚀之。于是上召诸前言日变在堪、猛者责问，皆稽首谢。乃因下诏曰："河东太守堪，先帝贤之，命而傅朕。资质淑茂①，道术通明，论议正直，秉心有常。发愤悃愊②，信有忧国之心。以不能阿尊事贵，孤特寡助，抑厌（压）遂退，卒不克明③。往者众臣见异④，不务自修，深惟其故，而反晻昧说天⑤，托咎此人。朕不得已，出而试之，以彰其材。堪出之后，大变仍臻⑥，众亦嘿然。堪治未期年⑦，而三老官属有识之士咏颂其美，使者过郡，靡人不称⑧。此固足以彰先帝之知人，而朕有以自明也。俗人乃造端作基，非议诋欺，或引幽隐，非所宜明，意疑以类，欲以陷之，朕亦不取也。朕迫于俗，不得专心，乃者天著大异，朕甚惧焉。今堪年衰岁暮，恐不得自信（伸），排于异人⑨，将安究之哉⑩？其征堪诣行在所⑪。"拜为光禄大夫，秩中二千石，领尚书事。猛复为太中大夫给事中。显干尚书事⑫，尚书五人，皆其党也。堪希得见，常因显白事，事决显口。会堪疾喑⑬，不能言而卒。显诬谮猛，令自杀于公车。更生伤之，乃著《疾谗》《摘要》《救危》及《世颂》，凡八篇，依兴古事⑭，悼己及同类也。遂废十馀年。

【注释】 ①淑茂：善美。②悃愊：至诚。③克：能。④异：指灾异。⑤晻昧：愚昧；言行不光明正大。⑥臻：至。⑦期年：一年。⑧靡：无。⑨异人：谓他人。⑩究：明。⑪行在所：天子所在之处。西汉时指长安。⑫干：同"管"。⑬喑：哑，不能出声。⑭兴：谓比喻。

【原文】 成帝即位，显等伏辜，更生乃复进用，更名向。向以故九卿召拜为中郎，使领护三辅都水①。数奏封事，迁光禄大夫。是时帝元舅阳平侯王凤为大将军秉政，倚太后，专国权，兄弟七人皆封为列侯。时数有大异，向以为外戚贵盛，凤兄弟用事之咎。而上方精于《诗》《书》，观古文，诏向领校中《五经》秘书②。向见《尚书·洪范》，箕子为武王陈五行阴阳休咎之应。向乃集合上古以来历春秋六国至秦汉符瑞灾异之记，推迹行事，连传祸福，著其占验，比类相从，各有条目，凡十一篇，号曰《洪范五行传论》，奏之。天子心知向忠精，故为凤兄弟起此论也③，然终不能夺王氏权。

久之，营起昌陵，数年不成，复还归延陵④，制度泰（太）奢。向上疏谏曰：

【注释】 ①三辅都水：主管三辅地区的水利。②领校：主持校勘。秘书：指天禄阁、石渠阁所藏秘书。③故：特。④复还归延陵：成帝初于渭城营延陵。继以新丰戏乡为昌陵,后罢昌陵,复还营延陵。

【原文】 臣闻《易》曰:"安不忘危,存不忘亡,是以身安而国家可保也①。"故贤圣之君,博观终始②,穷极事情,而是非分明。王者必通三统③,明天命所授者博,非独一姓也。孔子论《诗》,至于"殷士肤(薄)敏,裸将于京④",喟然叹曰⑤:"大哉天命!善不可传于子孙,是以富贵无常;不如是,则王公其何以戒慎,民萌(氓)何以劝勉⑥?"盖伤微子之事周⑦,而痛殷之亡也。虽有尧舜之圣,不能化丹朱之子;虽有禹汤之德,不能训末孙之桀纣。自古及今,未有不亡之国也。昔高皇帝既灭秦,将都洛阳,感寤(悟)刘敬之言⑧,自以德不及周,而贤于秦,遂徙都关中,依周之德,因秦之阻。世之长短,以德为效⑨,故常战栗⑩,不敢讳亡。孔子所谓"富贵无常",盖谓此也。

【注释】 ①《易曰》等句:引文见《易·系辞下》。②终始:谓终始五德之运。③三统:言王者象天地人之三统,故存夏、商、周三代。④"殷士薄敏"等句:引诗见《诗经·大雅·文王》。此言殷士降周,随周王祭祀而助祭。殷士:指殷商之后人。薄敏:黾勉努力。裸:祭祀时洒酒以供神饮,亦称"灌鬯"。将:献祭品。京:指镐京。⑤喟然:叹息貌。⑥民氓:民众。⑦微子:商纣的庶兄,降周,封于宋。⑧刘敬:即娄敬。《汉书》卷五十有其传。⑨效:考验。⑩战栗:发抖,恐惧。

【原文】 孝文皇帝居霸陵,北临厕(侧)①,意凄怆悲怀,顾谓群臣曰:"嗟乎!以北山石为椁②,用纻絮斫陈漆其间③,岂可动哉!"张释之进曰④:"使其中有可欲⑤,虽锢南山犹有隙⑥;使其中无可欲⑦,虽无石椁,又何戚焉⑧?"夫死者无终极,而国家有废兴,故释之之言,为无穷计也。孝文寤(悟)焉,遂薄葬,不起山坟。

【注释】 ①临侧:谓近水。霸陵山北侧近霸水。②椁:套棺。③纻絮:苎麻、粗丝绵。斫陈漆其间:斫而陈其间,又漆之。④张释之:《汉书》有其传。⑤有可欲:谓以金玉厚葬,人皆欲发取之。⑥锢:谓铸塞。⑦无可欲:谓薄葬而无人欲发取之。⑧戚:忧戚。

【原文】 《易》曰:"古之葬者,厚衣之以薪①,臧(藏)之中野②,不封不树③。后世圣人易之以棺椁。"棺椁之作,自黄帝始。黄帝葬于桥山④,尧葬济阴⑤,丘垄皆小⑥,葬具甚微。舜葬苍梧⑦,二妃不从⑧。禹葬会稽⑨,不改其列⑩。殷汤无葬处⑪,文、武、周公葬于毕⑫,秦穆公葬于雍橐泉宫祈年馆下⑬,樗里子葬于武库⑭,皆无丘垄之处。此圣帝明王贤君智士远览独虑无穷之计也。其贤臣孝子亦承命顺意而薄葬之,此诚本安君父,忠孝之至也。

【注释】 ①厚衣之以薪:言积薪以覆之②藏:埋葬。③不封:谓不聚土为坟。不树:谓不种树。④桥山:山名。在今陕西省子长县西北。⑤济阴:郡名。治定陶(在今山东省定陶西北)。⑥丘垄:冢墓。⑦苍梧:山名。即九嶷山,在今湖南省南部。⑧二妃:指尧之二女。⑨会稽:山名。在今浙江省绍兴市东南。⑩列:肆,市肆。不改其列:言不烦于民。⑪无葬处:谓不知其葬处。⑫文、武:周文王、周武王。毕:邑名。在今陕西省咸阳市东

中华传世藏书——国学经典文库 汉书——图文珍藏版

335

北。⑬雍：邑名。今陕西省凤翔。橐泉宫：遗址在今陕西省凤翔城内。祈年馆：有作祈年观。⑭樗里子：秦惠王异母弟。武库：地名。在今陕西省西安市。

【原文】 夫周公，武王弟也，葬兄甚微。孔子葬母于防①，称古墓而不坟②，曰："丘，东西南北之人也，不可不识也③。"为四尺坟④，遇雨而崩。弟子修之，以告孔子，孔子流涕曰："吾闻之，古者不修墓。"盖非之也⑤。延陵季子适齐而反⑥，其子死，葬于嬴、博之间⑦，穿不及泉，敛以时服，封坟掩坎，其高可隐⑧，而号曰⑨："骨肉归复于土，命也，魂气则无不之也。"夫嬴、博去吴千有馀里，季子不归葬。孔子往观曰："延陵季子于礼合矣⑩。"故仲尼孝子，而延陵慈父，舜禹忠臣，周公弟（悌）弟，其葬君亲骨肉，皆微薄矣；非苟为俭，诚便于体也。宋桓司马为石椁⑪，仲尼曰"不如速朽"。秦相吕不韦集知（智）略之士而造《春秋》，亦言薄葬之义，皆明于事情者也。

【注释】 ①防：邑名。在今山东省成武县东。②墓：谓圹穴。坟：谓积土。③东西南北之人也，不可不识：言周游四方，故墓需表识。④四尺坟：四尺高的坟。⑤"孔子流涕"等句：事见《礼记》。⑥延陵季子：即季札，春秋时吴国贵族，封于延陵（今江苏省常州）。⑦嬴、博：二邑名。嬴在泰山东，博在泰山东南。⑧隐：据。封可手据，言不甚高。⑨号：谓边哭边言。⑩"孔子往观"等句：事见《礼记》。⑪桓司马：桓魋，春秋时宋人。

【原文】 逮至吴王阖闾①，违礼厚葬，十有馀年，越人发之。及秦惠文、武、昭、严襄五王②，皆大作丘陇（垄），多其瘞臧（藏），咸尽发掘暴露，甚足悲也。秦始皇帝葬于骊山之阿③，下锢三泉，上崇山坟，其高五十馀丈，周回五里有馀；石椁为游馆④，人膏为灯烛，水银为江海，黄金为凫雁。珍宝之藏，机械之变⑤，棺椁之丽，宫馆之盛，不可胜原⑥。又多杀宫人，生埋工匠，计以万数。天下苦其役而反之，骊山之作未成，而周章百万之师至其下矣⑦。项籍燔其宫室营宇，往者咸见发掘⑧。其后牧儿亡羊，羊入其凿⑨，牧者持火照求羊，失火烧其臧（藏）椁。自古至今，葬未有盛如始皇者也，数年之间，外被项籍之灾，内离牧竖之祸⑩，岂不哀哉！

【注释】 ①吴王阖闾：春秋末年吴国君，名光。一作阖庐。②严襄：即庄襄王。③骊山：在今陕西省临潼东。阿：谓山曲。④石椁为游馆：在圹中以石作椁，以为离宫别馆。⑤机械之变：言圹中设机弩矢，以防穿近。⑥原：称量。⑦周章：陈胜部将。⑧往者：谓往日之所经营。⑨凿：犹隧。⑩离：遭受。

【原文】 是故德弥厚者葬弥薄，知（智）愈深者葬愈微。无德寡知（智），其葬愈厚，丘陇（垄）弥高，宫庙甚丽，发掘必速。由是观之，明暗之效，葬之吉凶，昭然可见矣。周德既衰而奢侈，宣王贤而中兴，更为俭宫室，小寝庙。诗人美之，《斯干》之诗是也①，上章道宫室之如制，下章言子孙之众多也。及鲁严公刻饰宗庙②，多筑台囿，后嗣再绝③，《春秋》刺焉。周宣如彼而昌，鲁、秦如此而绝，是则奢俭之得失也。

【注释】 ①《斯干》：《诗经·小雅》之篇名。②鲁严公：即鲁庄公。③后嗣再绝：鲁

庄公后嗣子般、闵公皆被杀死。

【原文】 陛下即位，躬亲节俭，始营初陵，其制约小，天下莫不称贤明。及徙昌陵，增埤为高①，积土为山，发民坟墓，积以万数，营起邑居，期日迫卒（猝），功费大万百馀。死者恨于下，生者愁于上，怨气感动阴阳，因之以饥馑，物故流离以十万数②，臣甚悯（悯）焉。以死者为有知，发人之墓，其害多矣；若其无知，又安用大？谋之贤知（智）则不说（悦），以示众庶则苦之；若苟以说（悦）愚夫淫侈之人，又何为哉！陛下慈仁笃美甚厚，聪明疏达盖世，宜弘汉家之德，崇刘氏之美，光昭五帝、三王，而顾与暴秦乱君竞为奢侈，比方丘陇（垄），说（悦）愚夫之目，隆一时之观，违贤知（智）之心，亡（忘）万世之安，臣窃为陛下羞之。唯陛下上览明圣黄帝、尧、舜、禹、汤、文、武、周公、仲尼之制，下观贤知（智）穆公、延陵、樗里、张释之之意。孝文皇帝去坟薄葬，以俭安神，可以为则③；秦昭、始皇增山厚臧（藏），以侈生害，足以为戒。初陵之模④，宜从公卿大臣之议，以息众庶。

书奏，上甚感向言，而不能从其计。

【注释】 ①埤：下。②物故：谓死。流离：谓离开故土。③则：榜样。④模：规模。

【原文】 向睹俗弥奢淫，而赵、卫之属起微贱①，逾礼制。向以为王教由内及外，自近者始。故采取《诗》《书》所载贤妃贞妇，兴国显家可法则，及孽嬖乱亡者②，序次为《列女传》，凡八篇，以戒天子。及采传记行事，著《新序》《说苑》凡五十篇奏之。数上疏言得失，陈法戒。书数十上，以助观览，补遗阙。上虽不能尽用，然内嘉其言，常嗟叹之。

【注释】 ①赵、卫：指赵皇后、昭仪、卫婕妤。②孽：庶出。嬖：宠爱。

【原文】 时上无继嗣，政由王氏出，灾异浸甚①。向雅奇陈汤智谋②，与相亲友，独谓汤曰："灾异如此，而外家日盛，其渐必危刘氏。吾幸得同姓末属，累世蒙汉厚恩，身为宗室遗老，历事三主。上以我先帝旧臣，每进见常加优礼，吾而不言，孰当言者③？"向遂上封事极谏曰：

【注释】 ①浸：渐渐。②陈汤：《汉书》卷七十有其传。③孰：谁。

【原文】 臣闻人君莫不欲安，然而常危，莫不欲存，然而常亡，失御臣之术也。夫大臣操权柄，持国政，未有不为害者也。昔晋有六卿①，齐有田、崔，卫有孙、宁，鲁有季、孟，常掌国事，世执朝柄。终后田氏取齐；六卿分晋；崔杼弑其君光；孙林父、宁殖出其君衎，弑其君剽②；季氏八佾舞于庭③，三家者以《雍》彻④，并专国政，卒逐昭公。周大夫尹氏筦（管）朝事，浊乱王室，子朝、子猛更立，连年乃定。故经曰"王室乱"，又曰"尹氏杀王子克⑤"，甚之也⑥。《春秋》举成败，录祸福，如此类甚众，皆阴盛而阳微，下失臣道之所致也。故《书》曰："臣之有作威作福，害于而家，凶于而国⑦。"孔子曰"禄去公室，政逮大夫⑧"，危亡之兆。秦昭王舅穰侯及泾阳、叶阳君专国擅势⑨，上假太后之威，三人者权重于昭王，家富于秦国，国甚危殆，赖寤（悟）范睢（雎）之言，而秦复存。二世委任赵高，专权自恣，壅蔽大臣，终有阎乐望夷之祸⑩，秦遂以亡。近事不远，即汉所代也。

【注释】 ①六卿：指智伯、范、中行、韩、魏、赵六家。②弑其君剽：乃宁喜所为。③佾：列，谓舞者之行列。八人一佾，八佾为六十四人。本来，天子用八佾，诸侯国用六佾，大夫用四佾；季氏为大夫，只该用四佾；用八佾，乃越礼行为。④三家：指鲁之孟（仲）孙氏、叔孙氏、季孙氏。以《雍》彻：谓唱着《雍》诗除祭品。这是用天子之礼。《雍》，乐诗名。⑤尹氏杀王子克：刘敞曰：今经文，不见杀王子克，但有立王子朝。⑥甚之：言其恶甚大。⑦"《书》曰"等句：引文见《尚书·周书·洪范》。而：你。⑧"孔子曰"等句：《论语·季氏》云："孔子曰：'禄之去公室五世矣，政逮于大夫四世矣，故夫三桓之子孙微矣。'"⑨穰侯：魏冉。泾阳、叶阳君：皆魏冉之弟。⑩望夷：秦宫名。在今陕西省咸阳市北。阎乐以兵杀秦二世于此宫。

【原文】 汉兴，诸吕无道，擅相尊王。吕产、吕禄席太后之宠①，据将相之位②，兼南北军之众，拥梁、赵王之尊③，骄盈无厌，欲危刘氏。赖忠正大臣绛侯、朱虚侯等竭诚尽节以诛灭之④，然后刘氏复安。今王氏一姓乘朱轮华毂者二十三人，青紫貂蝉充盈幄内，鱼鳞左右⑤。大将军秉事用权⑥，五侯骄奢僭盛⑦，并作威福，击断自恣，行污而寄治，身私而托公⑧，依东宫之尊⑨，假甥舅之亲，以为威重。尚书九卿州牧郡守皆出其门，管执枢机，朋党比周。称誉者登进，忤恨者诛伤；游谈者助之说，执政者为之言。排摈宗室，孤弱公族，其有智能者，尤非毁而不进。远绝宗室之任，不令得给事朝省⑩，恐其与己分权；数称燕王、盖主以疑上心⑪，避讳吕、霍而弗肯称⑫。内有管、蔡之萌⑬，外假周公之论，兄弟据重，宗族磐互⑭。历上古至秦汉，外戚僭贵未有如王氏者也。虽周皇甫、秦穰侯、汉武安、吕、霍、上官之属⑮，皆不及也。

【注释】 ①席：因。②据将相之位：吕禄为上将军居北军，吕产为相国居南军。③拥梁、赵王之尊：吕产为梁王，吕禄为赵王。④绛侯：周勃。《汉书》有其传。朱虚侯：刘章。⑤鱼鳞左右：言王氏如鱼鳞般居于皇帝左右。⑥大将军：指王凤。⑦五侯：指汉成帝所封的平阿侯王谭、成都侯王商、红阳侯王立、曲阳侯王根、高平侯王逢时。⑧身私而托公：谓行为自私而外托公道。⑨东宫：指元后王政君。⑩朝省：朝廷和宫中。⑪燕王：指燕刺王刘旦。盖主：即鄂邑盖长公主。⑫避讳吕、霍而弗肯称：吕后、霍后二家皆坐僭乱诛灭，故王氏讳而不称。⑬管、蔡：西周之管叔、蔡叔，曾为逆谋。⑭磐互：交相联结。⑮皇甫：周卿士之字，为周后所宠，位尊权重。穰侯：魏冉。武安：武安侯田蚡。《汉书》卷五十二有其传。

【原文】 物盛必有非常之变先见（现），为其人微象①。孝昭帝时，冠石立于泰山②，仆柳起于上林③。而孝宣帝即位，今王氏先祖坟墓在济南者④，其梓柱生枝叶⑤，扶疏上出屋⑥，根垫（插）地中，虽立石起柳，无以过此之明也。事势不两大，王氏与刘氏亦且不并立，如下有泰山之安，则上有累卵之危。陛下为人子孙，守持宗庙，而令国祚移于外亲，降为皂隶⑦，纵不为身，奈宗庙何！妇人内夫家⑧，外父母家，此亦非皇太后之福也。孝宣皇

帝不与舅平昌、乐昌侯权⑨，所以安全之也。

【注释】 ①"非常之变先见"等句：《易·系辞下》云："幾者动之微，吉之先见者也。"②冠石立于泰山：事见《汉书·睦弘传》（卷七十五）。③仆柳起于上林：事见《汉书·睦弘传》（卷七十五）。④济南：郡名。治东平陵（在今山东省章丘西北）。⑤梓柱：棺之柱。⑥扶疏：犹婆娑，形容舞动之态。⑦皂隶：奴隶，卑贱者。⑧内：犹亲。下文"外"，犹疏。⑨平昌、乐昌侯：平昌侯王元故，乐昌侯王武。

【原文】 夫明者起福于无形，销患于未然。宜发明诏，吐德音，援近宗室，亲而纳信，黜远外戚，毋授以政，皆罢令就弟（第），以则效先帝之所行，厚安外戚，全其宗族，诚东宫之意，外家之福也。王氏永存，保其爵禄，刘氏长安，不失社稷，所以褒睦外内之姓，子子孙孙无疆之计也。如不行此策，田氏复见于今①，六卿必起于汉②，为后嗣忧，昭昭甚明，不可不深图，不可不早虑。《易》曰："君不密，则失臣；臣不密，则失身；幾事不密，则害成③："唯陛下深留圣思，审固幾密，览往事之戒，以折中取信，居万安之实，用保宗庙；久承皇太后，天下幸甚。

【注释】 ①田氏：春秋时篡夺齐国政权者。②六卿：春秋时晋之智伯、范、中行、韩、魏、赵六家。③"《易》曰"等句：引文见《易·系辞上》。密：缜密。

【原文】 书奏，天子召见向，叹息悲伤其意，谓曰："君且休矣①，吾将思之。"以向为中垒校尉②。

【注释】 ①且体：姑且休息。②中垒校尉：官名：掌北军军垒。

【原文】 向为人简易无威仪，廉靖乐道，不交接世俗，专积思于经术，昼诵书传，夜观星宿，或不寐达旦。元延中①，星孛东井，蜀郡岷山崩雍（壅）江。向恶此异，语在《五行志》。怀不能已②，复上奏，其辞曰：

【注释】 ①元延：成帝年号（前12～前9）。②怀：心思。不能已：不能撂下。

【原文】 臣闻帝舜戒伯禹，毋若丹朱敖（傲）①；周公戒成王，毋若殷王纣②。《诗》曰"殷监（鉴）不远，在夏后之世③"，亦言汤以桀为戒也。圣帝明王常以败乱自戒，不讳废兴，故臣敢极陈其愚，唯陛下留神察焉。

【注释】 ①舜戒伯禹：事见《尚书·虞书·益稷》。伯禹：即禹。丹朱：尧之子。②周公戒成王：事见《尚书·周书·无逸》。③"《诗》曰"等句：引诗见《诗经·大雅·荡》。

【原文】 谨案春秋二百四十二年，日蚀三十六，襄公尤数①，率三岁五月有奇而一食②。汉兴讫竟宁③，孝景帝尤数，率三岁一月而一食。臣向前数言日当食，今连三年比食④。自建始以来⑤，二十岁间而八食，率二岁六月而一发，古今罕有。异有小大希（稀）稠，占有舒疾缓急，而圣人所以断疑也。《易》曰："观乎天文，以察时变⑥。"昔孔子对鲁哀公，并言夏桀、殷纣暴虐天下，故历失则摄提失方⑦，孟陬无纪⑧，此皆易姓之变也。秦始皇

之末至二世时,日月薄食,山陵沦亡,辰星出于四孟⑨,太白经天而行⑩,无云而雷,枉矢夜光⑪,荧惑袭月⑫,蘖火烧宫⑬,野禽戏廷⑭,都门内崩⑮,长人见临洮⑯,石陨于东郡⑰,星孛大角,大角以亡⑱。观孔子之言,考暴秦之异,天命信可畏也。及项籍之败,亦孛大角。汉之入秦,五星聚于东井⑲,得天下之象也。孝惠时,有雨血,日食于冲⑳,灭光星见之异。孝昭时,有泰山卧石自立,上林僵柳复起,大星如月西行,众星随之,此为特异。孝宣兴起之表,天狗夹汉而西㉑,久阴不雨者二十馀日,昌邑不终之异也㉒。皆著于《汉纪》㉓。观秦、汉之易世㉔,览惠、昭之无后,察昌邑之不终,视孝宣之绍起,天之去就,岂不昭昭然哉!高宗、成王亦有雊雉拔木之变㉕,能思其故,故高宗有百年之福,成王有复风之报㉖。神明之应,应若景向(影响),世所同闻也。

【注释】 ①襄公:指鲁襄公之时。数:频繁。②奇:零数。③竟宁:元帝最后的一个年号(前33)。④比:频繁。⑤建始:成帝第一个年号(前32~前29)。⑥"《易》曰"等句:引文见《易·贲》象辞。⑦摄提:星名。⑧孟陬:首时为孟,正月为陬。⑨四孟:四时之孟月。古时以为辰星当见四仲(四时之仲月)。⑩经天:谓过午。⑪枉矢:流星。⑫荧惑:星名。⑬蘖:妖,灾。⑭廷:宫廷。⑮内崩:向内崩坏。⑯临洮:县名。今甘肃省岷县。⑰东郡:郡治濮阳(在今河南省濮阳市西南)。⑱大角:星名。牧夫座第一星。亡:伏而不见。⑲东井:星名,即井宿。⑳冲:纵横相交的大道。这里是指日月运行相交的轨道。㉑天狗:下坠及地的流星。㉒昌邑:昌邑王刘髆。不终:即帝位旋被废。㉓《汉纪》:汉史官之史记。㉔汉:吴恂以为系"楚"之误。㉕高宗:指殷高宗武丁。成王:周成王姬诵。㉖高宗有百年之福,成王有复风之报:事见《尚书·高宗肜日》及《金縢》。

【原文】 臣幸得托末属,诚见陛下有宽明之德,冀销大异,而兴高宗、成王之声,以崇刘氏,故恳恳数奸(干)死亡之诛①。今日食尤屡,星孛东井,摄提炎及紫宫②,有识长老莫不震动,此坐之大者也。其事难一二记,故《易》曰"书不尽言,言不尽意③",是以设卦指爻,而复说义。《书》曰"伻来以图④",天文难以相晓,臣虽图上,犹须口说,然后可知,愿赐清燕(宴)之闲⑤,指图陈状。

【注释】 ①恳恳:款诚之意。干:犯。②摄提:星名。紫宫:星座名。③"《易》曰"等句:引文见《易·系辞上》。④"《书》曰"等句:引文见《尚书·周书·洛诰》。言使者来以图示意。伻:使。⑤清燕:同"清晏"。清静安闲。

【原文】 上辄入之①,然终不能用也。向每召见,数言公族者国之枝叶,枝叶落则本根无所庇荫,方今同姓疏远,母党专政,禄去公室,权在外家,非所以强汉宗②,卑私门,保守社稷,安固后嗣也。

【注释】 ①入:谓召入。②汉宗:指刘氏宗室。

【原文】 向自见得信于上,故常显讼(颂)宗室,讥刺王氏及在位大臣,其言多痛切,发于至诚。上数欲用向为九卿,辄不为王氏居位者及丞相御史所持①,故终不迁。居列大

夫官前后三十馀年,年七十二卒②。卒后十三岁而王氏代汉。向三子皆好学:长子伋,以《易》教授,官至郡守;中子赐,九卿丞,早卒;少子歆,最知名。

【注释】　①持:支持。②年七十二卒:刘向终年七十二岁(约前77~前6)。

【原文】　歆字子骏,少以通《诗》《书》能属文召,见成帝,待诏宦者署,为黄门郎。河平中①,受诏与父向领校秘书,讲六艺传记,诸子、诗赋、数术、方技,无所不究。向死后,歆复为中垒校尉。

哀帝初即位,大司马王莽举歆宗室有材行,为侍中太中大夫,迁骑都尉、奉车光禄大夫②,贵幸。复领《五经》,卒父前业。歆乃集六艺群书,种别为《七略》。语在《艺文志》。

【注释】　①河平:汉成帝年号(前28~前25)。②奉车:即奉车都尉。

【原文】　歆及向始皆治《易》,宣帝时,诏向受《穀梁春秋》,十馀年,大明习。及歆校秘书,见古文《春秋左氏传》①,歆大好之。时丞相史尹咸以能治《左氏》,与歆共校经传。歆略从咸及丞相翟方进受,质问大义②。初《左氏传》多古字古言,学者传训故而已③,及歆治《左氏》,引传文以解经,转相发明,由是章句义理备焉④。歆亦湛靖(沉静)有谋,父子俱好古,博见强志⑤,过绝于人。歆以为左丘明好恶与圣人同⑥,亲见夫子⑦,而公羊、穀梁在七十子后⑧,传闻之与亲见之,其详略不同。歆数以难向,向不能非间也⑨,然犹自持其《穀梁》义。及歆亲近,欲建立《左氏春秋》及《毛诗》《逸礼》《古文尚书》皆列于学官⑩。哀帝令歆与《五经》博士讲论其义,诸博士或不肯置对⑪,歆因移书太常博士。责让之曰:

【注释】　①古文:汉时对于依篆文写本而传抄的经书之称。对于用隶字传抄的则称今文。《春秋左氏传》:即《左传》,又称《左氏春秋》,也简称《左氏》。②质问:问疑而质正。③训故:即训诂,解释字义。④章句:章节和句读。义理:经义名理。⑤博见强志:博览强记。⑥左丘明:相传是《春秋左氏传》的作者。圣人:指孔子。⑦夫子:指孔子。⑧公羊、穀梁:公羊高、穀梁赤。相传是《春秋公羊传》《春秋穀梁传》的作者。七十子:指孔子亲授之七十二贤。⑨非间:责难。⑩《毛诗》:毛公所解的《诗经》。《逸礼》:《仪礼》十七篇以外的古文礼经,相传有三十九篇,今佚。《古文尚书》:汉代鲁恭王坏孔子宅而得的古文《尚书》五十篇。汉初,由伏生口传的《尚书》二十九篇为今文《尚书》。列于学官:谓由博士讲授。学官,指博士。⑪不肯置对:意谓不支持刘歆的建议。

【原文】　昔唐虞既衰,而三代迭兴,圣帝明王,累起相袭,其道甚著。周室既微而礼乐不正,道之难全也如此。是故孔子忧道之不行,历国应聘。自卫反鲁,然后乐正,《雅》《颂》乃得其所;修《易》,序《书》,制作《春秋》,以纪帝王之道。及夫子没而微言绝,七十子终而大义乖。重遭战国,弃笾豆之礼①,理军旅之陈,孔氏之道抑,而孙吴之术兴②。陵夷至于暴秦,燔经书,杀儒士,设挟书之法,行是古之罪③,道术由是遂灭。汉兴,去圣帝明王遐远,仲尼之道又绝,法度无所因袭。时独有一叔孙通略定礼仪④,天下唯有《易》卜,未有它书。至孝惠之世,乃除挟书之律,然公卿大臣绛、灌之属咸介胄武夫⑤,莫以为意。至

孝文皇帝,始使掌故晁错从伏生受《尚书》⑥。《尚书》初出于屋壁,朽折散绝,今其书见在,时师传读而已⑦。《诗》始萌牙(芽)⑧。天下众书往往颇出,皆诸子传说,犹广立于学官,为置博士。在汉朝之儒,唯贾生而已⑨。至孝武皇帝,然后邹、鲁、梁、赵颇有《诗》《礼》《春秋》先师,皆起于建元之间⑩。当此之时,一人不能独尽其经,或为《雅》,或为《颂》,相合而成。《泰誓》后得⑪,博士集而读之。故诏书称曰:"礼坏乐崩,书缺简脱,朕甚闵(悯)焉。"时汉兴已七八十年,离于全经,固已远矣。

【注释】 ①笾豆:祭祀之器皿。竹制的称笾,木制的称豆。②孙、吴:孙武、吴起,皆古代军事家。③行是古之罪:是古而非今者,诛灭九族。④叔孙通:汉初儒者,《汉书》卷四十三有其传。⑤绛、灌:绛侯周勃、灌婴。介胄武夫:穿甲胄的武人。⑥掌故:官名。属太常。晁错:《汉书》卷四十九有其传。⑦时师传读:言私相传习,而未立于学官。⑧《诗》始萌芽:此言《诗》学。⑨贾生:贾谊。贾生是汉朝传《左氏传》著名的先师。⑩建元:汉武帝年号(前140—前135)。⑪《泰誓》:《古文尚书》中的篇名。

【原文】 及鲁恭王坏孔子宅,欲以为宫,而得古文于坏壁之中,《逸礼》有三十九,《书》十六篇。天汉之后①,孔安国献之②,遭巫蛊仓卒(猝)之难③,未及施行。及《春秋》左氏丘明所修,皆古文旧书,多者二十余通④,臧(藏)于秘府,伏而未发。孝成皇帝闵(悯)学残文缺,稍离其真,乃陈发秘臧(藏),校理旧文,得此三事⑤,以考学官所传,经或脱简,传或间编⑥。传问民间,则有鲁国桓公、赵国贯公、胶东庸生之遗学与此同,抑而未施。此乃有识者之所惜闵(悯),士君子之所嗟痛也。往者缀学之士不思废绝之阙,苟因陋就寡,分文析字,烦言碎辞,学者罢(疲)老且不能究其一艺⑦,信口说而背传记⑧,是末师而非往古⑨,至于国家将有大事,若立辟雍、封禅、巡狩之仪⑩,则幽冥而莫知其原⑪。犹欲保残守缺,挟恐见破之私意,而无从善服义之公心,或怀妒嫉,不考情实,雷同相从,随声是非,抑此三学⑫,以《尚书》为备⑬,谓左氏为不传《春秋》,岂不哀哉!

【注释】 ①天汉:汉武帝年号(前100~前97)。②孔安国:字子国,孔子之后人。③巫蛊仓猝之难:即巫蛊事件(亦称戾太子事件)。④通:部。⑤三事:指《古文尚书》《逸礼》及《左氏传》。⑥间编:谓旧编朽散,重新编次,或有脱编。⑦究:竟。⑧口说:指今文。传记:指古文。⑨末师:指今文传授者。往古:指古文。⑩辟雍:太学。封禅:天子祭祀天地之礼。巡狩:天子巡察各地之举。⑪幽冥:犹暗昧。⑫三学:指《古文尚书》《逸礼》与《左氏传》。⑬《尚书》:指今文《尚书》。备:完备。

【原文】 今圣上德通神明,继统扬业,亦闵(悯)文学错乱,学士若兹,虽昭其情,犹依违谦让①,乐与士君子同之。故下明诏,试《左氏》可立不(否),遣近臣奉指(旨)衔命,将以辅弱扶微,与二三君子比意同力②,冀得废遗③。今则不然,深闭固距(拒),而不肯试,猥以不诵绝之,欲以杜塞馀道,绝灭微学。夫可与乐成,难与虑始,此乃众庶之所为耳,非所望士君子也。且此数家之事,皆先帝所亲论,今上所考视,其古文旧书,皆有征

验,外内相应④,岂苟而已哉!

【注释】 ①依违:模棱两可。②比意同力:同心协力。③冀得废遗:希望将废遗的经典得以传授不绝。④外内:指民间之学与内府秘藏。

【原文】 夫礼失求之于野,古文不犹愈于野乎?往者博士《书》有欧阳,《春秋》公羊,《易》则施、孟,然孝宣皇帝犹复广立《穀梁春秋》,《梁丘易》,《大小夏侯尚书》,义虽相反,犹并置之。何则?与其过而废之也,宁过而立之。传曰:"文武之道未坠于地,在人;贤者志其大者,不贤者志其小者①。"今此数家之言,所以兼包大小之义,岂可偏绝哉!若必专己守残②,党同门③,妒道真④,违明诏,失圣意,以陷于文吏之议⑤,甚为二三君子不取也。

【注释】 ①"《传》曰"等句:引文见《论语·子张》。志:记载。②专己守残:执己偏见,苟守残缺。③同门:指同师之学。④道真:道义之真。⑤文吏:法吏。

【原文】 其言甚切,诸儒皆怨恨。是时名儒光禄大夫龚胜以歆移书上疏深自罪责①,愿乞骸骨罢②。及儒者师丹为大司空③,亦大怒,奏歆改乱旧章,非毁先帝所立。上曰:"歆欲广道术,亦何以为非毁哉?"歆由是忤执政大臣,为众儒所讪④。惧诛,求出补吏,为河内太守。以宗室不宜典三河⑤,徙守五原⑥,后复转在涿郡⑦,历三郡守。数年,以病免官,起家复为安定属国都尉⑧。会哀帝崩,王莽持政,莽少与歆俱为黄门郎,重之,白太后。太后留歆为右曹太中大夫,迁中垒校尉,羲和⑨,京兆尹,使治明堂辟雍,封红休侯。典儒林史卜之官,考定律历,著《三统历谱》。

【注释】 ①龚胜:字君宾。《汉书》卷七十二有其传。②乞骸骨:古时官吏请求退职之谦称。言使骸骨得归葬其故乡。罢:退休。③师丹:《汉书》卷八十六有其传。④讪:诽谤。⑤三河:指河东、河内、河南三郡。⑥五原:郡名。治九原(在今内蒙古包头市西)。⑦涿郡:郡治涿州市(今河北省涿州市)。⑧安定:郡名。治高平(在今宁夏固原东)。属国都尉:官名。主管边地内迁的少数民族。⑨羲和:王莽改大司农而为此名。

【原文】 初,歆以建平元年改名秀①,字颖叔云。及王莽篡位,歆为国师,后事皆在《莽传》。

【注释】 ①建平元年:即公元前6年。

【原文】 赞曰:仲尼称"材难不其然与(欤)①"!自孔子后,缀文之士众矣,唯孟轲、孙况②、董仲舒、司马迁、刘向、扬雄③。此数公者,皆博物洽闻,通达古今,其言有补于世。传曰:"圣人不出,其间必有命世者焉④",岂近是乎?刘氏《洪范论》发明《大传》⑤,著天人之应;《七略》剖判艺文,总百家之绪;《三统历谱》考步日月五星之度。有意其推本之也⑥。呜呼!向言山陵之戒,于今察之,哀哉!指明梓柱以推废兴,昭矣⑦!岂非直谅多闻,古之益友与(欤)⑧!

【注释】 ①"材难不其然欤":引文见《论语·泰伯》。言贤才难得。②孙况:荀况。

③董仲舒、司马迁、刘向、扬雄：皆西汉人，《汉书》有其传。④"传曰"等句：《孟子·公孙丑下》云："五百年必有王者兴，其间必有名世者。"命世：同"名世"，闻名于当世。⑤《洪范论》：即《洪范五行传论》。《大传》：即《尚书大传》。⑥推本：推究根源。⑦昭：昭然明白。⑧直谅多闻，古之益友：《论语·季氏》云："益者三友……友直、友谅、友多闻，益矣。"友：交友。直：正直者。谅：信实者。多闻：见闻广博者。益友：有益之交。

张骞李广利传

【题解】

本传叙述张骞、李广利的事迹。张骞，武帝时两次奉使西域，历经磨难，不畏艰苦，沟通中外，做出贡献，还曾参与征伐匈奴，是个传奇式英雄人物。李广利，武帝宠姬李夫人之兄，太初元年（前104），奉命带兵到大宛贰师城索取汗血马，故号贰师将军。此役损失很大，但他却被封为海西侯。征和三年（前90）出击匈奴，兵败，投降对方，不久死于客地。《史记》将张骞附传于《卫将军传》，甚为简略，而《大宛传》记载张骞、李广利事，较为详细，止于李广利封为海西侯。《汉书》将张骞、李广利合为一传，补充材料，详其始末，显示汉武帝对外的精神及中西的交流。《史记》《汉书》于传末都论及取材谨慎的原则——不取荒诞不经的传闻——这是史学的基本要求，否则难言"实录"。

【原文】 张骞，汉中人也①，建元中为郎②。时匈奴降者言匈奴破月氏王③，以其头为饮器④，月氏遁而怨匈奴，无与共击之⑤。汉方欲事灭胡，闻此言，欲通使，道必更匈奴中⑥，乃募能使者。骞以郎应募，使月氏，与堂邑氏奴甘父俱出陇西⑦。径匈奴，匈奴得之，传诣单于。单于曰："月氏在吾北，汉何以得往使？吾欲使越，汉肯听我乎？"留骞十馀岁，予妻，有子，然骞持汉节不失。

张骞像

【注释】 ①汉中人：陈寿《益部耆旧传》云：骞汉中成固人。成固，县名，今陕西省城固县。②建元：汉武帝年号（前140~前135）。③月氏：我国古代西北部的一个民族。④饮器：侧耳杯。其形如人面，故匈奴以月氏王头为饮器，取其形似（陈直说）。⑤无与：言无人援助。⑥更：经过。⑦堂邑：汉人之姓。其奴名甘父。陇西：郡名。治狄道（今甘肃省临洮县）。张骞出陇西，时在建元三年（前138）。

【原文】 居匈奴西①，骞因与其属亡乡（向）月氏②，西走数十日至大宛③。大宛闻汉之饶财，欲通不得，见骞，喜，问欲何之。骞曰："为汉使月氏而为匈奴所闭道，今亡，唯王使人道（导）送我。诚得至，反（返）汉，汉之赂遗王财物不可胜言。"大宛以为然，遣骞，为

发译道(导)④,抵康居⑤。康居传致大月氏⑥。大月氏王已为胡所杀,立其夫人为王⑦。既臣大夏而君之⑧,地肥饶,少寇,志安乐,又自以远远汉⑨,殊无报胡之心。骞从月氏至大夏,竟不能得月氏要领⑩。

【注释】 ①居匈奴西:《史记》作"居匈奴中,益宽"。②其属:谓同使之官属。③大宛:西域国名。在今中亚费尔干纳盆地,以产汗血马著称。④译:译员。导:向导。⑤抵:至。康居:西域国名。东界乌孙,西达奄蔡,南接大月氏,东南临大宛。约在今巴尔喀什湖和咸海之间。王都在卑阗城。北部为游牧区,南部为农业区。⑥大月氏:古族名。汉文帝时,月氏大部分人从敦煌祁连间西迁至塞种地区(今新疆西部伊犁河流域及其迤西一带),称大月氏,因遭乌孙攻击,又西迁大夏(今阿姆河上流)。自张骞至其国后,往来渐密。国内分休密、双靡、贵霜、顿、都密五部翕侯。约当西汉后期,贵霜翕侯兼并其他四部,建立贵霜王朝。⑦夫人:《史记》作"太子"。⑧臣大夏:谓以大夏为臣。大夏,中亚细亚古国。在兴都库什山与阿姆河上游之间(今阿富汗北部)。公元前三、二世纪之交强盛,后国土分裂、势衰,被大月氏入据。⑨自以远远汉:《史记》作"自以远汉"。⑩要领:长衣提起腰和领,襟袖自然平贴。比喻纲要或事物的关键。要,古"腰"字。

【原文】 留岁馀,还,并(傍)南山①,欲从羌中归②,复为匈奴所得。留岁馀,单于死,国内乱,骞与胡妻及堂邑父俱亡归汉③。拜骞太中大夫④,堂邑父为奉使君。

【注释】 ①南山:即今新疆南部喀喇昆仑山脉。②羌:古族名。活动于今甘肃、青海等部分地区。③堂邑父:即堂邑氏之奴甘父。亡归汉:时在元朔三年(前126)。④太中大夫:官名。掌论议,属郎中令(光禄勋)。

【原文】 骞为人强力①,宽大信人,蛮夷爱之。堂邑父胡人②,善射,穷急射禽兽给食③。初,骞行时百馀人,去十三岁④,唯二人得还。

骞身所至者,大宛、大月氏、大夏、康居,而传闻其旁大国五六,具为天子言其地形,所有⑤。语皆在《西域传》。

【注释】 ①强力:言坚忍于事(颜师古说)。②胡人:《史记》作"故胡人",是也。③给:供给。④十三岁:自建元三年至元朔三年(前138~前126)⑤所有:指所生之物。

【原文】 骞曰:"臣在大夏时,见邛竹杖、蜀布①,问安得此,大夏国人曰:'吾贾人往市之身毒国②。身毒国在大夏东南可数千里。其俗土著③,与大夏同,而卑湿暑热。其民乘象以战。其国临大水焉。'以骞度之④,大夏去汉万二千里,居西南。今身毒又居大夏东南数千里,有蜀物,此其去蜀不远矣。今使大夏,从羌中,险,羌人恶之;少北,则为匈奴所得;从蜀,宜径⑤,又无寇。"天子既闻大宛及大夏、安息之属皆大国,多奇物,土著,颇与中国同俗,而兵弱,贵汉财物;其北则大月氏、康居之属,兵强,可以赂遗设利朝也⑥。诚得而以义属之⑦,则广地万里,重九译,致殊俗,威德遍于四海。天子欣欣以骞言为然。乃令因蜀犍为发间使⑧,四道并出:出駹⑨,出莋⑩,出徙、邛⑪,出僰⑫,皆各行一二千里。其北方

闭氏、莋⑬，南方闭嶲、昆明⑭。昆明之属无君长，善寇盗，辄杀略汉使，终莫得通。然闻其西可千馀里，有乘象国，名滇越⑮，而蜀贾间出物者或至焉⑯，于是汉以求大夏道始通滇国。初，汉欲通西南夷，费多，罢之。及骞言可以通大夏，乃复事西南夷。

【注释】 ①见邛竹杖、蜀布：《御览》卷一六八引《蜀记》云："张骞奉始寻河源，得高节竹植于邛山。今缘山皆是，可以为杖。"蜀布，细布。②贾人：商人。市：交易。身毒：古印度的别译。③土著：世代定居于一地。④度：计。⑤宜：犹当。径：直。宜径：谓从蜀往身毒，当是直道。⑥设：施也。设利朝：谓施利以诱令入朝。⑦以义属之：谓以道义使之臣属。⑧犍为：郡名。在今四川省宜宾市西南。间使：求间隙而行的使者。⑨駹：古部族名。秦汉时分布于今四川省松潘等地区。⑩莋：古部族名。秦汉时分布于今四川省峨眉山以南一带。⑪徙：古部族名。秦汉时分布于今四川省大全县一带。邛：古部族名。秦汉时分布于今四川省峨眉山西北方一带。⑫僰：古部族名。秦汉时分布于今四川省宜宾市西南一带。⑬闭：指汉使被闭塞。氏：古民族名。秦汉时分布于今四川省松潘等地区。⑭嶲：古部族名。秦汉时分布于今云南省保山一带。昆明：古部族名。分布于今云南省下关市一带。⑮滇越：古部族名。分布于今云南省腾冲一带。⑯间出物：谓以物往私市。

【原文】 骞以校尉从大将军击匈奴①，知水草处，军得以不乏，乃封骞为博望侯②。是岁元朔六年也③。后二年，骞为卫尉④，与李广俱出右北平击匈奴。匈奴围李将军，军失亡多，而骞后期当斩，赎为庶人。是岁骠骑将军破匈奴西边⑤，杀数万人，至祁连山⑥。其秋，浑邪王率众降汉⑦，而金城、河西并（傍）南山至盐泽⑧，空无匈奴。匈奴时有候者到⑨，而希矣。后二年⑩，汉击走单于于幕（漠）北。

【注释】 ①大将军：卫青。②博望：县名。在今河南省南阳市东北。③元朔六年：前123年。④卫尉：官名。掌管宫门警卫，主南军。⑤骠骑将军：霍去病。⑥祁连山：在今甘肃省张掖县西南、祁连山脉中部。⑦浑邪王：匈奴之王号。⑧金城：郡名。治允吾（在今甘肃省永清县西北）。河西：古地区名。汉时指今甘肃、青海两省黄河以西，即河西走廊与湟水流域。南山：在今甘肃省古浪县西南。盐泽：即莆昌海，在今新疆罗布泊地区。⑨候者：侦探。⑩后二年：指元狩四年（前119）。

【原文】 天子数问骞大夏之属。骞既失侯，因曰："臣居匈奴中，闻乌孙王号昆莫①。昆莫父难兜靡本与大月氏俱在祁连、敦煌间，小国也。大月氏攻杀难兜靡②，夺其地，人民亡走匈奴。子昆莫新生，傅父布就翎侯抱亡置草中③，为求食，还，见狼乳之④，又乌衔肉翔其旁，以为神，遂持归匈奴，单于爱养之。及壮，以其父民众与昆莫，使将兵，数有功。时，月氏已为匈奴所破，西击塞王⑤。塞王南走远徙，月氏居其地。昆莫既健⑥，自请单于报父怨，遂西攻破大月氏。大月氏复西走，徙大夏地。昆莫略其众，因留居，兵稍强，会单于死，不肯复朝事匈奴。匈奴遣兵击之，不胜，益以为神而远之⑦。今单于新困于汉，而昆莫地空。蛮夷恋故地，又食汉物，诚以此时厚赂乌孙，招以东居故地⑧，汉遣公主为夫人，结

昆弟,其势宜听,则是断匈奴右臂也。既连乌孙,自其西大夏之属皆可招来而为外臣。"天子以为然,拜骞为中郎将⑨,将三百人,马各二匹,牛羊以万数,赍金币帛直数千钜万,多持节副使⑩,道可便遣之旁国⑪。骞既至乌孙,致赐谕指⑫,未能得其决。语在《西域传》。骞即分遣副使使大宛、康居、月氏、大夏⑬。乌孙发译道(导)送骞,与乌孙使数十人,马数十匹,报谢⑭,因令窥汉,知其广大。

【注释】　①乌孙:古族名。最初在祁连、敦煌间,公元前一世纪西迁至今伊犁河和伊塞克湖一带,都亦谷城。张骞使乌孙后,汉武帝两次以宗室女为公主嫁乌孙王,后来属西域都护。②大月氏:《史记》作"匈奴"。③傅父:如傅母。布就:翕侯之别号。翕侯:乌孙大臣之官号。④乳之:谓以乳饮之。⑤塞:古族名。公元前二世纪以前分布于今伊犁河流域及伊塞克湖附近一带。前二世纪因大月氏人西迁而侵入其地,塞族分散,一部分南下征服厨宾等地,一部分留居故地者与入侵的乌孙人混合。⑥健:壮大之意。⑦远:离。⑧故地:指祁连、敦煌间之地。⑨中郎将:官名。秩比二千石,属光禄勋。⑩持节副使:言为张骞副使而各令持节。⑪道可便遣:言于道中(张骞)得便宜遣其副。⑫谕指:言以天子之意指晓告之。⑬大夏:在"大夏"之下,《史记》有"安息、身毒、于阗、扞罙及诸旁国"。⑭报谢:指乌孙使者随张骞来汉,报谢天子。

【原文】　骞还,拜为大行①。岁馀,骞卒②。后岁馀,其所遣副使通大夏之属者皆颇与其人俱来③,于是西北国始通于汉矣。然骞凿空④,诸后使往者皆称博望侯,以为质于外国⑤,外国由是信之。其后,乌孙竟与汉结婚。

【注释】　①大行:即大行令,汉武帝太初元年改名大鸿胪。掌接待宾客等事,后渐变为礼仪官。②岁馀,骞卒:《公卿表》云:"元鼎二年"张骞为大行令,三年卒。与此相异。张骞墓在今陕西省城固县张家村。③其人:其国人。④凿:开。空:孔。凿孔:开辟孔道。即开辟了交通。⑤质:信。

【原文】　初,天子发书易①,曰"神马当以西北来"。得乌孙马好,名曰"天马"。及得宛汗血马,益壮,更名乌孙马曰"西极马",宛马曰"天马"云。而汉始筑令居以西②,初置酒泉郡③,以通西北国。因益发使抵安息、奄蔡、犁靬、条支、身毒国④。而天子好宛马,使者相望于道,一辈大者数百,少者百馀人,所赍操⑤,大放博望侯时⑥。其后益习而衰少焉⑦。汉率一岁中使者多者十馀,少者五六辈,远者八九岁,近者数岁而反(返)⑧。

【注释】　①书:谓卜筮之书。易:谓占卜(陈直说)。②筑令居以西:言筑塞西至酒泉(臣瓒说)。令居:县名。在今甘肃省永登县西。③酒泉郡:郡治禄福(今甘肃酒泉)。④奄蔡:西域古族名。一作阖苏。约分布于今咸海至黑海一带。从事游牧。犁靬:汉西域国家之一。一作阖轩。即大秦国。条支:古西域国名、地名。在安息西界,临西海(指波斯湾)。在今伊拉克境内⑤赍操:谓赍持节及币。操,持也。⑥放:依照。⑦益习而衰少:以其串习,故不多发人(颜师古说)。⑧"远者八九岁"二句:此谓道远则为时长,路近则为时短。

【原文】 是时，汉既灭越，蜀所通西南夷皆震，请吏。置牂柯、越巂、益州、沈黎、文山郡①，欲地接以前通大夏②。乃遣使岁十馀辈③，出此初郡④，皆复闭昆明⑤，为所杀，夺币物。于是汉发兵击昆明，斩首数万⑥。后复遣使，竟不得通。语在《西南夷传》。

【注释】 ①置牂柯等郡：见《汉书·西南夷传》。②欲地接以前通大夏：此谓欲地界相接前往大夏③遣使：《史记》"遣使"之下，有"柏始昌、吕越人等"。④初郡：初置之郡。后皆叛而并废之。⑤闭昆明：为昆明所闭。⑥汉发兵击昆明，斩首数万：时在元封二年(前109)。

【原文】 自骞开外国道以尊贵，其吏士争上书言外国奇怪利害，求使。天子为其绝远，非人所乐①，听其言②，予节，募吏民无问所从来③，为具备人众遣之，以广其道。来还不能无侵盗币物，及使失指④，天子为其习之，辄覆按致重罪，以激怒令赎，复求使⑤。使端无穷，而轻犯法。其吏卒亦辄复盛推外国所有，言大者予节，言小者为副，故妄言无行之徒皆争相效。其使皆私县官赍物⑥；欲贱市以私其利⑦。外国亦厌汉使人人有言轻重⑧，度汉兵远⑨，不能至，而禁其食物，以苦汉使。汉使乏绝，责怨，至相攻击。楼兰、姑师小国⑩，当空道⑪，攻劫汉使王恢等尤甚。而匈奴奇兵又时时遮击之。使者争言外国利害，皆有城邑，兵弱易击。于是天子遣从票侯破奴将属国骑及郡兵数万以击胡⑫，胡皆去。明年⑬，击破那姑师，虏楼兰王。酒泉列亭鄣(障)至玉门矣⑭。

【注释】 ①乐：《史记》作"乐往"。②听其言：谓听其请求而遣使之。③无问所从来：谓不论其来自何处及何种身份。④失指：失天子旨意。⑤"天子为其习之"等句：意谓武帝意以诸人皆习西域事，故因其有过失，傅致以重罪，激怒之使复求以自赎(杨树达说)。⑥其使：《史记》作"其使皆贫人子"。私县官赍物：言所赍官物，窃据为私有。⑦欲贱市以私其利：谓企图以交易贱价上报而私吞其利。⑧轻重：意谓轻重不实。⑨度：估计。⑩楼兰：古西域国名。在今新疆若羌县治卡克里克。在西域南道上。居民游牧。元凤四年(前77)汉将傅介子杀其王安归，立尉屠耆为王，改名为都善。姑师：即车师，古西域国名。约在初元元年(前48)汉分其地为车师前后两部等，后来皆属西域都护。车师前部治交河城(今新疆吐鲁番市西交河古城遗址)。后部治务涂谷(今新疆吉木萨尔县南山中)。⑪空道：孔道。⑫破奴：赵破奴。时破奴已失侯，因此役更封浞野侯。⑬明年：元封三年(前108)。⑭玉门：玉门关，在今甘肃敦煌西北。

【原文】 而大宛诸国发使随汉使来，观汉广大，以大鸟卵及黎轩眩(幻)人献于汉①，天子大说(悦)。而汉使穷河源，其山多玉石，采来②，天子案古图书，名河所出山曰昆仑云。

【注释】 ①幻人：魔术师②采：采取。

【原文】 是时，上方数巡狩海上，乃悉从外国客，大都多人则过之，散财帛赏赐，厚具饶给之，以览视(示)汉富厚焉①。大角氐(抵)②，出奇戏诸怪物，多聚观者，行赏赐，酒池肉林，令外国客遍观各仓库府臧(藏)之积，欲以见(现)汉广大③，倾骇之。及加其眩(幻)者之工，而角抵奇戏岁增变，其益兴，自此始。而外国使更来更去④。大宛以西皆自恃远，尚骄恣,未可诎以礼羁縻而使也⑤。

【注释】 ①览示:言示之令观览。②角抵:秦汉时一种技艺表演。类似今之"摔跤"③现:显示。④更来更去:递互来去,前后不绝。⑤羁縻而使:谓笼络而指使之。

【原文】 汉使往既多,其少从率进孰(熟)于天子①,言大宛有善马在贰师城②,匿不肯示汉使。天子既好宛马,闻之甘心③,使壮士车令等持千金及金马以请宛王贰师城善马。宛国饶汉物④,相与谋曰:"汉去我远,而盐水中数有败⑤,出其北有胡寇,出其南乏水草,又且往往而绝邑⑥,乏食者多。汉使数百人为辈来,常乏食,死者过半,是安能致大军乎?且贰师马,宛宝马也。"遂不肯予汉使。汉使怒,妄言,椎金马而去⑦。宛中贵人怒曰⑧:"汉使至轻我!"遣汉使去,令其东边郁成王遮攻,杀汉使,取其财物。天子大怒。诸尝使宛姚定汉等言:"宛兵弱,诚以汉兵不过三千人,强弩射之,即破宛矣。"天子以尝使浞野侯攻楼兰⑨,以七百骑先至,虏其王,以定汉等言为然,而欲侯宠姬李氏⑩,乃以李广利为将军,伐宛。

【注释】 ①少从:谓少数之从者。进熟:谓进甘言(吴恂说)。②贰师城:在今中亚安集延城之南。③甘心:快意。④宛国饶汉物:意谓大宛素多汉物,故不贪千金与金马。⑤盐水:指盐泽地区,为沙碛之地。在今罗布泊一带。数有败:言数有死亡。⑥绝邑:谓无城郭之居。⑦椎金马:椎破金马。⑧宛中贵人:宛国中之贵臣。⑨浞野侯:赵破奴。⑩欲侯宠姬李氏:欲封宠姬李夫人之兄弟。

【原文】 李广利①,女弟李夫人有宠于上,产昌邑哀王②。太初元年③,以广利为贰师将军,发属国六千骑及郡国恶少年数万人以往④,期至贰师城取善马,故号"贰师将军"。故浩侯王恢使道(导)军⑤。既西过盐水,当道小国各坚城守,不肯给食,攻之不能下。下者得食,不下者数日则去。比至郁成⑥,士财(才)有数千,皆饥罢(疲)。攻郁成城,郁成距(拒)之,所杀伤甚众。贰师将军与左右计:"至郁成尚不能举,况至其王都乎?"引而还。往来二岁,至敦煌,士不过什一二⑦。使使上书言:"道远,多乏食,且士卒不患战而患饥。人少,不足以拔宛。愿且罢兵,益友而复往⑧。"天子闻之,大怒,使使遮玉门关,曰:"军有敢入,斩之。"贰师恐,因留屯敦煌。

【注释】 ①李广利:中山人,李夫人之兄。②昌邑哀王:刘髆。③太初元年:前104年。④恶少年:谓无行义者。⑤王恢:此与马邑之谋参与者王恢不是一人。⑥郁成:城名。在今中亚安集延之东。⑦士不过什一二:谓返回之士卒不过十分之一二。⑧益:多。

【原文】 其夏①,汉亡浞野之兵二万馀于匈奴②,公卿议者皆愿罢宛军,专力攻胡。天子业出兵诛宛,宛小国而不能下,则大夏之属渐轻汉,而宛善马绝不来,乌孙、轮台易苦汉使③,为外国笑。乃案言伐宛尤不便者邓光等④。赦囚徒扞寇盗,发恶少年及边骑,岁馀而出敦煌六万人,负私从者不与⑤。牛十万,马三万匹,驴橐(骆)驼以万数赍粮,兵弩甚设⑥。天下骚动,转相奉伐宛,五十馀校尉。宛城中无井,汲城外流水,于是遣水工徙其城下水空以穴其城⑦。益发戍甲卒十八万酒泉、张掖北⑧,置居延、休屠以卫酒泉⑨。而发天

下七科適(谪)⑩,及载糒给贰师⑪,转车人徒相连属至敦煌。而拜习马者二人为执驱马校尉⑬,备破宛择取其善马云。

【注释】 ①其夏:当作"其秋"。据《汉书·武帝纪》,太初二年秋,遣浞野侯击匈奴,不还。②浞野:浞野侯赵破奴。③轮台:《史记》作"仑头"。轮台、仑头,皆在今新疆轮台东南。易:轻。④案:案其罪而行罚。⑤负私从者:自负粮之私从者。⑥甚设:设备齐全。⑦自"宛城中无井"至"以穴其城"数句:谓大宛闻汉兵至境,因城中无水,故遣水工徙其城外水道,以穿入城中。此是错简,宜移于下文"平行其宛城,兵到者三万"之下(吴恂说)。⑧张掖:郡名。治觖得(在今甘肃省张掖西北)。⑨居延:县名。在今内蒙古额旗纳旗东南。体屠:县名。在今甘肃省武威北。⑩七科谪:西汉有战争时征派至边疆去服兵役的七种人:吏有罪一、亡命二、赘婿三、贾人四、故有市籍五、父母有市籍六、大父母有市籍七。⑪糒:干粮。⑫二人为执驱马校尉:一人为执马校尉,一人为驱马校尉(颜师古说)。

【原文】 于是贰师后复行,兵多,所至小国莫不迎,出食给军。至轮台,轮台不下,攻数日,屠之。自此而西,平行至宛城①,兵到者三万。宛兵迎击汉兵,汉兵射败之,宛兵走入保其城。贰师欲攻郁成城,恐留行而令宛益生诈,乃先至宛,决其水原(源),移之,则宛固已忧困。围其城,攻之四十馀日。宛贵人谋曰:"王毋寡匿善马,杀汉使。今杀王而出善马,汉兵宜解;即不,乃力战而死,未晚也。"宛贵人皆以为然,共杀王。其外城坏,虏宛贵人勇将煎靡。宛大恐,走入中城,相与谋曰:"汉所为攻宛,以王毋寡③。"持其头,遣人使贰师,约曰:"汉无攻我,我尽出善马,恣所取,而给汉军食。即不听我,我尽杀善马,康居之救又且至。至,我居内,康居居外,与汉军战。孰(熟)计之,何从④?"是时,康居候视汉兵尚盛,不敢进。贰师闻宛城中新得汉人知穿井⑤,而其内食尚多。计以为来诛首恶者毋寡,毋寡头已至,如此不许,则坚守,而康居候汉兵罢(疲)来救宛,破汉军必矣。军吏皆以为然,许宛之约。宛乃出其马,令汉自择之,而多出食食汉军。汉军取其善马数十匹,中马以下牝牡三千馀匹,而立宛贵人之故时遇汉善者名昧蔡为宛王⑥,与盟而罢兵。终不得入中城,罢而引归。

【注释】 ①平行:言安全行进。②留行:谓驻军而不行。③自"其外城坏"至"以王毋寡"数句:错简,宜移至上文"攻之四十馀日"之下(王念孙说)。④何从:意谓攻战,还是不攻而取马?⑤汉人:《史记》作"秦人"。⑥故时遇汉善者:《史记》作"故待遇汉使善者",文义较明。

【原文】 初,贰师起敦煌西①,为人多,道上国不能食②,分为数军,从南北道。校尉王申生、故鸿胪壶充国等千馀人别至郁成,城守③,不肯给食。申生去大军二百里,负而轻之④,攻郁成急。郁成窥知申生军少,晨用三千人攻杀申生等,数人脱亡,走贰师。贰师令搜粟都尉上官桀往攻破郁成⑤,郁成降。其王亡走康居,桀追至康居。康居闻汉已破宛,

出郁成王与桀。桀令四骑士缚守诣大将军⑥。四人相谓："郁成，汉所毒⑦，今生将⑧，卒失大事⑨。"欲杀，莫适先击⑩，上邦骑士赵弟拔剑击斩郁成王⑪。桀等遂追及大将军。

【注释】　①起：出发。②道上国：近道诸国。③城守：其上当还有"郁成"二字，与"城守"为句(王闿运说)。④负而轻之：恃大军之威而轻敌人。负，自恃。⑤上官桀：此人与左将军上官桀(与霍光同辅政者)非一人。⑥大将军：指贰师将军。当时多别将，放称贰师为大将军。⑦毒：言毒恨。⑧生将：《史记》作"生将去"(把活人送上)，文义较明。⑨卒失大事：谓终失大事。卒，终。⑩莫适先击：没有主意，不知该先击谁。⑪上邦：县名。今甘肃省天水市。

【原文】　初，贰师后行①，天子使使告乌孙大发兵击宛。乌孙发二千骑往，持两端，不肯前。贰师将军之东②，诸所过小国闻宛破，皆使其子弟从入贡献，见天子，因为质焉。军还，入玉门者万馀人，马千馀匹。后行，非乏食，战死不甚多，而将吏贪，不爱卒，侵牟之③，以此物故者众④。天子为万里而伐，不录其过，乃下诏曰："匈奴为害久矣，今虽徙幕(漠)北，与旁国谋共要绝大月氏使，遮杀中郎将江、故雁门守攘。危须以西及大宛皆合约杀期门车令、中郎将朝及身毒国使⑤，隔东西道。贰师将军广利征讨厥罪，伐胜大宛。赖天之灵，从溯河山⑥，涉流沙⑦，通西海⑧，山雪不积，士大夫径度(渡)⑨，获王首虏，珍怪之物毕陈于阙。其封广利为海西侯，食邑八千户。"又封斩郁成王者赵弟为新畤侯；军正赵始成功最多，为光禄大夫；上官桀敢深入，为少府；李哆有计谋，为上党太守。军官吏为九卿者三人，诸侯相、郡守、二千石百馀人，千石以下千馀人。奋行者官过其望⑩，以适(谪)过行者皆黜其劳⑪。士卒赐直(值)四万钱⑫。伐宛再反(返)⑬，凡四岁而得罢焉。

【注释】　①后行：令别人先开道，而己随后行进。②之东：率军东行。③牟：取得。④物故：谓死。⑤危须：古西域国名。在今新疆焉耆回族自治县一带。期门车令：汉使期门郎车令。⑥从：由。溯(sù)：逆流而上。河山：即上文所云"天子按古图书，名河所出山目昆仑"之河山。⑦流沙：沙漠。沙常因风吹而流动，故称流沙。⑧西海：指条支国所临之西海，即指今波斯湾、红海、阿拉伯海及印度洋西北部。⑨径渡：言直接越过而无碍难。⑩奋：迅速。奋行者：自东而行者。⑪以谪过行者：以罪谪而行者。黜其劳：谓免其罪，不叙其劳。指吏有罪者，立功赎罪，而不授官。⑫值：指钱之本身价值。⑬再返：犹言两个来回。

【原文】　后十一岁，征和三年①，贰师复将七万骑出五原②，击匈奴，度(渡)郅居水③。兵败，降匈奴，为单于所杀。语在《匈奴传》。

【注释】　①征和三年：前90年。②五原：郡名。治九原(在今内蒙古包头市西北)。③郅居水：今色楞格河，源于杭爱山脉，流入贝加尔湖。

【原文】　赞曰：《禹本纪》言河出昆仑，昆仑高二千五百里馀①，日月所相避隐为光明也。自张骞使大夏之后，穷河原(源)②，恶睹所谓昆仑者乎③？故言九州山川，《尚书》近

之矣。至《禹本纪》《山经》所有,放哉④!

【注释】 ①里徐:二字误倒。《史记》作"徐里"。②河源:黄河之源。今已探明黄河源于唐古拉山。③恶睹所谓昆仑:言无二千五百里高之山(王闿运说)。④放:谓放荡辽阔,不可信(如淳说)。

霍光金日碑传

【题解】

本传叙述霍光、金日䃅(附其子金安上)的事迹。这篇可以说是武帝托孤重臣的合传。霍光,霍去病的异母弟。出入禁闼二十馀年。"小心谨慎,未尝有过",颇受武帝亲信。故武帝临终,任其为大司马大将军,封博陆侯,与金日䃅、上官桀、桑弘羊同受遗诏,辅佐少主。后以谋反罪名,诛除上官桀、桑弘羊,而专朝政,擅为废立,"威震海内"。执政二十年,轻徭薄赋,与民休息,促使社会安定。亲属显贵,权倾中外。身后,霍氏以谋反罪,族诛。金日䃅,本是匈奴休屠王太子,入汉后,侍从武帝尽职,赐姓金。后预防并擒获谋刺武帝的莽何罗兄弟,愈得武帝亲信,故得封为秺侯,与霍光等同受遗诏辅少主。昭帝初病死。《汉书》传其始末,突出人物性格及武帝身后政坛要事,是一篇史、文并茂的佳作。传末,褒霍光忠诚功高,而讥其"不学无术"。所谓"不学无术"是什么意思?昔人言"伴君如伴虎";既然伴虎,就应当学着做猫,否则就是无术。霍氏之祸,集中反映了皇权与权臣的矛盾,而皇权与权臣的矛盾,始终是专制制度下反复出现、不绝如缕的问题。

【原文】 霍光字子孟,票骑将军去病弟也①。父中孺,河东平阳人也②,以县吏给事平阳侯家③,与侍者卫少儿私通而生去病④。中孺吏毕归家,娶妇生光,因绝不相闻⑤。久之,少儿女弟子夫得幸于武帝⑥,立为皇后,去病以皇后姊子贵幸。既壮大,乃自知父为霍中孺,未及求问。会为票骑将军击匈奴,道出河东,河东太守郊迎,负弩矢先驱⑦,至平阳传舍⑧,遣吏迎霍中孺。中孺趋入拜谒,将军迎拜,因跪曰:"去病不早自知为大人遗体也⑨。"中孺扶服(匍匐)叩头,曰:"老臣得托命将军,此天力也。"去病大为中孺买田宅奴婢而去。还,复过焉⑩,乃将光西至长安,时年十馀岁,任光为郎⑪,稍迁诸曹侍中⑫。去病死后,光为奉车都尉光禄大夫⑬,出则奉车,入侍左右,出入禁闼二十馀年⑭,小心谨慎,未尝有过,甚见亲信。

【注释】 ①去病:霍去病。《汉书》卷五十五有其传。②中:通"仲"。河东:郡名。治安邑(在今山西省夏县西北)。平阳:县名。在今山西省临汾西南。③给事:言当差。平阳侯:指平阳侯曹参之曾孙曹时。④卫少儿:卫青的同母姊。⑤绝不相闻:指霍中孺与卫少儿断绝关系而不过问。⑥女弟:妹妹。子夫:卫子夫,即汉武帝的卫皇后。《汉书·外戚传》中有其传。⑦先驱:开道。⑧传舍:驿站的客房,犹今之招待所。⑨遗体:言自身为父母所亲生。⑩过:探望。⑪任:保举。郎:官名:光禄勋所属的议郎、中郎、侍郎、郎中

等统称为"郎"。⑫诸曹：即左右曹，在内廷做秘书工作。侍中：是列侯以下至郎中的加官，侍卫皇帝，切问近对。⑬奉车都尉：掌管皇帝的乘舆。光禄大夫：官名。掌论议。奉车都尉与光禄大夫，都是光禄勋的属官。⑭禁闼(tà)：宫门。

【原文】 征和二年①，卫太子为江充所败②，而燕王旦、广陵王胥皆多过失③。是时上年老，宠姬钩弋赵倢伃有男④，上心欲以为嗣，命大臣辅之。察群臣唯光任大重⑤，可属(嘱)社稷⑥。上乃使黄门画者画周公负成王朝诸侯以赐光⑦。后元二年春⑧，上游五柞宫⑨，病笃⑩，光涕泣问曰："如有不讳⑪，谁当嗣者？"上曰："君未谕前画意邪⑫？立少子，君行周公之事⑬。"光顿首让曰："臣不如金日磾⑭。"日磾亦曰："臣外国人，不如光。上以光为大司马大将军⑮，日磾为车骑将军⑯，及太仆上官桀为左将军⑰，搜粟都尉桑弘羊为御史大夫⑱，皆拜卧内床下⑲，受遗诏辅少主。明日，武帝崩，太子袭尊号⑳，是为孝昭皇帝。帝年八岁，政事壹决于光。

【注释】 ①征和二年：前91年。②卫太子：即武帝之子刘据，卫皇后所生。谥戾，故又称戾太子。江充：武帝之臣，曾陷害卫太子。其事详见《汉书·武五子传》。③燕王旦：武帝第三子。广陵王胥：武帝第四子。其事均详于《汉书·武五子传》。④钩弋(yì)：宫名。在长安城南。赵倢伃：昭帝刘弗陵的生母，住于钩弋宫。男：指刘弗陵。⑤任大重：可以做大事负责任。⑥社稷：国家的代称。⑦黄门画者：宫中的画工。周公负成王朝诸侯：周武王去世，成王即位年幼，周公(成王之叔)恐天下有变，代成王主持朝政七年，而后归政。⑧后元二年：前87年。⑨五柞宫：在今陕西省周至县东南。⑩病笃：病重。⑪不讳：无法忌讳之事，指死，此指武帝死。⑫谕：理解，明白。⑬行周公之事：意思是说代少主摄政，以后才归政。⑭金日磾：本匈奴人，归汉后受到武帝重用。本传后半节详述其人其事。⑮大司马大将军：大将军为汉代最高军衔，大司马是加衔。霍光任此职衔，为中朝官之首，掌握军政大权。⑯车骑将军：仅次于大将军、骠骑将军的军衔。⑰太仆：官名。掌皇帝的乘舆。上官桀：字少叔，陇西上邽人。左将军：次于车骑将军的军衔。⑱搜粟都尉：官名。掌军粮。桑弘羊：洛阳商人之子，十三岁为侍中，武帝时的理财大臣。⑲卧内：卧室。⑳袭尊号：言继承帝位。

【原文】 先是，后元年①，侍中仆射莽何罗与弟重合侯通谋为逆②，时光与金日磾、上官桀等共诛之，功未录③。武帝病，封玺书曰④："帝崩发书以从事⑤。"遗诏封金日磾为秺侯，上官桀为安阳侯，光为博陆侯，皆以前捕反者功封。时卫尉王莽子男忽侍中⑥，扬语曰："帝崩，忽常在左右，安得遗诏封三子事⑦！群儿自相贵耳。"光闻之，切让王莽，莽鸩杀忽⑧。

【注释】 ①后元年：前88年。②侍中仆射(yè)：官名。侍中的首领。莽何罗：本姓马，改马为莽乃东汉明帝之马皇后所为。③功未录：未论功行赏之意。④封玺书：将诏书加封盖印。⑤发书以从事：打开诏书，照诏令办事。⑥卫尉：官名。掌守卫皇宫。王莽：

353

字稚叔,天水人。见《汉书·公卿表》。子男:儿子。⑦遗诏:此诏是真是伪,是历史之一谜。⑧鸩(zhèn):毒酒。

【原文】 光为人沈静详审①,长财(才)七尺三寸②,白皙,疏眉目,美须髯。每出入下殿门,止进有常处,郎仆射窃识视之③,不失尺寸,其资性端正如此。初辅幼主,政自己出,天下想闻其风采。殿中常有怪,一夜群臣相惊,光召尚符玺郎④,郎不肯授光。光欲夺之,郎按剑曰:“臣头可得,玺不可得也!”光甚谊(义)之。明日,诏增此郎秩二等。众庶莫不多光⑤。

【注释】 ①沈静详审:沉着谨慎。②七尺三寸:约合今 168 公分。③郎仆射:郎官的首领。识(zhì):记住。④尚符玺郎:官名。掌管符玺、符节令之属官⑤众庶:民众。多:称美。

【原文】 光与左将军桀结婚相亲,光长女为桀子安妻。有女年与帝相配,桀因帝姊鄂邑盖主内(纳)安女后宫为倢伃①,数月立为皇后。父安为票骑将军,封桑乐侯。光时休沐出②,桀辄入代光决事。桀父子既尊盛,而德长公主③。公主内行不修④,近幸河间丁外人⑤。桀、安欲为外人求封,幸依国家故事以列侯尚公主者⑥,光不许。又为外人求光禄大夫,欲令得召见,又不许。长主大以是怨光。而桀、安数为外人求官爵弗能得,亦惭。自先帝时,桀已为九卿,位在光右⑦。及父子并为将军,有椒房中宫之重⑧,皇后亲安女,光乃其外祖,而顾专制朝事⑨,繇(由)是与光争权。

【注释】 ①鄂邑盖主:武帝的长女,封为鄂邑长公主。因嫁给盖侯为妻,故又称盖主。她是昭帝之姊,曾抚养昭帝成人。②休沐:休假沐浴,即休假。③德:感恩。④内行不修:私生活不检点。⑤近幸:亲近宠爱。河间:郡名。治乐成(在今河北省南县东南)。丁外人:关外姓丁者。⑥幸:希望。故事:旧例。汉时旧例,凡娶公主为妻,皆可封侯,但霍光以为丁外人只是与长公主私通,故不许封侯。⑦位在光右:在武帝时,桀为太仆,在九卿之列,位在霍光之上。右:当时以右为尊。⑧椒房中宫:指皇后。汉时未央宫中有椒房殿,皇后所居,故以其代称皇后。重:倚重。⑨顾:犹反。

【原文】 燕王旦自以昭帝兄,常怀怨望①。及御史大夫桑弘羊建造酒榷盐铁②,为国兴利,伐其功③,欲为子弟得官,亦怨恨光。于是盖主、上官桀、安及弘羊皆与燕王旦通谋,诈令人为燕王上书④,言“光出都肄郎羽林⑤,道上称跸⑥,太官先置⑦。又引苏武前使匈奴⑧,拘留二十年不降,还乃为典属国⑨,而大将军长史敞亡(无)功为搜粟都尉⑩。又擅调益莫(幕)府校尉⑪。光专权自恣,疑有非常⑫。臣旦愿归符玺⑬,入宿卫,察奸臣变。”候司(伺)光出沐日奏之。桀欲从中下其事⑭,桑弘羊当与诸大臣共执退光⑮。书奏,帝不肯下。

【注释】 ①常怀怨望:指燕王旦因当不上皇帝而抱怨。②酒榷:酒专卖。盐铁:指官营盐铁。③伐:矜持。④诈令人为燕王上书:参考《汉书·武五子传》之燕刺王传。⑤都:

集合之意。肄:操练。羽林:皇帝之近卫军。⑥称跸:传令戒严。⑦太官:官名。掌皇帝饮食。先置:先准备饮食。⑧苏武:字子卿,杜陵人。《汉书》卷五十四有其传。⑨典属国:官名。掌各族事务。⑩长史:官名。僚属之长,汉代丞相、大司马、大将军等皆有长史。敞:杨敞,华阴人。霍光的亲信。《汉书》卷六十六有其传。搜粟都尉:这里指大司农。时杨敞为大司农,正与苏武为典属国同时。⑪幕府:指大将军府。校尉:次于将军的军官。⑫非常:指谋为不轨之事。⑬归符玺:归还燕符玺,辞去王位之意。⑭中:指中朝。下其事:将此奏事批交有司处理。⑮执退光:迫使霍光退位。

【原文】 明旦,光闻之,止画室中不入①。上问:"大将军安在?"左将军桀对曰:"以燕王告其罪,故不敢入。"有诏召大将军。光入,免冠顿首谢,上曰:"将军冠。朕知是书诈也,将军亡(无)罪。"光曰:"陛下何以知之?"上曰:"将军之广明②,都郎属耳③。调校尉以来未能十日,燕王何以得知之?且将军为非,不须校尉。"是时帝年十四,尚书左右皆惊④,而上书者果亡,捕之甚急。桀等惧,白上小事不足遂⑤,上不听。

【注释】 ①画室:殿门西阁之室,其中有古帝王画像。②广明:驿亭名。在长安城东东都门外。③都:试;考核。都郎属:考核所属郎吏。④尚书:官名。掌文书。⑤遂:深究。

【原文】 后桀党与有谮光者①,上辄怒曰:"大将军忠臣,先帝所属(嘱)以辅朕身,敢有毁者坐之。"自是桀等不敢复言,乃谋令长公主置酒请光,伏兵格杀之,因废帝,迎立燕王为天子。事发觉,光尽诛桀、安、弘羊、外人宗族。燕王、盖主皆自杀。光威震海内。昭帝既冠②,遂委任光,讫十三年③百姓充实,四夷宾服。

【注释】 ①党与:朋党。谮(zèn):诬陷。②冠:古时男子二十岁加冠。昭帝行冠时(元凤四年,前77)年十八,霍光仍未归政。③讫十三年:指昭帝在位的十三年。

【原文】 元平元年①,昭帝崩,亡(无)嗣。武帝六男独有广陵王胥在,群臣议所立,咸持广陵王②。王本以行失道,先帝所不用。光内不自安。郎有上书言"周太王废太伯立王季③,文王舍伯邑考立武王④,唯在所宜,虽废长立少可也。广陵王不可以承宗庙⑤。"言合光意。光以其书视(示)丞相敞等⑥,擢郎为九江太守⑦,即日承皇太后诏⑧,遣行大鸿胪事少府乐成、宗正德、光禄大夫吉、中郎将利汉迎昌邑王贺⑨。

【注释】 ①元平元年:前74年。②咸持:都持议。③废太伯立王季:言周太王废其长子太伯,而立其少子。④舍伯邑考立武王:言周文王舍其长子伯邑考,而立其次子武王。⑤承宗庙:指继承皇位。⑥敞:杨敞。⑦九江:郡名。治寿春(今安徽省寿县)。⑧皇太后:昭帝之上官皇后,昌邑王即帝位后,尊其为皇太后。⑨行:代理。大鸿胪:官名。掌山海池泽收入及皇室手工业制造。乐成:姓史。宗正:官名。掌宗室事务。德:刘德,字路叔。吉:丙吉,字少卿,鲁人。《汉书》卷七十四有其传。中郎将:官名,光禄勋的属官。利汉:人名。昌邑王贺:刘贺,其事详见《汉书·武五子传》。

【原文】　贺者,武帝孙,昌邑哀王子也①。既至,即位,行淫乱。光忧懑②,独以问所亲故吏大司农田延年③。延年曰:"将军为国柱石,审此人不可,何不建白太后④,更选贤而立之?"光曰:"今欲如是,于古尝有此否?"延年曰:"伊尹相殷⑤,废太甲以安宗庙,后世称其忠。将军若能行此,亦汉之伊尹也。"光乃引延年给事中⑥,阴与车骑将军张安世图计⑦,遂召丞相、御史、将军、列侯、中二千石、大夫、博士会议未央宫⑧。光曰:"昌邑王行昏乱,恐危社稷,如何?"群臣皆惊鄂(愕)失色,莫敢发言,但唯唯而已⑨。田延年前,离席按剑,曰:"先帝属(嘱)将军以幼孤,寄将军以天下,以将军忠贤能安刘氏也。今群下鼎沸,社稷将倾,且汉之传谥常为孝者⑩,以长有天下,令宗庙血食也⑪。如今汉家绝祀,将军虽死,何面目见先帝于地下乎?今日之议,不得旋踵⑫。群臣后应者,臣请剑斩之。"光谢曰:"九卿责光是也。天下匈匈不安⑬,光当受难⑭。"于是议者皆叩头,曰:"万姓之命在于将军,唯大将军令。"

【注释】　①昌邑哀王:刘髆,武帝第五子。②懑(mèn):愤懑。③田延年:字子宾,阳陵人。原在霍光幕府中任事,故称"故吏"。《汉书》卷九十有其传。④建白:建议。⑤伊尹相殷:伊尹为商汤之相,汤死后,掌朝政,专废立,曾逐太甲。⑥引:荐举。给事中:加官名。在朝中顾问应对。⑦张安世:字子孺,杜陵人。参与霍光废昌邑王贺事。⑧中二千石:月俸一百八十斛,是汉代高级官员。大夫:官名。参与议政。顾问应对。博士:官名:太常的属官,备顾问。未央宫:萧何主持所修,在西安市长安故城内西南隅。⑨唯唯:应答词,犹如"是是"。⑩汉之传谥常为孝者:言汉帝谥法常称"孝",如孝惠、孝武、孝昭等。⑪血食:杀牲以祭祀,故有此称。⑫不得旋踵:不能退缩。⑬匈匈:同"汹汹",骚扰不安的样子。⑭光当受难:言光当受群臣责难。

【原文】　光即与群臣俱见白太后,具陈昌邑王不可以承宗庙状。皇太后乃车驾幸未央承明殿①,诏诸禁门毋内(纳)昌邑群臣。王入朝太后还,乘辇欲归温室②,中黄门宦者各持门扇③,王入,门闭,昌邑群臣不得入。王曰:"何为?"大将军跪曰:"有皇太后诏,毋内(纳)昌邑群臣。"王曰:"徐之④,何乃惊人如是!"光使尽驱出昌邑群臣,置金马门外⑤。车骑将军安世将羽林骑收缚二百馀人,皆送廷尉诏狱⑥。令故昭帝侍中中臣侍守王⑦。光敕左右⑧:"谨宿卫,卒(猝)有物故自裁⑨,令我负天下,有杀主名。"王尚未自知当废,谓左右:"我故群臣从官安得罪,而大将军尽系之乎?"顷之,有太后诏召王。王闻召,意恐,乃曰:"我安得罪而召我哉!"太后被珠襦⑩,盛服坐武帐中⑪,侍御数百人皆持兵,期门武士陛戟⑫,陈列殿下。群臣以次上殿,召昌邑王伏前听诏。光与群臣连名奏王,尚书令读奏曰⑬:

【注释】　①承明殿:在未央宫中。②温室:殿名。冬日避寒之处,这里指未央宫之温室殿。③中黄门宦者:在后宫当差的宦官。④徐之:慢慢来。⑤金马门:未央宫正门。门外有铜马,故名金马门。⑥廷尉:最高司法长官。诏狱:专门处治皇帝特旨案犯之处:

⑦中臣:疑为"中官"之讹。中官是宦者之统称。侍守:名侍而实守,犹今言软禁,以防发生意外事故。⑧敕:告诫。⑨物故:死亡。自裁:自杀。⑩襦:短袄。⑪武帐:具有兵器和卫士的帷帐。⑫期门武士:皇帝的一种侍卫武士,武帝时所建。陛戟:执戟列于殿阶下。⑬尚书令:官名。尚书的长官。

【原文】 丞相臣敞、大司马大将军臣光、车骑将军臣安世、度辽将军臣明友、前将军臣增、后将军臣充国、御史大夫臣谊、宜春侯臣谭、当涂侯臣圣、随桃侯臣昌乐、杜侯臣屠耆堂、太仆臣延年、太常臣昌、大司农臣延年、宗正臣德、少府臣乐成、延尉臣光、执金吾臣延寿、大鸿胪臣贤、左冯翊臣广明、右扶风臣德、长信少府臣嘉、典属国臣武、京辅都尉臣广汉、司隶校尉臣辟兵、诸吏文学光禄大夫臣迁、臣畸、臣吉、臣赐、臣管、臣胜、臣梁、臣长幸、臣夏侯胜、太中大夫臣德、臣印昧死言皇太后陛下①:臣敞等顿首死罪。天子所以永保宗庙总壹海内者,以慈孝礼谊(义)赏罚为本。孝昭皇帝早弃天下,亡(无)嗣,臣敞等议,礼曰"为人后者为之子也"②,昌邑王宜嗣后,遣宗正、大鸿胪、光禄大夫奉节使徵昌邑王典丧③,服斩缞④,亡(无)悲哀之心,废礼谊(义),居道上不素食⑤,使从官略女子载衣车⑥,内(纳)所居传舍。始至谒见⑦,立为皇太子,常私买鸡豚以食。受皇帝信玺、行玺大行前⑧,就次发玺不封⑨。从官更持节,引内(纳)昌邑从官驺宰官奴二百馀人⑩,常与居禁闼内敖戏。自之符玺取节十六⑪,朝暮临,令从官更持节从。为书曰"皇帝问侍中君卿⑫:使中御府令高昌奉黄金千斤⑬,赐君卿取十妻。"大行在前殿,发乐府乐器⑭,引内(纳)昌邑乐人,击鼓歌吹作俳倡⑮。会下还⑯,上前殿,击钟磬,召内太一宗庙乐人辇道牟首⑰,鼓吹歌舞,悉奏众乐。发长安厨三太牢具祠阁室中⑱,祠已,与从官饮啗。驾法驾⑲,皮轩鸾旗⑳,驱驰北宫、桂宫㉑,弄彘斗虎㉒。召皇太后御小马车㉓,使官奴骑乘,游戏掖庭中㉔。与孝昭皇帝宫人蒙等淫乱,诏掖庭令敢泄言要(腰)斩㉕。

【注释】 ①敞:杨敞。光:霍光。安世:张安世。明友:范明友。增:韩增。充国:赵充国。谊:蔡谊。谭:王谭。圣:魏圣。昌乐:赵昌乐。屠耆堂:原匈奴人。延年:杜延年。昌:苏昌。延年:田延年。德:刘德。乐成:史乐成。光:李光。延寿:李延寿。贤:韦贤。广明:田广明。德:周德。嘉:不知其姓。武:苏武。广汉:赵广汉。辟兵:不知其姓。迁:王迁。畸:宋畸。吉:丙吉。赐、管、胜、梁、长幸、德:不知其姓。印:赵印,赵充国之子。②为人后者为之子:承继于人者为人之子。③典丧:主持丧礼。④斩缞:用粗糙的生麻布粗制的孝服,其左右和下边都不缝。⑤居道上:在来京途中。素食:菜食无肉。⑥衣车:一种有帐幔遮蔽,有门出入,以运载妇女与衣服的车子。⑦谒见:拜见皇太后。⑧信玺、行玺:都是皇帝之印。汉代皇帝有六玺。即:皇帝行玺、皇帝之玺、皇帝信玺、天子行玺、天子信玺。又有传国玺,合称七玺。天子之玺由皇帝随身携带,其余均存于符节台(掌管符节印玺之官署)。大行:指刚死的皇帝。这里指昭帝。⑨次:指居丧之处。发玺不封:开玺匣不封存。⑩驺宰:掌管马厩之官。⑪符玺:指符节台。⑫君卿:人名,不知其姓。

⑬中御府令:掌宫中衣服财宝之官,属少府。⑭乐府:掌音乐的官署。⑮俳(pái)倡:表演戏剧者。⑯下:指昭帝灵柩下葬。⑰召内:召入。太一:即太一神。辇(niǎn)道:帝王车驾经过之道。牟首:地名。在上林苑中。⑱长安厨:京兆尹属下的官署。掌皇家供给。太宰:古代帝王贵族祭祀时,牛、羊、猪三牲具备,称"太牢"。阁室:阁道中之房屋。⑲法驾:皇帝祭祀天地社稷等大典时才使用的乘舆仪仗。⑳皮轩:以虎皮为屏障之乘车。鸾旗:以羽毛为饰之旌旗。㉑北宫、桂宫:二宫名。均在未央宫北。㉒彘:野猪。㉓小马车:太后在宫中游玩时乘坐之小马(高仅三尺)拉的车。㉔掖庭:后宫,嫔妃宫女之住处。㉕掖庭令:官名。掌掖庭事务。

【原文】 太后曰:"止①!为人臣子当悖乱如是邪!"王离席伏②。尚书令复读曰:

【注释】 ①止:命令停止读奏。②伏:拜伏于地。

【原文】 取诸侯王、列侯、二千石绶及墨绶、黄绶以并佩昌邑郎官者免奴①。变易节上黄旄以赤②。发御府金钱刀剑玉器采缯③,赏赐所与游戏者。与从官官奴夜饮,湛沔(沈湎)于酒④。诏太官上乘舆食如故⑤。食监奏未释服未可御故食⑥,复诏太官趣(促)具⑦,无关食监⑧。太官不敢具,即使从官出买鸡豚,诏殿门内(纳)⑨,以为常。独夜设九宾(傧)温室⑩,延见姊夫昌邑关内侯⑪。祖宗庙祠未举,为玺书使使者持节,以三太牢祠昌邑哀王园庙⑫,称嗣子皇帝。受玺以来二十七日,使者旁午⑬,持节诏诸官署征发,凡千一百二十七事。文学光禄大夫夏侯胜等及侍中傅嘉数进谏以过失,使人簿责胜⑭,缚嘉系狱。荒淫迷惑,失帝王礼谊(义),乱汉制度。臣敞等数进谏,不变更⑮,日以益甚,恐危社稷,天下不安。

【注释】 ①绶:系印纽的丝带。汉制,诸侯王绿绶,列侯紫绶,二千石青绶,比六百石以上墨绶,比二百石以上黄绶。按级佩绶,不得僭越。者:疑为"诸"之讹。免奴:已赦免之奴隶。②旄:以旄牛尾作的装饰品,按等级规定颜色,不得随便变更。③采缯(zēng):彩色丝织品。④沈湎:沉溺。⑤乘舆:这里指皇帝。⑥食监:官名。监管皇帝饮食。未释服:未脱丧服,即指居丧未满期。故食:平时之饮食。⑦促具:催促办理。⑧关:关白,通知。⑨殿门:指守卫殿门者。⑩九傧:由礼官九人依次传引贵宾上殿的礼节。⑪昌邑关内侯:昌邑王所封的关内侯。汉诸侯王可在其封国内按汉制封关内侯,但与皇朝封爵有区别。⑫昌邑哀王:刘、髆(bó),刘贺之父。按古礼法,刘贺既已继承昭帝之皇位,就应放弃同刘髆之父子关系,而不应再称为刘髆之嗣子。⑬旁午:纵横之意,形容来往不绝。⑭簿责:据文书所列案情审讯。⑮更:改。

【原文】 臣敞等谨与博士臣霸、臣隽舍、臣德、臣虞舍、臣射、臣仓(苍)议①,皆曰:"高皇帝建功业为汉太祖,孝文皇帝慈仁节俭为太宗,今陛下嗣孝昭皇帝后,行淫辟(僻)不轨。《诗》云:'籍(藉)曰未知,亦既抱子②。'五辟之属③,莫大不孝。周襄王不能事母④,《春秋》曰'天王出居于郑⑤',繇(由)不孝出之,绝之于天下也。宗庙重于君,陛下未

见命高庙⑥，不可以承天序⑦，奉祖宗庙，子万姓⑧，当废。"臣请有司御史大夫臣谊、宗正臣德、太常臣昌与太祝以一太牢具，告祠高庙。臣敞等昧死以闻。

【注释】　①霸：孔霸。隽舍：姓隽，名舍。德：不知其姓。射：不知其姓。苍：后苍。②"藉曰未知，亦既抱子"：见《诗经·大雅·抑》。今译：假如说你不知礼，但你已抱了儿子。即年已长大，本该知礼大意。③五辟：五刑。泛指刑法。④周襄王不能事母：周襄王姬郑不能孝敬后母（惠后），故有逃往郑国之难。⑤"天王出居于郑"：见《春秋》僖公二十四年。⑥见命：受命。⑦天序：上天的安排，即天命。⑧子万姓：以万姓为子民。即统治百姓之意。

【原文】　皇太后诏曰："可。"光令王起拜受诏，王曰："闻天子有争（诤）臣七人，虽无道不失天下①。"光曰："皇太后诏废，安得天子！"乃即持其手，解脱其玺组②，奉上太后，扶王下殿，出金马门，群臣随送。王西面拜，曰："愚戆不任汉事③。"起就乘舆副车④。大将军光送至昌邑邸⑤，光谢曰："王行自绝于天，臣等驽怯⑥，不能杀身报德。臣宁负王，不敢负社稷。愿王自爱，臣长不复见左右。"光涕泣而去。群臣奏言："古者废放之人屏于远方⑦，不及以政，请徙王贺汉中房陵县⑧。"太后诏归贺昌邑，赐汤沐邑二千户。昌邑群臣坐亡（无）辅导之谊（义），陷王于恶，光悉诛杀二百馀人。出死⑨，号呼市中曰："当断不断，反受其乱⑩。"

【注释】　①"闻天子有诤臣七人"二句：见《孝经·谏诤》。诤臣：直言敢谏之臣。②玺组：即玺绶。③戆：鲁莽。④乘舆副车：皇帝出行时的侍从车，又称"属车"。⑤昌邑邸：昌邑王在京的住处。⑥驽怯：低能懦怯。⑦屏：言放逐。⑧汉中房陵县：今湖北省房县。⑨出死：出狱赴市处死。⑩"当断不断，反受其乱"：是当时俗语。意思是，未曾先下手除霍光，反为霍光所害。

【原文】　光坐庭中，会丞相以下议定所立。广陵王已前不用，及燕刺王反诛，其子不在议中。近亲唯有卫太子孙号皇曾孙在民间①，咸称述焉。光遂复与丞相敞等上奏曰："礼曰：'人道亲亲故尊祖，尊祖故敬宗②。'大宗亡（无）嗣③，择支子孙贤者为嗣。孝武皇帝曾孙病已，武帝时有诏掖庭养视，至今年十八，师受《诗》《论语》《孝经》，躬行节俭，慈仁爱人，可以嗣孝昭皇帝后，奉承祖宗庙，子万姓。臣昧死以闻。"皇太后诏曰："可。"光遣宗正刘德至曾孙家尚冠里④，洗沐赐御衣⑤，太仆以轹猎车迎曾孙就斋宗正府⑥，入未央宫见皇太后，封为阳武侯⑦。已而光奉上皇帝玺绶，谒于高庙，是为孝宣皇帝。明年，下诏曰："夫褒有德，赏元功⑧，古今通谊（义）也。大司马大将军光宿卫忠正，宣德明恩，守节秉谊（义），以安宗庙。其以河北、东武阳益封光万七千户⑨。"与故所食凡二万户。赏赐前后黄金七千斤，钱六千万，杂缯三万疋（匹），奴婢百七十人，马二千疋（匹），甲第一区⑩

【注释】　①皇曾孙：武帝的曾孙刘病已，后改名询，即汉宣帝。②"人道亲亲故尊祖"二句：节引自《礼记·大传》。亲亲：亲爱自己的亲族。祖：世族的远祖。宗：世族的大宗。

③大宗:封建世族制度中,以嫡子一系为"大宗"。这里指戾太子刘据。④尚冠里:里巷名。在长安南城。⑤御衣:当作"御府衣"(王念孙说)。⑥軨猎车:射猎时使用的轻便小车。⑦封为阳武侯:汉制,庶人不得为皇帝,故先封刘询为侯。⑧元功:首功。⑨河北:县名。在今山西省芮城北。东武阳:县名。在今山东省莘县南。⑩甲第:上等住宅。一区:一所。

【原文】 自昭帝时,光子禹及兄孙云皆中郎将,云弟山奉车都尉侍中,领胡越兵①。光两女婿为东西宫卫尉②,昆弟诸婿外孙皆奉朝请③,为诸曹大夫,骑都尉④,给事中。党亲连体⑤,根据于朝廷。光自后元秉持万机⑥,及上即位,乃归政。上谦让不受,诸事皆先关白光⑦,然后奏御天子。光每朝见,上虚己敛容⑧,礼下之已甚⑨。

【注释】 ①胡越兵:由胡人和越人组成的部队。②光两女婿为东西宫卫尉:言霍光的两个女婿,范明友为未央宫(西宫,皇帝所居)卫尉,邓广汉为长乐宫(东宫,皇太后所居)卫尉,负责两宫守卫。③奉朝请:泛称有资格参与朝会议政的官员。④骑都尉:官名,统领卫护皇帝的骑兵。⑤亲党连体:指姻亲同宗结成集团。⑥后元:汉武帝年号(前88-前87)。⑦关白:请示,报告。⑧虚己敛容:谦虚严肃,以示恭敬。⑨礼下之已甚:言礼甚谦恭。

【原文】 光秉政前后二十年,地节二年春病笃①,车驾自临问光病,上为之涕泣。光上书谢恩曰:"愿分国邑三千户,以封兄孙奉车都尉山为列侯,奉兄票(骠)骑将军去病祀②。"事下丞相御史,即日拜光子禹为右将军。

【注释】 ①地节二年:前68年。②去病:霍去病。

【原文】 光薨,上及皇太后亲临光丧。太中大夫任宣与侍御史五人持节护丧事。中二千石治莫(幕)府冢上①。赐金钱、缯絮,绣被百领,衣五十箧,璧珠玑玉衣②,梓宫、便房、黄肠题凑各一具③,枞木外臧(藏)椁十五具④。东园温明⑤,皆如乘舆制度。载光尸枢以辒辌车⑥,黄屋左纛⑦,发材官轻车北军五校士军陈(阵)至茂陵⑧,以送其葬。谥曰宣成侯。发三河卒穿复土⑨,起冢祠堂,置园邑三百家,长丞奉守如旧法⑩。

【注释】 ①治幕府冢上:在墓地设立办理丧事的幕府。②玉衣:即金缕玉衣,又称玉匣。衣以金丝连缀玉片而成,用以包裹尸体。③梓宫:梓木棺材。便房:外棺。黄肠题凑:用黄心柏木垒成的椁室。因是黄心柏木,故称"黄肠",木头皆向内为椁盖,故称"题凑"。④外藏椁:指黄肠题凑外之外椁。十五具:指枞木板十五块。⑤东园:官署名。掌置办丧葬器物。温明:葬器名。放在尸体上的漆方桶。内置镜。⑥辒辌车:丧车。原是有遮盖的卧车,有窗可调节温度,故称辒辌。⑦黄屋左纛:是帝王乘舆之制。黄屋,是以黄缯为里的车盖。左纛(dào),是插在车辕左端饰有羽毛的大旗。⑧材官:能用强弩的步兵。轻车:战车兵。北军:汉代居于城北的一支禁军。有时充任皇帝出殡的仪仗队。北军五校:即北军五营。军阵:军列成行。茂陵:汉武帝陵。在今陕西省兴平东北。霍光墓在兴平市茂陵镇。⑨三河:汉时指河内(治怀县)、河东(治安邑)、河南(治洛阳)三郡。

穿复土：掘地和堆土。⑩长丞奉守如旧法：言大将军幕府的长史、丞掾等属僚，按霍光生前的规格奉守陵园。

【原文】　既葬，封山为乐平侯，以奉车都尉领尚书事①。天子思光功德，下诏曰："故大司马大将军博陆侯宿卫孝武皇帝三十有余年，辅孝昭皇帝十有余年，遭大难，躬秉谊（义），率三公九卿大夫定万世册（策）以安社稷②，天下蒸庶咸以康宁③。功德茂盛，朕甚嘉之。复其后世④，畴其爵邑⑤，世世无有所与⑥，功如萧相国⑦。"明年夏，封太子外祖父许广汉为平恩侯⑧。复下诏曰："宣成侯光宿卫忠正，勤劳国家。善善及后世⑨，其封光兄孙中郎将云为冠阳侯。"

【注释】　①领尚书事：管领尚书事务。②万世策：指废立之事。③蒸庶：民众。④复：免去赋役。⑤畴其爵邑：言不递减封爵食邑。⑥无有所与：言不出租赋，不事徭役。⑦萧相国：即萧何。⑧许广汉：宣帝许皇后之父。⑨善善：褒扬善者。

【原文】　禹既嗣为博陆侯，太夫人显改光时所自造茔制而侈大之①。起三出阙②，筑神道③，北临昭灵④，南出承恩⑤，盛饰祠室，辇阁通属永巷⑥，而幽良人婢妾守之⑦。广治第室，作乘舆辇，加画绣絪（茵）冯（凭）⑧，黄金涂，韦絮荐轮⑨，侍婢以五采丝輓显，游戏第中。初，光爱幸监奴冯子都⑩，常与计事，及显寡居，与子都乱。而禹、山亦并缮治第宅，走马驰逐平乐馆⑪。云当朝请，数称病私出，多从宾客，张围猎黄山苑中⑫，使苍头奴上朝谒⑬，莫敢谴者。而显及诸女，昼夜出入长信宫殿中⑭，亡（无）期度⑮。

【注释】　①显：霍光妻子之名。茔（yíng）：墓地。②三出阙：墓前有三个门的石阙。③神道：墓前之道。④昭灵：馆名。在茂陵。⑤承恩：馆名。在茂陵。⑥辇阁：通车辇的阁道。属：接连。永巷：指陵墓之长巷。⑦幽：禁闭。良人：平民。⑧茵凭：车垫和车轼。⑨韦絮荐轮：以熟牛皮和丝絮包扎车轮，以减轻行车时震动。⑩监奴：管家。冯子都：名殷。古诗《羽林郎》叙及子都调戏酒家胡女。⑪平乐馆：是上林苑中的跑马场。⑫黄山：宫名。故地在今陕西省兴平市西南。⑬苍头奴：头包青巾的奴仆。⑭长信宫：当时为霍光外孙女上官太后所居。⑮无期度：没有时间限制。

【原文】　宣帝自在民间闻知霍氏尊盛日久，内不能善。光薨，上始躬亲朝政，御史大夫魏相给事中①。显谓禹、云、山："女（汝）曹不务奉大将军馀业②，今大夫给事中，他人壹间③，女（汝）能复自救邪？"后两家奴争道④，霍氏奴入御史府，欲蹋大夫门，御史为叩头谢，乃去。人以谓霍氏，显等始知忧。会魏大夫为丞相，数燕（宴）见言事⑤。平恩侯与侍中金安上等径出入省中⑥。时霍山自若领尚书⑦，上令吏民得奏封事⑧，不关尚书，群臣进见独往来，于是霍氏甚恶之。

【注释】　①魏相：字弱翁，定陶人，官至丞相。《汉书》卷七十四有其传。②汝曹：你们。③间：离间。④两家：谓霍氏及御史家。⑤宴见：指帝王闲暇时召见。⑥平恩侯：许广汉。金安上：字子侯，金日磾之子。省中：宫中。⑦自若：仍然，仍旧。⑧封事：密封的

奏章,不经尚书审阅,直接给皇帝。

【原文】 宣帝始立,立微时许妃为皇后①。显爱小女成君,欲贵之,私使乳医淳于衍行毒药杀许后②,因劝光内(纳)成君,代立为后。语在《外戚传》。始许后暴崩,吏捕诸医,劾衍侍疾亡(无)状不道,下狱。吏簿问急,显恐事败,即具以实语光。光大惊,欲自发举,不忍,犹与(豫)。会奏上,因署衍勿论③。光薨后,语稍泄。于是上始闻之而未察,乃徙光女婿度辽将军未央卫尉平陵侯范明友为光禄勋,次婿诸吏中郎将羽林监任胜出为安定太守④。数月,复出光姊婿给事中光禄大夫张朔为蜀郡太守⑤,群孙婿中郎将王汉为武威太守⑥。顷之,复徙光长女婿长乐卫尉邓广汉为少府⑦。更以禹为大司马,冠小冠⑧,亡(无)印绶⑨,罢其右将军屯兵官属,特使禹官名与光俱大司马者⑩。又收范明友度辽将军印绶,但为光禄勋。及光中女婿赵平为散骑骑都尉光禄大夫将屯兵⑪,又收平骑都尉印绶。诸领胡越骑、羽林及两宫卫将屯兵,悉易以所亲信许、史子弟代之⑫。

【注释】 ①微时:微贱之时,即未即位时。许妃:许广汉之女平君。②乳医:妇产科医生。③署:批示。勿论:不追究。④安定:郡名。治高平(今宁夏固原)。⑤蜀郡:郡名。治成都(今四川省成都)。⑥武威:郡名。治姑臧(今甘肃省武威)。⑦少府:指长信少府。⑧小冠:汉制,大司马冠武弁大冠。此时让霍氏冠小冠,显然贬之。⑨无印绶:无印绶则无实权。⑩这句言霍禹被罢去兵权,只有大司马之虚名。⑪散骑:汉代之加官。骑都尉:官名。统领护卫皇帝的骑兵。⑫许、史:指宣帝皇后许氏之亲属、宣帝祖母史良娣之亲属。官职的大调动,意在分散霍氏势力及削夺其兵权。

【原文】 禹为大司马,称病。禹故长史任宣候问,禹曰:"我何病?县官非我家将军不得至是①,今将军坟墓未乾(干)②,尽外我家③,反任许、史,夺我印绶,令人不省死④。"宣见禹恨望深⑤,乃谓曰:"大将军时何可复行!持国权柄,杀生在手中。廷尉李种、王平、左冯翊贾胜胡及车丞相女婿少府徐仁皆坐逆将军意下狱死⑥。使乐成小家子得幸将军⑦,至九卿封侯。百官以下但事冯子都、王子方等⑧,视丞相亡(无)如也⑨。各自有时,今许、史自天子骨肉,贵正宜耳。大司马欲用是怨恨,愚以为不可。"禹默然。数日,起视事。

【注释】 ①县官:指皇帝。②坟墓未干:言人才死不久。③外:疏远。④不省死:至死不明。⑤恨望:怨恨。⑥李种:一作"李仲",字季主,洛阳人。始元元年为廷尉,始元五年下狱死。王平:被霍光腰斩。贾胜胡:元凤三年弃市。车丞相:车千秋,本姓田,《汉书》卷六十六有其传。徐仁:字中孙,元凤元年被霍光逼迫自杀。王平、徐仁案件,详见《汉书·杜周传》附杜延年传:⑦使乐成:即史乐成。⑧王子方:霍光家奴。⑨无如:犹言蔑如。

【原文】 显及禹、山、云自见日侵削,数相对啼泣,自怨。山曰:"今丞相用事,县官信之,尽变易大将军时法令,以公田赋与贫民,发扬大将军过失。又诸儒生多窭人子①,远客饥寒,喜妄说狂言,不避忌讳,大将军常仇之,今陛下好与诸儒生语,人人自使书对事,多

言我家者。尝有上书言大将军时主弱臣强，专制擅权，今其子孙用事，昆弟益骄恣，恐危宗庙，灾异数见（现），尽为是也。其言绝痛，山屏不奏其书。后上书者益黠②，尽奏封事，辄下中书令出取之③，不关尚书，益不信人。"显曰："丞相数言我家，独无罪乎？"山曰："丞相廉正，安得罪？我家昆弟诸婿多不谨。又闻民间谨言霍氏毒杀许皇后④，宁有是邪？"显恐急，即具以实告山、云、禹。山、云、禹惊曰："如是，何不早告禹等！县官离散斥逐诸婿，用是故也⑤。此大事，诛罚不小，奈何？"于是始有邪谋矣。

【注释】 ①窭（jù）人子：出身贫穷的人。②黠（xiá）：狡猾。③中书令：官名。掌尚书事务的宦官。④谨言：议论纷纷。⑤用是故：因这个缘故。

【原文】 初，赵平客石夏善为天官①，语平曰："荧惑守御星②，御星，太仆奉车都尉也，不黜则死。"平内忧山等。云舅李竟所善张赦见云家卒卒③，谓竟曰："今丞相与平恩侯用事，可令太夫人言太后④，先诛此两人。移徙陛下，在太后耳。"长安男子张章告之⑤，事下廷尉。执金吾捕张赦、石夏等，后有诏止勿捕。山等愈恐，相谓曰："此县官重太后，故不竟也⑥。然恶端已见（现），又有弑许后事，陛下虽宽仁，恐左右不听，久之犹发，发即族矣⑦，不如先也。"遂令诸女各归报其夫，皆曰："安所相避⑧？"

【注释】 ①客：门客。天官：古代天文学家。②荧惑：即火星。守：犯。御星：又称"钩铃"，属房宿（房宿今属天蝎星座），共二小星。当时以为，御星象征为天子驾车者，荧惑守御星，太仆或奉车都尉不黜即死。霍山时为奉车都尉，故赵平忧之。③卒卒（cùcù）：惶惶不安的样子。④太后：指上官太后。⑤张章告之：褚先生补《史记·建元以来侯者年表》引《后续记》云：张章，故颍川人。为长安亭长，失官，之北阙上书，寄宿霍氏第舍，卧马枥间，夜闻养马奴相与语，言霍氏子孙欲谋反状，因上书告反。⑥竟：追根究底。⑦族：灭族。⑧安所相避：意思是，走投无路，只有铤而走险。

【原文】 会李竟坐与诸侯王交通，辞语及霍氏，有诏云、山不宜宿卫，免就第。光诸女遇太后无礼，冯子都数犯法，上并以为让①，山、禹等甚恐。显梦第中井水溢流庭下，灶居树上，又梦大将军谓显曰："知捕儿不②？亟下捕之③。"第中鼠暴多，与人相触，以尾画地。鸮数鸣殿前树上④。第门自坏。云尚冠里宅中门亦坏。巷端人共见有人居云屋上，彻瓦投地⑤，就视，亡（无）有，大怪之。禹梦车骑声正讙来捕禹，举家忧愁。山曰："丞相擅减宗庙羔、菟（兔）、蛙⑥，可以此罪也。"谋令太后为博平君置酒⑦，召丞相、平恩侯以下，使范明友、邓广汉承太后制引斩之，因废天子而立禹。约定未发，云拜为玄菟太守⑧，太中大夫任宣为代郡太守⑨。山又坐写秘书⑩，显为上书献城西第，入马千匹，以赎山罪。书报闻⑪。会事发觉，云、山、明友自杀，显、禹、广汉等捕得。禹要（腰）斩，显及诸女昆弟皆弃市。唯独霍后废处昭台宫⑫。与霍氏相连坐诛灭者数千家。

【注释】 ①并以为让：言以诸事一并责备。②知捕儿不：言知将捕儿否？③亟下捕

之:言即将下诏捕之。④鸮:即猫头鹰。古人以为不祥之物。殿:上屋。⑤彻:发。⑥羔、兔、蛙:均为宗庙祭品。数量有所规定。丞相魏相擅减,故可问罪。⑦博平君:宣帝的外祖母王温,地节四年封侯。⑧玄菟:郡名。治所高句丽(在今辽宁省新宾西南)。⑨代郡:郡名。治代县(在今河北省蔚县东北)。⑩写(xiě):抄录。⑪报闻:言已报送皇帝得知。⑫霍后:即霍光小女成君。昭台宫:在上林苑。

【原文】 上乃下诏曰:"乃者东织室令史张赦使魏郡豪李竟报冠阳侯云谋为大逆,朕以大将军故,抑而不扬,冀其自新。今大司马博陆侯禹与母宣成侯夫人显及从昆弟子冠阳侯云、乐平侯山诸姊妹婿谋为大逆,欲诖误百姓①。赖宗庙神灵,先发得②,咸伏其辜,朕甚悼之。诸为霍氏所诖误,事在丙申前③,未发觉在吏者④,皆赦除之。男子张章先发觉,以语期门董忠,忠告左曹杨恽⑤,恽告侍中金安上。恽召见对状⑥,后章上书以闻。侍中史高与金安上建发其事⑦,言无入霍氏禁闼⑧,卒不得遂其谋,皆儁有功⑨。封章为博成侯,忠高昌侯,恽平通侯,安上都成侯,高乐陵侯。"

【注释】 ①诖(guà)误:连累,贻误。百姓:指官民。②发得:言事发而捕得。③丙申:指地节四年(前66)七月十八日。④未发觉在吏者:未发觉罪行而被关在狱中者。⑤杨恽:丞相杨敞次子,司马迁之外孙。⑥对状:陈述事状。⑦建:建议。⑧入:接纳。⑨儁:等,相类。

【原文】 初,霍氏奢侈,茂陵徐生曰:"霍氏必亡。夫奢则不逊,不逊必侮上。侮上者,逆道也。在人之右,众必害之①。霍氏秉权日久,害之者多矣。天下害之,而又行以逆道,不亡何待!"乃上疏言:"霍氏泰(太)盛,陛下即爱厚之,宜以时抑制,无使至亡。"书三上,辄报闻②。其后霍氏诛灭,而告霍氏者皆封。人为徐生上书曰:"臣闻客有过主人者,见其灶直突③,傍有积薪,客谓主人,更为曲突,远徙其薪,不者且有火患。主人嘿(默)然不应。俄而家果失火,邻里共救之,幸而得息。于是杀牛置酒,谢其邻人,灼烂者在于上行④,馀各以功次坐,而不录言曲突者。人谓主人曰:'乡(向)使听客之言,不费牛酒,终亡(无)火患。今论功而请宾,曲突徙薪亡(无)恩泽,焦头烂额为上客耶?'主人乃寤(悟)而请之。今茂陵徐福数上书言霍氏且有变,宜防绝之。乡(向)使福说得行,则国亡(无)裂土出爵之费,臣亡(无)逆乱诛灭之败。往事既已,而福独不蒙其功,唯陛下察之,贵徙薪曲突之策,使居焦发灼烂之右。"上乃赐福帛十匹⑤,后以为郎。

【注释】 ①害:嫉恨。②报闻:言回复所报之事已知,实际上是不予采纳。③直突:直的烟囱。④灼烂者:被烧伤的人。上行(háng):上座。⑤十匹:当作"千匹"(王念孙说)。

【原文】 宣帝始立,谒见高庙,大将军光从骖乘①,上内严惮之②,若有芒刺在背③。后车骑将军张安世代光骖乘,天子从容肆体④,甚安近焉。及光身死而宗族竟诛,故俗传之曰:"威震主者不畜⑤,霍氏之祸萌于骖乘。"

【注释】 ①骖(cān)乘：陪乘。②严：十分，非常。③芒刺：草木上的小刺。④从容肆体：身体舒展、毫无拘束之意。⑤畜：容留之意。

【原文】 至成帝时，为光置守冢百家，吏卒奉祠焉。元始二年①，封光从父昆弟曾孙阳为博陆侯，千户。

【注释】 ①元始二年：公元2年。

【原文】 金日磾字翁叔①，本匈奴休屠王太子也②。武帝元狩中，票(骠)骑将军霍去病将兵击匈奴右地，多斩首，虏获休屠王祭天金人。其夏，票(骠)骑复西过居延③，攻祁连山④，大克获。于是单于怨昆邪、休屠居西方多为汉所破⑤，召其王欲诛之。昆邪、休屠恐，谋降汉。休屠王后悔，昆邪王杀之，并将其众降汉。封昆邪王为列侯。日磾以父不降见杀，与母阏氏、弟伦俱没入官⑥，输黄门养马⑦，时年十四矣。

【注释】 ①金日磾：原匈奴人。②休屠：匈奴族部落首领之一。③居延：邑名。在今甘肃省额济纳旗。④祁连山：山名。在今祁连山脉中部。⑤昆邪：匈奴族部落首领之一。⑥阏氏：匈奴王后的称号。⑦黄门：官署名。备乘舆，养狗马。

【原文】 久之，武帝游宴见马，后宫满侧。日磾等数十人牵马过殿下，莫不窃视①，至日磾独不敢。日磾长八尺二寸②，容貌甚严，马又肥好，上异而问之，具以本状对。上奇焉，即日赐汤沐衣冠，拜为马监③，迁侍中驸马都尉光禄大夫。日磾既亲近，未尝有过失，上甚信爱之，赏赐累千金，出则骖乘，入侍左右。贵戚多窃怨，曰："陛下妄得一胡儿，反贵重之！"上闻，愈厚焉。

【注释】 ①窃视：指偷看宫人。②长八尺二寸：约合今身高189公分。③马监：官名。负责养马，黄门令的属官。

【原文】 日磾母教诲两子，甚有法度，上闻而嘉之。病死，诏图画于甘泉宫，署曰"休屠王阏氏"①。日磾每见画常拜，乡(向)之涕泣，然后乃去。日磾子二人皆爱，为帝弄儿②，常在旁侧。弄儿或自后拥上项，日磾在前，见而目之③。弄儿走且啼曰："翁怒④。"上谓日磾"何怒吾儿为？"其后弄儿壮大，不谨，自殿下与宫人戏，日磾适见之，恶其淫乱，遂杀弄儿。弄儿即日磾长子也。上闻之大怒，日磾顿首谢，具言所以杀弄儿状。上甚哀，为之泣，已而心敬日磾。

【注释】 ①署：题字。②弄儿：供戏弄的幼童。③目：这里指瞪着眼。④翁：老头子，这里指父亲。

【原文】 初，莽何罗与江充相善，及充败卫太子，何罗弟通用诛太子时力战得封。后上知太子冤，乃夷灭充宗族党与。何罗兄弟惧及①，遂谋为逆。日磾视其志意有非常，心疑之，阴独察其动静，与俱上下②。何罗亦觉日磾意，以故久不得发。是时上行幸林光宫③，日磾小疾卧庐。何罗与通及小弟安成矫制夜出④，共杀使者，发兵。明旦，上未起，何罗亡(无)何从外入⑤。日磾奏厕心动⑥，立入坐内户下⑦。须臾，何罗袖白刃从东箱(厢)

上⑧,见日䃅,色变,走趋卧内欲入⑨,行触宝瑟⑩,僵⑪。日得抱何罗,因传曰⑫:"莽何罗反!"上惊起,左右拔刃欲格之⑬,上恐并中日䃅,止勿格。日䃅捽胡投何罗殿下⑭,得禽(擒)缚之,穷治皆伏辜。繇(由)是著忠孝节。

【注释】 ①及:言及于祸。②上下:起居行动。③林光宫:在甘泉宫附近。④矫制:伪托皇帝命令。⑤无何:犹言无几时。⑥奏厕:正走向厕所。⑦立入:立即进殿。内:指殿房。⑧袖白刃:袖里藏着锋利的刀。⑨趋:向也。卧内:这里指天子卧室。⑩瑟:乐器。⑪僵:倒下。⑫传:传呼。⑬格:打击。⑭捽胡:揪住头颈。

【原文】 日䃅自在左右,目不忤视者数十年①。赐出宫女,不敢近。上欲内(纳)其女后宫,不肯。其笃慎如此,上尤奇异之。及上病,属(嘱)霍光以辅少主。光让日䃅。日䃅曰:"臣外国人,且使匈奴轻汉。"于是遂为光副②。光以女妻日䃅嗣子赏。初,武帝遗诏以讨莽何罗功封日䃅为秺侯③,日䃅以帝少不受封。辅政岁馀,病困,大将军光白封日䃅,卧授印绶。一日,薨,赐葬具冢地,送以轻车介士,军陈(阵)至茂陵,谥曰敬侯。

【注释】 ①忤视:逆视,抗视。②副:副手。③秺(dù):地名。在今山东省成武县境。

【原文】 日䃅两子,赏、建,俱侍中,与昭帝略同年,共卧起。赏为奉车、建驸马都尉①。及赏嗣侯,佩两绶,上谓霍将军曰:"金氏兄弟两人不可使俱两绶邪?"霍光对曰:"赏自嗣父为侯耳。"上笑曰:"侯不在我与将军乎?"光曰:"先帝之约,有功乃得封侯。"时年俱八九岁。宣帝即位,赏为太仆,霍氏有事萌牙(芽)②,上书去妻。上亦自哀之,独得不坐。元帝时为光禄勋,薨,亡(无)子,国除。元始中继绝世③,封建孙当为秺侯,奉日䃅后。

【注释】 ①奉车:即奉车都尉。②有:"反"字之讹。③元始:汉平帝年号(公元1-5年)。

【原文】 初,日䃅所将俱降弟伦,字少卿,为黄门郎,早卒。日䃅两子贵,及孙则衰矣,而伦后嗣遂盛,子安上始贵显封侯。

安上字子侯,少为侍中,惇笃有智,宣帝爱之。颇与(预)发举楚王延寿反谋①,赐爵关内侯,食邑三百户。后霍氏反,安上传禁门闼②,无内(纳)霍氏亲属,封为都成侯,至建章卫尉。薨,赐冢茔杜陵③,谥曰敬侯。四子,常、敞、岑、明。

【注释】 ①发举楚王延寿反谋:事详于本书《楚元王传》。②传:传呼。止:禁止。③杜陵:汉宣帝陵,又县名。在今西安市东南。

【原文】 岑、明皆为诸曹中郎将①,常光禄大夫。元帝为太子时,敞为中庶子②,幸有宠,帝即位,为骑都尉光禄大夫,中郎将侍中。元帝崩,故事③,近臣皆随陵为园郎④,敞以世名忠孝,太后诏留侍成帝,为奉车水衡都尉,至卫尉。敞为人正直,敢犯颜色,左右惮之,唯上亦难焉⑤。病甚,上使使者问所欲,以弟岑为托。上召岑,拜为郎⑥,使主客⑦。敞子涉本为左曹,上拜涉为侍中,使待幸绿车载送卫尉舍⑧。须臾卒⑨。敞三子,涉、拳、饶。

【注释】 ①中郎将:官名。西汉的中郎,分五官、左、右三署,各置中郎将以领皇帝的

侍卫人员,属光禄勋。②中庶子:官名,太子官属,侍从太子。③故事:言老规矩。④园郎:官名,守陵园,园令的属官。⑤唯:虽也。⑥郎:当是客曹尚书郎(吴恂说)。⑦使主客:使典宾客。⑧绿车:又名皇孙车,本用以载皇孙,今用以载金涉,以示宠幸。⑨须臾卒:金敞卒于阳朔四年(前21)。

【原文】 涉明经俭节,诸儒称之。成帝时为侍中骑都尉,领三辅胡越骑①。哀帝即位,为奉车都尉,至长信少府②。而参使匈奴,匈奴中郎将③,越骑校尉,关内都尉,安定、东海太守。饶为越骑校尉。

【注释】 ①三辅:这里指京畿地区。胡越骑:由胡人越人组成的骑兵。②长信少府:官名,掌长信宫事务。③参使匈奴,匈奴中郎将:当作"参使匈奴中郎将":案传方历陈三子官阶,不应插入"使匈奴"一语(吴恂说)。

【原文】 涉两子,汤、融,皆侍中诸曹将大夫①。而涉之从父弟钦举明经②,为太子门大夫③,哀帝即位,为太中大夫给事中,钦从父弟迁为尚书令,兄弟用事。帝祖母傅太后崩,钦使护作④,职办,擢为泰山、弘农太守⑤,著威名。平帝即位,征为大司马司直、京兆尹⑥。帝年幼,选置师友,大司徒孔光以明经高行为孔氏师⑦,京兆尹金钦以家世忠孝为金氏友。徙光禄大夫侍中,秩中二千石,封都成侯。

【注释】 ①将:为五官中郎将,左、右中郎将,郎中车、户、骑三将之通称。大夫:为太中大夫、谏大夫、光禄大夫之通称。②明经:通晓经术。③门大夫:官名,太子东宫司门之官。④钦使:疑是"使钦"颠倒。⑤泰山、弘农:二郡名。泰山郡治奉高(今山东省泰安东),弘农郡治弘农(今河南省灵宝东北)。⑥司直:官名。协助本部长官检举不法。⑦孔光:字子夏,鲁人。《汉书》卷八十一有其传。

【原文】 时王莽新诛平帝外家卫氏①,召明礼少府宗伯凤入说为人后之谊(义)②,白令公卿、将军、侍中、朝臣并听,欲以内厉(励)平帝而外塞百姓之议③。钦与族昆弟秺侯当俱封。初,当曾祖父日磾传子节侯赏,而钦祖父安上传子夷侯常,皆亡(无)子。国绝,故莽封钦、当奉其后。当母南即莽母功显君同产弟也④。当上南大行为太夫人⑤。钦因缘谓当:"诏书陈日磾功,亡(无)有赏语。当名为以孙继祖也,自当为父、祖父立庙。赏故国君,使大夫主其祭。"时甄邯在旁,庭叱钦⑥,因劾奏曰:"钦幸得以通经术,超擢侍帷幄,重蒙厚恩,封袭爵号,知圣朝以世有为人后之谊(义)。前遭故定陶太后背本逆天⑦,孝哀不获厥福,乃者吕宽、卫宝复造奸谋,至于反逆,成伏厥辜。太皇太后惩艾(刘)悼惧⑧,逆天之咎,非圣诬法,大乱之殃,诚欲奉承天心,遵明圣制,专壹为后之谊(义),以安天下之命,数临正殿,延见群臣,讲习《礼经》。孙继祖者,谓亡(无)正统持重者也。赏见嗣日磾,后成为君,持大宗重,则《礼》所谓'尊祖故敬宗',大宗不可以绝者也。钦自知与当俱拜同谊,即数扬言殿省中,教当云云⑨。当即如其言,则钦亦欲为父明立庙而不入夷侯常庙矣。进退异言,颇惑众心,乱国大纲,开祸乱原,诬祖不孝,罪莫大焉。尤非大臣所宜,大不敬。

稽侯当上母南为太夫人，失礼不敬。"莽白太后⑩，下四辅、公卿、大夫、博士、议郎⑪，皆曰："钦宜以时即罪⑫。"谒者召钦诣诏狱，钦自杀。邯以纲纪国体，亡（无）所阿私，忠孝尤著，益封千户。更封长信少府涉子右曹汤为都成侯。汤受封日，不敢还归家，以明为人后之谊（义）。益封之后，莽复用钦弟遵，封侯，历九卿位。

【注释】①王莽：字巨君，新王朝建立者。《汉书》卷九十九有其传。②宗伯凤：姓宗伯，名凤，字君房。③励：劝勉。塞：止。④同产：同母兄弟姐妹。⑤当上南大行为太夫人：言当向大行令报称南为太夫人。汉法，凡侯之夫人，子为侯者，乃得为太夫人。当虽为候，然其父未侯，不得称其母为太夫人。当上其母南为太夫人，是恃南为王莽姨母之故。大行，即大行令。武帝以后称大鸿胪。⑥庭叱：在朝廷中叱责。⑦定陶太后：定陶恭王之后，哀帝之生母。⑧惩刈（yì）悼惧：被惩创而戒惧。⑨教当云云：指上述所陈以孙继祖之言。⑩白：报告。太后：指王太后（元后）。⑪下：交下议论。四辅：指王莽弄权时的四位辅政大臣。⑫以时即罪：立即就罪。

【原文】　赞曰：霍光以结发内侍①，起于阶闼之间②，确然秉志③，谊（义）形于主④。受襁褓之托⑤，任汉室之寄，当庙堂，拥幼君⑥，摧燕王，仆上官⑦，因权制敌，以成其忠。处废置之际⑧，临大节而不可夺，遂匡国家，安社稷。拥昭立宣，光为师保⑨，虽周公、阿衡⑩，何以如此！然光不学亡（无）术，暗于大理，阴妻邪谋⑪，立女为后，湛（沈）溺盈溢之欲，以增颠覆之祸，死财（才）三年，宗族诛夷，哀哉！昔霍叔封于晋⑫，晋即河东，光岂其苗裔乎⑬？金日磾夷狄亡国，羁虏汉庭，而以笃敬寤（悟）主，忠信自著，勒功上将，传国后嗣，世名忠孝，七世内侍⑭，何其盛也！本以休屠作金人为祭天主，故因赐姓金氏云。

【注释】①结发：古时男子二十岁结发加冠。这里指霍光年轻时。②阶闼：指宫廷。阶，殿前阶级。闼，宫中小门。③确然：确定地。④形：显露。⑤襁褓之托：言托孤。这里指霍光受武帝托孤（昭帝）之重任。襁是背负幼儿用的布带，褓是包裹幼儿的布被。⑥幼君：指昭帝。⑦仆：击败。⑧废置之际：指废昌邑王刘贺、立宣帝刘询之时。⑨师保：古代称教导辅弼君主之官为师或保。⑩阿衡：指伊尹。⑪阴：隐瞒。⑫霍叔：名叔处，武王之弟，封于霍，故称霍叔。⑬苗裔：后裔，后代子孙。⑭七世内侍：杨树达以为，"日磾至汤不过五世，七字疑误。"

隽疏于薛平彭传（节选）

【题解】

本传叙述隽不疑、疏广（及兄子疏受）、于定国、薛广德、平当、彭宣等人的事迹。这是一篇昭宣以来儒士出身而明哲保身的公卿之类传。隽不疑，治《春秋》，进退以礼，为京兆尹严而不残，以捕伪卫太子而名重。疏广，少好学，明《春秋》，为太子太傅，兄子疏受为少傅。深知"知足不辱，知止不殆"，叔侄二人要求退休，回家享乐。于定国，少学法，后学

《春秋》，为人谦恭，尤重经术士。为廷尉，治狱审慎。为丞相，因灾乱，而要求退位，回乡享清福。薛广德，以《鲁诗》教授学生。为博士，论议于石渠阁。为御史大夫，谏帝勿事游乐。也因灾乱而要求退休、还乡。平当，以明经为博士。每有灾异，辄傅经术，言得失。哀帝时，官至丞相，病笃而辞封。彭宣，治《易》，为博士。官至大司空，因王莽专权而退。这六人，通经入仕，官为公卿，碌碌无为，而明哲保身：大致上说，西汉士大夫在专制集权下，持禄保位，习以成风；若个人品行端正，就算过得去。其中描写隽不疑，较为生动，故在此只选隽不疑的部分。

【原文】 隽不疑字曼倩，勃海人也①。治《春秋》，为郡文学②，进退必以礼，名闻州郡。

【注释】 ①勃海：郡名。治浮阳（在今河北省沧州市东南）。②文学：官名。汉代州郡及王国皆置文学。

【原文】 武帝末，郡国盗贼群起，暴胜之为直指使者①，衣绣衣，持斧，逐捕盗贼，督课郡国，东至海，以军兴诛不从命者②，威振州郡。胜之素闻不疑贤，至勃海，遣吏请与相见。不疑冠进贤冠，带櫑具剑③，佩环玦④，褒衣博带⑤，盛服至门上谒。门下欲使解剑，不疑曰："剑者君子武备，所以卫身，不可解。请退。"吏白胜之。胜之开阁延请，望见不疑容貌尊严，衣冠甚伟，胜之蹑履起迎⑥。登堂坐定，不疑据地曰⑦："窃伏海濒，闻暴公子威名旧矣⑧，今乃承颜接辞。凡为吏，太刚则折，太柔则废，威行施之

《汉书》书影

以恩，然后树功扬名，永终天禄。"胜之知不疑非庸人，敬纳其戒，深接以礼意，问当世所施行。门下诸从事皆州郡选吏⑨，侧听不疑，莫不惊骇。至昏夜，罢去。胜之遂表荐不疑，征诣公车⑩，拜为青州刺史⑪。

【注释】 ①暴胜之：河东人，天汉二年以光禄大夫出为直指使者，至太始三年为御史大夫。直指使者：汉武帝末年为对付起事者，遣使衣绣衣，持斧仗节，兴兵镇压，号直指使者。直指，谓处事无所阿私。②以军兴诛不从命者：有所追捕及行诛罚，皆依兴军之制。③櫑具：古长剑名。剑柄上有蓓蕾形的玉饰或雕刻，故称。④佩环玦：带玉环及著玉佩。玦，即玉佩之玦。⑤褒衣博带：宽衣长带。⑥蹑履：趿着鞋走。⑦据地：以手按地。古人席地而坐，进言时以手按地表示敬意。⑧公子：暴胜之字。旧：久。⑨州郡选吏：州郡吏中之优秀者。⑩公车：汉代官署名。其长官公车令，掌管宫殿中司马门的警卫工作。臣民上书或应召，都由公车接待。⑪青州：地当今山东省北部，今德州以东至成山角一带。

【原文】 久之，武帝崩，昭帝即位，而齐孝王孙刘泽交结郡国豪杰谋反①，欲先杀青州刺史。不疑发觉，收捕，皆伏其辜。擢为京兆尹②，赐钱百万。京师吏民敬其威信。每行县录囚徒还③，其母辄问不疑："有所平反④，活几何人？"即不疑多有所平反，母喜笑，为饮食语言异于他时；或亡（无）所出⑤，母怒，为之不食。故不疑为吏，严而不残。

【注释】 ①齐孝王：齐悼惠王刘肥之子。刘泽：他与燕王刘旦等人结谋；②擢：提拔。③录囚徒：讯视记录囚徒的罪状。④平反：对冤假错案给予纠正。⑤出：意谓释放。

【原文】 始元五年①，有一男子乘黄犊车，建黄旄②，衣黄襜褕③，著黄冒（帽），诣北阙，自谓卫太子④。公车以闻⑤，诏使公卿将军中二千石杂识视⑥。长安中吏民聚观者数万人。右将军勒兵阙下⑦，以备非常。丞相御史中二千石至者并莫敢发言⑧。京兆尹不疑后到，叱从吏收缚。或曰："是非未可知，且安之⑨。"不疑曰："诸君何患于卫太子！昔蒯聩违命出奔⑩，辄距（拒）而不纳⑪，《春秋》是之⑫。卫太子得罪先帝⑬，亡不即死⑭，今来自诣，此罪人也。"遂送诏狱⑮。

【注释】 ①始元五年：前82年。②旄：古代画有龙蛇的一种旗。③襜褕：短衣。④卫太子：戾太子刘据。⑤以闻：以此报告皇帝。⑥杂：共。⑦勒兵：部署兵力。⑧并：皆。⑨安：犹徐。⑩蒯聩：春秋时代卫灵公之太子。因得罪灵公而出奔于晋。⑪辄：蒯聩之子。卫灵公卒，辄嗣位，拒不接纳蒯聩返卫。⑫《春秋》：指《春秋公羊传》。《公羊传》对蒯辄拒不纳蒯聩评曰："辄之义可以立乎？曰可。奈何不以父命辞王父命也。"⑬先帝：指汉武帝。⑭亡：逃亡。⑮诏狱：奉皇帝令拘禁犯人之监狱。

【原文】 天子与大将军霍光闻而嘉之，曰："公卿大臣当用经术明于大谊（义）①。"繇（由）是名声重于朝廷，在位者皆自以不及也。大将军光欲以女妻之，不疑固辞，不肯当。久之，以病免，终于家。京师纪之。后赵广汉为京兆尹②，言："我禁奸止邪，行于吏民，至于朝廷事，不及不疑远甚。"廷尉验治何人③，竟得奸诈④。本夏阳人⑤，姓成名方遂，居湖⑥，以卜筮为事。有故太子舍人尝从方遂卜，谓曰："子状貌甚似卫太子。"方遂心利其言，几（冀）得以富贵，即诈自称诣阙。廷尉逮召乡里识知者张宗禄等，方遂坐诬罔不道，要（腰）斩东市。一云姓张名延年⑦。

【注释】 ①用：以。②赵广汉：《汉书》卷七十六有其传。③何人：凡不知其人姓名及出身者，皆称"何人"。④竟：遂，终。⑤夏阳：县名。在今河南省太康县。⑥湖：县名。在今河南省灵宝市西。⑦吴恂疑此处有错简。他说："自'廷尉验治何人'至'姓张名延年'一节，疑是错简，似当接上文'遂送诏狱'下，义方贯连，《汉纪》正是如此作。"

后汉书

【导语】

《后汉书》与《史记》《汉书》《三国志》被合称为"前四史",具有很高的史学价值和文学价值。作者范晔(398~445),字蔚宗,南朝宋顺阳人,出身于官僚世家,他的父亲范泰长于经学,富有文学才华,十分注重教育后代,范晔因此受到良好的教育与陶冶。

《后汉书》是一部记载东汉历史的纪传体史书,记载了从王莽至汉献帝近两百年的历史。缺"志"、缺"表"是《后汉书》的两个突出特点。范晔去世时,完成了帝、后纪十卷,列传八十卷。据载,他曾托付好友谢俨代写"十志",可惜谢俨也因"谋逆罪"受到株连,他所续的"十志"也因此散佚。现在补入《后汉书》的是晋人司马彪的《续汉书》中的"八志"三十卷。

范晔像

作为一部史学巨著,《后汉书》的史学特色是十分鲜明的,它客观地再现了东汉的兴衰史,记录了东汉政治、经济、文化等各方面的重大事件,保存了大量珍贵的史料。东汉许多人士的精彩论述通过《后汉书》得以保存。如《仲长统列传》附载其《昌言》中的《理乱》等三篇,《张衡列传》附载其《客问》《陈事疏》《请禁图谶疏》,《左雄列传》附载其《陈政事疏》,《蔡邕列传》附载其《释海》等。这些论述记录了东汉人对社会现实的针砭与剖析,是后人研究东汉社会的重要史料,由于东汉的许多史料均已亡佚,所以《后汉书》的这些资料就显得尤为重要了。

光武帝纪

【题解】

《光武帝纪》为《后汉书》本纪首篇,是《后汉书》篇幅最长,用力最深的佳作。

光武帝刘秀(前6~57),是汉高祖刘邦的第九代孙。王莽末年,与其兄刘绩(伯升)起兵造反,一路过关斩将,于公元25年登上帝位,光复了汉家的统治,建立了东汉王朝,定都洛阳。

《光武帝纪》分为上下两篇,上篇主要写光武帝创天下的艰难历程,塑造了一个有勇有谋、体恤下属、气宇轩昂的开国之君。下篇叙写光武帝治天下的种种琐事,着重记录光

武帝拨乱反正、整治山河的漫漫征程，刻画了一个置百姓于心中、勤于政事、清明宽容的仁君形象。

刘秀是从田间走出的皇族。他的特殊出身是他日后能够以仁德治国的根基所在。他生性乐于耕种，又通晓经书大义，开创了世人赞誉的"光武中兴"时代。以柔术治取天下的刘秀虽缺乏刘邦的霸气、没有唐太宗那样的政治与军事才能、没有康熙帝那样的对外开拓能力，但他创下的伟业也毫不逊色，故赢得了范晔诸多溢美之词。

【原文】 世祖光武皇帝讳秀①，字文叔，南阳蔡阳人，高祖九世之孙也②，出自景帝生长沙定王发。发生春陵节侯买，买生郁林太守外，外生钜鹿都尉回，回生南顿令钦，钦生光武。光武年九岁而孤，养于叔父良。身长七尺三寸，美须眉，大口，隆准③，日角④。性勤于稼穑⑤，而兄伯升好侠养士，常非笑光武事田业，比之高祖兄仲。王莽天凤中⑥，乃之长安，受《尚书》，略通大义。

【注释】 ①世祖：刘秀的庙号。光武：刘秀死后的谥号。讳：为表示尊敬帝王尊长，不能直呼其名，即要避讳。②高祖：印汉高祖刘邦。③准：鼻子。④日角：额骨中央部分隆起，形状如日，旧时相术家认为是大贵之相。⑤稼穑：耕种和收获。泛指农业劳动。⑥天凤：王莽的第二个年号。

【译文】 东汉世祖光武皇帝刘秀，字文叔，南阳蔡阳人，是汉高祖刘邦第九代孙，属于汉景帝的儿子长沙定王刘发这一支。刘发生春陵节侯刘买，刘买生郁林太守刘外，刘外生钜鹿都尉刘回，刘回生南顿县令刘钦，刘钦生光武皇帝。光武皇帝九岁就死了父亲，由叔父刘良抚养成人。他身高七尺三寸，须眉浓密，嘴宽鼻隆，天庭饱满。他天性勤劳，乐于耕种，而他的兄长刘伯升喜好行侠义、养门客，常常讥笑光武只知在田间劳作，说他和刘邦的二哥刘喜一样。直到王莽天凤年间，光武才到长安，拜师学习《尚书》，粗略领会了经书的要旨。

【原文】 莽末，天下连岁灾蝗，寇盗锋起。地皇三年①，南阳荒饥，诸家宾客多为小盗。光武避吏新野，因卖谷于宛。宛人李通等以图谶说光武云②："刘氏复起，李氏为辅。"光武初不敢当，然独念兄伯升素结轻客，必举大事，且王莽败亡已兆，天下方乱，遂与定谋，于是乃市兵弩。十月，与李通从弟轶等起于宛，时年二十八。

【注释】 ①地皇：王莽的第三个年号。②图谶：古代方士或儒生编造的关于帝王受命征验一类的书，多为隐语、预言。始于秦，盛于东汉。

【译文】 王莽末年，天下连年遭受蝗灾，寇匪强盗肆虐。地皇三年，南阳饥荒严重，各家的门客们大都出外打劫行盗。光武为躲避官府逃到新野县，于是把粮食运到附近的宛县去卖。宛县人李通等用帝王受命的预言符兆鼓动光武说："刘氏家族将要复兴，而李氏将辅佐他们成其大业。"光武起初不敢轻举妄动，但想到兄长刘伯升平素结交诸多豪杰，一定要造反，况且王莽政权衰败灭亡的征兆已经出现，天下动荡不安，便答应与李氏

共同造反,于是着手购置各种兵器。十月,他与李通的堂弟李轶等在宛县起兵,时年二十八岁。

【原文】 十一月,有星孛于张①。光武遂将宾客还春陵。时伯升已会众起兵。初,诸家子弟恐惧,皆亡逃自匿,曰"伯升杀我"。及见光武绛衣大冠②,皆惊曰"谨厚者亦复为之",乃稍自安。伯升于是招新市、平林兵,与其帅王凤、陈牧西击长聚。光武初骑牛,杀新野尉乃得马。进屠唐子乡,又杀湖阳尉。军中分财物不均,众恚恨③,欲反攻诸刘。光武敛宗人所得物,悉以与之,众乃悦。进拔棘阳,与王莽前队大夫甄阜、属正梁丘赐战于小长安④,汉军大败,还保棘阳。

【注释】 ①孛:指彗星出现时光芒四射的现象。旧以为不祥之兆,预示有兵灾悖乱发生。张:星名,二十八宿之朱雀七宿的第五宿,对应今河南中部、西南部。②绛衣:深红色的衣服。古代军服常用绛色。大冠:武冠。古代武官戴的一种帽子的名称。③恚:发怒,怨恨。④前队大夫:王莽设六队,南阳郡为前队,在郡中设大夫,相当于太守。属正:王莽每队中设属正一人,相当于郡尉。小长安:小长安聚,在今河南南阳。

【译文】 十一月,彗星从张宿边掠过,光武于是带着门客返回春陵。这时刘伯升已聚集百姓起兵。起初,各家子弟都十分惊恐,跑的跑,躲的躲,说"伯升想要我们的命"。等见到光武身着将军服,都惊叹道:"谨慎厚道的人也要造反了!"于是就慢慢定下心来。刘伯升于是招来新市、平林两支起义军,在主帅王凤、陈牧的带领下进攻西边的长聚。光武起先只有牛骑,直到杀了新野县尉后才夺得马匹。接着屠灭唐子乡,又杀了湖阳县尉。军中财物分配不均,众怒难平,将士们想要反攻刘氏家族。光武把刘家人所得的财物聚拢起来,全部分给众将士,众人这才满意。进而攻取棘阳后,又和王莽前队大夫甄阜、属正梁丘赐在小长安交战,结果汉军大败,只得退守棘阳。

【原文】 更始元年正月甲子朔①,汉军复与甄阜、梁丘赐战于沘水西,大破之。斩阜、赐。伯升又破王莽纳言将军严尤、秩宗将军陈茂于淯阳②,进围宛城。

【注释】 ①更始:刘玄的年号,史称刘玄为更始帝。刘玄字圣公,是绿林军立的皇帝,原本是西汉皇族,是汉光武帝刘秀的族兄。②纳言:王莽改大司农为纳言,掌出纳王命,后又掌管军队。秩宗:王莽改太常为秩宗,掌郊庙祭祀,后又掌管军队。

【译文】 更始元年正月初一,汉军又与甄阜、梁丘赐所帅部队在沘水西岸再次决战,大破敌军。斩杀甄阜、梁丘赐二人。刘伯升又在淯阳县打败了王莽的纳严将军严尤和秩宗将军陈茂,进而包围宛城。

【原文】 二月辛巳,立刘圣公为天子,以伯升为大司徒①,光武为太常偏将军②。

【注释】 ①大司徒:官名。东汉时为三公之一,主管教化。②太常:官名。秦时设置,称奉常。汉景帝时改名太常,为九卿之一。掌礼乐郊庙社稷事宜。

【译文】 二月辛巳日,刘玄被拥立为天子,他任命刘伯升为大司徒,光武为太常偏

将军。

【原文】 三月，光武别与诸将徇昆阳、定陵、郾，皆下之。多得牛、马、财物，谷数十万斛，转以馈宛下。莽闻阜、赐死，汉帝立，大惧，遣大司徒王寻、大司空王邑将兵百万①，其甲士四十二万人，五月，到颍川，复与严尤、陈茂合。初，光武为舂陵侯家讼逋租于尤②，尤见而奇之。及是时，城中出降尤者言光武不取财物，但会兵计策，尤笑曰："是美须眉者邪？何为乃如是！"

【注释】 ①大司空：官名，东汉时为三公之一，主管水土及营建工程。②逋租：欠租。逋，拖欠。

【译文】 三月，光武另外带领诸将士攻掠昆阳、定陵、郾等县，都攻打下来，缴获了大批的牛马财物，粮食几十万斛，光武就把这些财物转运馈赠给宛城的部队。王莽得知甄阜、梁丘赐被斩，汉帝即位，大为恐惧，便派遣大司徒王寻、大司空王邑带领百万军马，其中包括四十二万身着盔甲的精锐部队，于五月抵达颍川，与严尤、陈茂的军队会合。当初，光武曾替舂陵侯家到严尤那儿去控告拖欠田租的佃户，严尤一见到他就对他另眼看待。如今，严尤又听从城里逃出来投降自己的人说光武并不敛取财物，只是操练士兵、谋划战事，笑着说："就是那个须眉浓密的家伙吧？他为什么要这么做！"

【原文】 六月己卯，光武遂与营部俱进，自将步骑千余，前去大军四五里而陈。寻、邑亦遣兵数千合战。光武奔之，斩首数十级。诸部喜曰："刘将军平生见小敌怯，今见大敌勇，甚可怪也，且复居前。请助将军！"光武复进，寻、邑兵却，诸部共乘之，斩首数百千级。连胜，遂前。时，伯升拔宛已三日，而光武尚未知。乃伪使持书报城中，云"宛下兵到"，而阳堕其书①。寻、邑得之，不憙②。诸将既经累捷，胆气益壮，无不一当百。光武乃与敢死者三千人，从城西水上冲其中坚，寻、邑陈乱，乘锐崩之，遂杀王寻。城中亦鼓噪而出，中外合执③，震呼动天地，莽兵大溃，走者相腾践，奔殪百余里间④。会大雷风，屋瓦皆飞，雨下如注，滍川盛溢，虎豹皆股战，士卒争赴，溺死者以万数，水为不流。王邑、严尤、陈茂轻骑乘死人度水逃去⑤。尽获其军实辎重、车甲珍宝，不可胜算，举之连月不尽，或燔烧其余。

【注释】 ①阳：假装。②憙：通"喜"，喜悦，高兴。③执：通"势"，势力，力量。④殪：死亡。⑤度：通"渡"，渡过。

【译文】 六月己卯日，光武与各营部队一同出发，自己带领着千余名步骑兵，前进到离王莽大军四五里的地方驻扎下来。王寻、王邑也派了几千名的兵士应战。光武冲入敌阵，杀敌数十人。各部将领十分惊喜，说："刘将军素来看到弱小的敌人就害怕，今天遇上强敌反而勇不可当，真是奇怪，而且又冲在前面。我们也来协助将军吧。"光武继续前进，王寻、王邑的部队退却，各部将领共同乘胜追击，杀敌上千人。屡战屡胜，队伍又向前推进。那时刘伯升攻下宛城已有三天了，但光武尚未得知，他就假装派人拿着刘伯升的书

信报告城里的人,说"宛城的援兵马上就要到了",并假装把信丢在半路上。王寻、王邑看到这封信,很不是滋味。而汉军几战告捷,气势更盛,无不以一当百。光武又带上敢死队三千人,从城西的水面上冲击王莽军的中坚力量,王寻、王邑军阵大乱,汉军乘胜摧毁敌军,杀死了王寻。城里的部队也擂鼓呐喊冲出城门,里应外合,呼声震天动地,王莽溃不成军,士兵奔逃相互践踏,百余里间处处可见奔逃和死亡的人。恰逢当时雷电大作,风雨交加,屋顶的瓦片都被刮飞了,大雨倾盆而下,滍川的洪水四处流溢,虎豹都吓得浑身发抖。士兵们争相渡水逃命,溺水而亡的人数以万计,尸体阻塞了湍流的河水。王邑、严尤骑马踩着水中的尸体逃走了。光武军缴获了敌军所有的军需、辎重、战车、铠甲、珍宝,不可胜数,几个月都搬不完,有的只好烧毁了。

【原文】 光武因复徇下颍阳。会伯升为害,光武自父城驰诣宛谢。司徒官属迎吊光武,光武难交私语①,深引过而已。未尝自伐昆阳之功②,又不敢为伯升服丧,饮食言笑如平常。更始以是惭,拜光武为破虏大将军,封武信侯。

【注释】 ①难:不能,不好。②伐:自我夸耀。

【译文】 光武乘势攻下了颍阳县。这时刘伯升被更始帝刘玄杀死,光武立即从父城赶到宛城谢罪。司徒府的属官们都来迎接慰问光武,光武却不能和他们私下议论什么,只是深深地自责。他从没有自夸昆阳之战的功勋,也不敢为伯升服丧,饮食谈笑都如平常一样自然。更始帝因此感到十分惭愧,拜光武为破虏大将军,封他为武信侯。

【原文】 九月庚戌,三辅豪杰共诛王莽①,传首诣宛。

【注释】 ①三辅:指长安周边的京兆、左冯翊、右扶风三郡,分别统领几个县。

【译文】 九月庚戌日,长安三辅豪杰联手杀了王莽,并把他的脑袋送到宛城。

【原文】 更始将北都洛阳,以光武行司隶校尉①,使前整修宫府。于是置僚属,作文移,从事司察②,一如旧章。时三辅吏士东迎更始,见诸将过,皆冠帻③,而服妇人衣,诸于绣䄡④,莫不笑之,或有畏而走者。及见司隶僚属,皆欢喜不自胜。老吏或垂涕曰:"不图今日复见汉官威仪!"由是识者皆属心焉。

【注释】 ①行:代理。司隶校尉:掌三辅、三河、弘农七郡纠察的长官。②从事:从事史,司隶的属官,主管督促文书,察举非法。③帻:古代包发髻的巾,多是地位卑贱的人所用。④诸于:古代妇女穿的宽大上衣。䄡:半袖短衣。

【译文】 更始帝于是准备北上定都洛阳,便让光武代理司隶校尉的职务,先行赶往洛阳修整皇宫官府。光武安排官员,起草公文,设置司法检察机制,一切都沿袭汉朝旧的规矩。到了迎接更始帝入都时,三辅地区的官吏们看见众位将领都极其随意地扎着头巾,穿着女人的衣服,女人穿的宽大上衣外面还套着绣花的半袖短衣,没有不笑话他们的,还有的害怕得跑开了。等看到司隶府的属官们时,都喜不自胜。有些老官吏流着泪说:"想不到今天又看到我大汉官吏的威仪风采!"这件事后,有识之士都对光武心有

375

所属。

【原文】 进至邯郸，故赵缪王子林说光武曰："赤眉今在河东^①，但决水灌之，百万之众可使为鱼。"光武不答，去之真定。林于是乃诈以卜者王郎为成帝子子舆，十二月，立郎为天子，都邯郸，遂遣使者降下郡国。

【注释】 ①赤眉：以樊崇为首的起义军，因以赤色涂眉为标志，故称。

【译文】 到了邯郸，已故赵缪王的儿子刘林劝光武说："赤眉军现在黄河以东，只要挖开黄河放水淹灌，百万军队顷刻就可成为鱼虾。"光武没有理会他，离开邯郸去了真定。赵林便让从事占卜的王郎伪装为成帝的儿子刘子舆，十二月，拥立王郎为天子，定都邯郸，并派使者说服各郡国归降。

【原文】 二年正月，光武以王郎新盛，乃北徇蓟。王郎移檄购光武十万户，而故广阳王子刘接起兵蓟中以应郎，城内扰乱，转相惊恐，言邯郸使者方到，二千石以下皆出迎^①。于是光武趣驾南辕，晨夜不敢入城邑，舍食道傍。至饶阳，官属皆乏食。光武乃自称邯郸使者，入传舍^②。传吏方进食，从者饥，争夺之。传吏疑其伪，乃椎鼓数十通^③，绐言邯郸将军至^④，官属皆失色。光武升车欲驰，既而惧不免，徐还坐，曰："请邯郸将军入。"久乃驾去。传中人遥语门者闭之。门长曰："天下讵可知^⑤，而闭长者乎？"遂得南出。晨夜兼行，蒙犯霜雪，天时寒，面皆破裂。至呼沱河，无船，适遇冰合，得过，未毕数车而陷。进至下博城西，遑惑不知所之。有白衣老父在道旁，指曰："努力！信都郡为长安守，去此八十里。"光武即驰赴之，信都太守任光开门出迎。世祖因发旁县，得四千人，先击堂阳、贳县，皆降之。王莽和成卒正邳彤亦举郡降^⑥。又昌城人刘植、宋子人耿纯，各率宗亲子弟，据其县邑，以奉光武。于是北降下曲阳，众稍合，乐附者至有数万人。

【注释】 ①二千石：俸禄是二千石的官员。汉制，郡守俸禄为二千石，也因称郡守为二千石。②传舍：古代供来往行人休止的住所。③椎鼓：击鼓。椎，用椎击打。④绐：欺诳。⑤讵：表示否定，非，不。⑥和成：王莽时分钜鹿为和成郡。卒正：官名，相当于太守。

【译文】 更始二年正月，光武考虑到王郎新兴势力强盛，决定向北攻伐蓟州区。王郎发出公告，悬赏十万户捉拿到光武，同时已故广阳王的儿子刘接也在蓟州区城内起兵响应王郎，蓟州区城内纷扰混乱，百姓惊恐，都传说邯郸派来的使者马上就要来了，城中郡守以下的官员都要出城迎接。光武于是急忙驾车南逃，日夜都不敢进入城邑，连吃饭睡觉也只在路边停留。到了饶阳，属下都没有东西吃了。光武便假称是邯郸来的使者，到了旅馆里。管理旅馆的人刚送上饭来，光武手下的人饥饿难忍，争着抢饭吃。管理旅馆的人怀疑他们不是邯郸来的，就敲了几十通鼓，假报邯郸的将军来了，光武的官员都吓得脸色大变。光武坐上车子想要逃走，但转念一想，若真是将军来了，自己也难逃厄运，于是又慢慢走回来坐下说："有请邯郸的将军进来。"等了许久才驾车走了。旅馆的人远远地让守城人关闭城门。城门长官说："天下归谁还不知晓，怎敢将尊贵的人困在城中？"

光武于是得以从南门出城。他们日夜兼程，冒着严霜冷雪赶路，天寒地冻，脸都冻裂了。到了呼沱河，没有船过河，恰逢此时河面封冻，车子可以通过，几乎不等最后几部车完全通过，冰面就塌了。往前到了下博县的城西，他们正彷徨困惑不知要往哪里去。路边有个白衣老人，指点他们说："努力啊，信都郡仍然为长安坚守，离这还有八十里。"光武立即快马加鞭奔赴那里，信都太守任光打开城门迎接他们。光武便从邻近县城征集到四千人马，先攻堂阳、贳县，两地都投降了。王莽手下的和成郡卒正邳彤也带领全郡前来投降。又有昌城人刘植、宋子人耿纯，各自带着同宗族子弟，占领了所在县城，奉送给光武。光武又向北降服了下曲阳县，手下的人马越聚越多，愿意跟随他的多达数万人。

【原文】 复北击中山，拔卢奴。所过发奔命兵①，移檄边部，共击邯郸，郡县还复响应。南击新市、真定、元氏、防子，皆下之，因入赵界。

【注释】 ①奔命兵：汉代遇到急难之时，就从州郡中选取骁勇善战的骑士，急赴救援，故称"奔命兵"。

【译文】 光武又向北攻击中山国，占领了卢奴县。光武每到一处，都征集"奔命兵"，并发文告到周边地区，号召大家共同抗击邯郸，各郡县纷纷回复响应。又南进攻下了新市、真定、元氏、防子等地，进入赵国的地界。

【原文】 时王郎大将李育屯柏人，汉兵不知而进，前部偏将朱浮、邓禹为育所破，亡失辎重。光武在后闻之，收浮、禹散卒，与育战于郭门，大破之，尽得其所获。育还保城①，攻之不下，于是引兵拔广阿。会上谷太守耿况、渔阳太守彭宠各遣其将吴汉、寇恂等将突骑来助击王郎②，更始亦遣尚书仆射谢躬讨郎，光武因大飨士卒，遂东围钜鹿。王郎守将王饶坚守，月余不下。郎遣将倪宏、刘奉率数万人救钜鹿，光武逆战于南䜌，斩首数千级。四月，进围邯郸，连战破之。五月甲辰，拔其城，诛王郎。收文书，得吏人与郎交关谤毁者数千章③。光武不省④，会诸将军烧之，曰："令反侧子自安。"

【注释】 ①保城：小城。②突骑：用于冲锋陷阵的精锐骑兵。③交关：串通，勾结。④省：观看，阅览。

【译文】 当时，王郎的大将李育在柏人县屯驻，汉军没探到敌情，进军此地，先遣部队偏将朱浮、邓禹被李育击败，辎重都丢失了。光武在后面得知消息，收聚了朱浮、邓禹的散兵败将，与李育在外城门激战，大败李育，收缴了李育同朱、邓交战时所获得的粮草辎重。李育退守小城，攻不下来，光武于是带兵攻下广阿县。此时恰逢上谷太守耿况、渔阳太守彭宠分别派吴汉、寇恂等将军率领精锐骑兵前来协助攻击王郎，更始帝也派尚书仆射谢躬前来讨伐王郎，光武于是好好地犒劳了士兵，然后东进包围了钜鹿城。王郎的将军王饶坚守城中，光武一个多月也没攻下。王郎又派遣倪宏、刘奉率数万兵马解救钜鹿，光武到南县迎头痛击，斩杀敌军数千人。四月，又进军围攻邯郸，连战连胜。五月甲辰日，攻破邯郸，杀了王郎。缴获文书，发现汉军官吏与王郎勾结毁谤光武的信函数千

章。光武看也不看,召集众将军烧掉它们,说:"让那些辗转反侧的人安下心来吧。"

【原文】 更始遣侍御史持节立光武为萧王,悉令罢兵诣行在所①。光武辞以河北未平,不就征。自是始贰于更始。

【注释】 ①罢兵:停战。行在所:天子所在的地方。

【译文】 更始帝派侍御史持符节立光武为萧王,要他停战回到更始帝所在地。光武推辞说河北尚未平定,不接受命令。从此光武开始对更始帝存有二心。

【原文】 是时长安政乱,四方背叛。梁王刘永擅命睢阳,公孙述称王巴蜀,李宪自立为淮南王,秦丰自号楚黎王,张步起琅邪,董宪起东海,延岑起汉中,田戎起夷陵,并置将帅,侵略郡县。又别号诸贼铜马、大肜、高湖、重连、铁胫、大抢、尤来、上江、青犊、五校、檀乡、五幡、五楼、富平、获索等,各领部曲①,众合数百万人,所在寇掠。

【注释】 ①部曲:古时军队的编制单位。借指军队。

【译文】 当时长安政事混乱,各方面纷纷叛离更始帝。梁王刘永在睢阳县专权行事,公孙述在巴蜀称王,李宪则自立为淮南王,秦丰自称楚黎王,张步在琅邪起兵,董宪在东海起兵,延岑在汉中起兵,田戎在夷陵起兵,都委任将帅,侵占各郡县。又有别号为铜马、大肜、高湖、重连、铁胫、大抢、尤来、上江、青犊、五校、檀乡、五幡、五楼、富平、获索等的各地盗匪,各自领着手下的部队,总数多达数百万人,在各自所在的郡县掠夺。

【原文】 光武将击之,先遣吴汉北发十郡兵。幽州牧苗曾不从,汉遂斩曾而发其众。秋,光武击铜马于鄡,吴汉将突骑来会清阳。贼数挑战,光武坚营自守;有出卤掠者①,辄击取之,绝其粮道。积月余日,贼食尽,夜遁去,追至馆陶,大破之。受降未尽,而高湖、重连从东南来,与铜马余众合,光武复与大战于蒲阳,悉破降之,封其渠帅为列侯②。降者犹不自安,光武知其意,敕令各归营勒兵③,乃自乘轻骑按行部陈④。降者更相语曰:"萧王推赤心置人腹中,安得不投死乎!"由是皆服。悉将降人分配诸将,众遂数十万,故关西号光武为"铜马帝"。赤眉别帅与大肜、青犊十余万众在射犬,光武进击,大破之,众皆散走。使吴汉、岑彭袭杀谢躬于邺。

【注释】 ①卤掠:掳掠。卤,通"掳"。②渠帅:旧时统治者称武装反抗者的首领或部落酋长为渠帅。列侯:爵位名。秦制爵分二十级,最高级称彻侯,汉承秦制,为避武帝刘彻的名讳,改称通侯,又称列侯。③勒兵:治军,指挥军队。④按行:巡行,巡视。部陈:军伍行阵。

【译文】 光武准备讨伐这些盗贼,先派遣吴汉征发十郡的兵马北进。幽州牧苗曾不服从,吴汉便杀了他,调发了他的部队。秋天,光武在鄡县攻打铜马军,吴汉率领精锐骑兵来到清阳县与光武会合。铜马军屡次挑战,光武坚守军营不予还击,而铜马军一旦有人外出抢掠财物,光武就派人截击他们,断绝铜马军的粮草通道。如此过了一个多月,铜马军粮食吃尽,半夜逃离,光武率军追至馆陶县,大败铜马军。未等铜马军全部投降,从

东南方向又来了高湖、重连两路人马，与剩余的铜马军会合，光武于是又与他们在蒲阳激战，全线攻破敌军并使他们归降，封他们的将领为列侯。投降的将领心里还是不踏实，光武知道他们的疑虑，令他们回到各自的军队管理士兵，于是自己单骑视察各营部队。投降的人互相议论说："萧王对我们推心置腹，我们怎么能不以死相报呢？"从此他们都心悦诚服。光武把投降的人马全部分配给诸位将领，他的部队也扩充至数十万人，关西的人因此称光武为"铜马帝"。赤眉军别部将领和大肜、青犊的十多万人马聚集在射犬，光武率兵攻击，大败赤眉军，各路人马都逃散了。光武又派吴汉、岑彭袭击邺城，杀了谢躬。

【原文】 青犊、赤眉贼入函谷关，攻更始。光武乃遣邓禹率六裨将引兵而西，以乘更始、赤眉之乱。时，更始使大司马朱鲔、舞阴王李轶等屯洛阳，光武亦令冯异守孟津以拒之。

【译文】 青犊、赤眉军进入函谷关，攻打更始帝。光武便派邓禹带领六路副将率兵西进，以利用更始帝与赤眉战乱的时机。更始帝此时派大司马朱鲔、舞阴王李轶等屯驻洛阳，光武也命令冯异坚守孟津对抗他们。

【原文】 建武元年春正月，平陵人方望立前孺子刘婴为天子，更始遣丞相李松击斩之。

【译文】 建武元年春天正月，平陵人方望立前汉孺子刘婴为天子，更始帝派遣丞相李松出击并杀了刘婴。

【原文】 于是诸将议上尊号[1]。马武先进曰："天下无主。如有圣人承敝而起，虽仲尼为相，孙子为将，犹恐无能有益。反水不收[2]，后悔无及。大王虽执谦退，奈宗庙社稷何！宜且还蓟即尊位，乃议征伐。今此谁贼而驰骛击之乎[3]？"光武惊曰："何将军出是言？可斩也！"武曰："诸将尽然。"光武使出晓之，乃引军还至蓟。

【注释】 ①上尊号：此指让刘秀即皇帝位。尊号，尊崇帝后或其先王及宗庙等的称号。②反水不收：水已泼出，不能收回。用指事成定局，无可改变。③驰骛：奔走，奔竞。

【译文】 于是众将开始商议光武称帝之事。马武首先进言说："天下没有主宰。假使有圣明的人趁着国运衰败之时兴起，即便让孔子做丞相，孙子做大将，恐怕还是无济于事。泼出去的水无法收回来，错过机会再后悔就来不及了。大王虽然坚持谦逊忍让，但国家社稷怎么办！应该先返回蓟州区登上皇位，再来商讨征伐的事情。否则，现在连谁是盗贼都分不清，东奔西跑地讨伐谁呢？"光武大吃一惊说："将军怎敢这样说话？要杀头的！"马武说："将军们都是这样。"光武让马武出去向众将解释，便率军回到了蓟城。

夏月，公孙述自称天子。

【译文】 夏季四月，公孙述自立为天子。

【原文】 光武从蓟还，过范阳，命收葬吏士。至中山，诸将复上奏曰："汉遭王莽。宗庙废绝，豪杰愤怒，兆人涂炭[1]。王与伯升首举义兵，更始因其资以据帝位，而不能奉承大统,败乱纲纪,盗贼日多,群生危蹙^②。大王初征昆阳,王莽自溃;后拔邯郸,北州弭定^③;参分天下而有其二^④,跨州据土^⑤,带甲百万。言武力则莫之敢抗,论文德则无所与辞。臣闻帝王不可以久旷,天命不可以谦拒,惟大王以社稷为计,万姓为心。"光武又不听。

【注释】　①兆人:兆民,百姓,民众。②危蹙:危急,危迫。③弭定:平定。弭,止息。④参:通"三",三分。⑤跨:据有,占有。

【译文】　光武从蓟州区返回,途经范阳,下令收埋官吏士兵的遗体。到达中山国,众将领又上奏说:"汉朝遭遇王莽之乱,宗庙祭祀废弃断绝,豪杰愤慨恼怒,黎民百姓正处在水深火热之中。大王和伯升首起义兵,但更始帝却凭借资历占据了帝位,却不能奉承汉朝大统,败乱纲常法纪,致使盗匪滋生,天下危急。而大王您昆阳初战,就让王莽溃不成军;后来又攻取邯郸,平定了北方各州;您占有了天下的三分之二,占据各州县的领地,拥有百万精兵。若论武力,没有谁能与您抗衡;若论文采仁德,没有人能与您相提并论。臣下听说帝王之位不可长期空缺,天意不可谦虚辞让,真诚地希望大王您能以社稷大计为重,把黎民百姓装在心中。"光武还是没有听从。

【原文】　行到南平棘,诸将复固请之。光武曰:"寇贼未平,四面受敌,何遽欲正号位乎?诸将且出。"耿纯进曰:"天下士大夫捐亲戚,弃土壤,从大王于矢石之间者,其计固望其攀龙鳞,附凤翼,以成其所志耳。今功业即定,天人亦应,而大王留时逆众^①,不正号位,纯恐士大夫望绝计穷,则有去归之思,无为久自苦也。大众一散,难可复合。时不可留,众不可逆。"纯言甚诚切,光武深感,曰:"吾将思之。"

【注释】　①留时:延误时日。

【译文】　到了南平棘县,将军们又坚决要求光武称帝。光武说:"盗贼还未平定,四面仍在受敌人困扰,为什么就要急匆匆地称帝呢?各位爱将请回去吧!"耿纯进言说:"天下的士大夫远离亲人,背井离乡,跟随大王您厮杀于刀光剑影之间,心里当然是盼着自己能攀龙附凤,跟随天子,以实现心中的远大志向。如今就要功成名就了,天意人事也有了应验,然而大王您却延误时日违背民心,不就帝位,我担心士大夫期望落空,难免就要想着另谋出路,而不愿长久地白白辛苦自己。大家一旦离去,就再难以聚合。机不可失,时不再来,民心不可违。"耿纯的一席话说得十分恳切,光武深受感动,说:"让我再考虑考虑。"

【原文】　六月己未,即皇帝位。

【译文】　六月己未日,光武即位为皇帝。

【原文】　冬十月癸丑,车驾入洛阳,幸南宫却非殿,遂定都焉。

【译文】　冬十月癸丑日,光武帝车驾进驻洛阳,亲临南宫却非殿,于是将洛阳定为都城。

【原文】 二年春正月庚辰,封功臣皆为列侯,大国四县,余各有差。博士丁恭议曰:"古帝王封诸侯不过百里,故利以建侯,取法于雷①,强干弱枝,所以为治也。今封诸侯四县,不合法制。"帝曰:"古之亡国,皆以无道,未尝闻功臣地多而灭亡者。"乃遣谒者即授印绶,策曰:"在上不骄,高而不危;制节谨度,满而不溢。敬之戒之。传尔子孙,长为汉藩。"

【注释】 ①取法于雷:《易·屯》卦"坎"上"震"下,"震"为雷,初九说"利建侯",又说"震惊百里",雷雨范围只及百里,所以封诸侯"取法于雷",封地也以百里为限。

【译文】 建武二年春正月庚辰日,将功臣全部封为列侯,大的封邑有四个县,其他封邑大小不等。博士丁恭驳议说:"古代帝王给诸侯的封邑不超过百里,分封诸侯要取法于雷,才恰到好处。主干强枝叶弱,才能治好天下。现在您给诸侯的封邑超过四个县,不符合法度。"光武帝说:"古往今来国家的灭亡,都是由于没有道义,从未听说过因功臣封地大而亡国的。"于是派谒者马上将印绶发给各诸侯,并传命说:"居高位而不骄蛮,则位高而不危;节制而谨遵法度,则盛满而不溢。切记于心,时时警醒,并世代相传,长久地作汉室的屏障。"

【原文】 (建武五年)五月丙子,诏曰:"久旱伤麦,秋种未下,朕甚忧之。将残吏未胜,狱多冤结,元元愁恨①,感动天气乎?其令中都官、三辅、郡、国出系囚②,罪非犯殊死一切勿案③,见徒免为庶人④。务进柔良,退贪酷,各正厥事焉。"

【注释】 ①元元:百姓,庶民。②中都官:汉代京师各官署的统称。③殊死:殊死刑,斩刑。案:通"按",查办,审理。④见(xiàn)徒:现被拘禁执役的囚犯。

【译文】 (建武五年)五月丙子日,光武帝下诏说:"天下长久干旱,毁了麦子,连秋种也不能按时进行,我很担忧。难道这是因为官吏过于残暴不能胜任,致使断案有太多的冤屈,百姓的仇恨,让上天为之动容吗?命令京中各官署、三辅、各郡、国释放囚犯,不是犯了殊死之罪的都不再审讯,正在服刑的赦免为平民。一定要让和善温良之士担任官职,免去贪婪残酷之徒,要履行好各自的职责。"

【原文】 (六年春正月)辛酉,诏曰:"往岁水、旱、蝗虫为灾,谷价腾跃,人用困乏。朕惟百姓无以自赡,恻然愍之①。其命郡国有谷者,给禀高年、鳏、寡、孤、独及笃癃、无家属贫不能自存者②,如《律》。二千石勉加循抚③,无令失职。"

【注释】 ①愍:怜悯,哀怜。②给禀:即给廪,官府供给粮食。禀,粮食。笃癃:困苦病废。笃,困苦。癃,衰老病弱。③循抚:安抚。

【译文】 (建武六年春正月)辛酉日,下诏令说:"往年水、旱、蝗灾,致使谷价暴涨,百姓困苦。我看着老百姓不能养活自己,心中十分悲痛怜悯。命令尚有存粮的郡国,赈济老人、鳏夫、寡妇、孤儿、老而无子、病重困苦,以及无家可归无法自立的人,一切都要遵照《汉律》的规定。郡守要努力安抚百姓,不要失职。"

【原文】 六月辛卯,诏曰:"夫张官置吏,所以为人也。今百姓遭难,户口耗少,而县

官吏职所置尚繁,其令司隶、州牧各实所部,省减吏员。县国不足置长吏可并合者,上大司徒、大司空二府。"于是条奏并省四百余县,吏职减损,十置其一。

【译文】 六月辛卯日,下诏说:"国家设置大小官吏,完全是为了百姓。现百姓遭难,户口减少,但县官及下属官吏过于繁复,请司隶、州牧检查所辖州县,裁减官吏。将那些不足以单立长官而可以合并的郡县,报送大司徒、大司空二府。"于是上报合并了四百多个县,裁减官员,仅保留过去的十分之一。

【原文】 (十二月)癸巳,诏曰:"顷者师旅未解,用度不足,故行什一之税①。今军士屯田,粮储差积。其令郡国收见田租三十税一②,如旧制。"

【注释】 ①什一之税:十分取一的税。②三十税一:三十分取一的税。西汉景帝二年曾令田租三十税一,今依景帝制度,故后文说"如旧制"。

【译文】 (十二月)癸巳日,下诏说:"过去因战事不断,军队用度太大,所以实行十税一的赋税,现军队士兵实行了屯田,粮食储备差不多充足了。现命令各郡国恢复三十税一的旧制度。"

【原文】 (七年春正月丙申)又诏曰:"世以厚葬为德,薄终为鄙,至于富者奢僭①,贫者单财②,法令不能禁,礼义不能止,仓卒乃知其咎③。其布告天下,令知忠臣、孝子、慈兄、悌弟薄葬送终之义。"

【注释】 ①奢僭:奢侈逾礼,不合法度。僭,超越本分,冒用在上者的名义、职权行事。②单财:耗尽资财。单,通"殚",尽,竭尽。③仓卒乃知其咎:指遇到非常事变时厚葬的墓都被盗掘,才认识到错误。仓卒,指丧乱,非常事变。卒,同"猝"。

【译文】 (建武七年春正月丙申日)又下诏说:"世人都把厚葬作为美德,鄙视那些从俭办丧事的做法,以至于富人奢侈无度,穷人耗尽家财,法令禁不住,礼义止不了,要等到遇到非常事变厚葬的墓被偷盗时才认识到错误。现在布告天下,希望大家明白作忠臣、孝子、仁兄、贤弟,为死去的人薄葬送终,才是合乎道义的英明之举。"

【原文】 三月丁酉,诏曰:"今国有众军,并多精勇,宜且罢轻车、骑士、材官、楼船士及军假吏①,令还复民伍。"

【注释】 ①轻车、骑士、材官、楼船士:汉高祖遗留下的编制,是从天下精选出来的勇猛刚强之士。轻车、骑士擅长平地作战;材官适合于山地作战;楼船用于水战。军假吏:指军中临时设置的下级官吏。

【译文】 三月丁酉日,下诏说:"现在国家有大批的军队,其中不乏精悍勇猛之士,可暂且取消轻车、骑士、材官、楼船士及一些临时设置的军吏,让他们恢复平民身份。"

【原文】 (建武十三年春正月)戊子,诏曰:"往年已敕郡国,异味不得有所献御①,今犹未止,非徒有豫养导择之劳②,至乃烦扰道上,疲费过所。其令太官勿复受③。明敕下以远方口实所以荐宗庙④,自如旧制。"

【注释】 ①异味:异常的美味。献御:指进献食物给皇上。②豫养:预先养育。豫,同"预",预先,事先。导择:精选。导,通"𧫢",选择,特指选择谷物。③太官:掌皇帝膳食及燕享之事。④口实:膳食,食物。荐:进献。

【译文】 (建武十三年春正月)戊子日,下诏说:"往年已传令各郡国,奇特的食物不得进贡,但这种做法至今还未停止,这不仅要费心预先养殖、精心选择,还要烦扰所过之处,让路过的地方疲惫破费。命令太官不要再接受进贡之物。现明令按照旧的规定,让远方进贡作为宗庙祭祀之用的食物。"

【原文】 (中元二年)二月戊戌,帝崩于南宫前殿,年六十二。遗诏曰:"朕无益百姓,皆如孝文皇帝制度,务从约省。刺史、二千石长吏皆无离城郭①,无遣吏及因邮奏②。"

【注释】 ①刺史:朝廷所派督察地方的官员,后沿用为地方官职名称。汉武帝时分全国为十三部(州),部设刺史。②邮奏:指上书。邮,驿站。奏,臣子上给帝王的文书。

【译文】 (中元二年)二月戊戌日,光武帝驾崩于南宫前殿,享年六十二岁。他颁布遗诏说:"我没为百姓做什么贡献。我死后,依照孝文皇帝订立的制度,一切务必从俭。刺史及郡守都不必离开自己的城郭奔丧,不要派人或因此上书吊唁。"

【原文】 初,帝在兵间久,厌武事,且知天下疲耗,思乐息肩①。自陇、蜀平后,非儆急②,未尝复言军旅。皇太子尝问攻战之事,帝曰:"昔卫灵公问陈,孔子不对。此非尔所及。"每旦视朝,日仄乃罢。数引公卿、郎、将讲论经理,夜分乃寐。皇太子见帝勤劳不怠,承间谏曰:"陛下有禹、汤之明,而失黄、老养性之福,愿颐爱精神③,优游自宁。"帝曰:"我自乐此,不为疲也。"虽身济大业,兢兢如不及④,故能明慎政体,总揽权纲,量时度力,举无过事。退功臣而进文吏,戢弓矢而散马牛⑤,虽道未方古,斯亦止戈之武焉⑥。

【注释】 ①息肩:休养生息。②儆急:紧急(事件),一般指军情。儆,紧急的事件或情况,多指战争。③颐爱:保养爱护。颐,保养。精神:精力体气。④兢兢:小心谨慎的样子。⑤戢:收藏兵器。⑥止戈之武:止戈为武的武德精髓。《左传·宣公十二年》楚庄王把"武"字分为"止""戈"两部分,意思是"武"字是"止戈"两字合成的,所以要能止战,才是真正的武功。

【译文】 当初,光武帝长年驰骋沙场,对战争十分厌倦,也明白天下百姓疲于战事,国力不堪损耗,大家都向往和平安定的日子。自从平定陇、蜀两地后,若非万分紧急之事,就不再滥用兵力。皇太子曾向他请教战争之事,光武帝说:"过去卫灵公咨询布阵用兵之事,孔子并不回答。这不是你应考虑的。"每天早晨上朝,直到太阳西斜才退朝。常常召见公卿、郎官和将领们议论经典理义,直到深夜才睡觉。皇太子见皇帝勤劳不知疲倦,乘他闲暇时劝谏说:"陛下您有夏禹、商汤的贤德,却失去黄帝、老子所倡导的修身养性之福,希望您保养爱护自己的精神体力,求得自身悠闲安宁。"光武帝答道:"我自己乐于这样,不觉得疲倦。"他虽成就了光复汉朝的大业,却始终兢兢业业,唯恐自己做得不

够,因此能十分明智谨慎地处理政务,总揽权势朝纲,审时度势,决策也没什么失误。不用功臣而重用文官,收藏起刀剑,遣散战马,虽治国方略不能与古代圣贤相媲美,却也践行了"止戈为武"的武德精髓了。

马援列传

【题解】　马援(? ~49),光武时期的名将。他从小胸怀大志,为后世留下许多豪迈名言。他开明诚信,富有谋略,善识名马,告诫他人躲避灾祸,十分明智。王莽败亡后,马援到凉州避难,成为隗嚣的得力助手,周游于蜀汉两地,后渐渐和固执的隗嚣产生分歧,投奔开明的光武帝。他的谋划直接导致隗嚣势力的崩溃。马援的绝大部分时间是在疆场上驰骋的,为汉室平定凉州,征服乱贼,他总是在危急时刻主动请求出战,花甲之年还要抗击敌军,最后悲壮地死在战场之上,实践了自己"马革裹尸"的豪言壮语。

【原文】　马援字文渊,扶风茂陵人也。其先赵奢为赵将,号曰马服君,子孙因为氏。武帝时,以吏二千石自邯郸徙焉。曾祖父通,以功封重合侯,坐兄何罗反①,被诛,故援再世不显②。援三兄况、余、员,并有才能,王莽时皆为二千石。

【注释】　①坐兄何罗反:汉武帝时江充以巫蛊事诬陷太子,太子被迫起兵,失败后自杀。后冤案昭雪,诛杀了江充全族及其同党。马何罗与江充要好,害怕牵连到自己,打算谋反。马何罗企图潜入汉武帝卧室行刺时,被金日䃅发现,被杀。②再世:两代。

【译文】　马援字文渊,是扶风郡茂陵县人。他的祖先赵奢曾是赵国的大将,号称"马服君",他的子孙就用"马"作为姓氏。汉武帝时,马家因有人是俸禄为二千石的官员从邯郸迁徙过来。马援的曾祖父马通,因战功被封为重合侯,因兄长马何罗谋反受到牵连,被诛杀,所以马援的祖父和父亲都没有担任显要官职。马援的三个兄长马况、马余、马员,都很有才能,王莽时期都是二千石级别的大官。

【原文】　援年十二而孤,少有大志,诸兄奇之。尝受《齐诗》,意不能守章句①,乃辞况,欲就边郡田牧。况曰:"汝大才,当晚成。良工不示人以朴,且从所好。"会况卒,援行服期年,不离墓所;敬事寡嫂,不冠不入庐。后为郡督邮,送囚至司命府,囚有重罪,援哀而纵之,遂亡命北地。遇赦,因留牧畜,宾客多归附者,遂役属数百家②。转游陇汉间。常谓宾客曰:"丈夫为志,穷当益坚,老当益壮。"因处田牧③,至有牛马羊数千头,谷数万斛。既而叹曰:"凡殖货财产④,贵其能施赈也,否则守钱虏耳。"乃尽散以班昆弟故旧⑤,身衣羊裘皮绔⑥。

【注释】　①章句:剖章析句,经学家解说经义的一种方式。②役属:谓使隶属于自己而役使之。③处:治理,管理。④殖货:增殖财货。⑤班:赐予,分给。⑥绔:套裤。

【译文】 马援十二岁那年父亲就去世了，他胸怀大志，几个兄长都很看重他。他曾拜师学习《齐诗》，却无法遵守剖章析句的学习方式，于是就辞别兄长马况，想到边境郡县去种田畜牧。马况说："你有大才，应当会大器晚成。好的工匠不会把未加工的东西展示给别人看，就按你想的去做吧。"不料这时马况去世了，马援为他服丧一年，从不离开墓地的住所；他尊敬地侍奉寡嫂，不戴帽子就绝不进她的屋子。后来，他做了郡里的督邮，要押送囚犯到司命府，囚犯犯了大罪，马援却同情而放了他，自己就逃亡到了北地郡。后来遇到大赦，他就留在那里饲养牲畜，很多宾客都来依附他，于是他役使的有几百家人。他辗转游历于陇、汉两地，经常对宾客说："大丈夫立志，越是窘迫越要坚强，越是年老越要壮烈。"于是管理耕作放牧，以致拥有了数千头的牛、马、羊，万斛的谷物。但不久他又感叹说："那些经营产业、拥有财产的，最为可贵的是能够施舍救助穷人，否则就是个守财奴罢了。"于是他就把所有的财物都分给兄弟和老友，自己只穿羊皮衣裤。

【原文】 王莽末，四方兵起，莽从弟卫将军林广招雄俊，乃辟援及同县原涉为掾①，荐之于莽。莽以涉为镇戎大尹②，援为新成大尹③。及莽败，援兄员时为增山连率④，与援俱去郡，复避地凉州⑤。世祖即位，员先诣洛阳，帝遣员复郡，卒于官。援因留西洲⑥，隗嚣甚敬重之，以援为绥德将军，与决筹策。

【注释】 ①辟：征召，荐举。②镇戎大尹：即天水太守。王莽改天水郡曰镇戎，改太守为大尹。③新成大尹：即汉中太守。王莽改汉中郡曰新成。④增山连率：即上郡太守。王莽改上郡为增山。连率，也是太守，本人如为伯爵，则称连率。⑤避地：迁移他处以避灾祸。⑥西州：指陕西。

【译文】 王莽末年，四面八方造反军队兴起，王莽的堂弟卫将军王林广招雄才俊杰，就征辟马援和他的同乡原涉为掾吏，把他们举荐给王莽。王莽任命原涉为镇戎大尹，任命马援为新成大尹。到了王莽败亡时，马援的兄长马员也正担任着增山连率，就和马援一起离开所在郡，再次到凉州避难。世祖光武帝即位后，马员先到洛阳拜见，光武帝派马员再回原郡做太守，马员最后死在任上。马援于是留在西州，隗嚣十分敬重他，任他为绥德将军，与他一起筹谋决策。

【原文】 是时公孙述称帝于蜀，嚣使援往观之。援素与述同里闬①，相善，以为既至当握手欢如平生②，而述盛陈陛卫③，以延援人，交拜礼毕，使出就馆，更为援制都布单衣、交让冠④，会百官于宗庙中，立旧交之位。述鸾旗旄骑⑤，警跸就车⑥，磬折而人⑦，礼飨官属甚盛，欲授援以封侯大将军位。宾客皆乐留，援晓之曰："天下雄雌未定，公孙不吐哺走迎国士⑧，与图成败，反修饰边幅⑨，如偶人形。此子何足久稽天下士乎⑩！"因辞归，谓嚣曰："子阳井底蛙耳，而妄自尊大，不如专意东方。"

【注释】 ①里闬：乡里。闬，里门，里巷。②握手：执手，拉手。古人以握手表示亲近或信任。平生：旧交，老朋友。③陛卫：帝王御前护卫的士兵。④都布：白叠布，一种质地

粗厚的布。单衣:禅衣,古代官吏的服装,朝服。交让冠:一种冠,形制不清。⑤鸾旗:天子仪仗中的旗子,上绣鸾鸟,故称。旄骑:即旄头,古代皇帝仪仗中一种担任先驱的骑兵。⑥警跸:古代帝王出入时,于所经路途侍卫警戒,清道止行。⑦磬折:弯腰,表示谦恭。⑧吐哺:史载周公一顿饭中数次吐出口中食物,出来接待贤士。极言殷勤待士。⑨边幅:指人的仪表,衣着。⑩稽:留止。

【译文】 当时公孙述在蜀地称帝,隗嚣派马援前去探听虚实。马援和公孙述是同乡,一向关系很好,以为到了那里应当和老朋友一样握手言欢,然而公孙述却摆出众多宫中侍卫,然后才请马援进去,行过互相揖拜之礼后,让他离开皇宫前往馆舍,还为他定制了白叠布做的朝服和交让冠,在宗庙大会百官,设下旧交的位置。公孙述摆出皇帝的仪仗,警卫清道后才登上车,弯腰恭敬地进入宗庙,依照礼节十分隆重地接待了属官,想封马援为侯,授予他大将军的职位。宾客们都乐意留下来,马援开导他们说:"天下胜负未决,公孙述不像周公那样吐掉口中没有咽下的饭食跑出来迎接国之名士,和他们一同谋划成功的策略,反而重视仪表形式,就像木偶一样。这样的人如何能长久地留住天下的名士呢?"于是他就辞别回去,告诉隗嚣说:"公孙子阳只是个井底之蛙,妄自尊大,我们不如一心向着东方。"

【原文】 建武四年冬,嚣使援奉书洛阳。援至,引见于宣德殿。世祖迎笑谓援曰:"卿遨游二帝间①,今见卿,使人大惭。"援顿首辞谢,因曰:"当今之世,非独君择臣也,臣亦择君矣。臣与公孙述同县,少相善。臣前至蜀,述陛戟而后进臣②。臣今远来,陛下何知非刺客奸人,而简易若是③?"帝复笑曰:"卿非刺客,顾说客耳。"援曰:"天下反覆④,盗名字者不可胜数。今见陛下,恢廓大度⑤,同符高祖,乃知帝王自有真也。"帝甚壮之。援从南幸黎丘,转至东海。及还,以为待诏⑥,使太中大夫来歙持节送援西归陇右。

【注释】 ①遨游:奔走周旋。②陛戟:执戟侍卫于殿阶两侧。③简易:疏略平易。④反覆:动荡,动乱。⑤恢廓:宽宏。⑥待诏:官名,汉代征士未有正官者,均待诏公车,特异者待诏金马门,备顾问,后遂以待诏为官名。没有实职。

【译文】 建武四年冬天,隗嚣派马援带着书信来到洛阳。马援一到,光武帝就在宣德殿接见了他。世祖光武帝迎接,笑着对马援说:"您在两个帝王之间奔走周旋,我现在才见到您,十分惭愧。"马援叩头辞谢,回答说:"当今世道,不单单是君主选择臣子,臣子也在选择君主。我和公孙述是同乡,小时候很要好。我先前到蜀地时,公孙述在殿前严加戒备后才让我进去。我现在远道而来,陛下怎么知道我不是刺客或奸诈小人,而如此平易随便地接见我?"光武帝又笑着说:"您不是刺客,而是说客。"马援说:"天下动乱,盗用帝号的人不可胜数。今天我见到陛下,看您恢宏大度,和高祖皇帝一样,才知道自有真正的帝王。"光武帝十分赞赏他的豪迈。马援就跟着光武帝到了南边的黎丘,又辗转到了东海。等到他要回去时,光武帝让他做了待诏,派太中大夫来歙带着符节送马援西归

陇右。

【原文】 隗嚣与援共卧起，问以东方流言及京师得失。援说嚣曰："前到朝廷，上引见数十，每接谰语①，自夕至旦，才明勇略，非人敌也。且开心见诚，无所隐伏，阔达多大节，略与高帝同。经学博览，政事文辩，前世无比。"嚣曰："卿谓何如高帝？"援曰："不如也。高帝无可无不可②；今上好吏事③，动如节度④，又不喜饮酒。"嚣意不怿，曰："如卿言，反复胜邪？"然雅信援，故遂遣长子恂入质。援因将家属随恂归洛阳。居数月而无它职任。援以三辅地旷土沃，而所将宾客猥多⑤，乃上书求屯田上林苑中⑥，帝许之。

【注释】 ①谰语：即谰话，聚谈。②无可无不可：指对人对事不拘成见。③吏事：政事，官务。④节度：节制，约束。⑤猥多：众多，繁多。猥，多，繁多。⑥屯田：种用戍卒、农民、商人开垦荒地，汉以后用此措施取得军饷和税粮。

【译文】 隗嚣和马援同睡同起，询问他有关东方的传言以及京城中政事的得失。马援劝隗嚣说："我这次到朝廷，皇上引见我几十次，每次接见聚谈，都可以从晚间一直聊到天明，他的雄才伟略，绝非常人可以抗衡。而且他心胸坦诚开明，不隐瞒或遮掩什么，他开朗豁达而讲求大节，很像汉高祖。他博览经书，处理政事的能力和文才辩略，前人中没有谁可以与他相媲美。"隗嚣说："您说他和汉高祖比怎么样？"马援说："那当然比不上。高祖对人对事不拘成见；当今的皇上喜爱处理政事，行动有节有度，又不喜好饮酒。"隗嚣听了不太高兴："像您所说的，好像他比高祖反而要略胜一筹？"不过他素来信任马援，于是就派长子隗恂到宫中做人质。马援也就带着家属跟随隗恂回到洛阳。在洛阳住了几个月都没有担任什么官职。马援看到三辅地区土地辽阔肥沃，自己带的宾客又多，就上书请求让他到上林苑中去开垦田地，光武帝准许了他的要求。

【原文】 会隗嚣用王元计，意更狐疑，援数以书记责譬于嚣，嚣怨援背己，得书增怒，其后遂发兵拒汉。援乃上疏曰："臣援自念归身圣朝，奉事陛下，本无公辅一言之荐，左右为容之助①。臣不自陈，陛下何因闻之。夫居前不能令人轻②，居后不能令人轩③，与人怨不能为人患，臣所耻也。故敢触冒罪忌，昧死陈诚。臣与隗嚣，本实交友。初，嚣遣臣东，谓臣曰：'本欲为汉，愿足下往观之。于汝意可，即专心矣。'及臣还反，报以赤心，实欲导之于善，非敢谲以非义④。而嚣自挟奸心，盗憎主人⑤，怨毒之情遂归于臣。臣欲不言，则无以上闻。愿听诣行在所，极陈灭嚣之术，得空匈腹⑥，申愚策，退就陇亩，死无所恨。"帝乃召援计事，援具言谋画。因使援将突骑五千，往来游说嚣将高峻、任禹之属，下及羌豪，为陈祸福，以离嚣支党。

【注释】 ①容：介绍，引荐。②轻：车顶前倾貌。喻看重。③轩：车子前高后低貌。喻看重，抬高。④谲：诡诈、欺骗。⑤盗憎主人：比喻奸恶的人怨恨正直的人。⑥匈腹：胸襟。匈，同"胸"。

【译文】 那时，隗嚣采用了王元计谋，对朝廷更加猜疑，马援多次写信责备劝导他。

隗嚣埋怨马援背叛自己，看到信后更加恼怒，之后就起兵抗拒汉朝。马援就上书说："马援一心想着归依圣明的汉朝，侍奉陛下，本来就没有三公宰相的一句推荐，左右亲信的介绍帮助。我如果不自我表白，陛下又怎么可以了解到我的心声。如果站前靠后都无足轻重，被人怨恨却成不了别人的祸患，这是让我感到可耻的。所以我才胆敢触犯罪忌，冒死表白我的忠心。我和隗嚣，本来确实是交情很深的朋友。当初，隗嚣派我来到这里，对我说：'本来就是要为汉室效力，请您到那里去看一看。您觉得可以，我就一心向着汉朝。'等到我回去时，把自己的心里话都掏给他了，一心想着要劝导他向善，不敢以不义之心来欺骗他。但隗嚣自己却挟藏着奸诈之心，憎恨自己的主上，于是就把怨恨全部集中到我的身上来。我如果不说，您就永远不会得知真相。我愿意听从您的召唤，到您那儿详细陈述消灭隗嚣的办法，如果能够说出心中藏着的所有的话，陈述自己不成熟的策略，然后再引退田间，做一农夫，那我就死而无憾了。"光武帝就召见他来商议战事，马援就把他的谋划全部说了出来。于是光武帝就派马援带着五千骑兵，往来游说于隗嚣的将领高峻、任禹和羌族豪杰之间，向他们说明各种利害关系，以离间隗嚣的支党。

【原文】 援又为书与嚣将杨广，使晓劝于嚣，广竟不答。

【译文】 马援又写信给隗嚣的将领杨广，要他去开导劝诫隗嚣，杨广始终没有给他答复。

【原文】 八年，帝自西征嚣，至漆，诸将多以王师之重，不宜远入险阻，计尤豫未决[1]。会召援，夜至，帝大喜，引入，具以群议质之。援因说隗嚣将帅有土崩之执[2]，兵进有必破之状。又于帝前聚米为山谷，指画形执，开示众军所从道径往来，分析曲折，昭然可晓。帝曰："虏在吾目中矣。"明旦，遂进军至第一，嚣众大溃。

【注释】 [1]尤豫：犹豫，迟疑不定貌。[2]执：通"势"，形势。下面"指画形执"的"执"与此义同。

【译文】 建武八年，皇帝亲自带兵西征隗嚣，到达漆县，将领们都认为帝王之师极其尊重，不宜远征到险阻的地带，一直犹豫不决。刚好此时马援应召半夜赶到，光武帝大喜，马上引见他，就大家商议的问题一一向他询问。马援认为隗嚣的将帅有瓦解的态势，向他们发动进攻必定能够摧毁他们。然后在光武帝面前把米堆成山谷的形状，分析山川形势，指点各支部队行进的路径，指出曲折艰险的地方，可谓一目了然。光武帝说："敌军已尽在我眼底了。"第二天一早，就进军第一城，隗嚣的部队溃不成军。

【原文】 九年，拜援为太中大夫，副来歙监诸将平凉州。自王莽末，西羌寇边，遂入居塞内，金城属县多为虏有。来歙奏言陇西侵残[1]，非马援莫能定。十一年夏，玺书拜援陇西太守。援乃发步骑三千人，击破先零羌于临洮[2]，斩首数百级，获马牛羊万余头。守塞诸羌八千余人诣援降，诸种有数万，屯聚寇抄，拒浩亹隘。援与扬武将军马成击之。羌因将其妻子辎重移阻于允吾谷，援乃潜行间道，掩赴其营[3]。羌大惊坏，复远徙唐翼谷中，

援复追讨之。羌引精兵聚北山上，援陈军向山，而分遣数百骑绕袭其后，乘夜放火，击鼓叫噪，虏遂大溃，凡斩首千余级。援以兵少，不得穷追，收其谷粮畜产而还。援中矢贯胫，帝以玺书劳之，赐牛羊数千头，援尽班诸宾客。

【注释】　①侵残：侵害摧残。②先零羌：汉代羌族的一个分支。③掩赴：乘其不备而至。掩，突然袭击。

【译文】　建武九年，朝廷任用马援为太中大夫，辅佐来歙监督将军们平定凉州。从王莽末年以来，西羌就经常侵扰边境，进入塞内定居，金城的属县大多被他们抢夺。来歙上奏描述陇西被摧残的情形，并指出除了马援，没有人能够平定这里。建武十一年夏天，皇帝下玺书任命马援为陇西太守。马援就征发了三千步骑兵，在临洮攻破先零羌，斩首了几百个人，缴获一万多头的马、牛、羊。驻守在要塞的各部羌人八千多人都来投降马援。羌人各部落有几万人聚集在一起烧杀抢掠，拒守浩亹关隘。马援和扬武将军马成一起去抗击他们。羌人就带着他们的妻子儿女，带着辎重转移到了允吾谷，马援悄悄地从小路进发，突然向他们的军营发起进攻。羌人一下惊慌失措，乱成一团，又长途迁徙到唐翼谷中，马援紧随其后，讨伐敌军。羌人带领精兵聚集在北山之上，马援对着北山布下军阵，然后又调派了几百名骑兵绕到山后袭击敌军，并乘着夜色放起大火，击鼓呐喊，敌军就大败了，被斩首的有一千多人。马援因为兵力太少，不敢穷追，就收缴了他们的谷物和牲畜及其财产撤回了。马援小腿被箭穿透了，皇帝下玺书慰劳他，赏赐给他几千头的牛羊，马援把它们全都分给了宾客。

【原文】　是时，朝臣以金城破羌之西，涂远多寇①，议欲弃之。援上言，破羌以西城多完牢，易可依固；其田土肥壤，灌溉流通。如令羌在湟中，则为害不休，不可弃也。帝然之，于是诏武威太守，令悉还金城客民。归者三千余口，使各反旧邑。援奏为置长吏，缮城郭，起坞候②，开导水田，劝以耕牧，郡中乐业。又遣羌豪杨封譬说塞外羌，皆来和亲。又武都氐人背公孙述来降者，援皆上复其侯王君长③，赐印绶，帝悉从之。乃罢马成军。

【注释】　①涂：同"途"，道路。②坞候：犹坞壁，防御用的土堡、土障。坞，小型城堡。候，同"堠"，边境伺望、侦察敌情的设施，哨所、土堡。③复：恢复。

【译文】　当时，朝臣们因为金城破羌县的西部，距离内地太远，又时常受到侵扰，商议说要放弃那里。马援上书说，破羌以西城池完好牢固，很容易加固，那里的土地肥沃，灌溉十分便利。如果听任羌人在湟中一带活动，那他们将为害不止，所以不能丢掉那里。光武帝采纳他的建议，于是就下诏给武威太守，让他将客居在武威的金城人全部遣返。被遣返回去的有三千多人，让他们各自回到原来所在的城市。马援上奏，请求为他们设置长官县吏，修缮城郭，建起城堡哨所，疏导水利，鼓励他们耕作放牧，郡中一片安居乐业的景象。还派遣羌族的豪杰杨封去游说塞外的羌人，让他们都来和亲。还有武都郡的氐族人背叛了公孙述前来投降的，马援都上书请求恢复他们的侯王君长的称号，赐给他们

印绶，光武帝都允许了。于是就撤回了马成率领的军队。

【原文】 十三年，武都参狼羌与塞外诸种为寇，杀长吏。援将四千余人击之，至氐道县，羌在山上，援军据便地①，夺其水草，不与战，羌遂穷困，豪帅数十万户亡出塞，诸种万余人悉降，于是陇右清静。

【注释】 ①便地：形势便利之地。

【译文】 建武十三年，武都郡的参狼羌和塞外的各部落联合起兵作乱，杀死了郡中的长官。马援带着四千多人攻打他们，到了氐道县，羌人跑到了山上，马援的军队占据了有利地势，切断了他们的水草供应，就不和他们交战，羌人陷入了困境，首领们带着数十万户人家逃出塞外，另外几个部落有一万多人都投降了，于是陇右一带又清静无事了。

【原文】 援务开恩信，宽以待下，任吏以职，但总大体而已。宾客故人，日满其门。诸曹时白外事，援辄曰："此丞、掾之任，何足相烦。颇哀老子①，使得遨游。若大姓侵小民，黠羌欲旅距②，此乃太守事耳。"傍县尝有报仇者，吏民惊言羌反，百姓奔入城郭。狄道长诣门，请闭城发兵。援时与宾客饮，大笑曰："烧虏何敢复犯我③。晓狄道长归守寺舍④，良怖急者⑤，可床下伏。"后稍定，郡中服之。视事六年⑥，征入为虎贲中郎将。

【注释】 ①哀：同情，爱惜。老子：老人的自称，犹老夫。②旅距：聚众抗拒，违抗。③烧虏：即烧羌，羌人的一支。④寺舍：官舍。⑤良：甚，很。⑥视事：就职治事。

【译文】 马援开明诚信，对部下十分宽厚，能把职权交给下级的官吏，自己只是把握大的方向而已。他的官府，每天都挤满了宾客和老朋友，有时下属们向他报告外面的事务，马援就说："这是属丞、掾吏职权范围的事，何必来麻烦我呢。你们要是爱惜我，就让我能够自由一点。如果是豪门大姓要侵犯普通百姓，狡黠的羌人聚众抗命，这才是太守应该管的事情。"邻县有人要报仇，那些官吏和百姓都惊慌失措地报告说是羌人要造反了，百姓争相跑进城郭。狄道县长跑上门来，请求关闭城门，出兵应对。当时马援正在和宾客畅饮，大笑说："烧羌哪里还敢再来侵犯我。告诉狄道长回去好好守着他的官府，实在感到恐怖危急的时候，可以躲到床底下。"后来果然就慢慢安定了下来，郡中的人都很佩服他。他在那里任职六年，被征召回朝，担任虎贲中郎将。

【原文】 初，援在陇西上书，言宜如旧铸五铢钱。事下三府①，三府奏以为未可许，事遂寝②。乃援还，从公府求得前奏，难十余条，乃随牒解释③，更具表言。帝从之，天下赖其便。援自还京师，数被进见。为人明须发，眉目如画。闲于进对④，尤善述前世行事。每言及三辅长者，下至闾里少年，皆可观听。自皇太子、诸王侍闻者，莫不属耳忘倦⑤。又善兵策，帝常言"伏波论兵。与我意合"，每有所谋，未尝不用。

【注释】 ①三府：汉制，三公皆可开府，因称三公为"三府"。亦泛称国家最高行政长官。②寝：止息，废置。③牒：古代可供书写的简札。此指表章。④闲：通"娴"，熟习。⑤属耳：注意倾听。

【译文】 当初，马援在陇西曾上书，说应该像过去一样，铸造五铢钱。皇上让三府去执行这件事情，三府认为这件事情不能做，事情就被搁置在一旁了。等到马援回来时，就从公府那里要回从前的奏书，其中有别人提出的十几条责难，马援就随手在上面一一做了解释，再向皇帝陈述自己的理由。光武帝采纳了他的建议，天下因此得到了便利。马援自从回到京城以来，多次被皇上召见。他须发分明，眉目如画。很善于进言对策，特别善于讲述前代的政事。他所说的，上至三辅地区的长者，下至乡里少年，都适合听。从皇太子到各个陪侍听讲的王侯，一听他讲话没有不伸长耳朵忘掉疲倦的。他还善于制定用兵策略，光武帝常说"伏波讲起用兵之道，经常和我想到一起了"，马援每次谋划的事情，都没有不被采纳的。

【原文】 封援为新息侯，食邑三千户。援乃击牛酾酒，劳飨军士。从容谓官属曰："吾从弟少游常哀吾慷慨多大志，曰：'士生一世，但取衣食裁足，乘下泽车[1]，御款段马[2]，为郡掾史，守坟墓，乡里称善人，斯可矣。致求盈余，但自苦耳。'当吾在浪泊、西里间，虏未灭之时，下潦上雾，毒气重蒸，仰视飞鸢跕跕堕水中[3]，卧念少游平生时语，何可得也！今赖士大夫之力，被蒙大恩，猥先诸君纡佩金紫[4]，且喜且惭。"吏士皆伏称万岁。

【注释】 ①下泽车：一种适于在沼泽地行驶的短毂轻便车。②款段：马行迟缓貌。③跕跕：坠落的样子。跕，坠落。④猥：谬，错误地。纡佩金紫：纡，系结，垂挂。金紫，黄金印章和系印的紫色绶带，后用以代指高官显爵。

【译文】 朝廷又封马援为新息侯，食邑三千户。马援就杀牛置酒，慰劳犒赏将士。他平静地对属官们说："我的堂弟马少游常哀叹我感情激昂，胸怀大志，说：'人活一世，但求丰衣足食，乘坐便捷的车辆，驱使着迟钝的马匹，作郡中的一名掾吏，守着祖上的坟墓，在乡里做一个好人，这就可以了。如果要谋求多余的东西，就要自找苦吃了。'当我在浪泊、西里之间时，敌军还没消灭，脚下踩着积水，上面雾气重重，被层层的毒气笼罩着，抬头可以看到飞鸟扑腾扑腾地堕入水中，躺在床上时想着少游平日里的话，可是自己如何才能享受那样的生活呢！现在有了诸位的鼎力相助，得到了皇上的恩待，居然比各位先戴上金印紫绶，心中真是又高兴又惭愧。"将士们都伏地高呼万岁。

【原文】 援将楼船大小二千余艘，战士二万余人，进击九真贼徵侧余党都羊等，自无功至居风，斩获五千余人，峤南悉平[1]。援奏言西于县户有三万二千，远界去庭千余里，请分为封溪、望海二县，许之。援所过辄为郡县治城郭，穿渠灌溉，以利其民。条奏越律与汉律驳者十余事，与越人申明旧制以约束之，自后骆越奉行马将军故事[2]。

【注释】 ①峤南：指岭南。峤，特指五岭。②骆越：古种族名，居住于今云南、贵州、广西之间。

【译文】 马援带着大小楼船两千多艘、战士两万多人，进击九真郡的强盗徵侧的余党都羊等人，从无功到居风之间，斩首抓获五千多人，岭南全部得到平定。马援上奏说西

于县有三万两千户人家，但它最远的边界距离治县有一千多里，请求皇上把它分为封溪、望海两县，皇上准许了。马援每经过一个地方，就为郡县修整城郭，开引渠道，灌溉庄稼，使人民的生活更加便利。他上奏陈述越人和汉人的法律中互相矛盾的十几个地方，向越人申明旧的制度，以此约束他们，从此以后，骆越人就奉行着马将军定下的规矩。

【原文】 二十年秋，振旅还京师，军吏经瘴疫死者十四五。赐援兵车一乘，朝见位次九卿。

【译文】 建武二十年秋天，马援整顿军旅凯旋回京，军中的将士因瘴气瘟疫死了十分之四五。朝廷赐给马援兵车一辆，朝见时位于九卿之后。

【原文】 援好骑，善别名马，于交耻得骆越铜鼓，乃铸为马式①，还上之。因表曰："夫行天莫如龙，行地莫如马。马者甲兵之本，国之大用。安宁则以别尊卑之序，有变则以济远近之难。昔有骐骥，一日千里，伯乐见之，昭然不惑。近世有西河子舆，亦明相法。子舆传西河仪长孺，长孺传茂陵丁君都，君都传成纪杨子阿，臣援尝师事子阿，受相马骨法。考之于行事，辄有验效。臣愚以为传闻不如亲见，视景不如察形②。今欲形之于生马，则骨法难备具，又不可传之于后。孝武皇帝时，善相马者东门京铸作铜马法献之，有诏立马于鲁班门外，则更名鲁班门曰金马门。臣谨依仪氏𩍿③，中帛氏口齿，谢氏唇鬐④，丁氏身中，备此数家骨相以为法。"马高三尺五寸，围四尺五寸。有诏置于宣德殿下，以为名马式焉。

【注释】 ①马式：铜铸的骏马的样式。②景：同"影"，影子。③𩍿：同"羁"，马络头。④鬐：马鬣。

【译文】 马援喜好骑马，善于鉴别名马，他在交阯得到一面骆越铜鼓，就把它铸成马的样式，回来后交给皇帝。他上表说："天上飞的没有什么能胜过龙的，地上走的没有什么能胜过马。马是兵甲之本，是安邦定国的重要工具。安定时可以用来分别尊卑的次序，动乱之时则可以排解远近的危难。过去有骏马骐骥，一天能奔驰千里，伯乐看到它，一眼就把它识别出来。近代有西河的子舆，也通晓相马骨的方法。子舆把这一密法传给西河仪长孺，长孺又传给茂陵的丁君都，君都又传给成纪的杨子阿，我曾拜子阿为师，所以也通晓相马骨的方法。每次试着用这种方法去相马，都很灵验。我个人认为道听途说不如亲眼所见，观看影子比不上观察实物。现在我想用活马表现好马的形状，但骨骼的结构难以一一体现，又无法传给后代。孝武皇帝时，擅长相马的东门京曾铸造铜马献给他，孝武帝就下诏把马立在鲁班门外，于是就把鲁班门更名为金马门。我严格依照仪氏所描绘的马络头，中帛氏说的马嘴，谢氏说的马的嘴唇鬐毛，丁氏说的马身，把这几家观察骨骼的方法综合起来，铸造了这匹马的模型。"马高三尺五寸，胸围四尺五寸。皇帝下诏把它放在宣德殿下，作为名马的一种模式。

【原文】 初，援军还，将至，故人多迎劳之，平陵人孟冀，名有计谋，于坐贺援。援谓

之曰："吾望子有善言,反同众人邪?昔伏波将军路博德开置七郡①,裁封数百户;今我微劳,猥飨大县,功薄赏厚,何以能长久乎?先生奚用相济?"冀曰："愚不及。"援曰："方今匈奴、乌桓尚扰北边,欲自请击之。男儿要当死于边野,以马革裹尸还葬耳,何能卧床上在儿女子手中邪!"冀曰："谅为烈士②,当如此矣。"

【注释】 ①伏波将军路博德开置七郡:汉武帝时南越王相吕嘉叛乱,命路博德为伏波将军,进行讨伐,平定南越,分置南海、合浦、珠崖、儋耳、苍梧、桂林、九真、日南、交趾等九郡;②谅:确实。

【译文】 当初,马援军队回来,快到京城时,他的老朋友大多来迎接慰劳他,平陵人孟冀,以擅长谋略闻名,也来祝贺马援。马援对他说:"我希望你能说出好的谋略,怎么反而和大家没什么不同?过去伏波将军路博德开辟七个郡,才封给他几百户的食邑;我现在只是立下微不足道的战功,却忝获大县的奖赏,功劳少赏赐多,如何能够长久呢?先生您用什么来帮助我呢?"孟冀说:"我想不出来。"马援说:"现在匈奴、乌桓还在侵扰北方的边境,我想自告奋勇前去抗击匈奴。大丈夫死也应死在边疆荒野之地,用马革裹着尸体送回来安葬,怎么可以躺在床上死在老婆孩子面前呢?"孟冀回答说:"真正的壮士,就应该这样。"

【原文】 还月余,会匈奴、乌桓寇扶风,援以三辅侵扰,园陵危逼,因请行,许之。自九月至京师,十二月复出屯襄国。诏百官祖道①。援谓黄门郎梁松、窦固曰："凡人为贵,当使可贱,如卿等欲不可复贱,居高坚自持,勉思鄙言。"松后果以贵满致灾②,固亦几不免③。

【注释】 ①祖道:古代为出行者祭祀路神,并饮宴送行。②松后果以贵满致灾:梁松娶光武帝的长女舞阴公主为妻,光武帝驾崩时遗诏让梁松任汉明帝的辅政大臣。汉明帝继位后,梁松受到弹劾,说他怀私推荐官员,事发被免官,后来又牵涉写匿名书诽谤,结果下狱论死。其家人也被迫迁到交州九真郡(今越南清化省境内)。③固亦几不免:窦固是窦融的侄子,好读书,喜兵法。汉光武帝时袭父爵,封显亲侯。明帝时,因从兄窦穆获罪,受牵连,罢职家居十余年。

【译文】 回来一个多月,匈奴和乌桓就开始侵扰扶风郡了,马援看到三辅地区受到侵扰,帝王园陵受到威胁,就请求出战,朝廷准许了他的请求。他九月份回到京城,十二月就又出兵驻扎襄国县。皇帝诏示百官为他祭拜路神送行。马援对黄门郎梁松、窦固说:"人在尊贵时,就应该学会做低贱的普通人,如果你们不想再成为低贱人,身居高位得意自满的话,就请想想我这些粗野的话。"梁松后来果然因为高贵自满而招致杀身之祸,窦固也差点惹上灾祸。

【原文】 明年秋,援乃将三千骑出高柳,行雁门、代郡、上谷障塞。乌桓候者见汉军至,虏遂散去,援无所得而还。

【译文】 第二年秋天,马援就带着三千名骑兵从高柳出发,向雁门、代郡、上谷几个要塞行进。乌桓的探马看到汉军来了,敌军就纷纷逃散了,马援没什么停获就回来了。

【原文】 援尝有疾,梁松来候之,独拜床下,援不答。松去后,诸子问曰:"梁伯孙帝婿,贵重朝廷,公卿已下莫不惮之,大人奈何独不为礼?"援曰:"我乃松父友也①。虽贵,何得失其序乎?"松由是恨之。

【注释】 ①我乃松父友也:梁松之父梁统,曾为武威太守。

【译文】 马援曾生了一场病,梁松来看望他,独自走到床前向他行拜见礼,马援没有回礼。梁松走后,大家问他:"梁伯孙是皇上的女婿,在朝廷中是显要尊贵的人物,公卿以下的官员没有不怕他的,大人你为什么不回礼呢?"马援说:"我是梁松父亲的朋友。他虽然显贵,但我怎么能丢掉长幼的次序呢?"梁松因此怀恨在心。

【原文】 二十四年,武威将军刘尚击武陵五溪蛮夷,深入,军没,援因复请行。时年六十二,帝愍其老,未许之。援自请曰:"臣尚能披甲上马。"帝令试之。援据鞍顾眄①,以示可用。帝笑曰:"矍铄哉是翁也②!"遂遣援率中郎将马武、耿舒、刘匡、孙永等,将十二郡募士及弛刑四万余人征五溪③。援夜与送者诀,谓友人谒者杜愔曰:"吾受厚恩,年迫余日索④,常恐不得死国事。今获所愿,甘心瞑目,但畏长者家儿或在左右⑤,或与从事,殊难得调,介介独恶耳⑥。"明年春,军至临乡,遇贼攻县,援迎击,破之,斩获二千余人,皆散走入竹林中。

【注释】 ①据鞍:跨在马上。顾眄:左顾右眄。眄,看,望。②矍铄:形容目光炯炯,精神健旺。③募士:招募的士兵。弛刑:弛刑徒,解除枷锁的囚徒。④索:尽。⑤长者家儿:指权要子弟。⑥介介:形容有心事,不能忘怀。

【译文】 建武二十四年,武威将军刘尚攻打武陵郡的五溪蛮夷,深入敌界,全军覆没,马援就又请求出战。当时他已经六十二岁,光武帝考虑到他年事已高,没有允许。马援亲自请战说:"我还可以披着盔甲骑上战马。"光武帝让他试试看。马援坐在马鞍上,故意回头斜视,表示自己还能打仗。光武帝笑着说:"你这个老头还是精神矍铄啊!"于是就让马援率领中郎将马武、耿舒、刘匡、孙永等人,带着从十二郡中招募来的勇士及解除刑罚的罪犯共计四万多人出征五溪。马援连夜和送别的人诀别,对朋友谒者杜愔说:"我受到皇帝的恩待,年岁日增,日子所剩无几,经常担心不能以死报效国家。现在如我所愿,就算死了,也能甘心瞑目了。我只怕权要人物的子弟有人呆在我身边,或者和我共事,很难协调,这是最让我耿耿于怀的讨厌的事情。"第二年春天,汉军到达临乡,遇上敌军攻打县城,马援迎头痛击,大破敌军,杀死停获的共有两千多人,其余的敌军都逃到竹林中去了。

【原文】 初,军次下隽,有两道可入,从壶头则路近而水崄①,从充则涂夷而运远,帝初以为疑。及军至,耿舒欲从充道,援以为弃日费粮,不如进壶头,扼其喉咽,充贼自破。

以事上之,帝从援策。

【注释】　①崄:险要,险阻,危险。

【译文】　当初,汉军临时驻扎在下隽县,有两条路可走,从壶头走,路途近,但水势险阻,从充县走路途平坦,但要长途转运,光武帝当初也感到迟疑不决。军队到达那里时,耿舒想从充县走,马援认为那样会延误时日,浪费粮食,不如挺进壶头,掐住敌军的咽喉,充县的贼军就不攻自破了。这件事情请示朝廷后,光武帝采用了马援的计策。

【原文】　三月,进营壶头。贼乘高守隘,水疾,船不得上。会暑甚,士卒多疫死,援亦中病①,遂困,乃穿岸为室,以避炎气。贼每升险鼓噪,援辄曳足以观之②,左右哀其壮意,莫不为之流涕。耿舒与兄好時侯弇书曰:"前舒上书当先击充,粮虽难运而兵马得用,军人数万争欲先奋。今壶头竟不得进,大众怫郁行死③,诚可痛惜。前到临乡,贼无故自致,若夜击之,即可殄灭④。伏波类西域贾胡⑤,到一处辄止,以是失利。今果疾疫,皆如舒言。"弇得书,奏之。帝乃使虎贲中郎将梁松乘驿责问援,因代监军。会援病卒,松宿怀不平,遂因事陷之。帝大怒,追收援新息侯印绶。

【注释】　①中病:得病。②曳足:拖着脚。③怫郁:忧郁,心情不舒畅。怫,抑郁,心情不舒畅。行:将。④殄灭:消灭,灭绝。殄,灭绝。⑤贾胡:做生意的胡人。贾,做买卖。

【译文】　三月,进军壶头。敌军占据高处,守住险要关隘,水流湍急,船过不去。正逢当时酷暑难忍,士兵大多病死,马援也得了重病,于是全军困乏,就在岸边穿洞为室,以躲避暑气。每次敌军登上险要关隘击鼓高喊时,马援就拖着病腿前去观望,左右的人都被他的壮举感动了,没有人不为他流下眼泪来。耿舒给他兄长好時侯耿弇写信说:"先前我上书说要先攻打充县,粮草虽难转运但兵马用得上,几万士兵都想奋勇当先。现在壶头终究还是无法前行,大批人马郁闷困惑,即将死去,实在值得痛惜。先前到临乡时,敌军无故自己送上门来,如果连夜攻击,就可以殄灭他们。而伏波好像西域来经商的胡人,到了一个地方就停了下来,所以才会失利。现在果然就遇了瘟疫,一切都被我言中了。"耿弇收到信,就上奏皇上。皇帝就派了虎贲中郎将梁松乘坐驿车前去责问马援,并请梁松代理监领军队。这时刚好马援病逝,梁松本来对他就心怀不满,就趁机诬陷他。光武帝大怒,收回了马援的新息侯印绶。

【原文】　初,援在交阯,常饵薏苡实,用能轻身省欲①,以胜瘴气。南方薏苡实大,援欲以为种,军还,载之一车。时人以为南士珍怪,权贵皆望之②。援时方有宠,故莫以闻。及卒后,有上书谮之者③,以为前所载还,皆明珠文犀。马武与於陵侯侯昱等皆以章言其状,帝益怒。援妻孥惶惧,不敢以丧还旧茔,裁买城西数亩地槁葬而已④。宾客故人莫敢吊会。严与援妻子草索相连,诣阙请罪。帝乃出松书以示之,方知所坐,上书诉冤,前后六上,辞甚哀切,然后得葬。

【注释】　①轻身:使身体轻健。省欲:节制欲望。②望:怨恨,责怪。③谮(zèn):诋

毁,诬陷。④槁葬:草草埋葬。

【译文】 当初,马援在交阯的时候,经常吃薏米,以保持轻便的身体,控制欲望,抵御瘴气。南方的薏米果实大,马援想带回去做种子,所以军队返回京城时,就载了一车的薏米。当时,人们以为那是南方产的珍奇宝物,权贵们都埋怨他。不过那时马援很得宠,所以没有人敢说。等到马援死后,就有人上书诬陷他,说他那时载回的,都是明珠和有花纹的犀牛角。马武和于陵侯侯昱都上书说明真相,皇帝看了更加恼怒。马援的妻子儿女惶恐不安,不敢回祖坟安葬,只在城西买了几亩地草草下葬而已。马援的宾客和老朋友也没人敢去吊丧。马严和马援的妻子儿女用草绳把自己捆在一起,到皇帝面前请罪。皇帝把梁松的奏书拿给他们看,他们才知道马援被立罪的原因,就上书申诉冤情,前后共上书六次,言辞十分哀痛恳切,然后才得以安葬。

梁冀列传

【题解】

梁冀(? ~158),从小就是显贵的国戚,又因拥立了汉桓帝,故而成为凌驾于皇帝之上的残暴权臣,一生杀人无数,骄横气盛到了极点,没有人敢违抗他的命令,他的家族也因此尽享荣华富贵,占据显赫高位。梁冀在位二十余年间,贪婪敛取巨额财物,穷奢极欲,修建豪宅,开拓林苑,罪恶深重。一再迁就他的汉桓帝终于忍无可忍,利用宦官的势力铲除了这股极恶势力。

东汉腐朽的政权和激烈的斗争导致一个奇特的历史现象,即皇帝多短命。皇帝短命,继位者自然就年幼,而且许多皇帝没有后嗣,于是就出现了母后临朝听政的局面。《后汉书》的帝纪部分新增了《皇后纪》,删掉了《外戚传》,是东汉皇后和外戚地位日益提高的真实反映,而为窦宪、梁冀这样的重权在握、影响较大的外戚立传,则是对《后汉书》无《外戚传》的重要补充。

【原文】 冀字伯卓。为人鸢肩豺目①,洞精瞋眄②,口吟舌言③,裁能书计④。少为贵戚,逸游自恣⑤。性嗜酒,能挽满、弹棋、格五、六博、蹴鞠、意钱之戏⑥,又好臂鹰走狗⑦,骋马斗鸡。初为黄门侍郎,转侍中,虎贲中郎将,越骑、步兵校尉,执金吾。

【注释】 ①鸢肩:谓两肩上耸,像鸱鸟栖止时的样子。鸢,俗称鹞鹰、老鹰。豺目:像豺一样竖立的眼睛。②洞精:通视,斜眼。瞋眄:眼神直视的样子。③口吟:口紧闭。舌言:说话含糊不清。④书计:写字算数。⑤逸游:放纵游乐。⑥挽满:拉满强弓。弹棋:古代一种博戏。格五:古代的一种格子棋。具有赌博性质。六博:古代一种掷彩下棋的比赛游戏。意钱:猜钱,有猜面和猜数等不同的形式。⑦臂鹰:架鹰于臂。古时多指外出狩猎或嬉戏。走狗:谓纵狗行猎。

【译文】　梁冀，字伯卓。这个人两肩像老鹰一样耸起，眼睛像豺一样竖立，斜眼，眼光总是直勾勾的，说话不张嘴，含糊不清，勉强能写字计数。他从小就是显贵皇戚，四处游乐，自我放纵。他生性嗜酒，会拉强弓、弹棋、格五、六博、蹴鞠、猜钱等各种游戏，还喜欢带着鹰犬打猎，骑马斗鸡。他先是当了黄门侍郎，后来又升迁为侍中，虎贲中郎将，越骑、步兵校尉，执金吾。

【原文】　永和元年，拜河南尹。冀居职暴恣，多非法，父商所亲客洛阳令吕放，颇与商言及冀之短[1]，商以让冀，冀即遣人于道刺杀放。而恐商知之，乃推疑于放之怨仇，请以放弟禹为洛阳令，使捕之，尽灭其宗亲、宾客百余人。

【注释】　①颇：略微，稍稍。

【译文】　章帝永和元年，梁冀被任命为河南尹。梁冀在任期间残暴放纵，做了许多违法的事，他的父亲梁商所亲信的宾客洛阳县令吕放，稍稍和梁商说了梁冀的一些缺点，梁商因此责备梁冀，梁冀就派人在路上刺杀了吕放。又担心梁商知道，就嫁祸给吕放的仇家，请求让吕放的弟弟吕禹任洛阳令，前去捉拿吕放的仇家，把他的整个宗族及一百多个宾客全都杀掉了。

【原文】　商薨未及葬，顺帝乃拜冀为大将军[1]，弟侍中不疑为河南尹。

【注释】　①大将军：汉代将军的最高称号，多由贵戚担任，享有掌控政权的至高权力。

【译文】　梁商去世还没有下葬，顺帝就任命梁冀为大将军，任他的弟弟侍中梁不疑为河南尹。

【原文】　及帝崩，冲帝始在襁褓，太后临朝，诏冀与太傅赵峻、太尉李固参录尚书事。冀虽辞不肯当，而侈暴滋甚。

【译文】　到顺帝去世时，冲帝还在襁褓之中，太后掌控朝政，诏命梁冀和太傅赵峻、太尉李固总领尚书事务。梁冀虽然辞让没有接受，但却更加奢侈残暴了。

【原文】　冲帝又崩，冀立质帝。帝少而聪慧，知冀骄横，尝朝群臣，目冀曰："此跋扈将军也[1]。"冀闻，深恶之，遂令左右进鸩加煮饼[2]，帝即日崩。

【注释】　①跋扈：骄横，强暴。②鸩：毒酒。煮饼：汤面。

【译文】　冲帝又死了，梁冀就拥立了质帝。质帝年幼却很聪慧，他知道梁冀骄横，曾经在群臣朝会时，盯着梁冀说："这是专横跋扈的将军。"梁冀听了，非常痛恨他，就让侍从把毒酒加到汤面里给质帝吃，质帝当天就死了。

【原文】　复立桓帝，而枉害李固及前太尉杜乔[1]，海内嗟惧，语在《李固传》。建和元年，益封冀万三千户，增大将军府举高第茂才，官属倍于三公。又封不疑为颍阳侯，不疑弟蒙西平侯，冀子胤襄邑侯，各万户。和平元年，重增封冀万户，并前所袭合三万户。

【注释】　①枉害李固及前太尉杜乔：建和元年（147）十一月，刘文与刘鲔联合谋立清

河王刘蒜。李固、杜乔在质帝死后曾拥立刘蒜,梁冀诬陷李固、杜乔参与其事,将二人处死,并暴尸城北。

【译文】 然后他又拥立汉桓帝,并屈杀了李固和前任太尉杜乔,天下的人都叹息恐惧,这事在《李固列传》里有详细的记载。桓帝建和元年,加封给梁冀食邑三千户,增加大将军府推举高位贤才的权力,属官是三公们的两倍。还封梁不疑为颍阳侯,封梁不疑的弟弟梁蒙为西平侯,梁冀的儿子梁胤为襄邑侯,各给予一万户的食邑。桓帝和平元年,又增加梁冀食邑一万户,加上从前已有的就有三万户了。

【原文】 弘农人宰宣素性佞邪,欲取媚于冀,乃上言大将军有周公之功,今既封诸子,则其妻宜为邑君。诏遂封冀妻孙寿为襄城君,兼食阳翟租,岁入五千万,加赐赤绂①,比长公主②。寿色美而善为妖态,作愁眉、啼妆、堕马髻、折腰步、龋齿笑③,以为媚惑。冀亦改易舆服之制,作平上軿车、埤帻、狭冠、折上巾、拥身扇、狐尾单衣④。寿性钳忌⑤,能制御冀,冀甚宠惮之。

【注释】 ①赤绂:蔽膝,用皮韦制成的祭祀服饰。②长公主:皇帝的姊姊或皇女之尊崇者的封号,仪服同藩王。③愁眉:细而曲折的眉。堕马髻:侧在一边的发髻。折腰步:走路时摆动腰肢,扭捏作态。龋齿笑:故意做出的状若齿痛的笑容。④平上軿车:车顶上平有帷幕的车子。軿,有帷盖的车子。埤帻:低低的扎头巾。埤,低。折上巾:古冠名,折叠巾之上角。拥身扇:大障扇。狐尾单衣:后裾拖地,像狐狸尾巴一样的朝服。⑤钳忌:忌刻。

【译文】 弘农人宰宣生性谄媚邪恶,想讨好梁冀,就上书说大将军有周公那样的功勋,现在他的几个儿子都已经封了侯,那他的妻子也应该封为邑君。皇帝就下诏封他妻子孙寿为襄城君,同时兼食阳翟的租税,每年进项有五千万,此外还比照长公主的规格,加赐给她赤绂。孙寿貌美又善于做出妖媚姿态,描着细长曲折的眉毛,弄出副愁眉不展的样子,眼下略施粉黛,故意搞得像刚哭过的样子,发髻斜歪一侧,走起路来扭着腰肢,笑起来故意如牙痛一般,以此来媚惑人。梁冀也改变车乘服饰的规制,制作带帷障的平顶车,把头巾扎得很低,并带上狭小的帽子,把头巾上角折叠起来,用大扇障身,朝服的后摆拖地,像狐狸尾巴一样。孙寿生性忌刻,能够控制驾驭梁冀,梁冀非常娇宠惧怕她。

【原文】 初,父商献美人友通期于顺帝,通期有微过,帝以归商,商不敢留而出嫁之,冀即遣客盗还通期。会商薨,冀行服,于城西私与之居。寿伺冀出,多从仓头①,篡取通期归②,截发刮面,笞掠之,欲上书告其事。冀大恐,顿首请于寿母,寿亦不得已而止。冀犹复与私通,生子伯玉,匿不敢出。寿寻知之,使子胤诛灭友氏。冀虑寿害伯玉,常置复壁中。冀爱监奴秦宫③,官至太仓令,得出入寿所。寿见宫,辄屏御者,托以言事,因与私焉。宫内外兼宠,威权大震,刺史、二千石皆谒辞之④。

【注释】 ①仓头:汉代对奴仆的称呼。汉时奴仆以深青色布包头,故称。仓,通

"苍"。②篡取：夺取。③监奴：为权贵豪门监管家务的奴仆头，大管家。④谒辞：就任前晋谒辞行。

【译文】　当初，梁冀的父亲梁商曾进献美人友通期给顺帝，通期因犯了一点小错误，顺帝把她送回给梁商，梁商不敢留下就把她嫁了出去，梁冀就派宾客去偷回了友通期。恰好梁商这时死了，梁冀正在服丧期间，就在城西和她姘居。孙寿等到梁冀出门，就带着许多家奴，把友通期抢了回来，剪断她的头发，刮破她的脸，用鞭子抽打她，还要上书告发这件事情。梁冀非常害怕，在孙寿的母亲面前叩头请罪，孙寿也不得不罢休了。但梁冀还是和通期私通，生下一个儿子叫伯玉，藏起来不敢让他出去。孙寿不久知道了这件事，就派儿子梁胤把友氏一家杀光了。梁冀担心孙寿杀害伯玉，就经常把他藏在夹壁之中。梁冀很喜欢管家秦宫，让他当官直到太仓令，可以自由出入孙寿的住所。孙寿一见到秦宫，就把侍从全部支开，以有要事要说为借口，就和他私通起来。秦宫内外都受到宠幸，威名权力大增，刺史、俸禄为二千石的官员就任前都要向他晋谒辞行。

【原文】　冀用寿言，多斥夺诸梁在位者①，外以谦让，而实崇孙氏宗亲。冒名而为侍中、卿、校尉、郡守、长吏者十余人②，皆贪叨凶淫③，各遣私客籍属县富人④，被以它罪，闭狱掠拷，使出钱自赎，资物少者至于死徙。扶风人士孙奋居富而性吝，冀因以马乘遗之⑤，从贷钱五千万，奋以三千万与之，冀大怒，乃告郡县，认奋母为其守臧婢⑥，云盗白珠十斛、紫金千斤以叛，遂收考奋兄弟，死于狱中，悉没资财亿七千余万。

【注释】　①斥夺：夺取，剥夺。②冒名：假托他人名义。③贪叨：贪婪残忍。叨，残忍。④籍：记录，登记。⑤马乘：四匹马。⑥臧：库藏。

【译文】　梁冀听从孙寿的话，剥夺了许多梁家人的职权，对外给人一种谦让的感觉，实际上抬高了孙氏宗亲的地位。他们当中假托他人名义担任侍中、校尉、郡守、长吏等官职的有十几个人，都十分贪婪残忍、凶暴荒淫，各自派遣自己的宾客去登记属县富人的名单，然后给这些人安上其他的罪名，把他们抓到监狱严刑拷打，让他们出钱赎出自己，给钱物少的人甚至被处死或流放。扶风人士孙奋家境富裕却很吝啬，梁冀就赠送给他四匹马，然后向他借钱五千万，孙奋只借给他三千万，梁冀大怒，就向郡县告状，指认孙奋的母亲是他过去守库的奴婢，说她偷了十斛白珠、一千斤紫金，反叛主人，于是就把孙奋兄弟抓起来拷打，打死在狱中，把他们一亿七千多万的财物全部没收了。

【原文】　其四方调发①，岁时贡献，皆先输上第于冀②，乘舆乃其次焉。吏人赍货求官请罪者，道路相望。冀又遣客出塞，交通外国，广求异物。因行道路，发取伎女御者③，而使人复乘执横暴④，妻略妇女⑤，殴击吏卒，所在怨毒⑥。

【注释】　①调发：征调，征发。②上第：上等，第一等。③伎女：女歌舞艺人。御者：侍从。④执：通"势"，势力。⑤妻略：奸污霸占。⑥怨毒：怨恨，仇恨。

【译文】　四方征调的物品，四季进贡的东西，都要先把最上等的送给梁冀，皇帝只能

得到次一等的。那些送礼求官或请求开释罪名的官吏，络绎不绝。梁冀又派宾客出塞，和域外各国交通往来，广泛搜罗珍奇物品。出行途中，顺便选取歌妓侍御，这些手下的人又仗势横行强暴，奸污霸占妇女，殴打小官吏，所到之处人们恨之入骨。

【原文】 冀乃大起第舍，而寿亦对街为宅，殚极土木，互相夸竞。堂寝皆有阴阳奥室①，连房洞户。柱壁雕镂，加以铜漆；窗牖皆有绮疏青琐②，图以云气仙灵。台阁周通，更相临望；飞梁石蹬，陵跨水道。金玉珠玑，异方珍怪，充积臧室。远致汗血名马。又广开园囿，采土筑山，十里九坂，以像二崤，深林绝涧，有若自然，奇禽驯兽，飞走其间。冀、寿共乘辇车，张羽盖，饰以金银，游观第内，多从倡伎，鸣钟吹管，酣讴竞路。或连继日夜，以骋娱恣。客到门不得通，皆请谢门者，门者累千金。又多拓林苑，禁同王家，西至弘农，东界荥阳，南极鲁阳，北达河、淇，包含山薮，远带丘荒，周旋封域③，殆将千里。又起菟苑于河南城西，经亘数十里④，发属县卒徒，缮修楼观，数年乃成。移檄所在，调发生菟⑤，刻其毛以为识，人有犯者，罪至刑死。尝有西域贾胡，不知禁忌，误杀一兔，转相告言，坐死者十余人。冀二弟尝私遣人出猎上党，冀闻而捕其宾客，一时杀三十余人，无生还者。冀又起别第于城西，以纳奸亡。或取良人，悉为奴婢，至数千人，名曰"自卖人"。

【注释】 ①奥室：内室，深宅。②绮疏：雕刻成空心花纹的窗户。青琐：装饰皇宫门窗的青色连环花纹。③周旋：还绕，盘曲。封域：领地。④经亘：绵亘，连接，连绵不断。⑤菟：通"兔"。

【译文】 梁冀又大兴土木，兴建豪宅，而孙寿也在对街修建住宅，穷极当时土木工匠之所能，互相竞争夸耀。大堂寝室都有暗道通往内室，各个房间都可相通。柱子墙壁雕镂图案，并镀上铜漆；大小窗户都镂刻成空心花纹，装饰着宫廷式样的青色连环纹饰，并画上云气缭绕的仙灵图案。台阁四通八达，相互呼应。长桥凌空高悬，石阶横跨水上。金玉珠宝，四方进献的珍奇怪物，堆满仓库。甚至有远方送来的汗血名马。他还广开园林，挖土筑山，在十里之内筑起了九个山坡，模仿东西崤山的走势，大片的森林和险要的山涧，有如天然而成，珍奇的鸟类和驯养的野兽，在其间飞行奔走。梁冀和孙寿一同乘坐着辇车，打着羽毛做的伞盖，伞盖用金银加以装饰，在宅第内游玩观光，后面还跟着许多歌妓和舞女，敲着钟吹着管，一路酣歌。有时接连几天几夜都在尽情驰骋狂欢。来客到了门口进不去，都要向看门人求情拜谢，看门人都积攒了大量的财物。他们还开拓了许多的林苑，其中的禁忌和皇家园林完全一样，林苑西至弘农，东面以荥阳为界，南面直通鲁阳，北面到达黄河、淇河，其中有深山，也有丘陵和荒野，林苑所包围的区域，方圆将近千里。他还在河南城西兴建了兔苑，纵横数十里，调集了各属县的工匠，修缮楼观，几年才修好。又下文书到各属县调集活兔，把这些兔子的毛剪掉一些做记号，谁触犯了这些兔子，就要犯下死罪。曾有一个西域来经商的胡人，不了解禁忌，误杀了一只兔子，此事辗转互相牵连，因此被处死罪的人有十几个。梁冀的两个弟弟曾私下派人到上党山打

猎,梁冀知道这件事后就逮捕了他的宾客,一下就杀死了三十几个人,没有一个人生还。梁冀又在城西另外修建了宅第,专门收纳奸诈的亡命之徒。有时也抓良民,全部把他们作为奴婢使唤,达到了几千人,称他们为"自卖人"。

【原文】 元嘉元年,帝以冀有援立之功,欲崇殊典,乃大会公卿,共议其礼。于是有司奏冀入朝不趋,剑履上殿,谒赞不名,礼仪比萧何;悉以定陶、成阳余户增封为四县,比邓禹;赏赐金钱、奴婢、彩帛、车马、衣服、甲第,比霍光:以殊元勋①。每朝会,与三公绝席②。十日一入,平尚书事③。宣布天下,为万世法。冀犹以所奏礼薄,意不悦。专擅威柄,凶恣日积,机事大小,莫不咨决之。宫卫近侍,并所亲树。禁省起居,纤微必知。百官迁召,皆先到冀门笺檄谢恩④,然后敢诣尚书。下邳人吴树为宛令,之官辞冀,冀宾客布在县界,以情托树。树对曰:"小人奸蠹⑤,比屋可诛⑥。明将军以椒房之重,处上将之位,宜崇贤善,以补朝阙。宛为大都,士之渊薮,自侍坐以来,未闻称一长者,而多托非人,诚非敢闻!"冀嘿然不悦。树到县,遂诛杀冀客为人害者数十人,由是深怨之。树后为荆州刺史,临去辞冀,冀为设酒,因鸩之,树出,死车上。又辽东太守侯猛,初拜不谒,冀托以它事,乃腰斩之。

【注释】 ①元勋:首功,大功。②绝席:与他人不同席。独坐一席,以示尊显。③平尚书事:平议尚书事务。平,平议。④笺檄:犹笺记。给上级官员的书札。⑤奸蠹:指有害国家社会的不法行为。⑥比屋:家家户户。形容众多、普遍。

【译文】 元嘉元年,桓帝因为梁冀对自己有援立之功,就想用特别的礼遇来显示他的崇高地位,就全部召集朝中公卿,共同商议对待他的礼遇。于是有关官员上奏说梁冀可以入朝不小步快走,可以佩剑穿鞋上殿,谒见皇帝可以不自称名,享受和萧何同等的仪礼规格;将定陶、成阳剩余的编户全都封给他,这样他的封邑就增加到四个县,和邓禹相当;赏赐给他金钱、奴婢、彩帛、车马、衣服、甲第,比照霍光的标准:以突出表彰他的首功。每次朝会,和三公分别开来,独坐一席。十天入朝一次,平议尚书事务。将这些宣告天下,成为万代法制。梁冀还觉得他们奏请的礼遇不够优厚,很不高兴。他专横行事,玩弄权势,一天比一天凶残放纵,各种大小的机要事务,没有一件不是先征询他的意见才做出决定的。宫中的卫士侍从,都是他亲自安置的,宫中的起居生活,每一个细节他都能了解清楚。百官升迁,都要带着笺记书札先到梁冀门上谢恩,然后才敢去尚书省。下邳人吴树被任命为宛县县令,赴任前向梁冀辞别,梁冀有些宾客分布在宛城县内,就嘱托他给予关照。吴树回答说:"那些小人行为不法,应该把他们一个个都杀掉。将军您贵为皇亲,又处于上将的高位,应该推举贤才,重用好人,以此来补正朝廷的缺失。宛县是大都会,是士人的聚居地,我侍候您坐了这么久,没听见您举荐一个才干突出的人,却托付了许多不可用的人,我实在难以从命。"梁冀一声不吭,很不高兴。吴树到宛县,就处死了梁冀宾客中为害百姓的十几个人,梁冀因此十分痛恨他。吴树后来提升为荆州刺史,临行前又

到梁冀那里去辞别，梁冀为他设置酒宴，给他喝了毒酒，吴树出来后，就死在车上了。还有辽东太守侯猛，初次拜官没有谒见他，梁冀就以其他事情为借口，将他腰斩了。

【原文】　时郎中汝南袁著，年十九，见冀凶纵，不胜其愤，乃诣阙上书曰："臣闻仲尼叹凤鸟不至，河不出图，自伤卑贱，不能致也。今陛下居得致之位，又有能致之资，而和气未应①，贤愚失序者，执分权臣，上下壅隔之故也②。夫四时之运，功成则退，高爵厚宠，鲜不致灾。今大将军位极功成，可为至戒，宜遵悬车之礼③，高枕颐神。传曰：'木实繁者，披枝害心。'若不抑损权盛，将无以全其身矣。左右闻臣言，将侧目切齿，臣特以童蒙见拔，故敢忘忌讳。昔舜、禹相戒无若丹朱，周公戒成王无如殷王纣，愿除诽谤之罪，以开天下之口。"书得奏御，冀闻而密遣掩捕著④。著乃变易姓名，后托病伪死，结蒲为人，市棺殡送。冀廉问知其诈⑤，阴求得，笞杀之，隐蔽其事。学生桂阳刘常，当世名儒，素善于著，冀召补令史以辱之⑥。时，太原郝絜、胡武，皆危言高论⑦，与著友善。先是絜等连名奏记三府，荐海内高士，而不诣冀，冀追怒之，又疑为著党，敕中都官移檄捕前奏记者并杀之⑧，遂诛武家，死者六十余人。絜初逃亡，知不得免，因舆榇奏书冀门⑨。书入，仰药而死，家乃得全。及冀诛，有诏以礼祀著等。冀诸忍忌，皆此类也。

【注释】　①和气：指能导致吉祥的祥瑞之气。②壅隔：阻隔。③悬车：致仕。古人以七十岁辞官家居，废车不用。④掩捕：乘其不备逮捕。⑤廉问：察访查问。廉，考察，查访。⑥补令史以辱之：《后汉书·百官志》载汉设尚书令史十八人，二百石，官职卑下，士人一般不做。故梁冀以让刘常补令史来羞辱他。⑦危言：直言。⑧中都官：汉代京师各官署的统称。⑨舆榇：把棺材装在车上，表示决死或有罪当死之意。

【译文】　当时，郎中汝南袁著，年仅十九岁，看到梁冀凶残放纵，压制不住内心的怒火，就向皇帝上书说："我听说孔仲尼叹息凤凰不来，黄河不出现神图，感伤自己卑贱，不能求来这些东西。现在陛下处在可以得到这些东西的位置，又已经具备了得到这些东西的条件，但祥瑞之气至今还未出现，贤德和愚蠢的人颠倒了次序，这都是因为权臣分割了权势，上下阻隔导致的。按四时运行的规律，功成就该身退，给予过高的爵位和过多的恩宠，很少不招致祸害。现在大将军的位置已高到极点，大功已经告成，理应警诫自己，遵循悬车引退的礼节，高枕无忧地去闭目养神了。《左传》说：'果实长得过于繁盛，就会压断树枝，损害主干。'如果不及时抑制权势，那就难以保全他自身。梁冀左右的人听到我的话，肯定会怒目而视，咬牙切齿，我只因为年幼无知而受到提拔，所以才敢不顾忌讳说这样的话。从前，禹劝舜帝不要像丹朱那样傲慢，周公劝诫成王不要像殷王纣那样迷乱，希望皇上能废除诽谤之罪，让天下的人都能开口说话。"奏书递了上去，梁冀听说后就秘密派人去捉拿袁著。袁著就更名改姓，后来又假托病死，用蒲草编个假人，买来棺材殡葬了。梁冀查问得知其中的伪诈，暗查找到了他，用竹板把他打死了，并把这件事隐瞒了起来。学者桂阳人刘常，是当很有名的儒者，一向和袁著关系很好，梁冀就让他充任令史以

羞辱他。当时，太原人郝絜、胡武，都是喜好直言议论的人士，和袁著很要好。此前郝絜等人曾联名奏请三府，向他们举荐国内的有名望的人，而没有事先通告梁冀，梁冀回想起这件事感到很恼怒，又怀疑他们是袁著的同党，就命令京师各官署发出文告逮捕从前奏请的那些人并且杀掉他们，结果就诛灭了胡武家族，把六十多人全部杀掉了。郝絜开始逃亡在外，知道难逃此劫，就用车拉着棺材来到梁冀门上上奏。奏书递进去，他就仰头喝下毒药死了，这样他的家族才得以保全。等到梁冀被杀后，皇帝下诏用厚礼祭祀袁著等人。梁冀所做的许多残忍忌害贤良的事情，都和这差不多。

【原文】　不疑好经书，善待士，冀阴疾之，因中常侍白帝，转为光禄勋。又讽众人共荐其子胤为河南尹。胤一名胡狗，时年十六，容貌甚陋，不胜冠带，道路见者，莫不蚩笑焉。不疑自耻兄弟有隙，遂让位归第，与弟蒙闭门自守。冀不欲令与宾客交通，阴使人变服至门，记往来者。南郡太守马融、江夏太守田明，初除①，过谒不疑，冀讽州郡以它事陷之，皆髡笞徙朔方。融自刺不殊②，明遂死于路。

【注释】　①除：拜官，授职。②殊：死亡。

【译文】　梁不疑喜好儒家经典，善待士人，梁冀私下里十分痛恨他，就指使中常侍劝说皇帝，让他转任光禄勋。又暗示众人一起举荐自己的儿子梁胤任河南尹。梁胤又名胡狗，当时十六岁，容貌十分丑陋，穿戴起冠服绶带很不像样，路上的人看了，没有不嗤笑他的。梁不疑因为兄弟之间有裂痕，感到很可耻，就辞去官职回到家中，和弟弟梁蒙一起闭门自守。梁冀不想让他们与宾客来往，暗地里派人穿着便服到他家门口，记下和他们来往的人。南郡太守马融、江夏太守田明，第一次上任前，拜谒梁不疑，梁冀就暗示州郡的人以其他的事情来诬陷他们，结果他们都被剃光头发遭到毒打并被流放到朔方去。马融自杀未遂，田明就死在路上了。

【原文】　永兴二年，封不疑子马为颍阴侯，胤子桃为城父侯。冀一门前后七封侯，三皇后，六贵人，二大将军，夫人、女食邑称君者七人，尚公主者三人，其余卿、将、尹、校五十七人。在位二十余年，穷极满盛，威行内外，百僚侧目，莫敢违命，天子恭己而不得有所亲豫①。

【注释】　①恭己：指君主大权旁落。

【译文】　桓帝永兴二年，朝廷封梁不疑的儿子梁马为颍阴侯，梁胤的儿子梁桃为城父侯。梁冀一家前后有七人被封侯，三人做了皇后，六人做了贵人，出了两个大将军，夫人、女儿中有七人享有食邑，三人娶了公主，其他官至卿、将、尹、校的有五十七人。梁冀在位二十多年，骄横气盛到了极点，横行宫廷内外，百官不敢正视他，没有人敢违抗他的命令，皇帝大权旁落，什么事都不能亲自过问。

【原文】　帝既不平之。延熹元年，太史令陈授因小黄门徐璜，陈灾异日食之变，咎在大将军，冀闻之，讽洛阳令收考授，死于狱。帝由此发怒。

【译文】 桓帝心里已经十分不平了。延熹元年，太史令陈授通过小黄门徐璜，向皇帝陈述出现了日食等异常灾害，责任在大将军，梁冀听说后，暗地指使洛阳令逮捕了陈授，在狱中将他拷打至死。桓帝因此发怒了。

【原文】 初，掖庭人邓香妻宣生女猛，香卒，宣更适梁纪。梁纪者，冀妻寿之舅也。寿引进猛入掖庭，见幸，为贵人，冀因欲认猛为其女以自固，乃易猛姓为梁。时猛姊婿邴尊为议郎，冀恐尊沮败宣意①，乃结刺客于偃城，刺杀尊，而又欲杀宣。宣家在延熹里，与中常侍袁赦相比，冀使刺客登赦屋，欲入宣家。赦觉之，鸣鼓会众以告宣。宣驰入以白帝，帝大怒，遂与中常侍单超、具瑗、唐衡、左悺、徐璜等五人成谋诛冀。语在《宦者传》。

【注释】 ①沮败：败坏，挫败。

【译文】 当初，掖庭人邓香的妻子宣生下一个女儿叫猛，邓香死后，宣就改嫁给梁纪。梁纪，是梁冀的妻子孙寿的舅舅。孙寿把猛引荐到掖庭中，被皇帝宠幸，封为贵人，梁冀因此就想认猛做女儿以巩固自己的势力，就把猛改为梁姓。当时猛的姐夫邴尊担任议郎，梁冀担心他阻挠改变宣的心意，就勾结刺客在郾城刺杀了邴尊，然后又想杀死宣。宣家住延熹里，和中常侍袁赦是邻居，梁冀派的刺客爬上袁赦的屋顶，想从这里进入宣家。袁赦发现了，敲起鼓召集手下把这事通告给宣。宣马上跑到宫中向桓帝报告了这件事情，桓帝大怒，就和中常侍单超、具瑗、唐衡、左悺、徐璜等五个人定下诛杀梁冀的计划。详细叙述在《宦者列传》中。

【原文】 冀心疑超等，乃使中黄门张恽入省宿，以防其变。具瑗敕吏收恽，以辄从外人，欲图不轨。帝因是御前殿，召诸尚书入，发其事，使尚书令尹勋持节勒丞郎以下皆操兵守省阁，敛诸符节送省中。使黄门令具瑗将左右厩骖、虎贲、羽林、都候剑戟士①，合千余人，与司隶校尉张彪共围冀第。使光禄勋袁盱持节收冀大将军印绶，徙封比景都乡侯。冀及妻寿即日皆自杀。悉收子河南尹胤、叔父屯骑校尉让，及亲从卫尉淑、越骑校尉忠、长水校尉戟等，诸梁及孙氏中外宗亲送诏狱，无长少皆弃市②。不疑、蒙先卒。其他所连及公卿列校刺史二千石死者数十人，故吏宾客免黜者三百余人，朝廷为空，惟尹勋、袁盱及廷尉邯郸义在焉。是时事卒从中发，使者交驰，公卿失其度，官府市里鼎沸③，数日乃定，百姓莫不称庆。

【注释】 ①厩骖：主驾车马的骑士。都候：古代主行夜巡逻的卫士官，主剑戟士。②弃市：弃之于市，谓处死刑。③市里：街市里巷。鼎沸：比喻形势纷扰动乱。

【译文】 梁冀心中猜疑单超等人，就派了中黄门张恽进入宫内，以防止他们发动政变。具瑗命令吏人把张恽逮捕，罪名是他突然从宫外进来，图谋不轨。桓帝于是亲临前殿，召见尚书们，公开了梁冀的罪行，让尚书令尹勋手持符节率领丞郎下的官员都带着兵器守住宫廷官署，收起各种符节送回宫中。派黄门令具瑗带着左右两厢的骑士、虎贲、羽林、都候剑戟士等，一共一千多人，和司隶校尉张彪一起包围了梁冀的住宅。派光禄勋袁

盱带着符节没收了梁冀的大将军印绶，改封他为比景都乡侯。梁冀和他的妻子孙寿当天就都自杀了。又将梁冀的儿子河南尹梁胤、叔父屯骑校尉梁让，以及他的亲信卫尉淑、越骑校尉忠、长水校尉戟等人，连同梁家及孙家的内外宗族亲戚全部逮捕送到诏狱中去，不论老少都处以死刑，暴尸街头。梁不疑、梁蒙在这之前死了。其他受到牵连而死的公卿、列校、刺史及俸禄为二千石的官员有几十人，梁冀原来的官吏和宾客被罢黜官职的有三百多人，朝廷都空了，只剩下尹勋、袁盱以及廷尉邯郸义还在。当时政变是突然从宫中爆发，使者来回奔驰，公卿们不知所措，官府街市里巷纷扰动乱，好几天才平定下来，百姓没有不拍手称快的。

【原文】 收冀财货，县官斥卖[1]，合三十余万万，以充王府，用减天下税租之半[2]。散其苑囿，以业穷民[3]。录诛冀功者[4]，封尚书令尹勋以下数十人。

【注释】 [1]县官：朝廷，官府。斥卖：出卖。[2]用：犹言以，表示凭借或原因。[3]业：成业，使之立业或乐业。[4]录：记功，奖赏。

【译文】 朝廷没收梁冀的全部财产，全部变卖，共获三十多亿，用来充实国家府库，因此减免了天下百姓一半的租税。开放梁冀的林苑，让贫民在里面安身立业。奖赏诛杀梁冀有功的人，封赏了尚书令尹勋及以下共几十个人。

班超列传

【题解】

班超（31～102），以微薄力量闯荡西域三十年，朝廷对他们的增援十分有限，但班超却让西域五十多个国家全部归顺汉朝，显示出非凡的智慧与超强的军事外交才能。

西汉后期，已无力管理西域各国，又经王莽政权的大肆践踏，民族团结遭到严重破坏，致使西域五十多个国家投靠匈奴。匈奴极其强悍蛮横，在东汉初年乘虚而入，侵扰汉朝边疆，烧杀抢掠，对汉室的稳定形成巨大的威胁。随着东汉政治经济的发展与积极友好的民族政策的实施，西域的局面逐步趋于稳定。马援、祭肜、班超等优秀将领在这一过程中立下了汗马功劳。他们采取刚柔并济的措施，勇于征战，又善于攻心，出色地贯彻"以夷制夷"的策略，和西域各国建立了良好的关系，使汉朝出现了"四夷来宾"的和谐景象。

班超像

【原文】 班超字仲升，扶风平陵人，徐令彪之少子也。为人有大志，不修细节。然内孝谨，居家常执勤苦，不耻劳辱。有口辩，而涉猎书传。永平五年，兄固被召诣校书郎，超与母随至洛阳。家贫，常为官佣书以供养[1]。久劳苦，尝辍业投

笔叹曰:"大丈夫无它志略,犹当效傅介子、张骞立功异域②,以取封侯,安能久事笔研间乎③?"左右皆笑之。超曰:"小子安知壮士志哉!"其后行诣相者,曰:"祭酒,布衣诸生耳,而当封侯万里之外。"超问其状。相者指曰:"生燕颔虎颈④,飞而食肉,此万里侯相也。"久之,显宗问固⑤:"卿弟安在?"固对:"为官写书,受直以养老母⑥。"帝乃除超为兰台令史⑦。后坐事免官。

【注释】　①佣书:受雇为人抄书。亦泛指为人做笔札工作。②傅介子、张骞立功异域:傅介子在西汉昭帝时期远赴楼兰、龟兹,指斥两国拦截杀害汉使,投靠匈奴,并杀掉了在龟兹的匈奴使者;后又与霍光合谋,刺杀了楼兰王;回国后封为义阳侯。张骞出使西域,开通了丝绸之路,使西汉的势力影响到西域各国,又随卫青出征匈奴,封博望侯。③笔研:笔和砚,指文墨书写之事。④燕颔:燕子一样的下巴。颔,下巴。⑤显宗:即汉明帝。⑥受直:得到报酬。直,工钱,报酬。⑦兰台令史:掌管图书、文书的官员,后世也称史官为兰台。兰台,汉代宫里藏书之处。

【译文】　班超字仲升,扶风郡平陵县人,是徐县县令班彪的小儿子。他胸怀大志,不拘小节。但在家孝顺恭谨,总是坚持勤奋刻苦,不以劳苦为耻辱。他能言善辩,又浏览过经典书籍。明帝永平五年,他哥哥班固被征召为校书郎,班超与母亲跟着到了洛阳。因家境贫寒,经常为官府抄写文书来养家糊口。他辛苦地干了很长时间,有一次停下工作把手中的笔丢在一边,感叹地说:"大丈夫就算没有别的志向,也应该像傅介子、张骞那样到异域去创立功业,争取封侯,怎么能长久地在笔砚之间消磨时光呢?"旁边的人都笑话他。班超说:"你们这班小子哪里会了解壮士的志向呢!"后来,他去看相,看相的人说:"您只是个平民书生,但会在万里之外封侯。"班超向他询问详细的情况。看相的人指着他说:"你长着燕子那样的下巴老虎一样的脖颈,能展翅高飞又能吞食鲜肉,这正是在万里之外封侯的面相啊!"过了很久,明帝问班固说:"你的弟弟在哪里?"班固回答说:"为官府抄写文书,取得报酬供养家中的老母亲。"就任命班超为兰台令史。后来他又因犯错误被免职。

【原文】　十六年,奉车都尉窦固出击匈奴①,以超为假司马,将兵别击伊吾②,战于蒲类海③,多斩首虏而还。固以为能,遣与从事郭恂俱使西域。

【注释】　①窦固:字孟孙,东汉开国功臣窦融之侄,娶光武帝女涅阳公主为妻。永平年间统领汉军大举反击匈奴,取得天山之战的重大胜利,为东汉彻底击灭北匈奴创造了条件。②伊吾:汉伊吾卢地区,故城在今新疆哈密。③蒲类海:即今新疆东部的巴里坤湖。

【译文】　明帝永平十六年,奉车都尉窦固出击匈奴,就让班超以代理司马的身份,带兵分头进攻伊吾,在蒲类海交战,斩杀了许多敌人才回来。窦固认为他很有才能,就派他和从事郭恂一同出使西域。

【原文】　超到鄯善①,鄯善王广奉超礼敬甚备,后忽更疏懈。超谓其官属曰:"宁觉广礼意薄乎?此必有北虏使来,狐疑未知所从故也。明者睹未萌,况已著邪。"乃召侍胡

诈之曰："匈奴使来数日，今安在乎？"侍胡惶恐，具服其状。超乃闭侍胡②，悉会其吏士三十六人，与共饮，酒酣，因激怒之曰："卿曹与我俱在绝域，欲立大功，以求富贵。今虏使到裁数日，而王广礼敬即废；如令鄯善收吾属送匈奴，骸骨长为豺狼食矣。为之奈何？"官属皆曰："今在危亡之地，死生从司马。"超曰："不入虎穴，不得虎子。当今之计，独有因夜以火攻虏，使彼不知我多少，必大震怖，可殄尽也。灭此虏，则鄯善破胆，功成事立矣。"众曰："当与从事议之。"超怒曰："吉凶决于今日。从事文俗吏③，闻此必恐而谋泄，死无所名，非壮士也！"众曰："善。"初夜，遂将吏士往奔虏营。会天大风，超令十人持鼓藏虏舍后，约曰："见火然④，皆当鸣鼓大呼。"余人悉持兵弩夹门而伏。超乃顺风纵火，前后鼓噪。虏众惊乱，超手格杀三人，吏兵斩其使及从士三十余级，余众百许人悉烧死。明日乃还告郭恂，恂大惊，既而色动。超知其意，举手曰："掾虽不行，班超何心独擅之乎？"恂乃悦。超于是召鄯善王广，以虏使首示之，一国震怖。超晓告抚慰，遂纳子为质。还奏于窦固，固大喜，具上超功效，并求更选使使西域，帝壮超节，诏固曰："吏如班超，何故不遣而更选乎？今以超为军司马，令遂前功。"超复受使，固欲益其兵，超曰："愿将本所从三十余人足矣。如有不虞⑤，多益为累。"

【注释】 ①鄯善：古西域国名，本名楼兰，故址在今新疆鄯善东南。②闭：关押，幽禁。③文俗：拘守礼法安于习俗。④然：同"燃"，燃烧。⑤不虞：意料不到的事。

【译文】 班超到了鄯善国，鄯善王广接待他的礼节十分周到完备，后来忽然变得怠慢起来。班超对他的属官们说："你们感觉到广对我们的礼节和热情都不如从前了吗？这说明肯定有匈奴的使者到来，他才犹豫不决，无所适从。明眼的人能看清尚未萌芽的事情，况且现在事情都已经十分明白了。"于是他就招来侍候他们的胡人，蒙骗他说："匈奴的使者都来了几天了，现在在哪儿呢？"侍候他们的胡人惶恐不安，就把全部事实都交代了。班超就把侍候他们的胡人关了起来，把他的三十六名将士全都集合起来，和他们一起饮酒，当喝得十分尽兴的时候，他故意激怒他们说："你们和我一起身处绝域，都想建功立业，以谋求富贵。现在匈奴的使者才来几天，而鄯善王广就不再对我们恭敬了；如果让鄯善把我们抓起来送给匈奴，那我们的尸骨残骸就只能送给豺狼吃了。这该怎么办呢？"属官们都说："现在处在危亡的境地，生死存亡就都听从司马您的安排了。"班超说："不深入虎穴，就得不到虎子。现在我们的办法，只有趁夜色火攻匈奴，让他们搞不清我们有多少的兵力，他们必定会震惊恐怖，这样就可以歼灭他们了。消灭这些匈奴，鄯善一定会丧胆，我们功名事业就可以成就了。"将士们都说："应该和从事商议这件事。"班超发怒说："是凶是吉今天就应该有个决断。从事只是个拘礼安于流俗的文吏，听到这个计划必定惊恐不安使计划泄露，我们不明不白地死去，不是壮士！"众人说："好！"夜幕降临，他就带着将士冲向匈奴的营地。正好天上刮起大风，班超就让十个人拿着战鼓藏在他们的房舍之后，约定说："一看到大火点燃，都要击鼓呐喊。"剩下的人带着兵器和弓箭埋伏在

大门两旁。班超就顺风放起大火，前后战鼓响成一片。匈奴人惊恐混乱，班超亲手杀了三个人，他的将士杀了匈奴的使者以及随从三十多人，剩下的一百多人都被烧死了。第二天才回来报告郭恂，郭恂大惊，然后脸色就变了。班超知道他的心意，举起手说："您虽然没有参加昨天的行动，但我怎敢独享战功呢？"郭恂这才高兴起来。班超于是就招来鄯善王广，把匈奴使者的脑袋拿给他看，整个鄯善国都因此震惊恐怖。班超又告谕抚慰他们，鄯善王就把儿子送到汉室去做人质。班超回去向窦固汇报，窦固大喜，把班超的功劳全部禀报给皇上，并请求另选使者出使西域。明帝很赏识班超的气节，诏示窦固说："像班超这样的官吏，为何不再派遣他而想着另找出使西域的人选呢？现在就任他为军司马，让他成就更大的功业。"班超再次接受了使命，窦固想要增加他的兵力，班超说："希望带领原来跟着我的那三十多个人就足够了。如有意料不到的事情，人多反而成为拖累。"

【原文】 是时，于窴王广德新攻破莎车①，遂雄张南道②，而匈奴遣使监护其国，超既西，先至于窴。广德礼意甚疏。且其俗信巫。巫言："神怒何故欲向汉？汉使有騧马③，急求取以祠我。"广德乃遣使就超请马。超密知其状，报许之，而令巫自来取马。有顷，巫至，超即斩其首以送广德，因辞让之④。广德素闻超在鄯善诛灭虏使，大惶恐，即攻杀匈奴使者而降超。超重赐其王以下，因镇抚焉。

【注释】 ①于窴：也做"于阗"，古西域国名，在今新疆和田一带。莎车：古西域国名，在今新疆塔里木盆地西缘，莎车县、叶城县一带。②雄张：谓势力扩张，旺盛。南道："丝绸之路"的南道。汉代丝绸之路从长安经河西走廊，再分为南北两道，南道是出阳关（今甘肃敦煌西南）西行，经鄯善，沿昆仑山的北麓，经过于阗、莎东、蒲犁（今塔什库尔干），逾葱岭，至大月氏（今伊犁河、楚河一带），再西行到安息（伊朗高原古国）和地中海的大秦（今罗马共和国），或由大月氏向南入身毒（印度）。③騧马：黑嘴的黄马。也指浅黄色的马。騧，黑嘴的黄马。④辞让：责问。

【译文】 当时，于窴王广德刚刚攻下莎车国，在南道上称雄扩张，而匈奴也派了使者监护于窴国。班超到了西域后，先到了于窴国。广德对他们的礼节十分冷淡。而且于窴国有信奉巫师的风俗。巫师说："神发怒说，为什么想要归附汉室。汉朝的使者有黑嘴的黄马，赶快去向他们要来祭祀我。"广德就派使者到班超那里去要马。班超暗地里知道了事情的缘由，回复表示同意，但要巫师亲自来取马。不一会儿，巫师来了，班超马上就砍下他的脑袋送给广德，于是责问他。广德早就听说班超在鄯善国杀死匈奴使者的事情，非常惶恐，马上就攻击杀掉了匈奴的使者归降班超。班超重重地奖赏了于窴王及他之下的官员，然后就在这里镇守下来，安抚百姓。

【原文】 时，龟兹王建为匈奴所立①，倚恃虏威，据有北道②，攻破疏勒③，杀其王，而立龟兹人兜题为疏勒王。明年春，超从间道至疏勒。去兜题所居槃橐城九十里④，逆遣吏田虑先往降之。敕虑曰："兜题本非疏勒种，国人必不用命。若不即降，便可执之。"虑既

到,兜题见虑轻弱,殊无降意。虑因其无备,遂前劫缚兜题。左右出其不意,皆惊惧奔走。虑驰报超,超即赴之,悉召疏勒将吏,说以龟兹无道之状,因立其故王兄子忠为王,国人大悦。忠及官属皆请杀兜题,超不听,欲示以威信,释而遣之。疏勒由是与龟兹结怨。

【注释】　①龟兹:汉西域古国名,位于天山南麓,治延城(今新疆库车中北部)。②北道:汉"丝绸之路"的北道,自玉门关(今敦煌西北)西行,经车师前国(今吐鲁番附近),经渠犁(今库尔勒)、龟兹、姑墨至疏勒。③疏勒:古西域国名,在今新疆喀什市一带,其治疏勒城,即今新疆疏勒县。④槃橐城:位于今新疆喀什市东南郊多来巴提格路以南。

【译文】　当时,龟兹王建是匈奴拥立的,他倚仗着匈奴的力量,占据北道,攻败疏勒国,杀死国王,而拥立龟兹人兜题为疏勒王。第二年春天,班超抄小路来到疏勒国。在距离兜题居住的槃橐城九十里的地方,预先派属下田虑去招降他。他交代田虑说:"兜题本来就不是疏勒人,国人必定不听从他的命令。如果不马上投降,你就把他抓起来。"田虑到了那里,兜题见他力量单薄,根本就没有投降的意思。田虑乘其不备,就上前劫持了他,把他绑了起来。兜题左右人员出乎意料,吓得都惊慌逃跑。田虑迅速向班超报告,班超立即赶到,把疏勒国的将士全都召集在一起,向他们阐述龟兹王无道的情形,然后就拥立已故国王兄长的儿子忠为疏勒王,国人十分高兴。忠和手下的官员都请求杀死兜题,班超没有听从,想要以此树立自己的威信,把兜题放了回去。疏勒从此和龟兹国结下仇怨。

【原文】　十八年,帝崩。焉者以中国大丧①,遂攻没都护陈睦②。超孤立无援,而龟兹、姑墨数发兵攻疏勒③。超守盘橐城,与忠为首尾,士吏单少,拒守岁余。肃宗初即位,以陈睦新没,恐超单危不能自立,下诏征超。超发还,疏勒举国忧恐。其都尉黎弇曰:"汉使弃我,我必复为龟兹所灭耳。诚不忍见汉使去。"因以刀自刭。超还至于寘,王侯以下皆号泣曰:"依汉使如父母,诚不可去。"互抱超马脚,不得行。超恐于寘终不听其东,又欲遂本志,乃更还疏勒。疏勒两城自超去后,复降龟兹,而与尉头连兵④。超捕斩反者,击破尉头,杀六百余人,疏寘复安。

【注释】　①焉者:古西域国名,国都在员渠城(今新疆焉者西南)。②都护:西域都护,总监西域各国,并护南北道,为西域地区最高长官。③姑墨:汉代西域国名,在今新疆温宿、阿克苏一带。④尉头:汉代西域国名,在今新疆阿克苏地区乌什县和喀什地区巴楚县一带。

【译文】　永平十八年,明帝去世了。焉者国因中国正值国丧,就发起进攻,杀了都护陈睦。班超孤立无援,而龟兹、姑墨国也多次出兵攻击疏勒国。班超据守盤橐城,和疏勒王忠首尾呼应,虽兵力单薄,还是坚守了一年多的时间。章帝刚刚即位,因为陈睦刚死,担心班超势力单薄,且身居险境,保不住自己,就下诏征召班超。班超带兵返回,疏勒国举国都陷入恐慌。他们的都尉黎弇说:"汉朝的使者遗弃我们,我们肯定又要被龟兹国灭掉。我真不愿看着汉使离去。"说完就举刀自刭了。班超回程经过于寘国,王侯以下的人

都号啕大哭说:"我们依赖汉使就像我们的父母,实在不能离去啊!"大家都抱着班超的马脚,班超无法前行。班超担心于阗国的人终究不会让他东归,又想成就自己的志向,就又回到了疏勒国。疏勒国的两座城自从班超离开后,又投降了龟兹国,和尉头联合势力。班超把谋反的人抓来杀了,打败了尉头,杀了六百多人,疏勒国又安定下来了。

【原文】 建初三年,超率疏勒、康居、于阗、拘弥兵一万人攻姑墨石城①,破之,斩首七百级。超欲因此叵平诸国②,乃上疏请兵。曰:

【注释】 ①康居:古西域国名,东界乌孙,西达奄蔡,南接大月氏,东南临大宛,约在今巴尔喀什湖和咸海之间,国都卑阗城(在今塔拉斯河流域)。拘弥:古代西域诸国之一,故址在今新疆于田县克里雅河以东。石城:在今新疆乌什县城一带。②叵:遂,就。

【译文】 章帝建初三年,班超率领疏勒、康居、于阗、拘弥士兵共计一万多人进攻姑墨国的石城,攻破城池,杀敌七百多人。班超想趁势平定各国,就上疏请求增兵。他说:

【原文】 "臣窃见先帝欲开西域,故北击匈奴,西使外国,鄯善、于阗即时向化。今拘弥、莎车、疏勒、月氏、乌孙、康居复愿归附①,欲共并力破灭龟兹,平通汉道。若得龟兹,则西域未服者百分之一耳。臣伏自惟念,卒伍小吏,实愿从谷吉效命绝域②,庶几张骞弃身旷野。昔魏绛列国大夫,尚能和辑诸戎,况臣奉大汉之威,而无铅刀一割之用乎③?前世议者皆曰取三十六国,号为断匈奴右臂。今西域诸国,自日之所入,莫不向化,大小欣欣,贡奉不绝,惟焉耆、龟兹独未服从。臣前与官属三十六人奉使绝域,备遭艰厄。自孤守疏勒,于今五载,胡夷情数,臣颇识之。问其城郭小大,皆言'倚汉与依天等'。以是效之,则葱领可通④,葱领通则龟兹可伐。今宜拜龟兹侍子白霸为其国王,以步骑数百送之,与诸国连兵,岁月之间,龟兹可禽⑤。以夷狄攻夷狄,计之善者也。臣见莎车、疏勒田地肥广,草牧饶衍,不比敦煌、鄯善间也,兵可不费中国而粮食自足。且姑墨、温宿二王⑥,特为龟兹所置,既非其种,更相厌苦⑦,其执必有降反。若二国来降,则龟兹自破。愿下臣章,参考行事。诚有万分,死复何恨。臣超区区,特蒙神灵,窃冀未便僵仆⑧,目见西域平定,陛下举万年之觞,荐勋祖庙,布大喜于天下。"

【注释】 ①乌孙:古代西域国名,地在今伊犁河谷。②谷吉:西汉元帝时出使西域郅支国的司马,被郅支人所杀害。绝域:极远之地。③铅刀:铅质的刀,钝刀,比喻无用的人或物。④葱领:即葱岭,古代对今帕米尔高原及昆仑山、喀喇昆仑山西部诸山的统称。⑤禽:同"擒",制伏,俘获。⑥温宿:古国名,在今新疆温宿县。⑦厌苦:厌烦以为苦事。⑧僵仆:死亡。

【译文】 "我知道先帝想开通西域,所以才向北攻打匈奴,向西边的国家派出使者。鄯善、于阗国很快就归附汉朝了。现在拘弥、莎车、疏勒、月氏、乌孙、康居又愿意归附,想联合兵力歼灭龟兹国,平定通往汉室的通道。如果能拿下龟兹国,那西域不归顺的人就只剩百分之一了。我曾暗自想过,军人及下层官吏,其实都愿意跟从谷吉那样的人在边

远的西域为国效力，就像被匈奴囚禁十多年的张骞还愿意只身闯荡旷野一样。过去魏绛作为诸侯国的大夫，都能使各戎狄之国和平归附，何况我现在仰仗着大汉的威仪，难道还不能一展像铅刀那样迟钝的才干吗？前代人都说夺取了西域三十六国，就可称得上是斩断了匈奴的右臂。现在西域各国，从日出到日落之处，没有不想着归化汉室的，大大小小的国家，都在不断地贡奉汉朝，唯独焉耆、龟兹国还没有归顺。我从前和三十六个属官奉命出使西域，历尽了艰难险阻。从孤守疏勒城至今，已经有五个年头了，对于胡夷人的情况特点，我已经十分了解了。问他们关于城郭的大小，他们都说'仰仗汉朝和依靠上天是一样的'。从这话看来，葱岭是可以打通的。葱岭一旦打通，则龟兹国就可以攻伐。现在应该任命龟兹国送来做人质的白霸为他们的国王，让几百个步兵骑兵护送他，再和其他几个国家联合兵力，几个月之间，就可以拿下龟兹国。用夷狄的力量进攻夷狄，是绝妙的计谋。我看莎车、疏勒两国田地肥沃广博，水草繁茂，牛羊成群，和敦煌、鄯善一带大不一样，军队不依靠中原供给粮草就能够自给自足了。而且姑墨、温宿两国的国王，都是龟兹国专门设置的，既然不是本族人，大家厌恨他们，这样就一定会有人投降谋反。如果这两个国家能来投降，那龟兹国就不攻自破了。希望能给我定一个规章，好让我可以参考行事。就算万一有什么不测，我也死而无憾。班超我本来就很渺小，承蒙神灵护佑，私下希望不要这么早就倒下，能够亲眼看到西域被平定，陛下举杯庆贺万寿无疆，向祖庙荐献祭品，向天下人宣布国家的大喜。"

【原文】 书奏，帝知其功可成，议欲给兵。平陵人徐幹素与超同志，上疏愿奋身佐超，五年，遂以幹为假司马，将弛刑及义从千人就超①。

【注释】 ①义从：自愿从军者。

【译文】 奏书交上去后，章帝知道他可以成就功业，就和朝臣商议要给他派兵。平陵人徐幹一直和班超志同道合，上疏表示愿意投身西域辅佐班超。章帝建初五年，就以徐幹为代理司马，带领免刑的和自愿从军的其计一千多人来到班超身边。

【原文】 先是莎车以为汉兵不出，遂降于龟兹，而疏勒都尉番辰亦复反叛。会徐幹适至，超遂与幹击番辰，大破之，斩首千余级，多获生口。超既破番辰，欲进攻龟兹。以乌孙兵强，宜因其力，乃上言："乌孙大国，控弦十万，故武帝妻以公主①，至孝宣皇帝，卒得其用。今可遣使招慰，与共合力。"帝纳之。八年，拜超为将兵长史，假鼓吹幢麾②。以徐幹为军司马，别遣卫候李邑护送乌孙使者，赐大小昆弥以下锦帛③。

【注释】 ①武帝妻以公主：汉武帝元封六年（前105），封江都王刘建的女儿细君为公主，下嫁乌孙国王昆莫猎骄靡，和乌孙结为兄弟之邦，共制匈奴。②假：授予。鼓吹：演奏乐曲的乐队。幢麾：旌旗依仗之类。幢，一种旌旗，常在军事指挥、依仗行列中使用。麾，古代用以指挥军队的旗帜。③大小昆弥：乌孙称王日昆弥。老昆弥死，其子孙争王位，汉宣帝时遂令立大小两昆弥，各赐印绶。

【译文】 起先莎车以为汉朝不会出兵，就投降了龟兹国，而疏勒的都尉番辰也再次反叛。正值徐幹到来，班超就和他一起攻打番辰，大败对手，斩首千余人，活捉了许多俘虏。班超打败番辰后，就想着进攻龟兹国。他考虑乌孙国兵力强大，应该借助他的兵力，就上书说："乌孙是个大国，能拉弓射箭的就有十万人，所以武帝才把公主嫁给他们，到了孝宣皇帝，就发挥了他们的作用。现在，可以派遣使者前去招抚，与他们联合兵力。"章帝采纳了他的建议。建初八年，朝廷任命班超为将兵长史，授予他享用大将才能享有的仪仗乐队和旗帜。授予徐幹军司马官职，另外派遣卫候李邑护送乌孙的使者，将锦帛赏赐给乌孙的大昆弥、小昆弥及其臣下。

【原文】 李邑始到于寘，而值龟兹攻疏勒，恐惧不敢前，因上书陈西域之功不可成，又盛毁超拥爱妻，抱爱子，安乐外国，无内顾心。超闻之，叹曰："身非曾参而有三至之谗[①]，恐见疑于当时矣。"遂去其妻。帝知超忠，乃切责邑曰："纵超拥爱妻，抱爱子，思归之士千余人，何能尽与超同心乎？"令邑诣超受节度。诏超："若邑任在外者，便留与从事。"超即遣邑将乌孙侍子还京师。徐幹谓超曰："邑前亲毁君，欲败西域，今何不缘诏书留之[②]，更遣它吏送侍子乎？"超曰："是何言之陋也！以邑毁超，故今遣之。内省不疚，何恤人言！快意留之，非忠臣也。"

【注释】 ①身非曾参而有三至之谗：曾参是孔子的门生，以孝道著称。有个和他同名的人杀了人，就有人向他母亲报告，他母亲照旧织布，不予理睬；第二个人又来报"曾参杀了人"，他母亲依旧不动声色；第三个人说"曾参杀人了"，他的母亲扔下梭子，翻墙逃跑了。②缘：顺，依据。

【译文】 李邑刚到于寘国时，正值龟兹国攻打疏勒国，他因恐惧而不敢前行，就上书陈述说西域的功业无法成就，又大肆诽谤班超拥着爱妻，抱着爱子，在国外安乐享受，根本没有顾念国家之心。班超听说后，感叹说："我没有曾参的美德，却也遭到多次传播的谗言的攻击，恐怕要遭到当朝的怀疑。"于是就送走了妻子。章帝深知班超的忠诚，就严厉责备李邑说："纵使班超拥着爱妻，抱着爱子，那一千多个渴望归乡的将士，怎么又都能和班超同心呢？"于是命令李邑到班超那里接受他的调度。诏示班超说："如果李邑还能在域外任职，那就留在你身边做事。"班超马上就派遣李邑带着乌孙送来做人质的王子返还京城。徐幹问班超说："李邑先前亲口诋毁您，想败坏西域的事业，现在为何不依照诏书将他留下，派遣其他的官吏护送质子回去呢？"班超回答说："你这话就说得太浅薄了。就是因为李邑诋毁我，我这才把他送回去。我问心无愧，为什么还要怕人言是非呢。贪图一时的痛快把他留下来，这不是忠臣的行为。"

【原文】 明年，复遣假司马和恭等四人将兵八百诣超，超因发疏勒、于寘兵击莎车。莎车阴通使疏勒王忠，啖以重利[①]，忠遂反从之，西保乌即城[②]。超乃更立其府丞成大为疏勒王，悉发其不反者以攻忠。积半岁，而康居遣精兵救之，超不能下。是时月氏新与康居

婚,相亲,超乃使使多赍锦帛遗月氏王,令晓示康居王,康居王乃罢兵,执忠以归其国,乌即城遂降于超。

【注释】　①啗:利诱。②乌即城:在今新疆喀什市西六十公里。

【译文】　第二年,朝廷又派代理司马和恭等四人带着八百士兵到达班超那里。班超于是调发了疏勒、于阗两国的军队攻打莎车。莎车秘密派使者前去联合疏勒王忠,用许多利益来诱惑他,忠于是就反叛班超跟从莎车国,据守西面的乌即城。班超就改立他们的府丞成大为疏勒王,把没有叛变的人全部发动起来向忠发起进攻。这样相持了半年,而康居国又派来精兵救援忠,班超无法拿下他。当时月氏国刚刚和康居国联姻,彼此很亲近,班超就派使者送了许多锦帛给月氏王,要他劝告康居王,康居王就撤兵了,逮捕忠回到了自己的国家,乌即城也就投降班超了。

【原文】　后三年,忠说康居王借兵,还据损中①,密与龟兹谋,遣使诈降于超。超内知其奸而外伪许之。忠大喜,即从轻骑诣超。超密勒兵待之,为供张设乐,酒行,乃叱吏缚忠斩之。因击破其众,杀七百余人,南道于是遂通。

【注释】　①损中:或作"顿中""植中""桢中"。《后汉书·西域列传》载:灵帝建宁三年,凉州刺史孟佗遣发兵三万人,"攻桢中城"。其址不详。

【译文】　三年后,忠说服康居王借给他兵力,回头占据了损中城,和龟兹王秘密谋划,派出使者假装投降班超。班超心中已经知道他的奸计,但表面上却假装接受他的投降。忠非常高兴,马上带着轻骑兵来见班超。班超秘密布置好军队等待他,一面又摆开宴席,设酒作乐欢迎他。酒宴开始后,就叱令官员把忠捆绑起来杀了。然后进攻他的部队,杀死七百多人,南道从此被打通。

【原文】　明年,超发于阗诸国兵二万五千人,复击莎车。而龟兹王遣左将军发温宿、姑墨、尉头合五万人救之。超召将校及于阗王议曰:"今兵少不敌,其计莫若各散去。于阗从是而东,长史亦于此西归,可须夜鼓声而发。"阴缓所得生口。龟兹王闻之大喜,自以万骑于西界遮超①,温宿王将八千骑于东界徼于阗②。超知二虏已出,密召诸部勒兵,鸡鸣驰赴莎车营③,胡大惊乱奔走,追斩五千余级,大获其马畜财物。莎车遂降,龟兹等因各退散,自是威震西域。

【注释】　①遮:遏制,阻拦。②徼:巡视,巡逻。③鸡鸣:指天亮以前。

【译文】　第二年,班超征发于阗各国士兵二万五千多人,再次向莎车国发起攻击。而龟兹王也派出左将军征发温宿、姑墨、尉头各国的五万人马前来救援。班超召集将军校尉以及于阗王一起商议说:"我们现在寡不敌众,倒不如各自散去。于阗王从这里向东撤,长史也从这里西归洛阳,等到半夜听到鼓声就可以出发了。"然后暗暗放松对俘虏的看管。龟兹王得知消息后大喜,亲自带着一万骑兵在西面的边界拦截班超,温宿王则带着八千骑兵在东面的边界挡住于阗的部队。班超得知这两支部队已经出发,就秘密要求

各部整顿军队,在天亮以前快马赶赴莎车军营,胡人极度惊恐慌乱,四处逃散,班超乘胜追击,斩首五千多人,缴获了大量的马匹牲畜及各种财物。莎车因此投降,龟兹等国也就各自撤退解散了,班超从此威震西域。

【原文】 初,月氏尝助汉击车师有功①,是岁贡奉珍宝、符拔、师子②,因求汉公主。超拒还其使,由是怨恨。永元二年,月氏遣其副王谢将兵七万攻超。超众少,皆大恐。超譬军士曰③:"月氏兵虽多,然数千里逾葱领来,非有运输,何足忧邪?但当收谷坚守,彼饥穷自降,不过数十日决矣。"谢遂前攻超,不下,又抄掠无所得。超度其粮将尽,必从龟兹求救,乃遣兵数百于东界要之④。谢果遣骑赍金银珠玉以赂龟兹。超伏兵遮击,尽杀之,持其使首以示谢。谢大惊,即遣使请罪,愿得生归。超纵遣之。月氏由是大震,岁奉贡献。

【注释】 ①车师:古西域国名。汉宣帝时分其地为车师前后两部,后皆属西域都护,车师前部治交河城,后部治务涂谷。②符拔:兽名,似鹿,长尾。师子:即狮子。③譬:晓谕,劝导。④要:拦阻,截击。

【译文】 当初,月氏国曾经帮助汉军攻伐车师国立下战功,这一年又贡奉了珍宝、符拔、狮子,于是请求汉朝将公主嫁过来。班超拒绝了他们的请求,遣返了他们的使者,由此他们仇恨班超。和帝永元二年,月氏国派遣他们的副王谢带着七万军马攻打班超。班超人少,士兵十分惊恐。班超就劝导将士们说:"月氏国兵力虽多,但从千里之外翻越葱岭而来,无法转运军粮,有什么可怕的?我们只要收好谷物坚守城中,他们饥饿困乏之后自然就会自己前来投降,不超过几十天就可以决出胜负了。"谢前来进攻班超,没有攻下,四处抢掠又一无所得。班超估摸着他们的粮食即将耗尽,必定要向龟兹国请求救援,就派出数百个士兵在东界拦截他们。谢果然派遣骑兵送了金银珠宝前去贿赂龟兹。班超埋伏的士兵拦腰截击,把他们全杀了,然后拿着他们所派使者的脑袋给谢看,谢大惊,马上就派使者前来请罪,希望能让他们活着回去。班超就把他们放了。月氏国因此大为震动,从此每年都向汉朝进奉财物。

【原文】 明年,龟兹、姑墨、温宿皆降,乃以超为都护,徐幹为长史。拜白霸为龟兹王,遣司马姚光送之。超与光共胁龟兹废其王尤利多而立白霸,使光将尤利多还诣京师。超居龟兹它乾城①,徐幹屯疏勒。西域唯焉耆、危须、尉犁以前没都护②,怀二心,其余悉定。

【注释】 ①它乾城:一说为新和县西南玉奇喀特古城遗址,一说为库车王城东四十里左右的牙哈乡塔汗其古城遗址(维语译音与它乾近似)。②危须:古西域国名,地域在博斯腾湖北岸,治所在今焉耆回族自治县东北之和颐。尉犁:西域古国名,在今新疆尉犁县。

【译文】 第二年,龟兹、姑墨、温宿几国都投降了,朝廷就任命班超为都护,徐幹为长

史。立白霸为龟兹王,派遣司马姚光护送他回去。班超和姚光一起威逼龟兹国废掉他们的国王尤利多而立白霸,让姚光带着尤多利回到京城。班超在龟兹国的它乾城住下,徐幹驻守在疏勒国。西域就只剩下焉耆、危须、尉犁国因为从前杀死过都护,还怀有二心,其余的都被平定了。

【原文】 六年秋,超遂发龟兹、鄯善等八国兵合七万人,及吏士贾客千四百人讨焉耆。兵到尉犁界,而遣晓说焉耆、尉犁、危须曰:"都护来者。欲镇抚三国。即欲改过向善,宜遣大人来迎①,当赏赐王侯已下,事毕即还。今赐王彩五百匹。"焉耆王广遣其左将北鞬支奉牛酒迎超。超诘鞬支曰:"汝虽匈奴侍子,而今秉国之权。都护自来,王不以时迎,皆汝罪也。"或谓超可便杀之②。超曰:"非汝所及。此人权重于王,今未入其国而杀之,遂令自疑,设备守险,岂得到其城下哉!"于是赐而遣之。广乃与大人迎超于尉犁,奉献珍物。

【注释】 ①大人:指在高位者,王公贵族。②便:就,即。

【译文】 和帝永元六年秋天,班超就征发了龟兹、鄯善等八国的七万兵力,加上将士客商一千四百多人讨伐焉耆国。军队到达尉犁边界,班超就派使者劝导焉耆、尉犁、危须各国说:"都护此次前来,是想安抚三国。现在想要改过自新,就请派出王公贵族来恭迎,王侯以下的人都将得到赏赐,事情办完就撤军。现在就先赐给国王彩色织品五百匹。"焉耆王广派遣他的左将北鞬支奉上牛酒迎接班超。班超指责鞬支说:"你虽然是匈奴的质子,现在也掌控着国家的大权。都护亲自前来,国王不赶紧来迎接,这都是你的罪过。"有人要班超马上杀了他。班超说:"你不知道。这个人的权势要超过焉耆王广,现在还没到他们的国家就杀死他,就会使他们疑惑不安,处处设防,严守险要地带,我们又如何能够到达他们的城池之下呢!"于是就给他赏赐把他遣送回去了。焉耆王广就和王公贵族们一起在尉犁恭迎班超,讲奉珍宝。

【原文】 焉耆国有苇桥之险,广乃绝桥,不欲令汉军入国。超更从它道厉度①。七月晦②,到焉耆,去城二十里,营大泽中。广出不意,大恐,乃欲悉驱其人共入山保。焉耆左候元孟先尝质京师,密遣使以事告超,超即斩之,示不信用。乃期大会诸国王,因扬声当重加赏赐③,于是焉耆王广,尉犁王汎及北鞬支等三十人相率诣超。其国相腹久等十七人惧诛,皆亡入海,而危须王亦不至。坐定,超怒诘广曰:"危须王何故不到?腹久等所缘逃亡?"遂叱吏士收广、汎等于陈睦故城斩之,传首京师。因纵兵抄掠,斩首五千余级,获生口万五千人,马畜牛羊三十余万头,更立元孟为焉耆王。超留焉耆半岁,慰抚之。于是西域五十余国悉皆纳质内属焉。

【注释】 ①厉度:涉水而过。厉,在水深及腰部之处涉水。度,同"渡"。②晦:农历每月的最后一日。③扬声:扬言。

【译文】 焉耆国的苇桥处于险要的位置,广就把桥切断,不想让汉军进入他们的国

家。班超就从另一地点趟着及腰的河水过了河。七月的最后一天，到达焉耆，在离城二十里的大泽之中安营扎寨。广出乎意料，十分惊恐，就想把他的人马全部驱赶到深山之中以求自保。焉耆的左候元孟从前曾在京城做人质，秘密派人把这个消息通告给班超，班超马上就把来人杀了，以显示自己不相信他的消息。然后约定日期大会众位国王，扬言要重重奖赏他们，于是焉耆王广、尉犁王汎以及北鞬支等三十多人一起来见班超。焉耆国的国相腹久等十七人担心被杀，都逃亡到海上，而危须王也没来。大家坐好之后，班超怒斥广说："危须王为什么没来？腹久等人为什么要逃亡？"然后就叱令将士把广、汎等拿下，送到陈睦过去所在的城堡杀了，并把他们的脑袋送到了京城。接着就纵容士兵抢掠，杀了五千多人，活捉俘虏一万五千多人，缴获马匹、牛羊等牲畜三十多万头，改立元孟为焉耆王。班超在焉耆国呆了半年，抚慰臣民。于是西域五十多个国家都送质子到朝廷中，表示归顺。

【原文】　超自以久在绝域，年老思土。十二年，上疏曰："臣闻太公封齐，五世葬周，狐死首丘①，代马依风②。夫周齐同在中土千里之间，况于远处绝域，小臣能无依风首丘之思哉？蛮夷之俗，畏壮侮老。臣超犬马齿歼③，常恐年衰，奄忽僵仆④，孤魂弃捐。昔苏武留匈奴中尚十九年，今臣幸得奉节带金银护西域⑤，如自以寿终屯部，诚无所恨，然恐后世或名臣为没西域⑥。臣不敢望到酒泉郡，但愿生入玉门关。臣老病衰困，冒死瞽言⑦，谨遣子勇随献物入塞。及臣生在，令勇目见中土。"而超妹同郡曹寿妻昭亦上书请超。

【注释】　①狐死首丘：《礼记·檀弓》："古之人有言曰：'狐死正首丘，仁也。'"比喻对故土的思念。②代马依风：《韩诗外传》："代马依北风，飞鸟扬故巢。"比喻人心眷恋故土，不愿老死他乡。③犬马齿：臣子对君上卑称自己的年龄。歼：尽。④奄忽：疾速，倏忽。⑤金银：指印。金印紫绶，银印青绶。护西域：为西域都护。⑥没：陷落，沦落。⑦瞽言：谦辞，不明事理的言论。

【译文】　班超自己因为在边远之地呆了太长的时间，年纪大了思念故土。和帝永元十二年，他上疏说："我听说姜太公被分封到齐国，五代子孙还是安葬在宗周，这就好比狐狸死后头要对着山丘，代地的快马要依恋北风一般。周齐两地都在中原千里疆域之间，何况我远远地在边远异域，能没有依恋北风、头向高山的情怀吗？蛮夷地区的民俗，敬畏壮年欺侮老弱。班超我现在年龄老大，时常担心年老体衰，有一天会突然倒下，将孤魂弃置在荒野之中。过去苏武在匈奴被扣留了十九年，而我有幸带着符节带着金银印绶做西域都护，如果能在驻扎地寿终正寝，那倒也死而无憾，但是却担心后代会有人说我是被抛弃在西域而死的。我不敢奢望能回到酒泉郡，只希望能活着进入玉门关。我老弱多病，冒死胡乱进言，谨派儿子班勇带着西域进献的宝物入塞。趁我还活着，要让他亲眼看看中原。"班超的妹妹、同郡人曹寿的妻子班昭也上书求情。

【原文】　书奏，帝感其言，乃征超还。

【译文】　奏书递了上去,和帝被她的话所感动,就征召班超回朝。

【原文】　超在西域三十一岁。十四年八月至洛阳,拜为射声校尉。超素有胸胁疾,既至,病遂加。帝遣中黄门问疾①,赐医药。其年九月卒,年七十一。朝廷愍惜焉②,使者吊祭,赠赗甚厚③。子雄嗣。

【注释】　①中黄门:在宫廷服役的太监。②愍惜:怜恤。③赠赗:赠送车马等以助人送葬。赗,送给丧家助葬的车马等物。

【译文】　班超在西域生活了三十一年。和帝永元十四年八月回到洛阳,被封为射声校尉。班超的胸胁一向有毛病,回来后,病情就加重了。和帝派中黄门前去问候,赐给他医药。当年九月,班超去世了,享年七十一岁。皇上很怜惜他,派使者前去悼唁,赠送了许多丧葬用财物。他的儿子班雄继承了爵位。

【原文】　初,超被征,以戊己校尉任尚为都护。与超交代①。尚谓超曰:"君侯在外国三十余年,而小人猥承君后②,任重虑浅,宜有以诲之。"超曰:"年老失智,任君数当大位,岂班超所能及哉!必不得已,愿进愚言。塞外吏士,本非孝子顺孙,皆以罪过徙补边屯。而蛮夷怀鸟兽之心③,难养易败。今君性严急,水清无大鱼,察政不得下和④。宜荡佚简易⑤,宽小过,总大纲而已。"超去后,尚私谓所亲曰:"我以班君当有奇策,今所言平平耳。"尚至数年,而西域反乱,以罪被征,如超所戒。

【注释】　①交代:指前后任相接替,移交。②小人:小一辈的人。猥:犹辱,承,谦辞。③鸟兽之心:禽兽一样的性情。④察:苛求,苛察。⑤荡佚:放纵,不受约束。简易:简单易行,不烦难。

【译文】　当初,班超被召回来时,朝廷任命戊己校尉任尚为都护。和班超进行交接。任尚问班超说:"您在国外三十多年,而我是年轻后辈,却要承接您的事业,任重道远,但心中没有长远的计划,您应该有什么可以教导我的吧。"班超说:"我年老糊涂,而您一直身处高位,我班超哪里比得上您呢!一定要说的话,我就提一些愚笨的建议。塞外的将士,本来就不是恭敬孝顺的子孙,都是因为犯了罪而被发配到边疆的。而蛮夷民族性情接近禽兽,难以驯养,容易出事。如今您性情严厉急躁,但水太清澈则没有大鱼,政治过于苛刻则难以使民众和睦。应该减少约束简单从事,对小的过失要宽容,只要把握大的方向就可以了。"班超离开后,任尚曾私下对自己亲近的人说:"我以为班超肯定会有一些出奇的策略,谁知说的都是些极其平常的话。"任尚到西域几年后,西域就开始谋反叛乱,他因而被征召回朝治罪,果然出现了班超所劝诫的那些情况。

党锢列传序

【题解】

《党锢列传序》是《后汉书》中的重要篇章,是范晔的得意之作,清晰地勾勒出深刻影

417

响了东汉历史的党锢事件的始末,并深刻地分析了党锢事件的根源。对于党人的深厚才学、崇高气节与不屈的抗争精神,作者十分赞赏;而对于昏君及卑劣的投机者,作者则十分鄙视。作者将自己的情感自然地融入对历史的叙写之中。

【原文】　夫上好则下必甚,矫枉故直必过①,其理然矣。若范滂、张俭之徒,清心忌恶②,终陷党议③,不其然乎?

【注释】　①矫枉:矫正弯曲。枉,弯曲,引申为过失。②清心:纯正之心。③党议:朋党之间的争论,非议。党,朋党,指由私人利害关系结成的集团。

【译文】　君主和那些地位高的人喜好什么,追随者必将变本加厉地效仿,矫正过失就一定会做得过头,就是这样的道理。像范滂、张俭这些人,坦坦荡荡抗争邪恶势力,最终却被诬陷为党人,难道不正是这样的吗?

【原文】　初,桓帝为蠡吾侯,受学于甘陵周福,及即帝位,擢福为尚书。时同郡河南尹房植有名当朝,乡人为之谣曰:"天下规矩房伯武①,因师获印周仲进②。"二家宾客,互相讥揣③,遂各树朋徒,渐成尤隙,由是甘陵有南北部,党人之议,自此始矣。后汝南太守宗资任功曹范滂,南阳太守成瑨亦委功曹岑晊,二郡又为谣曰:"汝南太守范孟博④,南阳宗资主画诺⑤。南阳太守岑公孝⑥,弘农成瑨但坐啸⑦。"因此流言转入太学⑧,诸生三万余人,郭林宗、贾伟节为其冠,并与李膺、陈蕃、王畅更相褒重。学中语曰:"天下模楷李元礼⑨,不畏强御陈仲举⑩,天下俊秀王叔茂⑪。"又渤海公族进阶、扶风魏齐卿,并危言深论,不隐豪强。自公卿以下,莫不畏其贬议,屣履到门⑫。

【注释】　①规矩:规和矩,校正方圆的两种工具,引申为一定的标准,成规。房伯武:房植,字伯武。②周仲进:周福,字仲进。③讥揣:猜度他人并加以讥评。④范孟博:范滂,字孟博。⑤南阳宗资:宗资,南阳人。画诺:主管官员在文书上签字,表示同意照办。⑥岑公孝:岑晊,字公孝。⑦弘农成瑨:成瑨,弘农人。坐啸:闲坐吟啸,指为官清闲或不理政事。⑧太学:国学,我国古代设在京城的最高学府。⑨李元礼:李膺,字元礼。⑩强御:强力约束。御,约束,控制。陈仲举:陈蕃,字仲举。⑪俊秀:才智杰出的人。王叔茂:王畅,字叔茂。⑫屣履:拖着鞋子的走路,形容急忙的样子。

【译文】　当初,桓帝还是蠡吾侯,曾向甘陵人周福求学,等到他登上帝位,就提拔周福担任尚书。当时与周福同郡的河南尹房植很有名望,当地人给他们俩编了一首歌谣:"天下规矩房伯武,因师获印周仲进。"两家的宾客,互相猜度讥评,于是就各自拉拢朋友学生,慢慢产生分歧与仇怨,于是甘陵就有了南北两派,关于党人的言论,就从这里开始了。后来汝南太守宗资任用范滂为功曹,南阳太守成瑨也委任岑晊为他的功曹,这两个郡中又出现了一首歌谣:"汝南太守范孟博,南阳宗资主画诺。南阳太守岑公孝,弘农成瑨但坐啸。"这些众口流传的话辗转传入太学,三万多儒生,为首的是郭林宗、贾伟节,他们和李膺、陈蕃、王畅相互推崇。太学中便流传起这样的话:"天下楷模李元礼,不畏强御

陈仲举，天下俊秀王叔茂。"还有渤海的公族进阶、扶风的魏齐卿，都是敢于直言深入议论的人，对于那些豪门强势，也不隐讳。自公卿之下，没有谁不害怕他们的批评议论，都急急忙忙地登门造访。

【原文】　时河内张成善说风角①，推占当赦，遂教子杀人。李膺为河南尹，督促收捕，既而逢宥获免，膺愈怀愤疾，竟案杀之。初，成以方伎交通宦官②，帝亦颇讶其占③。成弟子牢脩因上书诬告膺等养太学游士，交结诸郡生徒，更相驱驰④，共为部党，诽讪朝廷⑤，疑乱风俗。于是天子震怒，班下郡国，逮捕党人，布告天下，使同忿疾，遂收执膺等。其辞所连及陈寔之徒二百余人，或有逃遁不获，皆悬金购募⑥。使者四出，相望于道。明年，尚书霍谞、城门校尉窦武并表为请，帝意稍解，乃皆赦归田里，禁锢终身。而党人之名，犹书王府。

【注释】　①风角：古代占卜之法，以五音占四方之风而定凶吉。②方伎：同方技，古代指医、卜、星、相之术。③讶：诘问。④驱驰：喻奔走效力。⑤诽讪：诽谤非议。⑥购募：悬赏缉捕。

【译文】　当时河内人张成善于用五音占四方之风而定凶吉，他占卜到要有大赦，就让他的儿子去杀人。李膺时任河南尹，督促人逮捕他，不久就遇到大赦要被赦免，李膺更加愤慨，坚持判定死罪，把他杀了。当初，张成利用方伎勾结宦官，桓帝也经常向他问询占卜之事。张成的弟子牢脩就上书诬告李膺等说他们供养太学中云游四方谋生的文人，勾结各郡的学生追随者，相互奔走效力，拉帮结派，诽谤当朝，扰乱风俗。于是天子勃然大怒，命令各个郡国，逮捕党人，并向天下发布通告，让天下人都痛恨党人，于是逮捕了李膺等人。通告还涉及陈寔等两百多人，对那些逃走没有被抓到的，都悬赏捉拿。派出捉拿逃犯的使者，遍布四方，随处可见。第二年，尚书霍谞、城门校尉窦武一起上奏为他们请罪，桓帝的怒气慢慢消了，就赦免了囚犯，让他们回乡，终身不得做官。而党人的名字，依然记载在官府中。

【原文】　自是正直废放，邪枉炽结①，海内希风之流②，遂共相摽报效榜③，指天下名士，为之称号。上曰"三君"，次曰"八俊"，次曰"八顾"，次曰"八及"，次曰"八厨"，犹古之"八元""八凯"也④。窦武、刘淑、陈蕃为"三君"。君者，言一世之所宗也。李膺、荀翌、杜密、王畅、刘祐、魏朗、赵典、朱寓为"八俊"。俊者，言人之英也。郭林宗、宗慈、巴肃、夏馥、范滂、尹勋、蔡衍、羊陟为"八顾"。顾者，言能以德行引人者也。张俭、岑晊、刘表、陈翔、孔昱、苑康、檀敷、翟超为"八及"。及者，言其能导人追宗者也。度尚、张邈、王考、刘儒、胡母班、秦周、蕃向、王章为"八厨"。厨者，言能以财救人者也。

【注释】　①炽结：谓紧密勾结。②希风：仰慕风操。③摽榜：同"标榜"。④八元：古代传说中高辛氏有八个才子。元，善的意思。八凯：传说中高阳氏的八个才子。凯，和的意思。

【译文】　自此以后,正直的人被废黜流放,邪恶的势力紧密勾结,十分嚣张。而海内仰慕风操的人,就相互称扬,评定天下的名士,并给他们起各种名号。名望最高的称为"三君",然后依次为"八俊""八顾""八及""八厨",就如同古代的"八元"与"八凯"。窦武、刘淑、陈蕃为"三君"。君,是指世人所效仿的楷模。李膺、荀翌、杜密、王畅、刘祐、魏朗、赵典、朱寓为"八俊"。俊,是指杰出的人才。郭林宗、宗慈、巴肃、夏馥、范滂、尹勋、蔡衍、羊陟为"八顾"。顾,是指能以德行引导别人。张俭、岑晊、刘表、陈翔、孔昱、苑康、檀敷、翟超为"八及"。及,是指能带动别人追随典范。度尚、张邈、王考、刘儒、胡母班、秦周、蕃向、王章为"八厨"。厨。是指能慷慨救助他人。

【原文】　又张俭乡人朱并,承望中常侍候览意旨,上书告俭与同乡二十四人别相署号,共为部党,图危社稷。以俭及檀彬、褚凤、张肃、薛兰、冯禧、魏玄、徐乾为"八俊",田林、张隐、刘表、薛郁、王访、刘祇、宣靖、公绪恭为"八顾",朱楷、田槃、疎耽、薛敦、宋布、唐龙、嬴咨、宣襃为"八及",刻石立埂①,共为部党,而俭为之魁。灵帝诏刊章捕俭等②。大长秋曹节因此讽有司奏捕前党故司空虞放、太仆杜密、长乐少府李膺、司隶校尉朱富、颍川太守巴肃、沛相荀翌、河内太守魏朗、山阳太守翟超、任城相刘儒、太尉掾范滂等百余人,皆死狱中。余或先殁不及,或亡命获免。自此诸为怨隙者,因相陷害,睚眦之忿,滥入党中。又州郡承旨,或有未尝交关,亦离祸毒③。其死徙废禁者,六七百人。

【注释】　①埂:古代供祭祀用的平地。②刊章:删去告发人姓名的捕人文书。刊,削除的意思。章,奏章。因为不想泄露朱并的名字,所以没有颁奏章,而直接逮捕张俭等人。③离:同"罹",遭受,遭遇。祸毒:祸害。

【译文】　还有张俭的同乡朱并,迎合中常侍候览的意旨,上书告发张俭和同乡的二十四个人彼此起了各种名号,形成派系,企图危害国家。称张俭及檀彬、褚凤、张肃、薛兰、冯禧、魏玄、徐乾为"八俊",田林、张隐、刘表、薛郁、王访、刘祇、宣靖、公绪恭为"八顾",朱楷、田槃、疎耽、薛敦、宋布、唐龙、嬴咨、宣襃为"八及",刻立石碑平地祭祀,形成派系,为首的便是张俭。灵帝下诏删去告发人的姓名,直接逮捕张俭等人。大长秋曹节也趁此机会暗示执法的官吏奏请灵帝逮捕从前的党人原司空虞放、太仆杜密、长乐少府李膺、司隶校尉朱寓、颍川太守巴肃、沛相荀翌、河内太守魏朗、山阳太守翟超、任城相刘儒、太尉掾范滂等一百多人,这些人都死在狱中。其他一些人有的已经死了,有的逃亡了,躲过了这场灾难。从此以后,那些有仇怨的人,借机互相陷害,很小的仇恨,也诬告为党人。还有一些州郡为了顺承旨意,有些从未与党人有交往的人,也遭遇了灾祸。被处死、流放和禁锢的,有六七百人。

【原文】　熹平五年,永昌太守曹鸾上书大讼党人①,言甚方切②。帝省奏大怒,即诏司隶、益州槛车收鸾,送槐里狱掠杀之。于是又诏州郡更考党人门生故吏父子兄弟,其在位者,免官禁锢,爰及五属③。

【注释】 ①讼：为人理冤、辩冤。②方切：正直而恳切。③五属：五服内的亲属。五服是：斩衰、齐衰、大功、小功、缌麻。

【译文】 灵帝熹平五年，永昌太守曹鸾上书全力为党人辩冤，言辞十分恳切。灵帝看了奏章非常愤怒，当即下诏司隶、益州把曹鸾押入囚车，送到槐里的监狱拷打而死。于是又诏令各州郡继续查考党人的门生、下属及父子兄弟，那些在位的，就免去官职实行禁锢，一直牵连至五服之内的亲属。

【原文】 光和二年，上禄长和海上言："礼，从祖兄弟别居异财，恩义已轻，服属疏末。而今党人锢及五族，既乖典训之文①，有谬经常之法。"帝览而悟之，党锢自从祖以下，皆得解释。

【注释】 ①典训之文：《左传》中有这样的话："父子兄弟，罪不相及。"

【译文】 灵帝光和二年，上禄长和海上书说："按照礼的规定，从祖兄弟都有各自的居所与财产，感情已经淡薄，亲缘关系已经很疏远。而现在的党人禁锢牵连到五族之内，这既有背经典之文，也违反常理。"灵帝读后有所省悟，党人禁锢自从祖之后，都得到解除。

【原文】 中平元年，黄巾贼起①，中常侍吕疆言于帝曰："党锢久积，人情多怨。若久不赦宥，轻与张角合谋，为变滋大，悔之无救。"帝惧其言，乃大赦党人，诛徙之家皆归故郡。其后黄巾遂盛，朝野崩离，纲纪文章荡然矣。

【注释】 ①黄巾贼：指张角领导的黄巾起义军。他们倡言："苍天已死，黄天当立，岁在甲子，天下大吉。"人数达数十万人，都用黄巾裹头，称为黄巾军，或称黄巾。

【译文】 灵帝中平元年，黄巾军起义，中常侍吕疆向皇帝进言："党锢的时间长了，人们心中的怨恨积淀很深。如果太久不赦免，他们就很可能与张角合谋，使黄巾军越来越壮大，到时就要悔之莫及了。"灵帝听了他的话，非常害怕，就大赦党人，那些被处死罪和被流放的宗族都回到了家乡。后来黄巾军果然兴盛起来，朝野分崩离析，天下的法纪规矩荡然无存。

董卓列传

【题解】

董卓（？～192），善战好战，富有谋略，专横独断，残暴至极。他立下战功却不愿接受奖赏，而是一心寻求篡权的机会，胁迫何太后，废掉少帝拥立陈留王，从此享有了至高的权力，将洛阳人迁徙到长安，在长安城东修建了万岁坞，纵情奢华享乐，成了杀人不眨眼的恶魔。在王允、吕布和士孙瑞的共同谋划下，董卓终于被铲除，他的家族也因此毁灭。

贪权、贪财、好色、残暴是历代贪官的共性。董卓就是这样一个无所不贪的大奸雄。

他的死大快人心。文中记载他死后脂流遍地,有人在他肚脐上点火,居然光明达旦地烧了几天几夜,这个看似传说的结局宣示出时人对他的怨恨之深,怎样的下场都无法排解人们对他的深重仇恨。

【原文】 董卓字仲颍,陇西临洮人也。性粗猛有谋。少尝游羌中,尽与豪帅相结。后归耕于野,诸豪帅有来从之者,卓为杀耕牛,与共宴乐,豪帅感其意,归相敛得杂畜千余头以遗之,由是以健侠知名。为州兵马掾,常徼守塞下①。卓膂力过人②,双带两鞬③,左右驰射,为羌胡所畏。

【注释】 ①徼守:巡逻守卫。②膂力:体力。③双带两鞬:带着两副盛箭的器具。鞬,马上盛弓矢的器具。

【译文】 董卓字仲颍,是陇西郡临洮县人。他性情粗犷而富有谋略。年轻时曾在羌人的聚居地游历,广交部族首领。以后回乡耕田,众部族首领中有和他来往的,董卓就为

董卓像

他们宰杀耕牛,和他们一同摆宴设乐,首领们被他的热情所感动,回去收罗千余头的牲畜送给他,董卓也因此以豪迈侠义闻名。后来他担任州里兵马掾,经常巡逻守护边塞。董卓力量过人,可以同时带着两副盛箭的器具,在快马上左右开弓,羌胡地区的人们都十分畏惧他。

【原文】 桓帝末,以六郡良家子为羽林郎①,从中郎将张奂为军司马,共击汉阳叛羌,破之,拜郎中,赐缣九千匹。卓曰:"为者则己,有者则士。"乃悉分与吏兵,无所留。稍迁西域戊己校尉,坐事免。后为并州刺史,河东太守。

【注释】 ①羽林郎:皇帝的侍从卫士,经常由良家子弟担任。

【译文】 桓帝末年,他以六郡良家子弟的身份被选为羽林郎,跟从中郎将张奂担任军司马,共同击败汉阳叛离的羌族人,升任郎中,得到九千匹缣帛的赏赐。董卓说:"立下功劳的人虽然是我,但得到赏赐却应让将士们一同享有。"把赏赐全部分给将士,自己什么也不留。不久又升任西域的戊己校尉,因犯事被免官。之后又先后担任了并州刺史,河东太守。

【原文】 中平元年,拜东中郎将,持节,代卢植击张角于下曲阳,军败抵罪。其冬,北地先零羌及枹罕河关群盗反叛①,遂共立湟中义从胡北宫伯玉②、李文侯为将军,杀护羌校尉冷征。伯玉等乃劫致金城人边章、韩遂,使专任军政,共杀金城太守陈懿,攻烧州郡。

明年春，将数万骑人寇三辅，侵逼园陵，托诛宦官为名。诏以卓为中郎将，副左车骑将军皇甫嵩征之。嵩以无功免归，而边章、韩遂等大盛。朝廷复以司空张温为车骑将军，假节，执金吾袁滂为副。拜卓破虏将军，与荡寇将军周慎并统于温。并诸郡兵步骑合十余万，屯美阳，以卫园陵。章、遂亦进兵美阳。温、卓与战，辄不利。十一月，夜有流星如火，光长十余丈，照章、遂营中，驴马尽鸣。贼以为不祥，欲归金城。卓闻之喜，明日，乃与右扶风鲍鸿等并兵俱攻，大破之，斩首数千级。章、遂败走榆中，温乃遣周慎将三万人追讨之。温参军事孙坚说慎曰："贼城中无谷，当外转粮食。坚愿得万人断其运道，将军以大兵继后，贼必困乏而不敢战。若走入羌中，并力讨之，则凉州可定也。"慎不从，引军围榆中城。而章、遂分屯葵园狭，反断慎运道。慎惧，乃弃车重而退。温时亦使卓将兵三万讨先零羌，卓于望垣北为羌胡所围。粮食乏绝，进退逼急③。乃于所度水中伪立隔④，以为捕鱼，而潜从隔下过军。比贼追之，决水已深，不得度。时，众军败退，唯卓全师而还，屯于扶风，封鏊乡侯，邑千户。

【注释】 ①枹罕：在今甘肃临夏，当时属陇西郡。②义从：汉魏时称胡羌少数民族归附朝廷为"义从"，取归义从命之意。③逼急：急迫。④隔：同"堰"，挡水的低坝。

【译文】

灵帝中平元年，他被任命为东中郎将，携带着符节，接替卢植去下曲阳攻打张角，结果因打了败仗而被免官。那年冬天，北地的先零羌以及枹罕河关的许多盗匪反叛，他们拥立湟中归附朝廷的胡人北宫伯玉、李文侯为将军，杀死护羌校尉冷征。伯玉等人就劫持了金城郡人边章、韩遂，让他们掌控军中大权，一起杀死金城太守陈懿，火攻各州郡。第二年春天，边章等人带着几万骑兵侵扰三辅地区，以诛杀宦官为借口，侵犯威逼皇陵。皇帝下诏命董卓为中郎将，以左车骑将军皇甫嵩为他的副手共同去征伐反贼。皇甫嵩因为没有立下战功被免官回朝，而边章、韩遂则因此更加强盛。朝廷又让司空张温任车骑将军，带着符节，让执金吾袁滂做他的副手。同时任命董卓破虏将军，与荡寇将军周慎一同受张温的统领。他们率领着各州郡征集来的十余万步兵和骑兵，屯扎在美阳，护卫皇陵。边章、韩遂等人也跟着进军美阳。张温、董卓出兵与他们交战，形势总是不利。十一月的一个夜里，天空突然有如火的流星坠落，火光长十余丈，照射着边章、韩遂军营，驴马全都鸣叫不止。敌军认为这是不祥之兆，想撤回金城。董卓得到这个消息大为喜悦，第二天就和右扶风鲍鸿等人联合所有兵力发起攻击，大败敌军，杀敌数千。边章、韩遂打了败仗，逃到榆中，张温就派了周慎带着三万兵马一路追击。张温的参军事孙坚劝周慎说："敌军城中无谷，只能从外部运转粮食。我愿意先带着一万人马去切断他们的运粮通道，将军您带着大军随后而来，敌军必定要困乏而不敢和我们交战。如果他们要逃到羌地之中，我们就合力征讨，那么凉州就可以平定了。"周慎不听他的劝告，直接带兵攻伐榆中城。而边章、韩遂分出兵力屯扎在葵园狭，反而斩断了周慎的运粮通道。周慎恐惧之下，

就丢掉车马辎重撤军了。张温同时也让董卓带着三万士兵讨伐先零羌,董卓在望垣县北被羌地的胡虏围困,粮食全吃光了,进退不得,形势危急。他就假装在应渡的河上修建水堰,让人以为他们是要捉鱼,暗地里却从堰下撤走军队。等到敌军追来,决口流出的水已经很深了,敌军无法渡河。当时各支部队都兵败回朝,只有董卓保全军队,回到朝中,就在扶风驻扎下来,董卓被封为鄃乡侯,享受一千户的食邑。

【原文】 三年春,遣使者持节就长安拜张温为太尉。三公在外,始之于温。其冬,征温还京师,韩遂乃杀边章及伯玉、文侯,拥兵十余万,进围陇西。太守李相如反,与遂连和①,共杀凉州刺史耿鄙。而鄙司马扶风马腾,亦拥兵反叛,又汉阳王国,自号"合众将军",皆与韩遂合。共推王国为主,悉令领其众,寇掠三辅。五年,围陈仓。乃拜卓前将军,与左将军皇甫嵩击破之。韩遂等复共废王国,而劫故信都令汉阳阎忠,使督统诸部。忠耻为众所胁,感恚病死。遂等稍争权利,更相杀害,其诸部曲并各分乖②。

【注释】 ①连和:联合,交好。②分乖:犹分离。

【译文】 中平三年春天,朝廷派使者带着符节到了长安,封张温为太尉。三公在朝廷之外任职,就是从张温开始的。那年冬天,皇帝征召张温回到京城,韩遂就杀了边章及伯玉、文侯,率十几万大军,围攻陇西。太守李相如反叛,和韩遂联合,一起杀了凉州的刺史耿鄙。而耿鄙的司马扶风人马腾,也带兵反叛,还有汉阳人王国,自号合众将军,都和韩遂联合。他们共同推举王国为首领,让他总领各路军队,侵扰抢掠三辅地区。中平五年,围攻陈仓。朝廷就任董卓为前将军,和左将军皇甫嵩一起打败了他们。韩遂等人又一起废掉王国,而劫持了原信都县令汉阳人阎忠,让他统领各部军队。阎忠以被众人胁迫为耻辱,悲愤生病而死。韩遂等人就慢慢开始争权夺利,相互残杀,各支部队也纷纷离散叛离。

【原文】 六年,征卓为少府,不肯就,上书言:"所将湟中义从及秦胡兵皆诣臣曰①:'牢直不毕②,禀赐断绝,妻子饥冻。'牵挽臣车,使不得行。羌胡敝肠狗态③,臣不能禁止,辄将顺安慰,增异复上。"朝廷不能制,颇以为虑。及灵帝寝疾,玺书拜卓为并州牧,令以兵属皇甫嵩。卓复上书言曰:"臣既无老谋,又无壮事,天恩误加,掌戎十年。士卒大小相狎弥久,恋臣畜养之恩,为臣奋一旦之命。乞将之北州,效力边垂④。"于是驻兵河东,以观时变。

【注释】 ①义从:由胡羌丁壮组成的军队。②牢直:粮饷。③敝肠:坏心肠。敝,通"憋",恶也。狗态:贬词,情态如狗。④边垂:即边陲,边境。

【译文】 中平六年,朝廷征召董卓为少府,董卓不肯接受,上书说:"我所带领的湟中胡羌部队以及秦胡的士兵都报告说:'军饷没有发放,赏赐的粮食断绝,妻子儿女饥寒交迫。'他们拉扯着我的军车,使我无法上路。羌胡性情乖戾像狗一样,我无法禁止他们,就只能顺从着他们,加以安抚。如果有什么新的变故还会再上书的。"朝廷无法控制他,颇

为忧虑。等到灵帝卧病不起时，下玺书任董卓为并州牧，命令他把兵权交给皇甫嵩。董卓又上书说："我既没有深沉的谋略，又没有什么壮举，天子错爱于我，让我掌控兵权十年。大小士卒与我长久朝夕与共，都眷恋我的养育之恩，愿意为我拼死效力。我恳求朝廷允许我带着他们去镇守北州，为边疆效力。"于是他就驻兵河东，静观时局变迁。

【原文】 及帝崩，大将军何进、司隶校尉袁绍谋诛阉宦，而太后不许，乃私呼卓将兵入朝，以胁太后。卓得召，即时就道。并上书曰："中常侍张让等窃倖承宠①，浊乱海内②。臣闻扬汤止沸，莫若去薪③；溃痈虽痛，胜于内食④。昔赵鞅兴晋阳之甲，以逐君侧之恶人⑤。今臣辄鸣钟鼓如洛阳，请收让等，以清奸秽。"卓未至而何进败，虎贲中郎将袁术乃烧南宫，欲讨宦官，而中常侍段珪等劫少帝及陈留王夜走小平津。卓远见火起，引兵急进，未明到城西，闻少帝在北芒，因往奉迎。帝见卓将兵卒至，恐怖涕泣。卓与言，不能辞对；与陈留王语，遂及祸乱之事。卓以王为贤，且为董太后所养，卓自以与太后同族，有废立意。

【注释】 ①倖：亲幸，宠爱。承宠：承受恩宠。②浊乱：搅扰使之混乱。③扬汤止沸，莫若去薪：用舀起热水来泼止水的沸腾，不如把烧火的柴拿走。汤，热水。薪，柴火。④溃：决破脓疮。内食：从中侵蚀肌肉。⑤"昔赵鞅"以下二句：指赵鞅从晋阳出兵，以清君侧为名，驱逐荀寅和士吉射。

【译文】 等到灵帝驾崩，大将军何进，司隶校尉袁绍谋划着要诛杀宦官，而太后不允许，他们就私下召唤董卓带兵入朝，以胁迫太后。董卓得到征召，立即就上路了。并且上书说："中常侍张让等人倚仗着皇帝的恩宠，扰乱天下。我听说舀起开水让它停止沸腾，不如去掉下面的柴火，刺破痛疮虽然疼痛，但要好于让它们不断侵入体内。过去赵鞅从晋阳出兵，以驱逐君主身边的恶人。现在我马上就敲响钟鼓赶往洛阳，请允许我捉拿张让等人，以清除奸诈淫秽之辈。"董卓还未赶到京城何进就失败了，虎贲中郎将袁术就放火烧了南宫，想进一步向宦官发起进攻，而中常侍段珪等人则劫持了少帝及陈留王连夜逃往小平津。董卓远远望见着火，带着军队快速挺进，天未亮就赶到城西，听说少帝在北芒山，就前往恭迎。少帝突然看到董卓带兵前来，惊慌恐惧，涕泪交加。董卓和他说话，他无法应对；而和陈留王说话，他就谈到发生的祸乱。董卓认为陈留王更为贤能，而且是董太后所抚养的，董卓认为自己和董太后是同族中人，就有废掉少帝拥立陈留王的意向。

【原文】 初，卓之入也，步骑不过三千，自嫌兵少，恐不为远近所服，率四五日辄夜潜出军近营，明旦乃大陈旌鼓而还，以为西兵复至，洛中无知者。寻而何进及弟苗先所领部曲皆归于卓，卓又使吕布杀执金吾丁原而并其众，卓兵士大盛。乃讽朝廷策免司空刘弘而自代之。因集议废立。百僚大会，卓乃奋首而言曰①："大者天地，其次君臣，所以为政。皇帝暗弱，不可以奉宗庙，为天下主。今欲依伊尹、霍光故事②，更立陈留王，何如？"公卿以下莫敢对。卓又抗言曰③："昔霍光定策，延年案剑④。有敢沮大议，皆以军法从之。"坐

者震动。尚书卢植独曰："昔太甲既立不明，昌邑罪过千余，故有废立之事。今上富于春秋，行无失德，非前事之比也。"卓大怒，罢坐。明日复集群僚于崇德前殿，遂胁太后，策废少帝。曰："皇帝在丧，无人子之心，威仪不类人君，今废为弘农王。"乃立陈留王，是为献帝。又议太后蹙迫永乐太后，至令忧死⑤，逆妇姑之礼，无孝顺之节，迁于永安宫，遂以弑崩。

【注释】　①奋首：仰首。②伊尹、霍光故事：即废立帝王。商代太甲在位时，因破坏商汤立下的制度，被伊尹放逐，直到悔过后才被召回，恢复原位。西汉昭帝去世后无嗣，辅政大臣霍光等迎立昌邑王刘贺入继大统，但刘贺骄淫放纵，霍光于是与众大臣合议，以太后诏，废刘贺，立汉武帝曾孙刘病已为帝，是为汉宣帝。③抗言：高声而言。④"昔霍光"以下两句：霍光欲废掉刘贺，召集丞相商议，没有人敢发言。大司农田延年离席按剑呵斥道："谁响应慢就把他斩了！"⑤"又议"以下两句：灵帝驾崩后，何后与弟何进专权，灵帝母董太后不愿其与己争权，何后遂与何进以董太后原系藩妃（桓帝无子嗣，灵帝为渎亭侯刘苌之子，桓帝崩后被迎立为帝），不宜久居宫中，合仍迁于河间安置，限日下即出国门，六月，何进暗使人鸩杀董后于河间驿庭，举柩回京，葬于文陵。太后指汉灵帝何皇后，少帝生母；永乐太后指董太后。蹙迫，逼迫。

【译文】　当初，董卓进入洛阳时，步兵和骑兵加起来也不过三千人，自己感到兵力单薄，担心不能让远近的人折服，就每隔四五天让士兵趁天黑偷偷溜到城外附近扎营，第二天一早再大张旗鼓地返回洛阳，让人以为西边又有董卓的部队来到，洛阳城中没人知道这一实情。不久，何进以及弟弟何苗原先所统领的部队就都归附董卓，董卓又指派吕布杀死执金吾丁原，吞并了他的部队，董卓的军队因此变得十分强盛。他又暗示朝廷策免司空刘弘，而让自己顶替他的位置。顺势就召集百官来商议废立之事。百官聚集一堂，董卓就昂首挺胸人声说道："天地为大，其次才是君臣，遵照这一次序才能治理国家。皇帝昏庸柔弱，无法供奉宗庙，成为天下之主。现在想依照过去伊尹、霍光的做法，改立陈留王为天子，大家看怎么样？"公卿以下的官员没人敢应答。董卓又高声说道："过去霍光定下计策，延年手持刀剑辅助他。有谁敢阻挠大计的，都要按军法论处。"在座的人听了都震惊骚动。只有尚书卢植说："过去太甲被立为天子却不贤明，昌邑王犯下千余条的罪过，所以才有废立之事。现在皇上年龄还小，行为又无失德之处，不能照过去的做法行事。"董卓大怒，离座而去。第二天又召集百官在崇德前殿集会，胁迫着太后，下策书废掉少帝，说："皇帝还在服丧期间，却没有孝子之心，没有君王的威仪，现在把他废为弘农王。"然后就策立陈留王，这就是献帝。又议及太后逼迫折磨永乐太后，使她忧郁而死，违背婆媳的礼节，没有孝顺的美德，把她迁到永安宫，然后就把她杀死了。

【原文】　卓迁太尉，领前将军事，加节传斧钺虎贲①，更封郿侯。卓乃与司徒黄琬、司空杨彪，俱带锧锧诣阙上书②，追理陈蕃、窦武及诸党人，以从人望。于是悉复蕃等爵位，

中华传世藏书——国学经典文库 史学经典——图文珍藏版

擢用子孙。

　　【注释】　①加节传斧钺虎贲:指给他专事征伐杀戮的权力。节传,玺节与传言。斧钺,斫刀与大斧,象征专征专杀之权。虎贲,宿卫皇宫的亲兵。②鈇锧:古代斩人的刑具。锧,垫在下面的砧板。

　　【译文】　董卓升迁为太尉,总领前将军事务,并赐给他节传、斧钺、虎贲,加封为郿侯。董卓就和司徒黄琬、司空杨彪,一起戴上刑具,来到宫中上书,要求为陈蕃、窦武以及其他的党人平冤,以顺从民众的心意。于是陈蕃等人的爵位全部恢复,他们的子孙也得到重用。

　　【原文】　寻进卓为相国,入朝不趋,剑履上殿。封母为池阳君,置令丞。

　　【译文】　不久,董卓又被提升为相国,进入朝中可以不快步前行,可以佩剑穿鞋上殿。他的母亲被封为池阳君,为她设置丞令。

　　【原文】　是时洛中贵戚室第相望,金帛财产,家家殷积。卓纵放兵士,突其庐舍①,淫略妇女,剽虏资物,谓之"搜牢"。人情崩恐,不保朝夕。及何后葬,开文陵②,卓悉取藏中珍物。又奸乱公主,妻略宫人,虐刑滥罚,睚眦必死,群僚内外莫能自固。卓尝遣军至阳城,时人会于社下,悉令就斩之,驾其车重,载其妇女,以头系车辕,歌呼而还。又坏五铢钱,更铸小钱,悉取洛阳及长安铜人、钟虡、飞廉、铜马之属③,以充铸焉。故货贱物贵④,谷石数万。又钱无轮郭文章,不便人用。时人以为秦始皇见长人于临洮,乃铸铜人⑤。卓,临洮人也,而今毁之。虽成毁不同,凶暴相类焉。

　　【注释】　①突:袭击。②文陵:汉灵帝陵。③钟虡:铜铸的神兽。飞廉:传说中的神禽名。此亦当为铜铸像。④货:钱。⑤"秦始皇"以下两句:据说秦始皇称帝,有身高五丈的大人出现在临洮,故作铜人厌服。

　　【译文】　当时洛阳城中皇亲国戚的宅院比比皆是,家家都堆满了金帛和各种财产。董卓纵容士兵,闯进他们的房舍,奸淫妇女,抢夺财物,把这称为"搜牢"。人们极瑞惊恐,朝不保夕。何后下葬时,打开了文陵,董卓就把其中所藏的珍宝全部拿走了。他还奸淫公主,奸污宫女,滥施暴虐刑罚,对他稍有不从就必死无疑,内外官僚没有人能够自保。董卓曾派军到阳城,当时人们正在社下集会,董卓就下令把他们全部杀死,然后驾着他们的车辆,载着他们的女人,把他们的脑袋挂在车辕上,一路高歌返回。他还毁掉五铢钱,改铸小钱,把洛阳及长安的铜人、钟虡、飞廉、铜马之类,全都收来铸钱。于是钱贱物贵,一石谷物就要卖到几万钱。而且所铸的钱币又无轮廓标识,人们使用起来很不方便。当时,人们认为秦始皇是因为在临洮看到巨人,才铸造了十二铜人。董卓就是临洮人,现在把这些铜人毁掉。虽然一个铸铜人,一个毁铜人,行为不一样,但残暴的程度却是一样的。

　　【原文】　初,长安遭赤眉之乱,宫室营寺焚灭无余,是时唯有高庙、京兆府舍,遂便时

幸焉①。后移未央宫。于是尽徙洛阳人数百万口于长安，步骑驱蹙②，更相蹈藉，饥饿寇掠，积尸盈路。卓自屯留毕圭苑中，悉烧宫庙官府居家，二百里内无复孑遗。又使吕布发诸帝陵，及公卿已下冢墓，收其珍宝。

【注释】　①便时：吉利的时日。②驱蹙：驱赶促迫。

【译文】　当初，长安遭遇赤眉之乱，皇宫、军营和寺庙全被烧光了，就只剩下高帝庙、京兆尹的府舍还得以保存下来，就择个吉日住了进去。后来又移居到未央宫。于是把洛阳数百万人全部都迁徙到长安来，让步兵骑兵驱赶押送着他们，人们互相挤压踩撞，饥饿难忍，偷盗抢掠，遍地都是尸体。董卓自己留驻在毕圭苑之中，把宫廷、宗庙、官府、百姓住宅都烧掉，二百里内什么都没有留下。又指使吕布挖掘各个皇帝的陵墓，以至公卿之下百官的坟墓，收取了其中的珍宝。

【原文】　时，长沙太守孙坚亦率豫州诸郡兵讨卓。卓先遣将徐荣、李蒙四出虏掠。荣遇坚于梁，与战，破坚，生禽颍川太守李旻，亨之。卓所得义兵士卒，皆以布缠裹，倒立于地，热膏灌杀之。

【译文】　当时，长沙太守孙坚也率领豫州各郡的部队讨伐董卓。董卓先派出将领徐荣、李蒙四处抢掠。李荣在梁县遭遇孙坚，交战后，打败孙坚，活捉了颍川太守李旻，把他煮了。董卓把所抓到的义兵，全都用布匹裹上，倒立在地上，再用热油浇灌杀死。

【原文】　时河内太守王匡屯兵河阳津，将以图卓。卓遣疑兵挑战，而潜使锐卒从小平津过津北，破之，死者略尽。明年，孙坚收合散卒，进屯梁县之阳人。卓遣将胡轸、吕布攻之。布与轸不相能，军中自惊恐，士卒散乱。坚追击之，轸、布败走。卓遣将李催诣坚求和，坚拒绝不受，进军大谷，距洛九十里。卓自出与坚战于诸陵墓间，卓败走，却屯黾池，聚兵于陕。坚进洛阳宣阳城门，更击吕布，布复破走。坚乃埽除宗庙①，平塞诸陵，分兵出函谷关，至新安、黾池间，以截卓后②。卓谓长史刘艾曰："关东诸将数败矣，无能为也。唯孙坚小戆③，诸将军宜慎之。"乃使东中郎将董越屯黾池，中郎将段煨屯华阴，中郎将牛辅屯安邑，其余中郎将、校尉布在诸县，以御山东。

【注释】　①埽除：打扫，去除。②截：截。③戆：愚。

【译文】　此时，河内太守王匡正驻扎在河阳津，准备攻伐董卓。董卓派出疑兵前去挑战，又偷偷地让精锐部队从小平津突过河阳津北部，大破敌军，王匡几乎全军覆没。第二年，孙坚又收罗集合了败散的士卒，前往梁县的阳人聚驻扎了下来。董卓派遣将领胡轸、吕布前去攻打。吕布和胡轸互不相容，军中的士兵感到十分惊恐，四处逃散，十分混乱。孙坚追击其后，胡轸、吕布兵败逃散。董卓又派了将领李催到孙坚那里去求和，孙坚拒不接受，并进军大谷，在距离洛阳九十里的地方驻扎下来了。董卓亲自带兵和孙坚在几个皇陵之间交战，结果董卓战败逃走，退缩到黾池驻扎了下来，在陕县聚集了兵力。孙坚则挺进洛阳的宣阳城门，再次向吕布发起进攻，吕布又兵败逃跑了。孙坚就清理了宗

庙,整理填埋了各个皇陵,分出兵力从函谷关出发,到达新安、黾池之间,拦截董卓后路。董卓对长史刘艾说:"关东的几位将军屡次兵败,看来成不了什么大事。倒是孙坚有股傻劲,众将军应该谨慎才是。"他指派中郎将董越驻扎黾池,中郎将段煨驻扎华阴,中郎将牛辅驻扎安邑,其余的中郎将、校尉分布在各县之中,以抵御山东的进攻。

【原文】 卓讽朝廷使光禄勋宣璠持节拜卓为太师,位在诸侯王上。乃引还长安。百官迎路拜揖,卓遂僭拟车服,乘金华青盖,爪画两辐①,时人号"竿摩车"②,言其服饰近天子也。以弟旻为左将军,封鄠侯,兄子璜为侍中、中军校尉,皆典兵事。于是宗族内外,并居列位。其子孙虽在髫龀③,男皆封侯,女为邑君。

【注释】 ①辐:古代车厢两旁用以遮蔽尘土的屏障。②竿摩:谓相逼近。③髫龀:幼年。髫,儿童下垂之发。龀,儿童换牙。

【译文】 董卓暗示朝廷要派光禄勋宣璠带着符节任命自己为太师,把他的位置摆在诸侯王之上。然后就带兵返回长安了。百官都到路上恭迎跪拜,董卓则使用超越本分的车乘服饰,乘坐着金子装饰的藏青顶的车子,车厢两旁防尘的屏障上绘制着彩色的花纹,就像两个张开的爪子,当时的人们都称它为"竿摩车",意思是董卓使用了和天子相近的服饰。他的弟弟董旻被任命为左将军,封为鄠侯;他的兄长的儿子董璜任侍中、中军校尉,都掌控着兵权。于是他的宗族内外,都占据着显赫的位置。他那些子孙虽多是些孩子,男的也都封了侯,女的也都封为邑君。

【原文】 数与百官置酒宴会,淫乐纵恣。乃结垒于长安城东以自居①。又筑坞于郿②,高厚七丈,号曰"万岁坞"。积谷为三十年储。自云:"事成,雄据天下;不成,守此足以毕老。"尝至郿行坞,公卿已下祖道于横门外③。卓施帐幔饮设,诱降北地反者数百人,于坐中杀之。先断其舌,次斩手足,次凿其眼目,以镬煮之④。未及得死,偃转杯案间⑤。会者战栗,亡失匕箸,而卓饮食自若。诸将有言语蹉跌⑥。便戮于前。又稍诛关中旧族,陷以叛逆。

【注释】 ①垒:军壁,阵地上的防御工事。②坞:即堡垒。③横门:光门。④镬:无足鼎,古时亦用以为烹人的刑具。⑤偃转:仆倒转动。⑥蹉跌:失误。

【译文】 董卓经常和百官设酒集会,纵情荒淫享乐。他在长安的城东修筑了堡垒供自己居住。还在眉县修筑了高厚七丈的坞堡,号称是"万岁坞"。堡内储备了可供三十年食用的谷物。他自称:"大事告成,则雄踞天下;事情不成,坚守这里也足以养老。"他曾经到眉县巡视坞堡,公卿以下官员都到横门外饯行。董卓在帐篷中设置酒宴,诱降了北地造反的几百个人,然后在酒宴上当场杀死他们。他先割断了他们的舌头,再斩下他们的手脚,接着又挖了他们的眼睛,再用大锅煮死他们。那些一下子还死不了的人,在酒席之间挣扎扑腾。集会的人吓得发抖,手中的勺子和筷子都掉了,而董卓还是饮食自如。将士们偶有言语闪失的,就当众杀掉。他还杀了关中的旧族大家,诬陷他们犯了叛逆之罪。

【原文】 时太史望气,言当有大臣戮死者。卓乃使人诬卫尉张温与袁术交通,遂笞温于市,杀之,以塞天变。前温出屯美阳,令卓与边章等战无功,温召又不时应命,既到而辞对不逊。时孙坚为温参军,劝温陈兵斩之。温曰:"卓有威名,方倚以西行。"坚曰:"明公亲帅王师,威振天下,何恃于卓而赖之乎?坚闻古之名将,杖钺临众①,未有不断斩以示威武者也。故穰苴斩庄贾②,魏绛戮杨干③。今若纵之,自亏威重,后悔何及!"温不能从,而卓犹怀忌恨,故及于难。

【注释】 ①杖钺:手执斧钺。表示威权。②穰苴斩庄贾:司马穰苴与庄贾约定好第二天中午在军门外会合出发,庄贾迟到,穰苴按军法将其斩杀。穰苴,战国齐景公时军事家。庄贾,齐景公宠臣。③魏绛戮杨干:晋悼公大会诸侯,想借此夸耀他的地位和实力,而他弟弟杨干却扰乱随从仪仗军的行列。魏绛严格执法,杀死杨干的仆从。魏绛,春秋晋悼公的大臣。

【译文】 当时太史观望天象,说要有大臣被处死。董卓就指使别人诬陷卫尉张温和袁术相互勾结,然后就在集市之中将张温鞭打至死,以此来充塞天象的变化。从前张温出兵驻扎美阳,命令董卓和边章交战,董卓没有立下战功,张温召见他他也不及时遵从命令,到了以后言辞也很不恭敬。那时孙坚任张温的参军,劝张温在军阵前杀了董卓。张温说:"董卓享有威名,还要倚仗着他向西征战。"孙坚说:"明公您亲率帝王之师,威震天下,难道还要仰仗依赖董卓不成?我听说古代的名将,掌控用兵大权,没有不断然采用斩首之刑以展示自己的威武之气的。所以司马穰苴才斩了庄贾,魏绛杀了杨干。现在如果放纵他,就要损失自己的威严,后悔莫及。"张温不听从他的建议,而董卓还是怀恨在心,所以才导致今天的灾难。

【原文】 温字伯慎,少有名誉,累登公卿,亦阴与司徒王允共谋诛卓,事未及发而见害。越骑校尉汝南伍孚忿卓凶毒,志手刃之,乃朝服怀佩刀以见卓。孚语毕辞去,卓起送至阁,以手抚其背,孚因出刀刺之,不中。卓自奋得免①,急呼左右执杀之,而大诟曰:"虏欲反耶!"孚大言曰:"恨不得磔裂奸贼于都市②,以谢天地!"言未毕而毙。

【注释】 ①自奋:自己拼命用力。②磔裂:车裂人体。后亦指凌迟处死。都市:都城中的集市。

【译文】 张温字伯慎,年少时就很有名气,一步步地登上公卿之位,也偷偷地和司徒王允一起谋划着把董卓杀掉,事情还没做成就被杀了。越骑校尉汝南人伍孚痛恨董卓的凶狠毒辣,立志要亲手杀了他,就把佩刀藏在朝服内去求见董卓。伍孚说完话辞别离去,董卓起身把他送到旁门,用手拍着他的后背,伍孚趁势抽出佩刀刺杀他,没刺中。董卓自己挣扎逃脱,立即呼唤左右的人把他抓起来杀掉,然后大骂道:"你小子是要造反了!"伍孚大叫道:"恨不得把你这奸贼五马分尸,丢在街市上,以告谢天地!"话未说完就死了。

【原文】 时王允与吕布及仆射士孙瑞谋诛卓。有人书"吕"字于布上,负而行于市,

歌曰:"布乎!"有告卓者,卓不悟。三年四月,帝疾新愈,大会未央殿。卓朝服升车,既而马惊墯泥,还入更衣。其少妻止之,卓不从,遂行。乃陈兵夹道,自垒及宫,左步右骑,屯卫周匝,令吕布等扞卫前后^①。王允乃与士孙瑞密表其事,使瑞自书诏以授布,令骑都尉李肃与布同心勇士十余人,伪着卫士服于北掖门内以待卓。卓将至,马惊不行,怪惧欲还。吕布劝令进,遂入门。肃以戟刺之,卓衷甲不入^②,伤臂墯车^③,顾大呼曰:"吕布何在?"布曰:"有诏讨贼臣。"卓大骂曰:"庸狗敢如是邪^④!"布应声持矛刺卓,趣兵斩之。主簿田仪及卓仓头前赴其尸,布又杀之。驰赏赦书,以令官陛内外。士卒皆称万岁,百姓歌舞于道。长安中士女卖其珠玉衣装市酒肉相庆者,填满街肆。使皇甫嵩攻卓弟旻于郿坞,杀其母妻男女,尽灭其族。乃尸卓于市。天时始热,卓素充肥,脂流于地。守尸吏然火置卓脐中,光明达曙,如是积日。诸袁门生又聚董氏之尸,焚灰扬之于路。坞中珍藏有金二三万斤,银八九万斤,锦绮缯縠纨素奇玩^⑤,积如丘山。

【注释】 ①扞卫:防卫,护卫。②衷甲:在衣服里面穿铠甲。③墯车:墯,同"堕"。④庸狗:詈词。⑤绮:有花纹的丝织品。缯:成匹布帛的头尾,以其可用以系物,亦谓为组纂之类。縠:绉纱。纨素:洁白精致的细绢。

【译文】 当时王允和吕布以及仆射士孙瑞想要谋杀董卓。有人把"吕"字写在布上,背着布在集市上走,高歌道:"布哟!"有人把这事报告董卓,董卓没有领悟。初平三年四月,献帝患病初愈,在未央殿大会百官。董卓穿着朝服要登上车子,突然马受惊把董卓掀到泥潭之中,董卓返回更衣。他年轻的妻子阻止他出门,董卓不听,就出发了。他让士兵夹道相送,从自己的堡垒一直到宫殿,左右都一直簇拥着步兵和骑兵,四周还屯扎着卫兵,并让吕布等人在前后护卫。王允和士孙瑞秘密地向皇上汇报他们诛杀董卓的计划,让士孙瑞亲自写了诏书交给吕布,命令骑都尉李肃以及和吕布同心的勇士十几个人,穿上服装冒充卫士在北掖门内等待董卓。董卓快到的时候,马匹受惊,止步不前。董卓感到奇怪恐惧,想掉头回去。吕布劝他进宫,董卓就进了北掖门。李肃用长戟刺杀董卓,董卓在衣内穿着铠甲,没有刺破,他的手臂受了伤,掉下车来,回头大叫道:"吕布在哪里?"吕布说:"有诏书讨伐贼臣。"董卓大骂说:"庸狗也敢这样!"吕布应声用长矛刺杀董卓,催促士兵把他杀掉。主簿田仪以及董卓的奴仆上前扑向董卓的尸体,吕布把他们也杀了。然后让快马带上颁布赦令的文告,将喜讯传向宫廷内外。士兵们都高呼万岁,百姓们则在路上欢歌起舞。长安城中的士人、妇女,争相卖掉自己的珠宝、美玉以及服饰,到市场上换来酒肉,相互庆贺的人,挤满了街市。又派皇甫嵩前去郿坞攻伐董卓的弟弟董旻,杀了他的母亲、妻子及子女,灭掉他的整个宗族。然后把董卓的尸体摆在集市上示众。当时天开始热起来了,董卓历来就十分肥胖,脂肪流了一地。守尸的官吏在董卓的肚脐上点燃火焰,光明达旦,一连点了好几天。袁氏的门生们又把董家尸体聚集在一起烧成灰,把这些灰撒在路上。郿坞中藏有黄金两三万斤,白银八九万斤,美锦丝绸、细绢

布四、珍奇古玩,堆积如山。

宦者列传序

【题解】

本文选自《宦者列传》。《后汉书》中,"序"和"论"的部分很具特色,范晔"欲因事就卷内发论,以正一代得失"。范晔这种鲜明的历史观得到许多史评家的赞许,范晔本人对这些内容相当自负,强调,"吾杂传论,皆有精意深旨",自《循吏》以下及《六夷》诸序论,笔势纵放,实天下之奇作","自是吾义之杰思,殆无一字空设,奇变不穷","自古体大而思深,未有此也。"《宦者列传序》通过考察宦官历史,总结了宦官不同于常人的生理特征和地位,重点评论了东汉时期宦官势力的极度膨胀的巨大祸害,可以帮助读者更好地解读宦官的历史。

【原文】《易》曰:"天垂象①,圣人则之。"宦者四星,在皇位之侧②,故《周礼》置官,亦备其数。阍者守中门之禁③,寺人掌女宫之戒④。又云"王之正内者五人"⑤。《月令》:"仲冬,命阉尹审门闾,谨房室。"《诗》之《小雅》,亦有《巷伯》刺谮之篇。然宦人之在王朝者,其来旧矣。将以其体非全气,情志专良,通关中人,易以役养乎?然而后世因之,才任稍广。其能者,则勃貂、管苏有功于楚、晋⑥,景监、缪贤著庸于秦、赵⑦。及其敝也,则竖刁乱齐⑧,伊戾祸宋⑨。

【注释】①垂象:显示征兆。②"宦者"以下两句:宦者四颗星在帝坐星旁。宦者,星官名。皇位,指帝坐星,属天市垣。③阍者:王宫内的守门人。④寺人:宫中的近侍小臣,一般由宦官担任。⑤正内:皇后的正殿。⑥勃貂:即寺人披,春秋时晋国的宦官。据《左传》记载,吕甥、郤芮想烧掉皇宫杀死晋文公,勃貂把消息通报给晋文公,使他免遭于难。管苏:春秋时楚国的宦官,据《新序》,他经常劝谏楚恭王要讲道义,以礼制国。⑦景监:战国秦孝公的宦官,向孝公引荐了商鞅。缪贤:战国时赵国的宦官,举荐了蔺相如。⑧竖刁:春秋时齐桓公的宦官,他为了表示对齐桓公的忠心,自行阉割,受到亲信,桓公病危时,竖刁作乱,扶公子无诡继位,公子昭逃走,竖刁带人守住正殿,与诸公子对峙。桓公已死六十七天,寝室蛆虫遍地,尸臭熏天,方才下葬。伊戾:春秋时宋平公的宦官。陷害宋国太子,使其自杀,后被平公处死。

【译文】《周易》说:"上天显示征兆,圣人就效仿它。"天空有四颗宦者星,在帝坐星的旁边,所以《周礼》设置宦官,就按照这个数目。阍者负责把守皇宫的门户,寺人负责掌管女宫的警备。又说:"皇后的正殿要五个人侍候。"《月令》说:"寒冬时节,让宦官总管检查门户,谨守房室。"《诗经》的《小雅》,也有宦官指摘周幽王听信谮言的《巷伯》一诗。可见宦官在朝中任职,由来已久。这可能是因为他们身体残缺,但情志专一,可以和宫中

的人接触，便于奴役使唤的缘故吧？然而后代因袭使用宦官的做法，他们担任职位的范围也日渐扩大。其中贤能的，有勃貂、管苏这样为楚、晋两国立功的人，景监、缪贤那样为秦、赵两国推举贤才的人。至于其中的败类，那则有扰乱齐国的竖刁，祸害宋国的伊戾。

【原文】　汉兴，仍袭秦制，置中常侍官。然亦引用士人，以参其选，皆银珰左貂①，给事殿省②。及高后称制，乃以张卿为大谒者③，出入卧内，受宣诏命。文帝时，有赵谈、北宫伯子④，颇见亲倖。至于孝武，亦爱李延年⑤。帝数宴后庭，或潜游离馆，故请奏机事，多以宦人主之。至元帝之世，史游为黄门令⑥，勤心纳忠，有所补益。其后弘恭、石显以佞险自进⑦，卒有萧、周之祸⑧，损秽帝德焉。

【注释】　①银珰：中常侍的冠饰，珰在冠前，用白银制成。左貂：武冠的冠饰，以貂尾饰于冠左。②殿省：宫廷与台省。殿，指皇帝所居。省，省中，诸公所居。③张卿：又名张子卿，吕后的宠臣。④赵谈：汉文帝所宠爱的宦官，出入与汉文帝同车。北宫伯子：汉文帝所宠爱的宦官，靠爱护别人，恭谨厚道得宠。⑤李延年：汉武帝时宦官，武帝宠妃李夫人的哥哥，善歌唱，能做新声，被封为乐府协律都尉。⑥史游：汉元帝时任黄门令。精字学，工书法。作《急就章》，号"章草"。⑦弘恭：青年时犯法被处腐刑，为中黄门，不久选为中尚书。西汉宣帝为加强皇权，任用宦官掌管机要，他被任为中书令。明习法令，善为奏请，长期在内朝专政，凡不附己者，加以排挤打击，元帝时病死。石显：少年'时因为犯罪而被处于宫刑，收入宫中当了太监。汉宣帝时，通晓法律的石显被任命为中书仆射，与弘恭结成了死党。宣帝死后，元帝因身体不好，不能经常上朝理事，而石显熟稔事务、精通法律、精明能干，又善于揣摩元帝的心意，弘恭死后被提拔当了中书令，掌握机要文献。佞险：诌媚阴险。⑧萧、周之祸：前将军萧望之、光禄大夫周堪忧虑外戚放纵，又厌恶弘恭、石显专权，建议罢免宦官，被石显、弘恭诬陷，最后导致萧望之被杀，周堪被禁锢不得做官。

【译文】　汉室兴起后，就因袭了秦朝的制度，设置中常侍的官职。然而还能征用士人，参与其中的选拔，都冠前装饰着银珰，左侧垂着貂尾，在宫中和台省任职。到了吕后执政时，就以张卿为大谒者，让他出入她的卧室，负责接受并宣告诏命。到汉文帝时，赵谈和北宫伯子两个人很受宠幸。再到汉武帝，也宠爱李延年。汉武帝多次在后官设宴，或偷偷地溜到宫外的行宫去游乐。所以有朝臣来奏请机密事务，经常是由宦官来主持的。到元帝时期，史游担任黄门令，勤于朝政，一心效忠朝廷，有所补益。此后的弘恭、石显靠着阴险奸诈不断升迁，最后导致了萧望之、周堪惨遭陷害的祸乱，玷污了天子的美德。

【原文】　中兴之初，宦官悉用阉人，不复杂调他士。至永平中，始置员数，中常侍四人，小黄门十人。和帝即祚幼弱，而窦宪兄弟专总权威，内外臣僚，莫由亲接，所与居者，唯阉宦而已。故郑众得专谋禁中①，终除大憝②，遂享分土之封，超登宫卿之位③。于是中

官始盛焉。

【注释】 ①郑众：章帝时以小黄门迁中常侍。和帝时不依附外戚，而得到和帝宠信。当时外戚窦宪权倾朝野，又破匈奴，威名大盛，愈加跋扈恣肆，欲谋叛逆。和帝得知他的阴谋，与郑众设计寻机捕杀了他的党羽，并没收窦宪大将军印，改封为冠军侯，迫令他到邑地时自杀。郑众因首功，升任大长秋，封鄛乡侯，把持朝政。②大憝：奸恶的人。憝，奸恶。③超登：跃登。宫卿：总管皇后官内事务的高级官员，即大长秋。

【译文】 东汉初年，宦官全部使用阉人，不再杂用其他士人。到明帝永平年间，开始规定人员数目，即中常侍四人，小黄门十人。和帝登上帝位时还只是个年幼体弱孩子，而窦宪几兄弟则把持着朝政，耀武扬威，内外官员，没有人可以亲近皇帝；和皇帝一起的，只有宦官而已。所以郑众才有在宫中单独为皇帝谋划的机会，最终除掉了大恶人窦宪，他也因此被封为列侯，分封了土地，很快就坐上了大长秋的高位。于是宦官的势力开始强盛起来。

【原文】 自明帝以后，迄乎延平①，委用渐大，而其员稍增，中常侍至有十人，小黄门二十人，改以金珰右貂，兼领卿署之职②。邓后以女主临政③，而万机殷远④，朝臣国议，无由参断帷幄，称制下令，不出房闱之间，不得不委用刑人，寄之国命。手握王爵，口含天宪⑤，非复披廷永巷之职，闺牖房闼之任也⑥。其后孙程定立顺之功⑦，曹腾参建桓之策⑧，续以五侯合谋⑨，梁冀受钺，迹因公正，恩固主心，故中外服从，上下屏气。或称伊、霍之勋，无谢于往载；或谓良、平之画，复兴于当今。虽时有忠公，而竟见排斥。举动回山海，呼吸变霜露。阿旨曲求，则光宠三族；直情忤意，则参夷五宗。汉之纲纪大乱矣。

【注释】 ①延平：汉殇帝年号。②卿署：九卿的官署。③邓后：指和帝的皇后邓绥。和帝死后她先后迎立殇帝、安帝，临朝执政十六年。④殷远：繁多而深远。⑤天宪：朝廷法令，王法。⑥闺牖：宫中的门窗。房闼：宫闱，寝室。⑦孙程：安帝时为中黄门。安帝卒，他与中黄门王康等十八人首谋杀死宦官江京一党，拥立济阴王刘保称帝，是为顺帝，并诛灭外戚阎显，因功封浮阳侯，加官骑都尉。官至奉车都尉。卒后谥刚侯。⑧曹腾：质帝死后，朝廷官员一派拥立清河王；另一派由外戚梁冀领导，拥立刘志。曹腾亲访梁冀，指出清河王为人严明，如果他真的为帝，恐怕难保平安，但立刘志，则可以长保富贵。梁冀在曹腾的鼓励下，竭尽全力，拥立刘志，是为桓帝。因参与定策迎立桓帝有功，曹腾被封为费亭侯，不久出任长乐太仆，迁大长秋，用事宫廷长达三十多年。⑨五侯：指桓帝时的五位权势极大的宦官唐衡、单超、左悺、徐璜、具瑗，他们帮助桓帝铲除梁冀，因而均被封为县侯，单超食邑二万户，后又封为车骑将军，其他四人各一万户，世称"五侯"。

【译文】 从明帝一直到殇帝延平年间，任用宦官的范围日渐扩大，宦官的人数也慢慢增加，中常侍发展到十个人，小黄门增加到二十人，冠饰改为金珰，貂尾也改在右侧，还兼任九卿等外朝官的职务。邓后以女人的身份主持朝政，而朝中事务千头万绪，群臣上

朝议定国事，她无法到朝中参与讨论，运筹帷幄，行使皇权，下达诏令，也都不出后宫之门，于是不得不任用宦官，把国家的旨意委托给他们颁布。宦官手中把握着封王加爵的大权，口中传授着朝廷的王法，从此就不再只是履行掖廷、永巷内的职务，执行守护后宫门户的任务了。之后孙程拥立顺帝立下大功，曹腾参与谋划拥立桓帝，然后单超等五个宦官合谋，让外戚梁冀遭到诛杀，他们也因此被封侯，这些功绩无可非议，他们也因此赢得了皇帝的感恩之心，所以朝廷内外无人不恭恭敬敬地臣服于他们。有人称颂他们立下了伊尹、霍光那样的功勋，无愧于过往的前人；还有人认为张良、陈平的谋略，又重现于当世了。虽然当时也有些忠诚敢言的人士，但最终还是遭到排斥。宦官的一举一动都能排山倒海，他们的呼吸可以改变严霜晨露。阿谀奉承、委曲求全的人，就可光耀三族，正直不阿、直意违抗的人，五族五服之内都要惨遭杀灭。汉代的纲纪从此大乱。

【原文】　若夫高冠长剑，纡朱怀金者①，布满宫闱；苴茅分虎②，南面臣人者，盖以十数。府署第馆，棋列于都鄙；子弟支附③，过半于州国。南金、和宝、冰纨、雾縠之积④，盈仞珍藏；嫔媛、侍儿、歌童、舞女之玩⑤，充备绮室。狗马饰雕文，土木被缇绣⑥。皆剥割萌黎，竞恣奢欲。构害明贤，专树党类。其有更相援引，希附权强者，皆腐身熏子，以自衒达⑦。同敝相济，故其徒有繁，败国蠹政之事，不可单书⑧。所以海内嗟毒⑨，志士穷栖⑩，寇剧缘间⑪，摇乱区夏⑫。虽忠良怀愤，时或奋发，而言出祸从，旋见孥戮⑬。因复大考钩党，转相诬染。凡称善士，莫不离被灾毒。窦武、何进⑭，位崇戚近，乘九服之嚣怨，协群英之执力⑮，而以疑留不断，至于殄败。斯亦运之极乎！虽袁绍龚行⑯，芟夷无余，然以暴易乱，亦何云及！自曹腾说梁冀，竟立昏弱。魏武因之，遂迁龟鼎⑰。所谓"君以此始，必以此终"，信乎其然矣！

【注释】　①纡朱：系结垂挂着朱红绶带。怀金：怀揣金印。②苴茅：指受封为诸侯。分虎：谓授予官职。虎，虎状符节。③支附：亲属。④南金：南方出产的铜，后指贵重之物。和宝：和氏璧，代指珍宝。冰纨：洁白的细绢。雾縠：薄雾般的轻纱。⑤嫔媛：指姬妾。⑥缇绣：赤缯与文绣，指华贵的丝织品。⑦衒达：显达。⑧单：通"殚"，尽，竭尽。⑨嗟毒：叹恨。⑩穷栖：隐居。⑪寇剧：强贼大盗。缘间：乘隙，乘机。⑫区夏：诸夏之地，指华夏，中国。⑬孥戮：诛及子孙。泛指杀戮。⑭窦武：东汉末年外戚、大臣。长女为桓帝皇后，他为司隶校尉李膺、太仆杜密遭党锢一事上书，请求贬黜掌权的宦官，李膺、杜密等人以此得到赦免。同年冬，桓帝死，窦武以拥立灵帝故，拜大将军，更封闻喜侯。建宁元年(168)八月，窦武与陈蕃定计剪除诸宦官。后事机泄露，宦官曹节、王甫等劫持灵帝、太后，诏令收捕窦武等。窦武召集北军五校兵士数千人驻屯都亭下，与王甫、张奂率领的虎贲、羽林和五营士对阵。结果兵败自杀，被枭首于洛阳都亭，宗亲、宾客、姻属悉被处死，家属徙日南。何进：其妹为灵帝皇后，灵帝死后，立外甥刘辩为帝，并执掌朝政。因宦官塞硕欲杀何进，被何进发现诛杀，但他对于是否杀掉当权宦官，犹豫不决。后在袁绍建

议下，决定除去以张让为首的十常侍，但不听众人劝告，多结外镇军阀，终于事泄，被张让等先下手杀死。⑮执力：势力。执，通"势"。⑯袁绍龚行：指灵帝死，大将军何进与袁绍合谋诛宦官，事泄，何进被杀，袁绍率军尽诛宦官，主持朝政。袁绍，出身名门望族，自曾祖父起四代有五人位居三公，自己也居三公之上，官至大将军。少折节下士，知名当世，文武双全，英气勃发。龚行，奉行。⑰"魏武"以下两句：曹腾养子曹嵩是曹操的父亲，献帝时曹操当权，至其子曹丕最终取代汉帝，建立魏国。魏武：指曹操。曹丕称帝后，国号魏，追谥曹操为武帝。龟鼎：元龟与九鼎，古时为国之重器，因以喻帝位。

【译文】 那些头戴高帽、身佩长剑，披着红绶带、抱着金印的人，布满了宫廷；受封为诸侯掌握兵权，面朝南把别人当作臣子的也有几十人。官府馆舍，星罗棋布于都市城邑；宗族子弟及追随者，遍布一半以上的州郡。南方的黄铜、卞和的宝玉、冰洁的丝绸、如雾的轻纱，堆满了宝库，而在华丽的居室中，从姬妾，到侍者、歌童、舞女之类的玩物，随处可见，狗马和各种建筑物上都装饰着雕镂精美的文饰，披着华贵的丝织品。每个宦官都在贪婪地剥削着百姓，竞相无度地奢侈纵欲。他们诬陷残害忠良，专门树立自己的余党。更有一些互相推举引荐，希望能依附有势力的权贵的人，都自受腐刑，或阉割亲子，以求尽快飞黄腾达。他们臭味相投、互相仰仗，所以党徒繁盛，他们所做亡国乱政的事，无法言尽。致使国人怨声载道，有志之士只能隐居，寇贼乘机作乱，华夏动荡不安。虽然忠良之士心怀愤慨，有时也要爆发出来，但灾祸也就随之而来，很快就遭到杀戮。宦官又借此大搞党锢，让人们相互诬陷揭发，那些被人们称为好人的，没有一个能逃脱灾难。窦武、何进地位崇高，贵为国戚，想借助天下人对宦官的极度仇恨之心，联合天下英才的势力一起行动，但由于迟疑不决，最终遭到惨败。这也是国运到了尽头吧！虽然袁绍想替天行道，铲除宦官，但以暴虐平息祸乱，如何能振兴汉室呢？正因为曹腾说服梁冀，拥立了昏庸弱小的桓帝，曹操顺着这种衰势，终于致使江山易手。这就是所谓的"从哪里开始，就在哪里结束"，汉代的盛衰史就印证了这句话啊！

范式列传

【题解】

　　本文选自《独行列传》。《独行列传》是范晔的首创，记录了二十多个不同流俗的独行者的形象，其中有些人想以怪异的言行作为顺利进入仕途的捷径，但也有一些真正追求名节的人，范式就是其中的代表。《范式列传》通过范式千里赴约、坟地送友、护送灵柩等几个感人的细节，刻画了一个重情义、守信用、超凡脱俗的独行者的形象，表达了人们对真挚友情和崇高气节的向往与追求，是东汉社会风尚的客观反映。

436

　　【原文】 范式字巨卿，山阳金乡人也，一名汜。少游太学，为诸生①，与汝南张劭为友。劭字元伯。二人并告归乡里。式谓元伯曰："后二年当还,将过拜尊亲,见孺子焉②。"乃共剋期日③。后期方至,元伯具以白母,请设馔以候之。母曰："二年之别,千里结言,尔何相信之审邪?"对曰："巨卿信士,必不乖违。"母曰："若然,当为尔醖酒④。"至其日,巨卿果到,升堂拜饮,尽欢而别。

【注释】 ①诸生:即众儒生。②孺子:幼儿,儿童。③剋:严格限定,多用于时日。④醖酒:酿酒。

【译文】 范式,字巨卿,山阳郡金乡县人,又名氾。年少时曾游历于太学,成为儒生,和汝南郡的张劭是好朋友。张劭,字元伯。两人一起告假回乡。范式对元伯说:"两年后我要回京城,我会去拜见您的父母,看看您的孩子。"然后就共同约定了日期。后来约定的日期快到了,元伯把事情全都告诉了母亲,让她设置好酒食恭候范式。母亲说:"都分别两年了,千里之外约定的事情,你怎么就这么信他呢?"元伯回答说:"巨卿是讲信用的人,一定不会违背诺言。"母亲说:"如果真是这样,就该为你们酿酒。"到了那天,巨卿果然来了,二人升堂互拜对饮,喝得十分畅快后才相互告别。

【原文】 式仕为郡功曹①。后元伯寝疾笃,同郡郅君章、殷子徵晨夜省视之②。元伯临尽,叹曰:"恨不见吾死友③!"子徵曰:"吾与君章尽心于子,是非死友,复欲谁求?"元伯曰:"若二子者,吾生友耳。山阳范巨卿,所谓死友也。"寻而卒。式忽梦见元伯玄冕垂缨屣履而呼曰④:"巨卿,吾以某日死,当以尔时葬,永归黄泉。子未我忘,岂能相及?"式怅然觉寤⑤,悲叹泣下,具告太守,请往奔丧。太守虽心不信而重违其情,许之。式便服朋友之服,投其葬日⑥,驰往赴之。式未及到,而丧已发引,既至圹⑦,将窆⑧,而柩不肯进。其母抚之曰:"元伯,岂有望邪?"遂停柩移时,乃见有素车白马,号哭而来。其母望之曰:"是必范巨卿也。"巨卿既至,叩丧言曰:"行矣元伯! 死生路异,永从此辞。"会葬者千人,咸为挥涕。式因执绋而引柩⑨,于是乃前。式遂留止冢次,为修坟树,然后乃去。

【注释】 ①功曹:汉代郡守有功曹史,简称功曹,除掌人事外,可以参与一郡政务。②省视:察看,探望,此指照顾。③死友:指交情笃厚,至死不相负的朋友。④玄冕:古代天子诸侯祭祀的礼服,泛指黑色的官冕。垂缨:垂下冠带。⑤怅然:失意、惆怅的样子。⑥投:到,待。⑦圹:墓穴。⑧窆:将棺木葬入墓穴。⑨绋:通"綍",下葬时引柩入穴的绳索。

【译文】 范式当了郡里的功曹。后来元伯得了重病,卧床不起,同郡的郅君章、殷子徵早晚尽心,照料着他。元伯临终时,长叹说:"不能看到我的至死不相负的朋友,真是万分遗憾呀!"子徵说:"我和君章对您如此尽心,还不能算是至死不相负的朋友,你还要找谁?"元伯说:"像您二位这样,是我活着时的好友。山阳郡的范巨卿,才是我的至死不相负的朋友。"不久就死了。范式突然梦见元伯戴着黑色帽子,帽上垂着缨带,急匆匆地走来,叫他说:"巨卿,我在某一天死了,要在某时下葬,永归黄泉。您如果还没忘了我,能不

能再见我一面?"范式惆怅地惊醒,悲伤长叹,大哭一场。他把事情全部向太守做了报告,请求让他前去奔丧。太守虽然心里并不相信,但不忍心违抗他的深情,就允许了。范式便穿上为朋友吊丧的服装,到下葬的那天,坐着快马奔赴那里。范式还未赶到时,灵柩就已经出发了,到了墓地,要下葬了,但灵柩却不肯进入墓穴。元伯的母亲抚摸着灵柩说:"元伯,难道你还有什么未了的心愿吗?"于是就停下灵柩等了一段时间,就看到有辆白马拉的素车,远远号哭而来。元伯的母亲看着那车,就说:"一定是范巨卿来了。"巨卿一到,就叩拜灵柩说:"元伯,您可以走了。生死异路,从此就永别了。"参加葬礼的一千多人,全都感动得流下眼泪。范式就拉着引棺的绳索牵引灵柩,灵柩这才缓缓向前。然后,他又留在坟地,为元伯修坟种树,才离开那里。

【原文】 后到京师,受业太学。时诸生长沙陈平子亦同在学,与式未相见,而平子被病将亡,谓其妻曰:"吾闻山阳范巨卿,烈士也①,可以托死。吾殁后,但以尸埋巨卿户前。"乃裂素为书,以遗巨卿。既终,妻从其言。时式出行适还,省书见瘗②,怆然感之,向坟揖哭,以为死友。乃营护平子妻儿③,身自送丧于临湘。未至四五里,乃委素书于柩上,哭别而去。其兄弟闻之,寻求不复见。长沙上计掾史到京师④,上书表式行状,三府并辟,不应。

【注释】 ①烈士:有气节有壮志的人。②瘗:坟墓。③营护:照拂。④上计掾史:汉代年终负责考核地方官吏的官员。上计,汉代年终考核地方官吏的方法。

【译文】 后来,范式又回到京城,到太学去求学。当时长沙的一个儒生叫陈平子的也在一起求学,但和范式从来没有见过面,平子染病快要死去,对他的妻子说:"我听说山阳郡的范巨卿,是节烈的贤士,可以死相托。我死后,只要把尸体埋在巨卿的门前。"然后就撕下块白布写了一封信,留给巨卿。他死后,妻子就遵照他的遗言去做。当时范式正好出行刚刚回来,读了信看见了小坟,感伤不已,哭着向坟墓作揖,把他当作自己的死友。然后就护送照料平子的妻儿,亲自把灵柩护送回临湘。在离目的地四五里的地方,他就把白布写的信放在灵柩上,哭着告别离开了。平子兄弟得知这件事。马上就去找他,但再也找不到。长沙的上计掾史到京城办事时,上书表彰范式的事迹,三府都要征辟他,他都没有应召。

【原文】 式后迁庐江太守,有威名,卒于官。

【译文】 范式后来当上庐江太守,享有威名,死于任上。

严光列传

【题解】

本文选自《逸民列传》。隐逸是一种文化现象,也是一种生存方式,孟子"穷则独善其

身,达则兼济天下"的宣言为历代许多失意士人找到一条出路,现实中的不得意迫使他们寻找放飞心灵的自由之路。汉代有许多自命清高的隐逸之士。《后汉书》中最率真、最可爱、最狂妄、最大胆的形象非严光莫属。一个追求自由超脱、不接受皇帝调遣,敢把脚架在皇帝肚子之上的狂人是真正能坚持志向的真隐士。

【原文】 严光字子陵,一名遵,会稽余姚人也。少有高名,与光武同游学。及光武即位,乃变名姓,隐身不见。帝思其贤,乃令以物色访之①。后齐国上言:"有一男子,披羊裘钓泽中。"帝疑其光,乃备安车玄纁②,遣使聘之。三反而后至。舍于北军,给床褥,太官朝夕进膳。

【注释】 ①物色:形状,形貌。②安车:古代可以坐乘的小车。玄纁:黑色和浅红色的布帛,后世帝王用作延聘贤士的礼品。

【译文】 严光字子陵,又名遵,会稽郡余姚市人。年轻时就很有名气,曾和光武一起游历求学。等到光武登上皇位,他就更名改姓,归隐民间,不让人找到他。光武帝想到他很贤能,就派人按照他的相貌四处察访。后来,齐国有人上报说:"有一个男子,披着羊皮裘在大泽之中垂钓。"光武帝怀疑那就是严光,就让人备好安车,带上专为延聘贤士的礼品——黑色和浅红色的布帛,派使者前去聘请他。使者来回跑了三次才把严光请来。光武帝让他住在北军军营,赐给他床褥,让太官每日招待饮食。

【原文】 司徒侯霸与光素旧,遣使奉书。使人因谓光曰:"公闻先生至,区区欲即诣造①。迫于典司②,是以不获。愿因日暮,自屈语言。"光不答,乃投札与之,口授曰:"君房足下③:位至鼎足④,甚善。怀仁辅义天下悦,阿谀顺旨要领绝⑤。"霸得书,封奏之。帝笑曰:"狂奴故态也。"车驾即日幸其馆。光卧不起,帝即其卧所,抚光腹曰:"咄咄子陵,不可相助为理邪?"光又眠不应,良久,乃张目熟视,曰:"昔唐尧著德,巢父洗耳。士故有志,何至相迫乎!"帝曰:"子陵,我竟不能下汝邪?"于是升舆叹息而去。

【注释】 ①区区:谓真情挚意。②典司:主管,主持。③君房:侯霸,字君房。④鼎足:指三公之位。侯霸时为司徒,是三公之一。⑤要领:腰和脖子,引申为生命。

【译文】 司徒侯霸与严光是旧交好友,派人送来书信。他让使者对严光说:"司徒听说您来,真心实意地想马上来看你。但碍于职位的一些规矩,所以不能如愿。希望傍晚时分,能委屈您前去和他共叙旧情。"严光不回答,就把信札丢给来人,口授说:"君房大人:你身居三公之位,很好。如果您能心怀仁义辅佐天子,天下的人都会高兴;如果您只会阿谀奉承顺从旨意,就会丢了性命。"侯霸收到信,把它密封了交给皇上。光武帝看了笑着说:"这狂妄的家伙还是老样子!"圣驾当天就驾临他的馆舍。严光卧在床上不起来,光武帝就走到床边,摸着他的肚皮说:"子陵啊子陵,你就不肯辅助我治理国家吗?"严光又闭着眼睛不回答他,过了许久,才睁开双眼注视着光武帝,说:"过去唐尧德行很高,想将天子之位让给巢光,但巢光却要洗净耳朵,不愿听他说些话。士人本来有自己的志向,

又何必去逼迫他呢!"光武帝说:"子陵,我真的就不能任用你吗?"于是就登上车子长叹而去。

【原文】 复引光入,论道旧故,相对累日。帝从容问光曰:"朕何如昔时?"对曰:"陛下差增于往。"因共偃卧,光以足加帝腹上。明日,太史奏客星犯御坐甚急①。帝笑曰:"朕故人严子陵共卧耳。"

【注释】 ①御坐:帝王的星座。

【译文】 光武帝又在宫中引见严光,谈论往事,一直谈了几天。光武帝随便地问严光说:"我和从前比怎么样?"严光回答说:"陛下比从前强了一些。"二人接着就同床而卧,严光把腿架在光武帝的肚子上。第二天,太史上奏说客星侵犯了御座星,情况十分严重。光武帝笑着说:"那是我的故交严子陵和我同床共卧罢了。"

【原文】 除为谏议大夫,不屈①,乃耕于富春山,后人名其钓处为严陵濑焉。建武十七年,复特征,不至。年八十,终于家。帝伤惜之,诏下郡县赐钱百万、谷千斛。

【注释】 ①屈:折节,强自克制,改变平素志行。

【译文】 光武帝任命他为谏议大夫,严光不愿改变素来志行,就回到富春山耕作,后人把他钓鱼的地方命名为严陵濑。建武十七年,光武帝又专门征召他,他还是不去。八十岁时,在家中去世。光武帝很伤怀痛惜,就下诏让郡县赐给他家钱币百万,谷物千斛。

乐羊子妻列传

【题解】

本文选自《列女传》。《列女传》是《后汉书》首创的一种富有特色的类传,范晔要为"才行高秀"的女性立传,是对女性的重视与尊敬。乐羊子妻虽只是一个普通的民妇,却有着不同常人的气节。她不贪小利、支持丈夫、孝敬公婆、不畏强暴的性格直至今天仍显可贵。

【原文】 河南乐羊子之妻者,不知何氏之女也。羊子尝行路,得遗金一饼,还以与妻,妻曰:"妾闻志士不饮盗泉之水①,廉者不受嗟来之食②,况拾遗求利,以污其行乎!"羊子大惭,乃捐金于野,而远寻师学。一年来归,妻跪问其故。羊子曰:"久行怀思,无它异也。"妻乃引刀趋机而言曰:"此织生自蚕茧,成于机杼,一丝而累③,以至于寸,累寸不已,遂成丈匹。今若断斯织也,则捐失成功,稽废时月。夫子积学,当日知其所亡,以就懿德。若中道而归,何异断斯织乎?"羊子感其言,复还终业,遂七年不反。妻常躬勤养姑④,又远馈羊子。

【注释】 ①志士不饮盗泉之水:据《尸子》,孔子路过盗泉,口渴也不饮,讨厌这个名字。旧时人们引用这句话,表示坚守节操,不污其行。盗泉,在今山东省泗水县。②廉者

不受嗟来之食:据《札记·檀弓》,齐国出现了严重的饥荒,黔敖在路边准备好饭食供饥饿的人吃。有个饥饿的人走来。黔敖左手端着吃食,右手端着汤,说道:"喂!来吃!"那个饥民扬眉抬眼看着他,说:"我就是不愿吃嗟来之食,才落到这个地步!"黔敖追上前去道歉,饥民终究没有吃,最后饿死了。后常用来劝勉人要有志气。廉,方正,刚直。嗟来之食,指带有侮辱性的施舍。③觙:指将细丝贯入机杼。④姑:古时女子称丈夫之母亲为姑。

【译文】 河南乐羊子的妻子,不知是谁家的女儿。羊子曾走在路上,捡到一块金子,回家后把它交给妻子,妻子说:"我听说坚守节操之士不喝盗泉里的水,有志气的人不接受侮辱性的施舍,何况捡别人丢失的东西贪图小利,来玷污自己的德行呢!"羊子十分惭愧,就把金子扔到荒野中,然后就远离家乡拜师求学了。一年以后,羊子回来,妻子跪着问他为什么要回来。羊子说:"出门太久,想念家人,没有什么其他原因。"妻子就拿着刀快步走到纺织机前说:"这些纺织品是从一个个蚕茧抽出丝来,用机杼织成,把一根一根的丝累积起来,才织出一寸,一寸一寸再累积起来,才织成一匹布。现在如果剪断织好的纺织品,那就前功尽弃,浪费时光。您正在积累学识,应当每天都要学一些原来不懂的东西,才能成就自己的美德。如果中途而废,那和割断纺织品又有什么不同呢?"羊子听了很受感动,又回去修完他的学业,七年都没有回家。他的妻子亲自辛勤侍奉婆婆,还给远方的羊子寄去各种物品。

【原文】 尝有它舍鸡谬入园中,姑盗杀而食之,妻对鸡不餐而泣。姑怪问其故。妻曰:"自伤居贫,使食有它肉。"姑竟弃之。

【译文】 有一次,邻居家的鸡误入她的菜园,她的婆婆就偷偷把鸡抓来杀了吃,羊子的妻子看着鸡,一口也不吃就哭泣起来。婆婆感到很奇怪,问她为什么哭了。她回答说:"我很难过自己这么穷,使吃的东西里有别人家的肉。"婆婆最后把鸡肉丢掉了。

【原文】 后盗欲有犯妻者①,乃先劫其姑。妻闻,操刀而出。盗人曰:"释汝刀从我者可全,不从我者,则杀汝姑。"妻仰天而叹,举刀刎颈而死。盗亦不杀其姑。太守闻之,即捕杀贼盗,而赐妻缣帛,以礼葬之,号曰"贞义"。

【注释】 ①犯:欺凌,污辱。

【译文】 后来,有强盗想要污辱乐羊子妻,就先劫持了她的婆婆。羊子妻听到动静,拿着刀就冲了出来。强盗说:"放下你的刀顺从我就可保全你们的性命,不顺从我,那就杀了你的婆婆。"羊子妻仰天长叹,举起刀来自刎而死。强盗也就没有再杀她的婆婆。太守听到这件事,马上就逮捕并处死那个强盗,赏赐给乐羊子妻许多缣帛,按礼仪安葬了她,并赐给她"贞义"的称号。